U0119453

中興新村學

一從臺灣省政府到高等研究園區

鍾起岱 著

蘭臺出版社

目　次

臺灣省政府主席序　　　　　　　　　　　5

中部科學工業園區管理局局長序　　　　　6

南投縣長序　　　　　　　　　　　　　　8

南投市長序　　　　　　　　　　　　　　9

中興高中校長序　　　　　　　　　　　11

我們的中興新村　　　　　　　　　　　13

第一章　　走過希望的年代　　　　　　　1

第二章　　村史研究方法　　　　　　　13

第三章　　中興新村早期聚落紋理　　　31

第四章　　中興新村的自然與水文　　　57

第五章　　中興新村的社會與人文　　　73

第六章　　中興新村的建村故事　　　　89

第七章　　中興新村的建村紋理　　　123

第八章　　中興新村的文化景觀　　　149

第九章　　中興新村古蹟與歷史建築　171

第十章　　中興新村的宗教　　　　　211

第十一章　中興新村的都市計畫　　　249

第十二章　中興新村的公共設施　　　267

第十三章　中興新村的街道巷弄　　　305

第十四章　中興新村小生態與綠建築　321

第十五章　臺灣省政府　　　　　　　337

第十六章　九二一大地震　　　　　　363

第十七章　中興新村的往日生活　　　383

第十八章　高等研究園區　　　　　　421

參考文獻　　　　　　　　　　　　　447

臺灣省政府主席序

　　中興新村六十年的發展，不僅關乎中興新村，也可以說是戰後臺灣政經發展軌跡的縮影，我於民國99年2月24日出任行政院政務委員兼臺灣省政府主席，那時距離進行精省已經相距十二年，鍾起岱博士已經轉任中州科技大學任教多年。我在擔任八年新竹市長時，是民國九十年至九十八年，之前我曾經擔任過兩屆立法委員，對臺灣省政府及中興新村的發展都很關心。

　　自從我兼任臺灣省政府主席之後，對於精省造成一些精壯幹部的離退，覺得非常可惜，因此我要同仁安排一些退休同仁回娘家的活動，回到臺灣省政府敘舊，一方面希望借重他（她）們的長才，對未來的施政建設有所建言，另一方面也期望他（她）們仍有在各個領域繼續為國效勞，而且省政業務、敬業精神和經驗，得以傳承。

　　我有幾次與鍾起岱博士見面茶聚的機會，那時鍾博士先後主持中科管理局有關高等研究園區公共設施改善的研究計劃，以及南投縣文化局中興新村口述歷史的調查計畫，鍾博士是一位學有專精、理論兼具實務均佳的學者，不僅長期關注中興新村的發展，踏遍中興新村這塊土地的每一條巷弄，而且幾乎把可以找到的耆老都親自面談，我覺得能找到這樣一個勤奮治學的人，寫中興新村的歷史，鍾博士應該是第一人選。

　　民國106年，中興新村即將建村60年，雖然我因政黨輪替將在今年的五月19日卸任，但我覺得中興新村建村60年是一件大事，因此早已囑請同仁要好好想一想如何慶祝或紀念這樣的建村一甲子的日子。鍾博士將他蒐集了許多中興新村的殘典舊籍，研究中興新村的心得，訪談超過100位耆老的片段記憶，用心整理成『中興新村學』，雖然是個草稿，我讀了之後，覺得這真是給中興新村建村60年最好的禮物，也期待本書可以早點出版。

　　鍾起岱博士過去長期在臺灣省政府服務，出任過很多重要的公職，包括研考會主任秘書、臺灣省政府參議兼編譯室主任、經研會副主任委員、資料室主任，九二一大地震時，他擔任九二一重建委員會企劃處長兩年，公職期間，鍾博士得過總統保舉最優與兩次模範公務人員的殊榮，在那個時代，他對國家、對社會已經作出了重要貢獻。而難得的是，他離開臺灣省政府之後，持續在中州科技大學任教，春風化雨，培育了不少觀光與休閒領域的基礎人才，而在教學之餘，鍾博士也持續關注社會，關心中興新村的發展，本書紀別異同，踵事增華，所謂賢人美辭，文留耳際，在耆老凋零、新局尚待成型之際，這本書可以是茶餘飯後，了解中興新村的最好的讀物。

　　本人有幸在省政府服務六年又二個多月，在政黨輪替，卸任前夕，應作者之邀寫序，頗感榮幸，所以樂於序，也希望藉由此書的出版，讓中興新村的歷史，更加為國內外人士所熟悉！

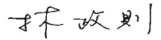

中興新村臺灣省政府主席辦公室

民國105年4月12日

中部科學工業園區管理局局長序

民國八十八年精省政策實施後，不僅中興新村之行政機能逐漸消逝，連帶的中部地區的發展也受到影響，2003年（民國92年）7月政府為了平衡區域經濟發展，開啟了中部科學工業園區的規劃，我那時候就參與中部科學工業園區的籌備業務，2008年（民國97年）3月籌備四年的中科管理局終於正式成立，當時陳水扁總統在3月13日的中科管理局行政大樓落成啟用典禮致詞中，特別提到中科是其任期內感到最驕傲滿意的重大政績。2008年馬英九總統提出「愛台12建設」，除宣示中興新村發展為文化創意及高等研究園區之政策方向外，另於2008年8月行政院核定之「鬆綁與重建」策略中，針對中部地區推動「高科技產業新聚落方案」，提出多項具體計畫與工作項目，而「發展中興新村為高等研究園區」就是其中一項重要工作。

我與本書作者鍾起岱教授結緣在2008年的7月，當時他剛剛從台灣省政府離開轉任中州科技大學服務不久，當時他與本局合作主辦一項技專院校教師的「科技人力資源管理與行銷」公民營研習，這個活動共有一百多位技專院校教師參加，我那時候在中科管理局擔任副局長的工作，自從本局接辦高等研究園區籌備工作之後，開始接觸中興新村這一塊寶地，本局也有好幾項與中興新村有關的研究，其中有一項「高等研究園區公共設施有效性管理執行計畫」也是由鍾老師主持。

中興新村有兩個不同的開發主軸，一是科技研發廠商的引進，一是中興新村文化的保存，這兩個完全不同的主軸，其實一直滿困擾整個施政的推動，中興新村的居民也有許多不同的意見，經過幾年的磨合，這兩個不同的主軸發展方向似乎也找到了相輔相成的可能，去年我接任局長後，依據科技部楊弘敦部長的指導，想從中部找8-10所科技大學進來參與園區科技文創的開發，我又看到鍾老師的身影，我才知道原來鍾老師也是中興新村的老居民，他不僅創立了「南投縣中興新村文史創新協會」，也擔任「台灣省三餘藝文學會」的理事長，這兩個協會都跟中興新村的文化發展很有關係，此次鍾博士把他多年關心中興新村的心意，化成具體的行動，即將完成『中興新村學』。

我拜讀之後，發現本書的編排非常有系統，共分為18章，從中興新村的建成到高等研究園區的開創，全文約40萬字，在耆老凋零、園區逐漸轉型之際，這本書可以是茶餘飯後，了解中興新村的最好讀物之一。未來高等研究園區之開發，將維持花園城市與囊底街廓景觀，導入綠色運具、再生能源、綠建築、節能減碳概念，厚實生態城市發展基礎，加上中興新村渾然天成的文化涵養，相信中興新村未來成為知名的國際科技文化村的願景，可以說是非常值得期待。

目前，高等研究園區進駐單位除了有工研院、資策會、及內政部役政署等36個行政機關持續提供服務之外，民間企業有百佳泰、台灣可速姆、正瀚、金聖源、禾懋、上緯、信織、建維品質驗證、欣昊等30多家企業陸續進駐。高等研究園區目前廠商計畫投資額約新台幣50億元，未來除既有行政辦公機能持續運作，將引進科技研發及文創產業，可望為當地經濟帶來蓬勃發展，並將帶領臺灣產業朝向高質化發展。今年是中興新村創立一甲子的特別年，鍾老師特別選在此時出版「中興新村學」，非常令人敬佩，也讓中興新村的過去歷史與未來發展找到一個聯繫的時空樞紐，因此，當鍾老師出版

此書之際，找我為本書寫序，作為鍾老師的老友之一，頗感榮幸，所以樂於序，也希望藉由此書的出版，讓中興新村的發展，添增更多文化氣息的涵養。

陳銘煌

中部科學工業園區管理局局長室

民國106年元月24日

南投縣長序

　　我對中興新村一直有一個特別的情懷，民國七十年前後，我還沒有回到故鄉集集參選鎮長之前，就擔任台灣省政府建設廳的技士，實際上，明溱生於斯，長於斯，自小對這塊生長的土地即具有不可割捨的特別情分。因此，在大學畢業後就任公職迄今近四十年，一時一刻未曾離開熱愛的鄉土，與鄉親在這塊土地共同呼吸，一起打拼流汗，無怨無悔，辛勤深耕南投，希望南投未來能更好。我在台灣省政府建設廳任職期間，可以說是我擔任公職最令人懷念的時光之一，這段歲月的歷練，也養成我一生從政，堅持操守、堅守清白、勇於任事的態度，也讓我更加熟悉行政作業流程及人力資源的運用，我在擔任集集鎮長的時候，為了要點亮「集集」這一盞明燈，我創造了集集燈會，開始賣起「鎮長咖啡」，這也是我與本書作者鍾起岱博士結緣的開始。

　　鍾博士曾經在台灣省政府服務多年，九二一地震時，鍾老師借調到行政院九二一重建會擔任企劃處長，當時我擔任集集鎮長，彼此為了南投的災後重建工作，也有非常多的接觸，九二一重建工作告一段落後，鍾老師離開政府部門，前往中州科大任教，雖然多年沒有一起共事，但明溱對鍾教授一步一腳印走來，一直非常關注，作為曾經擔任過宋楚瑜省長期間文膽的鍾起岱教授，淡出行政體系後，在教學領域找到屬於自己的一片天地，古人說，「失之東隅，收之桑榆」，也許是鍾教授的寫照。

　　南投作為台灣觀光大縣，除了有明媚的風光之外，更重要的是要有「故事」，中興新村學裡面收錄了許多中興新村的大人物與不為人知的小故事，像在第六章中興新村建村小故事中提到中興新村的汙水設計：『由於中興新村在設計之先，就決定一切房屋之內均採用抽水馬桶，但為了避免使用者可能不熟悉使用方式，導致抽水馬桶堵塞不易清理，因此並不似歐美國家在每戶房屋內興建化糞池，而是在每戶房屋後面建築小型人孔，以集流的方式收集糞便與污水，以備住戶管線堵塞時，容易清理，由人孔流出的污水再經過管網輸送到污水處理廠處理，為了要有效輸送污水，就必須考慮「水往下流」的特色，因此全區的污水管線按照地形坡度特色，按照自然流入的方式，以管內每秒2立方英尺的流速，透過污水下水道流入污水處理場集中處理。所以整個中興新村村內四里都沒有任何抽水設備，至於容量方面以每人每日污水135公升來計算，之所以設計135公升，主要是中興新村的設計者估算每人每日的自來水使用量約為150公升，按照當時歐美國家自來水與污水比例約100：70的使用比例計算。』這樣的描述，以我在台灣省政府建設廳任職的經驗，可以說非常精確與珍貴。

　　鍾教授這幾年雖然在中州科技大學任教，仍卻一直關心中興新村的發展，由於中興新村失去大部分行政功能後，目前正由中科管理局主導進行高等研究園區的建設，十年之後，當耆老逐漸凋零，新的一代逐漸成為社會棟樑之時，中興新村的故事也會逐漸消失，鍾教授以其敏銳的觀察與持續的研究，在中興新村建村六十年之際，完成中興新村學這樣一部書，可以說是非常值得一讀的書。中興新村故事新的章篇正在繼續進行之際，這本書的出版毋寧是非常有意義的事情。

林明溱

民國106年元月10日　　南投縣政府縣長室

南投市長序

　　「南投」這個地名，來自於原住民的部落社名，第一批漢人抵達南投的時間大致是跟隨明鄭的開發而來，無論是烏溪的國姓鄉、還是濁水溪的竹山鎮，都與明鄭的開發有關。到了清康熙、雍正、乾隆三朝年間，有大批來自漳州張姓、簡姓、林姓、曾姓、蕭姓等先民陸陸續續先後定居於營盤口附近，乾隆廿四年初設縣丞館衙門於南投國小現址，光緒廿三年設南投郡，日本殖民統治時代，隸屬於台中州，民國34年台灣光復初期，此地隸屬台中縣，民國39年自台中縣劃出，定名南投縣，縣治就設在南投鎮。

　　民國46年7月1日台灣省政府疏遷至營盤口，定名為中興新村，南投遂為省垣所在地，民國70年，南投鎮升格為縣轄市，懷琳曾擔任南投縣第14、15、16、17屆縣議員，目前擔任第十屆的南投市長，懷琳早年也曾經在台灣省政府建設廳工作，中興新村不僅是我長久居住的地方，也是培育我成長的地方，更是我政治生涯的發跡地。

　　我與本書的作者鍾起岱博士認識超過30年，精省前，他是宋楚瑜省長的重要文膽，許多當時省政府的重要政策聲明，都出自鍾博士之手，九二一大地震之後，鍾博士擔任九二一災後重建會的企劃處長，協助南投的災後重建工作，不遺餘力，令我印象深刻。

　　除此之外，鍾博士也是台灣省政府資料室主任，當時資料室主要負責台灣省政府公報的善後工作、台灣月刊的持續發行工作、中興新村省府圖書館的經營，以及省政資料館的營運工作，懷琳當時擔任南投縣議員，由於中興新村就是我長期耕耘的地方，當時鍾博士負責省政資料館九二一震災資料陳列室、九二一重建績效陳列室、東閔先生陳列室、歷任主席陳列室的設置工作，完工以後，鍾博士將原本屬於高高在上的貴族陳列室，轉型成免費參觀的省政資料館，他也在中興新村圖書館定期舉辦社區專題演講、書香咖啡、小朋友讀書心得競賽、好書交換等等許多的活動，懷琳經常受邀前往擔任頒獎貴賓，後來由於持續進行員額精簡，台灣省政府文教組長出缺不補，鍾博士奉命兼任文教組長業務，鍾博士創設了環山路三十一號倉庫，負責第一批駐村藝術家的進駐工作，三十一號倉庫成為這些年輕藝術家發表的重要園地，聲名遠播，這些細微的工作，與精省前鍾博士負責省府大政方針的性質，截然不同，但鍾博士的熱情、樂觀、樂在其中的工作精神，令懷琳感佩不已。

　　鍾博士後來轉往大專院校任教，經常帶領同學到中興新村進行校外教學，也協助中興高中推展「中興學」，我擔任市長以後，鍾博士每帶領同學參觀南投的觀光工廠，也都熱情的邀請懷琳與這些同學見面鼓勵，雖然有時因為市長工作繁忙，未必成行，但是顯示鍾博士將在地文化與他任教的觀光休閒系課程進行非常緊密而巧妙的連結，令人印象深刻。

　　中興新村創立之初，有所謂建村四原則，起岱教授在第六章中特別提到：當時中央有一個原則指示：疏散地區以中部五縣市為範圍，選定的地點有幾個原則：（a）在交通方便處，但不靠近縱貫線鐵路。（b）不影響水田耕作。（c）不遷移過多的人口。（d）不影響當地社會安寧。在本書當中，鍾教授提到當時建村的幾位前輩：李慕杜、劉永楙、邱克修、陳嘉佑，不禁令人發思古之幽情。今年是中興新村創立一甲子的特別年，

鍾老師特別選在此時出版「中興新村學」，非常令人敬佩，裡面記錄了許許多多生動活潑有趣的小故事，非常值得讓關心中興新村的老少朋友一讀。

宋懷琳

南投市公所市長室

民國106年2月6日

中興高中校長序

　　精省之前，我曾經在台灣省教育廳及文化處任職，本書作者鍾起岱博士，可以說是我在台灣省政府的老長官。

　　九二一大地震時，我蒙另一位老長官教育部中部辦公室副主任許志銘處長的推薦，參加九二一重建的工作，那時候鍾博士擔任行政院九二一重建會企劃處長一職。雖然和他只有短短兩星期的共事經驗，但總能在會議、工作及生活中近距離觀察學習，深深佩服鍾博士是一位學問淵博的學者，也是處事認真的公務前輩。

　　之後我到新港藝術高中服務，假日時偶爾會在中興新村見到他手持相機記錄活動和環境的身影，打從心底更加佩服。民國96年，鍾博士退休後，到中州科技大學任教，我則在99年返鄉擔任中興高中校長。我基於對中興新村的不捨與愛惜，決定推動具有社區總體營造精神的「中興學」。這樣的情懷，與鍾博士並無二致。

　　民國102年，鍾博士主持南投縣文化局有關中興新村口述歷史的調查計畫，他到學校找我，希望能帶動同學研究中興新村的興趣時，我即慨然允諾，並請時任圖書館主任的任以真秘書協助。本校語文資優班的27位同學，在鍾博士的分組帶領下，尋訪中興新村先賢的足跡，終於完成了中興新村輕旅行的Q版地圖。鍾博士也親自為這27位同學所製作的電子書進行錄音，同時協助指導製作2014台灣燈會在南投的特色花燈。也因為這樣的機緣，中興高中的同學有機會與中州科大觀光系的優秀學生，及該校的交換生進行多次的直接對談。這些特殊的經驗對於本校年輕優秀同學，可說是非常有意義的事情。

　　中興高中因台灣省政府及中興新村而誕生，並一起成長。中興新村建村60年，也正代表中興高中建校60年。我深深覺得中興高中的學子不論來自何處，在校三年時間，應該要知道中興新村的種種故事，而不應只知道中興高中的校園故事。『中興學』作為特色課程的核心元素，可說是我最堅持的教育理念。有幸在鍾博士的協助下，本校『中興學』逐漸獲得重視，也受到教育行政單位的肯定，這都得感謝鍾教授的支持與協助。

　　鍾教授目前擔任台灣省三餘藝文學會的理事長，這是由本校教職員工所發起的學術性社團，與本校關係可以說是淵源深厚。自民國80年起長達25年，每個月共同辦理一場週六講座，每每引起社區民眾熱烈的迴響，對於文化藝術與終身教育的推廣，貢獻卓著。在歷任理事長的耕耘下，於民國104年獲得教育部杏壇芬芳獎的殊榮，也協助本校獲得教育部103年藝術教育貢獻獎的肯定。三餘藝文學會在鍾博士的帶領下，不只見證了這段的風光歲月，也攀登另一高峰。

　　中興新村的創建，主要是做為台灣省的省垣行政中樞，是省主席或省長發號司令的司令台。位於中興新村的台灣省政府所記載的都是大政方針、大事件。這些大政方針或大事件，即使決策是在中興新村做成，卻與中興新村關係不大。鍾博士這本中興新村學正好可以彌補『可能被人遺忘的小事』，真的十分有意義，拜讀之餘，我發現在每一章之後，鍾博士特別開闢了「想一想」、「我的學習單」，非常有趣味性，正好提供同

學思考學習的驗證。相信本書的出版，不僅能緬懷前賢，見證中興新村走過60年的艱難歲月，也將成為激發年輕一輩進一步研究、探索中興新村的好教材。

王延煌

中興高中校長室

民國一零五年四月十六日

我們的中興新村

　　我與中興新村結緣應該追溯到民國53年左右，我有一個長輩鍾競生先生從苗栗縣議會調職到台灣省政府編譯室任職，不記得哪一天我的父親帶我跟姐姐去拜訪他，他那時住在光明五路29號，矮矮的小平房，簡單的擺設，彷彿世外桃源，那時候每年暑假，家父都會帶我們去玩一次，非常開心的經驗。

　　民國72年8月25日，我退伍後的第三天，年輕有為的台灣省研考會執行秘書江清馦先生在辦公室召見我，說李登輝主席正在大力推動計畫預算制度，希望為台灣省政府建立一個制度，而我剛好學規劃方面的領域，他說他在高普考待分發名冊裡找到我，希望我能夠到台灣省政府服務，江先生是我公務生涯的一個重要貴人，也是我最敬重的長官之一，他開啟了我進入中興新村服務的契機，民國72年9月1日我到台灣省政府報到，就借住在光明五路29號的競公家裡，他有一輛老式的腳踏車，說是公家配給他的座車，就借給我騎，一直到民國80年前後，他退休了，將這輛腳踏車要了回去，說這輛車要還給台灣省政府，那時候，我在研考會擔任主任秘書，劉耀武先生是我的主任委員，倏忽之間，我在中興新村住了三十幾年，歷經了台灣省政府最輝煌的年代以及歸於平靜的時代。

　　民國96年個人自覺江郎才盡，對於公家機關難以有所貢獻，與其尸位素餐，不如歸去，申請退休，承蒙核准。退休後，本想開個高普考補習班，打發無聊時光，嘉惠那些有志公職的年輕朋友們，但人生總是有很多的意外，民國97年2月1日我應聘到中州技術學院（中州科技大學的前身）任教，因緣際會，幾年下來，有幾個主持與中興新村計畫的經驗，我曾訪問超過100位的中興新村耆老，舉辦過數十場專題講座，帶著年輕學子走訪過每一條巷弄，仔細觀察中興新村的變遷與衰興，開始有機會認真的去研究中興新村這塊土地。

　　民國102年我因為主持南投縣政府委辦計畫的緣故，特別去拜訪我的年輕好友中興高中校長王延煌博士，他找了語文資優班27位優秀的年輕朋友，跟著我尋訪中興新村的每一寸令人驚嘆的足跡，我們一起推動「中興學」，作為在地鄉土教學，然而，片段的知識，總是非常可惜的難以積累，這期間，我創立了「南投縣中興新村文史創新協會」，又由於我的老友李保金女士的遽然去世，我又接任了「台灣省三餘藝文學會」的理事長，不稱職的我，在歷任三餘理事長的卓越貢獻下，三餘藝文學會得到2015年杏壇芬芳獎，作為中興新村的老居民，可能很少人像我一樣有機會經歷這麼多的興衰、接觸到這麼多的耆老長輩與主持計畫的機緣。

　　民國106年中興新村即將創立一甲子，許多年過八旬的耆老們，逐漸凋零，省府一代的菁英們逐漸退出公務舞台，再過幾年，也許船過水無痕，只能任憑隨風而逝，記錄這些年一起走過的雪泥鴻爪，給喜愛中興新村風華的年輕學子一個探索的引子，也許是催生「中興新村學」這本書的最大動力。

　　往者已矣，當台灣省政府精到中興新村都無法管理的年代，當老一輩耆老走過他們那一代的歷史歲月，中興新村即將進入一個完全不同風貌的年代，印證了在精省最轟

轟烈烈的時代，我在人事處吳堯峰處長、法規會邱聰智主任委員的協助下，寫了一篇精省後台灣省仍具有公法人的文章，準備投稿，有一位法律老師，給我的文章寫了一段評語，其中有一句話：都精到一滴都不剩了，要公法人何用？那一年是民國八十七年。20年即將過去，回首往事，豈能不令人唏噓。

這本書的完成，要感謝許多師長、前輩與朋友的協助與鼓勵。在此特別記述前中興大學文學院院長、歷史系黃秀政教授，黃教授是研究台灣地方志的先驅，大約在20年前，我曾經多次到中興大學歷史系向他請教讀歷史的方法，特別是多次聽他提到司馬遷寫史記的點點滴滴，覺得受益非常多，他開啟了我研究在地學的興趣，九二一大地震後，我在擔任行政院九二一震災災後重建委員會企劃處長期間，特別邀請黃教授協助行政院整理九二一的檔案資料，在行政院九二一重建委員會的預算裡面，也特別編列了有關整理史料的經費，這可能是中華民國政府第一次在災變發生的重建過程中，就注意到史料編輯的重要性，曾經有朋友問我，為什麼要花這樣的錢？我的答案是：九二一重建過程當中的艱辛、苦難與困難，終究會過去，當二十年、三十年、甚至百年之後，我們為後代留下甚麼？可能只有史料了。我離開九二一重建會兩年之後，黃教授排除萬難，獨立完成了九二一重建的史料彙編，其中更以不惜得罪當道的堅持，排除了許多政治的干預，頗有司馬遷之古風，非常令人敬佩，我在訪問耆老的過程當中，得黃教授非常大的幫助。而這本書的出版，要感謝蘭臺出版社及編輯群的協助，特別是張加君總編輯與高雅婷主編，中興新村的故事，對曾居住在中興新村的居民，或研究中興新村的學者，也許有一些歷史的價值，但可能在出版市場上，則不一定有出版價值，我們素昧平生，編輯群卻非常盡心盡力的協助本書的出版與行銷。最後要感謝幫助本書寫序的幾位長官：前台灣省政府林政則主席、主管高等研究園區開發的中部科學工業園區管理局陳銘煌局長、南投縣林明溱縣長、南投市宋懷琳市長、國立中興高中王延煌校長，林政則主席更早在2016年5月卸任之際，就先為本書寫序，非常感謝。

本書共分為十八章，第一章走過希望的年代、第二章村史研究方法、第三章中興新村早期聚落紋理、第四章中興新村的自然與水文、第五章中興新村的社會與人文、第六章中興新村的建村故事、第七章中興新村的建村紋理、第八章中興新村文化景觀、第九章中興新村的古蹟與歷史建築、第十章中興新村的宗教、第十一章中興新村的都市計畫、第十二章中興新村的公共設施、第十三章中興新村的街道巷弄、第十四章中興新村的小生態與綠建築、第十五章台灣省政府、第十六章九二一大地震、第十七章中興新村的往日生活、第十八章高等研究園區，全書大約有40萬字。每一章後面特別開闢了「想一想」、「我的學習單」，提供同好與學子思考，本書疏漏不足之處必然不少，道聽塗說之處也不少，希望本書除了作為茶餘飯後的閒書之外，也能夠作為激發年輕一輩研究、探索中興新村一個有用的啟蒙書。

鍾起岱

中興新村陋室

民國106年元宵節

第一章　走過希望的年代

本章重點

　　有很長的一段時間，台灣人始終相信，只要努力，認真去工作，生活就得以改善。過去一百年台灣人相信「希望」的年代，至少曾出現三次：第一次希望的年代是日本統治的結束，1945年日本戰敗後，台灣人的感情應該十分複雜吧，很多人為重返昨日的祖國感到高興，民國34年（1945）在台北公會堂舉行的台灣省受降典禮，從當時場面極為盛大就可以看出當時台灣人渴望當家作主的熱切情懷，但這種熱切情懷隨即被兩年後的二二八事件澆熄；第二個希望的年代是一九八七年解嚴前後，1987年蔣經國總統宣布自當年7月15日解除戒嚴，現代史上最長的戒嚴令共持續38年又56天，台灣長年被壓制的社會力一夕之間萌芽、百花齊放，黨禁、報禁的解除，乃至於思想的解放，人民關心、也想參與新社會的建設，第三個希望的年代是2000年的政黨輪替，結束了國民黨55年長期執政的政權和平移轉，然而由於陳水扁總統的貪腐，造成2008年台灣二次政黨輪替，2016年又因馬英九總統施政不滿意度始終居高不下，造成台灣第三次的政黨輪替，民主鞏固與民主深化，導致新文化、新論述的風起雲湧。

荷花在不同的季節都有不同的美，中興新村的荷花更有期勉公務員出淤泥而不染的寓意。此張照片大約攝於民國50年左右，攝者不詳（陳樂人提供）

　　改變的方向之一，就是「地方學」運動的興起。中興新村坐落於南投市虎山山腳的「營盤口」地區，其後陸續擴展至「內轆」地區，1955年開始籌建，1956年臺灣省政府從台北市疏遷至台中地區辦公，1957年整體都市設計參仿英國花園城市（Garden city）模式設計建造完成，佔地約250公頃，成為辦公與住宅合一之田園式行政社區。1956年台灣省政府發布中興新村都市計畫；1964年，臺灣省政府發布另一個中興新村南內轆地區都市計畫。1984年李登輝主席任內，將前後兩個都市計畫合併成一個「中興新村（含南內轆）都市計畫」，這也是目前最為人所知中興新村都市計畫的原型。本章敘述

地方學的興起、中興新村的出現、風華與未來,作為本書的開端。

一、地方學研究的興起

(1)十九世紀英國的小說家狄更斯(Charles John Huffam Dickens,1812-1870)以法國大革命作為時代背景所寫的膾炙人口小說『雙城記(A Tale of Two Cities)』,開頭的一段話說:「那是最好的時代,也是最壞的時代;是智慧的時代,也是愚蠢的時代;是信仰的時代,也是懷疑的時代;是光明的季節,也是黑暗的季節;是充滿希望的春天,也是令人絕望的冬天;我們的前途擁有一切,我們的前途一無所有;我們正走向天堂,我們也走向地獄─總之,那個時代和現在是如此的相像,以至於它最喧鬧的一些專家,不論說好說壞,都堅持只能用最高級的形容詞來描述它。」

(2)有很長的一段時間,台灣人始終相信,只要努力,認真去工作,生活就得以改善。過去一百年台灣人相信「希望」的年代,至少曾出現三次:第一次是日本統治的結束,1945年日本戰敗後,台灣人的感情應該十分複雜吧,很多人為重返昨日的祖國感到高興,民國34年(1945)在台北公會堂[1]舉行的台灣省受降典禮,從當時場面極為盛大就可以看出當時台灣人渴望當家作主的熱切情懷,但這種熱切情懷隨即被二二八事件[2]澆熄,第二個希望的年代是一九八七年解嚴前後,1987年蔣經國總統宣布自當年7月15日解除戒嚴[3],現代史上最長的戒嚴令共持續38年又56

---

[1] 「台北公會堂」現稱中山堂,興建於1932年11月,費時四年,1936年11月完成,由總督府技師井手薰設計,公會堂的建築本體採用鋼筋混凝土所造,為四層式鋼骨建築,是當時依現代建築法所建最牢固的結構體,無論其耐震、耐火、耐風,其性能均極為優良。公會堂面積有一二三七坪,建築物總坪數則有三一八五坪,建築式樣採自由形式並混雜西班牙回式建築風格,當時其空間可容納人數,僅次於東京、大阪、名古屋等公會堂而居第四位,日本殖民時代之所以建立台北公會堂,據說是1928年日人為了紀念裕仁天皇登基,並作為施政紀念事業重要建設項目之一,於是拆除了清朝的台灣布政使司衙門,並將部分拆除的建築物移到植物園陳列,而在原址開始籌劃興建「台北公會堂」。 1945年抗戰勝利台灣光復,台灣省受降典禮便在台北公會堂舉行,受降典禮由臺灣省行政長官公署長陳儀代表中國戰區最高統帥受降,日方投降代表則由臺灣總督兼第十方面軍司令官安藤利吉等人代表出席,同時「台北公會堂」更名為「中山堂」並由台北市政府接收,內部的「大集會場」、「大宴會場」「普通集會室」也同時改為「中正廳」、「光復廳」、及「堡壘廳」。有一段時間,中山堂的主要功能之一即為召開國民大會之場所,並且成為政府及各界舉辦重大集會之空間,冷戰時期,國府接待美國前總統尼克森、韓國前大統領李承晚、越南前總統吳廷延、菲律賓前總統賈西亞、伊朗前國王巴勒維等外國元首訪華,均在此舉行國宴,中美簽訂共同防禦條約及中華民國第二、三、四任總統、副總統就職大典也都在此舉行,內政部於民國81年將中山堂列為國家二級古蹟。

[2] 二二八事件的導火線是1947年2月27日發生在台北市的一件私菸查緝血案而引爆衝突,觸發隔日2月28日發生臺北市民的請願、示威、罷工、罷市。同日,市民聚集在台北台灣行政長官公署前(目前為監察院院址附近)抗議,竟遭公署衛兵開槍射擊,從此該事件由請願轉變成為對抗公署的政治性運動,並爆發自國民政府復台後,規模最大的軍民衝突與省籍對抗,抗爭與衝突在數日內蔓延全臺灣,國民政府由中國大陸增援軍隊抵臺,事件造成的傷亡,數字眾說紛紜,而各方統計的死亡人數,由數百人、數千人、一萬餘人,至數萬人不等。

[3] 《臺灣省戒嚴令》,正式名稱為《臺灣省警備總司令部布告戒字第壹號》,由當時台灣省

天，台灣長年被壓制的社會力一夕之間萌芽、百花齊放，人民關心也想參與新社會的建設，第三個希望的年代則是2000年的政黨輪替，結束了國民黨55年長期執政的政權和平移轉，然而由於陳水扁總統的貪腐，造成2008年台灣二次政黨輪替，2016年又因馬英九總統執政不滿意始終居高不下，造成台灣第三次的政黨輪替，從2008年以來，台灣雖然歷經兩次政黨輪替，然而台灣人的「悶」卻好像依然如昨，民主鞏固與民主深化，導致新文化、新論述的風起雲湧。

（3）改變的方向之一，就是「地方學」運動的興起，傳統上，「地方學」大都是以「地方志[4]」的形態出現，地方志主要紀載地方的地理與歷史，又分為綜合性志書與單一志書兩大類，綜合性志書記述的內容是所志時空的各個層面，也許是自然、也許是社會或者文化、政治及經濟等等，如一統志、省志、縣志等即屬此類；單一性志書記述的空間可以是某個行政區域，也可以是幾個行政區域和非行政區域，還可以是國外的某個國家或跨國家的某個區域，像是文化志、戲曲志、風俗志、農業志、服裝志、報業志、水利志、鐵路志、工業志、水產志、人口志、教育志、海洋志、物產志、探險志、動物志、生物資源志等等不同的說法。

（4）2000年首次政黨輪替後，地方學的研究增多，「地方學」於是成為社區總體營造、社區大學吸引在地學習的重點課程，這種社會學習機制，主要標舉目標是：解放知識、公民社會、在地接軌、社會學習、深化民主，於是由社會學、人文地理學、人類學、文化產業、社會運動、社區營造、民俗學、都市計劃、文化資產以及環境生態等等許多不同的的觀點來探討地方學，就形成一種風潮。

二、中興新村名稱的出現

（1）「中興新村」的「中興」二字，取自「少康中興」[5]，中興新村這個位於

政府主席兼台灣省警備總司令陳誠於1949年5月19日頒布，為宣告自同年5月20日零時（中原標準時間）起在台灣省全境實施戒嚴，至1987年由總統蔣經國宣布自1987年7月15日起解除戒嚴，共持續38年又56天之久。此戒嚴令實行的時期又被稱為「戒嚴時代」或「戒嚴時期」

[4] 方志或書寫成「方誌」最早見於《周禮》，有「掌道方志以詔觀事」的記載。秦朝以後，方志漸多，《後漢書西域傳》有「二漢方志，莫有稱焉」的紀載。左思的《三都賦序》說：「余既思摹二京而賦三都。其山川城邑，則稽之地圖；其鳥獸草木，則驗之方志。」到了南北朝以後，我國的方志進入發展時期，有《豫章古今記》、《荊州記》、《華陽國記》，皆初具方志規模。

[5] 少康中興乃中國史上首個出現「中興」二字的時代，夏禹之子啟，開啟了中國第一個世襲的朝代，啟傳子太康，太康疏於政事，只顧貪圖享樂，被有窮氏的后羿取代，史稱太康失國，后羿立太康之弟仲康為天子，仲康死後，后羿稱王，後被其寵臣寒浞所廢，寒浞又追殺仲康之子相，少康則是相王的遺腹子，少康長成後逃往有虞避難，史稱：有田一成（方十里），有眾一旅（五百人）並請得到其岳父有虞國君的襄助，終於奪回夏朝政權，其時離太康失國已經40年，其時約在公元前2050年前後。國府失去大陸河山之後，經常以「少康中興」、「臥薪嘗膽」、「田單復國」等歷史故事作為精神教育的中心思想，當時台灣省政府所在地稱為「中興新村」，霧峰辦公區稱為「光復新村」，台中辦公區稱為「黎明新村」，國民黨臺灣省政府黨部則稱為「田單黨部」。據說中興新村命名時，嚴家淦主席曾徵詢台灣省議會黃朝琴議長的意見，根據台灣省前省議長黃朝琴的回憶錄紀載：中興新村

南投市與草屯鎮之間的新市鎮，因歷史淵源與時代的偶然，把原本在臺北的臺灣省政府搬遷到這邊來，使得中興新村有很長的一段時間，成為臺灣的行政重心。

（2）隨著而來的基層工作人員、中、高級公務人員及其家眷，在當時的文化背景、時空環境洗鍊之下，造就了中興新村與眾不同的風貌，「中興新村」看起來像眷村，但是它跟軍眷的眷村是完全不一樣的，中興新村過去有很大部分是菁英的公務人員，為了他們能夠安心遷徙到中興新村來，政府建了兩千多戶的宿舍，讓他們在這裡能安心辦公，能安家立業，教育方面，則有小學、中學、高中，還有很多附屬設施，包括醫院、郵局、電信局、市場、殯儀館等等，當時的台灣省政府中心思想是『建設台灣省成為三民主義模範省』，中興新村建村理想則是『建設中興新村成為三民主義模範村』。而台灣省政府附屬機關的搬遷，也一直持續了將近30年，到1975年黎明新村完成後，才大致停止[6]。時至今日，中興新村已自成格局，是個生活機能非常優質的地方，他們的生活方式，足以反映當初臺灣建設成長過程的縮影。

最早出現『中興新村』的手繪地圖
（臺灣省政府疏散工程總報告）

（3）中興新村，一般民眾普遍認為是台灣光復後，中華民國在台灣建設的第一個示範型新市鎮，位於台灣南投縣南投市與草屯鎮之間，但實際上她卻是台灣在二次大戰結束後，政府興建的第二個新市鎮[7]，作為台灣省政府地所在。中興新村

　　命名時，我適逢其會，有一次我陪同嚴主席南下視察，回程應邀前往營盤口，參觀省府疏遷廳舍興建工程時，嚴主席命名意見徵詢，我當即建議以命名為「中興新村」如何？旋蒙採用，深感榮幸等語。

[6] 其實台灣省政府最後一個遷入中興新村辦公的應該是台灣省政府民政廳的文獻委員會，民國81年由黎明辦公區遷入中興新村。

[7] 第一個新市鎮是光復新村，依據當時的台灣省政府疏遷計畫除了政府機關，還包括了公務員及家屬，因此政府規劃了兩座新市鎮，1956年於台中霧峰建立「光復新村」作為試驗，第二年1957年建立了中興新村，但由於光復新村當時只是一個為了建設中興新村，而作為「試驗用」的社區，而且當時因為經費問題，其實並未完全建設完成，因此，一般民眾普遍認為中興新村才是台灣第一個新市鎮，1973年台灣省政府為了容納仍分散在台中干城營

坐落於南投市虎山山腳的「營盤口」地區，其後陸續擴展至「內轆」地區，1955年開始籌建，1956年臺灣省政府從台北市疏遷至台中地區辦公，並發布中興新村都市計畫。1957年整體都市設計參仿英國花園城市（Garden city）模式設計建造完成，佔地約250公頃，成為辦公與住宅合一之田園式行政社區。1957年夏，臺灣省政府將員工開始遷往位於南投縣營盤口所設立的「中興新村」；1964年，臺灣省政府發布另一個中興新村南內轆地區都市計畫。1984年李登輝主席任內，將前後兩個都市計畫合併成一個「中興新村（含南內轆）都市計畫」，這也是目前最為人所知中興新村都市計畫的原型。

（4）1989年邱創煥主席任內時期，將中興新村公共設施保留地做專案通盤檢討，並予以核定，這是目前中興新村公共設施大致的原型；1992年連戰主席任內，由臺灣省政府秘書處公管處編列預算，委請台灣省政府住都局辦理「中興新村整體規劃」，並成立中興新村整體發展指導委員會及中興新村整體發展規劃小組負責推動，開啟了中興新村空間大改造的列車。

（5）社區內雨水、污水分流系統，使社區有最好的生活環保標準，囊底路設計，形成敦親睦鄰守望相助的濃厚情誼，突顯強烈的社區意識。目前已成為中台灣觀光休閒及兒童遊樂據點；1998年「精省」實施後，中興新村原有服務省府機關的機能不再，面臨發展定位的轉型，其後曾提出「大學城」、「長青村」、「科技村」、「養生村」、「會展中心」等等轉型構想，2009年行政院正式核定成立高等研究園區，由國科會中部科學園區管理局負責推動。

三、臺灣省政府的成立

（1）1945年在重慶的國民政府眼見勝利在即，1945年8月29日國民政府特派陳儀[8]擔任台灣省行政長官，8月30日派葛敬恩[9]擔任長官公署秘書長，9月1日於重慶

區辦公的地政處、水利處、環保處、勞工處等單位（這些機關當年都是台灣省政府三級機關，分別稱為民政廳地政處、建設廳水利局、衛生處環保局、社會處勞工科），又打造了第三個新市鎮，稱為黎明新村，於1975年5月完工，鄰近現在台中市最繁榮的七期重劃區，由於黎明新村建造後，宿舍採用「賣斷」的方式，由符合資格的同仁購買，造成黎明新村祇有「辦公區」，卻無「宿舍區」的現象。

[8] 陳儀（1883－1950），幼名毅，改名儀。字公俠，後改字公洽，自號退素。浙江紹興人。日本陸軍大學畢業，二戰結束後，曾任台灣省行政長官兼台灣省警備總部總司令，任內發生台灣歷史悲劇二二八事件，為事件中最受爭議政治人物之一。國共內戰末期，戰爭形勢急轉直下，陳儀曾勸告蔣中正，對國民黨將喪失大陸政權要看開。1948年6月任浙江省政府主席，11月釋放浙江省警保處處長毛森報批處決的100多名共產黨員，1949年1月，陳儀眼見局勢不利，欲投共產黨，並嘗試策反京滬杭警備軍總司令湯恩伯投共，湯將此事呈報蔣中正。陳儀在1949年初被免去浙江省主席職務，後來開始被軟禁。1950年4月，陳儀被押解到台灣，囚禁於基隆。1950年5月，蔣中正以匪諜案，指示臺灣軍事法庭判處陳儀死刑。同年6月18日清晨5時許，陳儀於台北新店碧潭的軍人公墓被槍決。參考https://zh.wikipedia.org/wiki/%E9%99%B3%E5%84%80

[9] 葛敬恩（1889-1979），字湛侯，浙江嘉興人，22歲參加辛亥革命，10月10日武昌起義，11月5日，葛敬恩領導杭州新軍起義，負責起義計劃起草和命令的下達，並率領和指揮起義軍攻克了杭州羊市街火車站，在車站建立總司令部。成為辛亥革命武裝鬥爭的典範人物，後進

成立台灣省行政長官公署，9月7日派陳儀兼任台灣省警備總司令。1945年10月25日，台灣省行政長官公署在臺灣正式運作，原總督府廳舍由於戰火部分被炸毀，尚在修復，所以公署設在台北市役所[10]辦公（現行政院址處，農林廳、漁業局等部分廳處則設於監察院院址處）。

（2）1947年二二八事件爆發後，國民政府有鑑於台灣民眾對陳儀為首的台灣省行政長官公署強烈不滿，於1947年4月22日將長官公署改制為臺灣省政府，仍設於台北市，因此，過去有很長的一段時間，台灣教科書都認為台灣省省會是台北市。

（3）1945年二次大戰結束，旋即爆發第二次國共內戰[11]，1949年國民黨由於國共內戰失利，將國民政府遷往台北，中國共產黨正式在北京建政，由於兩岸軍事對抗轉趨激烈，基於疏遷政策，1956年，臺灣省政府先

轉型後的中興新村少了很多政治味道，但卻添增了很多人文味道，經常舉行的的路跑，取代了員工健行。

入日本陸軍大學學習軍事，1921年畢業，1945年抗日勝利後出任台灣行政長官公署秘書長兼前進指揮所主任，9月在南京出席國民政府的對日受降儀式，10月赴台出席在台日軍投降儀式。他第一次對台灣人民演講時曾說「台灣人還沒接受真正中華文化之薰陶，是二等公民。」1947年3月14日，葛敬恩乘專機飛南京，代表陳儀向蔣介石報告事變經過。據說葛談話稱，2月28日暴動原因，係日本統治時代遺留之鷹犬與近由海外遣回之台籍浪人受奸徒煽惑。1947年，葛擔任國民參政員、制憲國大代表，1948年第一屆立法委員選舉時被選為浙江省立法委員。中華人民共和國成立後，1949年5月，葛敬恩會同上海、香港等地50餘位立法委員通電擁護中國共產黨。並歷任民革中央團結委員、上海市政協委員、第四屆全國人大代表、第四、第五屆全國政協委員等職，1979年，在上海逝世。參考https://zh.wikipedia.org/wiki/%E8%91%9B%E6%95%AC%E6%81%A9

[10] 台北市役所成立於大正九年（1920年），台灣總督府改革市制，設立台北市隸屬於台北州，並成立台北市役所，首長稱為「市尹」，第一任市尹為武藤真五郎，但初期並不在此辦公，一直到昭和12年（1937年）日本總督府才開始斥資於中山北路與忠孝西路交口處興建市役所，昭和15年（1940年）完工，市役所才遷入此處辦公，也就是現在的行政院本部。

[11] 第一次國共內戰發生在二次大戰以前，通常是是指在1927-1937年間，由國民黨領導的國民政府對中國共產黨領導的地方性政權發動的戰爭，此戰爭於西安事變後和平解決，此戰役中國國民黨稱為剿共。中國共產黨則稱為稱第二次國內革命戰爭、土地革命戰爭或十年內戰；第二次國共內戰（1945年－1979年），發生在二次大戰結束後後，又分為兩階段，第一階段是1945年—1950年的軍事衝突期，第二階段是1950年—1979年之間的軍事對峙期，這是國民黨與共產黨對於國家體制與前途爆發的內戰，起因是抗戰結束後，國共雙方摩擦不斷，隨後談判破裂，內戰全面爆發，至1949年中國共產黨控制中國大部分地區，並在北平建立中華人民共和國，並把北平改為「北京」，中華民國政府則退往台灣，此後雙方在台灣海峽互相對峙，直到至1979年中（共與）美建交，這一年也被認為是中國大陸正式開始社會主義現代化建設，走改革開放正確道路的第一年，至此以後，兩岸局勢逐步緩和，中國共產黨通常稱這場戰爭為第三次國內革命戰爭、中國人民解放戰爭或解放戰爭，國際上則通稱為第二次國共內戰。

遷往台中市霧峰區的臨時辦公室（約今霧峰區公所旁，現由教育部國教署使用）。1957年，中興新村第一期工程完工，遷入中興新村一號大樓辦公，地址為中興新村台北路1號[12]。

（4）中興新村位於貓羅溪流域的虎山山麓，早期為配合臺灣省政府的疏遷，參仿英國花園城市（Garden city）創建模式的設計而建造，民國46年（1957）一個略見花園城市雛形的新省政中心成形；建築物排列整齊，庭園寬敞綠意盎然，區內有荷花、椰林、花池、噴泉及到處草坪和濃濃樹蔭，環境優雅，美不勝收。

（5）中興新村整體空間配置引進英式「花園城市」概念，以「鄰里單元」及防空疏散的「低密度開發」規劃建構，所營造之良好工作生活環境與完善公共設施暨立臺灣新市鎮典範。鄰里單元以學校、市場或公園為組成核心，住宅採低矮建築、設前庭後院，第一、二鄰里單元街廓採「囊袋式」空間結構，第三鄰里單元以馬蹄形、放射狀式空間結構；公共空間面積與管理品質良好，綠色景觀資源豐富，均為臺灣獨具特色之都市設計。

---

[12] 民國49年（1960年）改稱省府路1號（今址）。

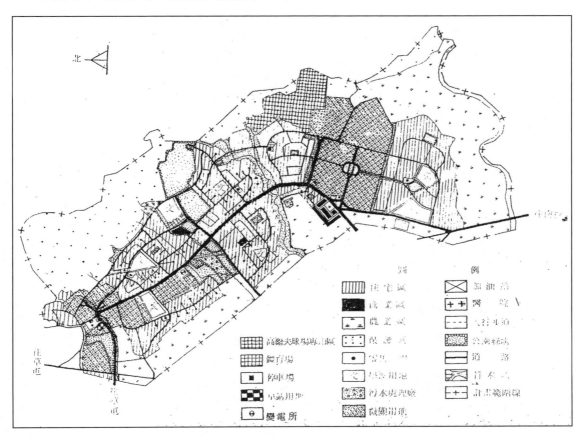

圖1-1 1984年版中興新村的都市計畫示意圖

資料來源：南投縣政府（1984）：中興新村（含南內轆地區）都市計畫。5頁。

（6）中興新村各項公共設施完善，為具有完善的辦公與住宅合一之田園式行政社區，社區內開先例之「雨、污水分流下水道系統」，使社區有最好的生活環保標準；社區內巷道採住行分離系統之《囊底路（cul-de-sac）》設計，形成敦親睦鄰守望相助的濃厚情誼，突顯強烈的社區意識。而機能齊全的花園式社區在全國更是無能出其右者，村內公園綠地處處、花木扶疏，漫遊其間，神清氣爽，怡然自得，成為中部地區每逢假日遊客如織，為最佳觀光休閒及兒童遊樂場所。

四、中興新村的風華

（1）中興新村是1945年台灣光復以後，第一個有系統規劃的都市，也是第一個在國土均衡發展策略（Balanced Developmental Strategy）下，以行政功能帶動地方發展的著例。1957年7月，經過兩年的政策協商與區位選擇，台灣省政府從台北市疏遷到中興新村，也是台灣戰後第一個新市鎮。

（2）中興新村的建設參仿英國花園新鎮（Garden City）模式創建，根據1984年版中興新村都市計劃書的說明，總面積706公頃，可供都市發展用地面積約391公頃，計劃面積223公頃，公有土地面積約252公頃，就現況使用面上，除了各行政機關辦公區外，目前中興新村公有宿舍約有2,427戶，使用中約有1,700戶，其餘為私有土地，計畫容納人口為31,000人，居住密度為185人/公頃，屬中低密度的規劃[13]。

（3）中興新村設計之初，規劃建設成完善的辦公與住宅合一的田園式行政社區；而根據人口統計資料，中興新村都市計畫區的人口在民國82年達到23,400 人的高峰，此後便逐年減少，目前中興新村村內四里的人口大約有16,200人，圖1-1顯示1984年版中興新村的都市計劃示意圖。

（4）從1957-1999這四十餘年時間，中興新村歷經了15任主席與一任省長的經營[14]，已經成為台灣極其富有行政與文人氣息的社區。1996年的國發會共識決議，開啟了精省列車，1998年12月民選省長正式走入歷史，1999年7月1日，台灣省政府組織正式改制，同年9月21日台灣發生九二一大地震，原屬省政府的辦公廳舍，約有三分之一倒塌，在中央《中興新村辦公廳舍倒塌不重建》的政策下，九二一紀念公園矗立在當時主要的民政廳、社會處、財政廳、稅務局等倒塌的辦公廳區，台灣省政府請參閱第十五章，九二一大地震請參閱第十六章。

五、中興新村的轉型

（1）精省政策實施後，中興新村之行政機能與使用價值逐漸消逝，從1998-

---

[13] 參見南投縣政府（1984）：中興新村（含南內轄地區）都市計畫。1-5頁。以及中華民國景觀學會（2002）：中興新村永續利用願景規劃：再造台灣花園城市的春天。1-5頁。內政部營建署委託。

[14] 趙守博為第15任省主席，也是最後一任擁有實際權威與資源的省主席，2000年以後，張博雅、范光群、林光華、林錫耀、蔡勳雄、林政則相繼被指派為台灣省政府主席，唯斯時台灣省政府已經被精簡成幾乎完全沒有功能的政府組織。

2008年間，十餘年的空轉與閒置，在這段期間行政院與南投縣政府分別提出知識產業、生物科技產業、歷史文化、會議中心等等構想，但未曾付諸實施。

（2）2008年馬英九總統提出「愛台12建設」，除宣示中興新村發展為文化創意及高等研究園區之政策方向外，另於2008年8月行政院核定之「鬆綁與重建」策略中，針對中部地區推動「高科技產業新聚落方案」，提出多項具體計畫或工作項目，而「發展中興新村為高等研究園區」為其中一項重要工作。

（3）行政院劉兆玄院長於2008年11月25日聽取蔡勳雄政委簡報後指示行政院經濟建設委員會，研擬「中興新村發展為高等研究園區先期規劃」，旋於2009年7月10日核定，期間並指定中興新村高等研究園區之中央主管機關為行政院國家科學委員會，同時指定中部工業科學園區管理局負責。

（4）國科會主導辦理的「中興新村高等研究園區籌設計畫」於2009年11月19日報奉行政院核定。2011年1月，中興新村國有土地管理機關正式由台灣省政府移撥中科管理局正式接手，中興新村作為高等研究園區的政策方向，終於確定。

（5）根據中部科學工業園區管理局的構想（中科管理局，2011），高等研究園區設置於中興新村都市計畫區內，位於南投縣的西北隅，距離草屯鎮約4公里，南投市約6公里，地處南投平原和東側南投丘陵的交界，與商業中心的草屯鎮和具行政機能的南投市形成三角發展地帶。

（6）中興新村（含南內轆地區）都市計畫區範圍，包括大虎山以西，營盤口和省道臺3線以東，軍功寮溪以北，草屯都市計畫區以南的土地，面積706.78公頃。高等研究園區之整體規劃面積共約261.50公頃（詳請參閱本書第十八章）

六、中興新村的未來

（1）根據行政院國科會的規劃，中興新村成為的高等研究園區之後，以研發為主，具有長遠的目標，並期望能引領未來20-30年的發展趨勢，具有高度的戰略性質，園區發將結合生態國際村及全球新興產業與地方產業發展成為多面向的園區，將行政機關、觀光產業、教育及醫療產業與科技研發結合在一起。

（2）整體園區發展構想，係以核心研究功能、市場化實

中興新村轉型之後，早年冠蓋雲集的省政資料館，政治味少了很多，卻多了一份親切的滄桑

驗場域，提供基礎研究與應用研究平台，建立支援區域產業研發營運環境的重要基地，並以現代化的園區管理方式，配合整體產業發展，建構成台灣西部科技走廊的

研究發展重心，成為「全球最具競爭力的高等研究園區」之一。

（3）工研院於本園區建立一結合區域產業整合加值、智慧機器科技及奈米纖維與溫室工程科技等研發產業，成為帶動中部區域產業升級轉型的關鍵研發平台。資策會亦將設立新興智慧技術研究中心，從事綠色ICT技術與綠色生活實驗，包括綠色智慧行動、綠色智慧建築及綠色智慧社群（雲端運算）等，帶動相關產業的發展。

（4）行政院中部行政中心亦將配合研發單位進駐園區，而為能兼顧中興新村在台灣歷史發展及空間規劃之特殊意義，與園區文史創意及文化資產保存、文史藝術資源及文化資產與活化、以及符合生態城市等發展目標，高等研究園區將以提供優質之研發創新環境、便利之交通、完善及舒適之生活機能、生態與國際化環境。達成以邁向永續發展的科技基地、創造國家頂尖人才的培養皿、未來新生活模式的實驗場域、具備國際化特質之居住環境計畫之目標，並配合「推動建置智慧綠色科學園區示範計畫」推動節能減碳之綠色研發環境。

（5）總結的說，未來中興新村將依循「保存與發展」及「鬆綁與重建」之發展策略，高等研究園區以研發產業為主體，詳請參考第十八章，同時保留部分行政機關及部分鄰里單元，調整用地並配合產業研發機構需求期程，分期分區釋出土地以供開發，發展中興新村為智慧綠色科學園區。

重要名詞：

戰後、中興新村、地方學、雙城記、台北公會堂、台灣省行政長官、台灣省行政長官公署、台北市役所、花園城市、高等研究園區。

想一想：

1.過去一百年台灣人相信「希望」的年代，至少曾出現三次，是哪三次？

2.「地方學」運動的內涵是甚麼？

3.「中興新村」的「中興」二字原來的意義是甚麼？

4.寫出您所知道的國共內戰成因與影響。

5.闡述中興新村都市計畫的原型。

6.請說明臺灣省政府的成立的原因與遷徙的過程。

7.中興新村整體空間配置為何？

8.中興新村歷經了幾任省主席與省長。

9.精省政策實施後，中興新村之行政機能與使用價值逐漸消逝，中央的政策是甚麼？

10.中興新村的未來可能是甚麼？

11.台灣省政府為容納疏遷員工所建造的「中興」、「光復」、「黎明」三座新

村，為何「中興新村」、「光復新村」都有員工宿舍區，唯獨「黎明新村」衹有「辦公區」卻無「宿舍區」？

我的學習單

（　）1. 寫下『雙城記（A Tale of Two Cities）』的英國的小說家為：
（A）亞當斯（John Adams）（B）狄更斯（Charles John Huffam Dickens）
（C）史密斯（James Smith）（D）勞倫斯（Block Lawrence Block）

（　）2. 1945年抗戰勝利台灣光復，台灣省受降典禮在台北公會堂舉行，台北公會堂是現在的：
（A）中山堂（B）中正堂（C）光復堂（D）中興會堂

（　）3. 1945年抗戰勝利台灣光復，台灣省受降　典禮代表中國戰區最高統帥接受日本投降的官員是：
（A）何應欽（B）蔣中正（C）陳儀（D）陳誠

（　）4. 1945年抗戰勝利台灣光復，台灣省受降典禮代表日本天皇向中國戰區最高統帥投降的官員是：
（A）安藤利吉（B）岡村寧次（C）奈木希典（D）東條英機

（　）5. 中央將台灣省行政長官公署改制為臺灣省政府的原因是：
（A）抗戰勝利（B）二二八事件（C）霧社事件（D）高雄事件。

（　）6. 臺灣省政府在遷入南投中興新村之前，曾落腳於：
（A）台中霧峰（B）台中黎明（C）台中干城（D）以上皆是。

（　）7. 臺灣省政府正式遷入中興新村的年代是：
（A）1947年（B）1957年（C）1967年（D）1877年。

（　）8. 地方志主要紀載地方的地理與歷史，又分為：
（A）綜合性志書（B）單一志書（C）A與B均正確（D）A與B均不正確。

（　）9. 「中興新村」的「中興」二字，取自：
（A）少康中興（B）伊尹中興（C）光武中興（D）昭宣中興。

（　）10. 1998年精省實施後，中興新村原有服務省府機關的機能不再，面臨發展定位的轉型，其後曾提出多項政策，2009年行政院正式核定於中興新村成立：
（A）中興新村安養院（B）行政院第二院區
（C）中興新村大學城（D）中興新村高等研究園區。

（　）11. 南投縣中興新村位置的陳述，何者正確：
（A）中興新村位於南投集集大山山麓（B）中興新村位於九九峰半山腰
（C）中興新村位於水社大山山麓（D）中興新村位於虎山山麓

（　）12. 臺灣省政府之所以遷往中興新村主要是基於下列何種政策：
（A）疏遷政策　（B）區域發展政策
（C）振興農村政策（D）經濟發展政策。

（　）13. 中興新村的設計主要是參考以下哪一種設計模式：
　　　　（A）法國巴黎凱旋門設計模式（B）英國倫敦花園城市模式
　　　　（C）美國華府特區模式　　　　（D）日本明治維新模式

（　）14. 精省至今，台灣發生幾次政黨輪替：
　　　　（A）兩次（B）三次（C）四次（D）五次。

（　）15. 2000年台灣政黨輪替，擔任總統的是：
　　　　（A）陳水扁（B）馬英九（C）蔡英文　（D）嚴家淦。

（　）16. 2008年台灣政黨輪替，擔任總統的是：
　　　　（A）陳水扁（B）馬英九（C）蔡英文（D）嚴家淦。

（　）17. 2016年台灣政黨輪替，擔任總統的是：
　　　　（A）陳水扁（B）馬英九（C）蔡英文（D）嚴家淦。

（　）18. 以下哪一位總統曾經擔任過台灣省政府主席：
　　　　（A）李登輝（B）馬英九（C）蔣經國（D）蔣中正。

（　）19. 日據時代「台北公會堂」的建築師是：
　　　　（A）井手薰（B）貝聿銘
　　　　（C）八田與一（D）松木幹一郎。

（　）20. 台灣省政府曾經規劃過至少三個行政社區，以下哪一個是錯誤的：
　　　　（A）中興新村（B）光華新村
　　　　（C）光復新村（D）黎明新村。

（　）21. 大省政府時期，台灣省政府地政處位於哪一個新村：
　　　　（A）中興新村（B）光華新村
　　　　（C）光復新村（D）黎明新村。

（　）22. 大省政府時期，國民黨臺灣省政府黨部通稱為：
　　　　（A）台灣省黨部（B）中興黨部
　　　　（C）復興黨部（D）田單黨部。

（　）23. 1945年國民政府眼見勝利在即，於同年9月1日，在何處成立台灣省行政長官公署作為接收的機關：
　　　　（A）南京（B）重慶（C）廣州（D）北京。

（　）24. 中興新村高等研究園區是哪一任政府的重要政策：
　　　　（A）陳水扁政府（B）馬英九政府
　　　　（C）蔡英文政府（D）李登輝政府。

（　）25. 中華民國政府與美國政府正式斷交是：
　　　　（A）1959年（B）1969年（C）1979年（D）1989年。

第二章　村史研究方法

本章重點

中興新村有沒有村史？
答案可能令人傷心，中興新
村的創建，主要是做為台灣
省的省垣行政中樞，是省主
席或省長發號司令的司令
台，位於中興新村的台灣省
政府紀錄的都是大政方針、
大事件，不會管中興新村的
柴米油鹽醬醋茶這種小事，
可惜這些大政方針或大事
件，即使決策是在中興新村
做成，其實與中興新村關係
不大。

「打麻將」是早期中興新村常見的家庭休閒活動（石志平提供）

早期由於中興新村是公務員的眷村，早年的公務員大都抱持著「忠黨愛國」的
情懷，長官經常以明朝學者顧憲成[1]的詩句「風聲雨聲讀書聲聲聲入耳；家事國事
天下事事事關心」來勉勵同仁，但時日一久，公務員無論是升遷或申請宿舍等等的
「福利」，經常需要排隊，久而久之，「年資」成為公務員最重要的資產。

在中興新村下班後，除了偶而的看電影福利外，其實非常無聊，左鄰右舍、
三五好友，聚在一起，打打衛生麻將消遣，這是非常常見的事情，於是有人寫了一
首打油詩：「風聲雨聲麻將聲聲聲入扣；家事國事選舉事胡了再說」，據說，這事

---

[1] 顧憲成（1550年－1612年），字叔時，號涇陽，南直隸無錫縣涇里（今江蘇省無錫錫山區
張涇鎮）人，明朝政治家、思想家、學者，重建東林書院，人稱「東林先生」。在野評議
時政，廣受支持，為東林黨的創始人。官至吏部文選司郎中。明熹宗天啟初年，贈太常寺
卿。後來東林黨爭爆發，被魏忠賢閹黨削官。崇禎初年獲得平反，贈吏部右侍郎，諡端文。
顧憲成在讀書中，非常仰慕前賢先哲的為人，一心想仿照那些德高望重的人的思想舉動去
行事，據說顧憲成在未出仕之前，他自撰了一副對聯：「風聲雨聲讀書聲聲聲入耳，家事
國事天下事事事關心」，表達了他讀書期間對社會的關注。參考ttps://zh.wikipedia.org/zh-
tw/%E9%A1%A7%E6%86%B2 %E6%88%902015/09/24搜尋

傳到了陳大慶[2]主席耳中，非常不以為然，有天夜裏，陳大慶主席微服出來中興新村走走，果然聽到中興新村入夜後，到處都是麻將聲，陳大慶主席走了一圈，記錄了『打麻將』的住家地址，第二天請人事處查一查究竟是那些官員的住家，發現有不少是廳處的科長以上官員，大為光火，在月會裡，申斥一番，打麻將的風氣稍稍停歇。

有鑑於中興新村村內缺少運動設施和相關社團，陳主席於是要秘書處和社會處想想辦法，從此以後，中興新村多了許多社團，像「羽球社」、「桌球社」、「籃球社」、「網球社」、「高爾夫球設」，「國樂社」、「讀書會」、「土風舞社」、「合唱團」等等社團紛紛成立。這樣的小事，也許正是中興新村村史應該記錄的故事。本章記述台灣的村史運動，以及村史研究方法，並由此來鼓勵中興新村居民，一起來研究村史。

一、台灣村史運動的興起

（1）傳統上，史書有許多名稱：本紀、世家、列傳、表歷、書志、論贊、序傳、序例、斷限、編次、題目、稱謂、載言、載文、書事、煩省等等，均為史籍的體裁，過去我們常說國史與地方志，史與志最大的不同，「史」強調時間的縱貫性，「志」則強調空間的「橫斷性」。

（2）從我國「地方志書」的發展來看，似乎比「國史」更為多元，地方志（誌）書有屬全國性的總志、一統志，也有跨越省域的會通志，或以一省一州一縣為主體的省志、州志、縣志。地方志（誌）最大的特點在於記實，但台灣以往許多志書都是援引外地學者擔綱主編，往往流於資料性文獻蒐集與處理，所以就有「在地人寫在地事」的呼聲，這樣既有資料的真實性，也有感情的真摯性。

（3）過去台灣傳統的地方志書，大部份是以「縣志」或者「台灣省通志」的方式來撰寫，過去地方志書修纂完成後，需要送至台灣省文獻委員會或者是內政部審查，經審查通過後才得以出版，由於審查意見常常與撰寫的原意不合，以致兩者間衝突時有所聞，有些縣市政府為躲避審查，乾脆以「志稿」或「縣史」的方式出版，這也形成了地方史運動的興起，特別是解嚴之後，既然有可以有「縣史」、「鄉鎮市史」、「村里史」、「社區史」也就理所當然了。

（4）無論是國史還是地方志，傳統時代只有官方才有資格寫，也只有官方才有能力寫，這個時代無論是國史還是地方志，都有『大一統』的思想，然而由於社會的多元，有許許多多的精英持續投入史志的研究，不同的觀點陸續出現，『大一

---

[2] 陳大慶（1904─1973），國軍將領，曾任第八任臺灣省政府主席，1904年生於江西崇義，黃埔官校第一期畢業。曾參與國民黨東征、北伐、抗戰、國共內戰等戰役，由排、連、營長，積功升團、旅長，抗戰期間，任第四師師長、五十八軍副軍長、新編二軍軍長、第二十九軍軍長、十九集團軍副總司令、總司令等職。抗戰勝利後，任第一綏靖區副司令官、調南京衛戍副司令官、後調京滬杭警備副總司令等職，重要戰役包括：台兒莊會戰、中原會戰、上海保衛戰等戰役，來台後曾出任國安局局長、台灣省警備總司令、陸軍總司令等職，後調任台灣省政府主席、國防部長等職，1973年8月22日逝世，被追贈為陸軍一級上將。參考https://zh.wikipedia.org/

統』觀點的史志編輯方法，開始受到很大的質疑與挑戰，由民間來寫史的呼聲，隱然出現，而為什麼中央才能有『史』？地方只能有『志』？這種中央集權的觀念，加上國府的偏安，『國史』與『台灣史』的爭議，也加速了這樣的火花，這個運動就從『村史』開始。

（5）台灣的村史運動，最早可能是在精省前由前台灣省政府文化處[3]發起，當時大約在民國87年間，文化處編了一筆預算，鼓勵大家來寫村史，當時台灣省政府文化處補助中華民國社區營造學會寫了一本「大家來寫村史--民眾參與式社區史操作手冊」，由台大吳密察教授[4]主持，參與的人包括：陳板、楊長鎮、黃美英、張淑玫、林欣穎等人，這個計畫邀請十個試點做為種籽村，希望透過種籽工作者的帶領和專業文史工作者協助下，展開社區參與活動，由民眾自行詢問、探查、追究、回憶、記述，並透過書寫、圖繪、表演、歌唱、展覽、實作等活潑方式再現自己或共同（社區）的記憶。

（6）通常專業的文史專家在這個「大家來寫村史」計畫裡主要是擔任推動、協助或觸媒的角色，有時這些專業的文史專家，也會設計出讓民眾更為活潑參與的工作模式，以有利於共同記憶的發掘、交換、組構與重建，最後，則尋求建立永續的村史機制的可能，如村史社團、村史館、村史官、村史簿、村史圖或其它更活潑的形態，讓歷史在當下的對話，能持續啟發著社區的共同願景。

（7）文化處成立後不久，宋楚瑜省長卸任，由趙守博接任，展開精省的序幕，隔年民國88年7月1日精省列車啟動，台灣省政府文化處改制為行政院文建會中部辦公室，業務幾乎停頓。未幾，台灣發生九二一大地震，災情慘重，逼得政府不得不成立專責機構、編列特別預算支應，除了倒塌的房舍重建之外，心靈的重建也非常重要。此時，客家籍的陳板成立了「第三工作室」，持續推動「大家來寫村史」，由於九二一重建委員會的鼓勵，以及「社區報」的風行，九二一大地震給予「村史」新的生命，許多重建社區藉由「大家來寫村史」凝聚了社區的在地力量，「村史」逐漸成為文史在地工作者的重要工作之一，直到現在，有些社造計畫也把「村史」放進社區總體營造的項目之一。

（8）1999年的九二一地震，在許多層面都是台灣社會的分水嶺，黨國體制的徹底崩壞，在地力量的崛起，應該也是其中一項，特別是社區總體營造運動，在重建區，地方文史工作者扮演了地方歷史的重建與喚醒的角色，特別是2000年以後，黃榮村教授主導九二一重建期間，由於行政院九二一重建會的支持與鼓勵，包括：林

---

[3] 「史」或「地方志」原本屬於內政部或民政廳局的權責，1997年台灣省政府文化處成立之後，宋楚瑜省長原本希望任命外事室洪孟起主任出任第一任處長，由於洪的謙讓，堅持虛位以待，故僅出任副處長代理處長，他上任之後，面臨第一件事是：他的權責有些屬於民政廳權責（如地方志）、有些屬於社會處權責（如社區發展），有些又屬於教育廳權責（如文化社教），有些又屬於新聞處業務（如電影出版），如何在這些既有機關中爭取業務，可說是台灣省文化處成立後的第一件大事，「村史」就是在這樣的背景下出現。

[4] 吳密察（1956-　），台灣歷史學家，台南縣北門鄉人，曾任台灣大學歷史系教授、台灣歷史博物館館長、成功大學台灣文學系主任等職，2010年退休，退休後曾擔任台灣研究基金會董事長。

盛豐、廖嘉展、謝國興、陳板、江大樹、鄭文良、黃美英、蔡培慧[5]等人，都奮不顧身投入重建區的社造工作，「村史」也讓社區民眾在共同記憶的回溯裡找到了認同的連帶，並且界定了地方的精神與特質。大約與此同時，國中、小課程也展開鄉土教育，急需相關教材，這些文史工作者的成果，恰好成為其教材基礎，使學校教育增添了社區生活的內涵，我們的下一代透過鄉土史地的學習而融入了社區。

（9）從古代的地方志到今日的鄉土教材，地方（社區）歷史書寫最大的困難，可能來自於國史與地方史的拉鋸戰，傳統上，國史通常是作為統治者的統治工具之一，「歷史是甚麼」固然很重要，「由誰寫歷史」更加重要，而地方史無疑的是把「寫歷史」的權力，由統治者身上解放出來，由於國族歷史觀點的滲透與支配，某些「源流」、「典型」的論述，最終仍逃脫不了歸納到「國史」的大主體中。「村史運動」讓民眾可以在更為開放的空間中，進行共同記憶的回溯、交換與重組，毋寧是一件進步的事情。

二、怎麼寫村史

（1）簡單來說，「村史」指的就是由在地文史工作者、教師、學者或有興趣的人，藉由對地方的深厚情感，對地方的歷史與發展作出紀錄；「村史」可以是跨學科的小區域研究，兼有「史料性」、「學術性」、「現實性」、「實用性」和「教育性」。通常一般縣誌與鄉鎮市誌皆由專家學者執筆，但往往太過專業，不太適宜大眾閱讀口味，這反而喪失激發民眾鄉土情誼的美意。

（2）為了推動大家來寫村史，1998年中華民國社區營造學會和台灣省政府文化處合作規劃推動的「大家來寫村史----民眾參與式社區史種籽村建立計畫」，在全省邀請十個社區作為試點，進行試驗性的民眾寫史運動，這是一個企圖從草根重建文化自覺和社區認同的新嘗試。這個計畫藉由地方文史工作者的策劃和協助，讓社區居民透過實際的活動操作和工作參與，去追索、挖掘、發現和重建關於自身的、家族的和社區的共同記憶。

（3）當時希望每一個種籽村提出的工作模式都能有個很重要的特質，可以融入社區生活過程而能轉化社區生活內涵，使社區歷史的探索成為建立社區文化生活的契機，而這個機制是透過居民彼此的互動產生，而不是由上而下的指導或外來的灌輸。經由這個計畫，希望能給台灣各地民眾一個開始去討論關於共同生活經驗的空間，交換彼此的記憶和想法，促進對社區特質和地方精神的掌握，進而成為有歷史自覺、文化自尊和社區自信的群體。這樣的村史工作將會成為社區發展機制的重要環節，使我們對現代化發展的追求有反省的可能，對本土生活方式的文化價值有自我肯定的勇氣。

（4）所謂「人親土親」，「大家來寫村史」，激發了無數文史工作者、中小學教師、社區發展學會會員，返鄉青年的投入，中華民國社區營造學會也舉辦了一

---

[5] 蔡培慧（1971-），台灣南投人，農家子弟出身，2016年擔任第九屆民進黨全國不分區立法委員，世新大學社會發展研究所助理教授、台灣農村陣線發言人，培慧長期關心台灣農村與農民運動，最後也投身農民運動。

系列的研習營，教導學員用「訪談法」與「觀察法」來寫屬於自己的村史，以後又加入了「繪圖法」、「影音法」，讓村史更加多采多姿。

（5）常見村史的寫作方式，包括：（a）自然與人文環境的觀察與參與觀察，例如：到鄰近的成源圳觀察，自然流水與人為流水的互動，每一定點的觀察不能太短，至少要30分鐘。（b）村民活動的觀察與調查，如前往第一市場等傳統市場與夜市（非正式經濟）的觀察或調查、觀光地點的遊客觀察或調查、社區帥哥美女的調查或觀察等等。（c）定點記錄與追蹤記錄，例如：傳統市集的田野調查，每周再追蹤一次，光華國小的校友訪問，每年再追蹤一次。（d）個別訪問，最好是進行深度訪談，例如：可以從自己家中長輩開始的訪談，至少2個小時的紀錄，最好能錄下影像與聲音；（e）問卷調查法，簡單的結構式問卷或複雜一點的半結構問卷均可以；（f）個人生命史調查法，也就是口述歷史，商請重要人士談談其一生的事跡；（g）耆老座談會，（h）譜系調查法，（i）文物與文獻蒐集／文物資料；（J）錄影與照像記錄／老照片展與記錄片。

三、中興新村口述歷史

（1）有關中興新村相關口述歷史主要有三次，第一次為民國84年（1995）適逢臺灣光復50周年，臺灣省文獻委員會奉令訪問省政耆老，編成《走過從前迎向新世紀：慶祝臺灣光復五十週年口述歷史專輯》，唯本專輯主要以全省之重要省政建設為主軸，甚少涉及中興新村的規劃與建設；第二次是民國87年（1998）臺灣省文獻委員會舉辦10場「臺灣省政府中興新村耆老口述歷史座談會」，當時分組的方式主要是依據臺灣省政府廳處局會團的功能性分組為主，總共邀集118位耆老，幾乎都曾任職於臺灣省政府位於中興新村的相關機關，第二次的訪談耆老年齡最高者為出生於民國前3年（1909）之邱克修先生，最年輕者為民國31年（1942）生之曾石雄先生。第三次是民國102年（2013）由南投縣政府委託中州科技大學鍾起岱教授主持的「南投縣文化景觀中興新村口述歷史調查研究計畫」，採小團體方式分組座談，不足者以田野訪查方式進行口述歷史紀錄。

（2）過去60年間，臺灣省政府出過兩本口述歷史跟中興新村有關：（a）蕭銘祥主編，《走過從前迎向新世紀:慶祝臺灣光復五十週年口述歷史專輯》，南投縣：臺灣省文獻委員會，1995。（b）臺灣省文獻委員會，《臺灣省政府中興新村耆老口述歷史座談會記錄》，南投縣：臺灣省文獻委員會，1998。

（3）這兩本書成書期間都是在宋楚瑜主政時代，其中第一本出於民國84年，光復五十周年出版的口述歷史專輯，主要記述光復前後臺灣文化的發展，訪問的主題及對象大致如下，從內容來看，其口述內容與省政建設有關，與中興新村的關係，卻非常薄弱：

表2-1慶祝臺灣光復五十週年口述歷史訪談對象

訪談對象	主題	撰稿者
林衡道口述	漫談光復後臺灣的文化	郭嘉雄撰文
林衡道口述	臺灣「犁」小史	簡榮聰撰文
鄭龍雄、詹朱金、洪廷山、王金都、黃子謙口述	臺灣農業耕作與生產的幾個特色	魏永竹撰文
簡金卿口述	臺灣農業經營甘苦談	李展平撰文
林金牌口述	走過香蕉王國歷史、回首光復前後的臺灣	江錫賢撰文
李瑞河口述	天仁茶香，名揚中外，茶葉起家，成就集團	林金田撰文
顏水龍口述	顏水龍與臺灣應用美術的發展	周　明撰文
黃玉嬌口述	光復五十，回復過去，疼惜臺灣	陳文達撰文
何春木口述	臺灣光復五十年回復與發展	林枏顯撰文
許成章口述	閒談臺灣光復前後之教育	周菊香撰文
李禎祥口述	日據及光復前後教育制度	廖春金撰文
王北岳口述	王北岳先生與臺灣篆刻藝術的發展	呂順安撰文
陳明吉口述	光復五十周年歌仔戲回顧與展望	莫光華撰文
黃俊雄口述	光復前後臺灣布袋戲的發展	吳政恆撰文
張木根、吳志權口述	光復後臺灣鹽業發展概況	廖財聰撰文
張木根、吳志權口述	臺灣土地改革實務與理論補述	周　明撰文
謝添壽口述	點鐵成金第一人	張林森撰文

資料來源：整理自《走過從前迎向新世紀：慶祝臺灣光復五十週年口述歷史專輯》

（4）第二本口述歷史出於民國87年，1998年精省的初期，臺灣省政府文獻會有一個計畫就是以省府廳處歷史為主軸，在宋楚瑜省長的晚期，臺灣省文獻委員會，曾舉辦10場「臺灣省政府中興新村耆老口述歷史座談會」，當時分組的方式主要是依據臺灣省政府廳處局會團的功能性分組為主，總共邀集118位耆老，幾乎都曾任職於臺灣省政府位於中興新村的相關機關，當時這些耆老年齡最高者為出生於民前3年之邱克修先生，最年輕者為民國31年生之曾石雄先生，這個計畫最早由文化處蘇忠主任秘書主導，後來由臺灣省政府文獻委員會結集成書[6]。

（5）第二本書出版在精省的前夕，當時宋楚瑜擔任省長，他認為很多中興新村的耆老可能會因為精省的關係而消失，所以就由台灣省文化處指導當時的臺灣省文獻會，就是現在的國史館臺灣文獻館，去做中興新村的口述歷史，後來準備要做的時候，發現沒有經費，所以原本民國86年要做，沒經費而延了一年，一直到宋楚瑜先生要離任的時候，台灣省政府民政廳文獻委員會出了一筆錢，編了一本口述歷史的訪談記錄，那已是民國88年的時候了。當時這本口述歷史的編法，主要按照省府的廳處，也就是按照民政廳、財政廳這樣子的分類方式，民國98年及民國100年

---

[6] 台灣省政府文化處成立之後，台灣省文獻委員會曾經短暫的從原來隸屬民政廳，改隸屬於文化處。

國史館台灣文獻館另外也編了臺灣省政人物口述訪談（一）（二），但這本書也不是以中興新村作為主體，而是以受訪耆老的人生經驗作為主體，雖然當時的受訪者有很多是居住在中興新村。

（6）第三本書是中州科技大學鍾起岱教授主持的「南投縣文化景觀中興新村口述歷史調查研究計畫」，雖然「耆老」兩個字有特別的年齡定義，但這個計畫把只要願意來接受訪談或紀錄的都歡迎參加，就是說，只要住得夠久，對中興新村的事情了解得夠多，然後受訪者覺得這些事情，好想讓別人知道，就可以來參加這個計畫。就是不管年紀，只要我們知道很多故事，都可以做為耆老來接受訪談。用意是希望讓中興新村這一代的居民，他有些事情想要讓後代，或者居留在這地方的人了解，我們趁著機會把他整理出來，因為高等研究園區進駐以後，可以想像的到，原來跟省政府有淵源的這些人，慢慢的跟省府一樣凋零了。這樣一批人進來了，大概跟省府沒有淵源，所以過去為了要把臺灣省政府疏遷到中部，所以我們共同建了中興新村，但是，很可能十幾二十年之後，中興新村已經完全不同，這大概是目前唯一一本與中興新村作為主體的調查報告。

（7）由於精省的關係，不僅臺灣省政府切斷了與中興新村的連結，改隸國史館的臺灣文獻館也與中興新村切斷了連結，他們成為在中興新村的機關，整個中興新村撥交國科會中科管理局主管土地，文化的部分則回歸到地方政府文化局主管，基於聚焦的原因，鍾教授主持的前述計畫列舉了幾個大綱：（a）生平、家世、經歷等自我介紹。（b）與中興新村的淵源，何時遷住。（c）您所知道的中興新村文化景觀（囊底路、椰林大道、菩提大道、光華里土地公、福龍宮、宗教信仰、學校源流、成源圳、植物園等）。（d）「中興新村」當時房舍是如何配住，有無改變。（e）「中興新村」的規劃，如建築、下水道系統等。（f）「中興新村」的景觀變遷，如虎山、綠園道等。（g）「中興新村」的文教發展，如圖書館、學校教育等。（h）「中興新村」的交通建設，如中濁線火車、臺汽中興站等。（i）「中興新村」村民的信仰，如佛社、教會、民間宗教等。（j）「中興新村」村民的商業活動，如福利社、市場、外食等。（k）「中興新村」村民的休閒活動，如大會堂電影、球場等。（l）精省前後「中興新村」的差異。

（8）第三次訪談的訪問對象，有曾任領導階層的政府高層，有一般的中間幹部，有在地的社區鄰里領導者，有土生土長的耆老。總共辦了十七場次的耆老座談會。如表2-2。

表2-2 2013年中興新村口述歷史耆老座談會人物及時間

日期	場次	訪談對象	訪談地點
6/15（六）	第一場	江清馥、王三重、陳明和	耶斯列餐廳（原館）
		盧文蔚、李明樟、曾國正	耶斯列餐廳（原館）
7/05（五）	第二場	陳景林、林清坤、張麗鸝、江月照、湯文君、張美華、曾素琴、黃絨溍、張俊生A	耶斯列餐廳（原館）
		張正彥、許清德、許正宗、簡俊淦、李冠中	耶斯列餐廳（原館）
7/06（六）	第四場	鄒心笙、張正英、張振哲、胡克和、余曉梅	耶斯列餐廳（原館）
7/11（四）	第五場	李玉英、沈順成、郭嘉雄、林金塗、陳朝旺、劉爐香	耶斯列餐廳（原館）
	第六場	林平洋、徐興保、錢　進、楊明來、李國昌、陳耀宗	耶斯列餐廳（原館）
7/12（五）	第七場	甘光逸、胡南浪、簡其輝、簡慶宗、劉舜良	耶斯列餐廳（原館）
	第八場	廖維士、史祝賢、賴美珠、簡金澤	耶斯列餐廳（原館）
7/18（四）	第九場	鍾平四、詹德湖、劉耀武、李保金	耶斯列餐廳（原館）
	第十場	蔡志雄、施金爐、張慶生、廖淑芳	耶斯列餐廳（原館）
7/23（二）	第十一場	柏玲、石國明、王富民、石治平	中興新村長春協會
8/06（二）	第十二場	王淑華、邱鍾玉梅、唐錦庸、許阿珠、洪國力、林海清	光輝里辦公室
8/09（五）	第十三場	歐禮足、吳崑茂、簡榮聰	耶斯列餐廳（原館）
	第十四場	李崇清、江明聰、陳全旺、楊正寬	耶斯列餐廳（原館）
8/19（一）	第十五場	陳嘉佑	中學路13號
12/02（一）	第十六場	洪孟啟、蘇忠	文化部次長辦公室
8/1—8/31	第十七場	邱世章、陳樂人、樓佩琤、郭永燊、徐一中、王淑美、許金松、林福村、李連環	提供資料

資料來源：鍾起岱（2013）：南投縣文化景觀中興新村口述歷史調查研究計畫結案報告。

四、村史屬於民間史學

（1）「村史」，顧名思義是記載一個村庄的歷史，村史通常被歸類為「民間史學」，從在地觀點、在地參與等角度，論述在全球化（globalization）時代，經營「在地文化」的重要性，而提出如何經營具有特色之在地文化的作法或原則，是村史文案撰寫的重要原則。民國88年（1999）九二一大地震後，臺灣開始推動「大家來寫村史」運動，可以從幾個層面理解：第一，說明歷史（history）及歷史書寫（historical writing）不只屬於專業史家（professional historian）的工作範疇，而更重要的是彰顯每一個在地人對於人類社會過去發生的事情，或多或少擁有自己的觀點或見解，甚至由此形塑個人的歷史意識（historical consciousness）；第二，書寫有關大眾的歷史（history of the public），藉助於大眾書寫歷史（history for the public）以及大眾來書寫歷史（history by the public），有助於愛鄉愛國情懷的重塑。

（2）作為民間史學，在「村史資料蒐集」方面，最希望是讓在政治影響力上

較為弱勢的在地文史工作者,站上檯面,和社會、經濟、政治共同成為復興在地文化的力量,也希望從庶民百姓的角度重新看待在地的發展,讓屬於在地的「詮釋權」重新回到村民手裡。因此,如果要有系統的推動「村史」的蒐集與撰寫,通常要經過說明會、文史工作團隊的組成、老照片徵圖與徵稿、耆老訪問與在地資源調查,也可以以徵稿的方式,邀請在地的高中、國中、國小與社區居民,針對村子中的過往集體記憶、特殊文化景觀、重要事件與特殊人物等,努力參與探尋自我所居住的社區及其內所蘊含的點點滴滴,做一個專題式歷史的重塑。

(3)就人類文明的發展歷程而言,「口述歷史」原比「書寫歷史」要淵遠流長,特別是在文字發明之前,口耳相傳是傳遞社會記憶與生活經驗的唯一方法,這時期的人類歷史都是口述的歷史[7]。在文字發明以後,才有以文字記述的歷史史料,該文獻史料成為史家研究歷史的主要依據。然而,史家對口述資料的運用一直沒有放棄過,如司馬遷在撰寫《史記》時,他是涉名山大川,拜訪耆老,收集了大量的口頭傳說。司馬氏在取得口述資料後,將其與原本之文字記錄相互比較,進而產生互補效果,使《史記》成為中國第一部,也是最出名的紀傳體通史。

(4)現今的口述歷史,簡單地說就是指口頭的、有聲音的歷史,它是對人們的特殊回憶與生活經歷的一種記錄[8]。口述歷史記錄的是由個人親述的生活和經驗,藉由深入的訪談,以補足歷史事件中,未被廣泛知曉的另外一面,或為傳統歷史文獻所遺忘的段落。口述歷史的力量,在於它能補充文字與視覺資料之不足,通常可以取得其他方式所不能取得的資訊[9]。這些資料往往都是難以在官方文獻中尋獲的珍貴材料,如在傳統時代的研究:戰爭時期的個人際遇、個人或家族的移民歷史、親族倫理關係、個人事業發展歷程等;在民主時代的研究:府會互動的縮影、經濟或社會發展的歷程、機關/機構/公司的興衰等。

(5)口述歷史的功能,除了填補文字資料的不足之外,其次是在內容上改變了傳統史學的面貌,為歷史學的發展開闢新的探究領域,如為弱者做記錄,以及史家利用口述資料來重構不同面向的歷史發展軌跡,像是村落歷史、空間發展變遷、派系興衰、幕後人物、決策特色、階級形成、移民和遷徙、社會流動和歷史的傷痕等。再者,口述歷史另一珍貴之處,是它將受訪者縷述故事時的聲線、藻詞和思想都記錄下來,通過分析語言、聲調和說話者的主觀意思,研究人員可以捕捉歷史事件背後的社會涵義,以及事件對人造成的正面或負面影響,是為歷史學提供了一種全新的研究方法。換言之,口述歷史正好填補了傳統研究中統計和量化資料的不足,讓史家可以掌握量化數據以外的材料,使讀者可以欣賞到冷冰冰的制度和結構以外的人性和動態。

---

[7] 謝國興,〈序文二〉,《大家來做口述歷史》(臺北市:遠流出版事業股份有限公司,1997年),頁13。

[8] 楊祥銀,《口述歷史》(臺北市:揚智文化事業股份有限公司,2004年),頁7。

[9] Ken Howarth著,陳瑛譯,《口述歷史》(臺北市:播種者文化有限公司,2003年),頁7。

五、進行口述歷史的絕竅[10]

（1）口述史料與文獻資料基本上是有所區別，口述史料的徵集自古有之，其類別可概分為兩類，一類稱為「文書史料」，是平面的文稿記錄；另一類則稱為「非文書史料」，例如影帶、光碟、錄音帶等「立體的」史料。口述史料和其他史料的區別在於文獻是既存文獻，而口述史料是歷史藏在受訪者的腦海裡，訪問他時把它整理出來，口述史料整理好了之後，還要讓受訪者簽名確認，才算完整，這其中可能有受訪者不同意收錄於報告書的問題，在這種情形，需在訪問前確認，他不同意就不應收錄，實務上，受訪者不同意的可能性小，有的是受訪者會覺得好的地方寫得不夠好，不好的地方寫得太多等等問題。

（2）中國第一部正史《史記》也算是口述歷史，因為司馬遷在寫史記時就是到各地去徵集史料，把他所聽到的、所徵集的資料寫進《史記》，《史記》裡面許多故事生動活潑，那都是司馬遷親自去訪談的，他可以說是國史館館長，當時稱為太史令，一般稱之太史公；司馬遷的父親司馬談也是擔任國史館館長，他去世後三年（西元前107年），司馬遷承繼擔任，因為以前皇帝也是繼承的，官員爵位也通常是可以繼承的。

（3）我們在閱讀《史記》時讀到蕭何月下追韓信，然後在講到鴻門宴的過程，那都是司馬遷辛苦去訪談寫進來的；因為那時國家的歷史沒有寫比有寫的多，特別是當時兵荒馬亂的那四年，誰來寫歷史？當時秦朝已經快算是結束了，群雄並起。我在民國73年主編國立編譯館的教科書「國中歷史第一冊」，在我之前的那一版本，撰稿人是臺大的秦漢史教授，他把楚漢相爭寫了一節，寫得很生動活潑，把史料做了很多發揮，不過當時我認為歷史應該是注重歷史的結果，所以輪到我寫的時候，這部分只寫了兩行：「秦末天下大亂，群雄並起，其中以項羽及劉邦勢力最大。最後劉邦消滅項羽，建立漢朝。」其實這也是包含了所有的一切。

（4）在司馬遷徵集史料之前，更早的時候在周朝，《詩經》、《尚書》裏面也很多紀錄都是徵集來的，周朝朝廷裡當時就設有採訪專員去收集各地風俗民情。講到口述史料的類別，以前傳統的口述史料類別，主要都是平面的文書史料，而到現在的類別應再分別為「文書史料」，如報紙、雜誌等平面媒體；另外還有「非文書史料」，簡稱「非書史料」，就是立體的，就是存在光碟、錄音帶、錄影帶裡面的史料。

那麼這些物品，我們就要在徵集史料的時候，就要在經費裏面編一些業務費，讓我們訪談的時候可以使用。通常我們訪談時不是只有受訪者講，我們寫，而且講會比寫的方式快，所以要準備好錄音筆，並徵求受訪者的同意：「今天的訪問要錄音，是否可以？」通常的情況下應是可獲同意錄音的。因為不同意錄音我們回來時就很難整理，畢竟訪談時常會只寫重點，回來整理時會忘記細節，正式情況下還可以錄影，但我們大概很少會去錄影，除非是重要的場合，錄音錄影徵集下來後，在後面的階段整理成文字；現在用電腦打字，整理成文字後，還可以複製到光碟，儲

---

[10] 本段由中興大學文學院院長黃秀政老師口述，所以用第一人稱，全文參見鍾起岱（2013）：南投縣文化景觀中興新村口述歷史調查研究計畫結案報告（附錄）。

存為非文書史料，而整理成平面的，就是文書史料。

民國102年作者（前排中）主持中興新村文化景觀口述歷史會議與黃秀政院長（前排右一）合影

（5）口述史料的徵集具有時效性，稍縱即逝，故徵集不易，其牽涉到受訪者的意願與態度，以及其保存之相關史料完整程度。

過去雲門舞集的創辦人，也是總監，就是林懷民。林懷民的爸爸，林金生，他以前是國民黨，重點在於他日本統治時代是到東京帝國大學訓練、念書的，東京帝大畢業後回到臺灣；國民政府來到臺灣後，他當過雲林縣的縣長、縣黨部主委，後來還做過嘉義縣縣長，一個人當兩個縣的縣長其實很少見，因為做縣長一定要有相當的資源，那他同時做兩個縣，兩個縣還在隔壁，不過他的優勢是國民黨提名，以前，只要國民黨提名，就差不多很篤定八九成會當選，但還是很罕見，後來林金生還當過內政部長。

國史館曾要訪問他，進行口述歷史整理，當時的訪問只有訪一個人，等於是某某纂修，纂修者那一年的工作就是訪問林金生，寫成一本林金生口述歷史，他那年工作就是寫成一本，把相關資料寫成一本，寫成2、30萬字，現在在中央研究院近代史研究所，也做很多這樣的資料，像是白崇禧的口述史料，那它可能不只一本，也可分成上下兩冊。

當時國史館要做這件事時，和林金生聯絡，他不同意受訪。不同意受訪有時可能是他有他的考量，我們也不能講他不對，那麼既然他不同意受訪，所以也就沒有辦法。後來林懷民，也就是林金生的兒子，他們家族，像林懷民現在年紀也快70歲了，家族看到跟爸爸同一年代的同份量的人每個人都出一本口述歷史，他爸爸有這資格卻沒有，這時就換他主動聯絡國史館，表示他願意接受訪問；但是等到國史館和林金生連絡時，林金生已經老到沒辦法很清楚表達了，所以一整本的口述歷史就沒辦法完成。因為一定要受訪者他腦筋還清楚時，才能把他一生的事蹟完整的講，

那麼等到他已經不是很清楚時，再訪問的紀錄就沒有那個價值，所以這個裏頭，受訪者的意願及態度很重要。

（6）受訪者保存的史料，也可以一次要請幾個訪談的方式，因為一次幾個訪談可以節省一些力氣，但是最重要的是受訪者保存的史料，好比說某一次是四個或五個，基本上團隊是要訪問的人先到他家裡去，因為到他家裡看有甚麼史料，這些如果是一般比較有參與的、直接的重要人物，他都會收集很多史料，那麼收集很多史料，你去就是要看他有甚麼資料，受訪者保存的史料，一個是他相關的史料，一個是他直接的史料，我們去訪問時，如果可能的話，他個人各重要階段的畢業證書，把他影印或照下來，因為上面會寫甚麼時間甚麼學校，你寫的時候可能會寫到他甚麼時候畢業，包括受訪者時也會講到，我們可以用畢業證書證明，上面就會有寫時間，或是擔任甚麼職務的派令，選擇重要的錄存，當然一個人的事蹟一生中有一二十個也不一定，此時就需要挑選重要的去判定。口述史料的整理，本計畫訪問的對象，除了現在中興新村住的居民，過去曾經在省政府待過的、或是省政府相關機關待過的人物、擔任過重要職務的人物，也會列入。

（7）口述史料的徵集，時間點很重要，史料的搶救也很重要，不同時空背景的口述史料會有不同，時空背景會影響口述史料的立場，所以訪談人員與資料彙整的團隊要能評估不同時空背景下口述史料的真實性，口述史料徵集稍縱即逝，徵集的時間點很重要。在此舉兩個例子，一個是228的口述史料，一個是921的口述史料搶救。計畫主持人鍾教授在民國91年擔任省政府資料室主任時，也兼任九二一重建會的企劃處處長，當時曾經到中興大學找過我，問我的看法，過來一段時間，我參與投標重建會委託省政府執行的《921震災災後重建實錄》，也得標，經過一年的努力，有三大冊，總共2,700頁，分上中下冊。這就是當時急著要搶救，但是當時在搶救921重建史料，省政府執行時間只有一年多一點，執行完後，重建會還沒結束。當時是希望能夠出版，但因種種原因，當時九二一重建會不同意出版，後來經過努力，就先出版了摘要，後來隨著重建告一段落，重建會改組，當時監察院的審計部來看預算，認為說重建史料，也就是實錄已經執行了，為什麼不出版，所以後來才出版。

（8）不同時空背景的口述史料，時空背景影響口述史料的立場，不同時空口述史料真實性的評估，是非常有必要的，口述史料是憑記憶，還有受訪者對這件事情的理解，但是每個受訪者在不同的時間會有不同的講法。以前我曾經擔任行政院的228事件研究小組，當時訪問臺灣中部「二七部隊」的部隊長鍾逸人，他現在還在，90出頭了，住在北斗。當時臺灣省文獻委員會，就是我們將要邀請來演講的簡榮聰，擔任主任委員，曾經出了《二二八事件文獻輯錄》，訪問中就有訪問鍾逸人，問二七部隊有多少人，鍾逸人講了一個數字；後來鍾逸人出了一本書，叫做《辛酸六十年》，裡面講的二七部隊，又是一個數字。我訪問他，訪問他是在逢甲大學附近福興路那邊，訪問了一個下午，鍾逸人也是講一個數字，結果三個數字都不一樣，就是二七部隊多少人數字都不一樣。因此，我在行政院擔任二二八事件的基金會董事時，鍾逸人也在那邊當董事，因為他是當事人，我就在那邊問他：「您對二七部隊的人數有三個講法：一個是省文獻會訪問您，您講一個數字；您的書寫

了一個數字；我擔任行政院二二八事件研究員時訪問過您，您也講一個數字，三個為什麼講不一樣，到底哪一個是真的？他說：那時候很亂，他每一次講的都是真的，就是每一次都是真的，但是每一次所認為的真的印象都不一樣；所以這就是不同時空背景的口述史料的真實性要加以評估的重要性了。

（9）口述史料徵集的規劃與進行，大致分為：（a）口述史料徵集過程應有完整規劃；（b）對受訪者背景的了解；（c）規劃訪談主題與架構，適當時機須拉回主題；（d）訪談相關器材的準備，錄音筆、相機、攝影機等；（e）訪談時間與空間的安排，受訪過程不應被打擾，配合受訪者精神較好的時段等。

口述史料的規劃與進行，對受訪者做基本的了解很重要，好比是要訪問誰，對他的背景及相關事情，都要先整理一下，不是只有去那邊問甚麼答甚麼，不是的。問甚麼答甚麼是錄音筆錄下來的，回來還要整理，按照一定的脈絡，好比說家世與求學經過，然後分成幾個章節來寫成一篇訪問稿。

訪問稿通常不宜採用「一問一答」的方式，而要重新整理，要對受訪者的背景有所了解，好比說我們要訪問中興新村的耆老，這位耆老在中興新村的歷史裡面他參與了那些角色，要先做了解。那麼有人會說：我又還沒去訪問，我怎麼知道他有甚麼相關？就是要對受訪者先有些了解，先有一些看法，去的時候不是只有全部聽他的，其實是你對相關事件有些了解，再經由受訪者去確認，這樣的話就很豐富了。如果只有受訪者講甚麼，你記甚麼，效果會很不好，事先要先準備好。

在訪問的時候，國家教育院，就是以前的國立編譯館，現在擴大變成國教院，國家教育研究院現在在做教科書相關的研究，其中有個子計畫就是「認識臺灣歷史篇」，當時我是「認識臺灣歷史篇」的主任委員，當時訪問我很多次，我推薦當時兩個編者，一個寫上冊，就是上半部，一個寫後半部。讓我們三位同時受訪，當時我還把許多相關的很多資料，包括當時的報紙、研究、碩士論文，甚至中國大陸的廈門大學那邊的專著、專題都借給研究者使用。

那是因為有被訪問經驗，知道訪問完後需要這些資料，但是我們現在是去訪問別人，我們要去對受訪者的背景有相關了解，還有要規劃訪談的主題與架構，也不能任由他漫無目的的講。因為通常受訪者你講到他比較得意的地方，他就會一直講下去，但你還不能不讓他講一下，但是全部都講他得意的事情，那我們今天這兩個小時也都白搭了；所以在適當的時候，要告知他，把他再拉回來主題。可以跟他講今天的主題、架構怎樣，就事先要規劃，當然主題與架構經過訪問後要調整。因為還沒經過訪問之後，你會認為相關的主題很重要，相關架構是這樣，但是經過他講了之後，我們會發現我們原先的主題和架構還要調整，那麼就要趕快調整。有時候不是只有訪問一次，要訪問很多次。

（10）剛剛提到國史館要訪問林懷民的爸爸林金生，那是要出成一本二、三十萬字的，就是那位纂修一年的工作，作整年。有些時候一年的時候說不定還不能完成。像是白崇禧的上下冊，那可能是要兩年，他整個在這個機關任職兩年就是在做這件事情，還要請他的機關，也就是中央研究院近史所，提供他很多協助。然後相關器材的準備，例如大一點的就是攝影，小一點的就是錄音筆，還有照相，相機，現在就是用電腦、用手機。不過手機還要看個人的功能怎麼樣，要能照下來。總

之，就是在過程中能存越多的史料就越方便。訪談時間和空間的安排，也是很重要的課題。有的人喜歡在家裡受訪，有的人不喜歡在家裡受訪。看如果還在職的，目前還有擔任工作的，好比說訪問在職的可能要在辦公室，同時提醒受訪者，事先如果講好訪問兩個小時，那麼這段時間手機要關機，不要訪問一半電話進來，要把電話拿起來，跟辦公室外面，跟辦公室的人員講說這段時間不打擾，整個過程要像到廣播電臺的錄音室一樣，這樣才能方便，使訪問出來的品質好。

例如前不久，去年年底民視臺播出訪問我談許世賢，因為我本身曾經指導學生作許世賢研究，那是去年在臺北，六七月的時候受訪，很熱，我在大樓的外面受訪，後來播放出來後，我就覺得我當時應該要回到家的客廳受訪，出來的品質會比較好。討論到受訪者的受訪時間，這個時間講的是時段，在甚麼時段。這個時段很難講，因為每個人的習慣不一樣，要配合習慣，有的人是早上有精神，有的人是下午有精神。我們原則上要配合受訪者的精神習慣去訪問他。因為這個受訪者，有的人晚上睡不著、睡不好，天快亮才睡著，這樣的人你一定要下午才訪問他，因為他早上在補眠。有的人很早起，就是睡得早，差不多晚上八點就睡覺，四五點就起床去爬山的人，可以等他爬完山回來，這個時間可以從容一點。這個時間就是時段，時段還包括看他喜歡星期幾，星期一到星期五，還是星期六、日。

（11）簡單的說，我們去訪問要盡量配合受訪者的時間還有空間。有的人就好比說找個咖啡館或是要約哪裡，不一而足。像是中興新村，省府大道出來那裏有一家蓮花茶坊，那裏可以找個角落，因為假如說受訪者也在那邊，我們可以找個比較能夠隔個小房間的空間。第五，口述史料徵集應運用現代科技，因為現代科技有助口述史料的徵集，平面史料與立體史料應該並重，口述史料的徵集應運用現代科技，現代科技有助口述史料的徵集，且平面史料與立體史料並重。因為以前只有講平面史料，司馬遷那個時代沒有辦法做到的，我們今天可以做到，但是司馬遷做得比我們任何人都做得多。口述史料徵集應客觀中立，注意受訪者的主觀與偏見，了解受訪者的禁忌或不談的事情，維持客觀中立的重要性。

（12）口述史料徵集的訓練與學養，包括（a）訪問者的基本訓練；（b）訪問者的學養，讓相同背景的訪問人實施訪問會更有幫助。每個人都有主觀和偏見，我們去訪問的人盡量要客觀中性，通常不要講讓受訪者覺得難堪的事情，因為受訪者有一些禁忌，這個都和前面說的對受訪者背景的了解，每個受訪者有些不喜歡被談到的事情，那麼不喜歡被談到的事情我們就要避開，因為這樣的話，有時候訪談才有辦法再接下去。訪問要盡量力求客觀和中立，因為有客觀與中立，這樣訪問訪談的紀錄價值比較不會降低。第七，口述史料的價值與限制，在價值方面，口述史料有助歷史真相的還原，口述史料可以彌補既有文獻的不足；在限制方面限制，口述史料的價值因人而異，口述史料的真實性判定不易。

（13）口述歷史有兩點很重要：（a）口述史料的徵集具有時效性，應及時徵集；（b）口述史料的價值很高，亦具有侷限性。例如文化景觀的內容必定要有文獻史料的背景做為補充。訪問者的基本訓練很重要，例如一百公尺的賽跑，100公尺的賽跑，世界級的跑者十秒內就結束了，但是100公尺的賽跑他要做很多的訓練，當然要做為世界級的百米選手，第一個要看他的身高，身高裡面還要看他的

腿長不長，因為腿長的話，一步就比別人大，人的身體比例，頭上到腿腳長不長，身高以及體重，通常要有相當的體重，跑得快一定要有體重，不然的話薄薄的，在跑的時候，風就會把你擋住，因此100公尺的賽跑，要一直維持的訓練叫做重量訓練。一百公尺的賽跑選手，通常還要有心理學家的幫助，因為一百公尺賽跑，最容易患得患失，光是一個起跑，你慢就輸了，輸在起跑點；但是太快，裁判喊一二還沒到三，你就偷跑了，兩次三次就會被取消資格了。因此團隊，有沒有可能，在訪問的時候，有的人適合具備財政背景的去訪問財經的受訪者，這樣會比較有效果。就是訪問的人和受訪者的主題，就是訪問者的專長和受訪者今天要談的主題會有一些關聯，這樣比較有幫助，訪問者的學養要多一些充實。

（14）再來口述史料的價值與限制，口述史料有助於歷史真相的還原。因為歷史真相是要經過還原，那麼還原就是透過口述史料。現代因為有錄影，像電視錄影。電視記者、攝影記者的錄影，政治人物他講甚麼，後來常常會被錄影帶子重新播放一次，他怎麼講，大家心中就自有定見。

口述史料可以彌補既有文獻的不足，是「彌補」，不是「取代」不足。強調口述史料的人，認為口述史料是非常重要的，但是不能取代原有原先的不足。我們這一篇談中興新村民國四十幾年當時的興建，可能要在文化景觀的前面談當時的背景，講為什麼，最好把當時的檔案史料調出來，當時的政府為什麼要遷移，臺北是臺灣省的省會的所在，後來為什麼要改到南投來，又選到這塊地方。這個在，可能的話省政府從臺北遷到這裡來，是否是內政部的檔案會有，或者是省政府早期的檔案，省政府的圖書館資料整理得相當不錯。但因中興圖書館已改為臺中圖書館（公共圖書館），是否有需要再確認，我做二二八的研究，我也來省政府看當時的檔案，民國三十五、六年的檔案，後來才發現我們的習慣，大家的習慣簽名都簽在最下面，那時省務委員也都大概簽在下面，只有省主席就簽在上面，剩下的委員、廳長等就簽在下面，然後幾個人聯名，這是由來已久，不一定要冒出來，就簽在下面。那個檔案也蠻準的。最後講到口述史料的限制。

（15）口述史料的價值因人而異，我想這是大家能夠相信的。為不同的，有一些人對哪一些有重要性，有的人是幕後的，不過幕後的檔案文獻記載實在不多，這些記載不多，到底是要相信還是不相信，這當中也是很難講的。李登輝前總統也當過臺灣省主席，後來他被蔣經國拉來做副總統候選人，就做副總統，前不久報紙也報導說是前輔仁大學哲學系的教授南懷瑾，那是一個博學很知名的學者，跟蔣經國建議，因為蔣經國派人去問南懷瑾，交棒給誰？邱創煥？林洋港？還是李登輝？民間則有另外的講法，這是開玩笑的講法，說蔣經國常常開會開到一半要上廁所：「你等會，你等會」，大家就揣摩「李登輝、李登輝」，實際上是要看蔣經國的日記才準的，當然他的日記，你說會是比較準，但如果是當時寫的，最好的是日記是家屬或後代「意外的」把他流到外面，意外的流到外面。如果是刻意流到外面的也不準，因為刻意的常常都會美化，所以口述史料價值因人而異。

重要名詞：

國史、台灣史、村史、地方志、社區報、口述歷史、民間史學、專業史家、書寫歷史、全球化、文書史料、非書史料、台灣省省會。

想一想：

1.「國史」與「地方志」寫的都是歷史，通常「國史」與「地方志」有些甚麼異同？

2.請簡述台灣村史運動，可以從幾個層面理解其撰寫原則？

3.常見村史的寫作方式有哪些？

4.有關中興新村相關口述歷史大規模的紀錄主要有哪三次？

5.口述史料徵集的規劃與進行大致分為幾個步驟？

6.依您所見，口述史料是不是可以取代正式的歷史？為什麼？

7.口述歷史經常出現訪問同一個人，每次訪問的結果可能不一樣，其原因是甚麼？

8.請簡述台灣早期政治家林金生先生的生平。

9.如果我們計畫去訪問一位中興新村80歲的耆老，我們要準備或注意些甚麼事情？

10.口述歷史與書寫歷史有甚麼不同？

我的學習單

（　）1.「風聲雨聲讀書聲　聲聲入耳；家事國事天下事　事事關心」出自哪一位學者：

（A）顧憲成（B）顧炎武（C）王陽明（D）王羲之

（　）2. 以下何者對於「本紀、世家、列傳、表歷、書志」的敘述是正確的：

（A）本紀與世家是史書，列傳、表歷、書志則不是（B）本紀與世家不是史書，列傳、表歷、書志則是史書（C）本紀、世家、列傳、表歷、書志都不是史書（D）本紀、世家、列傳、表歷、書志都是史書

（　）3. 台灣的村史運動最早由哪個單位倡導：

（A）台灣省政府民政廳（B）台灣省政府文獻委員會

（C）台灣省政府文化處（D）台灣省政府教育廳

（　）4. 民國87年間，台灣省政府文化處編了一筆預算，鼓勵大家來寫村史，當時台灣省政府文化處補助中華民國社區營造學會寫了一本「大家來寫村史──民眾參與式社區史操作手冊」，當時主持人為以下哪一位教授：

（A）東海大學洪敏麟教授（B）台灣大學吳密察教授

（C）中興大學黃秀政教授（D）中央研究院謝國興教授

（ ）5. 「第三工作室」的主持人是：
（A）陳板（B）陳儀（C）陳誠（D）陳樵

（ ）6. 「村史」通常兼有「史料性」、「學術性」、「現實性」、「實用性」和：
（A）平等性（B）自由性（C）教育性（D）民粹性

（ ）7. 「村史」，顧名思義是記載一個村庄的歷史，村史通常被歸類為：
（A）民間史學（B）官方史學（C）稗官野史（D）神怪小說

（ ）8.《史記》的作者是誰？
（A）司馬談（B）司馬懿（C）司馬遷（D）司馬光

（ ）9. 我國古代的太史令或太史公相當於現在的：
（A）國家圖書館館長（B）故宮博物院院長（C）檔案局局長（D）國史館館長

（ ）10. 歷史上有名的「蕭何月下追韓信」故事，最早出自以下哪一本書：
（A）史記（B）春秋（C）漢書（D）後漢書。

（ ）11. 以下對於口述史料徵集的訓練與學養，何者正確：
（A）重視訪問者的基本訓練；（B）重視訪問者的學養，
（C）盡量要客觀中性 　　　　　（D）以上皆是

（ ）12. 民國88年以前，中興新村居民曾經成立許多社團，以下哪一個社團並不包括
內：（A）羽球社（B）桌球社（C）讀書會（D）電音社

（ ）13. 以下有關「地方志」的敘述，何者正確：
（A）地方志大都由地方人士編撰而成（B）地方志通常強調空間的橫斷性
（C）地方志比較偏向民粹式紀錄　　　（D）地方志通常不會涉及歷史

（ ）14. 以下何者不是村史的性質：
（A）史料性（B）政治性（C）學術性（D）教育性

（ ）15. 以下那一位國軍將領，曾任台灣省政府主席：
（A）郝柏村（B）譚延闓（C）陳大慶（D）唐飛

（ ）16.《辛酸六十年》寫的是誰的故事：
（A）二七部隊鍾逸人的故事（B）近衛師團北百川宮的故事
（C）黑旗軍劉永福的故事　　（D）吳湯興新楚軍的故事

（ ）17. 原隸屬於台灣省政府的中興圖書館目前改隸屬：
（A）南投圖書館（B）彰化圖書館（C）公共圖書館（D）草屯圖屬館

（ ）18. 誰擔任台灣省文獻會主任委員時，曾經出了《二二八事件文獻輯錄》：
（A）林金田（B）謝嘉梁（C）簡榮聰（D）劉峰松

（ ）19.《921震災災後重建實錄》是由以下哪一位學者主持：
（A）黃秀政教授（B）蔡培慧教授（C）南懷瑾教授（D）謝國興教授

（ ）20. 以下哪一項有關於台灣老政治家林金生的描寫是錯誤的：
（A）雲門舞集林懷民的爸爸（B）日本統治時代曾留學日本京都大學
（C）曾經擔任過雲林縣縣長（D）曾經擔任過嘉義縣縣長

第三章　中興新村早期聚落紋理

本章重點

　　聚落（village or settlement）是人類群集聚居和生活的場所，分為城市聚落和鄉村聚落。聚落環境是人類有意識開發利用和改造自然而創造出來的生存環境，聚落紋理則是生存環境的時空軌跡。聚落是人類各種形式的聚居地的總稱。「聚落」一詞古代指村落，如我國的《漢書‧溝洫志》的記載：「或久無害，稍築室宅，遂成聚落」。近代泛指一切居民聚居點。

中興新村親情公園的涼亭，此照片約攝於民國55年前後，最左為作者父親鍾蔚熙先生，中為在秘書處擔任編譯的鍾競生先生，右為胞弟鍾起岸先生，遠處的背景是台灣銀行。（鍾起岱提供）

　　中興新村一帶最早屬於洪安雅族的阿里坤亞族北投社原住民漁獵之地，清朝中期以前，南投在高山峻嶺的護衛下，被稱為「內山」，漢人只有「據點式」的移墾。雍正以後，台灣西部平原大致開墾完成後，才轉往內山（即南投）移墾。來自中國大陸沿海的漢人族群在台灣移民史中，呈現「泉州人近海，漳州人居中，客家人居內」的面貌，南投縣為內山地帶，因此泉州人較少，先開發的地方大部份是漳州人，草屯龍泉圳開通以後，客家人始大量移入。

　　中興新村建成之後，隨著台灣省政府員工陸續的進駐，中興新村成為各省籍菁英的匯集之地，也成為南投市的特區。本章主要介紹，中興新村建村之前的早期聚落紋理，包括地名的由來、早期居民、早期在地產業、中興新村的火車、查封地、藏機堡、南投糖廠、早期蔗糖產業等特色。

一、地名由來

（1）中興新村位於虎山山麓地區，虎山地名由來有兩種說法，第一種說法是『山形似虎』，故名虎山。在清朝雍正年間，本地仍為平埔族北投社土地[1]（參見本書第五章）。傳說清廷理台初期，大約在雍正年間彰化縣令楊本縣奉令巡視地方，探查民情[2]，所到之處，敲鑼打鼓，來到北投保大虎山腳，轎子經過山腳時，前柄忽然斷裂，他下轎一看，仍看不出轎子前柄為何忽然斷裂，於是命人返回八卦山上，他回頭眺望，看出北投保山腳「地理」屬於猛虎精，有「虎精」睡在那裡，而敲鑼打鼓吵醒睡虎，因此命名為大虎山[3]。因此，此地流傳，中興新村的大虎山是一隻睡虎，老虎睡著，不可去惹牠，惹牠就會被咬。所以早期國民政府任命的台灣省政府主席，都是命能夠帶兵的將軍為省主席，因為只有將軍能夠鎮住老虎；第一位台籍文官出身的主席謝東閔先生主政時代；1976年發生郵政包裹炸彈事件[4]，由於謝主席親自拆包裹，而包裹爆炸炸掉他的手臂，當地即傳說是因為他是文人擔任省主席的關係，無法鎮住老虎。此外也有許多民間地理仙曾經說過虎山是大老虎，大虎山山腰蓋了許多寺廟，包括：一貫道光慧文教基金會的總壇、雷藏寺，十八龍柱等等。

（2）虎山地名由來的第二種說法是『大好山轉音』而來，中興新村後山原來不叫大虎山，是叫大好山、大吼山或大哮山，早期居民常聽到此地森林發出『哮』聲，故名『大哮山』，有認為此山深不可測，可以避禍，故名『大好山』，而台語的『哮』與『好』同音。虎山山麓第一代墾民為簡姓，大約在雍正年間就進來開墾，當時簡姓祖先從福建省漳州府南靖來臺，由彰化，經過貓羅溪進來此地，一看這地方就像是南靖故鄉一樣，於是選擇這地方作為根據地。主要是因為山有幾個好處，打獵、撿拾柴薪都容易，又有水源、森林，而且可以到山中躲避土匪、躲避戰爭，所以這地方被叫做大好山。之後由於代書人的關係，慢慢改為大吼山、吼山，到了同治年間就改為大虎山，據說是有人看地理，形如臥虎，故改稱大虎山。

（3）中興新村的範圍也有兩種說法，中興新村眷村居民通常認為中興新村只

---

[1] 洪安雅族的阿里昆亞族。

[2] 中彰投地區早期流傳『楊本縣敗地理』的說法，楊本縣有兩說，一說楊本善，楊本善擔任彰化縣令約在雍正年間，生卒年不詳，一說楊桂森，楊桂森雲南石屏人，嘉慶年間曾擔任彰化縣令，政聲不錯，彰化磚城、彰化白沙書院、王功福海宮媽祖廟據說均為楊桂森所捐建。由於兩縣官傳說頗多相似之處，例如深諳風水地理，與嘉慶君遊台灣的傳說有許多相似之處。

[3] 洪英聖總編輯，《續修草屯鎮誌》（南投縣：草屯鎮公所，2005年12月），頁1103。

[4] 謝東閔的郵政包裹事件，民國65年10月9日雙十節前夕，謝東閔在省主席辦公室收到一個國語辭典的郵政包裹，郵包在被拆封時爆炸，謝東閔遭炸斷一臂，此為王幸男所為。王幸男畢業於臺灣陸軍軍官學校專修班，1970年前往美國經商。由於目睹政府的戒嚴高壓統治，決定效法前以色列總理比金主持過的「爆炸復國」行動，以暗殺方式向國民黨政府發出警訊。1976年10月王幸男以國語辭典製作成炸彈郵包，將郵包寄給謝東閔（時任臺灣省政府主席）、李煥（時任中國青年反共救國團主任）與黃杰（時任總統府戰略顧問）三位國民黨政要。其中，寄給謝東閔的郵包在被拆封時爆炸，謝東閔遭炸斷一臂；而李煥當時也收到郵包，炸傷手指，並立即通知各黨政要員，黃杰乃逃過一劫。王幸男於1977年返臺，入境後被捕。

包括：光輝、光華、光榮、光明四里，從中興新村牌樓進去才算是真正的中興新村；另一種說發法是只要是中興新村都市計畫範圍內都應該算是中興新村，這是鄰近居民的認定，也就是除了光華里、光榮里、光輝里、光明里四里之外，營北里、營南里、內興里、內新里也應該都算是中興新村的範圍。這是因為中興新村都市計畫涵蓋範圍的緣故。

　　（4）中興新村舊名營盤口（約佔全區三分之二面積）及內轆（約占全區三分之一）：村內包括：營北、光輝、光華、光榮等里區域範圍，皆由營盤口分出，而現在居民所稱的營盤口則大抵是指營南里；光明、內興、內新三里則由內轆分出，而現在居民所稱的內轆則指內興與內新兩里，特別是慶福寺（祖師廟）鄰近地區。

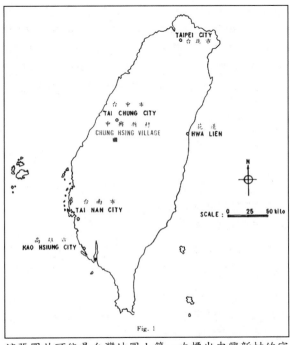

Fig. 1

這張圖片可能是台灣地圖上第一次標出中興新村的官方地圖，時間約在民國45年前後。陳嘉佑先生提供

　　（5）營盤口地名[5]由來是清乾隆五十三年（1788年）台中大里爆發的林爽文抗清事件，林軍先勝後敗，經草屯火炎山逃入中寮山區，清軍福安康[6]率軍追討，又派兵在此地駐紮成營盤，防止林爽文軍從平林溪或軍功寮溪出入，林爽文軍出入的地方約當現在中寮鄉爽文路一帶，清軍駐紮的地方則在南投市的軍功里附近，「營盤」意即「軍營盤據之地」，有時也稱為軍盤（Military camp），原意是指軍隊駐紮的半永久性營房，主要在於駐紮、訓練、行動準備之功能，通常與「軍事要塞」維持一定距離，以便於整補或支援之用。當時在福安康軍營盤出入口外所形成的聚落就叫「營盤口」。

　　（6）中興新村南側的內新、內興、光明等里則稱為內轆，「內轆」台語的意思是「地勢下凹」的地方，所以「內轆」早期也寫成「內凹」，早期為平埔族聚居，地名由來比營盤口還要早，約在清乾隆初葉（1736年左右），漳州南靖縣曾德興入墾，因此地地勢下凹，故稱為「內凹」或「內轆」（今內新、內興、光明

---

[5] 在營盤口之前的老地名，稱為北投保大好山山腳庄及北投保大哮山下庄仔。

[6] 福安康（1753年－1795年），姓富察氏，為滿族入關八大姓之一，屬於鑲黃旗，以地名為姓氏，約當現在東北遼寧、吉林一代。富察氏為金元時期大族蒲察氏後裔，蒲察氏在金代曾有人改為漢姓李，道光以後，富察氏有改漢姓成為富或傅，福安康為清高宗時代大學士傅恆之子，有野史稱其為高宗乾隆帝的私生子，以果敢善戰著稱，林爽文事件發生後，1787年（乾隆52年）福安康與另一名將海蘭察，由福建渡海，以解救被林爽文叛軍包圍的清軍，亂事被平息後，論功行賞，福康安被晉封為一等嘉勇公，1795年福安康病逝於征戰途中，得年僅42歲，乾隆贈諡號「文襄」，追贈嘉勇郡王，配享太廟。

里）。

（7）中興新村有多條野溪穿越而過，營盤口有牛路溝溪流經其中，內轆有內轆溪流經其中，中興新村五百戶鄰近於宋楚瑜省長任內建有內轆溪公園，風景非常秀麗；內轆慶福寺主祀祖師爺，是內轆地區的精神信仰，營盤口營盤國小內建有「七將軍廟」，則是營盤口的在地信仰，傳說是當時六位士兵、一隻軍犬陣亡紀念所興建的廟宇。

（8）中興新村的英文名字通常用Chung Hsing Village、Chung Hsing New Village、Jhongxing New Village，拼法有所不同，Chung Hsing Village是最早圖上的註記，其後採用Chung Hsing New Village，這種拼音稱為Wade-Gilos羅馬拼音，又稱威妥瑪拼音、韋氏拼音、韋傑士拼音，是台灣早期（2000年以前）護照人名及地名使用，部分地名與舊護照，人名沿用至今，Jhongxing New Village則是漢語拼音，台灣於2000年以後採用此拼音方式，這也是國際通用的中文拼音（譯音、羅馬拼音），為目前護照人名與地名鼓勵使用的拼音，中興新村的地標如果是2000年以後設置的，通常是用Jhongxing New Village的拼法，Chung Hsing New Village的地標標示則是2000年以前設置的。

二、早期居民

（1）中興新村一帶最早屬於北投社原住民漁獵之地，清朝中期以前，南投在高山峻嶺的護衛下，被稱為「內山」，漢人只有「據點式」的移墾。雍正以後，台灣西部平原大致開墾完成後，才轉往內山（即南投）移墾。

（2）來自中國大陸沿海的漢人族群在台灣移民史中，呈現「泉州人近海，漳州人居中，客家人居內」的面貌，南投縣為內山地帶，因此泉州人較少，先開發的地方大部份是漳州人，草屯龍泉圳開通以後，客家人始大量移入。

（3）清朝雍正年間因台灣西部平原，大多已被開發，閩人從鹿港入港後，經彰化沿貓羅溪入墾此地，因此中興新村也有許多來自鹿港的閩籍鄉親。

（4）到了乾隆初葉，貓羅溪南岸形成漢人聚落稱「南投庄」，乾隆二十四年（1759年）清政府創設南投縣丞，此時，八卦山丘陵東側的南投平原，已有較規模的開拓。

（5）早期移入南投平原的漢人族群，康熙年間，有泉州安溪有唐轂泉、許哲栖後裔，由台南移墾；漳州漳浦有林超等後裔，從竹山移墾；雍正年間，有泉州施長齡由鹿港入墾；漳州南靖曾維烈、曾維贊兄弟由鹿港入墾，此後，大多漢人都從鹿港進入台灣，後經彰化沿貓羅溪入墾，主要來自漳州平和、漳州南靖、漳州詔安等地，入墾內轆（今內新、內興、光明里）以曾姓居多，入墾營盤口以簡姓居多。

三、早期在地產業

（1）早期營盤口居民大多姓簡，內轆居民大都姓曾，多以水稻、香蕉、甘

蔗、鳳梨、花生、番薯、番茄、檳榔、芒果維生，平地水田多半種植水稻，山丘旱田則多種植香蕉、甘蔗、鳳梨、花生、番薯、番茄、檳榔、芒果等作物。

（2）在村北行政區現在農糧署、九二一紀念公園附近，早期是個人工大魚池，據說是武舉人許姓家族所開闢。

（3）日治時期，由於殖民地政府的經濟政策，虎山山麓有一大片種植改以甘蔗[7]為主。與早期台灣農業社會時代一樣，中興新村建村前，水圳在居民生活中一直扮演著舉足輕重的角色。

（4）由於台灣地區屬亞熱帶海島型氣候，年降雨量差異大，加以地形限制與河流短促，導致可供利用的河川水源相當有限，因此，在早期以農業為本的務農社會來說，農業灌溉水的來源很重要，台灣具特色的水圳工程相當多，如草屯的「龍泉圳」；彰化的「八堡圳」。

（5）南投市的聚落主要分布於八卦台地頂部、台地東部山麓與貓羅溪東岸平原等三地帶。在現代橋樑尚未興建前，貓羅溪有如天塹，阻隔東西兩岸居民的往來，導致西部諸聚落與彰化、名間等地關係密切，灌溉圳水也多取自於濁水溪；而貓羅溪東部諸聚落則與草屯、台中市鎮的關係較為深遠，圳水則多取自烏溪。

（6）中興新村設立後，因其為在貓羅溪東岸，對於草屯、台中一帶繁榮的促進，遠比南投、彰化來得明顯。架建在內轆溪公園之上紅色拱梁的成源圳水橋，默默述說早期產業的歷史。

四、中興新村的火車

（1）一般人很難想像，中興新村過去居然有火車，從1911年到1968年之間，有很長的一段時間，中興新村的確有火車經過，此即台糖火車，中興新村過去曾經有火車經過，是老一輩人的記憶，前臺灣省政府經濟建設研究考核委員會副主任委員詹德湖先生[8]追憶起當年的情形：我民國63年來的時候，因為我從彰化坐車過來，早上，尤其是夏天的時候，坐早一班車，在阿法庄仔下車後走進來，因為夏天兩旁的鳳凰木開花，水池有很多荷花；但是現在變得很少了，荷花少了，鳳凰木也沒有了。當時夏天鳳凰木開，荷花開的時候，早上走進來，很舒服的，是一個美好早

---

[7] 甘蔗是溫帶和熱帶農作物，台灣全島氣候非常合適種植，是製造蔗糖的原料，且可提煉乙醇作為能源替代品，由於日本屬於能源稀少國，基於擴張的需要，甘蔗就成日治時期為臺灣最重要的經濟作物之一，臺灣一年四季皆適合甘蔗生長，惟7-9月間常有颱風來襲，對甘蔗生長有不良影響。

[8] 詹德湖先生，民國29年8月10日生，原籍貫臺灣省南投縣南投市，大約民國77年遷入中興新村，東吳大學政治系畢業（49-53年）、中國文化大學政治研究所碩士（54-56年），曾任中國文化大學講師兼課外指導組主任（56-59年）、臺中商業專科學校講師、副教授（59-63年）、臺灣省政府經濟建設動員委員會會專員、秘書、專門委員兼組長（63-74年）、高雄硫酸錏公司總經理（74-76年）、臺灣省政府經濟建設委員員會主任秘書、副主委、代理主任委員（76-87年）、臺灣省政府經濟建設研究考核委員會副主任委員、代理主任委員（87-88年）、臺灣省政府經建組組長（88-89年），於臺灣省政府經建組組長任內退休。參見：鍾起岱（2014）：南投縣文化景觀中興新村口述歷史調查研究計畫結案報告。

晨。以前省府路超過東閔路的路段是種鳳凰木的，後來才改成現在這樣。

中興新村的交通，有臺糖的小火車，從南投開到臺中後車站，南投有小火車，八七水災後拆掉，現在有的當馬路，有的被民眾占了，差不多是沿著東閔路，那是八七水災的時候壞掉了，壞掉就沒有再修了。南投臺糖火車本來從南投開的，一個往北往臺中，一個往鄉親寮，中寮鄉的鄉親寮，後來八七水災時它壞掉了，那個也沒有再修。還有一條路從南投到濁水，也是臺糖小火車，水災以後就沒有再修了。但是水災那時候它比較慢，到濁水的那一段比較慢，所以我上大學讀書的時候，我的行李是從南投火車站寄到臺北火車站，因為公路局不讓人拿行李，所以我從那裡坐到濁水，濁水到二水，二水換縱貫線到臺北。所以那個時候要到臺北，其實很少經過臺中，而是連接縱貫線的臺鐵，其實是從南投到名間，名間再到二水，二水再到臺北，所以早上天剛亮就要坐火車，到臺北已經黃昏了，在火車上吃兩個便當。」

（2）在地居民簡金澤先生[9]也追憶起：民國47年那時候我大約25、6歲，進去省府工作，是周至柔當省主席的時代。當時省府裡面沒有甚麼人會插花，但我有讀幾本日文插花的書，就在秘書處負責插花，插到退休為止。我除了提供會議用或各處室活動用的插花外，還負責管理一些盆景。當時插花的花材不像現在購買方便，都要跑去臺中，或是彰化的永靖購取。一個禮拜要做兩次，禮拜一一次，禮拜三一次。一開始我是坐五分車，直到八七水災後，五分車消失，才改騎機車過去。五分車的路線，我印象中是由濁水到南投再到臺中，中興站大約在東閔路附近的加油站，叫營盤口，中興新村建成後，還有多設一個省府前站。

（3）中興新村當年為什麼會有火車？原因是當時產業主要是農業，「通勤族」在那時其實並不存在，而之所以有對外交通的需要，主要並不是為了「人的通勤」，而是為了運送農產品的需要，當然主要是運送甘蔗，於是日本人建了兩條小火車線，一條是從南投糖廠站[10]到濁水，接集集鐵路；一條從南投糖廠站到臺中，接山線鐵路，這條線也稱為中濁線，屬於五分車的系統，由於此兩段鐵路建造時間不同，中濁線又分為中南線（臺中＝南投間）與濁水線（南投＝濁水間）。

（4）太平洋戰爭結束前，兩路鐵路分屬大日本製糖株式會社和明治製糖株式會社所有。明治時代，經營臺灣糖業的帝國製糖株式會社[11]為了運輸製糖用的甘

---

[9] 簡金澤先生，民國21年12月30日生，臺灣省南投縣人，營盤國小畢業，曾於省政府秘書處擔任技工49年。參見：鍾起岱（2014）：南投縣文化景觀中興新村口述歷史調查研究計畫結案報告。

[10] 這條鐵路的南投糖廠站位置約在現在的南投縣政府大樓所在地，當時南投縣衙在今南投國小。

[11] 台灣的新式糖業，原由日本人「日糖興業」、「台灣」、「明治」及「鹽水港」四大製糖株式會社所經營，共有糖廠42所，蔗田12萬公頃，鐵路三千餘公里。民國34年8月，台灣光復，台灣省行政長官公署成立，同時組織台灣糖業監理委員會，並在四個製糖會社設置分會。台灣糖業監理委員會改稱為台灣糖業接管委員會，並將「日興」、「台灣」、「明治」、「鹽水港」分會，改為第一、第二、第三及第四區分會，進行接管工作。42所製糖廠整併成36廠，第一區分公司設立於虎尾，第二區分公司設立於屏東，第三區分公司設立於總爺，第四區分公司設立於新營。民國35年5月1日台糖公司於上海成立，民國36年台糖公司自上海遷設台北，上海總公司改設為上海辦事處。

蔗，興建了一條從臺中糖廠出發，行經今臺中市東區、太平區、大里區、霧峰區、南投縣草屯鎮到達南投市的鐵軌。這條鐵路出臺中東區後經過太平區太平路225巷9弄、永豐路18巷、永豐路29巷到太平區農會附近長億六街與中南路相交，為太平站（建物尚存）；再沿著長億六街越過頭汴坑溪上的鐵橋沿光德路直駛光隆站（光德路390巷交叉口）。經大里區鳳凰路到番子寮站（臺糖加油站附近），經過農田抵美群路到塗城站（土地公附近）。之後進入霧峰區錦州路抵北溝站（吉峰路路口），經變電所站（錦州二街）直走進入霧峰市區中正路往南走抵霧峰站（中華電信霧峰營業所為車站舊址），南走經臺灣省議會前沿臺三線中正路過乾溪抵六股站（峰谷路路口），繼續經萬斗六站、舊社站經烏溪至烏溪南岸站、新豐站、草屯站、林子頭站、省府前站、營盤口站、林庄站、半山站，終點在南投市區南投站，成為南投重要聯外鐵道。

（5）中南線鐵路係帝國製糖株式會社經營，據《臺灣大年表》記載：大正元年（1912）舉行始業式，本線鐵路建設分為二期進行，第一期工程臺中起經太平、車籠埔、番子寮、北溝、霧峰、萬斗六至舊社仔，竣工後先行通車，開始運送甘蔗外兼營客貨運輸業務；第二期工程則興建烏溪鐵橋、貓羅溪鐵橋、鋪設鐵軌、建造草屯、營盤口、南投火車站於大正7年（1918）全部工程告成，全線接通命名為中南線鐵路。

（6）中南線自臺中至南投30公里289公尺，軌距762公釐，俗稱五分仔車，每天約十班次，南投至臺中行駛約二小時三十分鐘，車速緩慢。當時之五分仔車燃煤炭之蒸氣機關車牽引客廂及貨車俗稱混合列車，間有機動客車就班，自鐵路創設至停駛營運達40年（約民國47年左右停駛）。

（7）台灣省政府前公管組長石國明[12]先生追憶起這一條中南線：我小時候，我媽媽的娘家是在今天味全公司的後面，他們是大戶人家，姓簡。我小的時候還沒進小學，印象特別深，每一年的寒假、暑假，媽媽會帶著我坐五分車回到外公家。我搭了很多次。當時大人要車錢，小孩子不要錢，五分車有載貨的，也有載客的。載客車廂遠比載貨的車廂要來得多。它是客車跟貨車在一起的。我的大阿姨是嫁到太平，我寒假、暑假坐五分車到太平，它走的路線跟現在的臺三線不太一樣，它經過的路線是從南投，沿著貓羅溪過來，到內轆，經過營盤口，然後經過烏溪橋，草屯。當時營盤口車站在現在的營南里憲兵隊附近，中興加油站過去一點，那裡說有一個站，叫中興站，是中興新村蓋了之後，設的站，有一個小站，我不太有印象，因為小時候，說實在的記憶力比較模糊。

我印象比較大的就是內轆站、營盤口站，然後草屯站是大站，草屯站之後就是走過現在的烏溪。草屯站就是現在的臺汽客運總站還要再過去一點，在現在的李外科旁邊，然後在過去就是經過烏溪，經過烏溪以後，到了六股，六股以前叫做萬斗

---

[12] 石國明先生，民國39年1月29日生，臺灣省南投縣人，遷入中興新村大約時間是民國62年，中國文化大學法律系畢業（56.8-60.6）、省政府法規會編審、秘書、組長（62-79）、環保署環檢所主任秘書（79-82）、臺灣省政府物資局主任秘書（82-85），臺灣省政府參議兼組長（85-88）、臺灣省政府參事、後兼公管組長（88-102），民國102年公管組移撥國科會中科管理局管轄，隨同移撥，參見：鍾起岱（2014）：南投縣文化景觀中興新村口述歷史調查研究計畫結案報告。

六，因為我媽媽娘家在那一邊，所以我會在萬斗六下車，下車後走一段路滿遠的，差不多要走20幾分鐘才能到她家裡。我大姨在太平，這條路線，其實它走的路線彎彎曲曲的，它走的路線是經過今天味全公司這一邊，然後它直接向北走，並不是沿著現在臺三線的路線走，它經過今天的竹子坑，經過今天的車籠埔，然後進太平，再從太平回到臺中，它的路線是這樣。

那我印象比較深的是，五分車其實到臺中的時間要滿久的，差不多要兩個小時左右，將近兩個小時的時間。印象裡面是滿長的一段路，後來客運車發展出來之後，搭火車的機會就不多了。那這條鐵路最可惜的是八七水災之後，八七水災之後的第二年又發生八一水災，應該是在民國48年，那個時間就拆掉了。拆掉之後，其實現在還是有很多人懷念，覺得很可惜啦。不然這條路線，嚴格來講是今天發展捷運最方便的一條路，因為它經過臺中車站，經過太平，經過今天的車籠埔，經過今天的竹子坑，一路過來到今天的草屯、南投，大概都可以連接上來，是最方便的一條捷運。不過拆了你現在要再回復，大概也不容易啦，土地徵收就是一個很大的問題。

（7）在早期公路交通尚未發達，南投、名間、中寮、草屯各貨運均賴五分車，此線所提供的交通服務，對地方經濟貢獻很大，當時南投、草屯往臺中之學生也都乘中南線通學。現在鐵路、車站均已拆除，僅少數地方尚有舊鐵路用地與橋墩等遺跡，留給當年乘過五分車的旅客、學生無限的懷念與遐思。

（8）而南投糖廠的前身，為南投廳牛運堀庄民簡榮福及其同好於明治四42年（1909）所籌設的「三發製糖公司」（糖廍），以最原始之石蔗車榨製黑糖。經營二年，讓售予「中央製糖株式會社」，該會社成立於明治44年5月，大正2年（1913）2月再與明治製糖株式會社合併，改為明治製糖株式會社南投製糖工廠，即俗稱的「南投糖廠」。

五、早期台灣鐵路類型

（1）追溯台灣之所以有鐵路，始自劉銘傳[13]；早在清光緒六年（1877），劉銘傳即上陳興建鐵路的優點：「鐵路之利於漕務、賑務、商務、礦務以及行旅、釐捐者不可殫述，而於用兵一道，尤為急不可緩之圖」，可惜未被清廷採納。劉銘傳來台後，認為鐵路的修築是加速台灣發展的一大動力，並且指出鐵路的建造，不僅有益於台灣海防、建省、驛遞、墾商，將來更可坐收厚利，對於台灣的建設幫助很大，光緒十三年（1887）五月，自大稻埕興工，十七年（1891）十月台北至基隆間完工，鐵軌之幅為3呎6吋，軌重36磅，是為台灣鐵道之始，惜不久劉銘傳去職，接任的邵友濂以籌款及眾多財政、施工上的困難諸因素，乃奏請停建。

（2）日本明治維新之後，凡是向外侵略，一旦獲得新領土，通常先行港灣之修築，鐵、公路及水利工程之建造，以利其對殖民地的控制與掠奪，而鐵路之建設

---

[13] 劉銘傳（1836－1896），字省三，漢族，原籍安徽合肥，是清朝末年著名的淮軍將領，洋務派主將，台灣建省後的首任巡撫，曾率軍擊敗法國艦隊的進犯，且編練新軍，從事建設鐵路等一系列洋務改革，為臺灣的現代化奠定了深遠的基礎。

更屬重要。因此，台灣在日治時期，交通建設大幅成長。

（3）日治時期，台灣的鐵道可分為官設公營鐵道、私設民營鐵道及私設民營輕便鐵道等三種：

（a）第一種官設公營鐵道是由台灣總督府交通局鐵道部經營，首任總督樺山資紀，於明治二十八年（1895）八月，倡議建議築造台灣縱貫鐵路，自明治三十二年（1899）五月正式鋪設鐵道，迄明治四十一年（1908）四月完工。之後，又陸續完成海線、宜蘭線、平溪線、淡水線、屏東線、台東線、集集線等，對於台灣經濟發展產生積極的意義。

（b）第二種私設民營鐵道，始自明治29年（1896）五月的「台灣鐵道株式會社」，居於對外侵略的需要，日本資本家頗受政府保護，鼓勵日本的資本家，除了在日本國內成立私設鐵道會社外，並且很自然地向殖民地的台灣延長，明治39年（1906）以後，台灣製糖事業大為發展，為運輸原料甘蔗，進而兼營客貨之運輸，私設鐵道乃告勃興。這些私設鐵道的軌距較官設的小，官設鐵道的多為1067mm，而私設鐵道則多為495.3mm的窄軌，所以在台灣通常稱為「五分仔車」或「五分車」[14]，除了台糖外，林業、礦業和拓殖等方面，也都有私設的鐵道，但以台糖規模最大。

（c）第三種是私設民營輕便鐵道，輕便鐵道，意思是「輕便線鐵道」，也有稱為「手押輕便線」，或「手押軌道」，就是一般俗稱為「台車」，常見的台車長約6尺，寬約4尺的木製平台，平台上放長板凳，並用四根相思樹枝所做成的抓扶用的支柱，車下裝設4個鐵輪與腳煞車，人由後方推行，走在鐵軌上。這種輕便鐵道，乃日本佔領台灣之初，為軍需與運輸而鋪設之軍用軌道；明治28年（1895）12月，日本工兵隊首先鋪設台南、高雄段，其後逐地鋪設，在縱貫線開通前，是台灣最主要的陸上交通幹線。1908年4月，縱貫線通車後，軍用軌道逐漸撤廢，於是私設的輕便軌道乃取而代之。

（4）輕便鐵道的設備，一般為架設12磅重的軌道，軌距在18吋至20吋，軌道的車輛名叫「台車」，類似桌子倒置的平台，故稱為「台車」。載貨用的台車又分為「平車」與「斗車」兩種，載客用的平車則在平台上裝置固定的板凳，以便旅客乘坐。台車之下裝設四個鐵輪，由一人或二人推動，可乘坐四人或載三、四百斤之貨物，時速約十公里，平坦路或上坡須推動，下坡時推者可乘坐其上。台車運費，

---

[14] 糖鐵別名五分車的由來有多種說法，一般說法是其約為標準軌距（1435公釐）的一半，故稱五分車，此外亦有人稱臺鐵1067公釐為七分車，採用標準軌的高鐵為十分車。然而蘇昭旭在其著作《台灣輕便鐵道小火車》指出五分車是1870年代才出現的名詞，又糖鐵軌距來自英國的二英呎六英吋，其兩倍為五英呎，即1524公釐的俄羅斯沙皇寬軌，顯然糖鐵軌距並非是標準軌的一半，而且臺灣首條採標準軌規格的鐵路路線是1997年3月28日的台北捷運淡水線，所以臺灣人不可能在此之前用比較的方式得出糖鐵軌距是「五分」的說法。而該書中亦提到根據糖鐵前輩的口述，所謂「五分」，是指「五分仔力」，即指台糖火車在剛柴油動力化時的車速（三、四十公里）最快也只有約臺鐵的一半（七、八十公里）。黃智偉〈五分車一世紀〉一文則認為「五分車」這一暱稱在1913年便已被當成一般用語，且認為此一名稱出自民間，民眾並非專家，此名稱的產生是源於經驗而非測量，故民眾見到糖鐵的軌距比官鐵（鐵道部鐵道）小，車輛也比官鐵小，便直覺地稱糖鐵列車為五分車。參見https://zh.wikipedia.org/wiki/

客運以「人／公里」為計算單位，也有基本里程計費者之規定；貨運以「100台斤／公里」為計算單位，另有起碼計費里程與特價之規定。平車與斗車載重有500、600、800台斤及上坡500台斤、下坡600台斤等多種計價方式，也有分一、二、三等運費者，其公布的運費以三等運費為基本，二等運費照三等運費加五成，一等運費則加一倍。有些軌道線只有一等和三等運費，或稱之為特別運費與普通運費，大部分軌道線只有第三等，一般路線係四歲以下免費，日出前、日落後、下雨天各加二成；如果是登山遊覽區的路線，每停三十分鐘則另付特別運費。運費的分等與其業務需要和設備有關。輕便鐵道線由於因陋就簡，通常就以該地之地名為站名，這種台車線各地均無任何設備，車速也不快，台車的起站稱之為「台車停留所」，意即等候旅客的地點；中途站稱之為「台車發著站」，即中途到站再開的地點，名為「發著」，但無準確的時刻表。由於發車時間並不確定，通常是車等人，而不是人等車，這也形成一種特色。

六、臺糖五分車

（1）日據時期，南投的鐵路運輸主要分為兩種，一是台糖火車鐵路，一是輕便車鐵路[15]，台糖火車鐵路也就是俗稱的五分車[16]，最早的鐵路創設於明治44年（1911），有三條路線南投糖廠原料鐵路、彰南線鐵路與中南線鐵路。輕便車鐵路，又稱為手推台車，將鐵軌鋪設於公路上，有四條路線草屯至臺中線、南投線、草屯至埔里線、草屯至彰化線，輕便車鐵路最早創設於從明治41年（1908），一直到昭和10年（1935）才拆除，原因是客貨運輸業的興起，總共行駛了28年，為當時南投最重要的陸上交通工具。而臺糖火車鐵路也逐漸無法與公路客運相抗衡，加上民國48年的八七水災，臺糖火車線受損極為嚴重，原本臺灣省政府一度想要修復，但功能的衰退加上修復經費靡耗，也宣布停止營業。

（2）根據《南投市志》的描述，大正7年（1918）後修築草屯專用線，故其總路線由營盤口進入溪州、月眉厝、北投、石頭埔、水汴頭、新庄、番仔寮、竹圍仔、雙叉港、頂崁仔，至南埔為其主線。又另設支線由溪州經北投埔、新庄、竹圍仔銜接主線，所經地點遍佈全市重要據點。昭和8年（1933）再開濁水營業線，自南投至名間延至濁水與省鐵集集線相接。昭和15年（1940）開辦中寮營業線，當時連側線合計全長72公里。製糖期間每年10月至翌年3月，行駛列車除載運製糖原料甘蔗外，偶爾載運蕉苗、肥料等。沿線居民為圖便利亦偷用行駛手推臺車，運送農產品或大宗建材，至民國57年（1968）南投糖廠結束營業，陸續拆除鐵軌，標售鐵路用地，此線鐵路自其設立至廢止時近60年，對南投市產業發展功不可沒[17]。

---

[15] 莊翰華，〈建設篇〉，《南投市志》（南投縣：南投市公所，2002年），頁512。

[16] 「五分車」因它的軌距只有762 mm 寬，大約是國際正常的軌距1435ｍm 寬的一半，所以稱這些在糖廠裡的火車叫做「五分車」，一般我們看到的台鐵 1067 mm 軌距的火車也有稱作「七分車」，因它的軌距約是國際正常軌距的十分之七左右，載客的通稱為五分車，載貨的則稱為「黑台車」。

[17] 莊翰華，〈建設篇〉，《南投市志》，頁513-514。

　　（3）彰南線鐵路：本線鐵路於大正3年（1914）創設，由日本製糖株式會社中寮工場　（彰化和美）與明治製糖株式會社南投工場合辦，利用既設之原料專用線鐵路，在今之芬園鄉縣庄延伸進入石頭埔，連接明治製糖原料線至南投市，兼營客貨運業。據《臺灣大年表》編載：大正3年（1914）11月25日，彰南鐵路連絡開通。本線鐵路自彰化起（設站於今之彰化市車路口附近），經社口、縣庄，於貓羅溪建造鐵橋進入南投石頭埔段，沿今之石川堤防向東行經溪州仔尾庄南側至石頭埔，連接明治製糖原料線，在經月眉厝、溪洲、營盤口、內轆，至南投。當時草屯站設於石頭埔，因地處偏遠利用之旅客與載貨量少，創辦後年年營運欠佳，至大正7年（1918）帝國製糖株式會社創辦中南線鐵路，客貨運悉數由中南線鐵路取代，彰南線鐵路因營運不善，不久即宣告停駛。

　　（4）中南線鐵路：中南線鐵路係帝國製糖株式會社經營，據《臺灣大年表》記載：明治43年（1910）臺中、松岡、協和三製糖工廠合併，設立帝國製糖株式會社，至大正元年（1912）2月舉行始業式。本線鐵路建設分為二期進行：第一期工程自臺中經太平、車籠埔、番仔寮、北溝、霧峰、萬斗六，至舊社仔，竣工後先行通車，開始運送甘蔗外兼營客貨運輸業務。第二期工程則興建烏溪鐵橋、貓羅溪鐵橋，舖設鐵軌，建造草屯、營盤口、南投三處火車站，於大正7年（1918）7月工程完工，全線接通命名為中南線鐵路。本線里程草屯至南投計8,529公尺，臺中至南投計30,289公尺，軌距0.762 公尺（二呎六吋），俗稱五分仔車。本線每日約10個班次，南投至臺中需時約2小時30分，車速緩慢。當時之五分仔車係燃燒煤炭之蒸氣機關車，牽引客廂及貨車俗稱混合列車，間有機動客車就班，於鐵路創設以至停駛，計營運達40年之久[18]。

　　（5）當時公路交通尚未發達，南投、名間、中寮、草屯各貨運均賴五分仔車，此線不但提供旅客交通服務，對地方經濟、交通、教育、文化之發展亦貢獻良多。本市大宗產品如米、香蕉、木材之輸出，肥料、水泥、鹽、日常用品之輸入，均靠本線鐵路；同時南投、草屯往臺中之通學學生亦利用中南線鐵路為主要交通工具。二水線、中寮線、集集線亦為當地通學學生二水線、中寮線、集集線亦為當地通學學生賴以上下學。

　　在地居民簡其輝先生[19]追憶說：現在南投縣政府的所在地以前是臺糖公司五分車的車站，從集集來的路線跟南投（南投─臺中線）到營盤口的路線是同一條，在營盤口之後分為甘蔗線（到彰化）與臺中線。甘蔗線是到溪州、番仔田、下茄苳。如果包含水里線，那南投總共有3條鐵路路線，但水里線沒有經過中興新村，是從

---

[18] 早年，於現今之南投市民族路與育樂一街交叉口處，就是南投五分仔車火車站。當時車站東邊至貓羅溪岸是一片綠油油之稻田，無公路、溪上也無橋梁。五分仔車火車往北經過平和里下庄仔，再經營盤口、草屯、霧峰抵達臺中。民國48年八七水災沖毀烏溪、貓羅溪鐵橋，臺灣糖業公司捨棄修護並停辦烏溪以南客貨運輸業務。有關鐵路設備及土地交由南投糖廠管理，民國57年南投糖廠結束營業，隨即拆除原有鐵軌，標售鐵路用地。如今鐵路已不復見，車站亦被拆除，僅存數處鐵橋橋墩及路基痕跡，留與後人無限遐思與懷念。

[19] 簡其輝先生，民國23年03 月01日生，臺灣省南投縣人，世居營盤口，營盤國小畢業，民國46年9月任職臺灣省政府社會處技工，直至民國87年7月1日屆齡退休，曾擔任福龍宮主任委員。參見：鍾起岱（2014）：南投縣文化景觀中興新村口述歷史調查研究計畫結案報告。

二水經過集集到水里，所以我們這裡只有2條鐵路路線。中興新村的五分車車站設在大門口外，在中興加油站再下去的地方，在隔壁而已。這條線經過草屯、霧峰，從臺灣省議會前經過，八七水災後就斷掉了；當時南投—臺中線是經過霧峰、太平、竹子坑與車籠埔，之後繞到臺中車站；這條路線在八七水災後才消失；實際上，鐵路從剛開始到最後，路線都不一樣。以前的路線是南投到溪州，再到臺中，而且車站位置有所改變，之後才靠近省政府這邊；那條鐵路大概是沿著東閔路，東閔路以前是一條大水溝，謝東閔時期再將它蓋起來，所以才叫東閔路；林洋港時代將其拓寬，整條路只有靠近省府這邊才有拓寬，營盤口到內轆都沒變，最早叫做營盤口路，大概是8米路的樣子。五分車的南投總站在南投糖廠那邊，過來是到營盤口。

原本它有兩條，新的跟舊的：舊的是從那邊轉到溪州三崁店，從三崁店到帝爺廟這邊相接，這一條最後被廢掉了，後來做新的，才從營盤口這邊相接，跟甘蔗線路線同一條。來到營盤口分開，甘蔗線是到溪州、下茄苳、頂崁、北勢湳，都是載運甘蔗的；另外是要到臺中的，當時可能是配合省府的樣子，所以在營盤口有一個車站，在中興加油站附近也有一個車站，接著是到帝爺廟、草屯，而後通往臺中，先到霧峰、太平、車籠埔，再到臺中火車站。我跟簡慶宗都有坐過，兩條都坐過，那時候到臺中差不多要花一個早上的時間，3-4小時才會到臺中，那時候沒有什麼車，都要坐五分車。日治時代，有巴士是走內轆到營盤口，再到下庄我們這邊的省府路相接，再轉到虎山路。

戰後就是改為彰化客運在走的路徑，以前我們要到南投都是沿著鐵軌走，這邊以前的車站就是在東閔路的位置，十字路再向外100公尺左右，在省府路的南邊，加油站後面，加油站後面以前的車站，它的名字叫做中興，前面那一站叫做營盤口站，後面那一站叫做帝爺廟站，中興站省府來了以後才設的，原本沒這個車站，原本只有營盤口跟帝爺廟而已，那營盤口站在營盤口三角圓環現在的憲兵隊再下去一點。營盤口站的前一站則是營盤國小那邊，當時稱為也就是溪州三崁店站，當時到南投市載甘蔗的甘蔗線，到臺中主要是載人的客運線，載甘蔗的貨運線只有到南投，今天南投縣政府的地方，就是以前是糖廠的總站。

七、台糖輕便車

（1）輕便鐵道又稱輕便線鐵道、輕便線，因動力多來自人力，所以也稱人車軌道、手押軌道、手押輕便線，軌道上的車輛稱為台車、輕便車、手押台車。

（2）根據《南投市志》的記載[20]，明治42年（1909）帝國製糖株式會社首創臺中、草屯、南投間之輕便手推臺車軌道，其路線係由牛屎崎經草屯舊街尾至草屯站。草屯站設址於草鞋墩廳廳舍之西，過草屯站再沿太平路直入營盤口，橫過貓羅溪至林子、南投，總計9,495公尺，從事客貨運輸，直至大正7年（1918）中南線鐵路全線開通始廢止。

---

[20] 莊翰華，〈建設篇〉，《南投市志》，頁515。

（3）輕便軌道行駛手推臺車無定時班次，應旅客、貨主隨時需要出車，除停車站外，中途未設會車道，如遇會車，空車要讓載重車，客車要讓貨車；若同是客車或貨車，下行要先讓上行，是時將臺車搬出軌到外，讓對方通過後再搬入軌道繼續行駛。各會社為防止車伕中途招客或私攬載貨侵占車資（俗稱趕老鼠仔），均設有查票員，隨時查驗「印仔片」（即票根）當時新舊軍功橋尚未架設，南投欲往龍眼林要繞道包尾搭輕便車。往軍功寮、內轆須走竹橋或竹筏。往南部須於濁水換集集線，再至二水換搭縱貫線鐵路。往埔里須於草屯換車，往竹山須繞道集集換集竹線客運。

至於臺車軌道龍眼林線及中寮區暗坑、大坑、粗坑、桃米坑、番仔吧等營業線，係於光復初期由糖廠向南投輕鐵株式會社購買。集集線係昭和15年（1940），向前集鹿拓植株式會社購買。其他各專用線之創設，計有：（a）大正2年（1913）設番仔寮、番仔寮支線、萬丹、赤水、包尾、軍功寮、半山、苗圃、山腳、營盤口、半屏崎、大庄、廍下等十三線。（b）大正6年（1917）設北勢湳及赤水支線。（c）昭和4年（1929）設頂崁仔線。（d）昭和9年（1934）設崁仔腳線。（e）昭和10年（1935）設下新厝、二重埔、北勢湳、溪底等線。（f）昭和12年（1937）設臺鹿坑、月眉溪底及半山支線。（g）昭和14年（1939）設東勢閣及暗坑后兩線。（h）昭和15年（19240）設過溪城、大坵園、內轆、林仔庄、拔仔頭、接瓣坑等線。（i）昭和16年（1941）設內城、十八股寮線。（j）民國36年設新街往復線、坪林、新軍功寮、石頭埔四線。（k）民國38年設軍功寮農場線。

（4）上述總計46線，營業線34公里，專用線60公里，出租線6公里，合計100公里，當時鐵路課人員包括運務股、養路股、機務股、輕鐵股計有167人。

八、早期南投公路系統

（1）清領時期之公路運輸概況[21]：清領時期閩人由彰化進入南投，耕作田地從事開拓。乾隆24年（1759）於南投街設置縣丞，為開拓南投之始。道路之開發遲至乾隆48年（1783）始開闢集集大山西方之草嶺路，與南投街聯絡。水社附近當時尚屬番地，道光28年（1848）王增榮、陳坑等與番人訂約，取得埔地墾殖後，於南投開闢與集集地方為界之雞胸嶺路，其後往來南投地區者愈眾。大正7年（1918）間，南投廳對外之主要道路有：（a）南投至臺中廳界：全程計三里二町三十間，途經草鞋墩。（b）南投至埔里社：全程計十六里十七町三十一間，途經中寮、集集、魚池。（c）南投至林圯埔：全程計四里三十三町五十二間，途經湳仔、社寮。（d）草鞋墩至埔里社：全程計十里三十町四十八間，途經土城、龜仔頭。

（2）日治時期之公路運輸概況：日治時期南投郡轄內概況記載：昭和14年（1939）間，南投街對外乘合自動車（公共汽車）行駛道路之轉運區間有：（a）南投到濁水：全程計2里17町26間，由李峰帛經營，自昭和3年（1928）8月11日營業。（b）南投到草屯：全程計2里15町26間，由李峰帛經營，自昭和3年（1928）8月11日營業。（c）南投到田中：全程計3里30町36間，由陳澤霖經營，自昭和4年

---

[21] 莊翰華，〈建設篇〉，《南投市志》，頁516。

（1929）6月19日營業。（d）南投到臺中：全程計7里24町39間，由帝國製糖株式會社經營，自昭和5年（1930）12月30日營業。（f）南投到彰化：全程計7里20町10間，由彰化輕鐵株式會社經營，自昭和6年（1931）4月5日營業。（g）南投到鄉親寮：全程計2里21町0間，由南投輕鐵株式會社經營，自昭和9年（1934）12月10日營業。（h）南投到員林：全程計4里30町10間，由帝國製糖株式會社經營，自昭和12年（1937）6月1日營業。

（3）另有兩家自動車公司，茲分述如下：（a）開山自動車公司：為帝國製糖公司經營。行駛路線有二：南投至田中，全長計13公里，需時1小時；南投至臺中，全長計28.5公里，需時1小時20分。（b）二三自動車公司：為洪大公司經營。行駛路線有三：南投至草屯，全長計9.5公里，需時30分；南投至彰化，全長計31公里，需時1小時20分；南投至濁水，全長計8.4公里，需時30分。

九、中興新村早期經濟火車頭：南投糖廠

（1）台灣糖業據說從荷蘭時期就開始萌芽[22]，18-19世紀，在日據時代以前，台灣就有很多小型的糖廠，日據時期，日本為獨佔台灣製糖這塊大餅，首先大力支持三井物產、增田屋商等日本企業壟斷糖業，在19世紀的時候，由於台灣本地這些小型的糖商背後大約都是歐美的商家，基於買賣的方便，交易場所多半集中在安平、打狗等港漁，而交易需要融資、匯兌，當時台灣並無所謂「銀行」這類現代化的金融機構，僅有民間的「銀會」，二次鴉片戰爭之後，台灣開始有買辦性質的「媽振館」，「媽振館」就是英文的「Merchant」，以及外國銀行的代理店（匯兌館）出現；日本據台之後，殖民政府就企圖壟斷台灣糖業這塊大餅，方法有二：一是把糖的交貨地點從安平、打狗移往產地，切斷小型工廠與歐美市場的直接連結，理由是節省成本，二是廢除「媽振館」這類的買辦制度，開創現代化的銀行體制，因此，可以說現代化銀行在台灣之發展，始於日本據台時期；如此一來，就將原有在台灣的歐美製糖勢力及洋行完全驅逐，最後一家是英商怡和製糖也在1911年被台灣製糖會社所併吞。

（2）從1905年開始，日本積極將原有屬於台灣人的舊有的糖廠、糖間、改良糖間及其所有的蔗作田園等有計畫的逐一併吞或消滅，連當時對日人百分之百恭順的台灣王、陳、林、辜四大家族[23]所建立的新式製糖廠也不放過，到了1920年，四家家族糖廠全部被日本大企圖併吞殆盡，更何況其他如新興製糖、台東製糖、台南製糖、林本源製糖、帝國製糖等中小型製糖廠皆為三大財閥[24]所併吞。到了1930年

---

[22] 製糖產業早自荷蘭時期即為台灣重要的地方產業，西元 1895 年日本據台後，全力發展糖業，積極興建新式糖廠，鼎盛時期擁有糖廠42家，酒精工廠15家，自營農場113,000公頃，規模空前絕後，為台灣第一大產業，台灣光復後，我政府為持續開展糖業生產，於西元1946年5月1日成立台灣糖業公司，積極復員，西元1950年代砂糖外銷高居外匯收入73.6%，奠定了後來台灣經濟發展之基礎。

[23] 王雪農、陳中和、林本源、辜顯榮四大家族。

[24] 製糖三大財閥：三井系-台灣製糖，三菱系-明治製糖、鹽水港製糖，藤山系-大日本製糖、新高製糖、東洋製糖。

代，日本製糖業的三大財閥在資本上佔台灣製糖業總資本超過87%，生產量則超過的83%。三大財閥在到達台灣糖業的寡頭獨佔後，又共同在生產、販賣、銷售上的合作，更進一步利用在東京的糖業聯合會來操縱市場，並獲得獨佔的超高額利潤。如在糖業聯合會所進行的「限產協定」成立之後，糖價立即從每百斤22圓漲至25圓。

（3）　雖然台灣糖由日本所壟斷，但當時日本對於糖的政策，在台灣與日本本土仍有區別，此即「粗糖台灣、精糖日本」的政策，台灣的粗糖主要是紅糖，它的原料是甘蔗，含有 95% 左右的蔗糖，古法是將收割下來的甘蔗經過切碎碾壓，壓出來的汁液先去除泥土、細菌、纖維等雜質，接著以小火熬煮 5～6 小時，不斷攪拌讓水份慢慢的蒸發掉，使糖的濃度逐漸增高，高濃度的糖漿在冷卻後會凝固成為固體塊狀的粗糖，也就是紅糖磚，這樣的傳統做法保持了甘蔗原本的營養，同時也使紅糖帶有一股類似焦糖的特殊風味，我們以前小時候常見的傳統粉末狀紅糖，則是紅糖磚再經過研磨所製成，製作過程中熬煮的時間越久紅糖磚的顏色也越深，使紅糖呈現出不同深淺的紅褐色。將粗糖經過一系列處理就可以製成精糖，精糖產品的主要形式是砂糖，其次還有方糖和液體糖，粗糖精煉的生產過程包括蜜洗、清淨、脫色、結晶、分蜜和乾燥等工序，砂糖一般分為：白砂糖、黃砂糖，白砂糖又分為：細砂糖、 粗砂糖、糖粉，細砂糖一般用於調味上，粗砂糖因為顆粒較粗，可用於煮甜湯或咖啡。

（4）　民國34年8月，台灣光復，台灣省行政長官公署成立，同時組織台灣糖業監理委員會，接管了原由日本人「日糖興業」、「台灣」、「明治」及「鹽水港」四大製糖株式會社所經營，共有糖廠42所，蔗田12萬公頃，鐵路三千餘公里；並在四個製糖會社設置分會。民國35年，台糖台灣糖業監理委員會改稱為台灣糖業接管委員會，並將「日興」、「台灣」、「明治」、「鹽水港」分會，改為第一、第二、第三及第四區分會，進行接管工作，42所製糖單位合併成36個廠，第一區分司設立於虎尾，第二區分公司設立於屏東，第三區分公司設立於總爺，第四區分公司設立於新營，同年5月1日台糖公司在上海成立。新成立的台灣糖業公司，以國營企業的身份接收各個日治時期的官營或私營糖業公司及廠區，並且在國民政府重新考量台灣糖業的政策之下，由量的擴張改成質的提升， 改變日治時期「日本精糖、台灣粗糖」的殖民政策。

（5）　南投糖廠，舊稱南投製糖所，位於台中州南投郡南投街，約為現今南投縣南投市中興路660號，也就是目前南投縣政府所在地周邊地區，1909年時，台人簡榮福等人首先於此地設立三發製糖公司，為舊式糖廠。1911年，併入中央製糖株式會社，將糖廠改建為新式製糖工場，壓榨能力為750公噸，同時鋪設糖業鐵道並兼營客運。1913年2月隨中央製糖株式會社併入明治製糖株氏會社[25]，改稱為明治

---

[25] 明治製糖株式會社，簡稱明糖明治製糖，成立於明治39年（1906年）12月，總社位於當時台南州總爺（約今台南市麻豆區）。明治製糖屬於日本政府大力扶植的三井系所有，當時二水南投及南投鄉親察線鐵路均為明治製糖所鋪設，彰南線則由日本製糖社與明治製糖合辦，大正9年（1920年）7月明治製糖兼了大和製糖，昭和 2年（1927年）又合併東洋製糖，昭和18年（1943年）又合併台東製糖。

製糖株氏會社南投製糖工場，經營期間將壓榨能力提升至1500公噸。戰後，改隸屬台灣糖業公司第三區分公司，改稱南投糖廠，由於受損輕微經修復後，順利於1946年1月開工製糖，1950年改行總廠制，屬台中總廠。1967年南投糖廠關閉，於1968年撤銷南投糖廠，現廠區已完全拆除，目前原廠區土地由南投縣政府使用。

（5）南投糖廠的原料區全盛時，遍佈入八卦山與中央山脈間及盆地，北至烏溪，南至濁水溪，範圍遼闊。全區劃分為南埔、新庄、南投、中寮、龍眼林、名間、大庄共七個原料區域，後期再增田中原料區。這樣廣大的原料區，草屯鎮就占了兩個區。插甘蔗榨蔗糖，在當時傳統歲月是農村的主要產業，以民國40年計算，當年耕地面積計18,954公頃，而全區蔗作面積即高達12,780公頃，比例占了67.4%，而後從事蔗糖作人口每年期平均8,800戶，5萬5千人。這些甘蔗原料95%來自契約農戶，糖廠自營農場有南投、番仔寮、茄苳腳、軍功寮、新街、下水埔農場六處。

（6）當「黑臺（台）車」載滿甘蔗[26]的火車，駛入南投糖廠，工廠人員經過「磅量」登錄以後，歷經「清洗、原石焦炭打碎、處理、壓榨、過濾、蒸發結晶、分離、乾燥分類、裝包」等程序作業。南投糖廠從創立以來，均製二砂，製作方法經多次改進，如明治44年（1911）用石灰法製造品二號砂白，昭和9年（1934）用石灰法製造品二號砂白及赤砂，昭和16年（1941）用碳酸法製造品特號綿白，昭和18年（1943）用石灰法製造二號砂白，民國34年用碳酸法製造品特號綿白，民國38年用碳酸法製造特號砂白；此後均製作特砂。民國40年時，南投糖廠有大小房屋137棟，員工448人，是南投縣的最大的公營事業機構。

（7）南投糖廠直到到民國57年結束營業時，擁有蔗農4,895戶，甘蔗種植面積1,596公頃。製糖工廠壓榨能力每日1,500公頃，碳酸法製糖每年生產砂糖1,341公頃。另外，還附帶生產酒精約200日石（一日石約0.18公秉）。

（8）歷經半世紀的南投糖廠，為早年南投縣地區生活文化、經濟產業，貢獻甚大，南投糖廠後來將廠地23公頃讓售南投縣政府，興建縣府與公廳舍，即今之縣政府，並開發三和新社區，至於原料線鐵枝路，一直到民國48年（1959）八七水災後省府放棄修復後，陸續拆除鐵軌、標售鐵路用地，滄海桑田，令人不勝唏噓。今日臺中後火車站即為當年中濁線的臺中車站，根據民國49年7月臺灣省政府出版之《臺灣省八七水災救濟及重建工作報告書》[27]，當時臺灣糖業公司鐵路路線受洪水沖擊，損失高達39,170,850元，各糖廠路線損害極為嚴重，與中興新村有關者包括：臺中廠受災最嚴重，烏溪橋（營業路線、南北平行線）兩端板樑全部沖毀，中南線（營業路線、南北平行線）坪林溪及軍功溪兩大橋沖毀，修復困難，該路路基沖毀七公里以上，大小橋梁沖毀67孔，電信線路受災甚重，有五公里路線整個沖失，南投廠中寮線（營業路線）山洞堵塞，線路坍毀一大段，路基沖毀達15公里以上，大小橋樑沖失者，亦復不少，電信線路受損不通。

---

[26] 當時黑台車上的甘蔗不同於現在市面上賣的「紅甘蔗」，它比較瘦小、外皮是很淺很淺的黃綠色、汁多味甜，一般都稱為「白甘蔗」，主要用來製糖。日據時代，甘蔗製成糖，主要是運回日本。

[27] 臺灣省政府，《臺灣省八七水災救濟及重建工作報告書》（南投縣：臺灣省政府，1960年），頁133-134。

十、中興新村抄封地

（1）臺灣有許多地方，都有一種名叫「抄封地」的土地，「抄封地」音頗類似「查封地」，現代的「查封」屬於法律用語，通常是指因為債務糾紛，而請求法院針對債務人的動產或不動產進行保存權利的一種方法。我國歷代司法行政一體，被判有罪人犯，財產也常常被官署沒入或抄封，而被抄封的土地就被稱為「抄封地」。抄封地是清治時期被官方查封沒收的土地，中彰投地區的抄封地，一般來說多是跟林爽文、戴潮春、廖有富等民變有關。抄封的土地大都由官署放給農民耕種，但土地產權仍屬於官署。

（2）臺灣的抄封地原因很多，大部分都發生在清領時期，日據時期由於引進現代司法制度，也開始有了「查封地」，由於發音相似，年代久遠，經常被搞混。清治時期，如林爽文事件後，林爽文位於大里的田地及宅第均遭朝廷抄封，據說現在大里的公墓約有30甲地當時即屬林爽文宅第，戴潮春事件後，戴潮春於於台中四張犁的田地及宅第也遭朝廷查封。在臺灣光復以前的日治時代，查封、假扣押、假處分登記到現在還沒有塗銷者的土地，不僅限制土地所有權人處分土地的權利，影響土地利用，對於債權的保全也沒有實益。臺灣的「地籍清理條例」第29條及第30條規定，土地所有權人得向土地所在地政事務所申請塗銷上述未定期限地上權及限制登記，經公告3個月，期滿無人異議，即予塗銷。不過如果因為塗銷登記導致地上權人或債權人的損害，土地所有權人應負損害賠償責任。另有日據時期的會社、組合，性質類似現今的公司法人、合作社，臺灣光復後如果未依法辦理公司、法人登記，因非屬法律承認的法人，依法不能作為不動產登記之權利主體，臺灣各地有許多神明會土地或建物，都有此類問題。

（3）中興新村所在地營盤口原本大都為簡姓族人所居之地，康熙21年（西元1683年），清廷收復臺灣，但由於並未認真經營台灣，有許多地方傳出盜賊出沒，據說當時大虎山有許多盜賊出入，搶奪民女、嫁妝，鄉民深以為苦，約在康熙47年（西元1708年）[28]，清廷指派原籍福建廈門的武舉人許國樑[29]渡海來臺，於此紮營防禦

---

[28] 根據南投市福龍宮沿革誌所載武舉人許國樑選擇虎山定居為1708年，但也有人認為此事應在1770年，根據文史專家簡榮聰先生的說法：在清代年間，乾隆35年（1770）的時候，營盤口這地方住了很有名的兩兄弟，各為文舉人、武舉人，一個叫許國樑、一個叫許國榮（棟），兩兄弟都是舉人，因此形成望族，與虎山附近五庄頭的簡姓家族互為抗衡，現在九二一公園的那個地方是以前許國樑的住宅區，聽說他們家的土地東到大虎山，西到貓羅溪。後來，在乾隆四十年的時候，由於許國樑介入當時的漳泉械鬥，卷入是非之中，被彰化知縣治罪，革除其舉人頭銜，許國樑敗掉了，這地方就荒蕪。到了日治時期，這地方就變成公有地，放租給南投糖廠的蔗農種甘蔗。另外這附近有很多墳墓，所以中興新村有許多神怪的傳說，聽說有人剛搬來的時候看到鬼，但是現在通通沒有了。後來，戰後這地方是公有地，好徵收，好取得，所以就選擇這裡作為省政府所在地。

[29] 根據鄰近福龍宮碑文稱許國樑，說法不一，有一位老中興蕭萬壽先生（已去世）於1998年自費出版「善惡爭果：中興新村的由來」稱許國龍，也有說許國樑有一兄弟名叫許國棟，是文舉人，此處以碑文所記為準。許氏子孫許炳志先生民國23年11月30日生，曾任省政府疏散委員會綠化小組技術員及公管處副處長，曾說他的13世祖，有兩位舉人，武舉人叫許國棟，文舉人許國梁，兩人為同兄弟，住社會處（九二一紀念公園）那裡，兩人愛無端生事，喜歡藉勢力採踏別人的農地，所以別人乾脆就避他，並將地賣給他。因此現在中興新

山賊，許武舉相中面對虎山的一塊地，興築房舍（約今臺灣銀行中興新村分行到九二一紀念公園的一片土地），此地對於防範山賊甚有效果，因許國樑武藝高強，山賊逐漸消去，據說許武舉於大房屋之外，四周興築20臺尺的大圍牆，無論何人都不得自由出入，許武舉很喜歡打獵，養了許多狗，據說猛犬有一百多隻，手下也有二十餘人，但許國樑夢想成為大富翁，因此採取許多陰謀詭計，得到無數田產，虎山下營盤口、內轆等地都有許多田產。

（4）許國樑發跡之後，據說行事霸道、為富不仁，鄉民深以為苦，最後被溪州出身的一位白布政（據說是文舉人）假傳聖旨斬首抄家，家產被沒入官府，但原本被強取豪奪的鄉民固然人人稱快，但卻無法再取回原本屬於自己的土地，這些土地到了日據時期，明治製糖株式會社取得了這些抄封地，並於此地種植經濟作物甘蔗。

（5）在地的簡金澤[30]老先生就追憶：很早以前，營盤口這裡整片多半是種土豆、種番薯，日據時代的時候開始種甘蔗，光復以前這裡都是抄封地，當時有二手頭家，是從官府租到地，再轉租給佃農，每個佃農大約2-3分地，光復以後，還是如此，三七五減租之後才開始有放領的措施。省府要興建中興新村，徵收土地的時候，放領都已經放完了。當時縣長李國禎就說，這裡本來就是抄封地，本來也不是你們的，現在政府要建設，請你們再賣給政府也是合理的，我們當時稱國有土地為「抄封地」，因用土地來建設中興新村，就跟我們買。徵收的價格，大約是一包菸換一坪土地，約十元臺幣。當時是蔣總統的專制時代，說要買土地就是要買土地，抗議是沒有用的，雖然這塊土地本來就是政府的抄封地，也不能說算我們的，當時想，既然政府拿錢要買回來，就賣還給政府。也希望建設之後能讓這裡更繁榮，路更舒適。

我賣了大約三、四分的土地，地點大約在現在農林廳附近。以前農林廳附近有個大魚池，據說是許國樑做的，但當時做那個魚池，是因為許家和白家吵架，白家開了一條路，像箭一樣，射向許家，許家就弄了池塘，用風水的方式化掉白家的煞。詳細說來，是在清朝時大虎山有賊出沒，有位姓簡的山賊，號稱簡皇帝霸佔此處，清廷便派許國樑武舉人進駐此處鎮守，平定了山賊，後來有個姓白的文官也派駐於此，兩家結怨，是以有此傳說。古早時期這裡的地理很好，據說虎山的脈通至全臺灣，是一隻睡虎，被姓白的文官做法敗掉。而在我孩提時代，這裡都已經開墾完畢，種滿甘蔗，幼年的我沒甚麼念書，就牽牛。當時中興會堂後面這邊，有很多墳墓，延伸到省府大樓附近，也有很多鬼怪傳說。小時候我晚上經過這附近都很害怕，用跑的回家。

（6）光復以後，凡屬於明治製糖株式會社的土地均被歸屬於臺糖公司所有或被列為公有地，仍放租給農民耕種，民國36年（1947年）台灣開始進行土地改革，

村的土地大部份是許氏的地。後來有一位白布政官員假傳聖旨，誅殺了許國棟，並把整片土地查封。後來又放領給老百姓，因此中興新村的地是放領地。求證於在地耆老，也有認為許國梁確有其人，許國棟則存疑，許國龍則是「龍」「梁」臺語發音相似，因此而錯用國語也有可能。

[30] 簡金澤先生，生平見本章前註[9]。

民國40年（1951年）展開大規模的三七五減租政策，民國41年（1951年）實施公地放領，民國42年（1953年）實施耕者有其田政策，中興新村有些台糖公有土地就放領給農民。

（7）放領實施不久後，由於台北的疏遷政策，有些放領地又被徵收，民國44-47年建村期間，當時村內有些公有土地已經放領給農民所有，這些放領公地，基於建村需要，又被重新徵收到政府手裡，因此，中興新村建村初期，土地取得有三種方式，第一種是撥用，建村當時屬於公有土地者，草屯山腳段約有36公頃，南投林仔頭段約有6公頃，營盤口段約有1公頃；屬於放領地採徵收方式者，營盤口段、林仔頭段、山腳段共約有27公頃；屬於原有民地以購買方式取得者草屯山腳段約有4.5公頃，南投內轆段約有62公頃、南投營盤口段約有4公頃。

十一、中興新村藏機堡

（1）日據時期，日本政府在全省大大小小建了至少74個機場，臺灣眾多的機場，除少數民航機場外，幾乎都是因戰爭而出現。這些機場的興建約有四批。第一批出現於1941年底以前，主要是民航機場與因南進備戰而興建的軍用機場；各地的機場除作為外戰航空隊的備戰與後續教育航空隊的訓練外，亦有部份係供軍機臨時起降的機場；第二批約在1944年初，由於美軍於太平洋戰場節節進逼，為強化臺灣的航空戰力，因而實施十號戰備，以「航空要塞」的戰略，在臺整備、增建機場；許多航空隊紛紛移防臺灣，一改先前以訓練隊駐臺的情況；第三批出現於1944年底，由於「臺灣空戰」（日人稱為臺灣沖航空戰）時，全臺機場慘遭美軍猛烈轟炸，為了保存戰力，此役結束後又增設了一批「秘密機場」；第四批設置於1945年初，當時日本認為美軍即將登陸臺灣，於是以「航空複郭」的戰略，設置了一批作為地面部隊誘敵、決戰用的機場。這些機場的興建，除了動用海軍施設隊及眾多的民工（勞務隊員）外，僅陸軍用於修築臺灣機場的「特設警備工兵隊」就達1萬7千人[31]。

（2）草屯地區有一個機場，美軍稱為Soton機場，性質上為陸軍機場，屬於中型轟炸機著陸場（MLG）Medium Bomber Landing Ground[32]，屬於第三批出現的秘密機場，有兩條跑道，其中一條大約在現在草屯帝爺廟附近，當地人稱為公館機場或草屯飛行場，約在今日草屯中庄巷帝爺廟附近，跑道比較短，可能有1400公尺，另一條約在草屯復興路附近，當地人稱為溪州機場或溪州飛行場，跑道比較長[33]，據筆者於2012年春訪問當地一位高齡91歲的林福村老先生稱，其跑道約

---

[31] 杜正宇、謝濟全「盟軍記載的二戰臺灣機場」，台灣文獻第63期第3卷，http://w3.th. gov. tw/www/files/taiwan63_3/0633_10.pdfhttp://w3.th.gov.tw/www/files/taiwan63_3/0633_10 .pdf2015/10/18搜尋

[32] 在當時美軍的分類中，屬於中型轟炸機機場（Medium Bomber Airfield, MAD），意指擁有完善跑道或起降設施，且跑道長度達4,500呎（約1,370公尺）以上。但如果是著陸廠（Landing Ground）則通常指無完整跑道或設施，但仍能使飛機起降，參考日治時期的高雄飛行場與太平洋戰爭，參考http://showwe.tw/books/choice.aspx？c=2012015/10/18搜尋

[33] 今草屯復興里部分原為飛機跑道，日據時期殖民政府基於戰爭需要曾闢建此地為軍用機

有2500公尺，寬度大約60公尺，位置大約在上林派出所後方，該地舊地名稱為溝仔墘，距離中興新村約3公里，當時他所看到的跑道相當長，從復興路的一頭一直到現在中興新村的下庄東閔路，屬於軍用小型機場，約今草屯復興里一帶。

（3）民國48年（1959年）八七水災[34]及民國49年八一水災[35]後，為安頓月眉、溪州災民，在機場跑道兩側興築帶狀聚落，聚落中央有一廣場成十字型，北部原稱月眉厝里，南部稱為溪州里，民國53年合併為復興里，意喻災民在此復興之義，機場跑道因而被廢止改稱復興路（俗稱機場路），居民大都姓林（來自月眉居多）、白、許（來自溪州居多）。八七水災過後，利用華僑捐款蓋了許多中小學，大都以僑光命名，全臺灣「僑光」的學校，多數與八七水災有關係，因八七水災發生時，剛好是戰後嬰兒潮進入國校就讀之時，所以需要不少新的學校。

（4）多位在地老人表示年少時曾經看到許多飛機藏在甘蔗田中或龍眼樹欉或芒果樹欉下，主要有兩區，一區在民政廳、社會處、主計處那裏（約現九二一紀念公園），一區在資料館、支付處一帶，都至少有十幾架飛機，當時約從現在的中興新村圓環經立體停車場旁的虎山路繞道民族路，從現在上林派出所旁有一條土石路鋪成的道路，日本人利用樹林隱蔽及牛車把飛機從藏機堡拖到機場，美國人幾次轟炸，把機場跑道炸壞了，飛機卻沒有炸到，因為飛機藏在中興新村，當時的道路因為飛機比較重，所以日本人叫了許多臺灣人用牛車拖著石碾來回壓實，壓了非常久這條道路才可以用，草屯重劃區民族路開通時，路邊就挖出很大的圓形石碾可以證明[36]。

場，據《草屯鎮誌》所載，此地為零式戰鬥機特攻基地，也就是俗稱的神風特攻隊，當時飛機跑道南北長度約1.5公里，東西寬度約90公尺。

[34] 八七水災：1959年8月7日日本南方海面的颱風艾倫因藤原效應作用，把東沙島附近的熱帶低壓引進臺灣，形成強大的西南氣流，並引起豪雨，導致於8月7日至9日連續三日臺灣中南部的降雨量高達800至1,200公釐，特別是8月7日當天的降雨量已高達500至1,000公釐，接近其平均全年降雨量。由於地面積水難以消退，再加上山洪爆發，導致河川水位高漲決堤，造成空前的大水災，受災範圍包括臺灣所有的農業區域。根據官方統計八七水災災區範圍廣及13個縣市，其中以苗栗縣、臺中縣、南投縣、彰化縣、雲林縣、嘉義縣及臺中市受災最為嚴重；實際受災面積達136,542公頃，受災居民達30餘萬人，死亡人數達667人，失蹤者408人，受傷者942人，房屋全倒27,466間，半倒18,303間。災區的交通通訊幾乎全部中斷，鐵路、公路、電信合計災損346,298,700元，工業損失（民間工廠及臺糖公司）103,547,562元，電力損失21,000,000元，自來水廠31個損失11,740,000元。其中中興新村自來水廠損失15,000元，損失出水量約3,000立方公尺，各市鎮道路橋樑損失35,204,000元，學校教室辦公室全倒64間，半倒172間，損失18,090,000元，省及縣市所屬衛生機構醫療損失650,000元，房屋全倒22,426戶，半倒18,002戶，損失560,380,000元，受損的農田35,450公頃，水利（防洪設施與灌溉排水）總損失為156,780,000元，以烏溪最為嚴重，總損失估計在新臺幣34億餘元，佔前一年國民所得總值約10%。參見臺灣省政府出版，《臺灣省八七水災救濟及重建工作報告書》，頁80-150；維基百科http://zh.wikipedia.org/zh-tw/%E5%85%AB%E4%B8%83%E6%B0%B4%E7%81%BD，2013/09/17搜尋。

[35] 八一水災是起因於雪莉颱風在1960年7月30日侵襲臺灣，第二天造成嚴重水患，俗稱「八一水災」。災後國軍投入各地救災，根據官方統計，183人死亡失蹤，430人輕重受傷，房屋10513間全倒，13404間半倒。參見http://tw.knowledge.yahoo.com/question/question？qid=1306060902333，2013/9/17搜尋。

[36] 有一說說當初勘定中興新村為「疏遷」所在地的理由之一，就是有個草屯機場可做運輸。

（5）在地居民簡其輝[37]追憶說：中興新村挖防空洞時，在地居民大都沒參與，當時是整個外包，我們沒有人參與，日據時期，日本神風特攻隊的飛機都藏在現在九二一紀念公園那邊，就是以前民政廳、社會處的地方，除此之外還有資料館旁邊，支付處的地方，那時候是飛機的地方，利用現在的中正路、府西路、民族路那條路拖到機場路那邊，那條路就是資料館旁邊的地方，再繞到公路局（現在國光客運）後面，再到電力公司旁邊，比較靠近現在國有財產局前面跟公路局，那條路後來就沒拓寬了，公路局中興站設置後，這條路就被擋起來，本來光復後這條路就被廢掉了，草屯溪州上林派出所後面的機場路是以前的跑道，利用這條路將飛機拖到這藏起來，在北投里那邊；八七水災的時候都把災民移到那邊去，那時候，我爸爸被派到那做工，我牽著牛拖一個石輪去那邊，用人工去碾平跑道；輾路的石輪用牛拖，以前我看過在國有財產局旁邊的水溝裡有一顆，現在已經看不見，以前紫微宮旁邊也是一個小機場，草屯太平路西北面的地方，日治時期美軍曾在紫微宮旁邊的小機場進行掃射，死了很多人。

（6）經查日據時代在宜蘭、臺南永康、虎尾、東港、草屯等等很多地方都有中小型的飛行場，戰後中小型的飛行場都廢了，只留十來個大的、可加長跑道的一直到今天省府疏遷到中興新村開始運作沒多久，就遇到八七水災，為了安置災民就把草屯機場跑道廢了[38]。草屯機場的原名是草屯飛行機場，它是軍用小型機場，為戰爭需要而興建的，位置約在草屯西南邊，西方鄰近北投里，舊稱北投埔，北投埔原來是泛指烏溪、貓羅溪所包圍地區。在二次大戰後期，盟軍為了快速癱瘓日本戰力，曾經多次轟炸草屯與中興新村一帶。

（7）在地居民簡其輝[39]追憶說：省府還沒來之前，復興里以前叫做北投埔，那裡有一個機場。我們小時候都有去那裏牽牛，而那時候有在徵軍伕，我爸爸也有被派到那工作，我牽牛到那裡去幫他們壓平路面做機場，機場完成後，在紫微宮旁邊也設有一個小機場；另外在靠近今天的省政資料館附近有很多樹木，日據時期的飛機都被推到那藏起來，沒用時，都藏在那。我小時候，我們有去參觀過，當時飛機的零件都被放置在那裡。當時停在那裏的飛機有不少架，包括現在支付處的位置也是以前停放飛機的地方，還有九二一公園之前的民政廳也是。飛機都是藏在樹下，當時這裡有很多龍眼樹、芒果樹和竹林，不是停在空地上；跟現在的虎山防空洞沒有關係，就是說當時虎山沒有防空洞，飛機是藏在樹林下，防空洞是省府來了以後才挖的，是給大官用的，隨便的小公務員也進不去。

（8）根據統計[40]，日據時期，日軍在臺灣大約有70個以上的軍用機場，幾乎每一縣市都有一兩個軍用機場，大約從1944年10月開始，盟軍從四川成都、太平洋塞班島、美國第三特遣艦隊、菲律賓呂宋島起飛的飛機，開始轟炸臺灣，主要的轟炸機是B-25型種轟炸機，這種轟炸機每次出動就是一大群，數量大約50-80架，同行護

---

[37] 簡其輝生平見本章前註[19]。

[38] 1950年代中期，噴射戰鬥機已問世，草屯飛行場的跑道長度，長度可能也不太夠。

[39] 簡其輝生平見本章前註[19]。

[40] 許芳銘、蕭俊偉，〈失落的潮州記憶：記美國空軍轟炸臺灣潮州鎮史料〉，《檔案的故事第四集》（臺北市：檔案管理局，2006年），頁23。

航的則是P-47型戰鬥護航機，大約30-40架，每9架轟炸機編為一分隊，每一分隊起飛時間相隔3-5分鐘，抵達目標區時，以非常密集的隊形及低飛俯衝的方式進行轟炸及掃射主要轟炸機場、軍營建築物、化學工廠、火車站、橋梁、糖廠、電塔、無線電臺、電線等設施，當時由於日方的地面砲火也非常猛烈，雙方均有傷亡，美軍返航後，大都會詳細記錄轟炸的成果、傷亡人數，也會利用空拍拍攝戰鬥的一些情形，臺灣部分鎮志史料也有述及[41]。

十二、虎山寶藏傳說

（1）自古以來，海盜、山賊、流寇、戰敗皇軍與不肖官員藏寶、爭奪寶藏的各種傳說故事總是吸引人們的興趣，傳奇色彩的傳說也吸引著人們不斷地傳誦。「寶藏說」包含著藏寶、尋寶、藏寶圖、爭奪寶藏、失去寶藏等等許有有趣但無法證實的傳說，添增了不少茶餘飯後的生活樂趣。藏寶的故事，往往開啟了人們的夢想、跳脫日常平淡的生活，希望藉由「尋寶」透過冒險、挑戰自己，尋求夢寐以求的寶藏，冀求一夕致富。

（2）明清以來，台灣與中國東南沿海、日本、菲律賓之間的海域逐漸成為海盜出沒、橫行的區域，這各地區也流傳著各式各樣的海盜藏寶傳說。而閩粵、台灣沿海的島嶼，具有洞穴、洞窟的地形，就成為地形傳說最佳的產生地。海邊的岩岸、離島、懸崖、山洞、海蝕洞等，都被賦予海盜出沒、藏寶的傳說，著名者如：台灣南部廣為流傳林道乾的埋金傳說；馬祖列島一帶有蔡牽、林義和、陳忠平的藏寶故事，還有明灼海盜洞的寶物傳說、北竿的海盜屋、山隴村後寶藏洞等等。

（3）中興新村還沒蓋之前，在清代年間，營盤口這地方住了很有名的兩兄弟，各為文舉人、武舉人，一個叫許國樑、一個叫許國棟。兩兄弟都是舉人，因此形成望族，與虎山附近五庄頭的簡姓家族互為抗衡。現在九二一公園及台銀中興分行的那個地方是以前許國樑的住宅，聽說他們家的土地東到大虎山，西到貓羅溪。後來，在乾隆四十年的時候，由於許國樑介入當時的漳泉械鬥，捲入是非之中，被彰化知縣治罪，革除其舉人頭銜，土地被抄封，許國樑敗掉了，這地方就荒蕪。到了日治時期，這地方就變成公有地，放租給南投糖廠的蔗農種甘蔗。

（4）中興新村背後的大虎山，藏有藏寶的傳聞一直不斷，由於虎山早期是強盜土匪聚集的地方，據說也是山賊的藏寶地，後來山賊離開了，聽說有許多寶藏留下來了，文史專家簡榮聰[42]也聽過這樣的傳聞：清雍正年間，南投與草屯地區都開發了，地方富庶，經濟發達，有錢人很多，土匪也很多。土匪將強奪的財富珍寶藏

[41] 許芳銘、蕭俊偉，〈失落的潮州記憶：記美國空軍轟炸臺灣潮州鎮史料〉，《檔案的故事第四集》（臺北市：檔案管理局，2006年），頁13－24。

[42] 簡榮聰先生，臺灣省南投縣人，民國34年11月11日生，中興大學中文系畢業，東海大學公共行政研究所碩士，民國65年進入中興新村，曾任臺灣省政府兵役處人事室主任、南投縣政府人事室主任、臺灣省政府人事處第一科科長、臺灣省政府人事室主任、臺灣省文獻委員會委員、臺灣省政府參議兼編譯主任、臺灣省文獻委員會主任委員，臺灣新生報副社長、臺灣省政府顧問等職。參見：鍾起岱（2014）：南投縣文化景觀中興新村口述歷史調查研究計畫結案報告。

在虎山，以前虎山有一個低窪區叫「賊湖」，我猜想應該是藏在現在圳寮坑的地方。後來這些土匪從清代年間到日治時期，逐漸被弭平，沒有土匪了。但是這麼多的金銀財寶藏在哪裡都沒人知道，現在還藏在大虎山裡頭。這就是地方耆老提到的虎山藏寶。

非常具有特色的中興新村台灣銀行仍然矗立在九二一紀念公園旁，此照片攝於民國47年12月，（張俊生提供）

（5）中興新村早年有村民到山上，想找找有沒寶藏，卻一個也沒見到，武舉人許國梁剿滅山賊、侵占民田，也聚居了不少財富，抄家之後，這些金銀珠寶下落如何，據說也埋藏在虎山，日據時代，日本人把飛機藏在虎山，由於日軍攻佔各地，也掠奪了大量的財寶，既然可以藏飛機而不被發現，藏金銀財寶不被發現的機會不是更高？日軍敗逃時，受限於戰勝國的監督撤軍，勢必無法再將財富運回日本，為避免戰勝國接收這些財物，因此在許多地方埋藏了大量的財富，也不無可能，中華民國政府在虎山下開挖虎山防空洞，是否有發現寶藏？不無疑問，但這些說法真實性如何，已不可考，虎山是否藏寶？迄今仍是個謎。林爽文平定了，林爽文的財寶何處去了？日本人戰敗後，倉促撤離，搜刮50年的財富何處去了？「藏起來了」是最讓人相信的說法。

（6）當年的省府疏遷，也引起一波地產熱潮。臺中市好？南投好？還是彰化好？地方人士競相提供吉地，最後在交通方便、但不靠近鐵路縱貫線、不影響水田、不遷移過多人口、以及不影響當地社會安寧秩序的「四不」原則之下，擇定南投虎山山麓的旱地現址。但當時徵收土地，仍然有虛報農作物數量等弊案發生，不少南投地方官員吃上貪瀆官司。這也是時任省府秘書長、兼任「省府疏散規劃審查小組」召集人的謝東閔認為美中不足之事。精挑細選的虎山，就是經過地理師堪輿的「虎穴」吉地。與臺中縣霧峰省議會的「龍穴」，形成相得益彰的「虎嘯龍吟」之局。

傳說當年的將軍主席，議員講話大小聲，也會遭斥責，省府遷往中興新村之後，開始幾位入主的都是虎虎生風的「將軍主席」。嚴家淦高陞行政院長之後，首位將軍省主席是周至柔，接著是黃杰、陳大慶，他們出入省府大樓時，「立正！」、「敬禮！」之聲此起彼落，威嚴無比。直到第一位平民省主席謝東閔入主省政府，情況才改觀。他把口令改成默行舉手禮，前呼後擁式的警官隊也改為簡單的隨扈；居家時，連隨扈也免了。沒想到，民國65年的雙十節，一個暗藏炸彈的郵包，炸去了謝東閔的左手。將軍主持省政的時代，講究紀律與權威，不但省府官員忌憚主席的威嚴，省議會的氣氛也與爾後截然不同，省議員也往往被這種威權震

懍。曾有非國民黨籍省議員質詢時「大聲小聲」的，就當場被備詢的省主席周至柔斥責，議員也只有乖乖坐下不問了。這在今天聽來，有如「天方夜譚」。

（7）中央政府遷臺之初，省政府設在臺北市；當時臺北市尚未成為院轄市，仍歸省府管轄。今天的行政院所在地，就是當年省府大樓，民政廳、人事處也設在此處；現在的監察院則是建設廳、教育廳、交通處的辦公區。農林廳、水利局則在目前的立法院內辦公。當年的省府地位猶如中樞，可以想見有多風光。後來兩岸戰事吃緊，中共又高喊「血洗臺灣」，中央政府遂有疏遷省府之議。疏遷規劃歷四年完成，44年11月舉行首期動土典禮，45年7月起陸續往中部霧峰辦公區疏遷。隔年6月29日位於南投縣虎山山脈的省府辦公大樓才正式使用，省府並以這天為「疏遷日」。

重要名詞：

聚落、大虎山、漳州、慶福寺、內轆、營盤口、威妥瑪拼音、漢語拼音、八七水災、五分車、台車、台車發著站、媽振館、抄封地、土地改革、林爽文、藏機堡、台灣空戰、航空要塞、中型轟炸機著陸場。

想一想：

1.請說明一下中興新村的早期居民的遷徙情形。

2.請說明一下日治時期，日本政府對於台灣糖業的政策為何？

3.早期中興新村哪些鐵路經過？路線大致為何？

4.就製糖業而言，日本殖民政府如何扶植自己的企業。

5.請說明中興新村抄封地的由來。

6.請簡要說明中興新村藏機堡的由來。

7.請簡要說明虎山寶藏傳說。

8.簡要說明中興新村虎山的由來。

9.請說明糖鐵五分車名字的由來。

10.40年代，台灣省政府疏遷有四不原則，請問是哪四不原則？

11.草屯鎮復興里名字的由來？

我的學習單

（　）1. 中興新村位於南投縣虎山山麓地區，在清朝雍正年間，本地仍為平埔族哪一社土地：（A）北投社（B）南投社（C）東螺社（D）西螺社

（　）2. 早期中興新村眷村居民通常認為中興新村不包括：
　　　（A）光輝里（B）光華里（C）光榮里（D）內興里

（　）3. 根據中興新村都市計畫，中興新村除了光華里、光榮里、光輝里、光明里四里之外，至少還包括：（A）營北里（B）內新里（C）內興里（D）以上皆是

（　）4. 營盤口地名由來與下列哪一件事有關：
（A）戴潮春事件（B）林爽文事件（C）蔡牽事件（D）二二八事件

（　）5. 中興新村南側的內新、內興、光明等里早期統稱為內轆，以下何者為是：
（A）內轆台語的意思是地勢下凹（B）「內轆」也可寫成「內凹」（C）早期為平埔族聚居，地名由來比營盤口還要早（D）以上皆是

（　）6. 目前中興新村的光華、光榮里以往屬於：
（A）溪州（B）營盤口（C）內轆（D）阿法莊

（　）7. 營盤口「七將軍廟」
（A）營盤國小內　　（B）營盤派出所內
（C）營盤郵局附近（D）營盤電信局附近

（　）8. 早期漢人都從鹿港進入台灣，後經彰化沿貓羅溪入墾，入墾營盤口（今光華、光榮、光輝、營北、營南等里）以何姓姓居多：
（A）簡（B）林（C）陳（D）曾

（　）9. 早期漢人都從鹿港進入台灣，後經彰化沿貓羅溪入墾，入墾營內轆（今內新、內興、光明里）以何姓姓居多：：
（A）簡（B）林（C）陳（D）曾

（　）10. 早期南投地區為什麼會有火車？原因是：
（A）通勤族需要　　（B）學生上學需要
（C）運輸產業需要（D）便於軍事控制

（　）11. 追溯台灣之所以有鐵路，始自：
（A）劉銘傳（B）邵友濂（C）岡村寧次（D）乃木希典

（　）12. 日治時期，台灣的鐵道可分為官設公營鐵道、私設民營鐵道，私設民營輕便鐵道等三種，其中手推台車主要使用於：
（A）官設公營鐵道　　（B）私設民營鐵道
（C）私設民營輕便鐵道（D）B及C都有。

（　）13. 輕便車鐵路主要是將鐵軌鋪設於公路上，當時南投有四條路線：草屯至臺中線、南投線、草屯至埔里線、草屯至彰化線，輕便車鐵路最早創設於從明治41年（1908），一直到何時才廢除：
（A）昭和8年（1933）（B）昭和10年（1935）（C）民國38年（D）民國48年

（　）14. 以下何者對於聚落（village　or　settlement）的描述是錯誤的：
（A）聚落的英文是village　或settlement
（B）聚落是人類群集聚居和生活的場所，又分為現代聚落和古代聚落。
（C）聚落環境是人類有意識開發利用和改造自然而創造出來的生存環境。
（D）聚落紋理則是生存環境的時空軌跡，聚落是人類各種形式的聚居地的總稱。

（　）15. 中興新村大虎山山腰蓋了許多寺廟，並不包括：

（A）一貫道光慧文教總壇（B）雷藏寺（C）中興佛社（D）十八龍柱。

（　）16. 第一位台籍文官出身的主席是：

（A）李登輝（B）邱創煥（C）謝東閔（D）林洋港

（　）17. 第一位軍人出身的主席是：

（A）陳誠（B）周至柔（C）陳大慶（D）黃杰

（　）18. 曾受到恐怖郵包攻擊而失去手臂的省主席是：

（A）李登輝（B）謝東閔　（C）陳大慶　（D）黃杰

（　）19. 中興新村虎山地由來，以下何者為非：

（A）山中藏虎故名虎山　　（B）山風哮哮，聲音如虎故名虎山

（C）山形似虎，故名虎山（D）山中好躲藏，由大好山轉音而來。

（　）20. 中興新村的英文名字最早是註記為：

（A）Chung Hsing New Village（B）Jhongxing　New Village

（C）Chung Hsing Village　　（D）以上皆是。

（　）21. 中興新村的英文拼音Chung Hsing New Village的拼音方式主要是依據哪
種拼音原則：

（A）Wade-Gilos羅馬拼音（B）漢語拼音（C）通用拼音（D）教會拼音

（　）22. 中興新村的英文拼音Jhongxing　New Village的拼音方式，主要是依據哪
種拼音原則：

（A）Wade-Gilos羅馬拼音（B）漢語拼音（C）通用拼音（D）教會拼音

（　）23. 中興新村的英文拼音由Chung　Hsing　New　Village換成Jhongxing　New
Village，大約是在：（A）1990年（B）1995年（C）2000年（D）2005年

（　）24. 日治時期開始發展台灣的新式糖業，主要有四大製糖株式會社所經營，包
括：日糖興業、台灣製糖、明治製糖，以及：

（A）淡水港製糖（B）基隆港製糖（C）高雄港製糖（D）鹽水港製糖

（　）25. 以下何者對於「五分車」的描述是錯誤的：

（A）因軌距是標準軌的一半（B）因行車速度是一般火車的一半（C）台人也
稱為五分仔車（D）五分車是日本官方命名的

（　）26. 中興新村附近行駛的台糖火車大約於民國幾年才停駛：

（A）民國46年（B）民國47年（C）民國48年（D）民國49年

（　）27. 日本明治維新之後，開始大舉對外侵略，基本上，日本對外侵略，一旦獲
得新領土，為了統治方便，快速打擊抗日義軍，通常先行：

（A）培養親日勢力（B）展開港灣、鐵、公路之建設

（C）救濟因戰爭而失去依靠的災民，爭取民心（D）建築統治象徵之官署機構

第四章　中興新村的自然與水文

本章重點

　　中興新村位於南投縣偏西北的草屯鎮與南投市交界處大虎山麓，從草屯鎮來看，大虎山位於草屯市區偏東南方，大虎山又稱「大哮山」，在草屯地界包含了山腳里與富寮里，在南投地界包括：光輝里、光榮里、光明里與東山里，大虎山是鳥瞰草屯市區與南投市區的的知名地點。

　　南投縣位居台灣中央，台灣地理中心碑就在埔里鎮，是全省唯一不濱海之縣份，面積遼闊，南北長約九十五公里，東西寬約七十二公里，土地總面積4,106.4360平方公里，東以中央山脈與花蓮縣相鄰，西以八卦丘陵及清水溪與彰化縣及雲林縣相接境，南以清水溪及玉山支脈與雲林、嘉義、高雄三縣相接壤，北以北港溪與大甲溪之分水嶺（白狗大山、八仙山）及烏溪與台中縣為界，境內山岳綿亙，高峰聳立，在全省五大山系中擁有中央山脈、玉山山脈、阿里山山脈等三大山系，全省高度超過三千公尺之六十二座山峰中，位於南投縣內者有四十一座，南投縣位台灣紡錘形地塊之中心，在地質構造上相當於台灣複背斜構成西翼之一部份，中興新村的地質屬於仍屬於西部濱海平原的第四紀沖積層[1]，稍往東即屬於西

作為中興新村後山的虎山丘陵，森林悠悠，縱橫步道，提供在地居民休閒健行與登山之用。（鍾起岱提供）

---

[1] 依據台灣地體演化的歷程和地層及岩性的不同，台灣目前共分為七大地質區，自西而東它們是：I、澎湖群島（更新世玄武岩）II、西部濱海平原（第四紀沖積層）III、西部麓山地區（新第三紀碎屑岩）IV、中央山脈西翼地區（第三紀亞變質岩）：（a）雪山山脈帶（硬頁岩或板岩）、（b）脊樑山脈帶（板岩或千枚岩）V、中央山脈東翼地區（先第三紀變質雜岩）：（a）太魯閣帶（片岩、大理岩、花崗岩）、（b）玉里帶（片岩、蛇紋岩）VI、東部縱谷地區（板塊縫合帶）VII、海岸山脈地區（新第三紀火山岩）

部麓山地區的新第三紀碎屑岩，第四紀沖積層的岩性（岩石），以砂、礫、泥為膠結之礫石層為主，第四紀沖積層的土層較為肥厚，質地粘重，地形尚稱平坦，第四紀沖積層分佈的地區，由於尚未岩化，膠結較疏鬆，有許多空隙可供擠壓，因此比較容易發生地層下陷的情形，由於這種地層結構，地下水層比較豐富，但如果超抽地下水，使地底下的物質被掏空，地層下陷將更容易發生。本章敘述中興新村大致的範圍、地理位置、開墾、行政歷史等介紹。

一、範圍

（1）南投市之地形略成不規則的方形，由西而東分別為八卦（山）台地、南投平原、南投丘陵三種，八卦台地由西向東緩緩傾斜，南投平原屬台中盆地南端邊線，由貓羅溪沖積而成，貓羅溪由中寮鄉西流向本市橫貫南北在碧山巖前入彰化縣境，長約八公里，南投丘陵屬西部斷層山地，地形大致呈南北走向。

（2）中興新村位於八卦山臺地與大虎山之間，貓羅溪及其支流所灌溉的南投平原右側，海拔高度180公尺-280公尺，平均約200公尺。大虎山屬於南投丘陵，最高點位於中興新村東北側，行政區劃歸草屯鎮山腳里，海拔最高為329.7公尺[2]。

（3）中興新村地勢平坦，傾斜度約15-20度之間，東西寬約1.7公里，南北長約3.5公里，東面與東北面有大虎山，其餘為東西向地勢平坦且排水良好

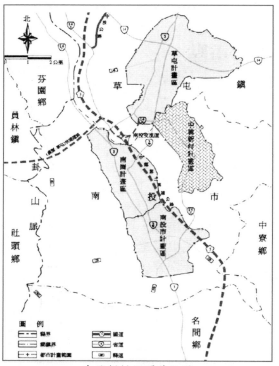

中興新村的關係位置
（引自中興新村未來整體規畫之研究）

之土地。土質除虎山山麓有大卵石外，離大虎山越遠則土質越見鬆軟；平地土壤主要為洪積層土，土壤中有機質含量高，頗適合種植高莖作物。地下水位高，約在地表下1-3公尺之間，地下水源豐富，但相對土壤承載較差，且東面環山路正位於車籠埔斷層帶上，規劃及開發強度均需慎重考量。

（4）全村重要的溪流，較有名者為流經五百戶的內轆溪與南中興的軍功寮溪，其餘為匯集山區排水野溪，由北而南有其名者稱為冷水坑溪、鳳梨坑溪、金水坑溪、楓坑溪，此四溪流經營北路之後稱為牛路溝溪，南方的土地公坑溪則流入內轆溪，大抵由東北流向西南，最後匯入貓羅溪。

---

[2] 九二一地震前大虎山海拔325.38公尺，九二一地震後變更為328.6公尺，而新的高點為329.7公尺。參見洪英盛總編輯，《續修草屯鎮誌》（南投縣：草屯鎮公所，2005年），頁1021。

（5）清治時期，大虎山西南側，貓羅溪東北側，南北投堡之間，漢人村落散佈。在貓羅溪側者，由上游而下游，稱為軍功寮、內轆、營盤口；在大虎山西南側者稱為溪州、山腳、下庄、番仔寮、楓仔坑。中興新村大部分土地取自營盤口到下庄（營北里、光榮里）；村南土地（光明里）取自內轆與番仔寮；村北土地（光輝里）取自山腳。

（6）村北的光輝里土地原本屬於草屯鎮轄，民國46年（1957）中興新村建設完成後，劃歸南投市，依據南投縣政府公告的中興新村文化景觀登錄範圍[3]，原臺灣省政府管理維護區域包括：草屯鎮界以南、虎山山麓以西、南內轆地區以北的中興新村都市計畫範圍內。

中興新村位置（引自經濟部，國土資訊系統資訊系統圖）

二、地理位置

（1）從地理環境而言，南投縣烏溪、貓羅溪、濁水溪貫穿其中，東高西低，漸次發展。

（2）濁水溪流域平原以南，最西是觸口臺地、清水河谷平原、坪頂埔臺地、竹山丘陵、鳳凰山丘陵、玉山山塊及最東的脊梁山脈；濁水溪流域平原以北，最西是八卦山臺地、南投平原、草屯平原、南投丘陵、集集山脈、埔里板岩山地（其中為埔里盆地）以及脊梁山脈。

（3）中興新村位於南投平原，經緯度約為北緯23°57′東經120°41′左右。呈西北-東南走向的狹長區域，全區屬於100公尺到250公尺等高線範圍內的緩坡地形，坡度約5-40%，若以中正路及中學路為界，劃分四個象限，第一、二象限屬南投丘陵的大虎山，土地公嶺山、南投山、內轆山、觀音山，漢人入墾後，此處仍為平埔族所有；第三及第四象限，則多屬早年漢人入墾聚落，由北而西再往南分別為山腳、前厝、阿法庄、溪州、營盤口、下庄仔、內轆、軍功寮等聚落。

（4）貓羅溪流域早期為平埔族洪安雅（Hoanya）[4]阿立坤（Arikun）支族聚居之地，北投社大致位於現今草屯鎮北投里，貓羅溪以北之地，舊名為北投社，南投社為因位於貓羅溪南側，與北投社隔溪相望，南投名稱由來，有兩說，一是洪安雅

---

[3] 民國101年3月15日府授文資字第10100566952號公告。

[4] 洪安雅族（Hoanya）、亦名洪雅族（Hoahya），為台灣平埔族原住民，主要分布在台中市霧峰以南、彰化縣、南投縣、雲林縣、嘉義縣市與台南市新營區以北一帶附近。又分為本羅亞（Lloa）與阿立昆（Arikun）二支族，現已幾乎漢化絕跡。阿立昆支族在南投縣主要分布為草屯的北投社（TausaBato或Tausa Mato），大致在草屯鎮北投里，以及南投的南投社（Tausa Talakey），大致在今日的南投市南投里。

（Hoahya）社名，一是漢人對照北投社之位置關係而命名的[5]。

（5）中興新村舊名營盤口及內轆，位於貓羅溪北岸，漢人入墾之前，主要屬於北投社平埔族漁獵地帶；清治以後，此地大多劃歸南投保。

三、中興新村的地質

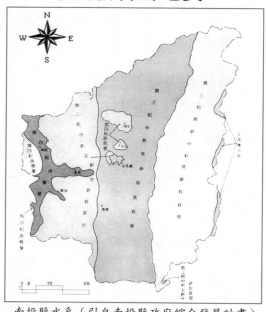

南投縣水系（引自南投縣政府綜合發展計畫）

（1）南投縣位台灣紡錘形地塊之中心，在地質構造上相當於台灣複背斜構成西翼之一部份，南投縣地質東舊西新，各帶中都有複雜之背斜與向斜構造。根據民國40年代規劃師手繪製的150000分之一中興新村位置與附近縣市關係圖，可以看出中興新村位於大虎山150公尺等高線的邊緣地帶，此地最高峰為東北的325公尺等高線，大約在目前雷藏寺附近，西南的觀音山標高約為250公尺，鄰近的地名，依稀可見山腳、前厝、阿法庄、溪洲、營盤口、內麓等地名，有兩條從糖廠出發的五分仔車路線在營盤口交叉，有一條高壓線直接由北而南穿越中興新村。

（2）南投縣的地質分布，由東而西大致分為五大帶：（A）大南澳片岩帶[6]（B）蘇澳相帶[7]（C）烏來相帶[8]（D）新成亞紀之汐止群與三峽群之中新世地層帶[9]，與（E）苗栗群及巓崍山群之新成亞紀

---

[5] 荷蘭時代稱為「Tausabata」，明鄭時代，永曆18年（1664）鄭成功部將林杞率軍開墾水沙連，開始有大規模的漢人墾植，「Tausabata」被簡化為「bata」，此即北投社的由來，根據康熙33年出版的台灣府志稱：南投社離府治（台南）五百六十里。康熙56年出版的諸羅縣志則載：「東為南投山，內社二，溪南（貓羅溪）為南投，溪北為北投」。

[6] 分布主要沿著丹大溪上游、脊梁山脈之主分水嶺稜線上，發生於古生代後期至中生代，變質度頗大，岩石中含雲母、石墨、石英片岩、方解石片岩等礦物。

[7] 分佈於東部主要構造線-匹亞南構造線之東側，發生於古成亞紀與中新代前期。上部以灰黑色、黑色板岩及灰色板岩為主，下部以黑色板岩、千枚岩狀板岩為主，礦物有石英、長石類、雲母、方解石、電氣石等。

[8] 分佈於匹亞南構造線之西部，地層包括烏石坑層、白冷層、水長流層等三層。水長流層為上層，分佈於水長流溪、北山坑溪、水里坑溪與陳有蘭溪沿岸，岩質多為黑色頁岩組成。白冷層為中層，分佈於水長流溪、南港溪支流北山坑溪、水里溪及玉山地塊一帶。烏石坑層分佈於玉山山塊北部、陳有蘭溪、郡大溪間之西巒大山、埔里盆地群與眉原山地，岩性以砂頁岩互層為主。

[9] 又分為：1.汐止群地層由下而上為粗坑層、大坑層與水里坑層。粗坑層分佈於雙冬斷層東側，岩性為沈積岩、頁岩。大坑層分佈於哮貓斷層之東、集集大山含煤區之西，岩性為頁岩。水里坑層分佈於大橫屏向斜椅造之二翼、水里坑斷層與哮貓斷層間烏溪兩岸，岩性為砂岩、頁岩之互層構成。2.三峽群地層可分為下部之南莊層和上部之桂竹林層。南莊層分

末期與第四紀更新世地層帶[10]。

（3）中興新村在地質上屬於第四紀更新世地層帶的沖積層，沖積層分佈於各河流的氾濫平原，由黏土、粉砂、砂和礫組成，中興新村主要是由烏溪、貓羅溪集水區沖積而來。

（4）中興新村虎山山麓有車籠埔斷層帶經過，車籠埔斷層位於台灣西部，為一條南北走向的東傾逆衝斷層。集集大地震尚未發生前，已經有地質學者前往台中太平（今台中市太平區）車籠埔進行實地勘查，位置約在光興路以東的沿山地區，在此發現斷層崖而故名。此斷層在1999年9月21日發生錯動，是造成集集地震之主因，斷層帶大致沿著虎山山麓前進，距離中興新村環山路約15-50米之間。

南投縣水系（引自南投縣政府綜合發展計畫）

四、中興新村的水文

（1）南投縣境有兩大水系，偏北邊為烏溪水系，偏南為濁水溪水系，除外另有十數條較為著名溪流如南港溪、北港溪、貓羅溪、丹大溪、邵大溪、陳有蘭溪、水里溪、清水溪等等水系分屬濁水溪及烏溪流域，而兩大水系交界的地方約在南投市與名間鄉一帶，水文的不同，不僅影響農業，連帶的也影響人文。

佈於大橫屏向斜之軸部、大岸山向斜之南端、集集大山向斜核部之周圍、鳳凰山脈北端與西坡，楠仔腳萬溪與和社溪上游，岩性以砂岩為主。桂竹林層分佈於烏溪北岸之馬鞍寮斷層與啤貓斷層間，岩性以砂岩為主。

[10] 1.苗栗群包括桂竹林層與巔料山群間之錦水層（下部）和卓蘭層（上部）。錦水層分佈南投丘陵西面及竹山丘陵之他里場南方與竹山東方至勞水坑、桶頭一帶。其岩性以砂質、泥質頁岩為主。卓蘭層分佈於雙冬斷層以西之南投丘陵與鳳凰山斷層以西之竹山丘陵。其岩性以泥質砂岩、砂質頁岩及頁岩之互層，形成顯著層階地層，傾斜坡面發達。2.頭料山群包括通霄層（下部）與火災山層（上部）二部份。通雲層又分二相，大坑相分佈於南投丘陵之雙冬斷層東側、南至集集附近，跨濁水溪，在內樹皮、溪頭間為鳳凰山斷層截斷，以砂岩為主、頁岩為副，另一相為魚池相，分佈於魚池盆地與埔里盆地一帶，岩性為青灰色砂岩、黏土、褐色砂與夾黏土之碟石層組成。火災山層分佈於烏溪北岸之火焰山、南岸之雙冬、集集東北方北勢角及鳳凰山脈西北角等地，由碟石層組成。

（2）濁水溪水系，主要發源於合歡山，集水區支流有合歡溪、奇萊主溪、塔羅灣溪、馬海僕溪、萬大北溪、萬大南溪、寶樂克溪等，水流豐富，早經建造霧社水庫（萬大水庫），提供明潭發電，中流集水區主要支流有郡大溪、卡社溪、丹大溪、巒大溪，在合流坪附近與郡大溪合流後穿越巒大事業區心臟帶西流經地利、雙龍兩山地村至龍神僑與陳有蘭溪匯流蜿蜒流出山區，經過集集、濁水、名間而抵雲林縣與彰化縣之交界處，在彰雲大橋與清水溪合流（彰化二水附近），流經彰化平原出海，濁水溪流域約佔全縣面積之三分之二。

（3）烏溪水系，北側主要由為眉溪、南港溪、北港溪、水長流溪、垷溝溪與頭汴溪等六支流匯集而成，其中眉溪與南港溪在埔里近郊合流，北港溪與水長流在國姓合流，兩者流至柑子林後注入烏溪，垷溝溪口直接流入烏溪自大橫屏山至火炎山之嶺線以西之溪流，均流入頭汴溪後注入烏溪，南側的貓羅溪最後從彰化市番子田（福田里）附近注入烏溪，流域佔全縣面積之三分之一。

（4）以自然水文而言，中興新村自然溝渠均屬貓羅溪流域，然而以灌溉溝渠而言，村北地區的灌溉水源取自烏溪流域的北投新圳[11]，村南屬於貓羅溪抽水灌溉區成源圳，由於灌溉渠道跨過內轆溪，形成自然溝渠上方另有「水路」的奇特景象。

（5）南投市水文路網以多條東西向排水系統組成，其中成源圳為一南北向之水圳，連接多條東西向排水線。

（6）南投市在八卦山東側主要屬於烏溪流域[12]，烏溪流域有兩條主要支流，流經埔里、國姓、草屯者通稱為烏溪，流經中寮、南投者通稱為貓羅溪，貓羅溪約在彰化縣芬園附近注入烏溪。

（7）烏溪流域的貓羅溪源於中寮鄉之平林溪、樟平溪（龍眼林溪）[13]與南投市之牛角坑溪匯流而成，然後繼續往北流，在彰化市番子田附近注入烏溪。

---

[11] 北投新圳原稱「陰圳」，乾隆16年（西元1751年）由池良生所創設，其水源是由烏溪取水，當時的圳頭從烏嘴潭起堰開鑿暗渠導入茄苳山，出口圳路分上下兩圳幹線長9,619m，支線長7,156m，灌溉面積1,565甲；明治37年（西元1903年）重新在北勢湳佳柔崎開鑿圳頭，並將幹線全部變更，明治38年（西元1904年）改築支線新上圳及新下圳，並由當時之民政長官後藤新平命名為『北投新圳』，改修後總灌溉面積為1,875甲，是草屯地區主要之灌溉系統，民國88年（西元1999年）9月21日發生大地震，因北投新圳正位在斷層線上，破壞嚴重，災後重建工程則納入灌排分離的理念，將幹線渠底抬高段以直徑2.2m鋼襯預力混凝土管埋設1,634m，同時為解決水污染問題於管路上方闢為社區排水溝，因排水溝兩側住戶及商家之浴廁污水未經處理直接排入，致雜草叢生、蚊蠅滋長，為社區所詬病。參見草屯鎮公所引自南投農田水利會資料http://doie.coa.gov.tw/culture/green-desc.asp？id=33

[12] 烏溪源頭在中央山脈合歡山西麓，支流包括：筏子溪、大里溪水系、貓羅溪、北港溪、眉溪等，總流域面積2,025.6平方公里，幹流長度119.13公里，在台中市包括：龍井區、大肚區、烏日區等區，在彰化縣包括：伸港鄉、和美鎮、彰化市、芬園鄉等鄉鎮，在南投縣包括：草屯鎮、國姓鄉、埔里鎮、南投市等鄉鎮。

[13] 樟平溪在地人通稱為龍眼林溪，原因是清朝年間，先民入中寮山區開墾，當時北中寮地區遍佈龍眼樹，因此稱之為「龍眼林」，目前北中寮農業區內有多處休閒農場，如：下水堀農場、清城農莊、月桃香農場等，由於北中寮緊鄰肖楠巨木群、龍鳳瀑布、樟平溪吊橋、紅菜坪古道，形成一帶狀休閒景點

（8）成源圳水源原取自大埤龍眼林溪，目前則取自烏溪的北投新圳，也是中興新村的人文特景之一，夏天溪聲潺潺中，圳水以水橋經過村內溪上，映襯溪旁的金黃阿波羅樹林，芬芳滿園，水利會設有碑文述說此地的人文歷史。

（9）中興新村的水系，主要是平林溪的六條支流，由北而南分別為：冷水坑溪、金水坑溪、牛路溝溪、楓坑溪、內轆溪與土地公坑溪，村內最大自然河川為流經五百戶的內轆溪，均流入平林溪，幾條自然野溪，由北而南，包括冷水坑（流經省府大樓旁，與省府路大致平行，由資料館東側穿越）、金水坑 [14]（流經三十一號倉庫、中興醫院左側）、牛路溝（中興醫院右側、中興高中後方）、楓（仔）坑（流經鼎峻山莊、省府檔案室、虎山農場，注入內轆溪）、內轆溪（流經五百戶金城社區左側）、土地公坑（穿越高爾夫球場、沿著光復國小、金城社區右側注入內轆溪）。其中冷水坑流經資料館與省府路間，成為北投新圳的一部分，金水坑穿越中正路的中正一橋，牛路溝穿越中正路的中正二橋，以上這幾條溪穿越中興新村，部分加蓋為停車場，金水坑穿越中正路、營北路後匯入牛路溝，大致沿著營中路而行，營中路有幾個著名農舍名義經營的簡餐咖啡[15]，最後也均匯流入平林溪，更南的楓坑溪、內轆與土地公坑溪，則於中

跨越內轆溪的成源圳水橋，水源原取自貓羅溪（鍾起岱提供）

興新村環山路附近匯入內轆溪，於東閔路南側匯入平林溪，再匯入貓羅溪，目前灌溉（排水）系統，村北為北投新圳；村南為成源圳，成源圳在中興新村內轆溪一帶，七成居民都姓曾，曾氏宗祠子孫有千人之多，清末，家族內還同時出了「文秀才」曾長茹和「武秀才」曾長清這對兄弟檔，他們是孔子弟子曾參的第七十三代孫。

（10）成源圳水橋，位於內轆溪中正路旁的一座小橋，橋旁建有紀念碑，建於清乾隆十年的成源圳是供應南投市區用水主要管道。成源圳十分特別是它是座供人通行的橋，也是空中通行的水道。成源圳全長8,090公尺，原本取水自南投市大埤龍眼林溪（樟平溪），因溪流短水源少，遇雨擋水壩易沖毀，不但影響用水時效且

---

[14] 台人習慣上稱有水的野溪為溝，無水的野溪為坑，金水坑也稱為旺來坑或鳳梨坑，因早期當地居民於此地種植鳳梨而得名，也有人認為鳳梨坑與金水坑並非同一條野溪，而是與金水坑平行，流經中興醫院右側稱為鳳梨坑，流經中興醫院左側稱為金水坑，兩者穿越營北路後合流沿著營中路以下才稱為牛路溝。

[15] 如米克諾斯Mykonos（原稱4C）、101歐風蔬食是其中名氣較大者。

養護費高，後經研討，改由北投新圳第三支圳增設連結水路補給成源圳區水源之不足，及至民國71年，因成源圳圳頭及導水路受災嚴重，無法取水，而暫時報廢停用，而由北投新圳輸水供灌。

（11）中興新村成源水圳原由南投農田水利會的芳美圳管理，由於成源圳水源原取自南投市大埔龍眼林溪，因溪流短水源少，遇雨擋水埧易沖毀，不但影響用水時效且養護費高，後經水利會開會研討，改由北投新圳第三支圳增設連結水路補給成源圳區水源之不足，及至民國71年，因成源圳圳頭及導水路受災嚴重，無法取水，而報廢停用，而由北投新圳輸水供灌，民國84年3月10日由南投農田水利會的草屯站正式接管，草屯水利站的轄區因此擴大，東自烏溪北勢湳溪底起，西至貓羅溪止，南以龍眼林溪為界，北與茄荖媽助圳為鄰，本地地勢由東向西傾斜，以草屯市區為中心，海拔約在40至110公尺之間。主要圳道為北投新圳及成源圳，其灌溉面積為36公頃，圳路長度1,250公尺，為抽取貓羅溪水之抽水灌溉區，全站總灌溉面積為1,980公頃。

（12）由於成源圳水源系統自清朝乾隆年間即已存在，經過幾次風災、水災，農田水利會才陸續將之活化，直至1970年代加蓋後，又被忽略。但圳頭水源不絕，橋頭還有碑文，都是極富歷史價值。

（13）成源圳中興新村水橋碑記，建置地點於北投新圳渠首工旁，立碑者為臺灣省南投農田水利會，撰文者為前臺灣省政府文獻委員會主任委員簡榮聰先生，樣式屬無紋飾，首行書「北投新圳渠首工修復碑記」字樣，材質為青斗石，碑文記述如下：

「成源圳為南投古圳，清乾隆十（1745）年曾烈甲、簡經、曾賜等四人合作開墾，初由觀音山下、圳頂坪北側火灰潭蓄水築埤，源取樟平溪水（又稱龍眼林溪），灌溉內轆、營盤口等地田園，全長八〇九〇公尺，嘉惠地方，附近村庄，故稱大埤。道光元年溪水氾濫，圳頭大決堤，經搶修而供水時斷時續。光緒十三年曾長茹、曾清霖、曾斌、曾和睦、曾福肺、曾同基、曾君定、曾光朝等八人集資八千圓復建，改稱復源圳。光緒十六年彼再集資修復災害工程，回稱成源圳。惟此圳之後屢毀屢修，至民國七十一（1982）年圳頭及導水路受災嚴重報廢，乃由北投新圳第三支圳增設連結水路輸水供灌；以此觀之，先民耕殖內轆、營盤口田園，生養世代，何其不易也。

北投新圳源取烏溪水，圳頭在草屯鎮北勢里東茄荖腳溪底，與九九峰隔溪對望，湲湲圳水行經十餘公里，再穿越中興新村暗渠，支圳原以倒虹吸工設施過內轆溪，九二一大地震後管綫坍塌阻塞滲漏，無法整修，水利會除改善圳路各項工程外，會長洪國浩君更考慮結合此地優美景觀及配合省府環區自行車道計畫，乃積極奔走協調終獲中央補助，民國九十二年一月動工施設三跨鋼構拱型渡槽，長五十五公尺，又整修沉砂池、新建明暗渠各一，同年十一月竣工，既供暢流輸水，兼可行馳鐵馬、散步賞景，且紅色拱橋美輪美奐，遂成附近地標，不僅地方稱慶讚賞，並獲行政院公共工程委員會選為示範工程。渡槽者，又稱水橋，於此知斯橋之可貴。

余觀成源圳，昔載水而多難；北投新圳，今濟渠而默芳；而中興新村卻因政治暗藏著興廢滄桑！可見天道人事難言；幸此內轆溪水嬌彩映如虹，裨益休閒、美化

觀光，使來者遊者、怡情賞景、悟彼逝水、晨昏徜徉，知經濟之有功、識灌溉之無央，見村庄之自得、眺雲山之蒼茫，參水利之造化、體世態之炎涼，於是知上善若水、堪珍堪惜、可久可長。」

（14）中興新村虎山山麓有冷水坑溪、金水坑溪由東北向西南流經營北路後匯流成牛路溝溪，光榮里、光明里有楓（仔）坑溪、土地公坑溪、內麓溪流過，這些野溪匯入內轆溪，再匯入貓羅溪，貓羅溪從南投縣流經彰化注入烏溪，再流經臺中市，匯入大里溪，三溪構成烏溪水系，從臺中市大肚區流入臺灣海峽，最後一段稱為大肚溪。

（15）張麗鶴女士回憶說[16]：虎山從環山路主席官邸到現在「親情公園」那一帶，乾隆35年（1770年）營盤口有個許家，出了位武舉人許國樑，他權勢很大，所以能鎮壓地方勢力，他的土地從營盤口擴展到農林廳、主席官邸一帶，最後因參與一個泉州人與漳州人的械鬥，而被問斬，其子嗣仍居住於此地。日據時期，日本政府要求居民提報所擁有的土地面積，由於地方傳聞所報土地越大，就對自己越不利，所以就不敢據實回報擁有多少土地，也就放棄了許多自有的土地，而被充公抄封，稱做「抄封地」。

這段故事在《彰化縣志》也有記載，可證實中興新村這裡的土地，至遲到1770年已有開發。早期居民在這裡種了許多甘蔗，故內轆旁邊，軍功寮溪前面有處稱「新廍仔」（大約在現在中興國中旁，過大碑，靠近軍功寮溪附近）的地方製作紅糖的廍地，就做「糖廍」，日據時期後來在現在新的南投縣政府附近，建設新型的製糖工廠，稱為「明治製糖會社」，並修建輕便車（台語）即台車（日語）來收集各地的甘蔗製白砂糖。後來在臺中又建有糖廠，日人遂再加修從臺中到南投的糖廠線小火車，台灣人稱為「五分仔車」，提供客運及貨運服務。這五分仔車在民國48年當時總站在現在南投郵局附近，營盤口在東閔路口憲兵營附近，有一小火車站，近中興新村的下庄，省府路與東閔路附近也設了站，但在民國48年八七水災時，烏溪橋被沖毀，糖廠小火車鐵軌也被沖走，鐵路交通遂終止。

虎山一帶的植物，最有名的老樹是中興醫院前面的茄苳樹，李朝卿市長時，出了一本南投市的老樹和行道樹的書，中興新村的部分是我寫的。另外民國86年，因為建村40周年，新聞處要出慶祝建村40周年的專刊，在中興高中圖書館主任的建議下，本人投稿給文獻會，受中興新村圖書館的館藏豐富之賜，取得許多氣象、地形等寶貴的資料，並且有幸被錄用。

本人在研究時，探討到關於「金水坑」在何處，以及光華里的土地公廟怎麼會變成紫晶宮？我做田野調查時，訪問到柳家餐廳的老大，柳老先生說，除了中興醫院前面的老茄苳樹外，醫院右後方，有棵年代更久遠的茄苳樹，並講述了這棵樹的歷史：日據時代時，地方人士常到此處山區採集薪火給「南投窯」（現在南投醫院附近，設置時間比水里蛇窯早）燒製陶器使用。但是在收集的過程，牛車常常翻

---

[16] 張麗鶴女士，民國26年1月12日生，雲林縣斗六市人，民國49年6月省立師範大學（現國立師範大學）文學院史地系地理組畢業，曾在斗六中學擔任教師，54年8月1日到中興高中擔任地理科教師，直到88年7月31日退休，目前仍居住於中興新村。參見：鍾起岱（2014）：南投縣文化景觀中興新村口述歷史調查研究計畫結案報告。

覆，故地方人士為了要向地方神祇感恩祈福，故選擇此區域最老的樹，也就是這棵茄苳樹的樹下興建土地公廟，並在樹頭插香祭拜。

　　小廟據說是第一市場的一位李太太所獻建，因此被稱為光華里土地公廟，到了陳振勝立委購置此地後，小廟已擴建為現在的土地公廟，改名叫做紫晶宮，不但有土地公，還有土地婆，神像還是用水晶打造的，設備上有水有電，並新增供桌。但是十年後的現在，廟的遮棚已經擋到茄苳樹，也被榕樹寄生，使得樹被遮擋而看不到，逐漸被民眾遺忘了。我覺得中興醫院右前方的那棵老茄苳樹之所以被重視，是因為早年謝東閔和嚴家淦省主席決定要把省政府從臺北遷到這個位置，正是在那棵樹下決定的，該樹因而被重視。其他的老樹因為沒有這樣的史蹟而被忽略了。

　　我認為樹給人生命教育，從這兩棵茄苳樹，我就看到，榕樹是臺灣土生土長的，成長速度較快。我們常講到「霸凌」這個詞，他就爬到別人樹上去，勢力比較強，使得原本的樹就不被看到了，像是紫晶宮後面那棵就是被這樣：霸凌別人的未被處理，活了，被霸凌的卻被忽略，光榮東路一街很多白千層樹也被別的樹寄生，活得很慘，長得不好。我還去拜訪第一市場的一位九十歲的老先生，了解哪裡叫金水坑以及土地公廟的掌故，土地廟內陳振盛先生所公告的建廟起源和我所了解的來源是有出入的。

　　（15）簡金澤先生回憶說[17]：陳振盛的土地公廟是他後來買的，最早的地主是一位姓鄭的，叫阿發，傳給他兒子阿滿（鄭朝滿），做過鎮民代表，後來土地抵押給銀行，被銀行拍賣，就給陳振盛買去了。陳振盛來這邊沒有幾年，土地廟旁的古徑山路就被廢掉，不讓遊人過去，光華里土地公旁是鳳梨坑，主席公館旁邊叫冷水坑，據說許國梁和白氏鬥法的時候，那冷水坑流出紅色的血水流了好幾年，把那虎山的老虎地理敗了。但這裡地理其實還是很好的，當時國民黨政府派地理師來看，選定了這裡就可以證明。

五、中興新村的氣候

　　（1）南投市位於臺灣中部西側山麓區，屬於亞熱帶[18]潤濕氣候型，氣溫及濕度均高，夏季多雨較為潮濕，秋冬季則較乾旱，年平均氣溫約攝氏24度，年平均相對濕度約80%，雨量豐沛，降雨量隨季節而變化，夏季常有雷雨及颱風發生降雨量達高峰，貓羅溪沿岸常有水災發生，秋冬雨量較少。

　　（2）中興新村的年平均溫，約相當於南投縣年平均溫度，介於20℃-26℃，氣候涼爽，適宜居住及戶外旅遊活動。夏季平均溫度約在23℃-32℃左右，全年最高氣溫多發生於6～8月間，最低溫度則在1～2月間，由於綠覆蓋率超過90%，感覺上比草屯、南投市區涼爽一點。

　　（3）中興新村的降雨與颱風：中興新村的降雨量，約略低於南投縣年平均雨量，大致介在2000--2,500公釐之間，縣內5月至8月為降雨期，10月至翌年3月為乾旱

---

[17] 簡其輝先生，參見第三章註[19]。

[18] 亞熱帶也稱為副熱帶，大約在南北緯23.5°N～40°N、23.5°S～40°S之間。

期，由於此地地下水豐沛，因此幾乎很少聽到中興新村有限水或停水的問題，有許多家庭甚至連水塔都沒有安裝；南投縣颱風季節主要在每年七至九月，但颱風似乎甚少侵襲中興新村造成災害，村民每年都有幾次享受風和日麗颱風假悠閒的時光，1986年8月20日的韋恩颱風[19]，可能是近30年最讓村民記憶深刻的颱風。

（4）溼度：中興新村的全年平均溼度與南投縣的平均濕度相當，約72-83%之間，以六月至九月濕度最高，均在85%以上，夏季氣候屬高溫潮濕之類型。

南投縣斷層帶分布（引自環保署，環境地理資訊系統）

（5）南投地區自儀器觀測（1898年）以來，其實鮮少有災害地震的發生，但自1916年8月起，在不到半年的時間內接連發生4個災害性地震：1916年8月28日南投地震、11月15日台中－南投地震，1917年1月5日與7日埔里地震，共造成70人死亡、98人重傷、208人輕傷，民房全倒1,212棟、半倒1,821棟、大破1,807棟、破損4,781棟、埋沒14棟，在向來平靜的南投地區帶來空前的災難。1999年9月21日凌晨1時47分12.6秒發生921大地震（集集大地震），共造成2415人死亡，11305人受傷，南投市死亡92人，草屯鎮死亡87人，為20世紀末期台灣傷亡損失最大的天災，震央在北緯23.87度、東經120.78度、位於台灣南投縣集集鎮，震源深度8公里，芮氏規模達7.3。此次地震是因車籠埔斷層的錯動，並在地表造成了長約100公里的破裂帶，車籠埔斷層帶就經過虎山山麓，對中興新村也造成重大災害。

---

[19] 中度颱風韋恩（Typhoon Wayne，國際編號：8614，臺灣編號：8612，中國大陸編號：8616），是1986年太平洋颱風季中的一個熱帶氣旋，它是西北太平洋最長壽的熱帶氣旋之一，韋恩活躍於南海北部及菲律賓海域西部，生命期長達20天。在此期間，韋恩三度臺灣，登陸臺灣二次，中央氣象局一共發布42次的警報單（每六小時一報）；其路徑錯綜複雜，甚至可拆開看成3個圈圈和1個數字「8」；更奇特的是，韋恩甚至曾一度在熱帶洋面上減弱為熱帶性低氣壓，其後「死而復生」，再度發展成為颱風。在台灣氣象史上，韋恩是台灣西部歷年來颱風，直接侵襲台灣西部一帶的紀錄，因此造成當地繼1959年的八七水災之後最為慘重的災情。參見維基百科http://zh.wikipedia.org/zh-tw/%E9%A2%B1%E9%A2%A8%E9%9F%8B%E6%81%A9_（1986%E5%B9%B4。

六、作物與生態資源

（1）南投市是南投縣政所在地，居南投縣西北隅，貓羅溪貫穿其間，河谷溝渠縱橫，灌溉便利；貓羅溪東為南投丘陵，西側為八卦山台地，皆屬平坦紅壤土質，與河谷狹小平原，均肥沃適合農耕，因此農產品非常豐富。溪兩岸沖積平原盛產稻米，品質優良，暢銷全島；八卦山台地，地勢平緩，日照充足，青山茶、荔枝、生薑及鳳梨生產豐富。南投縣鳳梨產量居全國第四位，主產於名間、南投一帶[20]。

（2）中興新村處於亞熱帶潤濕氣候的季風氣候區，東部由於有脊梁山脈屏障，西部距離台灣海峽遙遠，故而得天獨厚，除了地震之外，風災雨災相對較少，一般而言，冬季涼爽乾燥，夏季高溫多雨，頗利農業生產及各項經濟活動。早期本地最主要的農作物當屬稻米、甘蔗、菸葉和檳榔等四種。南投縣昔日為稻米王國，目前隨著政府的轉作政策，水稻面積日減，南投市稻米產量約佔全縣10%左右，由於中興新村的明星光環，營北路、東閔路兩側的都市計畫農業區，炙手可熱，目前平均市價每坪高達8萬元以上。

（3）中興新村鄰近地區生產的果品包含香蕉、鳳梨、柑橘、龍眼、檳榔、荔枝、花生、桑葚、番茄等，其中荔枝是南投市之生產大宗，產量佔南投縣44.04%，南投市龍眼產量也約佔南投縣26.05%。

（4）早年中興新村鄰近地區也常常見到菸葉田，尤其是營北路鄰近草屯的地區，處處可見菸葉田，現已甚為少見，但南投縣的菸葉田面積仍居全國第二位，草屯鎮的種植面積即佔全縣六成以上，在菸酒專賣的年代，菸酒公賣局台中菸葉廠半數原料來自草屯南投一帶。

（5）根據在地人簡其輝先生[21]的描述：「中興新村建村前，光華里大都種植甘蔗、龍眼、芒果，主席官邸旁有一條野溪名為冷水坑溪，以其出水的溫度較低之故，中興會堂一帶，則是墓地，有主墳墓都位於比較高的虎山農場，無主的墳墓都位於中興大操場至中正路一帶，當時虎山農場種植了許多桑葚，中興醫院後山則種植了許多鳳梨，約在目前柳家莊左右兩側。」簡俊淦先生[22]也回憶說：公地放領時，中興新村這塊地當時因為沒被放領出去，國有地占百分之八十以上，當地農人主要種植甘蔗、鳳梨，還有樹薯等。我家以前在此有許多土地，我小時候隨著我祖

---

[20] 南投市鳳梨產地主要在鄰近的施厝坪，位於南投市西邊，距市區6公里，目前栽種面積約有50公頃左右，品種則有開英2號、3號、台農4號、6號、11號〔香水〕、13號〔冬蜜〕等。施厝坪所栽種的鳳梨，不噴灑植物賀爾蒙，使用有機質肥料及覆蓋不織布以防霜、防寒，使得果肉細緻、甜度高、鮮美可口。鳳梨中含有人體所需的營養，如纖維素、檸檬酸、脂肪、果糖、酵素等，可幫助人體消化，改善體質，生理正常，幫助血液循環，增進食物分解，是夏天香甜可口的水果之一。

[21] 簡其輝先生，參見第三章註[19]。

[22] 簡俊淦先生，民國43年6月15日生，南投縣南投市人，現居南投市光榮里，逢甲大學財稅系畢業（62.9-66.6）、東海大學公共大學行政研究所碩士，曾任南投縣國姓鄉公所財政課長（71.11-74.1）、南投縣政府財政科股長、秘書室股長、臺灣省政府秘書處專員、秘書、專門委員、參議、副組長、組長、副秘書長，參見：鍾起岱（2014）：南投縣文化景觀中興新村口述歷史調查研究計畫結案報告。

父母經常來看，每年收入最多的是鳳梨和竹筍，但竹筍的採收是有季節性的，採收完之後，會到現在柳家餐廳旁邊楓林坑那邊的小路，通往一座筍子集貨市場，那條路可以通草屯富寮里，從坪頂路上出來就是磚窯廠，中興新村這地方當時是旱地，種植水果、龍眼、甘蔗、竹筍、樹薯等，種植樹薯是為了供給養豬的豬飼料。

（6）中興新村本身沒有甚麼二級產業，二級產業主要集中在鄰近的南崗工業區，南崗工業區以綜合性工業、農業加工、林業製造為主，產品大都主打外銷市場，工業區對外交通運輸因近中投快速道路、三號國道、三號省道等，工商業發展就業、便利，吸引許多外來廠商來此設廠；但近年來由於產業外移，本地產業也受到衝擊，南崗工業區許多廠商紛紛轉型為觀光工廠，如台灣麻糬主題館、活力豬品牌文化館等均位於南崗工業區內。

（7）中興新村最大的三級產業當屬政府行政服務業，但由於精省政策的實踐，中興新村的行政服務功能大幅衰退，取而代之的是科技服務業與文化旅遊服務業，商業活動仍以居民日常生活起居之零售業為多，有些並保持傳統經營方式，近來四大超商連鎖店（統一7-11、萊爾富、全家、OK）陸續進駐，房地產交易轉趨熱絡，房地產服務公司像是信義、二十一世紀、永慶、住商、台灣房屋等均紛紛進駐中正路與中興路一代，大型購物商場全聯等量販店相繼湧入，對本地傳統商家造成嚴重衝擊。

（8）中興新村由於綠蔽率極高，生態資源非常豐富，常見到的野生動物包括：白鶺鴒、白頭翁、毛腳燕、五色鳥、竹雞、貓頭鷹、黑冠麻鷺、麻雀、松雀鷹、斑鳩、松鼠、蛇等穿梭在中興新村的天地之間，而由於有計畫的綠化，植物種類也非常繁多，而且多與道路系統有關，將另於中興新村道路系統中介紹。由於中興新村林木茂盛，且具有流動的水域，所以除了各種蝴蝶、甲蟲、夏蟬、瓢蟲等昆蟲外，蜻蜓、豆娘、螢火蟲密度也相當高。

重要名詞：

洪安雅、阿立坤、第四紀沖積層、車籠埔斷層帶、冷水坑溪、牛路溝溪、內轆溪、北投新圳、成源圳、韋恩颱風、政府行政服務業、大虎山、武舉人、許國樑、老茄苳樹。

想一想：

1.請由西而東分別介紹南投的地形特徵。

2.請由北而南說出中興新村的野溪溪流名字。

3.請說明中興新村的氣候特徵。

4.中興新村很少颱風與水患，理由是甚麼？

5.中興新村建村以來最大的自然災害是甚麼？

6.請說明中興新村的對外交通。

7.中興新村常見的野生動物有哪些？

8.中興新村為何很少見到二級產業？理由為何？

9.請劃出中興新村與鄰近地區大致的位置圖。

10.請簡要說明一下成源圳的歷史。

我的學習單

（　）1. 全省唯一不濱海之縣份是：
（A）南投縣（B）嘉義縣（C）桃園市（D）苗栗縣

（　）2. 中興新村的地質屬於仍屬於西部濱海平原的：
（A）第一紀沖積層（B）第二紀沖積層
（C）第三紀沖積層（D）第四紀沖積層

（　）3. 南投市之地形略成不規則的：
（A）三角形（B）梯形（C）方形（D）長方形

（　）4. 下列哪一條河川距離中興新村最近：
（A）濁水溪（B）貓羅溪（C）烏溪（D）大肚溪

（　）5. 中興新村的平均海拔高度以下哪一項比較相近：
（A）平均海拔高度80公尺─100公尺　（B）平均海拔高度180公尺─280公尺
（C）平均海拔高度300公尺─500公尺（D）平均海拔高度1000公尺─1280公尺

（　）6. 中興新村全村重要的溪流，較有名者為流經五百戶的：
（A）光明溪（B）營盤口溪（C）內轆溪（D）牛路溝溪

（　）7. 中興新村流經光華里與光榮里的野溪，經過營北路之後匯集為：
（A）馬路溝溪（B）營北溝溪（C）中興溝溪（D）牛路溝溪

（　）8. 中興新村的營北里、光榮里已往稱為
（A）營盤口（B）登山口（C）番仔口（D）溝子口

（　）9. 中興新村若以中正路及中學路為界，劃分四個象限，第一、二象限屬南投
丘陵的：（A）大象山（B）大尖山（C）大虎山（D）虎頭山

（　）10. 以下哪一種產業是中興新村所無：
（A）第一級產業（B）第二級產業（C）第三級產業（D）第四級產業

（　）11. 營盤口及內轆，位於貓羅溪北岸，漢人入墾之前，主要屬於北投社平埔族
漁獵地帶；清治以後，此地大多劃歸：
（A）北投保（B）南投保（C）武東保（D）東螺保

（　）12. 中興新村虎山山麓有甚麼斷層經過：
（A）車籠埔斷層（B）南投斷層（C）彰化斷層（D）集集斷層

（　）13. 中興新村的斷層線大致沿著中興新村哪一條路：
（A）東閔路（B）光明五路（C）中正路（D）環山路。

（　）14. 濁水溪水系主要發源於南投的：
　　（A）集集大山（B）大虎山（C）合歡山（D）玉山

（　）15. 濁水溪在彰雲大橋與清水溪合流流經彰化平原出海，出海口是在：
　　（A）彰化縣芳苑鄉（B）彰化縣鹿港鎮（C）雲林縣麥寮鄉（D）雲林縣口湖鄉

（　）16. 貓羅溪由何處匯入烏溪：
　　（A）彰化市番子田（B）草屯鎮北投里（C）南投市千秋里（D）台中市大里區

（　）17. 中興新村的人工水圳成源圳，民國70年以前主要取水自：
　　（A）貓羅溪（B）烏溪（C）濁水溪（D）龍眼林溪

（　）18. 在南投市內轆一帶，有七成居民都姓：
　　（A）簡（B）曾（C）何（D）白。

（　）19. 成源圳中興新村水橋碑記，撰文者為：
　　（A）簡金卿先生（B）簡榮聰先生（C）簡沛恩小姐（D）簡德潤先生

（　）20. 中興新村水圳目前的管理者是南投農田水利會的：
　　（A）草屯工作站（B）南投工作站（C）土城工作站（D）中興新村工作站。

（　）21. 中興新村氣候屬於：
　　（A）亞熱帶地中海型氣候區（B）亞熱帶夏乾氣候區
　　（C）亞熱帶季風氣候區　　　（D）亞熱帶半乾氣候區

（　）22. 流經中寮、南投的龍眼林溪又稱為：
　　（A）坪林溪（B）樟平溪（C）內轆溪（D）土地公溪

（　）23. 中興新村由於綠蔽率極高，生態資源非常豐富，常見到的野生動物包括：
　　（A）白鷳鴿（B）白頭翁（C）五色鳥（D）以上皆正確。

（　）24. 台糖的五分仔車被稱為台車，請問「台車」是哪一種語言的音譯：
　　（A）國語（B）台語（C）英語（D）日語

（　）25. 中興新村在漢人建立營盤口與內轆聚落之前，此地原住民稱為阿立昆族，
　　請問阿立昆族是屬於以下哪一族：
　　（A）道卡斯族（B）拍宰海族（C）洪安雅族（D）巴布薩族

第五章　中興新村的社會與人文

本章重點

在荷蘭統治時期，南投社、北投社曾於1645年參與「北部地方會議」（noordelijke lansddag），並在荷蘭東印度公司留有戶口統計資料及歷年贌金資料。

漢人進入南投墾殖，大約始於明鄭時期，明永曆十八年（1664）林圮在斗六門（今雲林斗六）開墾後，率兵二百餘人至水沙連（今竹山），厲行屯田養兵政策，是臺灣中部最早開拓地區之一。中興新村位於南投市與草屯鎮交界處，臨大虎山麓（又名大哮山），原為平埔族洪安雅阿里坤支族北投社、南投社的活動場域。在明鄭時代，除了現在台南、高雄一帶有漢人移民之中心外，僅有「番社」錯居，尚無村、莊、保、里之設。永曆三十七年（清康熙二十二年，1683），鄭克塽降清，明鄭亡，台灣歸清版圖。康熙二十三年（1684年），康熙帝准施琅所奏，詔令台灣設一府三縣，隸屬福建省。南投縣屬諸羅縣，並有南投社、北投社。雍正元年（1723）諸羅縣北部半線（今彰化縣）大甲溪以南，虎尾溪以北，另立彰化縣，大甲溪以北另設淡水廳，成為一府四縣一廳，今南投改隸新增的彰化縣，包括南北投保、水沙連保和貓羅保一部分為平埔族所居，此外尚有埔里社。

民國三十四年（1945），臺灣光復後，先採大縣制，全臺行政區為八縣九省轄市二縣轄市，以及陽明山管理局；南投屬於臺中縣管轄。民國39年（1950）臺灣省政府根據「中縣制」之原則，開始實施地方自治，同時頒定「臺灣省各縣市行政區域調整實施辦法」，調整臺灣省行政區域，實行小縣制。南投縣自臺中縣劃出，單獨設縣，南投鎮原有30里，後因中興新村之設置，增設四里，共有34里。

中興高中與中興新村一起成長，是中興新村學最大的推手，左二為王延煌校長（鍾起岱提供）

一、社會動態

（1）如果說中興新村是南投最精華的區域，一點都不為過，中興新村人口一直呈現成長的趨勢，即使是面對精省，中興新村村內四里人口呈現衰退，鄰近的內新、內興、營北、營南四里仍呈現增加的趨勢，與南投縣的負成長，呈現明顯的對比。南投縣由於工商業不似大都會發達，廣大山區陡峻，土地贍養力弱，復於85年遭賀伯颱風，87年精省，88年發生九二一大地震，又近年來產業結構不斷變動，致人口外流情況自始未曾間斷，根據歷年統計資料顯示，民國87年底南投縣人口有545,874人，南投市人口為104,228人，為南投縣人口最多的鄉鎮，這是1945年台灣光復以後，南投縣人口最多的一年，這一年政府進行精省政策，此後人口一直呈現外移的狀況，到了104年1月，南投縣人口為513,970人，南投市人口為102,356人，均低於民國87年的人口數，自87至104年間，出生人口雖然均大於死亡人口，但其自然增加率則幾乎呈遞減趨勢，人口遷出人數大於遷入人數，人口自然增加率約僅有1.22‰。

（2）南投縣內山多平原少，氣候溫和，農產豐富且種類繁多，許多特產名聞遐邇，歷年香蕉、柑桔、茭白筍、竹筍、梅、李等產量均佔全省重要地位，近年來由於市場之導向，消費者多樣性及高品質的需求，使傳統的作物如稻米、甘藷、甘蔗式微，代之而起的新興作物如茶葉、咖啡、檳榔。在二級產業方面，縣內工廠登記，以食品及飲料業為大宗，其次是木竹製品業、金屬製品製造業、塑膠製品製造業、機械設備製造修配、紙漿、紙及紙製品製造業、非金屬礦物製品製造業、運輸工具製造修配業、化學製品製造業、家具及裝設品製造業，這些工廠大都分佈在南投市、草屯鎮、竹山鎮及埔里鎮，但中興新村則無任何二級製造業登記於此。

（3）南投縣因地形呈東高西低，因此主要道路多為南北走向，集中在西部，交通系統呈現西部連絡較強，東部連絡稍弱之狀況。依照道路交通機能將南投縣道路分為：區域性聯外道路與區域內主要聯絡道路兩種，南投縣區域性聯外道路呈南北貫穿南投縣，有趣的是，幾乎所有主要道路均以通往中興新村為主要目的。依其穿越地區可區分為高山地區的台十四線及台二十一線、平原地區以中投快速公路（台63）及東西向快速道路（台76）（草屯到漢寶），丘陵地區以台三號省道為主要聯外道路。

台63號道路是台中-南投快速道路系統，由台中市大慶街經台中大里、彰化芬園進入南投縣，途經草屯、南投市等鄉鎮，道路為二到三車道，為南投縣北向重要快速聯外之幹道，台76號道路是漢寶-草屯東西向快速公路，為六年國建十二條東西快速公路之一條，全長33.9公里，路寬25公尺，設計速率每小時80公里以上，其路線起自彰化福興鄉下漢寶附近，東行以隧道貫穿八卦山到南投縣過溝，跨貓羅溪，至與二高相交處之終點，並以匝道與台14乙新線相接。

台三線（台北-屏東縱貫公路）由台中縣霧峰經烏溪大橋進入南投縣，途經草屯、南投市、名間鄉、竹山等鄉鎮後，通往雲林縣林內鄉，道路寬度在7～30公尺，為南投縣丘陵地區與外聯繫之幹道。台十四線（彰化-仁愛）省道起自彰化縣，經途芬園、草屯、國姓、埔里等鄉鎮，道路寬度為24公尺，在南投縣全長約19

公里，為省府所在與彰化之重要連絡道路，亦為中部內陸腹地通往高速公路最便捷之路線。

中部第二高速公路（國3）南投段南投路段北起彰化縣芬園鄉與南投縣草屯鎮分界點，行經草屯鎮、南投市、中寮鄉、名間鄉、竹山鎮等鄉鎮，迄清水溪南岸雲林縣林內鄉止，長約35.39公里，計有草屯、中興、南投、名間、竹山、南雲等六個交流道。水沙連高速公路（國6）由埔里到霧峰接3號國道，全長37.6公里，全線有舊正（接台3線）、東草屯、國姓、北山、愛蘭、埔里、埔里端等七個交流道。

（4）南投縣的公路運輸有南投客運、彰化客運、統聯客運、臺灣汽車客運及台西客運、嘉義客運、員林客運等聯營公車，一般公路大眾運輸系統可分成長程及短程大眾運輸。台汽客運主要負責區域間之聯絡，其服務型態以中程及長程客運為主，包括往返台北、台中、嘉義等地區，統聯客運則以埔里往返台北為主，其餘客運則以區域內之聯絡為主。短程及長程大眾運輸最大的中心為南投市及埔里鎮，其次則為草屯及竹山鎮，由此構成了南投縣境內四大地方次生活圈，南投、草屯、埔里及竹山地方次生活圈。

（5）南投縣的鐵路運輸路線主要是集集支線，可以說是南投觀光鐵道，由彰化縣二水進入南投縣，經濁水、龍泉、集集、水里及車埕等五個站，為南投縣境內一條重要的觀光運輸路線。集集線的五個車站中，以二水、集集及水里為主要車站，其他為次要車站。

二、漢人墾植前的南投

（1）南投在荷治時期（1624-1661），有相當多的荷蘭傳教士，進入臺灣傳播基督教，但荷蘭所傳的宗教與北部西班牙殖民地區有所不同，荷蘭所傳者稱為基督新教，也就是一般被稱為長老教派的基督教[1]，與西班牙所傳的羅馬基督教（在台灣通稱為天主教）不同，當時由於歐洲宗教改革，屬於新教的荷蘭，主張以自己的母語（歐洲方言）來閱讀聖經，此與羅馬基督教主張以拉丁語來閱讀聖經不同，因此荷蘭統治初期傳教士來到臺灣，也多使用原住民的語言來認識基督教義。

（2）據說當時由於傳教士用原住民語言來傳教，所花費成本甚大，後來荷屬東印度公司[2]不願花大筆金錢於傳教工作上，省錢的方法是對原住民實施荷蘭語教

---

[1] 台灣現存的基督長老教會與荷蘭時期的長老教會並不相同，台灣現存的長老教會大都傳自1865年來自英國的長老教會馬雅各醫生（James Laidlaw Maxwell）以及1872年加拿大長老教會馬偕醫師（George Leslie Mackay）。

[2] 聯合東印度公司（Vereenigde Oostindische Compagnie，簡稱VOC），通稱荷蘭東印度公司，是荷蘭歷史上上為向亞洲發展而成立的特許公司，成立於1602年，1798年解散。其標幟以V串連O和C荷蘭東印度公司在1622年在澎湖建立城堡作為貿易據點，但當時澎湖為中國明朝政府季節性駐防的汛地，經交涉失敗後，中國派遣由俞咨皋（抗倭名將俞大猷之子）率軍包圍荷蘭人，迫使得荷蘭人於1624年轉到大員（今台南安平），設立據點，建立台灣史上第一個統治政權，一直到1662年被鄭成功驅逐總共38年間，稱之荷蘭統治時期。參見http://zh.wikipedia.org/zh-tw/%E8%8D%B7%E5%85%B0%E4%B8%9C%E5%8D%B0%E5%BA%A6%E5%85%AC%E5%8F%B8。

學，讓原住民懂荷蘭語，但成效甚微。雖然如此，傳教士所引進的羅馬拼音，卻成為後來原住民的一種書寫工具，當時荷蘭與原住民的關係大抵屬於領主與附庸的封建關係，主要的藍本是1635年荷蘭東印度公司與麻豆社所簽訂的和平協議（通稱麻豆協約），由原住民社表示歸順加入荷蘭聯邦議會，由荷蘭聯邦議會管轄，原住民社成為荷蘭領主之下的「封臣」，而歸順的地區則稱為「集會區」或「會議區」。

（3）當時此處屬於北部地方會議區[3]（臺南以北大甲溪以南），附庸的原住民部落通常會得到領主的保護，舉凡其生命、聲譽、財產受到威脅時，領主有義務要保護附庸，附庸則提供領主軍事服務與繳納稅捐，這就形成領主與附庸的緊密關係。

（4）南投之地名譯自平埔族洪安雅（Hoanya）南投社之社名，其社名係與同族阿里坤支族（Arikun）之北投社對稱之。中興新村位於南投市與草屯鎮交界處，臨大虎山麓（又名大哮山），是為平埔族洪安雅阿里坤支族北投社、南投社的活動場域[4]。

（5）在荷蘭統治時期，南投社、北投社於1645年參與「北部地方會議」（noordelijke lansddag），並在荷蘭東印度公司留有戶口統計資料及歷年贌金資料[5]。南投為內山地帶，當時荷蘭人的政治、經濟重心偏重在南部，因此南投的開發並不明顯。鄭成功復台之後，漢人開始有組織的進入南投墾殖，明永曆十八年（1664）林圯在斗六門（今雲林斗六）開墾後，率兵二百餘人至水沙連（今竹山），稱為前山第一城，勵行屯田養兵政策，是南投最早開拓地區。清朝以後，漢人除由斗六沿著濁水溪河道進入南投墾殖之外，大規模的墾殖來自鹿港，由彰化沿著烏溪與貓羅溪，進入草屯墾殖，然後再由草屯進入南投、國姓、水里、埔里、中寮等地墾殖。

三、明清時代的南投

（1）從歷史上來看，漢人對台設官分治，始於元朝至正年間（1341～1367）初設巡檢司於澎湖，隸屬福建省同安縣，為我國建置於台灣之始[6]。明天啟四年（1624），荷蘭人佔據台灣南部，並設立荷蘭聯合東印度公司，實施殖民開墾，以

---

[3] 根據高雄師大施雅軒教授的《台灣的行政區變遷（台北：遠足文化）》的研究，十七世紀荷蘭東印度公司將台灣劃分為四個地方會議區：即北部地方會議區（大員或台南以北）、南部地方會議區（大員或台南以南）、卑南地方會議區（台東）和淡水地方會議區。而根據日人中村孝志的調查《荷蘭時代台灣史研究，吳密察等編譯，臺北板橋：稻鄉出版社》，台南以北的村落，舊時住有Siraya、Favorlang、Camachat及說高山話的人，包括現今的台南、嘉義及其山地、彰化、台中等西部海岸的地方，大致以大甲溪（Patientie河）為界，而在荷蘭末期，似乎將勢力伸到水沙連。

[4] 洪敏麟，《臺灣地名沿革》（臺中市：臺灣省政府新聞處，1985年），頁107－108；羅美娥撰，〈開拓篇〉，《南投市志》（南投縣：南投市公所，2002年），頁154；陳哲三撰，《南投縣志·史略篇》（南投縣：南投縣政府，2010年）。

[5] 「贌」是荷蘭人統治時期實行的一種村社承包制度，主要是為了獨佔鹿皮、鹿肉場，「贌」是荷文「Verpachten」的[pacht]的音譯。陳哲三撰，《南投縣志·史略篇》，頁55。

[6] 南投市公所http://www.ntc.gov.tw/content/index.asp？m=1&m1=4&m2=15

榨取物質的懷柔政策統治，此地屬於北部議會區，永曆十五年（1661）鄭成功入台驅逐荷蘭人，改稱台灣為東都，設一府「承天」，下設二縣一安撫司，南投縣隸屬於天興縣，永曆十八年（1664年）改東都為東寧，二縣改為二州，成為一府（承天府）二州（天興州、萬年州）三司（北路、南路、澎湖）之局，今南投縣屬於北路安撫司。

（2）在明鄭時代，除了現在台南、高雄一帶有漢人移民之中心外，僅有「番社」錯居，尚無村、莊、保、里之設。永曆三十七年（清康熙二十二年，1683年），鄭克塽降清，台灣歸清版圖。康熙二十三年（1684年），康熙帝准施琅所奏，詔令台灣設一府三縣，隸屬福建省。一府即台灣府，把明鄭時期的天興州改為諸羅縣，萬年州分為台灣、鳳山二縣，今南投縣屬諸羅縣，並有南投社、北投社。雍正元年（1723年）諸羅縣北部半線（今彰化縣）大甲溪以南，虎尾溪以北，另立彰化縣，大甲溪以北另設淡水廳，成為一府四縣一廳，今南投縣改隸新增的彰化縣，包括南北投保、水沙連保和貓羅保，一部分為平埔族所居，此外尚有埔里社。

（3）明鄭時期林圮[7]率軍民開發竹山（1661-1663），由於生存空間的爭奪，漢人與原住民的衝突經常發生，當時從竹山、名間、南投、草屯地區，多屬「漢番邊界」的山地/平原交界。清初康熙以降，閩南與客家移民逐漸遷徙至台灣，並與熟番（平埔族）等原住民族在開墾等事務上產生許多摩擦，尤其與（高山族）衝突最為激烈，當時漢人侵犯原住民土地，生番出草殺人的情況，時有所聞。為解決此衝突，清朝由外族入主中原，對於少數原住民在政策上，大都屬於寬容懷柔的政策，也因此，對於當時強勢的漢人族群，也都採取畫線、嚴禁踩線的政策，但隨著漢人勢力的增強與官府統治的式微，這些對原住民有利的政策，逐漸產生質變的情形發生。在統治初期，清廷眼見漢番衝突的加劇，從清康熙61年（1722年）開始，官府於入山的重要路口，以立碑、立界方式來規範漢人生活區域，嚴禁漢人超越其區域；此碑界建物稱為「漢番界碑」，除了「界碑」之外，官署衙門另外也以「挖溝推土」方式，構成漢番界線，這些土堆，俗稱「土牛」[8]，加上深溝，故稱為「土牛溝」，除此之外，當時地圖上，常以紅線延伸其土牛溝所設置區域，因此又稱為「土牛紅線」，簡稱「土牛線」，土牛界線長久成為臺灣漢人與原住民的生活區域範圍分界，並隨著漢人的拓墾及清廷的政策作調整，當越界開墾的情況加劇，這些界線就逐漸成為漢人圈限原住民生活空間的制度。現在台灣許多名為土牛、土城、石岡的舊地名，大都屬於當時的漢番界線的最前沿。

（4）光緒元年（1875年）清朝設福建巡撫於台灣，並建立台北府、台灣府。

---

[7] 根據連橫台灣通史所載，林圮是福建同安人，為延平郡王部將，歷戰有功，至參軍，從鄭成功入台，到了鄭經時代，因推行屯田制，林圮率所部赴斗六門開墾，其地當時多為土番游獵，土沃泉甘，形勢險要。林圮率軍筑柵以居，由於經常與原住民發生戰爭，林圮奮戰不顧身，拓地至水沙連，其後，原住民來襲，林圮力戰不勝，終被圍，食漸盡，眾議出，圮不可，誓曰：此吾門公等所困苦而得之土也，寧死不棄。眾從之，又數日，食盡，被殺，所部死者數十人。番去，居民合葬之，以時祭祀，名其地為林圮埔，清朝時代，為感念開發竹山有功之第一人，於是將竹山鎮一條老街命為林圮街，並在林圮街尾設立林圮公墓祭祀，民國78年定為歷史遺址。

[8] 也有認為土牛界線，主要是漢人以牛耕田，原住民以漁獵維生，「土」代表「土人」也就是原住民，「牛」是「耕牛」，也就是漢人，因此土牛界線就是漢番界線。

台灣府調整為台灣、鳳山、恒春、嘉義、彰化五縣，及埔裏社、卑南、澎湖三廳。是年，駐南投之彰化縣丞移駐鹿港。現今南投縣轄區除埔里社廳外，為彰化縣管轄。南北投保始分成南投保和北投保，今南投市轄區隸屬彰化縣南投保。光緒十年（1884年）清廷因鑒於中路撫民理番同知未赴埔里社（光緒元年，駐南投之彰化縣丞移駐鹿港，而原駐鹿港之北路理番同知，改為中路撫民理番同知，由鹿港移駐埔里社，是為埔里社廳），仍駐鹿港，乃將彰化縣丞由鹿港再移駐南投，並在埔里社廳添設撫民通判。

（5）清康熙22年（1683），鄭克塽降清，隔年臺灣正式納入中國版圖。清領初期，南投在高山峻嶺的護衛下，還是塊如璞玉的「內山」，漢人只有「據點式」的移墾，如康熙年間有泉州安溪縣唐軫泉、許哲栖，從臺南移墾南投；漳州漳浦縣林超等後裔從竹山移墾南投；泉州施長齡入墾武東保（施厝坪，今福山、永興里）；漳州南靖縣曾維烈、曾維贊兄弟入墾牛運堀（今漳和、漳興里）。

（6）根據康熙朝的「臺灣輿圖」在南投地區只標示水沙連社，顯示當時對南投地區的資訊所知有限。不過，雍正年間臺灣西部平原大致開墾完成，漢人逐漸轉往內山（即南投）移墾。漢人大多從鹿港上岸後，經彰化沿貓羅溪入墾，主要為漳州平和縣張姓；南靖縣廖、白、曾、許、張，溫、林等家族；詔安縣柳金盛、許元廷、許奇遠等入墾南投。南靖縣謝昭、謝其仁入墾牛運堀。

康熙朝臺灣輿圖－今南投縣資料來源：洪英聖編著，《畫說康熙臺灣輿圖》
（臺北市：聯經出版事業公司，2002年2月），頁107。

（7）乾隆初葉，漳州南靖縣賴國演、吳茂、劉塔入墾南投；曾德興入墾內轆（今內新、內興、光明里）；曾志康、曾志元、曾志高、曾志典、曾志齊等兄弟合計49人入墾牛運堀。漳州詔安縣許昌入墾南投，廖日旺派下廖廷蒼、廖廷營入墾包尾（今平和、振興、千秋里）一帶；漳浦縣吳石、吳鈑，龍溪縣林天來入墾南投，

後裔分傳至集集、水里、魚池等地。

（8）乾隆中葉以後，漳州南靖縣簡德潤八大房後裔，屬第二房簡貴玄（貴賢）派下之士傳、文法、日純、日絢、日瑞；屬第七房簡貴智派下之步輝、維益、天是、俊輝、啟瑞、天化、明宗、阿庑、石靈；南靖縣蕭孟容派下之世鉗、世旺、世善、世良、世清、世浪、世添、世○、世鐸、世番弟兄，以及蕭厚、蕭君勇、謝王、許達夫等；平和縣林允、吳誥；詔安縣游禮闕派下游夫，賴讚、涂貞善等入墾南投。漳浦縣藍寒入墾樟普寮（今鳳鳴里）。

（9）乾隆60年（1795），漳州漳浦縣林扶、林升亮、林文炳、謝健牌、謝傳盛；泉州晉江縣林榮昌，惠安縣莊籍等前後入墾南投。另外，乾隆五年至四十三年（（1740－1778），「臺灣輿圖」總共繪製了二十五幅分縣地圖、三幅臺灣全圖、七幅分縣主題地圖、三幅臺灣城池地圖，從圖上標示九十九峰、內木柵溪、貓羅溪、內木柵山、頂加老庄、石頭鋪庄、新庄子小溝、北投社、大哮山、水沙連、新庄仔庄、月眉厝、南北投汛、內凹庄、南投溪、五里林厝、社口庄、南投社等地名可顯示漢人勢力大大的擴展。

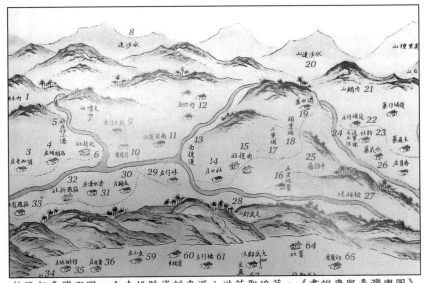

乾隆朝臺灣輿圖－今南投縣資料來源：洪英聖編著，《畫說康熙臺灣輿圖》（臺北市：聯經出版事業公司，2002年2月），頁106。

（10）嘉慶年間泉州安溪縣高鍾主，永春縣顏廣樸；漳州漳浦縣許佛德，長泰縣林安然、林國成，平和縣阮水等入墾南投。道光年間漳州龍溪縣李典入墾南投。在客家族群方面，乾隆年間福建汀州永定縣林淑勤、胡海通，潮州饒平縣張燕壁、張鳳容；嘉慶年間廣東嘉應鎮平縣（蕉嶺）羅德達派下，羅木熙等入墾南投。

（11）光緒十一年（1885年），中法戰爭結束，台灣正式建省。於光緒十三年（1887年），台灣改制為台灣省，並分為三府、一直隸州、十一縣、三廳。今南投縣轄區，此期分別隸屬於台灣府台灣縣之武東堡（乾隆以前稱大武郡東堡）、沙連下堡（原屬水沙連堡劃出）、南投堡（南投堡範圍包括今南投市部分地區外，還包括中寮鄉全部及名間鄉的一部分）、北投堡；埔里社廳之埔里社、眉社、田頭社、

水社、審鹿社及貓蘭社；雲林縣（縣治初設沙連堡林杞埔，光緒十九年移斗六堡）之沙連堡、鯉魚頭堡等。今南投市為台灣府台灣縣南投堡轄域，此外尚有彰化縣武東堡之施厝坪莊、樟普寮莊。

四、日據時代的南投

（1）光緒二十年（1894年），甲午戰爭，清廷戰敗，次年台灣、澎湖割讓給日本。日本於光緒二十一年（明治二十八年，西元1895年）佔據台灣，把台北、台灣、台南三府改設為台北、台灣、台南三縣及澎湖島廳。八月，又將台灣縣、台南縣，改為台灣、台南民政支部，下設九個出張所，今南投市隸屬台灣民政支部彰化出張所。明治二十九年（1896年），又改分全台為台北、台中、台南三縣及澎湖島廳，今南投市直轄隸台中縣南投堡外，施厝坪庄隸台中縣彰化支廳武東堡轄管。

（2）明治三十年（1897年），在縣廳之下設辦務署，今南投市轄區隸屬台中縣南投辦務署。明治三十四年（1901年）十月，大幅度更改原有行政區，廢縣及辦務署，改全台為二十廳，廳下設支廳，南投設廳，南投廳其轄區含蓋了現今南投縣的大部分。今南投市改為南投廳南投堡轄管，包括南投區和營盤口區（營盤口區內之龍眼林庄、分水寮庄，不屬於今南投市）。大正九年（1920年），日本地方行政區域大改革，改廳為州，改支廳為郡、市，廢區、堡、里、澳、鄉而設街庄，新設台北、新竹、台中、台南、高雄五州及東部台東、花蓮港二廳。

（3）當時把南投區和營盤口區的營盤口庄、內轆庄、軍功寮庄合併為一行政區，改屬台中州南投郡南投街，現今南投市轄區範圍從此確定。民國十五年澎湖郡升格為澎湖廳，全台共有五州三廳，下轄十一市、五十一郡、二支廳，至民國三十四年（1945年）日本投降。民國三十四年，台灣光復後，改為台中縣南投區南投鎮。

（4）日治時期設南投廳，八卦山臺地東側至平林溪以西，劃歸南投街；北投社地區改稱草鞋墩支廳，後稱草屯街，均隸屬於臺中州，明治44年（1911）建中央線鐵路由南投至二水；大正元年（1912）從南投到臺中建中南線鐵路；大正三年（1914）從南投到彰化建有彰南線鐵路，運送甘蔗，當時在營盤口憲兵隊舊址設有營盤口站，中興新村建成之後，在今省府路與東閩路加油站附近設有省府站（下庄），可惜八七水災後不久，即被拆除。

五、光復初期的中興新村

（1）民國三十四年（1945年），南投仍隸屬臺中縣，民國三十九年（1950年）又調整台灣省行政區域，實行中縣制，南投設縣，並撤廢區署，改為南投縣南投鎮；民國七十年（1981年）「南投鎮」升格為縣轄市，並改稱為「南投市」，為南投縣唯一的縣轄市。

（2）中興新村的位置在南投市北側與草屯鎮銜接的大虎山山麓，建村前，此

地通稱為營盤口，建村時，東北土地主要取自草屯山腳（現光輝里[9]）、村北土地主要取自營盤口東部到下庄一帶（現光華里、光榮里）；村南土地（過內轆溪橋）主要取自內轆與番仔寮（現光明里、內新里、內興里）[10]，其中約有三分之二原屬於營盤口。

　　（3）營盤口這個舊地名有三義：第一是聚落名稱，主要聚落約在今營南里東閔路與南營路交會之處，南營路、營盤路至中華路一帶，地名由來為清領時期，大虎山腳常有土匪出沒，威脅居民生活安全，清政府調派駐軍駐守此地，護衛居民安全，聚落就在營地附近，故稱，此地居民以許姓、吳姓、鄭姓、簡姓居多；第二是日治時期的庄名與大字名，範圍約今營南、營北、光華、光榮四里的全部與光輝里的一部分，大正9年（1920）日治五州二廳時期，營盤口改稱營盤口大字，歸臺中州南投郡南投街管轄；第三是指日治時期的區名，明治42年（1909年），全臺劃為12廳時期，當時廳下設支廳，支廳下設區，每一區下管轄數庄，當時營盤口區管轄範圍包括今日的軍功里、東山里、營南里、營北里、光華里、光榮里、光明里、內新里及內興里等地，甚至

中興新村營盤口早期的土角厝，如因已難尋
（張麗鶴提供）

中寮鄉的清水村、龍安村、龍岩村、永和村均屬營盤口區管轄[11]。

六、行政區劃

　　（1）乾隆24年（1759），在南投正式設縣丞，是南投施政教之濫觴[12]，《彰化縣志》內繪有彰化山川全圖，已分辨出日月潭、大哮山（今大虎山）、南投縣丞、南北投保、南投山、北投山與貓羅溪的大致位置。南投縣丞的地位僅次於知縣，是彰化知縣的輔助機關，一直到光緒元年（1875），始終為南投境內首要行政機關。

---

[9] 光輝里成立於民國58年1月1日，由草屯山腳里劃出，光明里成立於民國53年12月1日，由內興里分出。

[10] 羅美娥撰，〈開拓篇〉，《南投市志》，頁130。

[11] 羅美娥撰，〈開拓篇〉，《南投市志》，頁128。

[12] 許以仁，〈南投縣行政區域之沿革〉，南投縣文獻委員會編纂組編輯，《南投文獻叢輯（二）》收錄於《南投縣志稿》（臺北市：成文出版社有限公司重印，1983年），頁337。

（2）大正9年（1920），日本地方行政區域大改革，改廳為州，改支廳為郡、市；新設臺北、新竹、臺中、臺南、高雄五州及東部臺東、花蓮港二廳。當時南投區和營盤口區的營盤口庄、內轆庄、軍功寮庄合併為一行政區，改屬臺中州南投郡南投街，現今南投市轄區範圍從此確定。

彰化山川全圖（資料來源：周璽總纂，《彰化縣志》（臺北市：臺灣大通書局重印），頁2-3。）

（3）民國34年（1945），臺灣光復後，先採大縣制，全臺行政區為八縣九省轄市二縣轄市，以及陽明山管理局；南投市屬於臺中縣管轄，改為臺中縣南投區南投鎮。民國39年（1950）臺灣省政府根據「中縣制」之原則，開始實施地方自治，同時頒定「臺灣省各縣市行政區域調整實施辦法」，調整臺灣省行政區域，實行小縣制。南投縣自臺中縣劃出，單獨設縣，是年10月21日設立南投縣政府，此為南投縣之誕生，縣治設於南投鎮（後改稱南投市）。民國70年（1981）「南投鎮」升格為縣轄市，為南投縣唯一的縣轄市。

七、南投村里的設置

台灣的鄉鎮，鎮內有里，鄉內有村，中興新村村內有里，可能是非常特別的一件事情，經過60年的建設成長，中興新村處處綠蔭（鍾起岱提供）

（1）臺灣光復後，南投鎮原有30里，後因中興新村之設置，增加四里，現有34里。光華、光榮二里於民國47年2月1日成立，其中光華里由營北里劃出，光榮里由營南里劃出；光明里於民國53年12月1日成立，由內興里劃出；光輝里於民國於58年1月1日成立，由草屯鎮山腳里劃出。表5-1顯示南投市村里的變化。

表5-1　南投市村里的變化

光復後	日治時期							清代	
現行	臺中州			南投廳				臺灣縣或彰化縣	
里名	郡名	街庄名	字別	支廳名	區名	保名	街庄名	保名	街庄名
龍泉里			南投	廳直轄	南投區	南投保	南投街		南投街
康壽里			南投	廳直轄	南投區	南投保	南投街		南投街
三民里			南投	廳直轄	南投區	南投保	南投街		南投街
仁和里			南投	廳直轄	南投區	南投保	南投街		南投街
南投里			南投	廳直轄	南投區	南投保	南投街		南投街
彰仁里			南投	廳直轄	南投區	南投保	南投街		南投街
崇文里			南投	廳直轄	南投區	南投保	南投街		南投街
平和里			包尾	廳直轄	南投區	南投保	包尾庄		包尾庄
振興里			包尾	廳直轄	南投區	南投保	包尾庄		包尾庄
千秋里			包尾	廳直轄	南投區	南投保	包尾庄		包尾庄
漳和里			牛運堀	廳直轄	南投區	南投保	牛運堀庄		牛運堀庄
漳興里			牛運堀	廳直轄	南投區	南投保	牛運堀庄		牛運堀庄
三和里			三塊厝	廳直轄	南投區	南投保	三塊厝庄		三塊厝庄
三興里			三塊厝	廳直轄	南投區	南投保	三塊厝庄		三塊厝庄
嘉興里			茄苳腳	廳直轄	南投區	南投保	茄苳腳庄		茄苳腳庄
嘉和里	南投郡	南投街	茄苳腳	廳直轄	南投區	南投保	茄苳腳庄	臺灣縣南投保	茄苳腳庄
平山里			半山	廳直轄	南投區	南投保	半山庄		半山庄
新興里			林子	廳直轄	南投區	南投保	林仔庄		林仔庄
永豐里			林子	廳直轄	南投區	南投保	林仔庄		林仔庄
福興里			小半山	廳直轄	南投區	南投保	小半山庄		小半山庄
鳳鳴里			草尾嶺	廳直轄	南投區	南投保	草尾嶺庄		草尾嶺庄
軍功里			軍功寮	廳直轄	南投區	南投保	軍功寮庄		軍功寮庄
東山里			軍功寮	廳直轄	營盤口區	南投保	軍功寮庄		軍功寮庄
營南里			營盤口	廳直轄	營盤口區	南投保	營盤口庄		營盤口庄
營北里			營盤口	廳直轄	營盤口區	南投保	營盤口庄		營盤口庄
光榮里			營盤口	廳直轄	營盤口區	南投保	營盤口庄		營盤口庄
光華里			營盤口	廳直轄	營盤口區	南投保	營盤口庄		營盤口庄
光輝里			營盤口	廳直轄	營盤口區	南投保	營盤口庄		營盤口庄
內新里			內轆	廳直轄	營盤口區	南投保	內轆庄		內轆庄
內興里			內轆	廳直轄	營盤口區	南投保	內轆庄		內轆庄
光明里			內轆	廳直轄	營盤口區	南投保	內轆庄		內轆庄
永興里			施厝坪	廳直轄	南投區	武東保	施厝坪庄	彰化縣武東保	施厝坪庄
福山里			施厝坪	廳直轄	南投區	武東保	施厝坪庄	彰化縣武東保	施厝坪庄
鳳山里			樟普寮	廳直轄	南投區	武東保	樟普寮庄	彰化縣武東保	施厝坪庄

資料來源：南投市公所網頁，「古早南投堡」，
http://www.ntc.gov.tw/content/index.asp？m=1&m1=4&m2=15。

（2）中興新村的人口，民國104年1月，以大中興新村八里來計算，人口為24639人，以小中興新村五里來計算，人口僅有4631人，較之精省前夕的民國87年1月，以大中興新村八里來計算，人口為26212人，以小中興新村四里來計算，人口則有8426人，也就是精省17年來，中興新村人口仍未恢復至精省時的規模，如果仔細的分析，可以發現，小中興新村四里的人口一直在減少，但周邊的內新、內興、營北、營南四里，人口則是增加的，特別是營北里，人口規模達7411人水準，幾乎是小中興新村人口的兩倍。

（3）將人口規模放大至全南投縣來看，也可以看到，從中興新村建村以後到民國87年，這段時間，南投縣的總人口其實一直是增加的，民國87年到104年這段時間，南投縣的人口則是一直在減少。表5-2顯示民國104年中興新村八里鄰戶人口數，表5-3顯示民國87年中興新村八里鄰戶人口數，表5-4南投縣民國45-104年的歷年人口數。

表5-2 南投市中興新村八里里鄰人口數　104年01月

村里	鄰數	戶數	男	女	合計
全縣總計	810	34,281	51,345	51,011	102,356
內新里	18	545	986	809	1,795
內興里	39	2,599	4,001	4,046	8,047
光明里	33	577	612	711	1,323
光華里	33	479	535	616	1,151
光榮里	33	626	720	719	1,439
光輝里	13	234	340	378	718
營北里	46	2,482	3,637	3,774	7,411
營南里	22	864	1,435	1,320	2,755

資料來源：南投市戶政事務所

表5-3 南投市中興新村八里里鄰人口數　087年01月

村里	鄰數	戶數	男	女	合計
全縣總計	765	27,758	53,291	50,937	104,228
內新里	18	425	948	883	1,831
內興里	36	1,729	3,327	3,217	6,544
光明里	34	928	1,427	1,332	2,759
光華里	35	769	1,146	1,093	2,239
光榮里	33	865	1,263	1,269	2,532
光輝里	13	266	436	460	896
營北里	44	1,853	3,348	3,290	6,638
營南里	20	678	1,439	1,334	2,773

資料來源：南投市戶政事務所

表5-4　南投縣民國45-104年的歷年人口數

年度	戶數	人口數			增減百分比
		男	女	合計	
045	8,255	23,343	23,049	46,392	10.20%
046	9,422	26,402	25,677	52,079	12.25%
047	9,905	27,754	26,854	54,608	4.856%
048	10,544	29,487	28,369	57,856	5.947%

049	10,951	30,332	29,300	59,632	3.069%
050	11,093	31,151	29,866	61,017	2.322%
051	11,401	32,219	30,802	63,021	3.284%
052	11,560	33,016	31,449	64,465	2.291%
053	11,949	34,017	32,176	66,193	2.680%
054	12,390	35,108	33,097	68,205	3.039%
055	12,723	36,017	33,861	69,878	2.452%
056	12,922	36,643	34,745	71,388	2.160%
057	13,063	37,180	35,172	72,352	1.350%
058	13,611	39,131	36,175	75,306	4.082%
059	13,921	39,703	36,540	76,243	1.244%
060	14,272	40,249	37,053	77,302	1.388%
061	14,479	40,388	37,281	77,669	0.474%
062	14,556	40,237	37,067	77,304	−0.46%
063	14,840	40,289	37,337	77,626	0.416%
064	15,053	40,161	37,218	77,379	−0.318%
065	15,332	40,330	37,473	77,803	0.547%
066	15,740	40,697	37,835	78,532	0.936%
067	16,130	41,134	38,456	79,590	1.347%
068	16,910	42,083	39,391	81,474	2.367%
069	17,605	43,114	40,382	83,496	2.481%
070	18,336	43,983	41,290	85,273	2.128%
071	18,889	44,882	42,037	86,919	1.930%
072	19,412	45,627	42,864	88,491	1.808%
073	19,996	46,637	43,864	90,501	2.271%
074	20,322	47,034	44,342	91,376	0.966%
075	20,847	47,450	44,718	92,168	0.866%
076	21,202	47,820	45,130	92,950	0.848%
077	21,350	48,477	45,764	94,241	1.388%
078	21,926	48,995	46,408	95,403	1.233%
079	22,663	49,738	47,166	96,904	1.573%
080	23,433	50,647	47,987	98,634	1.785%
081	24,110	51,362	48,653	100,015	1.400%
082	24,932	51,829	49,186	101,015	0.999%
083	25,973	52,376	49,675	102,051	1.025%
084	26,289	52,803	50,187	102,990	0.920%
085	27,017	52,858	50,468	103,326	0.326%
086	27,734	53,254	50,898	104,152	0.799%
087	**28,413**	**53,539**	**51,238**	**104,777**	**0.600%**
088	29,080	53,477	51,246	104,723	−0.051%
089	29,554	53,304	51,156	104,460	−0.251%
090	29,815	53,277	51,286	104,563	0.098%
091	30,297	53,447	51,614	105,061	0.476%
092	30,672	53,539	51,718	105,257	0.186%
093	31,058	53,520	51,836	105,356	0.094%
094	31,365	53,438	51,884	105,322	−0.032%
095	31,739	53,400	52,106	105,506	0.174%
096	32,096	53,454	52,217	105,671	0.156%

097	32,556	53,077	52,066	105,143	−0.499%
098	32,968	52,703	51,967	104,670	−0.449%
099	33,294	52,368	51,715	104,083	−0.560%
100	33,605	52,137	51,550	103,687	−0.380%
101	33,926	51,884	51,401	103,285	−0.387%
102	34,129	51,599	51,191	102,790	−0.479%
103	34,262	51,336	50,977	102,313	−0.464%
104	34,320	51,289	50,994	102,283	−0.029%

重要名詞：

贌金、北路地方會議、斗六門、番社、半線、貓羅保、大縣制、小縣制、麻豆協約、集會區、土牛紅線、台灣輿圖、水沙連社、詔安、漳州、南靖、出張所、中法戰爭、甲午戰爭。

想一想：

1.請寫出營盤口這個舊地名的意義。

2.中興新村的範圍包括哪幾個里？

3.請說明從荷蘭時期到現在，中興新村這片土地的行政轄區更迭的狀況

4.甚麼是土牛溝？

5.中興新村的人口從何時開始一直屬於減少的局面？原因為何？

6.請說明南投縣的農特產品主要為何？

7.請說明中興新村的對外交通系統狀況

8.精省後，中興新村的營北里，人口規模不減反增，其可能的原因是甚麼？

我的學習單

（　）1. 在荷蘭統治時期，南投社、北投社於1645年曾經參與：

（A）「北路地方會議」 （B）南路地方會議

（C）中部地方會議　　 （D）東部地方會議

（　）2. 荷蘭統治台灣時期，台灣最有實權的權力機構是：

（A）荷蘭總督府　　（B）荷蘭東印度公司

（C）荷蘭中央政府 （D）荷蘭巴達維亞公司

（　）3. 漢人進入南投墾殖，大約始於明鄭時期，明永曆18年（1664）從斗六門進入南投開墾的是：

（A）鄭成功（B）鄭經（C）林圯（D）陳永華

（　）4. 臺灣光復後，一度採大縣制，全臺行政區為八縣九省轄市二縣轄市，當時營盤口屬於哪一縣管轄：

（A）臺中縣（B）彰化縣（C）南投縣（D）雲林縣

（　）5. 民國39年（1950）臺灣省政府根據「中縣制」之原則，開始實施地方自
　　　治，同時頒定「臺灣省各縣市行政區域調整實施辦法」，調整臺灣省行政區
　　　域，當時營盤口屬於哪一縣管轄：
　　　（A）臺中縣（B）彰化縣（C）南投縣（D）雲林縣

（　）6. 南投市目前有幾個里：
　　　（A）30里（B）32里（C）34里（D）36里

（　）7. 南投縣目前人口為大約是：
　　　（A）二十餘萬人（B）三十餘萬人
　　　（C）四十餘萬人（D）五十餘萬人

（　）8. 南投市人口從民國幾年開始一直呈現下跌的狀況：
　　　（A）民國78年（B）民國88年（C）民國98年（D）民國100年

（　）9. 第二高速公路南投縣有幾個交流道出入口：
　　　（A）3個（B）4個（C）5個（D）6個

（　）10. 三號國道最靠近中興新村的交流道是：
　　　（A）中興與草屯（B）中興與南投
　　　（C）南投與名間（D）草屯與竹山。

（　）11. 南投縣的鐵路運輸路線主要是：
　　　（A）三灣支線（B）集集支線
　　　（C）南投支線（D）濁水支線

（　）12. 集集支線的濁水站是位於目前哪個鄉鎮：
　　　（A）南投市（B）竹山鎮（C）水里鄉（D）名間鄉

（　）13. 荷蘭時期，荷蘭人所傳的宗教是：
　　　（A）羅馬基督教　　（B）基督教路德教派
　　　（C）基督教浸信會（D）基督教長老教派

（　）14. 荷蘭統治時期，原住民與荷蘭統治者的關係為：
　　　（A）領主與封臣的關係（B）領主與農奴的關係
　　　（C）帝王與臣民的關係（D）毫無關係

（　）15. 明鄭時代，中興新村這片土地可能屬於以下哪一個縣市管轄：
　　　（A）天興縣（B）諸羅縣（C）彰化縣（D）台中縣

（　）16. 清康熙帝時，中興新村這片土地可能屬於以下哪一個縣市管轄：
　　　（A）天興縣（B）諸羅縣（C）彰化縣（D）台中縣

（　）17. 清雍正帝時，中興新村這片土地可能屬於以下哪一個縣市管轄：
　　　（A）天興縣（B）諸羅縣（C）彰化縣（D）台中縣

（　）18. 日據時代，中興新村這片土地可能屬於以下哪一個縣市管轄：
　　　（A）天興縣（B）諸羅縣（C）彰化縣（D）台中縣

（　）19.「南投鎮」升格為縣轄市，並改稱為「南投市」是哪一年？
（A）1981年（B）1991年（C）2001年（D）以上皆非。

（　）20. 台灣割讓給日本，主要是以下哪一場戰爭的結果：
（A）甲午戰爭（B）甲申戰爭（C）甲子戰爭（D）甲卯戰爭

（　）21. 中興新村哪一個里是由草屯鎮的山腳里畫出來：
（A）光輝里（B）光華里（C）光榮里（D）光明里

（　）22. 中興新村哪一個里是由南投市的內興里畫出來：
（A）光輝里（B）光華里（C）光榮里（D）光明里

（　）23. 中興新村哪一個里是由南投市的營南里畫出來：
（A）光輝里（B）光華里（C）光榮里（D）光明里

（　）24. 中興新村哪一個里是由南投市的營北里畫出來：
（A）光輝里（B）光華里（C）光榮里（D）光明里

（　）25. 中興新村哪一個里最後才成立的：
（A）光輝里（B）光華里（C）光榮里（D）光明里

第六章　中興新村的建村故事

本章重點

　　有許多人認為中興新村住的都是外省人，並不完全正確，第一代的中興新村居民，本省籍可能少於5分之2，外省籍則佔5分之3以上，大部分小家庭攜家帶眷住在眷舍，單身的住在單身宿舍。謝東閔先生出任台灣省政府主席後，林洋港、李登輝、邱創煥等台籍菁英陸續被任命為台灣省政府主席，本省籍的公務人員逐漸增加，中興新村居民，本省籍村民逐漸增加，可能仍少於5成，當時有很多是本省與外省的通婚家庭，也有許多外省人是來自福

中興會堂前，花木扶疏，很難想像，此地以前是一大片的亂葬崗（鄒心笙提供）

建的閩南地區，操的閩南語與台人所通用的閩南語，除了口音稍有不同外，有時很難分辨，由於日據時代，就有台籍人士學醫、科學，因此衛生處、民政廳、建設廳、社會處下台籍人士明顯比例比較多，而兵役處、秘書處、省訓團、經動會這些單位，外省籍人士則比較多，隨著時代變遷有更多年輕世代進入省政府，到了第二代、其實已經很難區別，1980-1998年代是中興新村行政極盛時期，當時想要分到宿舍等個5-6年是很常見的事情。

　　宿舍分成甲乙丙丁四種眷舍，主席、省長、秘書長、廳處長住的是甲種宿舍；副廳長、主任秘書、參議、專門委員等高階簡任文官則住乙種宿舍；股長、專員、科長等中階薦任公務員則分配丙種宿舍，家口數人數較多，如一家五口的中級文官，也會分到乙種宿舍；低階的科員、辦事員、書記等委任公務員則通常分配丁種宿舍，人數較多的有時會分配到丙種宿舍，有眷工友則住丁種宿舍，無眷的則分配在工友宿舍，當時環山路有一棟工友宿舍標示為松12宿舍，倒塌於九二一地震，也有人稱為戊種宿舍[1]；另外還有單身宿舍，男女分棟而居，男性單身宿舍以「松」

---

[1] 中興新村其實並沒有戊種宿舍，戊種宿舍通常面積大約7-10坪，由於職員通常會調來調去，

字命名，女性單身宿舍以「蘭」字命名，家眷未隨同居住的高級文官，則大多分配在第九宿舍，這棟單身宿舍的房間面積稍大一點，一般的單身宿舍每間房通常分配兩人同住，高級文官的單身宿舍則一人一間房。

根據第四章的分析，民國104年1月，以大中興新村八里來計算，人口為24639人，以小中興新村五里來計算，人口僅有4631人，較之精省前夕的民國八十七年一月，以大中興新村八里來計算，人口為26,212人，以小中興新村四里來計算，人口則有8,426人，也就是精省近20年來，中興新村人口仍未恢復至精省時的規模，如果仔細的分析，可以發現，小中興新村四里的人口一直在減少，但周邊的內新、內興、營北、營南四里，人口則是增加的，特別是營北里，人口規模達7411人水準，幾乎是小中興新村人口的兩倍，滄海桑田、物換星移，小中興新村四里的人口如果沒有有效的政策，可能仍會繼續遞減下去，令人不勝唏噓。

一、時代背景

（1）民國三十八年（1949），中華民國政府在中國內戰中節節敗退，導致遷臺初期在臺北市內有兩個高級機關，就是中央政府和臺灣省政府。中央機關使用臺灣總督府大樓（現在的臺北總統府），臺灣省政府則使用現在的行政院、監察院等建築物。為防空疏遷之政策，中央政府囑臺灣省政府嚴家淦主席搬離臺北市，並在中部縣市選擇符合：遠離縱貫鐵路之鄉鎮、不影響水田耕作、不帶來社會混亂、不帶動過多人口遷移等條件的適當地點，重建辦公環境。

（2）民國四十四年（1955）六月，臺灣省政府嚴家淦主席帶領省府秘書長謝東閔先生和龔履端顧問以及台灣省議會秘書長薛人仰等，到中部選看霧峰鄉北溝原故宮博物院址土地[2]，因當地居民認為，故宮博物院陳列國寶，恐受中共空襲，而致受損等理由，反對故宮南遷使用，當然也反對台省府南遷使用；嗣後四人小組選擇台灣省議會南邊土地約4公頃，屬臺糖公司土地，經洽商後，在地居民又以將對農業生產產生危害等理由反對，因此，當時蔣中正總統遂批示不同意使用。

（3）嚴家淦於民國四十三年（1954）6月7日接替俞鴻鈞[3]主席，成為第五任的

異動相對的較高，所以職員的單身宿舍通常安排兩人居住，居住時間短則幾個月，長則兩三年，但工友則很少調動，在中興新村擔任工友的，通常都是在地人，原因據說是臺灣省政府的「敦親睦鄰」的潛規則，其本身就有房屋可以居住，如果不是在地人，則通常是如省主席、秘書長等高級長官帶來的同鄉，這些高級長官一旦離任，所帶來的工友、技工、司機有時會安排在相關廳處繼續任職，這些工友朋友，一般都是單身，通常會安排住在工友宿舍，由於這些人，幾乎很少調動，久而久之，他的單身宿舍就是真的一個人居住，很少與他人同住，也有一些被分配來管理宿舍，這些人就成為宿舍的老大，他所居住的獨居房，就被稱為是「戊種」宿舍，筆者曾詢問管理宿舍的公管處朋友，證實中興新村其實並沒有戊種宿舍，有眷的工友技工被分配的眷舍，都是丁種宿舍。

[2] 民國38年，大陸撤台，故宮文物也跟著撤台，當時選擇在台中霧峰北溝，作為故宮文物暫貯所，為了保存文物，除了於北溝新建的山邊庫房存放文物外，又開鑿防空山洞，民國46年北溝陳列室的開幕，同一時間故宮也對相關文物進行抽查及清點、整理編目，先後編印了多種書籍，一直到民國54年台北故宮完成建設，故宮文物才北遷外雙溪存放。

[3] 俞鴻鈞先生（1898年1月4日－1960年6月1日），也是知名的財經專家，曾任上海市長，兩度

台灣省政府主席，他的任期一直到民國四十六年（1957）的8月16日離任止，省主席任期時間約三年多，他的重要任務之一是台灣省政府疏遷，當時奉命進行疏遷計畫時，嚴家淦相中的第一個地點，其實不是南投的營盤口，而是台中霧峰北溝，之所以相中霧峰，主要是嚴家淦與霧峰林家的交情，民國三十六年（1947）嚴家淦擔任台灣省行政長官公署的財政廳長時，民國36年2月27日到台中參加彰化銀行成立大會，不料第二天爆發二二八事件，當時負責接收改組彰化銀行的林獻堂把嚴家淦帶到霧峰林家躲避，同時以性命擔保，才讓嚴家淦逃過一劫[4]，這次的救命之恩，讓嚴家淦非常感念，也讓兩家結下不解之緣，因此，霧峰成為疏遷的首選。

1957年8月16日嚴家淦主席離任，與省府員工握手道別。
引自台灣省政府主編（2000）：走過中興新村榮光之路

簡俊淦[5]先生回憶說：中興新村當時選定地址，選完以後要開始建築時，是真的有請地理師傅來看，那時省主席是嚴家淦先生，請臺北來的風水師傅看了很多地方，沿著霧峰一路勘查到中興新村這邊，那為什麼從霧峰開始呢？據說是民國35、6年的長官公署時代，嚴家淦當財政廳廳長時，曾到霧峰的林獻堂先生家中避難，躲過二二八事件，受到林家的庇護，供給他的生活，所以他對林家的印象非常的好，也造就他第一個選址在霧峰建設光復新村，並蓋了教育廳、衛生處，但因為衛生處人員眾多，所屬大約數千人，衛生處後來才又遷到中興新村的光明里。

　　（4）疏遷霧峰由於當地居民的反對，以至於未竟全功，嚴家淦、謝東閔、龔履端等三人改向一水之隔的南投縣找土地，於民國四十五年1月22日間赴草屯鎮與

出任央行總裁，頗受當局信任。

[4] 民國36年二二八事件發生後，從2月28日到3月9日，這將近10天的時間，由於各地軍警力量薄弱，本省人由於光復以來，一年半積怨所爆發出來的排斥外省人的行動，有許多不知來自何處的流氓（一說是日本遺留浪人結合台灣無賴，一說是軍情單位自導自演），在這十天當中，到處以外省人為對象進行燒殺擄掠，燒毀外省人商店、毆打處決外省人，估計遇難的外省人超過一萬人，3月8日，蔣介石總統命令劉雨卿將軍率領整編後的陸軍21師438團及436團，由江蘇昆山，率同憲兵第4團第1營及第3營、憲兵第21團第1營、陸軍21師司令部及直屬部隊陸續跨海抵達臺灣，增援兵力約一萬三千人，兵分二路，由基隆港及高雄港進入台灣平亂，以「清鄉」名義進行掃蕩，又造成許多無辜台人遇害。參見二二八的死亡人數http://blog.udn.com/plee1206/3849262，及維基百科二二八事件https://zh.wikipedia.org/zh-tw/%E4%BA%8C%E4%BA%8C%E5%85%AB%E4%BA%8B%E4%BB%B6#.E6.83.85.E6.B2.BB.E5.96.AE.E4.BD.8D.E7.B5.84.E7.B9.94.E6.B5.81.E6.B0.93.E6.AF.86.E6.89.93.E5.A4.96.E7.9C.81.E4.BA.BA。2015/10/09搜尋。

[5] 簡俊淦先生，生平見第四章[22]。

張五合鎮長[6]洽商找土地時，張鎮長派林姓技士[7]引導至南投鎮營盤口，勘察屬於臺糖公司於民國四十二年間實施公地放領給農民種甘蔗之旱田土地，陪同的還包括總統府參軍長鄭彥棻，台灣省建設廳劉永楙副廳長等人，當時一行人在現在的中興醫院急診大樓前面之茄苳樹下，商討台灣省政府該如何配置，各廳處局會如何分佈，學校與市場建置何處，隨即令南投縣政府地政科估算地價，由於此地原本即屬公地放領土地，因此農民反對並不那麼激烈，最後決定以公告地價，旱田每公頃新臺幣2萬～3萬元徵收。

後來，龔履端早逝，嚴家淦、謝東閔兩人分別出任總統、副總統。1978年嚴家淦卸下總統職務前，還特地跑到中興新村，與即將卸任省主席的謝東閔先生，曾再到這棵老茄苳樹下合影留念，當年這棵茄苳老樹，目前依然聳立在中興醫院大門前右方，已列為保護的老樹。

（5）民國四十四年（1955年）台灣省政府決定疏遷中部，民國四十五年（1956年）1月27日「台灣省政府協進疏遷委員會」正式成立，除草屯張五合鎮長、鎮民代表會林維堯主席[8]之外，南投鎮長吳振福、南投鎮代表會主席張慶重[9]也均獲邀擔任委員，同年6月25日中興新村辦公廳舍開始動工興建，1956年11月23日南投縣政府公布南投鎮都市計畫，將現省府大門邊緣土地變更為機關用地，開始興建，建村伊始，第一期面積約八十多公頃，第二期約六十多公頃，土地徵收依據疏遷工程處報告書記載，總工程費耗用17,018萬元，其中土地徵收費用扣除臺中坑口部分，估算中興新村部分佔土地支用900萬元之83.2%，即748.8萬元，徵收面積為179.4甲，折合臺坪632,585坪，每坪徵收價格為11.84元。

（6）根據民國45年5月至49年9月間擔任臺灣省府疏散工程處及建設廳臨時工程處副主任、主任的陳嘉佑先生[10]回憶，他當時從事省府疏遷工程及企劃省屬三級機構散遷臺中干城計畫，民國49年4月又奉派擔任八七水災協助重建工作；民國49年10月疏散工程結束後，歸建回省建設廳從事行政工作，可以知道疏遷工程的第一期計畫，從民國45年一直到民國49年基本才告一段落。民國50年8月24日南投縣政府方核定公布中興新村都市計畫案。當時從彰化到中興新村或是從中興新村到霧峰，交通都很不方便，現在的台三線霧峰接草屯的烏溪大橋還沒蓋好，當時只有一條吊橋，台中到中興新村主要是靠台糖的小火車接駁，林平洋[11]回憶說：民國48年第二

---

[6] 張五合先生，草屯鎮第2-3任鎮長，民國42年8月1日就任，民國49年1月1日卸任，生卒年不詳。

[7] 林技士，名字不可考，佚其名。

[8] 林維堯曾任草屯鎮代表會主席長達四屆（四、五、六、七），民國41年10月—53年1月。

[9] 吳振福，生卒年不詳，曾任南投鎮第二屆、第三屆鎮長。張慶重先生，生卒年不詳，曾任南投鎮第二屆、第三屆代表會主席。

[10] 陳嘉佑，民國19年2月11日生，臺灣省雲林縣斗六市人，長期從事中興新村建設，包括省府大樓（一號大樓）、人事處（二號大樓）、建設廳（三號大樓）、交通處（四號大樓）、水土保持局（五號大樓）、農林廳（六號大樓）、中興新村舊圖書館（已拆除）陳嘉佑先生皆有參與，同時擔任中興新村下水道及路燈工程工務組長，其宿舍即為當年中興新村疏散工程處下水道工程處臨時辦公室，後於民國84年3月於建設廳簡任技正退休，參見：鍾起岱（2014）：南投縣文化景觀中興新村口述歷史調查研究計畫結案報告。

[11] 林平洋，民國23年4月7日生，彰化縣和美鎮人，民國48年臺灣省政府疏遷，第二批遷入中

次疏遷，我從臺北到中興新村來。

　　那時候建設還沒完成，馬路還是泥巴路的，柏油路都還沒做，排水溝還在施工，當時排水溝的工程滿大的，挖得很深。當時的交通，從臺中坐公路局公車到中興新村，因臺三線烏溪大橋還沒蓋好，所以我們先是坐車到烏溪橋下來，然後再走吊橋，然後再上公路局的車，再進中興新村，要不然就要搭小火車。那個時候交通還沒甚麼建設，八七水災之後又有一個很大的變化，烏溪橋沖斷了，而且往彰化，貓羅溪的橋也斷了，所以當時我們要到省議會，要先繞到員林再到省議會。因為八七水災，糖廠的小火車也中斷。

二、疏遷伊始

　　（1）根據劉永楙[12]及陳嘉佑兩位耆老的口述資料顯示[13]，中興新村的興建大約始於民國44年，但是規劃工作在41年就開始了。民國44年初大陳失守，政府為鞏固臺灣本島，先將省府重要檔案文件疏散至臺北市郊外的外雙溪及新莊等地，同年5月奉中央命令，省府疏散中部，動用44年度預算，在臺中縣霧峰國小旁新建辦公廳一棟[14]，容納400人辦公，其每人平均佔有辦公廳建築面積為8.8平方公尺；並於44年初著手規劃中興新村都市計畫之藍圖。

　　根據當時之疏散工程規劃報告書，有三個疏散區，第一是霧峰疏散區，主要建築為教育廳與衛生處兩棟大樓，此地距離台中市10.7公里；第二是坑口疏散區（後稱光復新村）主要是眷屬宿舍及學校、市場，此地距離霧峰鄉2.2公里，位於幹溪右側之小型沖積地；第三是營盤口疏散區（後稱中興新村），此地位於大虎山西麓，東西寬約1.7公里，南北長約3.5公里，西南為南投鎮營南、營北與新簝子，北為草屯鎮山腳里，距草屯鎮2.5公里，距霧峰14公里，距台中24公里，距南投鎮4.6公

興新村，當時在社會處服務，臺灣省立法商學院（臺北大學前身）社會學系畢業。預備軍官訓練第四期。曾任臺灣省政府社會處科員、股長、專員、秘書、秘書室副主任、第三科科長、第一科科長、專門委員，民國88年7月16日退休。參見：鍾起岱（2014）：南投縣文化景觀中興新村口述歷史調查研究計畫結案報告。

[12]　劉永楙（1910-2007），生於福建，成長於上海。民國22年畢業於上海交通大學土木工程學院市政工程系，民國24年獲哈佛大學衛生工程碩士，盧溝橋事件爆發前夕與李國鼎等友人回國參與抗日戰爭。抗日勝利後，抵臺負責臺灣的城市規劃，曾在3個月內完成77個鄉鎮的自來水工程，民國37年擔任臺灣省政府公共工程局副局長，後改任省府建設廳土木科科長及副廳長等職。民國44年出任臺灣省政府建設廳副廳長，銜命負責省府疏遷計畫，46年受聘擔任聯合國世界衛生組織（WHO）自來水專家，前往第三世界協助自來水工程，駐外13年，包括巴基斯坦6年、土耳其4年、西非迦納3年。民國60年，聯合國通過排我案，悲憤不已，接受孫運璿先生邀請，回臺參與建設，擔任中華工程顧問公司董事長，推動臺灣工程國外市場，74年成立臺灣自來水研究社，力圖改善臺灣自來水品質為一生職志，晚年隱居淡水小鎮，民國96年4月17日病逝於淡水。

[13]　劉永楙的訪談參見《都市計畫前輩人物訪問紀錄》（臺北市：中央研究院近代史研究所，2000年11月），頁77-85；陳嘉佑的訪談參見臺灣省文獻委員會，《臺灣省政府中興新村耆老口述歷史座談會紀錄》（南投縣：臺灣省文獻委員會，1998年7月）。

[14]　此即台灣省政府教育廳舊址，台中市霧峰區中正路738-4號，現為教育部國民及學前教育署臺中辦公室。

里，本地標高約95公尺至110公尺之間，北鄰大虎山最高為325公尺，主要農作物，除少數水田之外，主要為蔗作，坡度傾斜度15度至25度之間，山間有數條山間集流入平林溪，離大虎山越遠，土質越見鬆軟，飽含地下水，承載力越見低弱，雖深入地面下二十呎，承載力每平方呎0.561-0.81噸之間，對於高層建築物之設計影響至鉅。

（2）整體疏散工程（第一期工程）：包含1.霧峰辦公廳一棟，成立「工務所」，由建設廳派技士陳阿添[15]監工；2.中興新村（營盤口）辦公廳六棟，新建工程成立「工務所」，亦由薦任技士陳阿添監工；3.在霧峰之辦公廳供教育廳、衛生處使用；4.在中興新村規劃每人9.39平方公尺之辦公廳，建築第1號辦公廳為三層省府大樓，第2號辦公廳為省人事處，第3號辦公廳為省建設廳，第4號為省交通處，第5、6號為的山地農牧局（現為水土保持局）及農林廳（現為農糧署）等。總樓地板面積約有15,000平方公尺，均於民國46年6月22日完工使用。

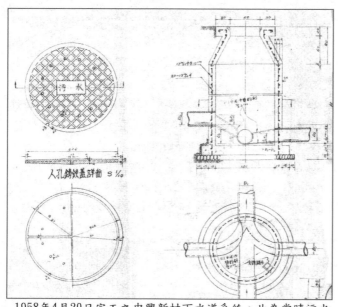

1958年4月20日完工之中興新村下水道系統，此為當時污水人孔設計圖 （陳嘉佑先生提供）

（3）中興新村的工程建設，與台灣普遍常見的道路工程完工後，才進行管線溝渠工程的建設順序完全不同，基本上是先把下水道系統完成後，才開始進行道路建設，根據當時疏遷工程的紀載，下水道系統採污水、雨水分流系統設計，雨水下水道主要利用自然溝渠以明溝的方式建設排水系統，污水下水道的設計頗為特殊，因為中興新村住戶並沒有化糞池的設計，由於中興新村在設計之先，就決定一切房屋之內均採用抽水馬桶，但為了避免使用者可能不熟悉使用方式，導致抽水馬桶堵塞不易清理，因此並不似歐美國家在每戶房屋內興建化糞池，而是在每戶房屋後面建築小型人孔，以集流的方式收集糞便與污水，已備住戶管線堵塞時，容易清理，由人孔流出的污水在經過管網輸送到污水處理廠處理。

為了要有效輸送污水，就必須考慮「水往下流」的特色，因此全區的污水管線按照地形坡度特色，按照自然流入的方式，以管內每秒2立方英尺的流速，透過污水下水道流入污水處理場，集中處理後，所以整個中興新村村內四里都沒有任何化糞池設計，至於容量方面以每人每日污水135公升來計算，之所以設計135公升，主

---

[15] 陳阿添，台灣台中人，生卒年不詳，台北市開南商工建築科畢業，曾於日本台灣總督府任職，光復後轉任台灣行政長官公署，曾參與戰後台灣總督府修復工作，擔任監工， 1955建築技師考試及格，離開公職後，專任建築師。

遷建。

　　這個小組尋到台中縣、南投縣境內較為寬廣又交通方便的許多筆土地，詳加比較結果決定省府遷往南投縣車屯鎮附近營盤口地方的150公頃的整片小山坡及平地，省議會則洽定購買霧峰鄉公路旁一塊平地帶小山坡共約15公頃地皮，兩地相隔約30公里，汽車約半小時可達。基地既定，即著手建築工程，省府由劉永懋副廳長延聘建築工程師主辦，省議會則由黃朝琴議長聘第一商業銀行總行營建理事長林先生主持設計，委託台南縣人黃先生的營造廠承包。（黃議長自光復時即兼任第一商業銀行董事長，在他任內各縣市分行均次第改建，故黃議長對建築營建經驗非常豐富，興趣也很濃）承包、監工的責任除由建築師所指派的人員負責外，黃議長本人和我也都負有督導責任。……黃議長對建築方面富有經驗，對於新建霧峰省議會房舍，尤其盡心盡力，務求凡事盡善盡美，對於建築所用材料，監督極嚴。當時會議堂前面的牆要用白水泥敷造，乃先叮囑包工黃先生使用英國生產的白水泥，以免日後變色發黃，等到牆面敷設完畢，黃議長來巡視，先問白水泥是否用英國製品，包商答系外國貨，黃囑取包裝桶來看，包商取來日貨水泥紙袋，黃不滿，嚴令敲掉，重敷英國貨，蓋英國白水泥系用木桶裝運進口，日貨則是用紙袋，包商自知違約，只得將整面水泥牆敲掉重敷，我由此事深佩黃議長做事認真，以後數度在內政部、中央黨部主持建築房合事宜，均本此認真精神，事後絕無瑕疵。

　　另外，議會新址購用各種傢俱，為數不少，我挑選由台中市秋金傢俱行承制，該行原為臺灣中部著名工廠，所有木材均經加工烤幹製成，不致呈現制痕。數月後，聞省政府方面少數辦公桌面已有剝裂，甚至有人因此涉訟，省議會則完好無事。（由於誰都把大興土木當做發財的良機，省議會由「黃議長對建築營建經驗非常豐富，興趣也很濃」親自掌握，才沒出事。但是，新的省政府——即中興新村卻沒有這樣的好事，在興建工程中發生腐敗案。這一下子把省主席嚴家淦推上了風口浪尖。疏遷小組選擇的臺灣省政府遷移到南投縣的那塊地，名叫虎頭山，該地原屬山坡荒地，省政府先在該地興建大批辦公廳和單身及眷屬宿舍，並命名為「中興新村」。

　　（2）據省議會議長黃朝琴說[20]，這個名字還是他創意：中興新村命名時，我適逢其會，有一次我陪同嚴主席南下視察，回程應邀前往營盤口，參觀省府疏遷廳舍興建工程時，嚴主席命名意見徵詢，我當即建議以命名為「中興新村」如何？旋蒙採用，深感榮幸。

四、嚴家淦主席請辭事件

　　（1）國民政府避居台灣後，初期「親美」與「反美」兩股力量一直水火不容，五二四事件[21]被認為是反美勢力的結集，這件事就發生在1957年上半年，然

---

[20]　黃朝琴：《朝琴回憶錄——臺灣政商耆宿黃朝琴》，龍文出版股份有限公司2001年版，第188頁。

[21]　五二四事件，又稱劉自然事件，起因是1957年的3月20日，任職在國民黨革命實踐研究院的少校學員劉自然參加朋友婚宴後返家途中，於台北陽明山美軍宿舍群內的中正路1段6

而，蔣介石先揚後抑，向美國人低頭後，採取親美策略，當時的「親美」意味著與中共和好的可能性減弱。由於決定放棄密使宋宜山[22]帶來的與中共和談資訊，對美國實施一邊倒的政策。1957年由於美國國務卿杜勒斯（John Foster Dulles）表態支持蔣的反攻復國政策，蔣介石稱1957年是「反攻復國決定年」。據說這是蔣介石總統決心營造中興新村的重要原因之一，但沒多久，媒體傳出臺灣省主席嚴家淦辭職，這被認為是蔣介石反攻復國國策最直接的一個結果。嚴家淦當著省主席，大權在握，為什麼居然要辭職？據說也與臺灣省政府搬遷到台中地區南投縣大有關係[23]。

（2）據省議會議長黃朝琴回憶說[24]：當時這個中興新村雖然名字很新穎，房子也很新派，但並不吸引人，尤其是那些本在（台北）省政府上班官員們生厭。他們本來在省府上班令人羨慕，突然之間要搬遷到偏僻的虎頭山去上班，意見很大。1957年6月，第一批人馬安排疏遷去了那裡上班。他們一去沒幾日，就人心思歸。結果，當初積極回應蔣介石反攻復國號召的嚴家淦，立即如同當初高玉樹興建復興橋反為自己釀禍一樣，成為眾矢之的，陷入指責的漩渦之中。因為黃朝琴驕傲命名的地方，並不是省府官員們願去的地方。許多省府工作人員不願從繁華的臺北市遷移到南投的偏僻鄉村，尤其那些有眷屬的人遲遲不將家搬到中興新村去，部分高級

巷B1公寓外被槍擊，身中兩槍，除正面一槍為近距離射擊胸部外，腹部亦有一較遠距離之傷口，於離該公寓約50公尺斜坡處，面向公寓方向仰姿身亡。當時外事警官韓甲黎逮捕嫌犯為駐台美軍顧問團的雷諾上士（Robert G. Reynolds），做完筆錄後，外事警官將雷諾移送至士林地檢署時，卻因其具有外交豁免權而遭到駐台美軍憲兵的阻攔。之後，駐台美軍軍事法庭對此案進行了審理，雷諾聲稱他是以為有人偷看他夫人洗澡才向劉自然開槍；但是，台北警方稱劉自然身處燈光之中，被近距離射擊，而且屍體並不在雷諾所說的地點。然而，美軍軍事法庭在兩個月之後宣布因雷諾是誤殺所以無罪釋放，並且不准上訴。一時之間，輿論譁然。雷諾被無罪開釋後，劉自然的遺孀奧特於5月24日上午10時身著黑色喪服到美國駐台北大使館門前抗議。很多台北市民在大使館附近圍觀，下午1時半，聚集民眾開始朝大使館丟擲石頭，2時30分左右，民眾增至6000人，高喊「殺人償命」、「打倒帝國主義」，並開始以石頭、磚、木棍攻擊美國大使館，隨後民眾翻牆而入，砸毀了美國大使館中的汽車、家具，燒毀了其中的文件，並毆打了使館人員。大批群眾撕下美國國旗，破壞美國駐台新聞處，包圍美軍協防台灣司令部（USTDC），甚至對警用車輛縱火，衝入台北市警察局之事件。參見維基百科https://zh.wikipedia.org/zh-tw/%E4%BA%94%E4%BA%8C%E5%9B%9B%E

[22] 宋宜山，生卒年不詳，曾任第一屆立法委員，他是國府名將宋希濂的三哥，湖南省湘鄉縣（今雙峰縣）人，早年畢業於南京中央軍校，被派赴英國留學，歸國後一直在國民黨中央黨部工作，跟隨蔣介石20多年，受到信任。國民黨從南京敗退台灣時，曾任國民黨中央組織部人事處長，到台灣後任國民黨立法委員、國民黨中央候補委員，曾經擔任蔣介石總統的密使，1956-1957年之間，以探望宋希濂的名義前往北京，據說是經中共中央統戰部部長李維漢安排，他得以會見了弟弟宋希濂（當時為國民黨戰犯關押在北京的功德林戰犯管理所），從宋希濂身上他進一步了解了中國共產黨的政策，回到香港以後，據說起草了15000字的書面報告給蔣介石，主要匯報了他與周恩來、李維漢會談情況和中國共產黨的具體意見，以及他赴大陸、北京的所見所聞和他對國共和談的看法。蔣介石對北京提出的和談方針感興趣，但不滿意他對大陸的頌揚之辭，認為他才半年就被赤化了，令下屬告訴他不必回台灣了，免得影響他人，宋宜山因此長期滯留香港，於香港去世。

[23] 陳冠任：蔣介石在臺灣（第四部），東方出版社2014年版，參見人民網http://book.people.com.cn/GB/n/2014/0404/c69398-24823632.html

[24] 黃朝琴著：《朝琴回憶錄──臺灣政商者宿黃朝琴》，龍文出版股份有限公司2001年版，第188頁。

位，那時候臺灣省政府也要負責建臺中港，大雪山森林要開發，對南部，高雄、屏東等地到臺中要接洽事情也較方便，不必全部都湧到臺北市，臺北市的人也可以疏散一部分到臺中，因此開始有了台灣省政府疏遷的提議，當時省主席為嚴家淦[37]先生，指派由秘書長謝東閔[38]、總統府顧問龔履端[39]和建設廳副廳長劉永楙及台灣省議會秘書長薛人仰等人負責找地。

（2）而當時負責設計的邱克修[40]說：因為第二次世界大戰，中國被日本轟炸的很嚴重；疏散的目的就是要防空。另外李慕杜[41]說：因怕中共飛機空襲，所以省政府的文件檔案先疏散到臺北市的外雙溪，這是由建設廳陳阿添先生負責。新莊也有一個疏散文件的地方。幾經波折，最後，選了中興新村做為省府疏遷的地點。這個地方的條件，簡單的說，是靠近中部，有臺中港和大肚山，離臺中市有一段距離，但也不算太遠，而且不會用到老百姓的土地。

（3）當時中央有一個原則指示：疏散地區以中部五縣市（台中、彰化、南投、雲林、嘉義）為範圍，選定的地點有幾個原則：（a）在交通方便處，但不靠近縱貫線鐵路。（b）不影響水田耕作。（c）不遷移過多的人口。（d）不影響當地社會安寧。李慕杜回憶說到選址這件事情，劉永楙是政策的決策人。劉氏時任建設廳副廳長兼疏遷工程處主任，負責策劃。從勘查地點開始，到最後疏遷地點決定為霧峰、牛欄貢坑口、營盤口。邱克修也提到有關疏散的條件指示就是：（a）縱貫鐵路以東；（b）靠山，可以建防空洞；（c）盡量不要用到好的水田，要用旱田；（d）交通便利。中興新村符合這四條件。當時霧峰、牛欄貢坑口為稱為省府第一疏散區，營盤口為稱為省府第二疏散區。

---

[37] 嚴家淦先生（1905－1993），江蘇吳縣人，乳名雨蓀，初名靜波，號蘭芬，上海聖約翰大學畢業，以財經專長著稱，二二八事件時，曾得霧峰林家相助，故與與霧峰林家長期交好，1947-1949年主導舊台幣改為新台幣，有效切斷台灣與中國大陸財政的聯繫關係，奠定台灣經濟發展的基礎，曾任臺灣省政府財政廳長、台灣省政府主席、經濟部長、財政部長、行政院長、和副總統、總統等職，去世之後，仍受國人極大尊崇。

[38] 謝東閔（1908－2001），原名進喜，廣州中山大學畢業，有東方閔子騫的美譽，故改名東閔，自號求生，台灣彰化二水人，屬於半山派政治人物，是第一位被任命為台灣省政府主席、也是第一位中華民國台籍副總統，擔任台灣省立師範學院院長期間，發生著名的四六事件，配合警察整肅學生，曾被反對派非議，1976年擔任台灣省政府主席期間，因郵包炸彈事件，被炸傷左手，裝上義肢，從政名譽頗佳，晚年被尊稱為謝求公。

[39] 龔履端（1911？－1958？），1946年來臺，1947年曾任官派屏東市長，二二八事件後任官派臺中縣長，其後出任總統府顧問，嚴家淦出掌臺灣省政府，出任臺灣省政府顧問，協助謝東閔負責中興新村疏遷案，未幾，因病逝世，得年僅47歲。

[40] 邱克修先生，（1909－2014？）台灣省苗栗縣人，江蘇省立蘇州工專土木科畢業，曾任貴州省建設廳工程測量隊隊長、新竹縣政府建設局局長、省立高雄工業職業學校校長，1953年任台灣省政府建設廳土木科技正，兼任工程總隊副總隊長，1956年兼任台灣省政府疏散工程處主任，因疏遷工程弊案被牽連，出獄後，改學風水，著有「陰陽玄化地理學」一書，書中自承:因定中興新村台灣省政府辦公大樓坐向分金差錯，致建設廳遭殃，各縣市長犯案判刑者十五、六人，負罪從師，研習地理四十餘年。

[41] 李慕杜先生，時任建設廳工務組長，民國70年前後，於臺灣省住宅及都市發展局正工程司退休。

七、工程施工

（1）根據陳嘉佑先生的回憶：「中興新村誕生之時代背景，第二次大戰結束後，民國34年10月臺灣光復，設立臺灣行政長官公署，設在原臺灣總督府（即今日總統府），當時臺灣總督府官舍受戰災局部倒塌後，奉令按照原形修復，由於民國38年政府撤退來臺，缺乏總統官邸，就使用陽明山管理局接管之舊日產之坐落于臺北近郊草山之木造平屋三棟臨時充當臨時總統官邸，當時接收時，撥交臺糖公司設招待所，其後才另在士林新建官邸，以上三件緊急重大工程，交由臺灣省府建設廳負責辦理，本人也在那時到臺灣省政府服務參與上項工程之監工，當時為民國38年。民國43~44年間，國軍大陸失守，大陳陷落後，軍民撤退臺灣，設置「大陳義胞就業輔導委員會」，其組織下設置「營建工程處」由趙俊義（省建設廳營建處主任）兼任，建設在宜、花、臺北、臺東、屏東、高雄六縣內之山坡地及河川附近閒置地，蓋建容納人口7千人之簡陋石磚造平屋。由於工程緊迫，須於一年內安置大陳來臺居民，我也負責擔任其中屏東工務所主任。」

（2）民國40年間，當時雖然戰爭結束，但臺海緊張關係日增，由於擔心中共派軍空襲，基於空襲時之避難，特別在在臺灣省政府大樓（現臺北行政院現址）、警務處、建設廳、教育廳（現臺北監察院現址）、農林廳（現臺北漁業署現址）等辦公廳門前興建大型防空洞，俾防空使用。又自43年間，在新莊、樹林等國小附建教室型辦公室，以備防空疏散安置辦公人員及文件，陸續竣工。當時，中央機關大舉來臺，在臺北市內之辦公處所不敷使用，指令省府規劃疏散至中部，基本的原則是不靠鐵路縱貫線之縣市，且不影響水田耕作，選定旱地，設置新市鎮。

（3）省政府為推行疏散中部政策，在民國44及45年度預算中，特別編列疏散工程費及民國46年度列入教育廳與前建設廳工程總隊辦理之全省主要縣市下水道、路面工程預算，同時組成「省府疏遷中部委員會」撥交辦理。在該委員會之下設置「疏散房屋工程處」，由前建設廳劉副廳長永楙先生擔任，負責規劃及實施。當時首要工作就是選定疏散地點進行土地徵收購工作，民國44年9月原計畫在霧峰擬將集中合署辦公之地點，在北溝中央故宮博物院毗鄰土地使用，另一部分在霧峰王厝、萬斗六等地。後來因徵收土地因素，未能實現，改在草屯山腳段及南投營盤口段之土地，認為靠近山區、風景優美，且屬於旱地，不影響水田生產，交通很方便。經核定後，撥交南投縣政府辦理，當時縣長是李國楨縣長，他也是第一任南投民選縣長。

（4）疏散的第一期工程，首先在霧峰興建辦公廳舍外，於民國44年底完成辦公廳之設計，在中興新村蓋建省府辦公廳（含主席大樓、各廳處辦公廳5棟），於民國45年開工，延後數月動工眷屬宿舍，在光華、光榮里興建眷屬宿舍甲、乙、丙、丁四種平屋1千戶。市場2處，國小2處、高中教室2棟、單身宿舍8棟、工友宿舍等建築工程。並道路上下水道、汙水兩水處理、鑿井、橋梁、路燈等工程亦能於民國46年底全部竣工，交與省府第一梯次疏遷完成。省府員工眷屬於民國46年底~47年初陸續搬進居住。

（5）第一期工程內容，陳嘉佑先生的回憶，簡略如下：

　　「經費總數，新臺幣1億7千零拾柒萬九仟元。各數工程經費統計如下：房屋71.86%（12,229萬元）；上水道7.53%（1281.4萬元）；下水道5.54%（942.79萬元）；道路橋樑7.06%（1201.46萬元）；其他工程4.72%（462.886萬元）；土地5.29%（900.24萬元）：

　　（甲）道路工程，分為土方、路基、路面三部分進行：

　　A.其中，土方工程分二期，先行實施第一期，便於運輸大量工程材料，一面車輛之碾壓，而使穩定，第一期為訂定1,040公尺，面寬15公尺，坡度最小為0.53%，最大2%。第二期各支線11,337公尺，面寬2126公尺。工程費777,106元。第一期在民國46年3月完工，第2期於同年6月完工。

　　B.路基工程，全部採用級配砂礫壓築，又牙溝工程全部道路排水設備，一律設於車道兩旁與人行道之間建造RCL型溝，排洩路面雨水導入雨水管線系統，又適當距離設沉砂效用之人孔、集水槽，以利清除泥砂。合計2,485,000元，於民國46年7月及47年4月中旬完工（第二期）。

　　C.路面工程，鋪裝灌入式柏油路面，分為幹線、次要路、支線，其厚度分為7.5公分、5公分、3公分3種。

　　（乙）橋梁工程：最大洩水面積一律採用涵洞。其他採用RC板型及丁型橋面，跨建於兩河岸橋臺上。全部大小橋梁共有8座，大小涵洞11座，工程費2,349,000元，全部於46年7月完工。

　　（丙）河道改善工程，由虎山而下穿越中興新村，內有小型河道，俾利排水、美觀、整潔並保護河坡。經費379,000元，於46年4月及同年7月完工。

　　（丁）自來水工程：水源之探勘至輸配水管線系統之佈設，水質檢驗設備等。由於圳溝水不適用於飲水，經鑿淺井一口，深約3公尺，口徑80公分，水質不佳，故另選定營南里永清派出所旁鑿深達10公尺，直徑1公尺之水井，由於水位地下僅6.5公尺，水量不足，氯化物200PPM以上，硬度600PPM，並有汙染，無法使用。經選定鑿深井，在45年間臺糖深井探勘隊認為中興新村地形自東南向西北傾斜，西有平林溪，東南為丘陵，但考慮平林溪右岸鑿井，口徑30公分，深度75公尺，估計水量有2,000公噸（每日）以上，但距離很長，有2公里，管線費頗高，故選定營南里口徑30公分，深度75公尺之水源可以採用。但水質需要處理後可提供飲水用，其出水量每日2千公噸，初期計畫給水人口以12,000人。由於建築基地標高為108公尺，建築物每層3.6公尺，主席大樓三層標高約115公尺，設為計畫水壓。另配水計畫：營南里兩口深井每日出水量7,000公噸，但二氧化碳含量高，PH值低，須加處理。其輸水管線至省府疏散區內長約1,300公尺，設置抽水機消毒，加藥機。除配水幹線外，另埋設平行幹管以備後續發展，其他設置氣曝塔、沉澱池、快濾池、清水池。合計耗用1,033萬元。

　　（戊）下水道工程：我們邀請國內外衛生工程專家，研究將汙水與雨水採分流式處理，將汙水集中取除有機物質，變成安全放留利用。因此規劃第一期第二期管網工程304萬元於46年6月完工。汙水處理、沉澱池、滴濾池、曝晒場等抽水設備，兩期耗用1,907,000元，於46年3月開公，又於46年10月底完工。

（己）雨水工程：中興新村地形傾斜，排水稱便。地面有30%之坡度，節省排水費用不少。由於路面兩側之L型溝之相距離設有沉砂槽。在低窪地設集水井、人孔等，以連接幹網。其管線皆走南北向，將雨水直接排出。工程分三期，耗用3,158,000元，於46年6月完工。

（庚）房屋工程：

A.辦公廳：主席大樓係三層RC補強磚造一棟，另外RC補強二層五棟，其建築面積平均包括走廊、衛生間及其他空間，每人估計9.39平方公尺計算，共計容納1600餘人其面積共計15,031.26平方公尺

第一棟[42]耗用 4,836,336元

第二棟[43]耗用 2,039,657元

第三棟[44]耗用 2,949,663元

第四棟[45]耗用 2,341,995元

第五棟[46]耗用 4,990,192元

第六棟[47]耗用 2,530,125元

合計　19,687,969元

全部工程於46年6月22日竣工。

B.宿舍工程：分為光復新村（霧峰）及中興新村，共計1,202戶，其中興部分蓋建1,000戶。及現在之光華里、光榮里區內之磚造平屋。眷屬宿舍分為甲、乙、丙、丁四種，最小丁種之建築面積為6公尺X9公尺，係54平方公尺。在中興部分，1千戶耗用75,445,462元，平均每戶之建築費為75,445元，以總面積：20309.8坪計算，每坪造價為3,715元，以最小型房屋54平方公尺（16.3坪），每戶為60,554.5元。

C.土地徵購費之估算：

南投營盤口段125民地36.9甲

草屯鎮山腳段：

民地3.4135甲

公地撥用36.89甲

民地 購 0.0345甲

南投徵收民地27.45714甲

南投撥用公地5.9591甲

南投 購民地62.097甲，其後又購民地3.9109甲

---

[42] 一號大樓即前台灣省政府秘書處大樓。現址為中興新村省府路1號

[43] 二號大樓即前台灣省政府人事處大樓。現址為中興新村省府路2號

[44] 三號大樓即前台灣省政府建設廳大樓。現址為中興新村省府路4號

[45] 四號大樓即前台灣省政府交通處大樓。現址為中興新村省府路6號

[46] 五號大樓即前台灣省政府農林廳水土保持局大樓。現址為中興新村光華路6號。

[47] 六號大樓即前台灣省政府農林廳大樓。中興新村光華路8號。

撥用公地1.1245甲

購民地1.0756甲

購民地0.5603甲

合計179.4236甲（折合526,428,80坪）

中興新村用地部分，估計土地耗用經費900.24萬元，按疏遷工程比例，中興佔83.22%（光復新村16.18%），估算即有900.24萬元X0.8322=749萬14800元。

耗用土地徵購費每坪：7,491,800元÷526,429坪=14.23元（不含公地撥付經費）

D.單身宿舍：蓋RC補強磚造二樓共建8棟，每棟寢室32間，每間面積4坪，可供住2人。每棟250坪共建2,000坪，容納512人，於46年6月中旬完工。

E.工友宿舍：在46年度預算200萬元擴建8戶，於46年9月完成。

F.市場工程：分別在光華、光榮里，建第一（66萬）、第三市場（68萬元），於46年6月完工，設商店及攤位。

G.學校工程：分別在光華里、光榮里建教室。供國小使用，另建高中教室二棟，於46年6月完工。」

（6）民國47年、48年，省府編列預算列在經辦之各廳處。其中房屋及公共工程列入省建設廳部分，由於疏散工程第一期結束，其後續工程成立「建設廳臨時工程處」續建中興醫院、圖書館、省政資料館、稅務局辦公廳、光輝里眷屬宿舍，並附屬道路上下水道、兒童公園等由該處設計外，委託建築師設計者有：省府、財政、民政、主計等廳處之四層RC建築物（受地震倒塌）共三棟外、防空洞工程、消費合作社、警察局、中興會堂、游泳池（拆除後蓋青年活動中心），又公共工程局設計有省訓團、省立中興醫院急診大樓等，於民國49年間全部完成，並經省府秘書處管轄設立「公共事務管理處」，將後續建設及維護管理，交由該處接辦。

八、出國考察

（1）劉永楙回憶，自己奉命尋找省政府疏遷地點，並與謝東閔副總統（時任秘書長）、龔履端顧問（總統府顧問）三人一起找，找地的原則：防空、位置便利、可指揮。之前政府派了很多人出國進修，倪世槐到哈佛大學去，本來只安排他學衛生工程，他認為不夠，又為他安排了都市計畫，回國後他參與了中興新村的工程。何孝宜從美國進修回來，也參與了營建的工作。胡兆輝[48]設計房舍，陸恂如[49]設計省府大廈，興建期限是2年，即民國46年6月底一定要完工。

（2）由於兩岸局勢當時頗為緊張，中央迫不及待要省政府先搬，所以在46年2月份，省政府就搬遷南下。首先是搬到臺中市的幾個地方，有的在學校，有的就在

---

[48] 胡兆輝先生，台灣建築與都市計畫前輩，生卒年不詳，曾任台北市政府工務局長、東海大學建築系（當時稱為建築工程系）主任。

[49] 陸恂如先生，江蘇蘇州人，1920年生，1943年畢業於交通大學貴州分校土木系，1945年奉派來台接收台糖小鐵路系統，參與早期中興新村建設工作，後離台赴美，定居美國舊金山市。

中山堂。當時疏遷工程處在中興新村營盤口這個地方蓋了六棟辦公廳，主要是省政府、主計處、人事處那幾個大樓。由省政府看下來，右手邊就是交通處、建設廳，這邊兩棟。隔馬路那邊則是農林廳、社會處。

施工期從民國45年11月到翌年（46年）的6月，共計只有8個月期間。8個月的時間，所以，要將所有的房子蓋好，時間是非常的緊迫。所以，同一時間施工的工人有好幾千人。當時還沒有重機械，所有的工作都用人工做，所有的地下管線也完全是人工作。尤其是汙水下水道，從第一間房子出來後，必須維持一定的坡度，直通到汙水處理廠，在挖管道時，完全是用人工，挖五六公尺深，再將管線埋在裡面，相當辛苦。

（3）中興新村的房舍建築由成大建築系教授胡兆輝負責建築部分，公共工程局副局長趙國華[50]負責道路建設，自來水是由范純一[51]負責，下水道是由劉永楙先生在哈佛大學下水道同學高希和負責。於民國44年成立「省府疏散規畫勘查小組」（委員會），分設規劃、財務、審查、工程、交通、土地等七組，其組長由各廳處副廳長兼任。在工程組之下設置「疏散房屋工程處」，首任長官為建設廳副廳長劉永楙，嗣後接任者依序為建設廳副廳長張金鎔，主任邱克修，代主任李慕杜，經辦工程規劃、設計、監造、驗收等業務。

（4）在省府疏散工程處設置副主任，由建設廳土木科組長何孝宜擔任，其下設主任工程司、正工程司、副工程司、工程員、監工員及管理委員。其人員均自省屬各單位借調（建設廳及工程隊、營建處、公路局、鐵路局、基隆港務局等）。省府疏散工程承造廠商為建設廳營造處，處長為趙俊義[52]。民國46年（1957）2月，劉永楙已經出國，由張金鎔副處長兼主任，何孝宜（營建）與邱克修（設計）兩人為副主任。

九、小型試驗

（1）由於中興新村規劃的主政者劉永楙認為自己是技術人員，學科學的，東西的發展要先有構想，構想以後有三個步驟：首先是在規劃室做初步規劃，第二步驟是先試驗一下，第三步驟才是正式的發展。台灣省政府的疏遷，第一步驟是選擇中興新村做初步規劃，第二步驟是選擇霧峰、坑口（光復新村）作實驗場，等試驗可以了就把它的資料正式運用在營盤口（中興新村）的全面發展。

---

[50] 趙國華先生，江蘇吳江人，民國前七年九月一日生，江蘇蘇州工業專門學校土木科畢業，美國伊利諾大學土木研究所研究。曾任交通部漢渝公路橋渡工程處、交通部公路總管處正工程師等職，1946年擔任臺灣省政府建設廳公共工程局副局長，離開公職後，擔任台灣大學土木系教授、系主任、中興大學教授、土木系系主任、理工學院院長，台北工專校長等職。

[51] 范純一先生，曾任台大土木系教授，被譽為臺灣光復後自來水建設關鍵人物，著有自來水工程等書，民國68年去世之後，親友於台灣大學設置范純一教授環境工程紀念獎學金台灣自來水工程建設及環境工程人才培育之貢獻。

[52] 趙俊義先生，抗戰時曾任國軍第49師少將師長，來台後曾任台灣省建設廳營建處處長，於民國45年5月10日離職，擔任退輔會榮民工程公司（榮工處）第一任處長。

（2）由於一切都是新的設計，先在霧峰做小型規劃，蓋了兩棟房子，做為教育廳和衛生處辦公室，以及污水處理等，試試看是否可行，成效不錯再繼續做大範圍工程。劉永楙出國之後，何孝宜為副處長、張金鎔為處長，張金鎔用美援出國，到英國幾個月，考察不只一個新市鎮，新市鎮裡面的住宅安排，看許多道路都彎彎曲曲的，主要是怕直的馬路會開快車，容易出事情。

（3）這些前輩考察外國的住宅區設計，發現英美等國社區道路都是彎彎曲曲的，限速25英哩、20英哩，這樣就不會開快車，但這不是為了戰爭阻卻敵人的進攻。

（4）大致而言，中興新村的規劃，是吸收英國及其他國家的經驗並結合自己的人才來完成。將管線放到地下、設計人行道等，都是向英國學習的。

（5）至於彎彎曲曲的道路設計，則是在霧峰林家不分晝夜討論出來的，當時也討論是否蓋兩層樓，因為實在缺乏經費，所以後來還是蓋了平房，此外，也有兩名外國人Mr.DaleSwisher及Mr.JoeConnally，提供了很多意見。

十、大興土木

（1）中興新村的規劃藍圖是由建設廳劉永楙副廳長指導之下，該廳土木科都市計畫組長高啟明、技正倪世槐，並借重成大教授胡兆輝、吳梅興所規劃完成。

（2）劉永楙於民國46年1月18日離臺就任聯合國衛生組織顧問後，中興新村疏遷工程處主任由張金鎔接任。張金鎔為浙江嘉興人，時任簡任技正兼工程總隊長；另外許多工程結束後的繁瑣事務是由技正李慕杜處理。

（3）民國46年建設廳暨工程總隊人員名單大致如表6-1：

表6-1　民國46年建設廳暨工程總隊人員一覽表

	職稱	姓名	籍貫	到職日
建設廳	省府委員兼建設廳長	朱江淮	臺灣臺中	民國46年8月
	副廳長	周春傳	臺灣臺北	民國46年8月
	簡任技正兼土木科長	方開啟	江蘇儀徵	民國46年8月
	技正暫代建築組組長	陳金木	臺灣臺北	民國38年11月
	都市計畫組組長	高啟明	江蘇金山	民國45年1月
	簡任技正兼給水組組長	張祖璿	江蘇南通	民國46年1月
	簡任技正	范純一	浙江海寧	民國45年1月
	簡任技正	張金鎔	浙江嘉興	民國46年8月
	技正	倪世槐	浙江慈谿	民國38年11月
	技正	邱克修	臺灣苗栗	民國45年1月
	技士	蔡天墼	臺灣嘉義	民國43年9月
	技佐	陳嘉佑	臺灣臺南	民國38年10月

	總隊長	張金鎔	浙江嘉興	民國43年6月
	副總隊長	邱克修	臺灣苗栗	民國41年10月
	副總隊長	張祖璿	江蘇南通	民國43年6月
工程總隊	總工程師	范純一	浙江海寧	民國43年6月
	副總工程師	吳符生	廣東四會	民國42年9月
	材料組組長	王作揆	河北撫寧	民國42年9月
	總務組組長	吳家齊	安徽銅陵	民國43年1月
	主計室主任	韓郁文	河北邢臺	民國42年9月

資料來源：臺灣省政府人事處編，《臺灣省各機關職員通訊錄》（南投縣：臺灣省政府人事處，1957年11月）。

（4）這個計畫的開始起因，是世界上剛剛興起提倡新市鎮計畫；主要是英國戰後人口膨脹，戰時的都市又受到轟炸。因此在倫敦附近興建了很多新市鎮；新市鎮的人口不過一、兩萬人，所以新市鎮是由英國開始的。中興新村在規劃的時候，也參考這個情形，預備建造一個「新市鎮」。

（5）中興新村建設時，預期整個社區裡面有住家約一千戶，人口約有幾千人，為了配合社區住戶的需要，也設了兩所國民小學，一所中學。為了娛樂及集會需要，有一個中興會堂。何孝宜也說：中興會堂前有一個大操場，可以舉辦運動會，平時可以做體育活動等。此外，有一個小型的中興醫院，另外有兩個菜市場，還有省政府自己的合作社。

（6）中興新村這個新市鎮最具前瞻性的是污水下水道。社會進步，後來才有沖水馬桶，但是大部分都市還沒有污水下水道，所以中興新村是臺灣第一個有污水下水道的市鎮，還有一點是中興新村地面上沒有電線、電桿，這也是一個特點：這種方法，在外國也剛開始。因為臺灣這個地方颱風非常頻繁，難免會停電、斷電，所以中興新村的的電話、電線全埋在地下。

十一、工程大要

（1）根據劉永楙先生的回憶錄[53]：第一期宿舍工程之施工區分為霧峰、光復新村及中興新村，眷屬宿舍形式分為甲（A、B）、乙、丙（A、B）、丁多種，按職位，面積也不同，甲B為12x6公尺平方，丙A為11.1x6公尺、丙B為9x6公尺。於45年3月在光復新村開工，又同年12月在中興新村開工。

（2）光復新村宿舍工程工務所由黃建枝技士負責監工。中興新村分二區施工，辦公區由李重耀技士、高煥庚技士、王添祥技士、伍義昌技士負責，宿舍區由陳嘉佑技士、王振河技士、陳有溪技士、林福仁技士、蔡維修技士、陳明德技佐、方燕金技佐等負責。

（3）宿舍區總樓地板面積78,000餘平方公尺，眷舍總共蓋了284棟，可提供1,000戶使用，其餘有單身宿舍5棟，當時這些單身宿舍樓下490平方公尺，樓上332平方

---

[53] 《都市計畫前輩人物訪問紀錄》（臺北市：中央研究院近代史研究所，2000年11月），頁77-85。

公尺，二樓有一個小平台可供休憩之用，之後進行第二期工程又蓋了3棟，均於46年6月15日完工。

（4）當時中興新村相關工程興設時，都先在霧峰嘗試，再在中興新村正式的發展，並不是一下子完成。劉永楙也舉個例子：剛到臺灣時，看到土木科科長所住的房子使用的廁所是茅坑，但我們在霧峰則開始試用小型化糞池，並且處理好垃圾，實驗成功後在用在中興新村，由高希和先生[54]負責施作下水道，陳敏卿先生[55]負責管理。

（4）本來對中興新村的規劃並沒有將管線放到地下，而是直接放在路邊。後來的設計全在地下，建了一個大水管處理汙水，連電話線也在其中，在人行道開口。在當時，中興新村的設計可以說是都市計畫的模範。

（5）中興新村第一期工程規劃辦公廳舍除省府大廈三樓外，其他辦公廳舍為二樓建築物，眷屬宿舍規劃平屋。其原因是中興新村的地質屬於沙質含土質，很鬆軟，加上距離斷層線很近，建築物之承載力經過地質鑽探一平方公尺的載重量為0.85～0.9公噸。換言之，一平方公尺不到3公噸的承載量。

（6）又民國45年間之人民生活水準不是很高（樸素），又人口密度儘量壓低，並配合政策疏遷須於46年底開始搬住等目標之下，大家共同努力。中興新村廣大面積有150公頃，規劃依據估計交通量，然而分設主要幹線道路及支線，及彎曲道路。決定路寬後，人車分離，道路兩側設L型溝人孔，使雨水集中排水，又住宅排放之污水設置蔭井，集中排放至污水處理場。

（7）住宅地域之道路避用直線型道路，因為直線道路行車速快，容易發生車禍，如果採用英國新市鎮住宅道路常用之彎曲型道路，其行車速度不可能開快，降至25英哩～20英哩，行車可達到安全。

（8）民國47年以後省府設置公共事務管理處，即中興新村內之公共設施及建築物移交與該處維護管理。又對疏遷工程未完成部分，則在省建設廳下設臨時工程處，辦理中興醫院、圖書館、中興會堂（建築師設計，由臨工處協助監工）、省政資料館、防空洞、兒童公園、省訓團、兵役處、衛生處、眷屬宿舍二樓上下戶分開利用空地蓋建於環山路、中學路、中正路以西，光明里二樓式眷舍由於土地徵收僅限第一、二期，限於經費不再徵收，故尋找空閒土地蓋建不少眷舍，其道路系統亦依實際地形佈置。

（9）石國明先生回憶說[56]：我是道道地地的臺灣小孩，小的時候中興新村是一個山坡的墳墓，我的故鄉是在中興新村對面貓羅溪的南崗工業區，我小的時候常常跑到中興新村這個地方來放牛，這個地方最有名的一個景點就是目前中興醫院前面一棵老茄苳樹，我們小的時候就到這邊放牛，玩耍的時候，老茄冬樹是最明顯的地

---

[54] 高希和先生台灣早期下水道專家，畢業於哈佛大學，生平不詳。

[55] 陳敏卿先生（1925- ），台灣台南人。台灣大學第一期土木工程系畢業、美國明尼蘇達大學公共衛生系統研究。曾擔任台灣省政府建設廳水利局長，後於1978年任台灣省政府委員、內政部常務次長。1981年任行政院顧問。後任中央選舉委員會常任巡迴監察員。

[56] 石國明先生，生平見第二章[12]。

標。我小的時候,讀南投國小,民國46年中興新村開始蓋房屋,我那時候是國小三年級要升四年級,民國47年陸陸續續,第一批的房子大概已經蓋好了,那時候,絕大部分除了南投市街上有磚造房子之外,全部都是土角厝,中興新村磚造的房屋,顯得非常漂亮,小的時候到這邊來看的是非常的羨慕。

以前中興新村對外的連絡道路,除了現在的營盤口以及內轆有火車到之外,最大的連外的道路就是目前的草溪路那一條石子路,我家住的這邊有一條野溪,就是現在的小溪橋,常常淹水,我國小四年級時遠足,老師帶我們來中興新村,沒有路,每個小朋友都把鞋子脫下來,光著腳,就涉溪過來,經過營盤口、內轆,進入中興新村。

那時候參觀中興新村,看到的就是一棟一棟很漂亮的房屋,讀高中的時候,那時南投所有的高中、高職的學校在3月29日青年節要大會師,所以這附近的學校,像是草屯商職、中興高中、南投高中、南投高商,所有的男生、女生必須行軍走路,走到中興新村大操場集合,然後再走回去,我印象特別深刻,從南投高中走草溪路、中正路、光華路進到中興會堂前的大操場,起碼應該有12公里,那時應該是民國53年左右,幾個學校集合完了以後,宣誓、呼口號後,教官帶隊回校,走的路是從中正路、魚市場、小溪橋,營盤口這邊回去,那時候印象就很深。

十二、工程弊端?

（1）1957年夏,檢調機關接獲一封秘密檢舉,指控中興新村營造案有舞弊情事,省府內部展開調查,結果在台灣省政府事務科長陳奮克[57]的宿舍抽屜中,找到承辦新建房舍工程中的貪污舞弊事實,1958年1月14日報載中興新村工程舞弊案,偵查告一段落,趙俊義[58]（營建處長）、熊文錦[59]（副總工程師）等十人被起訴。

（2）1958年3月,檢調機關又接獲一封秘密的檢舉函,指控建設廳長黃啟顯[60]洩漏中興新村工程招標底價,密告內容大意是:黃氏在中興新村營建工程招標時,為使其弟開設的營造廠得標,曾於事前疏通主辦官員,儘是予以方便并洩露工程底價等,渠則因此而獲得不法利益五十餘萬元,但事實是否如此,尚待司法當局偵查證實。1958年3月14日報紙刊登出:中興新村案黃啟顯、張金鎔[61]涉嫌官商勾結,地檢處展開偵查工作,不久,黃啟顯於1958年8月30日因腦溢血逝世。

（3）1958年4月11日報載營建處及工程總隊在辦理中興新村工程時,原營建處

---

[57] 陳奮克先生,生卒年不詳。

[58] 趙俊義二戰時曾任第49師少將師長,來台後曾任台灣省建設廳營建處處長。

[59] 熊文錦先生生卒年不詳。

[60] 黃啟顯,台灣省嘉義縣人,台灣商工卒業,前往廈門大學,曾任國立廈門大學教授及系主任。戰後以半山姿態回台灣,1951擔任嘉義縣議會議長。後來教育廳副廳長謝東閔請辭獲准,遺缺由黃啟顯接充。1954年06月03日嚴家淦主席任命黃氏出任建設廳長。1957年08月16日周至柔主席時代,建設廳長換成朱江淮。

[61] 張金鎔,上海交通大學畢業,曾任公共工程局副總工程師、建設廳副廳長、省府疏散房屋工程處長、工程總隊總隊長,台灣省政府建設廳公共工程局副局長等職。詳台灣文獻館數位典藏資料庫有《台灣省行政長官公署檔案》,簡稱《長官公署》。

因發生中興新村營建工程舞弊案，技術人員已有三分之二被拘，事務人員有三分之一被拘，據陳嘉佑先生告訴筆者，當時被拘押的人為數眾多，幾乎跟工程有關的人員都被約談，當時都關在草屯機場的營區當中，每天供吃供住，不准外出，其他就是叫去問話，問他的人口氣非常兇，但並沒有用刑，只是不知外面情形，非常擔心，他也無辜被羈押了100多天，最後除了少數像他一樣沒有涉及舞弊情節無罪釋放之後，被判刑的人應該超過100人。陳嘉佑先生說在這段時間，他也沒有被免職或停職，薪水也照領，回來之後，長官只跟他說，你辛苦了，就繼續工作，由於公務員一下子被免職的太多，對於當時候補的其他成績優異人員，技術人員全部錄用，事務人員也很多被錄用。其後，趙俊義（營建處長）被處有期徒刑三年，褫奪公權三年，免職。

　　（4）比較有意思的是，當時的退輔會榮工處與台灣省政府建設廳的營建處是合署辦公，根據林世曼碩士論文「榮工處與東台灣的建設」，提到『「國軍退除役官兵建設工程總隊管理處」，與台灣省建設廳設在台北市懷寧街的營建處合署辦公，由營建處處長趙俊義兼任處長。』事實上，退輔會於1954年1月1日正式成立後，就暫假省社會處（當時台灣省社會處在台北）內開始辦公，台灣省政府主席也兼任退輔會主任委員，1956年前後，嚴家淦主席也兼任退輔會主委，1956年5月2日退輔會函稱：「一、奉行政院1956/4/25台（45）人字第2132號令『該會兼副主任委員張彝鼎呈請辭職應予照准改派為該會委員所遺副主任委員職務聘蔣經國接充又該會兼主任委員嚴家淦迭請辭職，應予慰留。惟據稱省政繁重，不克兼顧，所有主任委員職務，可由該會副主任委員蔣經國代理。』二、本會副主任委員蔣經國業於四月二十八日到會視事並遵令代理主任委員職務。

　　（5）從陳嘉佑先生回憶中我們可以比較清楚當時台灣省政府建設廳營建處與退輔會建設工程總隊管理處的關係，可能是同一批人馬，兩塊招牌的關係，陳嘉佑回憶說[62]：我是雲林斗六人，我的父親於日據時期擔任小學教師，當時由於皇民化運動，我的家族被迫改日本姓，我有一個日本名字「豐田寬正」，1942年（昭和17年）斗六小學校畢業，日名即為「豐田寬正」。光復以後，民國38年，我是嘉義高工建築科第一屆畢業，嘉義高工建築科當時為臺灣培育了很多工程人才，像曾任建設廳副廳長、住都局長、監察委員的林將財先生，就是我嘉義高工第五屆畢業的學弟。我在民國31年3月畢業於臺南州公立斗六國民學校初等科，同校高等科讀了一年日人小學，那時是民國32年3月；民國32年4月臺南州立嘉義商業學校一年，民國33年4月嘉義商專改制為州立嘉義工業學校，我讀建築科二年。民國35年7月，臺灣光復，改制為省立嘉工初級部建築科畢業；民國35年9月至民國38年7月畢業省立嘉義高工建築科第一屆畢業生。民國38年9月我從臺灣省中等以上學校畢業生就業訓練班結訓奉派省建設廳技佐，當時班主任是陳誠主席；民國51年1月31日我奉派臺灣省建設廳薦任技士，民國64年12月改任臺灣省都市計畫委員會簡任技正，民國83年3月1日屆齡退休，當時任臺灣省建設廳簡任十等年功俸五級七八零俸點。

　　（6）陳嘉佑先生回憶說：第二次大戰結束後於民國34年10月台灣光復，設立台

---

[62] 陳嘉佑先生，生平見本章[10]。

灣行政長官官署，設在原台灣總督府，該官舍受戰災倒塌後，按照原形修復。又總統官邸，即使用陽明山管理局接管之舊日產之坐落於台北近郊草山之木造平屋三棟（原撥交台糖公司設招待所），另在士林新建官邸，以上三件緊急重大工程，交由省府建設廳負責辦理。此時本人到省府服務參與上項工程之監工。又在民國43~44年間，國軍大陸失守，大陳陷落後，軍民撤退台灣，設置「大陳義胞就業輔導委員會」，其組織下設置「營建工程處」由趙俊義（省建設廳營建處主任）兼任，建設在宜、花、台北、台東、屏東、高雄六縣內之山坡地及河川附近閒置地，蓋建容納人口7千人之簡陋石磚造平屋。由於工程緊迫，須於44年內安置大陳來台居民。

又自民國40年間，為空襲時之避難，設在省府大樓（現在行政院）、警務處建設教育廳（現監察院）農林廳等辦公廳門前興建大型防空洞，俾使防空使用。又自43年間，在新莊、樹林等國小附建教室型辦公室，以備防空疏散安置辦公人員及文件，陸續竣工。當時，中央機關在台北室內之辦公處所不敷使用，且配合省府疏散，其原在使用之廳舍，徵用之目的，指令省府規劃疏散制中部，不靠鐵路縱貫線之縣市，且不影響水田耕作選定旱地，設置新市鎮。

（7）陳嘉佑先生回憶說：我的一生，有很大部分是跟臺灣省的公共工程建設有關，民國38年11月至39年11月擔任東部（花東）自來水擴建工程監工，並派在東部自來水督導處服務；民國42年5月奉派陽明山管理局協辦陽明山總統官邸修繕工程監工；民國43年8月奉派臺南醫院及屏東醫院擴建工程工務所主任；民國44年4月擔任臺中市、彰化市下水道工程監工；民國44年4月至45年4月奉派擔任大陸義胞來臺就業輔導委員會聘任屏東工程處（轉下十三個工作站）主任；民國45年5月至49年9月間擔任臺灣省府疏散工程處及建設廳臨時工程處副主任、主任，從事省府疏遷工程及企劃省屬三級機構散遷臺中干城計畫，民國49年4月奉派擔任八七水災協助重建工作。

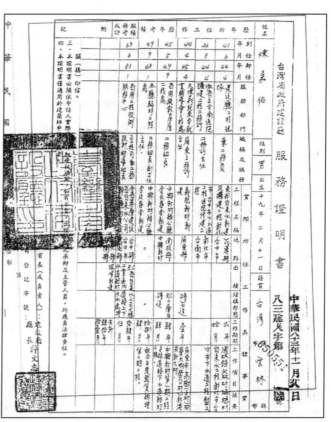

陳嘉佑先生服務證明書（陳嘉佑提供）

民國49年10月疏散工程結束後，歸建回省建設廳從事行政工作，民國69年6月成立臺灣省政府工程技術服務中心，我擔任正工程司兼設計組、工務組督導組長，同

時負責企劃桃園縣大園工業區、臺南新營工業區、彰化縣大新工業區、臺中縣大里工業區等四處工業區之企劃設計監造，臺北縣林口工業區（工一工業區之短畫）臺南市永康工業區之企劃等工作；民國74年至民國84年3月在臺灣省建設廳秘書室擔任廳長、副廳長、機要工作至屆齡退休。

（8）陳嘉佑回憶說：我畢業的那一年，我從臺灣省中等以上畢業生就業訓練中心第一期結業，分發臺灣省政府建設廳任職，當時主席為陳誠，民國41年6月擔任建設廳工程總隊兼工務員，前往花蓮負責東部自來水新建工程，民國43年8月擔任省立臺南醫院新建工程工務所主任，民國44年4月擔任大陳義胞來臺就業輔導會工程處屏東義胞新村新建工程處工務所主任，民國45年5月擔任臺灣省政府疏散房屋工程處工務組長負責中興新村房屋廳舍新建工程，民國49年9月疏散房屋工程處改組為建設廳臨時工程處，仍擔任工務組長，後繼任副主任及主任等職。直到民國68年，其後建設廳臨時工程處轉型為臺灣省政府工程技術服務中心擔任正工程師、工務組長、督導組長等職，我可說是第一代進入中興新村工作者，目前仍居住於中興新村，事實上，中興新村建設工程總共有四位主任，陳康壽[63]、黃顯榮、陳嘉佑、蔡兆陽[64]，我是第三任工務所主任，蔡兆陽是最後一任主任。

十三、疏遷爭議

（1）即使在威權時代，疏遷工程也並非完全順利，即使中興新村已開始建設，疏遷工程依然餘波盪漾，我們從民國46年9月12日周至柔[65]主席到任28天後對臺灣省臨時省議會第三屆第一次大會報告中，仍可見其中的艱辛。

（2）周主席在對臺灣省臨時省議會第三屆第一次大會報告詞發表於民國46年9月12日[66]，距離周主席上任只有28天，距離省府疏遷至中興新村還不到3個月，當時臺灣省臨時省議會及輿論，對臺灣省政府疏遷中興新村的政策，其實有多不同意見。這是周至柔5年5個月任期中，第一次到臺灣省臨時省議會開會，當時他提出三

---

[63] 陳康壽先生，生卒年不詳，曾參與都市建設與住宅計畫小組（UHDC）和聯合國顧問團研議台灣「都市計劃法」的草擬工作。

[64] 蔡兆陽，（1941年－2008年）。臺灣雲林人，成功大學畢業，曾任臺灣省政府建設廳委任技士、第四科科長，1976年任臺北市政府工務局建設管理處處長，1979年任臺灣省政府建設廳副廳長，1981年任臺灣省住宅及都市發展局局長，1988年9月任內政部營建署署長、臺灣建築學會理事長，1995年3月任交通部政務次長，1996年6月任交通部長，。1999年1月任公共工程委員會主委。 2000年5月獲聘為總統府國策顧問，2001年7月任中華航空事業發展基金會董事長，但在2002年5月31日因飛安事件辭職；；後任經濟部投資的中興工程顧問社理事長。參考http://www.baike.com/wiki/%E8%94%A1%E5%85%86%E9%98%B3

[65] 周至柔（1899年－1986年），原名百福，浙江省台州臨海人，1924年春，周百福南下廣州，得到陳誠的關照引薦，參加了國民黨，並改名周至柔，參與創辦黃埔軍校，因此在國民黨派系中，被歸為陳誠的土木系，並擔任陸軍軍官學校兵學上尉教官。由於曾銜命出國考察空軍教育，返國後被任命為中央航空學校校長，以至於周至柔擔任第一任空軍總司令時，但其軍種仍為陸軍，並未改為空軍，由於周至柔對中華民國空軍貢獻卓越，被譽為中華民國空軍之父。1957年8月16日接替嚴家淦先生，成為臺灣省政府第六任主席，任期極長，是少數超過5年任期的省主席，一直到1962年12月1日才卸任。

[66] 周主席對臺灣省臨時省議會第三屆第一次大會報告詞，1957年9月12日。

點施政意見，這三點中有一點（疏遷問題）是急待去做，且已在做的事，其餘兩點則是周主席為臺灣省施政訂下的方針[67]：

「有關疏遷問題，是當前一個極為重要的問題，如果這問題不能徹底解決，政令的推行就會因此而蹉延，甚至形成半停頓狀態。其於會中報告指出，省府的防空疏散計畫，開始於民國39年，中間幾經研究討論，直到民國44年4月25日，行政院舉行第398次會議，議決：「省府應疏遷中部」。於是，省政府疏遷中部的問題，乃成定案。為實施疏遷工作，省府曾組成疏散規劃委員會，負責執行。

關於疏遷地點，中間也曾經過數次的選擇，最後終於決定目前省府所在地的中興新村。關於疏遷所用的經費，44年度3,000萬元，45年度是1億7,117萬元，共計2億117萬元，46年度省預算列有疏遷經費5,192元，正由貴會（臨時省議會）審議中。

目前完成的建築，營盤口辦公廳6幢，可供1,585人辦公之用，眷屬宿舍1,000戶，單身宿舍8幢，可容單身職員500人；霧峰辦公廳一幢，可供444人辦公之用。另在坑口興建眷舍202戶，共計可容辦公人員2,029人，眷舍1,202戶，單身宿舍500人。按照前任主席嚴家淦原定的疏散計畫，加上本人在這廿多天繼續執行，現在的情形是，省府14個單位，辦公人員共計4,357人，其中警務處、糧食局及新聞處3單位辦公人員共計1,047人，因業務關係需暫留臺北辦公，其他11個單位中，教育聽、衛生處2個單位遷至霧峰辦公，共計461人，其餘9個單位共計2,849人，應遷至中興新村辦公，現在中興新村可容納辦公人數為1,512人，尚餘1,337人辦公地點需待解決。

最近解決的辦法是，留在臺北的1,337人中除361暫留臺北，另候安置外，其餘976人，一律集中臺中，借地辦公。關於省府地址問題，各方頗多意見，歸納各方的意見，約可分為下面的四種：一、將省府遷回臺北。二、將省府人員分在臺北和臺中兩地辦公。三、將營盤口省府房舍與臺中市附近某學校交換，集中臺中市辦公。四、照原定計畫，在中興新村辦公。」

（3）周至柔認為：上列四項意見，都各有很多寶貴的理由，主張遷回臺北的，認為省府機構與中央機關聯繫甚多，臺中交通往返不便，且省府同仁待遇微薄，眷屬在臺北兼職的很多，一旦遷居臺中，影響家庭生計，所以主張省府遷回臺北。主張分在臺北、臺中兩地辦公的主要理由是，既可以不再增建房舍，增加省府經費負擔，又可以就近與中央機關聯繫。主張將營盤口房舍與臺中某學校交換的主要理由是，學校可以設置郊區，政府機構應設置在市區，因為地方政府應以便民為先，而且眷屬房舍問題易於解決。主張維持原計畫，將省府重心遷至營盤口的主要理由，認為這是既定之案，而且實際已經花去二億多的經費，和一年以上的時間。」

（4）周至柔主席說：如果我們放棄原案，再遷回臺北，搬來搬去，形同兒戲，在時間上和金錢上的損失，都將無可補償。何況省府疏遷已是既定政策，再遷回臺北是不可能的。以第二種意見來研究，「分在臺北、臺中兩地辦公以維持現

---

[67] 另外兩點，是指（2）關於本省的建設；（3）關於法治。周主席對臺灣省臨時省議會第三屆第一次大會報告詞，1957年9月12日。

狀，並節省開支」，這意見固然也很寶貴，但是一個機構如果連集中辦公這一點都辦不到，其他的要求就更可想而知了，省政府是一個整體指揮機構，照組織的原理來講，任何一個指揮的神經中樞，他的組織是一個有機體，每部門功能雖然不同，但必須都相互關連，密切協調，方能運用自如，假如一部分脫節，其餘部分也勢必會隨著受到影響，省府是指揮全省行政的神經中心，應儘量避免本身的分裂，自以集中一地，發揮它整體的功能為上策。

（5）再以第三種意見來研究，「營盤口的房舍與臺中市附近某學校交換」，這實在是一個很重要的意見，具有若干優點，但經仔細研討後，發現在省府本身，卻有它很重大的困難存在：第一，已經安頓好了並且已正常工作的職員兩千餘人，因搬家之故，將使工作再行停頓；第二，已經遷居的一千戶眷屬，勢必再遷新居；第三，時間損失最少半年，這種時間與金錢上的損失，今天的省府實在是無法負擔的。至於親民問題，地方政府應該親民，毫無疑問，但比較來說，省政府與民眾直接的接觸不會太多，縣市政府才是直接與民眾接觸的階層。

（6）周至柔說：我個人對上列問題，曾經仔細思維，反覆權衡，任何一件事的利害都是相對的，我只能在利害程度上做比較的選擇。因此，在此時此刻，省府重心在營盤口辦公是比較適當與妥善的，因為：第一，現在不應再是討論地點的時候了，本案的決定是在一年以前，並且已花去了大量的經費；第二，要爭取時間推行省政，有效率的推行省政是我現在最重要的責任，因為本府為省政推行的中心，省府所屬的十萬以上的公教人

周至柔主席在省議會報告（台灣省政府人事處提供）

員，直接影響全省一千萬人的生活，我們絕不能使省政稍有停滯。所以我認為這一種意見雖然不是最完美的，但在此時此際，從時間上、金錢上、工作效率上來通盤計算，尚不失為比較適宜的一種。至於省府與各方面的聯繫問題，我們當盡力加強通訊與交通，使因距離而發生的許多問題，因而獲致解決。對於加強交通和通訊設備，雖然要花一些錢，但對政府和民間都有共同的利益。

（7）從周至柔的報告中，可知省府疏遷案即使在當時的威權戒嚴時代，也不是一帆風順，而是有許多波折，但幾個月後，民國47年元月21日周至柔第二次前往臺灣省臨時省議會第二次大會報告，則通篇報告不見中興新村的省府疏遷問題，可見周主席的第一次報告之後，省府疏遷案已成為當時的主流意見。

十四、疏遷大事紀

（1） 中興新村從台北市疏遷到中興新村的過程，如表6-2

表6-2　中興新村疏遷大事紀

年度	大事記
1947.5.15	台灣省政府正式成立，第一任官派省主席魏道明於台北市合署辦公處就任。
1953.7.27	南北韓簽屬停戰協定
1954	蔣總統令省府做疏散準備，省府研擬各廳處疏散至台北近郊。
1954.6.7	嚴家淦先生接任第五任台灣省政府主席
1955	由嚴家淦省主席及謝東閔秘書長（主任委員）主持的遷建規劃委員會在勘查土地後，選擇南投縣南投市虎山地區的中興新村為疏遷地區，確立疏遷四大原則：（1）、必須是旱田，最好是山坡地；（2）、疏離地點應沿著兩公里左右的山脈；（3）、遠離台灣的西海岸，越遠越好；（4）、必須交通四通八達。劉永懋副建設廳長（留英）（及後來）的張金鎔副廳長）及成大建築系吳梅興教授參與規劃案。
1955.2.12	大陳島大撤退。
1955.4.28	行政院院會通過防空疏散計畫，以行政命令規定省府所屬各機關在六個月內疏散中部，省府建立戰時體制。
1955.6.1	嚴家淦、謝東閔、龔履端、薛人仰四人勘察霧峰北溝遴近土地。
1955夏天	省府在第一階段先將省政府委員會及秘書處遷至台中縣的霧峰鄉，在霧峰國民學校內興建一部份的辦公廳。
1955.11.4	中興新村的疏遷工程由嚴家淦省主席主持破土，主要工程包括：民政、財政、主計、社會、農林、交通、建設、人事及祕書處等廳處。
1956.1.22	嚴家淦、謝東閔、龔履端等三人勘察南投營盤口。
1956.1.27	台灣省政府協進疏遷委員會正式成立。
1956.6.25	中興新村辦公廳舍開始動工。
1956.7.5	省府疏遷中部委員會會議，正式決定第一期疏遷單位為省府委員、教育廳、衛生處、及秘書處一部份。省主席辦公室及秘書處等員工三百人，首先遷入中興新村。原霧峰辦公廳由教育廳、衛生處於八月由台北南遷。
1956.8.1	教育廳、衛生處同時疏遷台中縣霧峰辦公。
1956.11.22	省府在台北合署辦公的14個單位中，先行疏遷中部的11個廳處局，開始疏遷中部行動，暫停辦公，至12月1日起再行恢復正常業務。
1956.11.23	南投鎮都市計畫公布。
1957.1.18	劉永楙離台新任聯合國衛生組織顧問。
1957.6.29	省府暨所屬各廳、處、局（部份）遷入中興新村新廈辦公。
1957.7.1	省政大樓落成正式啟用。
1957.8.16	嚴家淦離任，周至柔主席接任。
1957.11.27	台灣省政府首次委員會議在霧峰舉行
1958.4.21	霧峰省議會落成
1959.6.30	省府疏遷規劃委員會正式解散

資料來源： 本表修正楊克華：不畏浮雲遮望眼─中興新村風華四十。臺灣月刊，1997年6月，頁12。

重要名詞：

　　嚴家淦、俞鴻鈞、謝東閔、范純一、龔履端、林獻堂、蔣中正、趙國華、張五合、林繼堯、陳嘉佑、陸恂如、吳振福、張慶重、林平洋、蔡兆陽、劉永楙、陳阿添、張祖璿、李如南、倪世槐、宋宜山、王章清、胡兆輝、高希和、杜勒斯、陳敏卿、宋達、簡俊淦、薛人仰、黃朝琴、李萬居、周至柔、何孝宜、張金鎔、吳梅

興、王濟昌、李慕杜、趙俊義、五二四事件、二二八事件。

想一想：

1.民國40年代，臺灣省政府疏遷中部的主要原因是甚麼？

2.民國40年代，臺灣省政府疏遷中部的主要原則是甚麼？

3.民國40年代，臺灣省政府疏遷中部曾有哪些爭議？

4.中興新村的建設有哪些創舉？

5.精省之後，中興新村的人口變遷有哪些明顯的特徵？

6.您認為中興新村的建設，有哪些人貢獻最大？請列舉三人，並說明其原因？

7.規劃建設中興新村時，疏散房屋工程處的主要任務是甚麼？

8.中興新村建設時，嚴家淦主席、周至柔主席各有那些貢獻？

9.請簡單描述中興新村第一期工程大要？

10.請簡單說明中興新村的下水道設計。

11.請簡述中興新村疏遷大事紀。

12.中興新村的建設是『疏遷』還是『遷治』？請以己見說明之。

13.中興新村興建伊始，發生哪些不順利的事情？

14.中興新村剛剛建設完成，為什麼嚴家淦主席會辭職？

我的學習單

（　）1. 第一代的中興新村居民，本省籍居民比例大約：

（A）可能少於5分之2（B）大約占2分之1（C）可能少於5分之1（D）完全沒有。

（　）2. 臺灣省政府主席第一位被任命的台籍省府主席是：

（A）謝東閔先生（B）林洋港先生（C）李登輝先生（D）邱創煥先生。

（　）3. 精省之後，中興新村眷村人口數一直在減少，周邊地區則持續增加，其中哪一里增加最為明顯：

（A）內新里（B）內興里（C）營北里（D）營南里。

（　）4. 中興新村的宿舍，廳處長以上的長官居住的通常是：

（A）甲種宿舍（B）以種宿舍（C）丙種宿舍（D）丁種宿舍

（　）5. 中興新村的宿舍，有眷簡任以上官員居住的通常是：

（A）甲種宿舍（B）乙種宿舍（C）丙種宿舍（D）丁種宿舍

（　）6. 中興新村的宿舍，有眷薦任官員居住的通常是：

（A）甲種宿舍（B）乙種宿舍（C）丙種宿舍（D）丁種宿舍

（　）7. 中興新村的宿舍，有眷委任官員或有眷工友居住的通常是：

（A）甲種宿舍（B）乙種宿舍（C）丙種宿舍（D）丁種宿舍

（　）8. 民國44年（1955），臺灣省政府嚴家淦主席帶領省府秘書長謝東閔先生和龔履端顧問，三人到中部選看臺灣省政府疏遷地點，最早看中的是：
（A）台中干城（B）台中大里（C）台中霧峰（D）台中北屯

（　）9. 中興新村的興建大約始於民國44年，最早在臺中縣霧峰國小旁新建辦公廳一棟，容納400人辦公，其計算每人平均佔有辦公廳建築面積為：
（A）8.8平方公尺（B）9.39平方公尺（C）10平方公尺　（D）11平方公尺

（　）10. 民國45年在中興新村規劃辦公廳舍時，其計算每人平均佔有辦公廳建築面積為：（A）8.8平方公尺（B）9.39平方公尺（C）10平方公尺　（D）11平方公尺

（　）11. 民國46年中興新村第一期計畫中，最高的建築是：
（A）省政資料館（B）中興會堂（C）省府大樓（D）省主席官邸

（　）12. McLoughlin, J. Brian的「都市及區域之系統規劃原理」被譽為都市計畫學生必讀的經典之作，其翻譯者是：
（A）漢寶德先生（B）胡兆輝先生（C）邱克修先生（D）倪世槐先。

（　）13. 根據資料顯示，徵購日期從民國44年12月7日一直到民國47年5月7日才大體完成，總共徵購215.6054甲，徵購方式包括：
（A）購買民地（B）徵收放領耕地（C）撥用公地（D）以上皆是。

（　）14. 1956年兼任台灣省政府疏散工程處主任，因疏遷工程弊案被牽連，出獄後，改學風水，著有「陰陽玄化地理學」的前輩是：
（A）邱克修先生（B）林孝容先生（C）劉永楙先生（D）范純一先生

（　）15. 民國43年（1954）6月7日接替俞鴻鈞主席，成為第五任的台灣省政府主席，負責規劃中興新村的省主席是：
（A）嚴家淦先生（B）林洋港先生（C）周至柔先生（D）邱創煥先生。

（　）16. 中興新村第一期工程，著名的省府大樓的設計者是：
（A）胡兆輝先生（B）吳梅村先生（C）陸怐如先生（D）何孝宜先生

（　）17. 中興新村的下水道工程主要是由哪一位先生負責：
（A）高希和先生（B）高希均先生（C）陳敏卿先生（D）胡兆輝先生

（　）18. 中興新村的單身宿舍，男女分棟而居，男性單身宿舍以「松」字命名，女性單身宿舍則以「？」字命名：（A）梅（B）蘭（C）竹（C）薔

（　）19. 小中興新村四里的人口一直在減少，但周邊的內新、內興、營北、營南四里，人口則是增加的，其中增加最多的是：
（A）內新里（B）內興里（C）營北里（D）營南里

（　）20. 民國36年二二八事件發生後，蔣介石總統從江蘇昆山派整編後的陸軍21師438團及436團，赴台平亂，當時領軍的將領為：
（A）彭孟緝（B）陳儀（C）劉雨卿（D）林頂立。

（　）21. 二二八事件爆發後，由於地痞流氓藉機生事，到處搜捕殺害外省人，外省

人人心惶惶，當時長官公署財政廳長嚴家淦先生，到台中辦事，曾受到以下何人的保護，而躲過一劫：

（A）霧峰林獻堂先生（B）宜蘭蔣渭川先生

（C）潭子丘念台先生（D）二水謝東閔先生

（　）22. 民國47年，民眾如果要從現在的台中火車站到中興新村洽公，通常是搭什麼交通工具是最方便的：

（A）台糖小火車（B）公路局客運（C）高速公路　（C）自己開車。

（　）23. 民國47年，民眾如果要從大里進入草屯，當時要跨越烏溪，最有可能的通過方式是：

（A）涉溪而過　　　　　　　　（B）走過吊橋

（C）乘坐公路局車輛經過烏溪大橋（D）自行開車經過中投公路。

（　）24. 中興新村命名是出自以下何人的建議：

（A）謝東閔（B）黃朝琴（C）嚴家淦（C）陳誠。

（　）25. 以下何人曾因中興新村興建房舍弊端被判刑確定：

（A）陳儀（B）趙俊義（C）劉雨卿（D）林頂立。

第七章　中興新村的建村紋理

本章重點

　　台灣省政府的防空疏散計畫，開始於民國39年，中間幾經研究討論，直到44年4月25日，行政院舉行第398次會議，議決「省府應疏遷中部」，臺灣省政府疏遷中部的問題才定案。民國44年7月台灣省政府主席嚴家淦先是成立臺灣省政府疏散規劃審查小組，由時任秘書長的謝東閔先生擔任召集人，45年7月改組為臺灣省政府疏遷中部規劃委員會。44年9月成立臺灣省政府疏散房屋工程處，由建設廳副廳長劉永楙擔任主任，45年7月改由張金鎔擔任主任，當時台灣這批最優秀的建築師，剛剛完成位於台北的台灣總督府戰後修復工作，就被要求在一片荒蕪的虎山山麓建造中興新村，就這樣短短半年時間，中興新村最原始的雛型硬是被製造出來了。

中興新村的鳥瞰圖（史祝賢提供）

　　中興新村位於北緯23度47分和東經124度41分交叉點，約成東北-西南長方形走向，位於草屯大虎山山麓，南投市境內東北方，行政區原本分屬草屯鎮與南投鎮，其後全部併入南投市轄區。南投市地形由西而東分別為八卦台地、南投平原、南投丘陵，中興新村座落於南投平原上，南投平原屬台中盆地南端邊緣地帶，由貓羅溪沖積而成，貓羅溪長約47公里[1]。中興新村東面有大虎山，山上有一個編號82的三等三角點，高度約325公尺，

---

[1] 貓羅溪位於台灣中部，為烏溪支流，河長47公里，流域面積377平方公里，分布於台中市烏日區、彰化市、芬園鄉，及南投縣草屯鎮、南投市、名間鄉、中寮鄉等行政區。主流上游為平林溪，發源於南投縣中寮鄉，標高1,174公尺之九份二山西南側，先向西南流經大坑、田寮，於石城轉向西偏北流，經中寮、新厝、公埔，於包尾與另一支流坑內坑溪會合後，始稱貓羅溪。本流轉向西北流經南投、水尾子、後壁湖，隨後沿草屯西側邊界流至下埔子，穿越芬園鄉境之土豆寮、溪底仔後，沿臺中、彰化縣界流，如圖所示，於彰化市番子田（福田里）附近注入烏溪。參見維基百科https://zh.wikipedia.org/zh-tw

是大虎山的最高點,隸屬於草屯鎮,地形大致為東高西低且地勢平坦。中興新村平均標高在90公尺至280公尺間,共計706.78公頃,其中公有土地(以國有土地為主)面積約252公頃,大致集中於中正路以東至東側虎山山麓一帶,公有土地包括機關用地43.29公頃、住宅區72.20公頃、高爾夫球場22.09公頃及其他公共設施用地約114.42公頃,中興新村的建設可說是是冷戰時期兩岸軍事對峙的必然結果,然而走進村內,其實與一般台灣早期常見的軍事眷村有著完全不同的氛圍,村內很難嗅出軍事化管理的味道,也與台灣傳統農村有絕大的不同,仔細品味,反而有一點歐美的異國風味,這是因為中興新村的建村總原則是:都市鄉村化、鄉村都市化。本章主要就是介紹中興新村的建村紋理。

一、防空疏散政策

(1) 1944年由於盟軍展開反攻,也開始轟炸台灣,光是這一年就有25次之多,為了避免空襲造成軍民大量傷亡,1944年(昭和19年)六月,台灣總督府發表「過大稠密之都市住民疏散要綱」(簡稱疏開),這也是台灣有史以來所實施的第一次防空疏散政策,將臺北、基隆、臺南、高雄四市指定為應疏散地,大約從1944年10月開始,盟軍從四川成都、太平洋塞班島、美國第三特遣艦隊、菲律賓呂宋島起飛的飛機,開始密集的轟炸臺灣,由於日本軍力已顯疲態,為了要保存實力,日本人開始興建許多「秘匿機場」,將飛機與作戰物資利用偽裝網、道路、森林、坑洞等分散隱匿,藉以保存戰力,這批「秘匿機場」的規模,其實都不大,只要能躲過盟軍偵察,提供飛機起降即可,這一時期興建的機場,「位置」多有一特色,那就是靠近山腳,或位於谷地、台地與盆地。

這或許是考慮到平原地形遼闊,機場易被發現,也不易防空,山區則可利用地形、煙霧等掩蔽,四周高地的機槍與高射砲陣地亦可防禦美軍低飛轟炸的戰機,草屯機場大致也在此一時期建造,美軍稱為Soton機場,屬於陸軍機場,配備屬於中型轟炸機著陸場(Medium Bomber Landing Ground MLG),設備並不完善,只有簡單的工事,有兩條跑道,其中一條大約在現在草屯帝爺廟附近,另一條約在復興路附近,為了欺敵,日軍也製作許多假飛機,供盟軍轟炸,而真正的飛機則藏匿在現在中興新村的虎山山麓。

(2)1945年春,日本意識到最後決戰已經不可避免,必須為盟軍的登陸台灣做反擊準備,日軍另發展出「航空複郭」戰略,指定一批機場或假、廢機場做為地面部隊死守、誘敵之所,草屯機場也被列入天號作戰「航空複郭」的機場。

(3)根據國立成功大學歷史所博士班杜正宇、謝濟全的研究「盟軍記載的二戰臺灣機場」,1945年3月9日,美軍轟炸南投日月潭第一發電所[2]之後,草屯機場

/%E8%B2%93%E7%BE%85%E6%BA%AA,2015/10/16搜尋。

[2] 位於日月潭後方的車埕門牌山(或墓碑山),距離中興新村約20公里,因山壁陡直像門牌(墓碑)(台語墓碑與門牌發音類似),日據時代稱為門牌潭發電所,當時為亞洲最大發電廠,民國46年蔣中正總統視察中興新村後,順道前來視察,讚嘆其「氣勢宏偉、蔚為大觀」,因而改名為大觀發電廠。大觀一廠於1918年開始興築,1934年完工,大觀二廠1980

也是重要的戰略轟炸對象，為了因應對盟軍的作戰，1945年日本臺灣的航空隊大多轉為特攻隊作戰。以陸軍為例，各隊平日躲藏於「秘匿機場」之隱蔽處，待接到出擊命令後，前一日的黃昏或當日拂曉，將飛機自藏匿處搬運出跑道，再飛至「發進機場」待命，隨後由「發進機場」向臺灣北方的琉球等海面出擊。但搬運與出擊時，飛機暴露於跑道，經常遭美軍攻擊，於是再發展出制空掩護的戰法，另派戰機於「秘匿機場」或「發進機場」上空巡弋，當時的特攻隊（神風），每次出擊僅數架（約2~6架），「發進機場」因敵機經常來襲，跑道只要能維持特攻機起降即可。可見航空要塞已非必要設施，機場的價值取決於隱匿實用。當時陸軍特攻隊曾駐防的「秘匿機場」為臺北（包括臺北（南）、樹林口、八塊、桃園、龍潭、臺中、草屯、北斗、北港、可見大部分的秘匿機場都位於中南部，出擊時才飛至東北部的機場待命。

　　（4）而在1944年以前，1937年（民國26年）七七盧溝橋事變之後，「轟炸」摧毀對手有生力量，是當時日本軍政府主要的軍事手段之一，國民政府為了為防制敵機空襲，減輕空襲損害，維護人民之生命財產，於當年的8月19日制定公布「防空法」[3]全文僅有15條，主要是規定敵機來襲時，全國防空事宜，由國防部主辦，其有關各部、會、署及地方機關者，由各該關係機關協同執行，防空法也規定人民對實施防空有協助之義務，戰時或事變時，為救護或避免緊急危難，有服役防空及供給物力之義務。同時在中華民國領域內有住所、居所或財產之外國人或無國籍人，及有事務所、營業所或財產之外國法人、機關、團體，均負有防空之義務，如必須供給物力時，得徵用之。

　　（5）防空法主要是因應對日戰爭的需要，但對日戰爭勝利後，緊接著是長達4年的國共內戰，與長達50年的兩岸對抗，防空法仍然繼續存在，在兩岸對抗年代的早期，國民政府「疏散政策」基本上是屬於戰略層面，避免敵機空襲時，所有重要軍經政機構過度集中於台北市的政治風險；「防空政策」則是屬於戰術層面，避免敵機臨空時的生命財產風險。

　　（6）台灣省政府的防空疏散計畫，開始於民國39年，中間幾經研究討論，直到44年4月25日，行政院舉行第398次會議，議決「省府應疏遷中部」，臺灣省政府疏遷中部的問題才定案。民國44年7月成立臺灣省政府疏散規劃審查小組，由謝東閔秘書長擔任召集人，45年7月改組為臺灣省政府疏遷中部規劃委員會。44年9月成立臺灣省政府疏散房屋工程處，由建設廳副廳長劉永楙

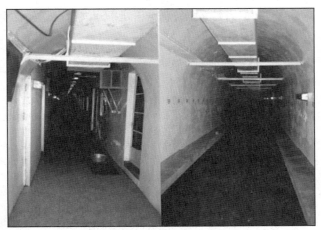

中興新村虎山防空洞拍攝時間約民國85年（張麗鶴提供）

　　年開始興築，1984年完工。

[3]　防空法一直到民國94年1月26日才正式公告廢止。

擔任主任，45年7月改由張金鎔擔任主任。

（7）二次大戰後，冷戰時期，在兩岸軍事對峙的時代，「躲空襲」也是全民運動，現在50歲以上的國人，在小時候都有躲避防空演習的經驗，中興新村在民國48-53年之間，為了預防空襲，也興建了台灣全島獨一無二的大型防空洞。

（8）為預防空襲損害，維護人民生命財產安全，民國 37年09月04日國防部頒布「防空法施行細則[4]」，並由國防部會同內政部依據施行細則第14條訂定「防空疏散避難實施規定」[5]，據此規定臺灣地區防空疏散避難之實施，應以空襲前計畫疏散，空襲時就地避難，空襲後管制疏散為原則。

（9）至於疏散權責區分：（一）中央政府機關之疏散，由各該主管機關策劃執行。（二）地方政府機關之疏散，分由臺灣省政府及各直轄市政府督導策劃執行。（三）一般人民之疏散，由內政部督同臺灣省政府或各直轄市政府依民防業務權責分別策劃執行。（四）各級學校之疏散，由主管教育行政機關策劃執行。金門、馬祖之防空疏散避難實施規定，由當地縣政府會同防衛司令部擬訂，報請內政、國防部核定。疏散與管制時機，由國防部宣布，並由地區有關軍事機關協調地方政府執行。如有疑義或爭議，由國防部協調內政部處理。實施人口疏遷返鄉及疏散，其規定（I）各直轄市、省轄市、縣轄市及國際港地區內之流動人口，得依狀況適時疏運返鄉。（II）西部及宜蘭濱海平原15公里以內軍事目標地區附近，而未設防空避難設備（地下室或半地下室）之各村鎮地區內之老邁年幼、未納入民防編組之婦女、殘障等人口得向各該縣（市）山區或適當地區實施疏散。（III）前二款以外之人口，除臨時特別規定者外，一律不予疏散。但國防部依戰況需要，得強制某地區人民疏散。

二、建村理想

（1）民國44年臺灣省政府的南遷政策已定，主要當然是基於軍事疏散的理由，然而如何建設，卻是個難題。剛好民國42年11月蔣中正總統[6]發表《民生主義

---

[4] 防空法施行細則已於民國94年5月13日廢止。

[5] 防空疏散避難實施規定已於民國94年5月13日停止適用。

[6] 蔣中正（1887年10月31日－1975年4月5日），字介石，原名瑞元，族譜名為周泰，學名志清，生於浙江奉化溪口，逝世於臺灣臺北的士林總統官邸。「介石」、「中正」均取自易經，介於石，不終日，貞吉。象曰：不終日，貞吉；「介石」二字原為蔣創辦的雜誌《軍聲》所使用的筆名。1908年經由陳其美介紹加入同盟會，1910年在日本首次會見了當時的同盟會會長孫中山先生，1911年10月，武昌起義爆發，蔣中正由日本回國至上海參加辛亥革命，與摯友陳其美於江浙起義，並以先鋒指揮官率百餘人進入浙江，並於10月5日攻下浙江撫署官署，俘虜巡撫增韞，一戰成名，當時蔣年僅24歲，辛亥革命成功後，陳其美被推舉為滬軍都督，並任命蔣為滬軍第五團團長。1912年1月1日孫中山就任臨時大總統，「同盟會」改組為「國民黨」，蔣辭去滬軍第五團團長後，於3月赴日習德文，為留學德國作準備，並創刊《軍聲》雜誌，著《征蒙作戰芻議》、《軍政統一問題》、《革命戰後軍政之經營》、《蒙藏問題之根本解決》、《巴爾幹戰局影響於中國與列國之外交》等文章，當時使用的筆名即為「介石」，後來蔣以此為字，民國16年蔣北伐成功後，民國17年才開始以「中正」為名。蔣的一生，早年是追隨孫中山反抗清朝，接著是軍閥混戰取得統一中國的

育樂兩篇補述》，其中有說道：「有健全的國民，纔是健全的民族；有健全的民族，纔能建設富強的國家，怎樣纔是健全的國民呢？第一就是一般國民的身心能夠保持平衡。第二就是一般國民的情感與理智能夠保持和諧。」「我們的市鄉建設計畫應該以城市鄉村化、鄉村城市化為根本原則。要鄉村城市化，最重要的一件事就是鄉村享受公共事業的便利。要城市鄉村化，最重要的一件事就是城市能享受園林景色。」「利用閒暇的方法保健、審美，使生活成為快樂的生活。」「在城市生活裏要使一般市民飲食有節，作息有序，起居有時，第一要他有固定的職業，第二要他有安定的家庭，第三要他的閒暇時間有適當的運動和娛樂。」「城市鄉村化、鄉村城市化」成為中興新村建村的最高理想。

即使是大熱天，中興新村中興會堂前提供遮陰而涼爽的大榕樹（鍾起岱提供）

（2）戰後台灣的經濟建設始於民國42年，第1期四年計畫（民國42-45年）有三大目標：增加農工生產、促進經濟穩定、改善國際收支，當時雖未設定經濟成長指標，但根據行政院主計處的資料，第一期四年計畫經濟成長達7.9%，當時推動的主管機關是行政院經濟安定委員會（簡稱經安會），民國42年台灣平均國民所得僅約150美元左右，可以說是物質極為匱乏的年代，由於經建建設的關係，人口由鄉村以極大的速度移向都市，台灣都市化浪潮於焉展開。中興新村的這些設計師也許是看到了台灣都市化可能引起的後遺症，也許是受到美國城市化之後，除了紐約、洛杉磯、芝加哥等大城市之外，其餘的地方完完全全是一派農村景象，既看不到工業區一棟棟的高大煙囪，也見不到一排排鱗次櫛比的大樓，街道上也看不到太多的行人，有時候還被突然從旁邊竄出來的松鼠或麋鹿嚇一跳的啟發，加上地質鑽探的結果，蔣中正先生的「城市鄉村化、鄉村城市化」就成為他們理想中的「台灣新鎮烏托邦」，中興新村模範村的建設就在這樣的理念氛圍中逐次開展。

成功，而後是與中國共產黨內戰，民國26-34年領導中國八年抗戰，擊敗日本帝國主義的入侵，國共內戰失利後，退守台灣，直到逝世。蔣歷任大元帥府參謀長、大本營參謀長、黃埔陸軍軍官學校校長、國民革命軍總司令、行政院院長、國民政府軍事委員會委員長、中國國民黨總裁、國民政府主席、三民主義青年團團長、第二次世界大戰同盟國中緬印戰區最高統帥、中華民國總統等職。行憲後，一再連任第一至五任中華民國總統，並連續當選中國國民黨總裁，直到逝世。

三、建村原則

（1）建村原因：中央疏散政策，避免所有的雞蛋放在同一個籃子裡面，分散戰爭風險與政治風險。

（2）建村總原則：都市鄉村化、鄉村都市化。

（3）疏遷四原則：

（a）交通方便，但不靠近鐵路縱貫線[7]；（b）不影響水田[8]；（c）不遷移過多人口[9]；（d）不因疏遷政策影響當地社會之安寧秩序[10]。

（4）建村經費：台灣省政府編列民國44年度疏散工程費3,000萬元，45年度編列疏散工程費171,170,519元；46年度又編列教育廳與建設廳工程總隊預算疏散區內學校與道路工程費51,920,000元，經費編列原則是70%房屋建設，30%公共設施建設。主要工程包括（a）霧峰：教育廳及衛生處；（b）牛欄貢：臺灣省議會；（c）坑口：光復新村（眷屬宿舍202戶、光復國中）：（d）營盤口：辦公廳舍6棟、單身宿舍8棟、眷屬宿舍1000戶、中學1所、國小兩所、醫院1所、市場兩處。（e）以上地區之上下水道、道路、橋涵、電燈。

（5）在總原則「都市鄉村化、鄉村都市化」下，中興新村都市設計的重要紋理包括：第一、里鄰單元設計：基本特色為：（a）T字路口取代十字路口，減少人車衝突點；（b）囊底路區過濾通過性交通，避免過多無關車潮進入；（c）人車分離系統，增加人車友善空間。第二、花園城市規劃：基本特色為：（a）綠蔽率超過90%；（b）公園、綠地遍布。第三、自足式社區：基本特色為：（a）從出生到死亡的設計；（b）工作與生活機能兼具。第四、居家與工作分開但不分離：基本特色為：（a）獨立的工作環境；（b）獨立的居住環境；（c）互相支援的機能。第五、兼容並蓄的信仰天堂：基本特色為宗教林立，此地宗教有：（a）道教；（b）佛教；（c）天主教；（d）基督教；（e）摩門教。第六、超完整的教育系統，此地有：（a）幼兒園；（b）小學；（c）中學；（d）高中，將來反攻復國成功後，省治北移，原本的廳舍即可建設成為大學城。

四、建村背景

（1）中興新村是民國34年（1945）臺灣光復以後，第一個有系統規劃的都

---

[7] 中興新村有台灣第二條南北縱貫公路台三線經過（目前經由中興新村的這一段台三線已被改編為台14乙），此地距離草屯機場（已廢止）僅有3分鐘車程，交通以當時的水準而言，屬於非常方便的等級。

[8] 當時台灣主要農作物是稻米，稻米被列為戰備糧食，台灣省政府也特別成立糧食局來主管糧食生產，稻米的生產必須靠水田，而中興新村屬於烏溪與貓羅溪供水的邊緣地帶，當時主要是包括甘蔗、檳榔、鳳梨、桑葚、龍眼、芒果等旱作。

[9] 離此地最近的聚落是營盤口，當時營盤口的聚落主要距離此地3-5公里的下庄、內轆等村落，主要為簡姓、曾姓，人口僅約數百人。

[10] 南投縣的營盤口並非中興新村建村的首選，當時曾被考慮的包括台中、彰化等地，都因居民反對徵收而作罷。

市[11]，也是第一個在國土均衡發展策略（Balanced Developmental Strategy）下，以行政功能帶動地方發展的著例。

（2）民國43年（1954）6月7日，嚴家淦[12]先生接替俞鴻鈞[13]主席成為第五任臺灣省政府主席，當時其除了擔任臺灣省政府主席之外，也兼任臺灣省保安司令、行政院經濟安定委員會及國軍退除役官兵就業輔導委員會主任委員。

（3）民國44年（1955）4月28日行政院第399次院會在俞鴻鈞院長主持下，通過「防空疏散計畫」，確定了臺灣省政府暨所屬各單位將疏散至中部辦公。同年8月24日嚴家淦主席在臺灣省議會回答省議員詢問時表示省府疏遷臺中，主要是基於軍事上的理由。民國46年（1957）7月，經過兩年的政策協商與區位選擇，臺灣省政府從臺北市疏遷到中興新村，也是臺灣戰後第一個新市鎮。

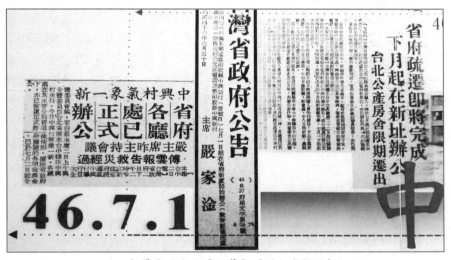

報導省政府疏遷的剪報（鍾起岱提供）

（4）民國46年（1957）3月，中興新村第一期工程完工，省府各廳處相繼遷入，6月30日省主席嚴家淦正式公告，臺灣省政府於7月1日起移往中興新村新辦公廳舍辦公。相關疏遷則陸續進行，7月16日正式開始合署辦公，民國46年11月17日蔣中正

---

[11]　中興新村被普遍譽為台灣第一個新市鎮，其實疏散政策，第一個建村是霧峰的光復新村，而非中興新村，為什麼中興新村被認為是第一個新市鎮，主要原因是當時為了保證中興新村能夠成功，一些新的設計新的工法必須短期間即可證明有效，而作為這個實驗村的就是光復新村，光復新村其實是作為中興新村建村實驗的實驗村。

[12]　嚴家淦（1905－1993），生平見第六章[37]。

[13]　俞鴻鈞（1898－1960），廣東省新會縣人。上海聖約翰大學西洋文學系畢業。北伐時出任上海市財政局代理局長，以具備傑出英語能力和財政專長而知名。曾擔任上海市秘書長，上海市長，外交部政務次長，中央信託局局長，財政部長、中央銀行總裁，並受命主持將上海央行黃金儲備運往臺灣。中華民國政府遷臺後兼任央行總裁與交通銀行、中國農民銀行、臺灣銀行董事長。民國42年出任臺灣省政府主席，兼任臺灣省保安司令部司令。43至47年任行政院長，因拒絕監察院約詢遭到彈劾。辭職後復任中央銀行總裁，49年病逝。參考維基百科，http://zh.wikipedia.org/zh-tw/%E4%BF%9E%。

總統輕車簡從，首次蒞臨中興新村，由周至柔[14]主席簡報省政概況，從此，中興新村成為全省施政中心[15]。

（5）中興新村的建設並非一步到位，大致而言，分為三期建設，第一期的建設從民國44至47年（1955-1958），主要是包括省府大樓等六棟主要建築區及光華里的主要轄區其範圍內有光華國小（當時稱為中興第一小學）、中興中學等學校，也就是第一行政區及第一鄰里單元；第二期建設從民國47至49年（1958-1960），主要包括虎山防空洞（分兩階段建設）、中興會堂、光榮國小（當時稱為中興第二小學）等第二鄰里單元與市鎮中心，也就是光榮里的主要轄區；第三期建設從民國51至54年（1962-1965），主要包括光復國小、省訓團、衛生處、兵役處等為第二辦公區與第三鄰里單元，也就是光華里的主要轄區。

（6）其後陸陸續續增建，如省政資料館、青少年活動中心、內轆溪公園、五百戶眷舍、首長宿舍、臺灣歷史文化園區、小巨蛋，以及改建游泳池、羽球館、幼稚園等；大約在民國85至87年（1996-1998）間，中興新村的建設大致完備。

（7）精省之後，民國88年（1999）的九二一大地震，沿著斷層線，震垮了主席官邸、民政廳、社會處、主計處、財政廳、研考會、法規會、經建會、衛生處等大樓；在當時行政院「精省」及「中興新村官舍絕不重建」的政策下，中興新村走進了蕭條期。其後如何利用中興新村，曾經有不同的政策擬議，包括大學城、文化城、藝術村、養老村、科技城等的不同規劃構想，直至民國98年（2009）才正式定案。

五、中興新村都市計畫

（1）中興新村建設完成後，一直到民國50年8月24日南投縣政府才正式核定中興新村都市計畫案，民國53年1月31日中興新村都市計畫第一次變更，主要是中興新村內轆部分變更案，民國57年12月16日，南投縣政府核定擴大中興新村都市計畫範圍設定內轆省訓團附近行政區（屬於南內轆地區部分），民國73年03月20日李登輝主席任內，變更中興新村（含南內轆地區）都市計畫（通盤檢討）案，將南內轆地區都市計畫併入中興新村都市計畫內，其後有多次變更，民國99年10月15日配合高等研究園區計畫變更中興新村（含南內轆地區）都市計畫案，最近一次是103年06月12日變更中興新村（含南內轆地區）都市計畫（原機十、機二十一機關用地、5-2道路用地變更為住宅區、廣場用地及道路用地）細部計畫（土地使用分區管制要點）案。

（2）就土地使用面而言，除了各行政機關辦公區外，中興新村公有宿舍約有2,427戶，使用中約有1,700戶，其餘為私有土地，計畫容納人口為31,000人，居住密度為185人/公頃，屬中低密度的規劃[16]，規劃建設成完善的辦公與住宅合一的

田園式行政社區。而根據人口統計資料，中興新村都市計畫區的人口在民國82年（1993）達到23,400 人的高峰，此後便逐年減少，根據第四章的分析，中興新村的人口，民國104年1月，以大中興新村八里來計算，人口為24639人，以小中興新村五里來計算，人口僅有4631人，較之精省前夕的民國87年1月，以大中興新村八里來計算，人口為26212人，以小中興新村四里來計算，人口則有8426人，也就是精省17年來，中興新村人口仍未恢復至精省時的規模。

（3）中興新村社區內有諸多開臺灣都市建設之先例，如「雨、污水分流下水道系統」，巷道採住行分離系統之「囊底路（cul-de-sac）」設計，具備環保與生活機能，易形成敦親睦鄰守望相助的濃厚情誼，突顯強烈的社區意識。村內公園綠地處處、花木扶疏，漫遊其間、神清氣爽、怡然自得，每逢假日遊客如織，是最佳觀光休閒及兒童遊樂場所。

六、中興新村的主政者

（1）從民國46至民國104年（1957-2015）這六十餘年時間，臺灣省政府歷經了24任主席與一任省長。對中興新村的經營是從第5任的嚴家淦主席至今第22任林政則主席及一位省長的經營[17]，已經成為臺灣極其富有行政與文人氣息的社區。有關台灣省政府與中興新村的關聯，請參見第14章。

表1-3 歷任臺灣省政府主席（省長）一覽表

職銜	任別	姓名	任期	備註
省主席	第1任	魏道明	1947年5月16日－1949年1月5日	
	第2任	陳　誠	1949年1月5日－1949年12月21日	
	第3任	吳國楨	1949年12月21日－1953年4月16日	
	第4任	俞鴻鈞	1953年4月17日－1954年6月7日	
	第5任	嚴家淦	1954年6月7日－1957年8月16日	疏遷至中興新村
	第6任	周至柔	1957年8月16日－1962年12月1日	
	第7任	黃　杰	1962年12月1日－1969年7月5日	
	第8任	陳大慶	1969年7月5日－1972年6月6日	
	第9任	謝東閔	1972年6月6日－1978年5月20日	
	代理	瞿韶華	1978年5月20日－1978年6月11日	省政府秘書長代理
	第10任	林洋港	1978年6月12日－1981年12月5日	
	第11任	李登輝	1981年12月5日－1984年5月20日	
	代理	劉兆田	1984年5月20日－1984年6月8日	省政府秘書長代理
	第12任	邱創煥	1984年6月9日－1990年6月18日	
	第13任	連　戰	1990年6月19日－1993年2月25日	
	代理	涂德錡	1993年2月27日－1993年3月19日	省政府秘書長代理
	第14任	宋楚瑜	1993年3月20日－1994年12月20日	
省長	第1任	宋楚瑜	1994年12月20日－1998年12月21日	副省長林豐正、吳容明、賴英照

---

[17] 趙守博為第15任省主席，也是最後一任擁有實際權力與資源的省主席。民國89年以後，張博雅、

	第15任	趙守博	1998年12月21日－2000年5月2日	
省主席	代理	江清馦	2000年5月2日－2000年5月19日	行政院授權省政府秘書長代理
	第16任	張博雅	2000年5月20日－2002年2月1日	內政部部長並為政務委員兼任主席
	第17任	范光群	2002年2月1日－2004年10月13日	
	第18任	林光華	2004年10月13日－2006年1月25日	
	代理	鄭培富	2006年1月25日－2007年12月7日	行政院授權省政府秘書長代理
	第19任	林錫耀	2007年12月7日－2008年5月20日	行政院政務委員兼任主席
	第20任	蔡勳雄	2008年5月20日－2009年9月10日	行政院政務委員兼任主席
	第21任	張進福	2009年9月10日－2010年2月24日	行政院政務委員兼任主席
	第22任	林政則	2010年2月24日－2016年5月19日	行政院政務委員兼任主席
	第23任	施俊吉	2016年5月20日－2016年6月29日	行政院政務委員兼任主席
	第24任	許璋瑤	2016年6月29日－	行政院政務委員兼任主席

資料來源：臺灣省政府。

（2）出身台灣省政府民政廳的老科員洪國力[18]回憶說：我是省政府民政廳的老科員，我是民國47年在兵役處服務兩三年之後轉民政廳到九二一地震前才退休，服務了38年多。中興新村的發展，我印象最深的就是現在的光輝里，以前稱作山腳里，原是隸屬於草屯鎮，後來省政府辦事為了方便，用水溝、馬路的方式去分割，分一半給南投市，使得本里變成是南投市人口最少的里，兩百票就能當選里長，我是這裡的居民，曾看過有很多老師帶學生來這邊看「門牌號碼」的設計；我對以前省府的效率良好有深刻感受；曾擔任省主席的周至柔、陳大慶、黃杰、林洋港先生等都已經往生，有幾位主席都是將軍出身，直到謝東閔先生才是文官出身的主席，民國38年時，陳儀是臺灣第一任行政長官公署長官，被槍斃；接任的魏道明，是文官；經過陳誠、吳國楨，接著是俞鴻鈞，俞鴻鈞之後是嚴家淦，嚴家淦之後是周至柔，周至柔之後是黃杰，黃杰之後是陳大慶，陳大慶之後是謝東閔，謝東閔之後是林洋港，林洋港之後才是李登輝。

以前省政府無論遠近，都有安排很多交通車，大概40幾部車，直到精省後才結束業務。台灣省政府剛來的時候，還有一個專門設置的碾米廠，專門為員工配送麵米油鹽，那福利很不錯。另外還有不為大家所熟知的三輪車，為員工服務，方便老人到中興醫院。中興醫院最早叫做醫護所，可以說專門為省政府員工而設，看病要帶每個單位限定數量的病單才能看，實施健保之後才消失。而中興醫院的院區就是現在南投醫院的南院區。當時省府來徵收了約一百多甲，尚不包含現在的省訓團地區。徵收的程序和價格不像現代，當時的政府說要徵收就徵收了，才不管你的稻米是否已經抽穗採收，民眾有沒有抗議，我不知道。我記得曾經看長輩一個人看著被徵收的土地，那個情景讓人難過，但這也是沒有辦法的事情。

范光群、林光華、林錫耀、蔡勳雄、張進福、林政則相繼被指派為臺灣省政府主席，唯斯時臺灣省政府已經被精簡成幾乎完全沒有功能的政府組織。

[18] 洪國力，民國28年09月03日生，臺灣省南投縣人，世居南投市光輝里府西路，營盤國小畢業，曾任臺灣省政府民政廳科員（50~88年），本訪談時間為民國102年8月6日，地點在中興新村光輝里辦公室，主談人為鍾起岱教授及黃秀政教授。參見鍾起岱（2014）：南投縣文化景觀中興新村口述歷史調

省政府搬來，最優先考慮的就是省府員工的福利，蓋中興會堂給員工看電影，發電影票才能看，大家都在搶。當時的電影票是2塊半，我來到中興新村時，擔任過很多主管的幕僚。每一位處長都很信任我們，因為雖然記者每天都會來問今天有甚麼消息？但是我們不會知道什麼事就講什麼事，因為要保密。

環山路我每天都會去掃，我認為我們住在這個環境，就要懂得惜福，自行清掃。不要每件事情都外包，我看外包的清潔工朋友，每個月才領3萬，但是掃具消耗品都要自己買，很辛苦，所以我都會幫忙。早上在這邊運動的朋友跟我說不用這樣，但我覺得，在這邊居住要爭氣，要惜福這個環境。遇到外來的旅客，我們要誠懇的接待他們，介紹導覽，熱情給予方便，這樣中興新村才會發展起來。

（3）另一位長期在台灣省政府交通處擔任技工、雇員與科員的陳光顯[19]回憶說：我然是民國47年來中興，但已經算是第三批來中興新村的人[20]。當時配了一間宿舍給我，經過配住管理單位的流程，進到交通處服務，我在處長室，負責車票的處理，以前廳處長都固定有保留席[21]，但我是一視同仁，大家來只要有需求，我會盡量發給票，給同仁方便的服務。當時從本地中興新村出發去臺北的，或是去哪邊的，車票常常一票難求，同仁或是記者朋友見到我都很開心，彼此也互相照顧。早期我們做事情，記者朋友來採訪，我們也是好來好去，能講的我們才講，主管也稱

[19] 陳光顯，民國23年02月22日生，原籍臺北市北投區，遷入中興新村大約時間為47年，為第3批遷目前仍居於中興新村環山路113號單身宿舍內，本訪談時間為民國102年8月6日，地點在中興新村光入的早期公務員，畢業於臺北中學（成淵高中），曾任交通處秘書室科員（50~88年），其後退休退休，輝里辦公室，主談人為鍾起岱教授及黃秀政教授。參見鍾起岱（2014）：南投縣文化景觀中興新村口述歷史調查研究計畫結案報告。

[20] 臺灣省政府南遷第一批員工是民國44-45年間南下的省府員工，當時並未在中興新村辦公，主要集中在霧峰與臺中，第二批為民國46年6-12月南下的省府員工，當時中興新村已經草創但十分簡陋，第三批大致為47年1-7月南下的省府員工，當時的宿舍區主要在光華里，單身宿舍也大致完工。

[21] 早期臺灣鐵路公路對號車有三種票位，分別為「一般座位」、「保留位」、「公務位」三種座位類型，「一般座位」就是一班民眾到站劃位的車票，第二種是「保留位」的票，這種票與一般車票沒甚麼差別，只是保留給有特別需要的旅客，通常是身障者或有特別權力的人，或者是劃位重複的旅客，保留位是提供車長來運用的幾個備用座位，用來供車長彈性運用，早期因人工劃位，座位重號的情形，經常發生，當重號座位票出現時，第二位旅客就會去找車長或司機員，要求乘坐，列車長或司機員就會安排在保留位乘坐，也有時是臨時有老年人或是孕婦及殘障等不方便的旅客，因為無座位可乘坐，所以就讓保留位，供不方便的旅客乘坐，這種座位有很多人以為是「公務位」，其實不太一樣，是有差別的。「公務票」是供一些政府單位的高層官員及其他有關係的旅客（通常是省議員或交通處長的朋友）乘坐，由於早期臺鐵、臺汽是省營事業機構，屬於交通處管轄，為了服務鄉親或朋友，交通處長辦公室就會有一位協助劃位的同仁，至於座位劃給誰？處長不一定知道，陳光顯先生主要就是負責此一部分的業務。通常公務票配票的就比較少，一班列車只有2~4個公務票座位，早期的公路局或是臺汽客運，也有被控管運用的車位，而配票的車站也有限定，配票的都是屬於特等站及一等站等大型主要車站才有配發，則這部份也是與一般售票程序一樣，是必須要到售票窗口購票，先經由TPT售票終端機連線至TCT票調中心，然後由客運課客座股管理，如果在開車前最後階段都無購公務票的話，就會將這些公務票一併釋放，與一般旅客座位發售，所以在列車上就可能只剩「一般旅客位」及「保留位」兩種，保留位的詳細座位表算是鐵公路內部的機密，站長、車長及列車長會手上有一張表，可以知道還有哪些保留位，這些保留位，有時在開車前約30分鐘左右會釋出，有時晚點去售票窗口購票也會碰到運氣。

讚我處理得很好。因為我是用服務業的心情在做事的。中興新村的變化，我認為是時代的變化，例如道路以及路樹，其中路樹的部分，應該可以種有紀念性或是特殊性的樹種，例如楓樹，卻是種剝皮樹。雖然選擇這些樹種有其專家的看法，但是應該再多加考慮，選擇能長久，有歷史性、值得長久保存的樹種，對中興的推廣有更好的幫助。我88年退休後回到故鄉北投（草屯北投里），還留有一個兩三千坪的四合院在那邊。我覺得中興新村的好處是天氣熱的季節很涼，空氣也很好，現在人少，顯得安靜很多。

（4）從嫁來中興新村擔任洗頭妹，後來也曾擔任光榮里里長的李玉英[22]回憶說，我在臺中市北屯區出生，56年的時候嫁到中興新村，省府自46年就遷來了，我56年才過來，我第一個印象就是嫁到中興新村來，進入這個中興新村以後，真的是跟都市不一樣。我們看臺中市很繁雜，到了中興新村進了大門，一片綠油油，實在是很漂亮。民國56年的時候，那個樹啊，綠美化做得相當好，省府機關都蓋得非常莊嚴。我先生在省府社會處上班，我就經營美容業，我在自己的宿舍裡面做美容業。

當時謝東閔主席的時候是希望家裡多一個副業，當時有一個口號【客廳即工場】，他希望先生上班時，太太可以在家經營一個小副業，貼補家用。當時省府的薪資也不是說很高，小孩出生後都要花費，一個人賺錢不如兩個人貼補會更好。我嫁進來以後就連續生了3個小孩，就是兩男一女。那時候我在家裡做美髮，生意非常好，省府官員的夫人都會來找我洗頭，可以說是做不完的。現在理髮業每天都有營業時間，我們沒有，眼睛還沒睜開，人家已經來敲門，生意非常好，我也教了很多徒弟。到後來小孩也漸漸長大了，先生接著也退休了。

我是覺得說中興新村改變還滿大的，自從九二一以後，又接著精省，真的改變很多。當時是人來人往，非常的熱鬧，尤其是中學路那邊，有餐廳，生意非常好。不管來這裡上班的，來這裡出差的，都會在那裡吃小吃。那現在，自從精省以後，又地震以後，我是覺得差很多。就是因為人口外流，機關的都人都少了，到外面去上班，那現在就是人越來越少，而且時間的變遷，年紀也越來越大，都是一些長輩。有的年紀大了會被兒女接去養老，中興新村要再活化還真的差很多。尤其現在都是文化景觀不能動，所以說宿舍空屋也非常多。

三、風水傳說

（1）從1956年夏天開始，一直到1960年間，檢調機關不斷接到檢舉信，指控中興新村工程主事者有營私舞弊情事，在第六章已有分析，其原因已難查考，這些檢舉函來自何處，耐人尋味；但以當時一般台灣民眾普遍教育程度不高，對官署又存在敬威心理，官署內部事務如何運作，可能也莫測高深，能夠寫這些「檢舉函」的民眾，應該不是「一般民眾」那麼單純，至於是不是某些官員不想離家背景南下

---

[22] 李玉英，民國38年9月15日生，臺灣省臺中市人，遷入中興新村大約時間民國54年，中興高中普通科畢業，曾擔任光榮里里長。本訪談時間為民國102年7月11日，地點在中興新村耶斯列餐廳小會議室，主談人為鍾起岱教授。

任職，想方設法阻止工程順利進行？還是個人恩怨，雜怨報復？已難查考，而這些檢舉信件有些可能是真有其事，更多則查無實據。但不論追究結果如何，對於第一線披星戴月簽辦公文的行政人員及或限期完工、趕工壓力的工程單位來說，可以想像存在著極大的壓力，即使後來無罪開釋的耆老們，即使被羈押多月，說起這些莫名其妙的遭遇，很有趣的是「少了不平之鳴」、「多了菩薩保佑」，平安就是福，哪裡敢「一馬當先」、「身先士卒」，這也形成以往台灣省政府的官員，給人的印象，即使學富五車、才幹出眾，但幾乎都是「謹小慎微」、「戰戰兢兢」、「溫文儒雅」、「守成有餘」、「開創不足」的個性。

　　筆者有一位曾擔任陳大慶時代重要文稿的長輩鍾競生先生[23]，在台灣省政府當差當了三十年退休，經常加班、跑省府印刷廠[24]，不敢報加班費、出差費，他退休時，來看我，索回之前曾借我使用多年的一輛老爺腳踏車，我問他說，怎麼想起這台破舊的腳踏車，他說這是當年秘書處體恤他要經常往返省府印刷廠，配給他的座車，如今要退休了，必須還給公家，從此兩不相欠，可以自由自在的過日子。他最自豪的是在省府多年，沒有報過加班費、出差費，終老於中興新村，幾乎很難相信，理由是「很危險，一不小心會被檢舉」。筆者猜想，當時的嚴家淦主席，還被戲稱為「顏推事」，恐怕與「明哲保身」有關，貴為「省主席」的高官，處境尚且如此，何況一般公務員。

　　（2）建村過程中，由於弊端傳聞不斷，又多查無實據的多，結果在中興新村有個傳說，省主席如果是文人出身，則可能多災多難；如是武人出身的主席，則太平無事。這樣的傳說起源於第一位將軍主席，空軍出身的第六任省主席周至柔先生。根據民國47年1月26日《聯合報》3版曾報導周至柔主席與黃占岸議員[25]在臺灣省議會的一場座談會的資料：周至柔主席與黃占岸議員在省議會座談會中大談堪輿風水之學。黃占岸議員精於地理，他說現在中興新村所在地為舊時之營房，所以稱為營盤口，該地北為龍頭山，即現在省議會新址；南為虎頭山，即現在中興新村省府辦公大廈。龍頭山是塊吉地，虎頭山卻兇惡異常不是善地，現在省主席辦公室下

---

[23] 鍾競生（1920－2011），族名文郁，江西省瑞金縣人，民國54年前後進入台灣省政府編譯室服務，民國84年退休。

[24] 現在的財政部印刷廠，位於台中大里青年高中附近。

[25] 黃占岸（1914～？），高雄林園人，耕讀傳家，係林園望族之哲嗣。天性忠直，俠義情懷，繫於群眾利益，好為不平之鳴。早年畢業於林園初級農業專修學校。戰後，先後擔任三民主義青年團分團書記、中國國民黨臺灣省高雄縣黨部副書記長、中國國民黨臺灣省高雄縣改造委員會委員，並曾奉調參加革命實踐研究院及臺灣省訓練團受訓結業。他在民國35年高雄縣參議會成立時，便當選參議員；至民國39年冬臺灣省實施地方自治，復當選高雄縣首屆議員；民國41年擔任副議長。在擔任議員期間，對於選民的請託，總是盡心盡力去達成，服務萬民，貢獻良多。此外，他並曾擔任中國國民黨第七次全國代表大會代表，以及中華民國軍人之友社高雄縣分社第二屆理事長，中華民國紅十字會高雄縣支會副會長，高雄縣漁會總幹事等職。他的個性剛強，鄉人多以「黑張飛」稱之，與余登發等人同為高雄縣早年地方派系要角，其子黃河清曾當選增額立法委員。他的銅像位於清水巖風景區之清水寺左後方，清水寺右後方立有陳誠銅像，其上方後山之唐榮公園有唐榮和唐傳宗父子墓園，此四位合稱「忠烈四友」。http://old.tncsec.gov.tw/b_native/index_view.php？act=home&c03=41&a01=0302&c04=3&num=1940林園鄉鄉誌參閱並引用自黃健君：〈黑張飛_黃占岸翁〉

就是清朝一個姓許的進士埋骨之處，原是墳場。他舉出若干實例來證明其地之凶。他說，當嚴主席在中興新村行破土禮時，一鏟下去曾掘出白色石塊，結果嚴主席隨即生了三個星期的病，後來又調了職；選擇這塊地的「點地官」是當時省府顧問龔履端，不久即病死。現在的交通處、建設廳、財政廳三機構所在地恰是虎的爪下，所以交通處長侯家源病死；建設廳長黃啟顯去職抱病在床。黃議員對座上的財政廳長陳漢平講：「你現在財運當頭尚無關礙」，他繼之指出民政廳和農林廳落在虎的前臂之外，所以倖免於難；衛生處、教育廳遠在霧峰更無顧慮。

除去這些機構首長外，另外已有八個省府公務員死在那兒。他對周至柔主席說：「你五官多福，大運亨通，而且是員武將，像武松一樣，可以騎得住這頭老虎；嚴主席是文官所以就被摔下虎背來了！」他又對前省府秘書長，現任省議會副議長謝東閔說：「幸虧你跑到議會來了，要不然你也有問題。」

（3）黃占岸議員說省府疏遷不久，就發生劉自然事件[26]；後來省府疏散大舞弊案發生，多少人入了囹圄。接著他又對周主席講：「你是不知道，他們沒有人肯同你講，自廳處長以下的人員，住在中興村中每夜心裏不安，常有鬼魂出現。那兒是一片墳場，將墳墓掃平，將多少屍骨拋棄修了房子，那些鬼魂無所依歸，你的福大運旺，鬼不敢找你，可是那些小公務員家裏，冤鬼們就時來時往了。這件事連廳長就向我證實過。」他說的在場人員毛骨悚然[27]。

（4）黃占岸議員請周主席應該舉行慰靈祭，向那些冤魂拜拜一番就會平靜無事，他說「主席，你不要不迷信，陳副總統（陳誠）在行政院長任上時，因為他老太太百年之後所選的壽穴風水好，所以不久他就當了副總統；主席若是聽我所勸，不久就會當行政院長。」他建議在主席辦公廳前修建兩座寶塔，他說「塔形若鋼鞭，鞭能代虎，趙公明手裏就持的是鞭，雙鞭當前，虎威難發，就會銷其凶燄了！」黃占岸議員的一席風水論，使全場人士笑聲頻起，十分欣賞。周主席在回答解釋疏遷問題時，最後也提到了風水，他說「我不懂風水，更不相信這種迷信。不過黃議員提出風水問題來，我卻認為應該從大局著眼，臺灣全島風水在於中央山脈，而我們恰佔據了龍頭虎頭，正是風水本命所在兩大勝地，省議會高踞龍頭，省政府雄恃虎頭，此後龍虎風雲，本省子孫萬代文驕龍背，武攀虎首，允文允武，豈不懿歟盛哉！正是大好之地，絕不可移！」

（5）民國85年（1996）當時曾有規劃將於南內轆興建省政大樓，《聯合報》刊載了一篇名為〈省政中心將由虎山頭轉到虎山尾 大樓往高層發展不知會否出高官〉[28]的文章。省政府位居「虎穴」，省議會高佔「龍穴」的說法，再度被人提

---

[26] 劉自然事件，也就是第五章所說的五二四事件，事件發生後。臺北衛戍司令部宣布臺北市及陽明山進入戒嚴狀態，晚上並實施宵禁，最後並由衛戍部隊將群眾驅散。臺北警方在鎮暴過程中打死3人，打傷38人，逮捕111人。美國駐華大使藍欽向外交部抗議，蔣中正召見了藍欽並道歉，不久後衛戍司令黃珍吾、憲兵司令劉煒、警備處長樂幹先後被撤職，不久行政院長俞鴻鈞內閣也告倒臺。

[27] 這樣的說法，也有人不以為然，曾聽在中興新村住的人們說，那時由於中央的催促，建屋所用木板多半是沒有曬乾、或來不及曬乾的材料，現在慢慢乾了收縮，都是裂紋斑斑，在收縮時就會門窗不動發生爆裂聲音，郊野人少，半夜聽來，是有點怕人。

[28] 賴淑姬、楊克華〈省府風水輪流轉 省政中心將由虎山頭轉到虎山尾 大樓往高層發展不知會

及。根據早年參與堪輿的堪輿師指出，中興新村的好風水，只能維持36年，從民國44年（1955）開始建設算起，也就是說到了民國80年（1991），風水就走得差不多。對此，民國73年6月9日到任的省主席邱創煥非常在意，曾指示當時的公共事務管理處長張麟，好好建設，改改風水。只是，風水還來不及改，邱創煥就離開省府，之後一連串改建帶來的好風水，反讓接任的省主席連戰享受。曾任省主席六年的邱創煥，在卸任考試院長前談起考試院的「風水」，頭頭是道，印證了他在省主席任內下達的指示，頗符合他所重視的風水論。

（6）曾擔任省議員的張溫鷹曾說，有一位高齡94歲的地理堪輿師唐正一[29]，說他早年曾到中興新村看過地理，指中興新村所在的虎山，山脈無力，因此不「貴」，且不宜久居，在任越久「下場」越不好。

（7）曾任台灣省政府經動會主任秘書的歐禮足[30]回憶說：中興新村的主席大樓，就是省府大樓，前面有一個圓環，圓環外面就有一個大門，那個大門等於是猛虎，要把牠控制住，不要讓牠跑到外面去，所以就弄一個圓環，讓牠在那邊自由的活動，繞圈子，可以不跑出去傷人，弄了一個牌樓，形狀就像柵欄，意思是虎籠，以防止老虎不小心跑出去，這些都是有一個風水的典故。

黃杰主席還沒有來以前，省主席沒有官邸，都住在我們中興新村大門的門口，當時叫做公路局的中興站，那設備非常好，全省就這一個車站的設備特殊，主席來上班的時候就住在那邊的三樓，有貴賓來的時候也可以在那邊招待，同時在二樓還有小型的舞廳。黃主席來了以後，公管處要建設他的官邸，就在省府大樓後方，當時有一位長沙籍的地理師，叫朱九宜[31]，他跟主席報告，他說黃主席，我們這裡

否出高官〉，《聯合報》，1996年09月09日，第6版。

[29] 唐正一，湖南湘潭人，生卒年不詳，早年曾從事軍旅，據說曾於宋達將軍帳下擔任幕僚，約1956年離開軍旅，宋達將軍去世後，風水據說即出自唐正一之手，混元禪師師從李蜀渝，李蜀渝師從唐正一，因此混元禪師常說，唐正一為其師公，著有「風水的研究」一書，早年與與劉訓昇、林明德被稱為台灣風水三大名家。

[30] 歐禮足（1935-2016），民國24年12月5日生，南投縣魚池鄉人，遷入中興新村時間約民國70年，國立藝專國劇科畢業，革命實踐研究院黨幹班結業，曾任南投縣議會議員，中國國民黨南投、臺中、苗栗、雲林、屏東等縣黨部組長、書記、主任委員等職，臺灣省政府經動會專員、視察、主任秘書等職，臺灣省政府經研會主任秘書，民國90年自公職退休，擔任南投詩易經協會理事長、南投縣客家協會理事長、南投藍田書院慈善功德會主任委員、行政院客家委員會委員等職。

[31] 朱九宜，風水師，生卒年不詳，中興新村的地理形勢，說法大同小異，有風水師認為係「虎母抱虎子形」，極為猛惡，地處虎腰下無脈無氣之絕地，故許氏被假傳聖旨滅殺了許國棟舉人。據說民國46年3月間地理師李仁忠先生在省府大樓四樓觀看風水，向西偏南與八卦山斜交後犯「耀水過堂煞」，而龍係老虎抱子形，凶惡無比。李仁忠先生斷言；建設廳必先遭殃；據說民國46年4月間，建設廳長黃啟顯在建設廳為趕工開會時，當場中風暈倒，經送臺中省立醫院急救無效，終至死亡，同時當年興建中興新村因遭人檢舉，建設廳工程人員枉遭判刑者不在少數。也有說，中興新村地理格局謂「虎穴地局」只有土地公及將軍才能管虎，因此在中興村任省主席的將軍平安無事，如周至柔將軍、陳大慶將軍、黃杰將軍均平安無事，文官謝東閔任省主席則被炸斷手臂，疏遷工程處副主任邱克修曾言地理師李仁忠勸其不可當主管，如做主管必受遭殃；果然應驗，黃啟顯廳長中風後由副廳長張金鎔代理廳長，廳務繁忙不堪，擬辭疏散房屋工程處主任，乃報請由副主任邱克修升主任，邱克修說伊只做一百天的主任就遭逢莫須有之災，47年1月間被捕送臺灣省警備總司令

是虎山，秘書處的位置是虎頭，那個地方是不能隨便動土的，結果黃主席告訴他，我是革命軍人，風水之說不可信，何況「我就是屬虎的，就是要給我用」，聽說主席官邸就是這樣建設下去；黃主席是武官，是上將轉任省主席，所以有這個威，同時也適合他居住，他的福報夠，所以住得非常平安。

但是虎山這個虎不能隨便去弄牠，到了文官就有一點點不一樣，沒有那麼平安；謝東閔先生是文官，他擔任主席以後也住了那個官邸，結果他在秘書處左邊，那等於是龍邊，就大興土木建設稅務局（九二一地震倒塌），稅務局一蓋好，謝主席就因為郵包炸彈炸掉了手；在虎頭左邊耳朵動土，虎頭一咬你，手就斷在一邊。

民國86年，剛好我們中興新村這裡建村四十周年慶，在這之前，中央就一直主張凍省，地方大家就極力反對，中央與地方在拉鋸戰，中央是李登輝總統，地方是宋楚瑜先生，他們原來好的時候是父子之稱，後來大家沒有弄好，開始就變成仇人相見。中央一直想將省凍掉，讓宋先生沒有舞臺好玩了，自然就消失了；地方認為宋主席你做得很好，省政府的功能也很好，不應該要凍省。這個拉鋸戰中間非常妙，跟地理很有關係，當時秘書處右邊有一棟大樓，那棟大樓本來是三層樓，第一層是法規會，第二層是經動會，第三層是研考會，結果當時的研考會主任委員夏龍先生認為三層樓太小了，有很多的檔案放不下，應該要加蓋變成四層樓，這一層樓可以存放檔案，處理文書工作，搬到四樓去，辦公的空間變得比較寬敞一點。所以向公管處交代我們要蓋一個四樓，公管處就編預算蓋了。

結果蓋了四樓，蓋的時候，國發會正在討論是否凍省，上樑的那一天正好是國發會通過凍省，你說這個妙不妙。這棟三層樓正好在主席大樓的右邊，本來三層樓剛剛好是在主席辦公室的半樓以下，四層樓蓋上去以後，就壓過主席的辦公室，按照地理的觀點來講是白虎抬頭，一定會出大問題，九二一之後這棟樓二樓變一樓，四樓變三樓，還是又回歸自然，老天爺要回去了，所以把省也凍掉了。這件事是有根有據，是非常湊巧的。

民國86年，TVBS的新聞臺來訪問我，要談中興新村的秘辛，省議會是找黃月嬌，省政府就找我。我帶他到中興會堂後面的第二期宿舍，當時為了蓋宿舍將這裡的許多墳地遷移，雖然說有處理乾淨，但有住戶還是常見無形的東西出沒，聽說有一戶剛剛搬來，他的床鋪是坐北朝南的，但隔天早上變成坐南朝北，他們家感覺很奇怪，床鋪自己會動。然後在環山路一直下去的左邊第一間沒有人住，結果晚上聽說電燈自己會亮，早上天一亮的時候電燈又自己關掉了，我帶TVBS的記者到現場實際去拍了一個地方。

然後在中興會堂的後面，經常我們騎了腳踏車，騎到那邊都騎不動。以前有一個任職農林廳的朋友，很喜歡喝酒，酒喝一喝要回去，到那個地方過半小時還過不去，怎麼踩都在那邊踩，腳踏車有在動但沒有走，是非常奇怪的事情。

還有中興會堂在修蓋的時候，聽公管處的老人講，中午工人就在那邊睡午覺，

部，罰站五晝夜，不准睡眠，強迫自白，至兩股浮腫脫皮，強迫與何某、曾某、三人之刑求自白相同，始得停止刑求。後判徒刑十個月，除拘留六個月外，入獄四個月，出獄後掛冠求去，修習道術，成為有名的風水師。

有人會向工人丟沙石，但都沒有看到人，工人向公管處長官說了這種現象，他們就準備牲禮去祭拜，祭拜後就很平安，就沒有再發生，這是很奇怪的事情，既看不到也摸不到，但是寧可信其有，不可信其無。

還有我們在秘書處的前面，下去第一個是人事處，第二個是建設廳，第三棟就是交通處。交通處有一年，員工出差就不回來了，後來聽說是被老虎捉走了，有一年有死了3個人。被老虎捉走以後就建議怎麼去修改，因為它本來建設是虎尾寮，到最後你看交通處一進門有一面大鏡子，然後你要上二樓一定要轉一個彎才上去，這是從那個時候開始的，交通處更改了裡面的設計，以後就平安。

我覺得我們中興新村虎山的虎還是滿靈的，但是有人講主席的公館是坐東朝西，後面有靠山，前面有環屏的八卦山，更可以看到臺灣海峽，風景很好，但根據中國的風水傳統，官邸要坐北朝南，官舍是不適合坐東向西，坐東向西又剋金，又剋土，所以那時候沒有多久，高雄市獨立了，升格了，臺北市也升格了，升格後，南北這兩塊肥肉通通都割掉了，臺灣省的財政慢慢一天一天的走了下坡。

關於中興新村的地理，我覺得是很有學問的。官舍一般來講，最好的是坐北朝南，但是中興新村的官舍都是坐東朝西，坐東朝西是一種逆境，不是很好的。但是剛剛開始，因為是武官來當省主席，沒有甚麼問題，改了文官來了，這隻老虎才開始作怪，你就沒法來鎮壓牠。一個好的地理，有的一百年、八十年、五十年都有，我們中興新村這樣差不多是40、50年，這裡的氣就已經跑掉了。

我在經動會服務之後，配到五百戶，我太太是虔誠的佛教徒，搬來不久晚上都會聽到中興會堂附近的狗吠聲，我太太希望能做一件好事，我們請法師來放蒙山，放蒙山的意思就是祭一祭好兄弟，請祂吃東西，勸祂離開。我們正在想，結果水里慈光寺的師父來我們家，我太太請他慈悲發心來幫我們放一下蒙山，他一下就答應，後來就在我們宿舍前面，我家裡有一個佛堂，我太太很多的蓮友們都來幫忙。

我們臨時在宿舍門口辦了一個法會，從下午5、6點鐘放到8點多就結束了，師父要走的時候特別交代，擺在外面的素桌暫時不要收，等到隔天早上再收，因為有的無形的動作比較慢，法會結束我們送法師回水里，回到家約12點多，當晚狗吠叫的特別厲害。當時我們在家門口裝了監視器，第二天早上，我就把錄影帶放出來看，在開地獄門的那段時間，只有聲音，法師的影像都沒有了，只剩下兩、三道電波發出來的聲音，過一段時間後，人才又跑出來。從第二天開始，狗叫的聲音就沒有了，放蒙山[32]的功德很大，效果也很大。

（8）很多人都知道車籠埔斷層帶經過虎山山麓，九二一大地震時，中興新村也是重災區，有人認為民間風水常說的「龍脈」，就是連續不斷的山體，從地質學

---

[32] 蒙山，山名，位於今日四川省名山縣。據說宋朝時代有不動上師，人稱甘露大師，居於四川蒙山，曾為普濟幽靈，集瑜伽焰口及密宗諸部，輯成蒙山施食，成為佛門必備課誦儀軌。到了近代，有興慈大師力倡蒙山施食，並加入六番開示，稱為大蒙山施食。此後若依此具足儀軌舉行法事，稱為「放大蒙山」；而平常所做的「小蒙山」則是依此節錄出來。目前「小蒙山」主要有兩種，其儀軌內容均相同，差別是在手印放蒙山是佛事活動.是加行中的佈施鬼神，法師對六道輪迴（天、人、阿修羅、地獄、餓鬼、畜生）群靈說法，使之罪業消除，超升善道。參見http://www.baike.com/wiki/%E6%94%BE2015/11/02搜尋。

角度說，如果山峰有「斷體」的地方多是斷層，往往地質活動頻繁，容易滲水、地震、火山爆發，不適合人居住，當然也就風水不好。因為「龍脈」通常被認為是「是忽隱忽現、可以追蹤的脈絡」，這種脈絡往往是一種連續出露的青色或黑色的石頭，也就是「地層」，地層的脈絡如果有斷落的痕跡，就是斷層，以前科學不昌盛，無法查考地層結構，只能從地表的外部型態研判「好山好水」，現代科學昌盛，斷層是否存在，可能從其內部的地質構造，察覺斷層的存在，即地層的組合關係。

　　所謂「中興新村的好風水，只能維持36年」的說法，也許是當時的堪輿師，從地表外型所得出的判斷，事實上精省與九二一大地震發生在1998與1999年，與堪輿師所說的36年相差約7-8年，其間的巧合真令人覺得不可思議。堪輿師把「山體脈絡」，想像成人體的經絡，說人體的穴位和風水的穴位相應相通，也真是令人讚嘆。

四、風華再現

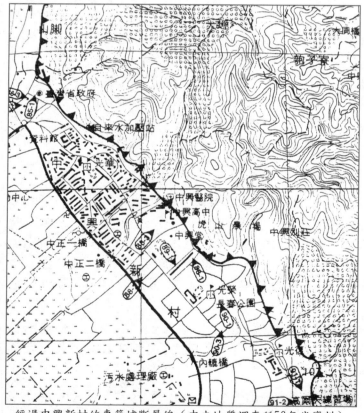

經過中興新村的車籠埔斷層線（中央地質調查所50年代資料）

　　（1）民國85年（1996）的國發會共識決議，開啟了精省列車，民國87年（1998）12月民選省長正式走入歷史；隔年7月1日，臺灣省政府組織正式改制，9月21日臺灣發生九二一大地震，根據中央地質調查所所繪的車籠埔斷層線大約沿著環山路而行，原屬省政府的辦公廳舍，約有三分之一倒塌，在中央「中興新村辦公廳舍倒塌不重建」的政策下，九二一紀念公園矗立在當時主要的辦公廳舍區。

　　（2）921地震發生後，在南投縣與臺中縣有許多以紀念921地震為名的紀念公園，其中最廣為人知的有三處：第一處是位於臺中縣霧峰鄉的「921地震教育園區」，第二是位於南投縣國姓鄉的「九份二山國家地震紀念地及九份二山生態教育中心」，第三是位於南投縣中興新村的「921紀念

公園」。這座佔地1.9公頃的竹林公園，是當初行政院九二一重建委員會為了紀念921大地震，花費2900萬元所興建，時間回到2004年，在郭瑤琪政務委員主持九二一重建會的時代，中興新村的九二一紀念公園是一個國際競圖的案子，評審結果由台灣留學荷蘭女建築師鄭采和[33]以黑馬之姿勝出，她和荷蘭設計團隊（兩位韓國人及一位加拿大人）共4人，二十三歲的鄭采和及其「CKPR」團隊，以「天井」設計贏得2004年「九二一重建感恩紀念國際競圖」首獎，採用竹子的彈性及富有東方文化的意境，設計一片密密的竹林，構築出具東方禪意與西方紀念形式於一體的靜謐空間和氛圍。並獲得250萬台幣首獎獎金，並優先取得設計權。

（3）評審時，鄭采和以「天井」為主題，巧妙運用中台灣的竹林特產，為國人營造一處與大自然對話和省思的空間，獲得紐約世貿大樓紀念競圖首席評審彼得渥克等人青睞。當時這個國際標吸引來自全球34國182件作品參選，九二一重建會特地邀請7名國際大師複審，並由淡江大學建築系教授周家鵬負責召集，被稱為全台最具規模的全球化競圖，甚至邀請到紐約世貿大樓紀念競圖的首席評審彼得渥克等人共襄盛舉，4名美英澳籍大師和漢寶德[34]等3名本國籍建築大師來進行評審，可謂極其盛大，評審團先就50件作品以淘汰模式，先選出13件，討論後再投票，最後選出四件再投票，鄭采和與劉宇揚案同票，最後動用加權計分，鄭采和以1分之差勝出，當時包括宗教博物館館長漢寶德、文化建築系教授張世典[35]、成大建築系教授王明蘅等人，都認同成大畢業留學荷蘭鹿特丹貝拉吉建築學院後，目前在聞名全球的WEST8景觀建築師事務所工作的鄭采和，協同3位國際設計師以「CKPR」團隊所設計的「天井」為首獎作品。

第2名則為香港中文大學建築系的劉宇揚的APU團隊，第3名為希臘建築師Pieros Pieris。當時報載擔任評審的成功大學建築系教授王明蘅讚美首獎，確實是上上之選，鄭采和作品不再強調震災悲痛，反倒強調災後平靜和重生，意境悠遠，成功鋪陳震災紀念意涵。作者年僅二十多歲，創作能量驚人，可媲美「美國越戰紀念碑」設計人林櫻。評審團召集人彼得渥克則指出，他從紐約世貿大樓紀念碑國際評圖會場隔日趕來台灣，很驚訝此次競圖參賽作品如此豐富，而且水準相當高，另外他認為評審作業的嚴謹也值得誇讚。此次競圖前三名得主分別可獲250萬元、150萬元和70萬元獎金，首獎得主取得優先設計權。

（4）可惜天不從人願，這片花費2900萬元打造，占地1.9公頃的竹林紀念公

---

[33] 鄭采和，1981出生，成功大學建築系畢業，荷蘭貝拉格建築學院（Berlage Institute）建築碩士畢業，荷蘭Boundary Unlimited建築事務所創辦人暨建築師，2004年「天井」（skywell）獲台灣行政院重建會頒發921重建感恩紀念公園國際競圖首獎。2009年創立個人建築及都市設計事務所「Boundary Unlimited」，是第一位在荷蘭開業的台灣建築師，作品獲得當地多個建築獎項肯定。2009年即以「荷蘭阿姆斯特丹紅燈區改造工程規劃案」榮獲荷蘭國家建築獎金Nederlands Archfonds，隔年又以「荷蘭鳥特列茲移民區住宅改造工程設計案」獲得歐盟青年建築師聯合住宅競圖Europan10評審入選獎。參見http://www.books.com.tw/activity/2010/07/iamsterdam/images/r2.htm2015/10/30搜尋。

[34] 漢寶德（1934－2014），山東日照人，台灣知名建築學者。1960年至1970年曾任東海大學建築系主任。

[35] 張世典，1915年生，成功大學建築工程學系畢業，日本東京大學工學部都市工學碩、博士，曾任淡江大學建築系主任、內政部營建署副署長、內政部建築研究所所長等職。

園，開幕不到半年，就爭議不斷，大約在2005年，花費近2900萬元興建的中興新村九二一重建感恩紀念公園，完工驗收半年後，不僅公園竹林中央天井區遇雨嚴重積水，還以鋼筋綁警戒黃布條的方式圍住園區，好像還是工地，在有花園城市美稱的中興新村顯得突兀，也讓民眾可望不可及。

中興新村的「921紀念公園」由營建署負責，營建署完成這座公園後要求省府接管，但發現包括緣石、車擋、安全欄杆、排水系統、夜間照明等都有問題，加上竹林公園後續長期管理維護開銷太大，一直拖著不願接管，但同意接受營建署委託辦理約800萬元的改善工程，改善積水等問題，由於包括竹林及竹憶牆兩項公園特色，因營建署不同意變更，不列入改善，2006年開始，竹子又開始陸陸續續染病，前後整修過三次，由於保養不易成了燙手山芋，台灣省政府的公共事務管理組最後「被迫」接手管理，當地民意代表與居民大罵，蓋竹林除了養蚊子還成為治安死角，根本就是浪費公帑。2008年馬英九當選總統前後，這片竹林很低調地被處理掉，台灣省政府公共事務管理組花了一筆錢，把所有竹子砍掉，彷彿一切都沒有發生過一樣。這一片「一直沒有站起來」的竹林，當初的設計構想是：採用竹子的彈性及富有東方文化的意境，設計一片密密的竹林，構築出具東方禪意與西方紀念形式於一體的靜謐空間和氛圍。目前種上草皮，僅餘空曠的紀念牌供人憑弔。

（5）2000-2008年民進黨執政時期，關於中興新村之再造，行政院公共工程委員會之規劃，係以文化藝術創意產業園區為其中心。民國93年（2004）先行規劃藝術村，95年5月開始有藝術家進駐創作，96年行政院中興新村再發展計畫推動小組則將中興新村規劃為北區「文化藝術創意產業園區」、中區「優質渡假型生活園區」、南區「培訓研習會議園區」，鼓勵非政府團體的進駐。國民黨執政（2008-2016）時期對於中興新村之再造，則有不同的想像，馬英九在競選第十二任總統期間，曾提出「愛臺十二項建設」政見，其中有兩項與中興新村有關：一為發展中部高科技產業新聚落，推動產業園區及新世代研究型園區建設，強化產學合作網路，並發展具特色之國際村，同時重新檢視及改善中部地區交通網路服務水準，以提高產業與研發聚落之強度及綜效；另一則為都市及工業區之更新，當中特別指出，將在基隆、臺北、中興新村以及高雄市推動都會區的再造計畫，活化各區功能。

（6）民國九十七年（2008）5月，馬英九出任第十二任總統，廢棄了民進黨原先的方案，中興新村的再造改由行政院國家科學委員會主持，中部科學園區管理局進行研究，而以中興新村作為中科第五期工程之研發園區為其原始構想。但因文化界憂心支援科學技術產業之開發方案將會破壞中興新村的歷史意象和文化地景，基於平衡的考慮，民進黨時代的政策思維乃又被找了回來，因而形成當前以「中興新村文化創意與高等研究園區」所呈現的計畫面貌。

（7）精省政策實施後，中興新村之行政機能與使用價值逐漸消逝，從民國87至97年（1998-2008）年間，十餘年的空轉與閒置，在這段期間行政院與南投縣政府分別提出知識產業、生物科技產業、歷史文化、會議中心等構想，但未曾付諸實施。97年馬總統提出「愛臺12建設」，除宣示中興新村發展為文化創意及高等研究園區之政策方向外，另於同年8月行政院核定之「鬆綁與重建」策略中，針對中部地區推動「高科技產業新聚落方案」，提出多項具體計畫或工作項目，而「發展中

興新村為高等研究園區」為其中一項重要工作。行政院劉兆玄前院長於97年11月25日聽取蔡勳雄前政委簡報後指示行政院經濟建設委員會，研擬「中興新村發展為高等研究園區先期規劃」，旋於98年7月10日核定，期間並指定中興新村高等研究園區之中央主管機關為行政院國家科學委員會，同時指定由中部工業科學園區管理局負責。國科會爰積極辦理「中興新村高等研究園區籌設計畫」，並於民國98年11月19日報行政院核定。民國100年1月，中興新村國有土地管理機關正式由臺灣省政府移撥中科管理局正式接手，中興新村作為高等研究園區的政策方向，終於確定。

（8）根據中部科學工業園區管理局的構想，高等研究園區設置於中興新村都市計畫區內，位於南投縣的西北隅，距離草屯鎮約4公里，南投市約6公里，地處南投平原和東側南投丘陵的交界，與商業中心的草屯鎮和具行政機能的南投市形成三角發展地帶。中興新村（含南內轆地區）都市計畫區範圍，包括大虎山以西，營盤口和省道臺3線以東，軍功寮溪以北，草屯都市計畫區以南的土地，面積706.78公頃。

（9）未來的的高等研究園區以研發為主，具有長遠的目標，並期望能引領未來20-30年的發展趨勢，具有高度的戰略性質，園區發展將結合生態國際村、全球新興產業與地方產業發展成為多面向的園區，將行政機關、觀光產業、教育及醫療產業與科技研發結合在一起。因此園區發展構想，係以核心研究功能、市場化實驗場域，提供基礎研究與應用研究平台，建立支援區域產業研發營運環境的重要基地，並以現代化的園區管理方式，配合整體產業發展，建構成臺灣西部科技走廊的研究發展重心，成為「全球最具競爭力的高等研究園區」之一。

工研院計畫於園區建立一結合區域產業整合加值、智慧機器科技及奈米纖維與溫室工程科技等研發產業，成為帶動中部區域產業升級轉型的關鍵研發平台。資策會亦將設立新興智慧技術研究中心，從事綠色ICT 技術與綠色生活實驗[36]，包括綠色智慧行動、綠色智慧建築及綠色智慧社群（雲端運算），帶動相關產業的發展。中部行政中心亦將配合研發單位進駐園區，而為能兼顧中興新村在臺灣歷史發展及空間規劃之特殊意義，與園區文史創意及文化資產保存、文史藝術資源及文化資產與活化、以及符合生態城市等發展目標，高等研究園區將提供優質之研發創新環境、便利之交通、完善及舒適之生活機能、生態與國際化環境。達成邁向永續發展的科技基地、創造國家頂尖人才的培養皿、未來新生活模式的實驗場域、具備國際化特質之居住環境計畫之目標，並配合「推動建置智慧綠色科學園區示範計畫」推動節能減碳之綠色研發環境。

（10）未來中興新村將依循「保存與發展」及「鬆綁與重建」之發展策略與愛臺12建設中之政策宣示，高等研究園區以研發產業為主體，同時保留部分行政機關及部分鄰里單元，調整用地並配合產業研發機構需求期程，分期分區釋出土地以供開發，發展中興新村為智慧綠色科學園區。

---

[36] ICT是Information and Communication Technology的縮寫，歐盟於2005年提出「i2010：建構歐洲資訊經濟」計畫，期於2010年前透過ICT的創新與發展，促進歐盟經濟成長。臺灣所推動的綠色ICT主要包括兩類，第一類係指具節能特性之ICT消費品，如節能電腦、電視、手機等；另一類則指將以ICT商品與技術運用於非ICT部門，以達節能減廢功效，如提升製程效率、智慧節能屋、智慧電網、視訊會議等。

重要名詞：

中興新村、草屯機場、中型轟炸機著陸場、草屯帝爺廟、航空複郭、秘匿機場、日月潭第一發電所、盧溝橋事變、防空政策、經安會、國土均衡發展策略、囊底路、放蒙山、龍脈、斷層、天井。

想一想：

1.請比較日據時代的疏開政策與光復後台灣的防空疏散政策。

2.請簡述中興新村大致的地理位置。

3.請簡述中興新村與防空疏散政策的關係。

4.請分析中興新村的建村原則。

5.請敘述一下1947年到1957年台灣省政府的主任者。

6.中興新村有那些「風水」傳說，請說出其中一個傳說。

7.九二一大地震後，台中與南投有多處紀念九二一地震為主的紀念公園，請寫出其中二個。

8.精省後，對於中興新村的未來走向，曾經有哪些方案被提出？

9.中興新村九二一紀念公園的「天井」設計，主要內容為何？為何又被廢除？

10.簡述高等研究園區的創立構想？

我的學習單

（　）1.「省府應疏遷中部」的討論開始於民國39年，中間幾經研究討論，直到民國幾年才大致底定：

（A）44年4月25日行政院第398次會議（B）43年4月25日行政院第398次會議

（C）42年4月25日行政院第398次會議（D）41年4月25日行政院第398次會議。

（　）2.臺灣省政府疏遷中部時，當時的台灣省政府主席是：

（A）魏道明（B）嚴家淦（C）謝東閔（D）宋楚瑜

（　）3.民國44年7月成立的臺灣省政府疏散規劃審查小組，由以下何人擔任召集人：（A）嚴家淦（B）謝東閔（C）劉永楙（D）張金鎔。

（　）4.中興新村位於：

（A）八卦台地（B）南投平原（C）南投丘陵（C）大虎山北側。

（　）5.中興新村的大虎山，山上有一個編號82的：

（A）一等三角點（B）二等三角點（C）三等三角點（D）四等三角點

（　）6.　中興新村的大虎山，最高峰約：

（A）825公尺（B）625公尺（C）525公尺（D）325公尺。

（　）7.中興新村的地理形狀，以下何者正確：

（A）南高北低（B）北高南低（C）東高西低（D）西高東低。

（　）8. 以下哪個政府曾發表「過大稠密之都市住民疏散要綱」（簡稱疏開）：
（A）國民政府（B）中央政府（C）台灣總督府（D）台灣省政府

（　）9. 台灣省政府原位於台北市，開始於民國39年，行政院都次討論台灣省府應
該疏遷，最後於44年4月25日，行政院舉行第398次會議決定政策是：
（A）台灣省府應疏遷中部（B）台灣省府應疏遷南部
（C）台灣省府應疏遷東部（D）台灣省府應遷出台北市

（　）10. 對於日據時期的草屯機場，以下描述何者有誤：
（A）秘匿機場（B）發進機場（C）航空複郭（D）中型轟炸機著陸場

（　）11. 貓羅溪位於台灣中部，屬於哪一條溪流的支流：
（A）烏溪支流　　（B）濁水溪支流（C）大甲溪支流（D）大安溪支流。

（　）12. 日據時期的草屯機場有幾條跑道：（A）一條（B）兩條（C）三條（D）四
條

（　）13. 「城市鄉村化、鄉村城市化」是為中興新村建村的最高理想，這條原則出
自《民生主義育樂兩篇補述》，請問這本著作是何人的著作：
（A）孫中山（B）蔣中正（C）蔣經國（D）李登輝

（　）14. 民國44年（1955）4月28日行政院第399次院會通過「防空疏散計畫」，確
定了臺灣省政府暨所屬各單位將疏散至中部辦公，請問當時主持行政院院會
式哪一位行政院長：
（A）俞鴻鈞院長（B）郝柏村院長（C）蕭萬長院長（D）游錫堃院長

（　）15. 嚴家淦先生擔任臺灣省政府主席時，當時台灣省政府主席也是以下哪個單
位的首長：
（A）臺灣省保安司令　　　　　　　　　（B）行政院經濟安定委員會
（C）國軍退除役官兵就業輔導委員會主任委員（D）以上皆是。

（　）16. 民國46年11月17日蔣中正總統輕車簡從，首次蒞臨中興新村，當時由哪位
主席陪同：
（A）嚴家淦（B）陳誠（C）周至柔（D）陳大慶

（　）17. 嚴家淦先生擔任台灣省政府主席是第幾任：
（A）第一任（B）第五任（C）第八任（D）第十二任。

（　）18. 中興新村的光輝里，是從以下哪一里分出來的：
（A）草屯鎮山腳里（B）南投市內興里
（C）草屯鎮平原里（D）南投市復興里

（　）19. 民國70年代左右，從中興新村出發去臺北最快的方法可能是：
（A）去草屯機場搭乘飛機（B）去中興站搭乘國光號
（C）去台中烏日搭乘高鐵（C）去台中搭乘台鐵

（　）20. 哪一位在擔任台灣省政府主席時，提出【客廳即工場】的口號：
（A）嚴家淦（B）林洋港（C）謝東閔（D）周至柔

（ ）21. 中興新村有個傳說，省主席如果是文人出身，則可能多災多難；如是武人
出身的主席，則太平無事。這樣的傳說起源於第一位將軍主席，請問他是：
（A）嚴家淦（B）林洋港（C）謝東閔（D）周至柔

（ ）22. 以下對於台灣省主席周至柔先生的描述，何者錯誤：
（A）空軍出身 　　　　　（B）第六任省主席
（C）深受蔣宋美齡的賞識（D）籍貫是台灣省台中市人

（ ）23. 以下對於中興新村交通何者的描述有誤：
（A）台灣第二條高速公路經過中興新村
（B）目前經由中興新村的這一段台三線已被改編為台14乙
（C）有高鐵捷運經過中興新村
（D）村內主要道路是中正路。

（ ）24. 中興新村屬於烏溪與貓羅溪供水的邊緣地帶，早期主要作物是包括：
（A）甘蔗、檳榔（B）鳳梨、桑葚（C）龍眼、芒果（D）以上皆是

（ ）25. 以下對於蔣中正先生的描述何者正確：
（A）生於1887年10月31日－卒於1975年4月5日
（B）字介石，原名瑞元，族譜名為周泰，學名志清
（C）生於浙江奉化溪口，逝世於臺灣臺北的士林總統官邸
（D）以上皆是

（ ）26. 蔣中正先生的名字「介石」、「中正」取自以下哪一本古籍：
（A）詩經（B）易經（C）論語（D）中庸

（ ）27. 以下對於嚴家淦先生的描述何者有誤：
（A）生於1905，卒於1993（B）字靜波，江蘇吳縣人（C）上海復旦大學畢業
（D）曾任福建省財政廳長、經濟部長、財政部長、臺灣省府主席。

（ ）28. 以下對於周至柔先生的描述何者有誤：
（A）生於1898年，卒於1986年
（B）字百福，浙江臺州臨海人
（C）畢業於黃埔軍官學校第8期步科
（D）是陳誠同學，在國民黨軍事派系中，屬於陳誠CC系。

（ ）29. 早期臺灣鐵路公路對號車有三種票位，分別為「一般座位」、「保留位」
與：
（A）「公務位」（B）貴賓位（C）經濟位（D）豪華位。

（ ）30. 中興新村發展為高等研究園區是出自哪一位總統的政要政見：
（A）蔣中正總統的「城市鄉村化、鄉村城市化」政策
（B）蔣經國總統的「建設中興新村為三民主義模範村」政策
（C）李登輝總統的「縮減行政層級精省政策」

（D）馬英九總統的「愛台十二項建設」政策。

（　）31. 中興新村的建設並非一步到位，大致而言，分為三期建設，從民國46至民國106年（1957-2017）這四十餘年時間，臺灣省政府經歷了至少幾任主席與一任省長：（A）18位（B）21位（C）22位　（D）24位

第八章　中興新村的文化景觀

本章重點

依據我國「文化資產保存法」第三條規定：本法所稱文化資產，指具有歷史、文化、藝術、科學等價值，並經指定或登錄之下列資產：一、古蹟、歷史建築、聚落：指人類為生活需要所營建之具有歷史、文化價值之建造物及附屬設施群。二、遺址：指蘊藏過去人類生活所遺留具歷史文化意義之遺物、遺跡及其所定著之空間。三、文化景觀：指神話、傳說、事蹟、歷史事件、社群生活或儀式行為所定著之空間及相關連之環境。四、傳統藝術：指流傳於各族群與地方之傳統技藝與藝能，包括傳統工藝美術及表演藝術。五、民俗及有關文物：指與國民生活有關之傳統並有特殊文化意義之風俗、信仰、節慶及相關文物。六、古物：指各時代、各族群經人為加工具有文化意義之藝術作品、生活及儀禮器物及圖書文獻等。七、自然地景：指具保育自然價值之自然區域、地形、植物及礦物。

依據「文化資產保存法」第三條第三款所定義的「文化景觀」是指：「神話、傳說、事蹟、歷史事件、社群生活或儀式行為所定著之空間及相關連之環境」；及「文化資產保存法施行細則」第四條：「本法第三條第三款所定文化景觀，包括神話傳說之場所、歷史文化路徑、宗教景觀、歷史名園、歷史事件場所、農林漁牧景觀、工業地景、交通地景、水利設施、軍事設施及其他人類與自然互動而形成之景觀。

中興新村的省府大樓被列為縣定古蹟，這是過去冠蓋雲集的省府第一會議室前。（鍾起岱提供）

中興新村文化景觀保存區域範圍內，計有古蹟1處：臺灣省政府、歷史建築11處：行政院人事行政局地方人事行政處（原臺灣省政府人事處）、經濟部中部辦公室（原臺灣省政府建設廳）、交通部交通事業管理小組（原臺灣省政府交通處）、

臺灣省政資料館（舊館及貴賓招待所）、行政院農業委員會水土保持局（原臺灣省政府農林廳水土保持局）、行政院農業委員會農糧署（原臺灣省政府農林廳）、中華電信公司中興服務中心、臺灣銀行中興新村分行、中興會堂、臺灣新生報中興新村辦事處（原館）、國家文官學院中區培訓中心中正堂（原臺灣省政府訓練團中正堂），上揭建築物座落土地地段本體以外土地範圍，屬文化景觀保存範圍，除古蹟與歷史建築之外，位於南投縣南投市中興新村都市計畫區內，北鄰草屯鎮南界；東北鄰大虎山山麓；東南臨觀音山山麓，西北鄰牛斗山山麓，西鄰中正路、省府路；南至南內轄地區，南界為臺灣文獻館管理範圍，均被登錄為文化景觀保存區，登錄範圍大致以原臺灣省政府管理維護區域為原則，不含區域內私有土地範圍，本章主要探討中興新村的文化景觀。。

一、文化景觀（Cultural Landscapes）

（1）何謂文化景觀（Cultural Landscapes）？文化景觀可以說是人類與自然環境所共同創作的景觀，介於文化遺產與自然遺產之間，現在則被歸類在文化遺產的範疇之內。1992年12月美國聖塔非（Santa Fe）所舉行的第16屆世界遺產委員會中，認為文化景觀是未來應擴大的領域之一，並將其定位為世界性策略（Global Strategy），新增在「世界遺產公約作業準則[1]」當中。

（2）文化景觀可分為以下三個範疇：（a）人類所設計創作的公園或庭園等景觀。（b）漸漸發展而成且與人類生活機能性相關的景觀。（c）與宗教、藝術，或文化事物現象相關且較具自然性質的景觀。

（3）文化景觀的概念也被聯合國作為文化遺產的指標，如黎巴嫩的卡第夏河谷（Qadisha）（神聖之谷）[2]、神之杉林（荷魯修·阿捷爾·拉普）[3]、菲律

---

[1] 世界遺產公約作業準則 The Operational Guidelines for the Implementation of the World Heritage Convention（UNESCO World Heritage Centre）。

[2] 卡第夏（Qadisha）河谷，通常被稱為卡迪沙或卡迪夏聖谷，位於貝魯特南方，黎巴嫩山中的一條切入地中海的切割峽谷，黎巴嫩有一個基督教的分支，叫馬龍派，大約在西元4-5世紀之間，有一個名叫馬龍（Maron）的隱修士，在敘利亞過著非常清苦的修道生活，他的追隨者，在他死後於敘利亞建了一座以他為名的修道院-馬龍修道院，並尊稱他為聖馬龍（St. Maron），後來馬龍修道院的傳教士在一次基督教的紛爭中，被另一派基督徒殺死了大約350個修道士，其餘的修道士逃到了黎巴嫩的卡第夏（Qadisha）河谷，並在那裏發展，稱為馬龍派，西元687年東羅馬帝國（拜占庭帝國）皇帝同意馬龍派基督徒可以選出自己的主教，發展更為迅速，目前全世界約有400萬信眾，其中有100萬居住在黎巴嫩的卡第夏，由於這個谷地居住者大多數馬龍派的修士，因此，此地被稱為卡第夏聖谷或卡迪沙聖谷在整個基督教的宗教系統中，馬龍派是其中一個非常重要的分支。

[3] 荷魯修·阿捷爾·拉普都是黎巴嫩盛產雪松的地方。黎巴嫩有一種特別植物，名叫雪松，被稱為黎巴嫩雪松（Cedrus libani），這種雪松會散發一種迷人的香味，也被稱為香柏，生長在地中海沿岸1500-3200公尺高的山區，黎巴嫩的雪松可以長到50公尺左右，有的甚至可以長到60公尺，黎巴嫩的國徽上就有這種高大的喬木，這種香柏自古就非常名貴。有一個神話故事是說埃及有一位掌管陰間的冥王歐西里斯（Osiris），他是是太陽神與天空之神的大兒子。他有一個妹妹艾西斯（Isis），後來成為他的妻子，是生育女神，他還有一個弟弟塞特（Seth），是沙漠與風暴之神。歐西里斯是傳說中的第一位埃及國王，他將文明帶到尼羅河畔，他造就了一個和平與繁榮的埃及，深受百姓的愛戴，但他的弟弟塞特卻嫉妒

賓的科迪勒拉山脈（Cordilleras）的水稻梯田[4]、澳大利亞的烏魯魯・卡達久答（Uluru- kata tjuta）國立公園[5]、紐西蘭的東格里羅國家公園（Tongariro National Park）[6]、義大利的阿馬菲海岸（Costiera Amalfitana）[7]等等，均被列入聯合國文化景觀的範疇。聯合國教科文組織中心也設有自然遺產物及文化景觀專責部門（National Heritage & Cultural Landscapes）可供諮詢。

　　（4）文化景觀涉及人類生活與自然環境之高度互動，面臨持續性自然條件與

歐西里斯，哥哥的每一項成就都加劇了弟弟心中的妒火，最後終於促成塞特下決心謀害歐西里斯。有一次，歐西里斯外出歸來，塞特裝著熱情歡迎的樣子，舉辦盛宴為國王洗塵。出席宴會的人，除了歐西裡斯之外，都是塞特的同謀，塞特按照歐西里斯的身材，訂作了一具精美的木箱，當大家開懷暢飲之際，塞特令人將木箱推進大廳，木箱的木料用的是最為珍貴的香柏木，外邊鑲嵌著象牙，還飾有金銀，裡邊則畫著神像，及各類飛禽走獸。其製作之精美讓人歎為觀止，連歐西里斯看著都不免動心。塞特向大家宣佈，誰要是躺在裡邊合身，就將木箱給誰。最後，歐西里斯躺下去試試自己的身材，結果正正合適，歐西里斯躺在其中，高興地說，「這箱子該歸我！」一旁的塞特應聲道，「就歸你了，永遠歸你！」，隨手將箱蓋砰聲合下。一夥人趕緊將箱子牢牢釘緊，再用熔化的鉛將所有透氣的縫隙都給堵死，而後將木箱推進了尼羅河。歐西里斯就這樣被謀害了，他的遺體被鎖在木箱之內，沿著尼羅河，沖入地中海，最後被沖到東岸黎巴嫩的城市比布魯斯（Byblos）。木箱所停之處，長出一株巨大的香柏樹，將木箱包在樹幹之內，這種樹最後充滿了整個黎巴嫩山區，因此黎巴嫩雪松也稱為神之杉木。參考http://blog.ifeng.com/article/31523863.html2015/10/09搜尋

[4] 位於呂宋島中央的科迪勒拉山脈，有許多標高超過1000公尺的山峰。「科迪勒拉」（Cordilleras）即是西班牙語的「山脈」。碧瑤這個熱門的避暑聖地即位於此山脈上。在碧瑤東北方的巴納威鎮及邦圖克、巴達特等地區為梯田主要分布的區域。梯田的總長度大約是2000公里，故以世界最大規模梯田的名義，在1995年登錄為世界文化遺產。也有人認為，這件事促使日本政府開始推動梯田保護政策。參考維基百科https://zh.wikipedia.org/zh-tw/%E8%8F%B2%E5%BE%8B%E8%B3%93%E7%A7%91。2015/10/09搜尋

[5] Uluru- kata tjuta國家公園是澳洲中部沙漠艾爾斯岩山（Ayers Rock）的所在地，艾爾斯岩山雄踞大漠、櫛風沐雨、變幻萬千的奇觀壯景，令居住在附近的土著人敬若神明，尊其為"聖岩"而頂禮膜拜。這裡是土著人的居住地，土著人稱巨石為"烏魯魯"Uluru，為了尊重土著人領地，如今巨石已經改回了原名"烏魯魯"。他們認為巨石就是宇宙的中心，祖先神聖的住宿地，傳說有彩色蛇神居於洞內，故人們定期來此朝拜。巨石上有些幽暗的洞穴，是土著人進行神聖祭典的殿堂，洞壁上有史前壁畫和崖刻，大多是動物形態和信仰的圖騰，雖然年代久遠卻也依稀可辨。這些壁畫崖刻似乎描述著他們祖先的業績和神聖故事，使得巨石不僅是大自然美景，也成為土著人的歷史博物館。參考http://you.ctrip.com/travels/ayersrock2079/1360794.html2015/10/09搜尋

[6] 東格里羅國家公園（Tongariro National Park）是位於紐西蘭的一個火山類型國家公園，在1990年列入世界遺產。也是世界上第四個國家公園。它是毛利部落在19世紀獻給全部紐西蘭人的神山，希望得到保護以避免這塊毛利聖地被移民的開發而玷污。這是紐西蘭第一個國家公園，位於北島中部，陶波以南。又譯作堂加利洛國家公園。https://zh.wikipedia.org/zh-tw/%E6%9D%B1%E6%A0%BC%20E9%87%8C%E7%BE%85%E5%9C%8B%E5%AE%B6%E5%85%AC%E5%9C%92 2015/10/09搜尋

[7] 阿瑪菲海岸（Costiera Amalfitana）是義大利南部薩雷諾省索倫托半島南側的一段海岸線，西面到波西塔諾，東面到海上維耶特利。沿著阿瑪菲海岸的城鎮有維耶特利蘇瑪雷、切塔拉、馬奧萊、米諾利、拉維洛、斯卡拉、阿特拉尼、阿瑪菲、康加德馬里尼、福羅瑞、普萊亞諾和波西塔諾。阿瑪菲海岸以其崎嶇的地形，如畫的美景，城鎮的獨特和多樣性，被聯合國教科文組織列為世界遺產。https://zh.wikipedia.org/zh-tw/%E9%98%BF%E9%A9%AC%E5%B0%94%E8%8F%B2%E6%B5%B7%E5%B2%B82015/10/09搜尋

人為活動之衝擊與挑戰，事所必然，相關工作除涉及技術性之保護課題之外，居民認同之機制與協同管理等極為重要。

（5）聯合國教科文組織發展世界文明遺址大事紀，如表8-1：

表8-1 聯合國教科文組織發展世界文明遺址大事紀

年度	大事
1959	聯合國教科文組織推動一項國際運動並募得美金8千萬元（50個國家捐助）拯救尼羅河谷的阿布辛貝神廟Abu Simbel Temples（建於西元前約290-1224年），ICOMOS的協助下完成定稿。（最後水壩繼續興建，神廟被拆解，另地重組）
1962	聯合國教科文組織提出地景及遺址美貌及特性保護的建議書，這份建議書包括自然、鄉村及都市地景與遺址的保存及整建，不管是人為或自然的，重點在於其文化或者美學利益或型式。
1965	美國白宮召開世界遺產信託會議，呼籲自然及風景區及歷史遺址的保存。
1966	聯合國教科文組織發動一項國際運動解救遭受水災破壞的威尼斯。
1968	IUCN（International Union for Conservation of Nature）提出類似世界遺產信託的方案給各會員國。
1972	接續聯合國人類聚落組織在瑞典斯德哥爾摩舉辦的會議，一群由INCN、ICOMOS及聯合國教科文組織組成的專家小組合力提出世界文化及自然遺產保護公約，最後由聯合國教科文組織於11月16日巴黎會議通過。
1978	前12個遺址登錄世界文明遺產清冊
1992	世界文明遺產公約滿20年生日，聯合國教科文組織成立世界遺產中心，並通過世界遺產委員會採用的文化地景類別，這使得世界遺產會議成為世界上第一個認可並保護文化地景的國際性法律工具。
1994	平衡且具代表性的世界遺產清冊全球性策略由世界文明遺產委員會採用，目標是促成遺產清冊可以達成更好的區域性平衡及更高的主題多樣性，該策略鼓勵低度代表的國家提名遺址後選基地，特別是尚未取得登陸的國家。
1994	聯合國教科文組織發起年輕人參與世界文明遺產保護與行銷的計畫，目標是開發新的教育方式，動員年輕人參與遺產的保護與行銷。
2001	世界遺產委員會發起永續觀光計畫，宣揚環境保護、降低負面社會經濟衝擊及造福地方居民經濟與生活的理念。
2002	聯合國宣布2002年為文化遺產國際年
2002	世界遺產會議30周年，聯合國教科文組織在義大利政府的協助下，在威尼斯召開世界遺產聯合會，主題是分享傳奇、共同責任，全面性評估過去三十年的世界文明遺產會議執行成果，並且加強世界文明遺產保育的夥伴關係。

資料來源：UNECO World Heritage Centre, 2005. World Heritage Information Kit. Paris: Author.摘自逢甲大學都市計劃系劉曜華教授「中興新村申請聯合國世界文化遺產的想像空間」，發表於台灣月刊，民國98年2月。

二、台灣的文化景觀

（1）依據我國「文化資產保存法」第三條規定：本法所稱文化資產，指具有歷史、文化、藝術、科學等價值，並經指定或登錄之下列資產：一、古蹟、歷史建築、聚落：指人類為生活需要所營建之具有歷史、文化價值之建造物及附屬設施群。二、遺址：指蘊藏過去人類生活所遺留具歷史文化意義之遺物、遺跡及其所定著之空間。三、文化景觀：指神話、傳說、事蹟、歷史事件、社群生活或儀式行為所定著之空間及相關連之環境。四、傳統藝術：指流傳於各族群與地方之傳統技藝與藝能，包括傳統工藝美術及表演藝術。五、民俗及有關文物：指與國民生活有關

之傳統並有特殊文化意義之風俗、信仰、節慶及相關文物。六、古物：指各時代、各族群經人為加工具有文化意義之藝術作品、生活及儀禮器物及圖書文獻等。七、自然地景：指具保育自然價值之自然區域、地形、植物及礦物。

（2）依據「文化資產保存法」第三條第三款所定義的「文化景觀」是指：「神話、傳說、事蹟、歷史事件、社群生活或儀式行為所定著之空間及相關連之環境」；及「文化資產保存法施行細則」第四條：「本法第三條第三款所定文化景觀，包括神話傳說之場所、歷史文化路徑、宗教景觀、歷史名園、歷史事件場所、農林漁牧景觀、工業地景、交通地景、水利設施、軍事設施及其他人類與自然互動而形成之景觀。

（3）有關臺灣文化景觀保存與保護工作，算是一項新的制度，全國各縣市列為文化景觀者除了中興新村之外，如基隆市仙洞巖、暖暖淨水場，臺北市坪頂古圳，新北市鶯歌石，宜蘭縣烏石港舊址、二結圳，花蓮縣太巴塱阿美族祖祠，金門縣燕南書院暨太文巖寺舊址，澎湖縣七美雙心石滬等均已完成文化景觀登錄作業。

（4）台灣文化資產保存的政策始於1982年公布的「文化資產保存法」，該法明列五大類的文化資產，古物、古蹟、民族藝術、民俗及有關文物、自然及文化景觀，分屬內政部、文建會、教育部、經濟部、交通部、農委會等不同的中央主管機關，近年來參照世界遺產的作法，逐年調整原來法源的局限，使得文化資產事權由文化部（文建會）的主導，2005年的大修法確立了文化部（文建會）為文化資產政策的中央主管機關，並且將文化資產的分類進行更明確的指定，包括古蹟、歷史建築、聚落、遺址、文化景觀、傳統藝術、民俗及有關文物、自然地景，甚至一度在全國文化會議中考慮增列語言、電影、歷史檔案、傳統聚落、文化地景、工業生產設備等項目。

（5）台灣在1982年文化資產保存法實施之前，曾於日據時代實施的《史蹟名勝天然紀念物保存法》與光復初期實施的《古物保存法》[8]。

（6）《史蹟名勝天然紀念物保存法》是日據時代於1919年4月10日以法律44號公布，主要受到德國制度的影響。而在此法於臺灣實施之前，臺灣已有專家學者呼籲重視臺灣的史蹟，在這段期間曾進行過台南孔廟的重修工作，當時有識之士也成立「台灣博物學會」，成為臺灣文化保存的中堅。臺灣總督府於1922年12月29日曾以敕令521號的「行政諸法臺灣施行令」，表示將在臺灣實施此法，但礙於配套措施與經費等問題，該法拖到1930年9月21日才公布相關的施行規則，該法正式實施後，在1933年、1935年、1941年共進行三次的指定。

（7）1945年10月台灣光復以後，適用1931年6月15日國民政府公布施行的《古物保存法》，這個法原本是由中央古物保管委員會負責處理業務，但是該委員會在1935年11月8日後縮編為內政部二級機關，1937年盧溝橋事變後，因為全面抗日而停止運作，業務改由內政部禮俗司兼辦，台灣光復後，由於國共內戰的膠著，該委員會都未在臺灣恢復設置，導致雖然有法律但卻沒有法定中央主管機關的狀況。

---

[8] 請參考https://zh.wikipedia.org/zh-tw/%E6%96%87%E5%8C%96%E8%B3%87%E7%94%A2%E4%BF%9D%E5%AD%98%E6%B3%95

（8）1982年5月26日，《文化資產保存法》正式實施，曾多次修正，比較重要的修法是2005年2月5日公布的第五次修法為整體性與結構性的修法，故此版本被視為《文化資產保存法》第二版，而在此之前的版本被稱為第一版。

（9）《文化資產保存法》正式實施後，文建會會同教育部、內政部、經濟部與交通部在1984年2月22日發布《文化資產保存法施行細則》，第一版的《文化資產保存法》內容有8章61條，分別是第一章總則、第二章古物、第三章古蹟、第四章民族藝術、第五章民俗及有關文物、第六章自然文化景觀、第七章罰則、第八章附則。

（10）1997年1月22日公布《文化資產保存法》第一次修正，主要是增加古蹟土地容積移轉條款，以免私有古蹟因土地的潛在價值而可能遭到破壞；另外，增列贊助維修古蹟款項得列舉扣除所得稅條款，以鼓勵私人維護或維修古蹟。1997年5月14日再次修法，將原本統一由中央指定、解除及變更指定的古蹟，改由各級政府負責指定及遷移或拆除審核，而第一、二、三級古蹟的分法也改成了國定、省定（直轄市定）、縣定（市定）的分法，對應所管轄的政府層級，不過古蹟的解除與變更指定仍一律由中央審核。此外這次修法也增加了古蹟修復應保存原有風貌，但經許可後可採不同的保存方式之規定，另外也規定擬定古蹟保存區及修復計劃過程中，應舉辦說明會和公聽會的規定。

（11）2002年2月9日再次修法，修法動機主要是因為受到九二一大地震令許多未經指定的史蹟受損卻無相關保護法規，以及1998年精省的影響。此次修法最大的改變便是增加了「歷史建築」，該法第三章因而改稱「古蹟與歷史建築」，另外因應九二一大地震的衝擊，增加修復工程在必要時得採用現代技術的規定與重大災害古蹟及歷史建築緊急修復條文，文建會於2000年發布《重大災害歷史建築應變處理辦法》，內政部於2001年發布《重大災害古蹟應變處理辦法》，二項行政命令於2006年由文建會統合《古蹟及歷史建築重大災害應變處理辦法》，由於精省的關係，原省定古蹟直接改為國定古蹟。2002年6月12日《文化資產保存法》第四次修法結果公布施行，主要是增列《公有古物複製品管理辦法》、《公有古物複製及監製管理辦法》、《文化資產獎勵補助辦法》的法源。

（12）第二版的《文化資產保存法》在2005年2月5日公布的第五次修法，此為一整體性與結構性的修法，將全部條文改為11章104條。11個章節分別是第一章總則、第二章古蹟、歷史建築及聚落、第三章遺址、第四章文化景觀、第五章傳統藝術、民俗及有關文物、第六章古物、第七章自然地景、第八章文化資產保存技術及保存者、第九章獎勵、第十章罰則、第十一章附則。此次修法最主要做的是將文化資產類別由六類調整為七類，將古蹟類分出遺址、自然文化地景改為自然地景與文化景觀、民族藝術改為傳統藝術、古物類底下增加圖書文獻一項。另外第一版法規著重在物件上，第二版新制對於人才有所重視，規定要對保存技術及保存者建檔及登錄、藝師列冊指定等等。此外第一版版法規在中央主管機關上牽扯到6個部會，第二版新制只修改為文化建設委員會與農委會。又舊版法規傾向使用「指定制」（強制性保護），新制則「指定制」與「登錄制」並重，兩者的差異在於指定比登錄有更多的獎勵，但也附有罰則與一定的限制，登錄則有類似的獎勵，但未有

罰則，主要是用來避免文化資產所有人為避免財產被指定而先行破壞或是在指定後消極抵抗。而在2011年11月9日，該法第35條進行修正；後來因應行政院組織調整，依行政院公告自2012年5月20日起該法由「行政院文化建設委員會」負責的事項（擔任中央主管機關）改由「文化部」管轄。

（13）第二版各類文化資產的主管機關、管理單位等如表8-2：

表8-2　第二版各類文化資產的主管機關、管理單位

資料來源：請參考https://zh.wikipedia.org/zh-tw/%E6%96%87%E5%8C%96%E8%B3%87%E7%94%A2%E4%BF%9D%E5%AD%98%E6%B3%95

類別	主管機關	管理單位	指定或登錄機制	定義	備註
古蹟	中央：文化部（文化資產局）直轄市：直轄市政府縣（市）：縣（市）政府	所有人、使用人或管理人	地方、中央均可指定	指人類為生活需要所營建之具有歷史、文化價值之建造物及附屬設施群。	分為國定、直轄市定、縣（市）定
歷史建築		未明文規定，但公有文化資產由所有或管理機關管理維護	地方登錄		
聚落		未明文規定，但公有文化資產由所有或管理機關管理維護	地方、中央均可登錄		分為聚落與重要聚落
遺址		指定登錄單位	地方、中央均可指定	指蘊藏過去人類生活所遺留具歷史文化意義之遺物、遺跡及其所定著之空間。	分為國定、直轄市定、縣（市）定
文化景觀		指定登錄單位	地方登錄	指神話、傳說、事蹟、歷史事件、社群生活或儀式行為所定著之空間及相關連之環境。	
傳統藝術		指定登錄單位	地方登錄、中央指定	指流傳於各族群與地方之傳統技藝與藝能，包括傳統工藝美術及表演藝術。	分為重要傳統藝術、一般傳統民族藝術
民俗及有關文物		指定登錄單位	地方登錄、中央指定	指與國民生活有關之傳統並有特殊文化意義之風俗、信仰、節慶及相關文物。	分為重要民俗及有關文物、一般民俗及有關文物
古物		所有人、使用人或管理人	地方登錄、中央指定	指各時代、各族群經人為加工具有文化意義之藝術作品、生活及儀禮器物及圖書文獻等。	分為一般古物、重要古物與國寶
自然地景	中央：農委會直轄市：直轄市政府縣（市）：縣（市）政府	所有人、使用人或管理人	地方、中央均可指定	指具保育自然價值之自然區域、地形、植物及礦物。	分為國定、直轄市定、縣（市）定

（14）為有效面對文化資產保護及管理課題，地方政府於實際執行保護工作以前，必須先行研定「保存及管理原則」，決定文化景觀是否應該進行登錄，乃至登錄程序完成後，如何有效落實保護及再發展之重要準則與依據，但因為既有法令條文並未說明如何執行相關工作，亦未明訂參考格式或針對內容進行規範，目前國內

尚缺乏實際案例可供依循與借鏡。因此文化部前身行政院文建會於2006年，委託學術機構研議「文化景觀作業準則」，盼能對於有限性之法令條文進行說明及補強。

三、中興新村文化景觀

（1）中興新村文化景觀區位於南投縣南投市中興新村都市計畫區內，北鄰草屯鎮界；東鄰虎山山麓；西鄰中正路、省府路與東閔路；南至南內轆地區，經度120.693783，緯度23.946566，指定登錄理由有（四）：（一）中興新村於民國45年因應臺海國共緊張局勢的防空疏遷計畫所興建，為臺灣省政府所在地，呈現海峽兩岸情勢發展的歷史背景與變遷。（二）在民國88年精省前，臺灣省政府掌理全省各縣市鄉鎮之要務，推動臺灣現代化逾40年，中興新村之進駐單位及行政權力具有省會等級與規格，並見證臺灣過去五十年來政治、經濟、社會、文化的發展過程。（三）中華民國政府在臺灣實施的第一個都市計畫，整體空間配置引進英式「花園城市」概念，以「鄰里單元」及防空疏散的「低密度開發」規劃建構，所營造之良好工作生活環境與完善公共設施暨立臺灣新市鎮典範。（四）鄰里單元以學校、市場或公園為組成核心，住宅採低矮建築、設前庭後院，第一、二鄰里單元街廓採「囊袋式」空間結構，第三鄰里單元以馬蹄形、放射狀為空間結構；公共空間面積與管理品質良好，綠色景觀資源豐富，均為臺灣獨具特色之都市設計。

（2）配合行政院愛臺12建設及沿續國科會「中興新村高等研究園區籌設計畫」所要求，未來園區之進駐須「不破壞既有都市紋理，儘量保留部分具歷史意涵之建物、街廓及鄰里單元」，中科管理局除辦理都市計畫變更及實質計畫，並陸續進行多項調查作業，包括環境紋理、土地使用、建築空間、耐震評估、地方意見等，經全面審視檢核，評估可呈現中興新村歷史背景與文化意涵之建物、設施、環境，並提出建議列入文化資產保存[9]。

（3）中興新村文化景觀區簡要歷史[10]：1.明治28年（1895年）清朝甲午戰敗，台灣依「馬關條約」割讓給日本。是年6月28日，全台劃分為三縣（台北、台灣、台南縣）一廳（澎湖島廳），南投市隸屬於台灣縣南投堡，首開行政區劃。2.早在日人治台前，貓羅溪東岸即有兩個糖廍，一在營盤口今營盤國小對面，一在內轆庄今軍功里的新廍。後來日本明治製糖株式會社在今南投市三和社區（縣政府所在地）創建新式製糖工廠，總攬全區糖業生產。中興新村一帶的土地完全由日本資本家與製糖株式會社所掌控，直到戰後，國民政府實行耕者有其田制度，這些土地才又回復成為當地居民的農耕田地。

3.1945年（民國34年）日本戰敗投降，二次世界大戰結束，台灣回歸中華民國政府統治後，初期仍沿用日治時期編制，惟將原州改為縣，郡改為區，南投市隸屬台中縣南投區所轄。4.1946年（民國35年）4月，將街庄改設鄉鎮市，廢大字設里，

---

[9] 文化部文化資產局http://www.boch.gov.tw/boch/frontsite/cultureassets/caseBasicInfoAction.do?method= oViewCaseBasicInfo&caseId=MD10006000009&version=2015/11/03搜尋

[10] 文化部文化資產局http://www.boch.gov.tw/boch/frontsite/cultureassets/caseBasicInfoAction.do?method= oViewCaseBasicInfo&caseId=MD10006000009&version=2015/11/03搜尋

南投市隸屬台中縣南投鎮所管，下轄三十里，營盤口大字分為營南里、營北兩里；內轆大字分為內新、內興兩里；山腳大字南部之一塊區域劃為營北里管轄。5.1950年（民國39年），南投始正式成為「南投縣」，南投鎮改為南投縣轄區，並為縣治所在；1957年（民國46年），台灣省政府創建中興新村作為行使省政的中心，南投鎮一躍成為政治中心之一。1981年（民國70年），南投鎮升格，改制為南投市。6.中興新村設立後，營南、營北行政區重新調整，增加光華、光榮兩里；1964年（民國53年），由內新與內興兩里東部析出，設置光明里；1969年（民國58年），光華里西北部析出與草屯鎮山腳里南方，另外新增設置光輝里。

　　（4）民國100年5月13日南投縣政府將台灣省政府大樓指定為縣定古蹟，其餘11處指定為歷史建築，並將全區登錄為文化景觀保存區，總計中興新村文化景觀保存區域範圍內，計有古蹟一處（臺灣省政府）、歷史建築11處，其餘原臺灣省政府經管範圍全部保留為文化景觀保存區。

　　（5）依據南投縣政府文化局民國101年3月15日公告之資料，中興新村文化景觀的種類包括歷史事件場所、交通地景及其他人類與自然互動形成之景觀，位置位於南投縣南投市中興新村都市計畫區內，分布於草屯鎮界以南、虎山山麓以西、南內壢地區以北的土地；範圍包括中興新村第一行政區、第一鄰里單元、第二鄰里單元、市鎮中心及第二行政區，以原有臺灣省政府管理維護區域內為原則，不包括區域內私有土地範圍。

　　（6）民國100年5月13日南投縣政府以府授文資字第10000775130號函將中興新村文化景觀登錄登錄公告表如表8-3：

表8-3　中興新村文化景觀登錄表

位置範圍	本文化景觀位於南投縣南投市中興新村都市計畫區內，分布於草屯鎮界以南、虎山山麓以西、南內轆地區以北、其範圍落於第一行政區（北核心區）、第一鄰里單元、第二鄰里單元、第三鄰里單元、市鎮中心及第二行政區（南核心區），詳細範圍如下圖藍色圖示部分。
登錄理由及其法令依據	一、登錄理由： （一）中興新村於民國45年因應臺海國共緊張局勢的防空疏遷計畫所興建，為臺灣省政府所在地，呈現海峽兩岸情勢發展的歷史背景與變遷。 （二）在民國88年精省前，臺灣省政府掌理全省各縣市鄉鎮之要務，推動臺灣現代化逾40年，中興新村之進駐單位及行政權力具有省會等級與規格，並見證臺灣過去半世紀來政治、經濟、社會、文化的發展過程。 （三）中華民國政府在臺灣實施的第一個都市計畫，整體空間配置引進英式「花園城市」概念，以「鄰里單元」及防空疏散的「低密度開發」規劃建構，所營造之良好工作生活環境與完善公共設施暨立臺灣新市鎮典範。 （四）鄰里單元以學校、市場或公園為組成核心，住宅採低矮建築、設前庭後院，第一、二鄰里單元街廓採「囊袋式」空間結構，第三鄰里單元以馬蹄形、放射狀為空間結構；公共空間面積與管理品質良好，綠色景觀資源豐富，均為臺灣獨具特色之都市設計。 二、法令依據：「文化資產保存法」第54條暨文化景觀登錄及廢止審查辦法第2條第1項第3款（具時代或社會意義）。

備註

一、中興新村文化景觀保存區域範圍內，計有古蹟1-臺灣省政府、歷史建築11處：行政院人事行政局地方人事行政處（原臺灣省政府人事處）、經濟部中部辦公室（原臺灣省政府建設廳）、交通部交通事業管理小組（原臺灣省政府交通處）、臺灣省政資料館（舊館及貴賓招待所）、行政院農業委員會水土保持局（原臺灣省政府農林廳水土保持局）、行政院農業委員會農糧署（原臺灣省政府農林廳）、中華電信公司中興服務中心、臺灣銀行中興新村分行、中興會堂、臺灣新生報中興新村辦事處（原館）、國家文官學院中區培訓中心中正堂（原臺灣省政府訓練團中正堂），上揭建築物座落土地地段本體以外土地範圍，屬文化景觀保存範圍。

二、本文化景觀範圍如地籍資料套繪圖（圖2-1）及清冊（表2-2）。

三、本文化景觀於100年3月4日本縣第3屆文化資產審議委員會第3次會議審議通過，同年4月12日公告（府授文資字第1000756340號）。101年1月19日第3屆第5次會議審議通過修正擴大登錄範圍。

四、請所有權人本權責妥善維護文化景觀，如不服本處分，請於本公告到達之次日起30日內，依訴願法第56條繕具訴願書送本府，經由本府向行政院文化建設委員會提起訴願。

資料來源：南投縣政府文化局

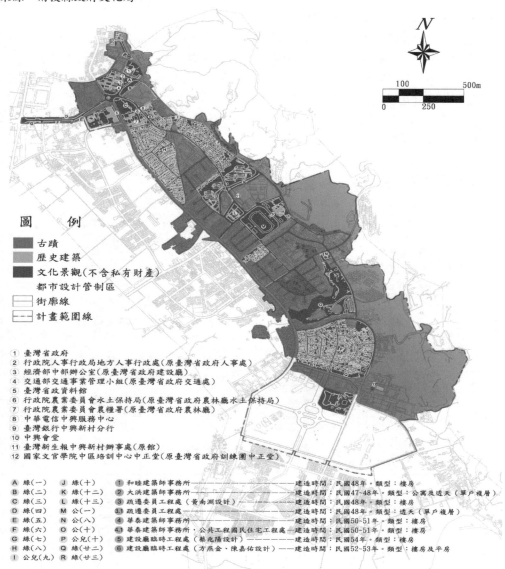

圖　例

■ 古蹟
▨ 歷史建築
■ 文化景觀(不含私有財產)
　 都市設計管制區
▭ 街廓線
▭ 計畫範圍線

① 臺灣省政府
② 行政院人事行政局地方人事行政處(原臺灣省政府人事處)
③ 經濟部中部辦公室(原臺灣省政府建設廳)
④ 交通部交通事業管理小組(原臺灣省政府交通處)
⑤ 臺灣省政資料館
⑥ 行政院農業委員會水土保持局(原臺灣省政府農林廳水土保持局)
⑦ 行政院農業委員會農糧署(原臺灣省政府農林廳)
⑧ 中華電信中興服務中心
⑨ 臺灣銀行中興新村分行
⑩ 中興會堂
⑪ 臺灣新生報中興新村辦事處(原館)
⑫ 國家文官學院中區培訓中心中正堂(原臺灣省政府訓練團中正堂)

A 線(一)	J 線(十)	① 和睦建築師事務所	建造時間：民國48年。類型：樓房
B 線(二)	K 線(十二)	② 大洪建築師事務所	建造時間：民國47-48年。類型：公寓及透天（單戶複層）
C 線(三)	L 線(十三)	③ 疏遷委員工程處（黃南淵設計）	建造時間：民國48年。類型：樓房
D 線(四)	M 公(一)	3.1 疏遷委員工程處	建造時間：民國48年。類型：透天（單戶複層）
E 線(五)	N 公(十)	④ 華泰建築師事務所	建造時間：民國50~51年。類型：樓房
F 線(六)	O 公(十)	4.1 華泰建築師事務所，公共工程國民住宅工程處	建造時間：民國50~51年。類型：樓房
G 線(七)	P 公兒(十)	⑤ 建設廳臨時工程處（蔡兆陽設計）	建造時間：民國54年。類型：樓房
H 線(八)	Q 線(廿二)	⑥ 建設廳臨時工程處（方燕金、陳嘉佑設計）	建造時間：民國52~53年。類型：樓房及平房
I 公兒(九)	R 線(廿三)		

四、中興新村文化景觀清冊

（1）中興新村文化景觀清冊如表8-4：

表8-4　南投縣文化景觀清冊

公告日期及文號	中華民國100年4月12日府授文資字第1000756340號原公告 中華民國101年3月15　日府授文資字第10100566951　號重新公告，修正擴大登錄範圍		
名稱	中興新村文化景觀	其他別名	無
住址	南投縣南投市省府路1號等		
區域範圍劃定	位於南投縣南投市中興新村都市計畫區內，北鄰草屯鎮南界；東鄰虎山山麓；西鄰中正路、省府路；南至南內轆地區，南界為臺灣文獻館管理範圍。登錄範圍以原臺灣省政府管理維護區域為原則，不含區域內私有土地範圍。		
類別	文化景觀		
種類	歷史事件場所、交通地景及其他人類與自然互動形成之景觀		
定著土地	如地籍套繪圖	面積：約233.75公頃	
所有權屬	中華民國所有，中部科學園區管理局管理大部分，部分辦公廳舍分別由各使用機關管理		
所有人意願	☐有意願_____　　☐無意願　　■其他：審議會前書面調查結果：3單位同意、15單位不同意、6單位未回復。		
所有人	土地	名稱	中華民國	聯絡人	雷志文

所有人					
	土地	名稱	中華民國	聯絡人	雷志文
		電話	公：（04）25658588#7715		
		地址	臺中市西屯區中科路2號		
	建物	名稱	中部科學工業園區管理局等	聯絡人	雷志文
		電話	公：（04）25658588#7715		
		地址	臺中市西屯區中科路2號		
使用人		名稱	中部科學工業園區管理局等	聯絡人	雷志文
		電話	公：（04）25658588#7715		
		地址	臺中市西屯區中科路2號		
管理人		名稱	同上	聯絡人	同上
		電話	同上		
		地址	同上		

登錄之理由及其法令依據	登錄理由： 一、中興新村於民國45年因應臺海國共緊張局勢的防空疏遷計畫興建，為臺灣省政府所在地，呈現海峽兩岸情勢發展的歷史背景與變遷。 二、在民國88年精省前，臺灣省政府掌理全省各縣市鄉鎮之要務，推動臺灣現代化逾40年，中興新村之進駐單位及行政權力具有省會等級與規格，並見證臺灣半世紀來政治、經濟、社會、文化的發展過程。 三、中華民國政府在臺灣實施的第一個都市計畫，整體空間配置引進英式「花園城市」概念，以「鄰里單元」及防空疏散的「低密度開發」規劃建構，所營造之良好工作生活環境與完善公共設施暨立臺灣新市鎮典範。 四、鄰里單元以學校、市場或公園為組成核心，住宅採低矮建築、設前庭後院，第一、二鄰里單元街廓採「囊袋式」空間結構，第三鄰里單元以馬蹄形、放射狀為空間結構；公共空間面積與管理品質良好，綠色景觀資源豐富，均為臺灣獨具特色之都市設計。 法令依據：符合「文化資產保存法」第54條及文化景觀登錄及廢止審查辦法第2條第1項第3款（具時代或社會意義）登錄基準。
創建年代	創建：民國44年起

與該文化景觀直接連關之有歷史、文化、藝術、科學價值之傳文獻資料或活儀式行為	建物興修記錄	民國44年行政院通過防空疏散計畫，陸續規劃興建辦公廳舍、宿舍、學校等，如45年省府辦公室、46年中興會堂、47年中興高中等，而後逐年興建相關建物並搭配公園綠地、污水設施、防空洞、人行道等。
	相關歷史敘述	中興新村兼具「行政特區」權力象徵與「花園城市」空間型態雙重代表意義，是光復初期臺海特殊情勢與政治意識型態驅使下的空間產物，也是臺灣城鄉發展史上第一次面對郊區化課題與移植西方新市鎮開發理論的結果。其為中華民國在臺灣第一個都市計畫、冷戰時期空間規劃的代表作、尤其省府規格層級與龐大規模，歷史意義無可取代。 第一行政區過去為臺灣省政府行政核心地區，其空間紋理主要是以省府路上的荷花池、牌樓延伸至圓環，再延伸到省政府，周邊建物以此軸線向兩旁擴展，形成主要行政空間，精省後目前仍保有省政府大樓、省政資料館等完整之省府時期辦公廳舍建築群，符合文化景觀「歷史事件」之定義。第一鄰里單元為中興新村最早期規劃興建之住宅區，引入西方近代市鄉計畫，用「鄰里單元」以「小學」為鄰里中心，並以步行距離決定鄰里單元的大小範圍，周邊以住宅區包覆，再配合防空疏散的「低密度開發」做規劃建構。宿舍之早期風格，並具有獨特街廓型式及囊底路設計，且鄰近第一行政區，可呈現中興新村「工作、生活合一」之規劃理念，符合文化景觀「歷史事件」、「社群生活」之定義。
	資料來源	《中興新村文化資產評估調查計畫成果報告書》，99.7
地區整體特色	地區發展	88年臺灣省政府精簡後，中興新村範圍內各單位隨之分別改隸中央政府各機關，如役政署、交通部中辦、經濟部中辦、人事行政局、國家文官培訓所、農糧署等，醫院、郵局、電信局、銀行、宿舍、市場、公園、體育場、高爾夫球場等眾多設施分由不同機關管理。九二一地震後部分建物損毀、昔日繁盛景況漸失，陸續有不同規劃與再利用方案皆未執行。97年中央政提出「愛臺12建設」，宣示發展本區方針，98年起行政院核定「中興新村高等研究園區籌設計畫書」，由中部科學園區管理局執行。
	環境特徵	一、建築特色 區域內辦公廳舍及宿舍等多數興建於民國60年代以前，分別由當時的代表性建築師如王大閎、修澤蘭、關頌聲、沈祖海等設計。基於疏遷時間壓力、物資匱乏現實條件，以符合工業化生產效率特性，同時又迎合官方建築習慣對稱的類國際樣式，是區域內初期建築的共同型態特徵，當時以現代工法與素材構成，不帶過多形式象徵的現代建築。 二、景觀特色 由行政區、宿舍區、學校、交通景觀、下水道、多樣行道樹、綠地等組合，形成臺灣特殊極具歷史意涵、以及高度環境美學的城市規劃代表。
	保存現況	目前辦公室分由臺灣省政府、財政部中辦、內政部中辦、役政署、臺銀、中華電信等眾多單位管理，宿舍及公共設施則由中部科學園區管理局管理。辦公廳舍保存狀況尚佳，部分宿舍因老舊、增建、閒置等無法使用，待維修。
	區域內其他指定或登錄之文化資產	保存區域範圍內，計有古蹟1處：臺灣省政府。 歷史建11處：行政院人事行政局地方人事行政處（原臺灣省政府人事處）、經濟部中部辦公室（原臺灣省政府建設廳）、交通部交通事業管理小組（原臺灣省政府交通處）、臺灣省政資料館（舊館及貴賓招待所）、行政院農業委員會水土保持局（原臺灣省政府農林廳水土保持局）、行政院農業委員會農糧署（原臺灣省政府農林廳）、中華電信公司中興服務中心、臺灣銀行中興新村分行、中興會堂、臺灣新生報中興新村辦事處（原館）、國家文官學院中區培訓中心中正堂（原臺灣省政府訓練團中正堂）等。
土地使用現況	土地使用分區或編定使用類別	位屬中興新村（含南內轆地區）都市計畫區範圍內。 編定使用類別：機關用地、住宅區、學校用地、綠地、公園用地等，中部科學園區管理局計畫部分變更為園區事業用地。
	附近景觀	東側虎山山麓、西側營北國中及社區、南邊監理站、中興國中、內轆社區、棒球場及南投酒場等
其他事項		無

資料來源：南投縣政府文化局

五、中興新村文化景觀特徵

（1）中興新村文化景觀特徵照片及說明，如表8-5：

表8-5　中興新村文化景觀特徵照片及說明

臺灣省政府

省府路椰林大道

省府路旁綠地空間

省府路荷花池

省府路圓環大鐘牌樓

虎山防空洞

光華二路二街防火巷

光華公園

光榮一路旁綠地空間

光榮北路旁綠地空間

光華路街景

光華二路一街巷道

光華二路二街囊底路

光華二路二街囊底路圓環

光華三路街景

光華三路藝術村

光華路宿舍後巷

光華四路植栽

街道植栽

綠籬後巷

光榮北路五街街景

光榮北路街景

國史館臺灣文獻館及開放空間

光明公園

各類型宿舍

各類型宿舍

各類型宿舍

各類型宿舍

各類型宿舍

各類型宿舍

各類型宿舍

各類型宿舍

各類型宿舍

各類型宿舍

各類型宿舍

各類型宿舍

資料來源：南投縣政府文化局

六、中興新村申請聯合國世界文化遺產？

（1）逢甲大學都市計劃系劉曜華教授曾發表「中興新村申請聯合國世界文化遺產的想像空間」[11]一文，主張「位於南投縣的中興新村之重要性與代表性較少被人提及，這個臺灣人在戰後利用有限資源所創造的花園市鎮，其實已經具備提列世界重要文化遺產的資格，值得臺灣人的重視。」，是第一位主張中興新村應申請聯合國世界文化遺產的學者，他認為：臺灣不是聯合國會員國，30多年來被摒除於相當多類型的國際事務與活動，但很確定的是，台灣人的過往生活軌跡也是人類文明的一環，雖然我們深信聯合國不應該以國家名義阻隔臺灣於國際公民社會之外，但更重要的是，臺灣人不應該自絕於世界文化遺產行列之外。基於此理念，臺灣應該主動向世界發聲，以提列台灣本土的文化及自然資產於世界舞臺的雄心加入世界大家庭。文建會於2002年嘗試提列12處具備世界文化與自然遺產潛力點，正式開啟臺灣社會重視世界文化遺產、接軌世界的企圖心。

（2）劉曜華教授主張中興新村登錄世界文化遺產的理由至少有二個：（a）首先，因為台灣不是聯合國會員國，以台灣名義直接申請登錄世界文化遺產有實質上的困難？但是這並不代表台灣不具備連接各國世界文化遺產的資產。換句話說，世界文化遺產的選擇標準可以作為台灣本身檢視文化資產的重要依據，並以此基礎評估台灣各地文化與自然資產的世界性價值。（b）中興新村真正的價值在於其出現

---

[11] http://subtpg.tpg.gov.tw/web-life/taiwan/9802/9802-13.html

的時代背景，在一個物質匱乏、戰爭陰影籠罩的時代中，台灣本地的規劃者（當時建設廳副廳長劉永楙等人）遠渡重洋到英國取經新市鎮規劃經驗，並且將其移植到台灣本土，經由本地規劃、設計及建造者在不到兩年的時間內，造就一個至今屹立不搖的本土新市鎮，這個過程不但充滿啟發性的人類奮鬥軌跡，也記錄著歐洲當代文明輸出的亞洲體現，更是台灣本地文化在二次大戰後初期重要的寫真紀錄。（c）在中興新村面臨精省的命運轉折中，國際社會可以見證政治權力運作的軌跡，與政治權力對空間環境的影響。一個原本指揮台灣省各縣市的權力核心在瞬間中消失殆盡，第一次經由人民直選的省長竟然變成最後一任民選首長，精省後遺留下的人事地物，竟然在權力真空後任憑凋零，這樣的權力運作故事不但充滿世界戲劇張力，更是值得人類社會警惕的代表案例。因此，劉教授認為：中興新村的空間發展歷史與政治權力轉折故事具備登錄第二類世界文化遺產的資格，也是台灣與國際社會接軌的最佳窗口。

重要名詞：

文化資產、文化景觀、自然遺產、卡第夏、神之杉木、科迪勒拉山、烏魯魯卡達久答、東格里羅、阿瑪菲。聯合國科教文組織、仙洞巖、暖暖清水場。

想一想：

1.台灣對於文化資產保存，就法規而言，日領（據）時期、光復初期與目前，有何差異。

2.請說明台灣《文化資產保存法》的訂定與修法過程

3.《文化資產保存法》對於文物的保護有「指定制」與與「登錄制」兩種，請說明此兩種有何不同。

4依據我國「文化資產保存法」第三條規定，我國所稱文化資產，有哪些？

5.中興新村文化景觀保存區域範圍內，有哪些古蹟與歷史建築

6.請填入以下正確的地景名稱：

7.請說明馬龍派基督教的來源。

8.中興新村是不是有資格申請聯合國世界文化遺產，請以己見說明自己的看法。

9我國「文化資產保存法施行細則」第四條規定的「文化景觀」，通常包括哪些內容。

我的學習單

（　）1. 依據我國「文化資產保存法」第三條規定：具有歷史、文化、藝術、科學等價值，並經指定或登錄可以稱為：
（A）文化遺產（B）文化資產（C）文明遺產（D）文明資產

（　）2. 依據「文化資產保存法」的規定：凡指人類為生活需要所營建之具有歷史、文化價值之建造物及附屬設施群，可稱為：
（A）古蹟（B）歷史建築（C）聚落（D）以上皆是

（　）3. 蘊藏過去人類生活所遺留具歷史文化意義之遺物、遺跡及其所定著之空間，通常稱為：
（A）遺物（B）遺址（C）遺骸（D）以上皆是

（　）4. 神話、傳說、事蹟、歷史事件、社群生活或儀式行為所定著之空間及相關連之環境，通常稱為：
（A）文化資產（B）文化資材（C）文化景觀（D）文化歷史

（　）5. 中興新村文化景觀保存區域範圍內，計有古蹟1處，歷史建築幾處：
（A）11處（B）12處（C）13處（D）14處

（　）6. 卡第夏（Qadisha）河谷，是以那一個基督教的分支的教友居住而聞名：
（A）浸信會（B）馬龍派（C）基督教長老會（D）路德派

（　）7. 創造、發展並以保存世界文明遺址為職志的國際機構是：
（A）聯合國教科文組織　　（B）聯合國世界旅遊組織
（C）聯合國國際海事組織（D）聯合國國際勞工組織

（　）8. 根據埃及神話故事，掌管陰間的冥王是：
（A）歐西里斯（Osiris）（B）艾西斯（Isis）
（C）塞特（Seth）　　　　（D）阿波羅（Apollo）

（　）9. 《史蹟名勝天然紀念物保存法》是台灣那一個時期的文物保存法規：
（A）1980-2000（B）1960-1980（C）1945-1960（D）1919-1945

（　）10. 根據《文化資產保存法》，中興新村文化景觀是由以下哪個機關負責登陸：
（A）南投市公所（B）南投縣政府（C）台灣省政府（D）文化部

（　）11. 臺灣省政府大樓目前被登錄為：
（A）一級古蹟（B）二級古蹟（C）三級古蹟（D）縣定古蹟

（　）12. 中興新村鄰里單元的設計是以下列哪個元素為核心：

（A）學校（B）市場（C）公園（D）以上皆是

（　）13. 中興新村的住宅設計採低矮建築、設前庭後院，第一、二鄰里單元街廓採
　　　是採：
（A）「囊袋式」空間結構（B）馬蹄形空間結構
（C）放射狀空間結構　　　（D）以上皆是

（　）14. 中興新村建村的背景是：
（A）因應臺海國共緊張局勢（B）因應韓戰需要
（C）因應越戰需要　　　　　（D）因應反攻大陸需要。

（　）15. 台灣省政府大樓目前登記的管理機關是：
（A）台灣省政府（B）南投縣政府（C）中部科學工業園區管理局（D）南投市
公所

（　）16. 根據民國44年行政院通過防空疏散計畫，中興新村陸續規劃興建許多辦公
　　　廳舍、宿舍、學校等，以下何者正確：
（A）民國45年完成省府辦公室（B）民國46年完成中興會堂
（C）民國47年完成中興高中　（D）民國48年興建虎山防空洞。

（　）17. 中興新村區域內辦公廳舍及宿舍等多數興建於民國60年代以前，分別由當
　　　時的代表性建築師如王大閎、修澤蘭、關頌聲、沈祖海等設計。基於疏遷時
　　　間壓力、物資匱乏現實條件，以符合工業化生產效率特性，同時又迎合官方
　　　建築習慣，主要採用哪一種設計：
（A）歌德式設計樣式　（B）對稱的類國際樣式
（C）巴洛克式設計樣式（D）不對稱式類國際樣式。

（　）18. 第一個提倡中興新村應申請聯合國世界文化遺產的學者是：
（A）劉曜華教授（B）劉德華教授（C）劉興華教授（C）劉麗華教授

（　）19. 以下哪一種用地在中興新村看不到：
（A）機關用地（B）住宅區（C）工業用地（D）綠地、公園用地。

（　）20. 高等研究園區進駐之後，中興新村增加了哪一種用地名稱：
（A）工業用地（B）園區事業用地（C）國防用地（D）旅館用地。

（　）21. 以下對中興新村的描述，何者有誤：
（A）中興新村建村時，兼具「行政特區」權力象徵與「花園城市」空間型態
雙重代表意義
（B）中興新村可以說是光復初期臺海特殊情勢與政治意識型態驅使下的空間
產物
（C）中興新村是臺灣城鄉發展史上第一次面對都市化課題與移植西方新市鎮
開發理論的結果
（D）中興新村為中華民國在臺灣第一個都市計畫、冷戰時期空間規劃的代表
作。

（　）22. 過去為臺灣省政府行政核心地區，其空間紋理主要是以省府路上的荷花
池、牌樓延伸至圓環，再延伸到省政府，周邊建物以此軸線向兩旁擴展，形
成主要行政空間，這屬於中興新村的：

（A）第一行政區（B）第二行政區（C）第三行政區（D）第四行政區

（　）23. 精省後台灣省政府仍保有的建築物，不包括以下哪一棟建築：

（A）省政府大樓（B）省政資料館（C）中興會堂　　（D）省府檔案室

（　）24. 鄰里單元為中興新村期規劃興建的市鄉計畫重要原則，以下何者是「鄰里
單元」的中心：

（A）市場（B）小學（C）公園（D）圖書館。

（　）25. 中興新村歷史建築有11處，不包括以下哪一棟建築物：

（A）原臺灣省政府人事處　　　　　　　（B）原臺灣省政府建設廳、交通
處

（C）臺灣省政資料館（舊館及貴賓招待所）（D）原臺灣省政府訓練團文教大
樓。

第九章　中興新村古蹟與歷史建築

本章重點

　　如第七章所說的，精省政策實施後，中興新村之行政機能與使用價值逐漸消逝，從民國87至97年（1998-2008）年間，十餘年的空轉與閒置，在這段期間行政院與南投縣政府分別提出知識產業、生物科技產業、歷史文化、會議中心等構想，但未曾付諸實施。

　　民國97年馬英九總統提出「愛臺十二項建設」，除宣示中興新村發展為文化創意及高等研究園區之政策方向外，另於同年8月行政院核定之「鬆綁與重建」策略中，針對中部地區推動「高科技產業新聚落方案」，提出多項具體計畫或工作項目，而「發展中興新村為高等研究園區」為其中一項重要工作。

　　行政院劉兆玄前院長於97年11月25日聽取蔡勳雄前政委簡報後指示行政院經濟建設委員會，研擬「中興新村發展為高等研究園區先期規劃」，旋於98年7月10日核定，期間並指定中興新村高等研究園區之中央主管機關為行政院國家科學委員會，同時指定由中部工業科學園區管理局負責。

　　國科會爰積極辦理「中興新村高等研究園區籌設計畫」，並於98年11月19日報奉行政院核定。100年1月，中興新村國有土地管理機關正式由臺灣省政府

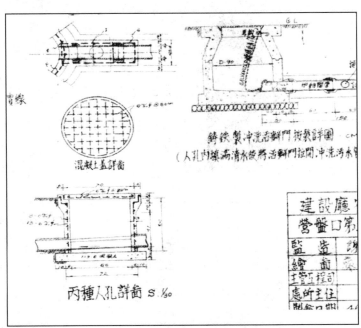

民國46.6.30完工之中興新村地下雨水及汙水管溝與人孔設計竣工圖，此圖可能是國府最早期設計的地下管溝（陳嘉佑提供）

移撥中科管理局正式接手，中興新村作為高等研究園區的政策方向，終於確定。

　　這個案子定案後，在地許多還念舊有省府榮光與關心文史保存的人士，開始質疑高等研究園區可能帶來的負面影響，及中興新村未來的發展，可能完全失去原有的中興新村味道，所以接下來不論是草案說明會、公聽會或環評會議，總有一些質疑的聲音，面對中科進駐，以攝影人陳樂人老師[1]為首的一群文史工作者，一直質疑這樣的開發計畫未能與當地的特性結合，也不是中興新村未來最好的選擇，甚至可能破壞長年累月下來經營的特有人文環境。雖然中科管理局提出文化保存的規劃，這些在地者還是認為保存範圍的審查與劃定過於粗略，無法保存中興新村的完整性。

　　因此，陳樂人與南投縣建築學會共同提出「中興新村全村聚落保存」的想法，希望能夠維護中興新村的文化資產，在全區開發與全區保留的拉鋸戰中，南投縣文化資產保存委員會的文資委員採用了「文化景觀保存」的折衷方案，當然這並不是一個討喜的方案，其結果雙方都不滿意，但中興新村的發展總是在停滯十年之後，露出一絲曙光。

　　根據南投縣政府文化局公布的方案，中興新村文化景觀保存區域範圍內，計有古蹟1處：臺灣省政府、歷史建築11處：行政院人事行政局地方人事行政處（原臺灣省政府人事處）、經濟部中部辦公室（原臺灣省政府建設廳）、交通部交通事業管理小組（原臺灣省政府交通處）、臺灣省政資料館（舊館及貴賓招待所）、行政院農業委員會水土保持局（原臺灣省政府農林廳水土保持局）、行政院農業委員會農糧署（原臺灣省政府農林廳）、中華電信公司中興服務中心、臺灣銀行中興新村分行、中興會堂、臺灣新生報中興新村辦事處（原館）、國家文官學院中區培訓中心中正堂（原臺灣省政府訓練團中正堂），上揭建築物座落土地地段本體以外土地範圍，屬文化景觀保存範圍，這些被列入文化景觀保存範圍內都屬於地面上看得見的構造物，至於地面下看不見的雨水、汙水設計則未列其中，超過百年的成源圳水橋也未列入其中，可說美中不足，本章主要敘述位於中興新村的古蹟與歷史建築。

一、中興新村的古蹟與歷史建築總表

　　（1）中興新村文化景觀保存區域範圍內[2]，計有古蹟一處（臺灣省政府）、歷史建築11處（行政院人事行政總處[3]地方人事行政處（原臺灣省政府人事處）、經濟部中部辦公室（原臺灣省政府建設廳）、交通部交通事業管理小組（原臺灣省政

---

[1]　陳樂人，1963生於台北，1975進入台中青年高中影視科，1980年（民國69年）至士林中央電影製片廠錄音室進行校外實習，高中畢業後留在中影當助理技術員，前後達12年（1980-1991），在中央電影製片廠技術組錄音室剪接室任職，1991拍錄製布袋戲早期團員與李天祿大師練習布袋戲的生活點滴的「巧宛然」紀錄片，屬於16厘米紀錄片入圍金馬獎最佳紀錄片，雖未得獎，但仍被在地人稱為「金馬獎導演」，陳樂人曾是中興新村有名的孝子，民國82年前後，因在台灣省政府編譯室退休的父親生病，辭掉台北的工作，返回中興新村照顧老父，從此定居於附近，未再離開，父親去世後，宿舍被收回，2006-2008期間曾受台灣省政府文教組邀請擔任中興新村音像紀錄類駐村藝術家。

[2]　文化部文化資產局http://www.boch.gov.tw/boch/frontsite/cultureassets/caseBasicInfoAction.do？method=　doViewCaseBasicInfo&caseId=MD10006000009&version=1&assetsClassifyId=3.12015/11/03搜尋

[3]　前身為行政院人事行政局。

府交通處）、臺灣省政資料館（舊館及貴賓招待所）、行政院農業委員會水土保持局（原臺灣省政府農林廳水土保持局）、行政院農業委員會農糧署（原臺灣省政府農林廳）、中華電信公司中興服務中心、臺灣銀行中興新村分行、中興會堂、臺灣新生報中興新村辦事處（原館）、國家文官學院中區培訓中心中正堂（原臺灣省政府訓練團中正堂），上揭建築物座落土地地段本體以外土地範圍，屬文化景觀保存範圍。中興新村的中興新村古蹟與歷史建築特色，如表9-1：

表9-1　中興新村古蹟與歷史建築特色一覽表

	名稱	簡介資料
古蹟1處	臺灣省政府（大樓）	臺灣省政府於民國46年6月29日正式遷入中興新村，位居虎山山麓，大樓面朝西南方向。民國38年因國共內戰而退守臺灣的中央政府，定「臺北市」為臨時首都，直到民國46年省政府遷駐新省政中心—中興新村，中央與地方政府才有了區隔。
歷史建築11處	行政院人事行政局地方人事行政處（原臺灣省政府人事處）	本處前身為臺灣省政府人事處，為有巢建築師事務所（虞曰鎮）設計，隨著民國88年精省，改制為行政院人事行政局地方人事行政處，為昔日省府時代主要之省政核心。
	經濟部中部辦公室（原臺灣省政府建設廳）	民國36年「臺灣省行政長官公署工礦處」改設為「臺灣省政府建設廳」，掌理工業、商業、礦業、中小企業輔導、技術行業行政、都市與區域計畫行政、建築管理、手工業輔導推廣、零售市場及攤販管理等業務。附屬機關則有水利局、礦務局、石門水庫管理局、曾文水庫管理局、鯉魚潭水庫管理局、新生地開發處、手工業研究所、度量衡檢定所，另外還負責監督自來水、唐榮、高硫、中興紙業、農工企業等5家省營事業業務。
	交通部交通事業管理小組（原臺灣省政府交通處）	本處前身為臺灣省政府交通處，為有巢建築師事務所（虞曰鎮）所設計，隨著民國88年省政府改制為行政院派出機關後，改為交通部中部辦公室，又於91年間更名為交通部交通事業管理小組至今。
	臺灣省政資料館（舊館及貴賓招待所）	本館前身為省府圖表室，負責以省政統計圖表資料在省府大樓向蒞府外賓簡介省政各項業務。嗣因來訪外賓日眾，場地不敷使用，於民國54年10月25日臺灣光復廿週年時正式建館，隸屬秘書處，除繼續辦理原圖表室業務外，並提供省府接待來賓，舉行會議，以及各單位公務活動場所。近年來，由於國際交流，資訊發達且政治社會日趨多元化，為提供國人暨外賓了解省政建設的正確認知管道，並因應上述日益擴展之業務需要，於78年11月擴建會議廳、宴會廳暨貴賓招待所，80年10月25日臺灣光復46週年正式啟用。
	行政院農業委員會水土保持局（原臺灣省政府農林廳水土保持局）	本局為有巢建築師事務所（虞曰鎮）所設計，前身為民國50年成立隸屬省政府農林廳之省屬三級機關山地農牧局，民國78年改制為「臺灣省政府農林廳水土保持局」，.民國87年12月21日「臺灣省政府功能業務及組織調整暫行條例」生效，遂於88年7月1日改隸行政院農業委員會（以下簡稱農委會），為中央三級機關。
	行政院農業委員會農糧署（原臺灣省政府農林廳）	本機關前身為臺灣省政府農林廳，為有巢建築師事務所（虞曰鎮）所設計，民國88年臺灣省政府功能業務與組織調整，依據暫時條例規定，臺灣省政府為行政院派出機關，臺灣省為非地方自治團體，原臺灣省政府農林廳及糧食處裁併為農委會中部辦公室及第二辦公室，原所屬機關改隸為農委會附屬機關。使中央與地方農政事權統一，並提昇行政效率。
	中華電信公司中興服務中心	民國44年6月交通部中興新村電信局成立，於省建設廳租借一間辦公室做為臨時辦公處，並開始規劃籌建目前中華電信建築物。47年完成建設本建築；49年12月本局通話系統建設完成開始使用；49年一樓後半部設步進式機房，前半部為營業廳受理電報電話業務，二樓設置104查號臺及108長途臺話房（於72年撤銷合併南投）。
	臺灣銀行中興新村分行	臺灣銀行中興新村分行於民國47年12月間正式開業，當年任職員工共有58人，另設置有招待所供員工住宿。營業服務項目，除無外匯業務，包括省總公庫存款、存放款、國內匯兌及各種代理業務等。中興新村分行之成立，確實提供省府員工、村民金融方面各種交易上之便利，達到貨暢其流之目的，中興地區及其鄰近腹地之經濟因此更加繁榮發展。

中興會堂	民國48年建成啟用，是區內最宏偉的一棟建築，除供省政府開動員月會、辦活動外，也借給中興高中做週會。後來又兼做休閒娛樂場地，晚上放映電影供村民觀賞，收費極為低廉。84年12月又開始開放，每週兩次完全免費。自86年1月成為消防處的辦公室，後因88年精省後閒置，至96年7月重新以中興新村NGO會議中心再出發，97年為加強中興會堂空間服務機能，辦理中興會堂整修工程，於98年7月重新開幕，期望回復當年「小白宮」的風華。
臺灣新生報中興新村辦事處（原館）	前身為臺灣新生報報館，為「臺灣第一女建築師」之稱的修澤蘭所設計，在報館之後改為第一銀行辦事處，現為咖啡餐飲店。 臺灣新生報中興新村辦事處（原館），是一棟極具特色的白色建築，其獨特建築設計與重要歷史意涵，保留原風貌完整性，具有被登錄為「歷史建築」之價值及潛力。
國家文官學院中區培訓中心中正堂（原臺灣省政府訓練團中正堂）	.民國54年為臺灣省訓練團遷移至中興新村，民國86年5月26日配合臺灣省政府組織調適，改制為「臺灣省政府公務人力培訓處」，民國88年配合臺灣省政府功能業務與組織調整，改隸行政院人事行政局，更名為「地方行政研習中心」，民國93年成立國家文官培訓所中部園區，與地方行政研習中心共存，調整及區分原有建物使用空間，民國99年3月26日改制為「國家文官學院中區培訓中心」，目前中正堂為國家文官學院中區培訓中心所管理。

資料來源：南投縣政府文化局。

二、臺灣省政府大樓（省政大樓）

（1）中興新村建設伊始，第一棟被建築完成的三層樓建築，建設時稱為一號大樓，屬於「山字型」設計，當時台灣還沒有建築師法[4]，根據劉永楙先生[5]的回憶[6]，為陸恂如建築師[6][7]設計，設計風格屬於「類國際式樣」現代建築[8]，結構為鋼筋混凝土加強磚造，單邊走廊教室型辦公廳舍。天花原水泥天花板，現為聚乙烯板，正面為三層，左右為二層，均為鋼筋混凝土樓板及平頂，外牆基礎加設鋼筋混凝土地樑，外牆牆面加覆洗石子，金屬材質的室外門窗，內牆白灰粉刷、磨石子臺

---

[4] 台灣的建築師，從民國36年制定「技師法」起，就有建築師制度，在此之前，建築與土木的區別還不明顯，許多建築師多畢業於土木系，民國36年以後建築、土木分屬不同科別，分別依「憲法」第86條由考試院依法考試取得執業資格。詳「憲法」第86條（民國35年12月25日制定）及「技師法」第4條（民國36年10月17日制定），由於建築師與土木、結構工程技師之養成教育、應考資格、及考試科目以及執業範圍有很大不同，民國60年制定「建築師法」後，雙方業務即不再重疊而走向專業分工。

[5] 劉永楙（1910-2007），生平見第十六章[12]。

[6] 參見呂芳上（2000）：都市計畫前輩人物訪問紀錄。中央研究院近代史研究所。

[7] 陸恂如，生平見第六章[49]。

[8] 1860年以後，現代建築才開始萌芽，主要特點是大量使用鋼筋，現代建築原本是相對於傳統建築而言，主要是建築材料的轉變，鋼筋的使用始於1851年倫敦萬國工業博覽會的水晶宮和1889年的巴黎艾菲爾鐵塔，這兩棟建築也被稱為是現代建築萌芽的標誌。現代建築強調功能性、實用性和理性，形成格式類似的風格，這種風格也被稱為類國際式樣，強調的是為功能主義或理性主義。20世紀中期以後，現代主義建築強調的理性所造成的國際式風格由於排斥傳統、民族性、地域性和個性，形成了千篇一律的建築樣式。它的光、平、簡、禿的方盒子外貌，引起了人們的不滿，也因此而興起了一股強調在地主義的地域建築風格。現代建築大約在1920年代逐漸成熟，至三〇年代後期也吹到了台灣，重要的觀念為主張反映新時代的精神、擺脫歷史樣式的束縛、實用功能重於外觀形式、減少無謂的裝飾、積極採用新材料等，由於一些標準形式在許多國家的建築中出現，故又被稱為國際式樣。早期台灣國際式樣建築以官方建築為主，但民間也有一些經濟條件好，能接受新觀念的知識份子，如醫生等，其住宅採用初期現代式建築。

三、行政院人事行政總處中興新村辦公室（原臺灣省政府人事處）

（1）行政院人事行政總處中興新村辦公室（已裁撤），中央組改前稱為行政院人事行政局地方人事行政處，前身為臺灣省政府人事處，地址原編為臺北路5號，民國51年改編為為省府路2號，建設時稱為2號大樓，完成年代約在1957年春，為有巢建築師事務所（虞曰鎮）設計，設計風格屬於「類國際式樣」現代建築，結構為鋼筋混凝土加強磚造，屬於「ㄣ字型」設計（參見圖9-1），單邊走廊教室型辦公廳舍。臺灣光復之初，民國34年9月20日公布的「臺灣省行政長官公署組織條例」在臺灣省行政長官公署下設置秘書、民政、教育、財政、農林、工礦、交通、景物、會計九處，在秘書長下設置機要、人事、統計三室，民國36年5月16日改組成立臺灣省政府，原本並未設置臺灣省政府人事處，而是隸屬於秘書長下的人事室，直到民國37年8月，根據當時的臺灣省政府合署辦公暫行規程第11條及及臺灣省政府合署辦公施行細則第二條規定，增設警務處、交通處、統計處與人事處，但一直到民國43年7月，臺灣省政府人事室正式改制為臺灣省政府人事處，處長為沙德堅先生，他是臺灣省政府第四任人事室主任，第一任人事處處長，江蘇鎮江人，廈門大學經濟系畢業。

（2）民國46年5月二號大樓完工，為兩層樓的建築，功能屬於單邊走廊教室型辦公廳舍，單邊走廊是日據時期公學校的主要建築型態，一排長方型建築通常會有5-7間的房間，每一個房間大約是7公尺或九公尺的尺寸，外加一排走廊，由於單邊走廊型態的建築，主要是做為教室使用，式樣簡單、通風，由於太過單調，因此又加上陽台或中走廊的設計，本棟建築配合基地特性，採

中興新村省府路旁的辦公廳舍，大都格局相似，此為原稱台灣省政府人事處的大樓，精省後改為行政院人事行政總處，下方是建設廳與交通處，精省後改隸經濟部、內政部與交通部（鍾起岱提供）

用轉折型平面，形成「倒L型」的外觀，主入口設置於短向轉折的省府路。

水平的橫開窗、樑線、窗臺與遮陽版強調視覺的水平性，同時又有垂直的遮陽版與柱列強化重複性韻律。內部走道空間採双向迴廊，並於相當距離有垂直的落差，產生視覺介面。內部空間做了中庭造景，使室內感覺較為明亮及通風，傳統單邊走廊教室型辦公廳舍的缺點是不耐震，幸好當時本棟大樓設計並非全然的「一」

字型，而是「倒L型」的設計，無形中增加抗震的效果，1999年的九二一大地震當中，本區中，屬於「一」字型設計的民政廳、財政廳、社會處、主計處、研考會、省長官邸等棟建築均告倒塌，屬於有轉折的「倒L型」設計、「L型」設計、「ㄇ字型」、「山字型」設計，均能躲過浩劫，可見一斑。

（3）行政院人事行政總處中興新村辦公室，由於事務不斷精簡，人事出缺不補等政策下，民國102年12月設備人員均移至地方研習中心辦公，同前閒置空間均已交由中部科學工業園區管理局統一管理。

四、經濟部中部辦公室（原臺灣省政府建設廳）

（1）經濟部中部辦公室，前身為臺灣省政府建設廳，地址原編為中興新村臺北路3號，民國51年改編為南投市中興新村省府路4號，座落地號為南投市光大段273號地號。主體建築物建號為南投市光大段139建號，總面積為3,095.98平方公尺。定著土地之範圍：南投市光大段273地號，面積20,374.20平方公尺，建設時稱為3號大樓，完成年代約在1957年春，為有巢建築師事務所虞曰鎮建築師設計，設計風格屬於「類國際式樣」現代建築，結構為鋼筋混凝土加強磚造，屬於屬於「雙連式ㄣ字型」設計（參見圖9-1），單邊走廊教室型辦公廳舍。

（2）本棟歷史建築之設計配合基地特性採用轉折型平面，主入口設置於短向轉折。水平的橫開窗、樑線、窗臺與遮陽版強調視覺的水平性，同時又有垂直的遮陽版與柱列強化重複性韻律。內部走道空間採双向迴廊，並於相當距離有垂直的落差，產生視覺介面。內部空間做了中庭造景，使室內感覺較為明亮及通風。

（3）臺灣省於民國34年設立「臺灣省行政長官公署」，隸屬行政院，為臺灣省最高行政機關，下設「工礦處」等9處、9委員會、4局、4試驗所、12研究所、3館、2團等機關〔構〕。民國36年5月16日「臺灣省行政長官公署工礦處」改設為「臺灣省政府建設廳」，掌理工業、商業、礦業、商業、土木、器材、職業六科，後增加，中小企業輔導、技術行業行政、都市與區域計畫行政、建築管理、手工業輔導推廣、零售市場及攤販管理等業務。民國50年3月工業科等業務奉准改設第一科至第六科，總務室改為第七科，另設秘書、主計、安全、人事四室。民國52年3月，建設廳工礦檢查委員會改隸社會處，59年2月礦物科升格為礦物局，仍隸屬於建設廳；72年2月主計室奉准改為會計室與統計室，民國82年7月成立研考室與政風室：原第六科併入水利局改設水利處升格為省屬二級機關[16]。成立之初，與中興新村建設有關的公共工程局（67年7月與國宅會合併成立臺灣省住宅及都是發展局，為省府二級機關）、地下水工程處（55年1月裁撤）、中興新村自來水廠（63年7月改隸自來水公司）、中興新村汙水廠（73年1月裁撤業務併入公共事務管理處）均隸屬建設廳，全盛時期建設廳附屬機關則有水利局、礦務局、石門水庫管理局、曾文水庫管理局、鯉魚潭水庫管理局、新生地開發處、手工業研究所、度量衡檢定所，另外還負責監督自來水、唐榮、高硫、中興紙業、農工企業等5家省營事業業

---

[16]　臺灣省政府建設廳，《臺灣省政府建設廳志》（南投縣：臺灣省政府建設廳，1999），頁18-20。

務。

民國57年6月10日建設廳林永樑廳長與柯丁選廳長交接後合影（引自建設廳志）

（4）民國88年7月1日依據「臺灣省政府功能業務與組織調整暫行條例」，原「臺灣省政府建設廳」裁併，改設「經濟部中部辦公室」，初設置八科，隨著組織精簡，人員出缺不補，同前僅餘五科（第一科、第二科、第三科、人事科、會計科）辦理冷凍空調、動產擔保交易、自用發電設備登記、公司登記等業務。

（5）曾經見證建設廳五任廳長的李崇清[17]回憶說：我學的是師範的，後來又念師專，但我後來想教書總不是辦法，就改考公務員，轉任到行政機關去。因緣際會，我在臺東教育局當課長有一段很長的時間，後來臺東縣長黃鏡峰[18]當了糧食局長，糧食局是個非常重要的機關[19]，他需要找一個人去幫忙，我就跟著去。黃鏡峰

---

[17] 李崇清，民國33年12月13日生，臺灣省臺東縣人，民國73年6月進入中興新村，臺東師範普通科畢業、臺南師專國師科畢業、淡江大學公共行政系畢業、東海大學公共行政研究所碩士，曾任臺東縣政府教育局課長、臺灣省政府糧食局秘書、臺灣省政府建設廳秘書、專門委員、秘書室主任、主任秘書、臺灣省政府水利處副處長、經濟部參事兼中部辦公室主任，民國95年8月退休。引自鍾起岱（2014）：南投縣文化景觀中興新村口述歷史調查研究計畫結案案報告。

[18] 黃鏡峰（1930—2012），曾任臺東縣縣長、臺灣省政府糧食局長、建設廳長、經動會主任委員等職。1989年曾兼代臺中市市長一小段時間，同年出任國民黨高雄市黨部主任委員。1991年當選第二屆國民大會代表，1993年任國民黨中央秘書處主任，1995年任國軍退除役官兵輔導委員會副主任委員。1998年起轉任由退輔會持有52%股權的欣欣水泥董事長，2012年病逝，其子黃健庭為現任臺東縣縣長。

[19] 早期臺灣省糧食局，可說是非常重要的單位，俗語說：大軍未動，糧草先行，在戰亂時代，掌握糧食就能生存，糧食局雖屬臺灣省政府二級機關，但據說局長的任命須得到總統的支持，糧食局最傳奇的時代，據說是李連春先生，他當了25年糧食局長，兩蔣時代對他倚重甚深，李連春曾任臺灣省合作金庫理事長、臺灣省糧食局長、行政院政務委員、國策顧問。李連春為臺南縣後壁鄉墨林村人，自幼跟著日本人從事銷售米糧到日本的工作，因此對臺灣的米糧面積和栽種狀況頗為知悉。光復之初，政府從大陸帶來大量軍民，人口壓力突增，此外政府又要儲糧以備反攻，糧食顯然不足。在這個時候，李連春升任臺灣省糧食局長，特別重要，光復初期，李連春的名字非常響亮，當時大陸有順口溜：「要吃米，找萬里；要吃糧，找紫陽。」，臺灣光復初期的二十五年間，也有一句順口溜：「要吃米，

先生在糧食局八年，做了很多的事，包括糧食制度的改革。尤其是稻子的保證價格，另外一個就是白米包裝，過去我們早期的時候，是用米袋去碾米廠去買米，後來覺得這個非常落伍，直到有一次我到金門去看看我們軍人要吃的戰備糧，在金門戰地，每一次吃的稻米都要慢一年，它必須要儲一年。那個當期的米，臺灣的稻作通常一年有兩期，那麼當時在金門戰地，要慢一年，要儲備一年。導致阿兵哥吃的米幾乎都有蟲，後來想，要怎麼樣來改善？於是這些儲存的糙米，改進成真空包裝。是從日本研發進來，以後臺灣的食米才有真空包裝，我想這個是劃時代的改進。

糧食局的八年中，我印象很深，蔣經國總統經常會親自去糧食局。很重視糧食局的業務，當時，總統府的武官經常跟我連絡，每一年總統一定要召見糧食局長，我記得有一個非常有趣的事，是有一個禮拜天，總統府來電話說，蔣經國總統要到桃園某個地方去看稻穀。我不知道黃局長實際去哪裡，然後一直想、到處找，後來想到局長他會不會到國際機場，去送那個楊西崑先生[20]，楊先生當時是駐南非的大使。後來好不容易找到，因為跟總統約的時間不能耽誤，我一方面要給他準備資料，另一方面要給他準備西裝，接著就到交流道去等局長，並把資料交給他，趕緊換衣服趕到現場。這件事給我這個印象很深，讓我也有個機會碰到蔣經國總統。

民國73年6月9號黃鏡峰先生調升建設廳長，我就跟著來到中興新村，我也是因為這個機緣才有機會變中興人。當年是邱創煥[21]當主席的時候，他就來當這個建設廳長。當時是民國73年，剛好那一段時間是臺灣礦坑災變最頻繁的時候，他來了沒有幾個月，九份煤山、土城海山、三峽海山等，都發生災變，那一年大概是我們臺灣省礦業災變最嚴重的一年，光是罹難的就有280幾個。

另外我這邊印象比較深刻的是，剛來建設廳的時候，有一次我到臺北去開會，旁邊坐一個省政府的同仁，他問我說「你是在哪一個單位服務？」我說：「我在建

找老李；要吃糖，找臺糖。」，糧食局重要性可見一班，糧食局除了主管肥料換穀、貸放生產資金、改良栽培技術、推動機械化收割、防止病蟲害等政策來量增加糧食生產外，也負責控制糧價，控制市場需求，以達到穩定物價。糧食局是戰後初期為接管日治時期「臺灣總督府農商局食糧部」，於臺灣省行政長官公署農林廳下設糧食局。1945年12月10日為配合中央政府組織型態，乃改制直隸臺灣省行政長官公署。1947年5月16日省行政長官公署改制為省政府，仍為省政府之直屬機關，為省政府合署辦公單位之一。1954年4月行政院修正臺灣省政府合署辦公施行細則，將糧食局納為省府一級機關，更名為臺灣省政府糧食局，1997年再更名為臺灣省政府糧食處。1945年12月10日糧食局成立之初，共設三科五室（祕書室、督導室、會計室、統計室、人事室）。

[20] 楊西崑（1910-2000），資深外交官，祖籍江蘇，北京大學外文系畢，赴美國哥倫比亞大學深造，1948年任駐聯合國代表團專門委員，1952至1955年，擔任聯合國託管理事會西非訪問團委員，後來擔任外交部駐南非代表、亞太司長、非洲司長、常務和政務次長及國策顧問，外交資歷豐富，尤其對非洲事務熟悉，博得「非洲先生」美稱。

[21] 邱創煥（1925－），臺灣省彰化縣人，曾任內政部部長、行政院副院長、臺灣省主席、考試院院長等職，邱創煥為蔣經國提拔臺籍菁英之一，早在1978年登上內政部長之位，在同為臺籍的林洋港與李登輝中居於領先。主管警政署期間發生橋頭事件、美麗島事件、林宅血案、陳文成事件等一連串白色恐怖相關事件。在行政院副院長任內還曾因行政院長孫運璿中風，一度代理院長。1996年邱創煥曾有意競選總統，後因國民黨已提名李登輝而作罷。

設廳。」同仁：「啊？建設廳？這是『見笑廳』耶！」我說：「啊？怎麼會叫『見笑廳』？」他說：「你不知道啊？你們那個建設廳陋規很多，辦公室登記、工廠登記啊，都要跟人拿紅包。」我說：「咦，怎麼會有這樣子的事情？」他說：「一樣都在省政府工作，就算是要，也只能拜託一次，第二次一樣要行禮如儀。」我回來以後跟廳長報告說這個風氣非常不好。所以我覺得黃鏡峰先生在廳長任內最大的一個貢獻，就是提出改進工商登記的方案。把工廠登記、公司登記等等的漸漸的法制化，於是後來就變成抽籤決定承辦人。接著就是專門分案辦理，最後慢慢就是資訊化、電腦化、制度化，工商登記的整頓方案，改變了民國75年之後的風氣。改完之後，黃鏡峰先生調任省府經動會主任委員，後來又到臺中市代理市長。

　　76年3月就換李存敬先生[22]來當廳長。他沒有帶人，而且我跟他完全不認識。一般來講，我想機要秘書，廳長都會帶自己的人，但是他沒有帶人。他到了，我第一次跟他碰面，黃廳長就跟我說：那你來幫他。李存敬是當過監察委員以後才來當建設廳長。說實在他也是我日據時代南師的學長，可以說對我非常好，好像把我當成他的小孩子。其實我跟他沒有關係，也不認識他。他要我當他的專門委員，負責他的機要工作。宿舍我們也住在一起，現在光華國小附近的主席公館，以前就是建設廳長的宿舍。以前宿舍有兩棟，林洋港來當建設廳長的時候，他父母親也來跟他住，但沒有地方住。所以謝東閔主席特別答應他後面再蓋一棟，所以那時候廳長是住前面，我是住後面那一棟。李存敬廳長嫉惡如仇，他非常正派，什麼事情都講是非，不講人情。那麼他在職的那三年期間，他替建設廳創了一個刊物叫《建設季刊》。過去是沒有的，因為他覺得建設廳這麼龐大，而且我們監管機關也很多，附屬機關也很多，應該有一個讓同仁表達我們所有的政策、各種成果的園地，一直到凍省。那個季刊才停刊。這刊物我每一集都有留起來。

　　許文志廳長是李存敬廳長走了之後才上任，我跟許文志也不認識，那時候我已經是秘書室主任，他說他也沒有帶人，要我繼續擔任機要秘書。所以那段時間，有人就說，這李崇清怎麼那麼有辦法，怎麼各任廳長一直用他？過沒有多久，陳威仁主任秘書高升住都局副局長，我就當主任秘書。一直到宋省長離開。當然，那段時間整個建設廳的一些重要工作，就是公共設施保留地的徵收和建設，以及水資源的開發，當時擔任建設廳長的許文志，點子很多，我當他的主任秘書四年，非常辛苦，他很嚴格，執行力又高，當時他就出來很多點子，比如水庫、河川疏濬、水庫疏濬的問題，都是在他任內提出且做的政策。尤其水庫疏濬、河川淤積因為每年颱風等的天災，都會淤積，做起來蠻困難的。許文志後來調升秘書長，蔡鐘雄來接，我就跟著蔡鐘雄。

　　我後來在經濟部中部辦公室參事兼主任退休。80年做主任秘書，到84年底因為

[22] 李存敬（1925－1987），臺南師範學校畢業、日本名城大學碩士，曾任南投縣竹山鎮瑞竹國小教師，高雄市國小校長，高雄市教育局課長後。轉入政壇，先後擔任高雄市議會第五、六屆議員、臺灣省議會第四屆議員、臺灣省政府委員兼建設廳廳長、第一屆增額監察委員兼任司法委員會召集人、聯邦銀行董事長，卸任省議員後，旋其出任第一屆增額監察委員兼任司法委員會召集人，監督政府，整飭政風，澄清吏治，為民造福；唯連任監察委員時，竟因傳聞他人賄選而告落選，輿論譁然，乃經提拔出任省政府委員兼建設廳長，民國76年於廳長任內去世。

當時是李鴻源的時代，水利局要升格成水利處，本來我有機會在廳裡升任副廳長，後來陳威仁從臺北住都局回來，於是讓我去當水利處副處長，就待了五年多。因為我不是學水利的，於是我跑遍全省所有的水庫等水利設施做了解。我覺得宋省長很認真，我陪了他好幾次，記得有一次去屏東，時間已經很晚了，里長鄉長村長卻都在廟裡面等，宋省長依約到了，一個一個去看，當然他不是馬上就答應，但是他會交代下去。這一件事情讓我非常深刻。而那水利局是很大的單位，下面有幾千位員工，許多單位是我這邊監管，到後來凍省，水利單位很幸運沒有被精簡，從台灣省政府水利處直接改為經濟部水利署。我原本想說會在水利單位退休，但民國九十年後部長找我去中辦，因為凍省後，我原本服務的建設廳改為經濟部中部辦公室，而身為經濟部參事兼經濟部第三辦公室（以前的物資處）的張麗堂主任退休，釋出一個參事缺，不知道聽誰推薦我，繼續做了五年多就退休。

五、交通部交通事業管理小組（原臺灣省政府交通處）

（1）交通部交通事業管理小組，前身為臺灣省政府交通處，為有巢建築師事務所虞曰鎮建築師所設計，建築物座落南投市光大段273號，地址原為中興新村臺北路1號，民國51年改編為南投市中興新村省府路6號，建設時稱為4號大樓，完成年代約在1957年春，屬於屬於「ㄣ字型」設計（參見圖9-1）設計，設計風格亦屬於「類國際式樣」現代建築，結構為鋼筋混凝土加強磚造。單邊走廊教室型辦公廳舍。配合基地特性採用轉折型平面，主入口設置於短向轉折。水平

交通處大樓的正門設置於「ㄣ字型」設計的短向轉折，前方則是一座超迷你型小圓環，保留當初最早的原型（鍾起岱提供）

的橫開窗、樑線、窗臺與遮陽版強調視覺的水平性，同時又有垂直的遮陽版與柱列強化重複性韻律。內部走道空間採双向迴廊，並於相當距離有垂直的落差，產生視覺介面。內部空間做了中庭造景，使室內感覺較為明亮及通風。

（2）臺灣省光復之初於行政長官公署下設有交通處，當時交通處下轄鐵路、郵電、航務三個管理委員會及基隆、高雄兩個港務局，民國35年增設航運恢復委員會、航務管理局、臺中築港所、臺灣航業公司、臺灣通運公司，35年8月將原隸屬於鐵路管理委員會之汽車處改制為公路局，同時撤銷航運恢復委員會及航務管理局，並將郵電管理局畫歸交通部管轄；民國36年5月16日組織改制為臺灣省政府交通處，成立之初，設有路政、航訊、工務、總務四科（55年另增加機料科），主計、人事、檢核三室，民國37年3月原屬教育廳管轄之氣象局改為氣象所，改隸交通處管轄，鐵路管理委員會改制為鐵路管理局，仍隸屬交通處管轄。

（3）民國38年3月原有通運公司裁撤，原有業務分由臺鐵局、基隆港路局及高雄搞務局接辦，52年3月成立船舶大隊部，9月將花蓮港開放為國際港，同時將基隆港務局花蓮分局升格為花蓮港務局，同時於交通處下設置觀光事業組，民國59年8月將臺灣省交通道路安全委員會改成立道路安全組，55年7月臺灣省觀光事業委員會改組成立臺灣省觀光事業管理局，仍隸屬交通處，民國60年7月交通部觀光局成立，省局撤銷改制成立觀光事業組，原交通處氣象所升格為交通部氣象局，民國65年7月將臺中港工程局改制為臺中港務局仍隸屬交通處，民國69年七月設置廣灣技術研究所，同年八月公路局運輸處改制為臺灣汽車客運公司，梨山建設管理局改制為梨山風景特定區管理所；民國74年觀光事業組裁撤改組為臺灣省旅遊事業管理局，[23]，其後組織多次調整，隨著民國88年省政府改制為行政院派出機關後，改制為交通部中部辦公室，又於91年間更名為交通部交通事業管理小組。

（4）交通部交通事業管理小組，設有執行秘書一人綜理小組業務，雖分六種辦事，但由於持續執行精簡政策，目前科長祇有三人，其餘三科未置專任科長，由指派人員兼理的方式執行業務。

六、臺灣省政資料館（舊館及貴賓招待所）

（1）臺灣省政資料館前身為省府圖表室，負責以省政統計圖表資料在省府大樓向蒞府外賓簡介省政項業務，隸屬於省府主計處，當時以任務編組的方式向來賓簡報省政各項業務，其後由於臺灣省政府賓客日多，場地不敷使用，民國52年10月29日第784次府會決議通過設置省政資料館，主計處於民國53年4月7日第235次首長會報向黃杰主席簡報設館構想，以陳列省政建設成果，接待中外來賓、省政簡報及政策宣導，並備置各項設施提供省府重要公務活動，同年8月26日成立省政資料館籌建委員會[24]，主任委員為時任省府秘書處主任秘書[25]的林杞，執行秘書為主計處第三科科長李翔，委員為各廳處主任秘書，積極展開畫籌建工作，就預算經費、建築工程、設備裝修、庭園布置等進行設計規劃，採分工合作方式執行，建築工程由建設廳辦理，內部設計、場館規劃由省府圖表室辦理，裝潢設備、庭園布置由公共事務管理處辦理。

受到精省與九二一大地震的雙重打擊，省政資料館於2001年9月21日建置完成九二一地震陳列室，開放民眾參觀，來自全國各地絡繹不絕的參觀者（鍾起岱提供）

---

[23] 臺灣省政府交通處主編，《臺灣省交通建設計要》（南投縣：臺灣省政府交通處，1983年），頁1-2。

[24] 臺灣省政府資料館，《臺灣省政資料館志》（南投縣：臺灣省政府資料館，1995年）。

[25] 省府秘書處主任秘書後改設為副秘書長。

（2）省政資料館是所有指定歷史建築中，年代最淺的一棟建築物，分為三部分舊館、新館及荷園貴賓招待所，在這三部分中，新館並未列入歷史建築，建築物座落於南投市光大段583地號，地址為中興新村中正路2號，舊館（也稱前館）籌建時，黃杰主席特別指示：省政資料館陳列資料之籌設，需簡明、大方、清晰、正確，並具有藝術靈氣為宜，不得過於虛華與浪費。因此籌建委員會訂了一個每坪5000元（53年幣值）的原則，籌建工程於民國54年3月1日發包，同年10月25日臺灣光復廿週年時正式啟用，55年3月16日正式成立省政資料館的組織編制，首任主任即為籌建處執行秘書李翔，當時屬於派兼的臨時編制，李翔先生的本職為臺灣省政府主計處專門委員，隸屬主計處，除兼主任之外，人員分由主計處與秘書處派員兼任，直到民國61年1月臺灣省政府正式核定省政資料館組織編制，改隸秘書處，為省府三級機關。

（3）省政資料館兩次擴建[26]，始有今日之規模。精省後資料館除設有提供會議及接待來賓用途之會議室、簡報室、接待室以及貴賓室外，另置有主題陳列特展室，包括「臺灣史蹟文物陳列室」、「姊妹州文物陳列室」、「臺灣一級古蹟模型陳列區」，以及「臺灣省歷任主席陳列室」、「九二一地震資料展示陳列室」（以上均在舊館），為提供國人暨外賓了解省政建設的正確認知管道，並因應上述日益擴展之業務需要，於78年11月擴建會議廳、宴會廳（以上均位於新館）暨貴賓招待所（位於荷園旁），80年10月25日臺灣光復46週年正式啟用。精省後，資料館組織與省府圖書館、原新聞處第三科及原秘書處編譯室合併為資料室，仍繼續推動各項資料館之運作及參觀導覽服務，其後民國102年又進行組織精簡，將文教組與資料室合併為「教文與資料組」繼續運作，仍隸屬於台灣省政府。臺灣省政資料館是一座規劃完善之建築，兼具展示、會議、聚會及住宿接待功能。前館一樓設有臺灣史蹟文物陳列室、國家願景與臺灣省建設陳列室、古蹟模型陳列區、警衛室、服務臺；二樓設有臺灣省歷任主席陳列室、姊妹州文物陳列室、簡報室、第一會議室、貴賓室、東閔先生特展室等，另設有荷園招待所，提供公務活動來賓接待及住宿使用。

（4）荷園招待所，也是省政資料館的貴賓接待所，因有一窪的荷花池而聞名，荷塘蛙鳴，青草翠郁，貴賓接待所具有傳統閩南建築的特色，有池塘、垂柳、小橋、流水、綠荷紅花等的江南風光景

民國91年（2002年）10月31日省府資料室辦理震災重建區偏遠小學參觀省政資料館活動，太平黃竹國小參觀後與省府資料室的鍾起岱主任合影（鍾起岱提供）

---

[26] 民國67年及民國73年。

緻，寧靜而優雅。荷園接待所並設有總統及副總統套房，多位前總統、前副總統、前行政院長、現任內閣部會首長等都曾蒞臨住宿，這些長官們都盛讚荷園清幽宜人、雅潔舒適，園中小徑、落花曲折有致。中興新村資料館內的荷園，以荷花聞名，這裡算是資料館的新館區，原本資料館只有前館，在大省政府時期，由於來訪賓客眾多，原有設施不敷使用，民國78年（1989年），由時任省主席邱創煥指示擴建新館及貴賓休息區荷園，民國80年（1991年）10月25日臺灣省光復46週年時正式啟用。荷園招待所內有接待室8間，另有小宴會廳一間，可以充作接待貴客使用。

（5）1999年九二一地震發生時，由於主席官邸倒塌，荷園招待所也充當趙守博主席的臨時宿舍，當時行政院長連戰，曾多次於此就近指揮坐鎮救災及重建工作的進行，荷園招待所是座具有傳統閩南式建築風格的院落，有池塘、垂柳、小橋、流水、綠荷、紅花等江南風光景致，寧靜而優雅。過去，是用來招待政要及貴賓的，荷園招待所有一個隱密的地下走道，可以直通資料館新館的地下停車場，方便政府要員離開。不過，精省後，下塌政要明顯減少，後來又發生九二一，省政資料館舊（前）館被判半倒，但因新館及荷園招待所，並未嚴重受損，搶修後，作為趙守博主席的臨時宿舍與連戰院長南投救災與重建的前進指揮所，前館修復後新增九二一地震陳列室、九二一重建績效陳列室、歷任主席陳列室、東閔先生陳列室、連同原本的台灣史蹟陳列室、台美姊妹州陳列室，於民國91年9月21日九二一大地震兩周年時，正式開放民眾免費參觀，同時對外招募志工，為增加使用效率，另與國史館臺灣文獻館、草屯工藝研究所與集集特有生物中心、南投酒廠共組策略聯盟，稱為南投縣人文生態學習策略聯盟，運作了一陣子，同時免費招待重建區偏遠國小入館參訪，進行校外教學。

（6）資料館有兩位極為重要的領導者，一是鄭美華館長[27]，鄭館長以美麗機智著稱，在女性主管稀少的年代，成為台灣省政府提拔高階女性主管的指標人物，在其任內資料館組織及規模大備，人員素質居為一時之選，當時的資料館前後都有保八總隊員警看守維護，一般遊客只能望之卻步，只有高級官員才能進出的省政資料館是台灣省政府最重要的門面，宛如貴族接待所，繁華而熱情，鄭女士也因此而曾名列國民黨不分區立委的提名名單。

第二位是鍾起岱主任[28]，在其任內適逢九二一大地震，資料館舊館嚴重毀損，

---

[27] 鄭美華女士，1953年生，政治大學公共行政學博士，追隨邱創煥主席至台灣省政府任職，先任主席辦公室秘書，後任省政資料館館長，卸任後，曾任文建會一處副處長、第三處處長等職，目前於實踐大學任教。

[28] 鍾起岱先生，也是本書作者，祖籍江西省瑞金縣，1957年生於台灣省苗栗縣，普考土地行政、高考土地測量科、都市計畫科及格，1981年進入台南縣政府地政科服務，1983年進入台灣省政府服務，1987年甲等特考研考人員及格，中興大學地政系畢業、中興大學都市計畫研究所碩士、台灣大學商學碩士、台灣大學政治學碩士、中國文化大學實業計畫研究所博士，曾任台南縣政府地政科技士、台灣省政府研考會視導、課長、簡任研究員兼組長、主任秘書、台灣省政府參議兼編譯室主任、台灣省政府經研會副主任委員，台灣土地開發公司董事、監察人，行政院九二一重建委員會企劃處長、台灣省政府資料室主任、行政院政府改造委員會委員等職，離開公職後於中州科技大學任教，並曾擔任台灣瑞金文獻編輯委員、台灣農村規劃發展學會秘書長、台灣省三餘藝文學會理事長、中興新村文史創新協會理事長。

在精省氛圍及省府廳舍不重建的原則下,他爭取列入半倒,取得資料館重生的機會,並負責資料館的修復與陳列室的更新,2000年民進黨首次執政時,鍾起岱主任被黃榮村執行長借重擔任新成立的九二一重建委員會企畫處長,廣泛利用重建會資源,爭取規劃設置九二一地震陳列室、九二一績效陳列室、九二一資料陳列室、第一位台籍省主席謝東閔先生陳列室、歷任主席陳列室等規劃建設,同時大幅開放資料館全面參觀,全面招募志工、首倡與國史館台灣文獻館、台灣工藝文化園區、特有生物研究中心、南投酒廠等公部門展館成立策略聯盟,稱為南投縣人文生態學習策略聯盟,並擔任首任聯盟會長(盟主),首創接待重建區偏遠小學入館參觀,成為平民化的資料館。離開公職時,將其蒐集之九二一相關書籍、報導、畫冊、剪報等約三百餘冊,均全數捐做九二一資料陳列室館藏,作為後起研究之用,可惜據說因人手不足,該陳列室已停止對外開放。

(7)精省後,陳水扁總統曾選擇此地辦理國宴,這裡風景非常優美,幽靜的荷花池,木門紅屋頂,庭院前小橋流水,綠色植栽搭配蜿蜒環抱的長廊,庭園造景像世外桃源,閩南式的建築,裡面的陳設,簡單典雅,木質地板宮廷式的吊燈,還有古色古香的家具,裡面總共八個房間,精省前專門招待政要,多少國家大事在這裡密商,前總統李登輝曾經在此約談中部派系大老,就在客廳喬出選舉名單,前副總統連戰也很喜歡在此邊餵魚欣賞

紅色屋頂建築為省政資料館荷園,遠眺之山脈為南投縣與彰化縣的界山八卦山山脈(鍾起岱提供)

荷花,邊思考如何政壇的風起雲湧;前省長宋楚瑜,精省的最後一天也在此接受廳處長的歡送,從荷園走出去,現在荷園已經看不到政壇的黑頭車來來去去。

荷園曾有兩次正式招待民眾,第一次是民國91年,當時省政資料館提供住宿券給策略聯盟單位參觀民眾摸彩用,共提供四張摸彩券,第二次是民國102年由省府與中部科學工業園區管理局所合辦的「中興新村八景」票選活動,省政資料館的荷園接待所以「荷園江南風光」入選,省府在活動中提供12張免費荷園住宿券作為摸彩獎項。

七、行政院農業委員會水土保持局(原臺灣省政府農林廳水土保持局)

(1)行政院農業委員會水土保持局,前身為臺灣省政府農林廳水土保持局,更早之前則名為農林廳山地農牧局,曾是台灣最重要的水土保持機關,當時稱為5號大樓,民國46年此棟大樓地址為中興新村中正路49號,民國51年改編為中興新村

光華路6號，為有巢
建築師事務所虞曰鎮
所設計，建築物座落
南投市光大段583號，
完成年代約在1957年
春，屬於「ㄣ字型」
設計（參見圖9-2），
設計風格屬於「類國
際式樣」現代建築，
結構為鋼筋混凝土加
強磚造。單邊走廊教
室型辦公廳舍，配合
基地特性採用轉折型
平面，主入口設置於
短向轉折。水平的橫
開窗、樑線、窗臺與
遮陽版強調視覺的水
平性，同時又有垂直
的遮陽版與柱列強化
重複性韻律。內部走
道空間採双向迴廊，
並於相當距離有垂直
的落差，產生視覺介
面。內部空間做了中庭造景。

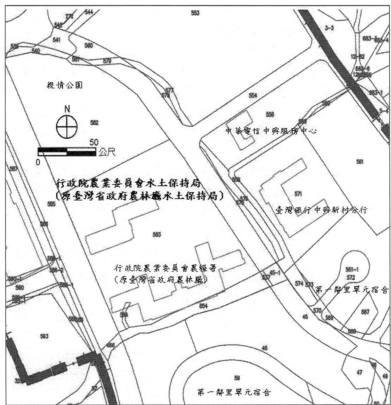

圖9-2　水土保持局、農林廳、台灣銀行、中華電信位置圖
資料來源：文化部文化資產局-文化資產個案導覽

（2）民國43年在農復會支助下，臺灣省農業試驗所辦理海拔100至1000公尺之間之「農林邊際地可利用限度分類調查」，調查結果發現全臺山坡地沖蝕嚴重，亟待調整土地利用，實施造林及水土保持處理，此為促成政府成立水土保持專責機關之背景原因。民國48年8月7日之水災（八七水災），造成臺灣中南部嚴重災情，臺灣省政府即成立「臺灣省山地農牧資源開發計畫委員會」，進行籌劃山地農牧資源開發、保育專責單位。民國50年4月11日在現址南投縣南投市光華里光華路六號成立隸屬農林廳之省屬三級機關「山地農牧局」。成立之初[29]，內設置「土地整理組」、「水土保持組」、「農業組」、「畜牧組」等4個業務組，及「秘書室」、「人事室」、「主計室」等3個行政單位，局本部編制員額為122人，轄下分期設立第一至第八工作處，編制員額為120人。

（3）施金爐[30]先生回憶說：我是在民國69年來到中興新村，那時候是在公路

[29] 參考行政院農委會水土保持局網站

[30] 施金爐，民國37年12月19日生，遷入中興新村大約時間民國69年，逢甲大學合作經濟系、東海大學公共行政研究所碩士，長期任職於水土保持局，民國102年退休時擔任水土保持局副局長。引自鍾起岱（2014）：南投縣文化景觀中興新村口述歷史調查研究計畫結案案報

局的中部汽訓中心,當時真的是來開疆闢地的,因為那個單位還沒成立,還在籌劃當中,我們辦公室就在中興車站,公路局中興站那塊土地約十甲地,省政府附近許多土地大部分都是政府機關用地,公路局當時屬於事業單位,事業單位的土地徵收可能比政府機關徵收的地價稍微偏高一點,當時有一位省議員簡金卿,他極力的幫農民爭取徵收地價高一點,汽訓中心在臺灣當時成立了北中南三個場地,中部汽訓中心就選擇在中興新村,全省汙水下水道第一個就是在中興新村,民國50幾年就會想到要處理汙水問題。不過唯一遺憾的是,中興新村沒有機車道,有人行道、汽車道,就是沒有機車道,後來我到水土保持局服務,當時從臺北遷下來時叫做山地農牧局,山地農牧局當時因為有些業務跟農林單位比較關連,所以大概在民國78年就改為水土保持局,民國88年間劃歸農委會,水保局對於中興新村的環境綠美化,尤其是在環山路、主席公館一帶都是山坡地,包括現在的檔案室附近,都是水保局處理的,另外高爾夫球場的水土保持也是我們水保局規劃的。

(4)當時由於濫墾嚴重,農林廳於民國43年設立任務編組型態的「土地利用小組」,主管全省水土保持事業,並設立「臺灣區水土保持技術委員會」負責培訓水土保持技術幹部[31],省府疏遷中興新村後,農林廳於光華路8號辦公,「土地利用小組」及「臺灣區水土保持技術委員會」就設於光華路6號辦公,同時在各縣市政府及重要水庫合作成立「水土保持工作站」;民國48年臺灣發生極為嚴重的八七水災,民國49年又發生八一水災,災情慘重,追究其原因,即是濫墾濫伐,造成崩塌、水患、土石流等災害層出不窮,民國50年省府決定將前述「土地利用小組」及「臺灣區水土保持技術委員會」合併改組成立隸屬省政府農林廳之省屬三級機關山地農牧局(此即水土保持局前身),主管全省水土保持、山坡地農牧資源經營輔導、公有山坡地濫墾清理等事項;民國78年改制為「臺灣省政府農林廳水土保持局」。

(5)民國87年12月21日「臺灣省政府功能業務及組織調整暫行條例」生效,水保局遂於八十八年七月一日改隸行政院農業委員會,為中央三級機關,是少數位於中興新村保留完整的組織。

八、行政院農業委員會農糧署 (原臺灣省政府農林廳)

(1)本棟大樓前身為臺灣省政府農林廳,地址原編中興新村中正路49號,民國51年改編為南投市中興新村光華路8號,建築物座落於南投市光大段583號,屬於「廿字型」設計(參見圖9-2),為有巢建築師事務所(虞曰鎮)所設計,完成年代約在1957年春,設計風格屬於「類國際式樣」現代建築,結構為鋼筋混凝土加強磚造。單邊走廊教室型辦公廳舍。配合基地特性採用轉折型平面,主入口設置於短向轉折。水平的橫開窗、樑線、窗臺與遮陽版強調視覺的水平性,同時又有垂直的遮陽版與柱列強化重複性韻律。內部走道空間採双向迴廊,並於相當距離有垂直的落差,產生視覺介面,內部空間做了中庭造景。台灣的農林事業管理,在日

告。

[31] 參見臺灣省政府農林廳志。

據時期，於臺灣總督府下設有農商局，光復之初，在臺灣省行政長官公署內設有農林處，民國36年5月16日，臺灣省政府成立後，仍稱農林處，內設有農產、水產、畜牧、耕地四科及秘書、技術、會計、人事等四室，民國38年12月改制為農林廳，民國40年水產科改制為漁業管理處，為臺灣省漁業局的前身，民國45年11月隨著疏遷政策，農林廳從臺北先遷到臺中市臺中國小（臺中市東區臺中路153號）暫時辦公，民國46年6月29日再遷入中興新村光華路8號新址辦公[32]，組織也多次變革。

（2）民國88年臺灣省政府功能業務與組織調整，依據暫時條例規定，臺灣省政府為行政院派出機關，臺灣省為非地方自治團體，原臺灣省政府農林廳及糧食處裁併為農委會中部辦公室及第二辦公室，原所屬機關改隸為農委會附屬機關。使中央與地方農政事權統一，並提昇行政效率。民國93年為配合臺灣省政府功能業務與組織調整第一階段完成後所進行各部會地區辦公室及改隸機關組織作業，將農委會原農糧處與中部辦公室及第二辦公室等單位之業務整併成立農糧署。

（3）張正英[33]先生回憶說：我於民國51年從宜蘭來到中興新村。民國50年宜蘭遭遇一個大颱風，我剛好畢業，考上了特考，就分發到臺灣省政府。那時候知道要分發到省政府，要到中興新村來，是非常高興及光榮的一件事。我從宜蘭扛了一件大棉被，穿著卡其褲、球鞋就到中興新村山地農牧局來報到。看到中興風景這麼漂亮，很高興有工作，當時是實習生，一個月領了365塊，住在單身宿舍，那是環山路21號，就是光華里土地公的旁邊，原來的警察宿舍，40、50個人住在同一間。就是民國51年10月，當年考試及格分發到農林廳的50幾人就住在單身宿舍，因為都是男生住的，因此我們戲稱叫做「豬哥寮」。大家都剛從學校畢業，對上班內容都不懂，我們每天刻鋼板，當時沒複印機，30個人要開會便要用複寫紙刻，或是多一些人刻鋼板。我整整做這些工作4、5年的時間，當時的行政文化、辦公室文化，一些工作上的前輩有他們的權威及原則，新進人員做這些，甚至比工友還差的工作都要做。在這種環境底下，我問自己一定要一直做這種工作嗎？所以我們這一群人都非常用心，只要有進修的機會，只要有深造的機會，我們就一直往上爬，很快的我們就超越了指揮我們的那一些幹部。我首先進入山地農牧局，山地農牧局是省政府比較慢遷進來的單位，在51年遷進省府。

我對中興新村的感受，當年民國50年代還沒有中正路，當時的中正路是一條計畫道路，荒草蔓延，非常髒亂。我記得當時有一個活動叫義務勞動，各鄉鎮都在執行義務勞動，我們省政府也發動了一個義務勞動。中正路從圓環到中學路這一段已經有路底，每一個廳處都要分配一段，去除草、去把樹砍清、去搬石頭，那時候是省政府的團體活動。那時候兩旁還沒種樹（菩提樹），是計畫中的馬路，當時五分車不到這裡來，五分車是從中興新村外面過去的，它從軍功橋邊邊，繞到東閔路營

---

[32] 參見臺灣省政府農林廳志。民國87年6月。2-8頁。

[33] 張正英先生，民國33年3月12日生，臺灣省宜蘭縣人，中興大學文學系畢業，東海大學公共行政研究所、美國加州大學海沃特分校公共政策研究，民國51年10月遷入中興新村，曾任臺灣省政府山地農牧局技士、臺灣省政府農林廳技士、股長、科長、農委會臺中區農業改良場研究員、副場長，99年7月退休，引自鍾起岱（2014）：南投縣文化景觀中興新村口述歷史調查研究計畫結案案報告。

盤口那裏，從中寮爽文載甘蔗出來，在現在軍功橋的旁邊有一條載甘蔗的，沿著東閔路過來，另外，就記得比較清楚的是省府。每年舉辦一次運動大會，在中興會堂，運動會的感觸很深。那時候中興新村有兩大機構，第一大機構是農林廳，第二大機構是建設廳，頒獎的時候幾乎從頭到尾都是農林廳，不然就是建設廳。

九、中華電信公司中興服務中心

（1）中華電信公司中興服務中心，最早稱為交通部中興新村電信局，早年郵電一家，故稱為郵電局，後來郵電分管，改稱電信局。電信是一個國家現代化最重要的基礎建設，光緒12年（1886年）臺灣巡撫劉銘傳創設臺灣「電報總局」於臺北，建設完成南北縱貫陸線及安平至媽宮（今澎湖馬公）段以及滬尾（今淡水）至福州川石山段之海線；並分別設立臺南、安平、旗後、澎湖、彰化、臺北、滬尾、基隆、新竹、嘉義等十局開辦電報業務，為臺灣電信事業之發展起始。值得一提的是，據史料記載，劉氏在光緒12年委託怡和洋行簽約鋪建淡水通往福建福州川石山這條海底電纜，全長約117浬，翌年8月23日完工，這條電纜代表當時最大、最重要的科技，也是臺灣開發的轉捩點，自此臺灣與大陸、甚至與世界接軌。

（2）光緒21年（1895年）甲午戰爭，清廷失敗，割讓臺灣及澎湖予日本，臺灣電信則歸由臺灣總督府交通局遞信部經管。光緒23年（1987年）5月1日日本總督府於現在南投市三和二路30號設置南投郵局，兼辦電信電話業務，民國肇興，郵傳部改稱為交通部，並裁撤電政局，由交通部電政司管理全國電政，兼管公民營電氣事業，各省則設電政監督，統轄各電信局。斯時鼎革伊始，惜各地疆吏擁兵作亂，軍閥割據，幾無寧日，電信建設，備受摧殘，至民國16年國軍完成北伐，定都南京，交通部設全國電政總局於上海。旋於民國17年將電政總局裁撤，歸併交通部電政司，並重行規劃電政管轄區域，分全國電政管理局為21處。

（3）民國32年，交通部電政司改組為郵電司，同時國民政府於32年6月12日公布「交通部電信總局組織條例」成立電信總局。將全國電信行政設計與業務管理實行劃分；有關行政設計事項由郵電司負責；業務執行，則由電信總局專司其事，以主管全國務。民國34年8月，對日抗戰勝利，電信總局於12月間隨國民政府還都南京，辦理接收收復區工作，電信管轄區域日益遼闊，交通部於35年1月，在電信總局下，除國際電臺外，分全國為九區，每區設一電信管理局，分別管轄各該區域之國內或國際電信業務。

（4）臺灣光復，由臺灣行政長官公署交通處於34年11月1日成立「郵電管理委員會」接管全臺郵電業務，35年1月交通部統一全國電信機構組織，臺灣郵電業務劃歸交通部接辦，於同年5月5日成立臺灣郵電管理局，試行郵電合辦，同時將南投郵局更名為「南投郵電局」，但結果未如理想，交通部乃於38年4月1日核准臺灣郵電管理局改組，郵、電分家，分別成立臺灣郵政及電信兩管理局，「南投郵電局」改為「南投電信局」，與南投郵局合署辦公，臺灣電信管理局直屬於交通部電信總局。交通部電信總局於39年1月遷臺辦公，轄有臺灣電信管理局、臺北國際電臺及電波研究所三直屬機構。

（5）民國46年7月1日於中興新村中學路4號成立中興郵局，為應電信業務擴展需要，於58年5月1日將電波研究所改組為「電信研究所」；同年7月1日將臺北國際電臺改組為「國際電信局」；復於同年12月24日將電信技術訓練中心提升改組成立「電信訓練所」。

（6）交通部為推動電信業務自由化及電信組織公司化政策，依據「電信法」、「交通部電信總局組織條例」、「中華電信股份有限公司條例」等電信三法，於85年7月1日將原交通部電信總局改制為新制之交通部電信總局與國營中華電信股份有限公司，新制之電信總局專注於國家電信政策之設計與電信市場之監督及管理，不再扮演電信行政監督與事業經營之雙重角色；國營中華電信股份有限公司則專責電信事業之經營，此一重大之改制，使我國電信事業邁入新的里程碑。

（7）中華電信公司中興服務中心位於光華路7號，建築物座落於南投市光大段556地號，民國44年6月交通部中興新村電信局成立，最早於省建設廳租借一間辦公室做為臨時辦公處，初期裝設200門人工交換機，供中興新村公私機構及鄰近地區商家使用，並開始規劃籌建目前中華電信建築物，47年1月6日遷入該建築辦公，均隸屬於臺中局管轄。設立不久，本省發生八七水災，臺中至中興新村之架空電纜及明線，因電桿被臺中市內南門橋及市郊大里橋之洪水沖倒多處，電纜損壞3千餘公尺，特別於中興新村加裝備用短波無線電，已備與臺中及臺北兩地聯絡[34]，其後逐步擴充立即電話及立即轉接電話，民國58年引進當時最新式的縱橫制自動交換機，需求也一再增加。在管制的年代，無論是收聽廣播還是通訊，皆要經過核准。49年

在戒嚴時代，家中持有廣播收音機是需要經過許可的，這是早期中興新村電信局核發的廣播收音機執照，（張俊生提供）

12月電信局通話系統建設完成開始使用。49年一樓後半部設步進式機房，前半部為營業廳受理電報電話業務，二樓設置104查號臺及108長途臺話房（72年撤銷合併南投）。

十、臺灣銀行中興新村分行

（1）臺灣銀行中興新村分行位於南投市中興新村光華路11號，臺灣銀行中興新村分行於民國47年12月間正式開業，當年任職員工共有58人，另設置有招待所供員工住宿。營業服務項目，除無外匯業務，包括省總公庫存款、存放款、國內匯兌及各種代理業務等。中興新村分行之成立，確實提供省府員工、村民金融方面各種

---

[34]　參見臺灣省政府出版之臺灣省八七水災救濟及重建工作報告書，148頁。民國49年7月。

交易上之便利，達到貨暢其流之目的，中興地區及其鄰近腹地之經濟因此更加繁榮發展。

（2）臺銀的中興新村分行在大省政府時代，有天下第一分行的外號，歷來當過中興分行經理者，往往是臺灣銀行副總經理或臺灣銀行董事的人選，原因是當時臺灣銀行還是省府行庫之一，每次的省府委員會，臺銀總經理皆須列席，一些重要政治人物如有貸款或資金的需求，求助於臺灣省政府，省府高層都會去找財政廳長想辦法，財政廳長當然就會直接就近請臺銀分行經理協助，各廳處的員工薪水，也幾乎都透過臺灣銀行中興分行轉

曾經代理中央銀行印製鈔票的台灣銀行，在精省前一直隸屬於台灣省政府財政廳管轄，台銀總經理是當時28家省營事業機構中，唯一被允許列席省府委員會的機構，位於中興新村的台銀分行，成為中階經理人的最愛，出任中興分行經理是台灣銀行高階主管最重要的經歷之一。（鍾起岱提供）

帳，臺灣省政府儼然成為中興分行最大的客戶與老闆，因此，中興分行經理就成為高升的重要職位，中興分行旁所設的招待所，也幾乎成為省府政要宴請重要客人的場所，原因有二：一是便宜；二是隱密，而擔任中興分行經理者，除了人際關係良好外，品行據說也是重要考量之一，這也是中興分行獲得省府長官信任的原因。

十一、中興會堂

（1）中興會堂為一棟二樓式西式建築，由於乍看之下，有着強烈的情緒感染力與震撼力，加上前門的突出對稱造型，許多人認為它是巴洛克式建築物[35]，但其

---

[35] 巴洛克風大約源自歐洲文藝復興運動之後開始興起，主流時間約從1600年到1750年之間的150年間，巴洛克（Baroque）一詞最早來源於西班牙語和葡萄牙語「Barocco」，意指形態不夠圓或不完美的珍珠，最初是建築領域的術語，後逐漸拓展用於藝術和音樂領域。巴洛克風格的特徵是強調精緻細膩的裝飾以及華麗的風格，造成這種現象的主因，是因為巴洛克時期是貴族掌權的時代，富麗堂皇的宮廷裡奢華的排場正是新的文化以及藝術的發展中心，而這個大環境的改變也直接的影響到了音樂家的創作，影響所及，十七、八世紀宮廷樂師所寫的音樂作品，絕大部分是為上流社會的社交所需而做，為了炫燿貴族的權勢以及財富，當時的宮廷音樂必定得呈現出炫燿的音樂以及不凡的氣度，以營造愉悦氣氛。巴洛克建築起源於十七世紀的意大利，將原本羅馬人文主義的文藝復興建築，添上新的華麗、誇張及雕刻風氣，彰現出國家與教會的專制主義的豐功偉業。此新式建築着重於色彩、光影、雕塑性與強烈的巴洛克特色。歐洲的文藝復興運動為意大利宮廷帶來巨大的財富與權勢，是世俗與宗教力量的結合。巴洛克，至少在初期，被認為是反對宗教改革的保守派，巴洛克風格的建築物，通常有着強烈的情緒感染力與震撼力，以及引人注目、炫燿財富與權勢的味道，最早用於教會設計，月以表現教會的財富與權力，目的是增進宗教的普遍性與虔誠度。十七世紀中葉，巴洛克風格轉而表現於豪華宮殿上，首先在法國位於巴黎附近的的拉斐特城堡（Château de Maisons，1642），隨後遍及歐洲，巴洛克建築的特徵包括：寬闊的、有時是圓形的中殿取代了狹長的中殿；通常戲劇性地使用光線，室內會有強烈的光影對比，明暗的對照效果（如威爾騰堡修道院教堂），或依靠窗戶實現均勻照明、大量使用裝飾品（通常是鍍金、石膏或粉飾灰泥、大理石或人造大理石）、巨

樸實的風格與巴洛克華麗的風格其實
並不相稱，據耆老陳嘉佑先生表示，
這棟建築物是著名的早期建築師王大
閎先生與楊卓成先生所共同設計，當
時工程總隊也自行設計了另一款式
樣，包括中興圖書館、中興高中、郵
局、新生報社等公共建築物，但只有
中興圖書館[36]採用工程總隊的設計，
中興高中的科學館、臺灣新生報服務
中心、郵局採用修澤蘭的設計[37]，中
興會堂則採用王大閎與楊卓成的設
計，於民國48年8月14日空軍節啟用，
為省府集會及接待外賓、元首之場

中興會堂完成於周至柔主席時代，目前中興會堂四
字的題字是連戰擔任省主席時代，幕僚拍馬屁所換
的題字，不知情的還以為這是連戰時代的建築物
（鍾起岱提供）

所，是中興新村代表性的地標，也是區內最宏偉的一棟建築。

　　據說，此地風水屬「虎山腹」，當中興新村建設完成後，蔣公曾數度南下巡
視，并多次利用巍峨優美的中興會堂接見過泰皇、約旦及越南等多國元首，他也在
中興會堂內會見省府首長，早年的省政會議也都在中興會堂舉行，中興會堂的重要
性可見一斑。

　　（2）中興會堂位於中興新村光榮北路1號，設計之初，稱為大會堂，後改稱中
興大會堂或中興會堂，建築於南投市光榮段11地號，原管理人為台灣省政府的公共
事務管理處，精省後改為台灣省政府，成立高等研究園區後，這棟建築管理人改為
中科管理局，民國48年建成啟用，是區內最宏偉的一棟建築，目前中興會堂四字的
題字者是連戰[38]，除供省政府開動員月會、辦活動外，也借給中興高中做週會。後

大尺度的天花板壁畫、外部立面的顯著特點是通常有戲劇性的中央突出部分；內部通常只
是繪畫與雕塑的框架（特別是後期巴洛克）；錯視畫法般的虛幻效果，展現繪畫與建築
的混合風格。參考維基百科http://zh.wikipedia.org/zh-tw %E5%B7%B4%E6% B4%9B%E5
%85%8B%E9%9F%B3%E4%B9%90及http://zh.wikipedia.org/zh-hk/ %E5%B7%B4% E6%B4
%9B%E5%85%8B%E5%BB%BA%E7%AD%91#.E5.BB.BA.E7.AD.91

[36] 現存中興圖書館其實是改建之後的圖書館，工程總隊設計的圖書館約在民國73年間因被認
為無法防震，被拆除重建。

[37] 目前修澤蘭的設計僅存新生報服務中心，也就是「鐘愛一生」餐廳；其餘郵局約在民國73
年被拆除重建，中興高中科學館於九二一地震倒塌。

[38] 連戰先生（1936－），字永平，台灣台南人，生於陝西西安，祖父為連橫，父親為連震東。
曾經擔任中國國民黨主席、副總統、行政院長、台灣省政府主席、外交部長等職，1990年
6月15日接替邱創煥主席出任台灣省政府主席，當時政治人物非常流行題字，幕僚也跟著
拍馬屁，只要有機會就把以前的題字換成現在當政的省主席、縣長、鄉鎮市首長，中興會
堂的題字，也因為外觀整修而被換成連戰，記得接任的宋楚瑜主席時代，光榮國小圍牆改
建，連帶校門也重建，有人想拍宋的馬屁，也刻好了新的「中興新村光榮國小」的門牌，
請宋提字，宋好奇的問，光榮國小不是有門牌嗎？幕僚告知因為改建，原門牌毀損所以請
主席重新題字，宋又問，光榮國小的門牌原來是誰提的字？幕僚告以：聽說是黃杰主席提
的，宋當時據說非常生氣的說，黃杰主席是台灣省政府的重要資產，怎麼可以把他的題字
丟掉呢？請人查一查，是哪個人幹的？幕僚一聽，嚇了一跳，趕緊跟光榮國小說，被宋主

來又兼做休閒娛樂場地，晚上放映電影供村民觀賞，收費極為低廉。84年12月又開
始開放，每週兩次完全免費。自86年1月成為消防處的辦公室，後因88年精省後閒
置，至96年7月重新以中興新村NGO會議中心再出發，97年為加強中興會堂空間服
務機能，辦理中興會堂整修工程，於98年7月重新開幕，期望回復當年「小白宮」
的風華。被指定登錄歷史建築的理由是：為省府集會及接待外賓、元首之場所，是
中興新村代表性的地標，本建築具歷史淵源意義及觀光價值外，兼具浪漫、典雅之
白色建築造型，具有被登錄為「歷史建築」之價值。中興會堂整體形態大抵為典型
西方古典樣式的建築，平面配置強調中軸、左右完全對稱，入口門廊與立面的圓
拱、柱廊、山牆均可見純為裝飾作用的形式語彙。至於內部格局為採50餘座席的會
議室設計。

　　（3）中興會堂往昔除供省政府開動員月會、辦活動外，也借給中興高中做週
會；後來又兼做休閒娛樂場地，晚上放映電影供村民觀賞，收費極為低廉。它的原
形是當時中華民國的主要戰鬥機種F-84，原來當時省主席是接替嚴家淦先生出任省
主席的周至柔將軍[39]，周至柔有中華民國空軍之父的稱號，他接替嚴家淦先生出任
臺灣省政府主席之後，也接下中興新村第二期的建設，中興新村光榮里的主要建築
物，大多在此一時間完成基本建設，由於八一四[40]對周至柔以及中華民國空軍都別
具意義，因這一天不僅是空軍節，也是中國空軍對日抗戰轉敗為勝的重要日子。

　　（4）中興會堂的建築形式是屬於西洋古典建築，它的特色是的堂前的組合
柱式，造型簡單大方的柱頭，表面有長條凹凸槽，柱底有柱座，進門之後有流行
於19世紀末的橢圓形的入口，屋頂類似馬薩頂，一種流行於法國第二帝國時期的
屋頂建築，特色是兩折式屋頂，斜坡處裡面常有閣樓，斜坡外經常加裝牛眼窗，
整體有穩重的感覺。它的柱子屬於多立克式（Doric）[41]，特點是柱頭類似托斯
坎式（Tuscan），簡單大方，差別在於多立克式柱體的表面有凹凸槽，托斯坎式
（Tuscan）則無，柱底有柱座.他的屋頂類似馬薩頂，一種流行於法國第二帝國時
期，這種屋頂斜坡處裡常有閣樓，斜坡外經常加裝牛眼窗，整體有穩重的感覺，兩
折式屋頂是其主要特色。這種屋頂是西方歷史式樣建築，可創造出特殊天際線，做
為強化歷史風格的主要利器，台灣會出現西洋古典建築，主要拜日本人之賜，一直
到今天，建築師總喜歡在高樓上點綴一些西方古典的裝飾，造成百花齊放的盛況。

　　（5）中興會堂這棟建築的設計構想主要來自周至柔主席，當時建設廳向主席
報告要建築一個大型的集會所，周主席希望能參考當時主力噴射戰機F-84（雷霆

　　席罵了，趕快把黃杰那一塊找回來，所以在宋的時代，很少發生這種拍馬屁的文化了。

[39]　周至柔，生平見第六章註[65]。

[40]　民國26年（1937）8月14日，中國空軍在杭州筧橋機場痛擊來犯的日本海軍航空隊的鹿屋航
　　空隊，創下了八年抗戰中，空軍首度殲敵致勝的輝煌戰果。雖說真正的史實並非如官方所
　　宣傳的「0比六」獲得了大勝，而只是擊落了敵機兩架，另外擊傷兩架；且在8月15日以後
　　的空戰中，我空軍健兒更創下了還要輝煌的戰果，不容否認「八一四」已經成為空軍以劣
　　勢基礎奮勇迎戰強大之日本海軍航空隊，尤能殲敵致勝的整體精神表徵。

[41]　多立克式（Doric）是西洋古典建築最早的柱型，它通常具簡單造型的柱頭，表面有長條凹
　　凸槽，柱底有柱座。

機[42]），來進行設計，象徵勝利、起飛的意義，F-84戰鬥機[43]，臺灣稱為雷霆機，是臺灣空軍使用的第一代噴射戰鬥機，F-84G係美國共和（Republic）公司製造，使用J35-A-29軸流式噴射發動機一具，推力5,600磅，最大速度410浬／時，實用昇限45,000呎，裝配0.50吋機槍六挺，並可外掛1,000磅炸彈二枚或2.75吋火箭32枚。民國42年加入我國空軍服役，成為我空軍首次使用之噴射戰鬥機，F-84引進臺灣時，周至柔擔任參謀總長兼空軍總司令，對於這種飛機當然念念不忘，據老一輩中興居民表示，建築物原本有些米黃的色彩，但後來可能因年代久遠，米黃色逐漸退色，粉刷工人以為是白色建築物，重新粉刷過幾次，都是採用白色油漆，久而久之，大家都以為中興會堂是白色建築物。

（6）劉耀武[44]先生回憶說：我在民國52年到省政府來服務時，當時辦公廳舍不夠，省政府有好多新的單位，新的單位都要找人，最早我是到安全處當科長，原來是在經動會沒有房子辦公，就是在這個中興會堂，省政府的安全處成立也是在中興會堂，我覺得這地方很好。我在省政府辦公，有兩度在中興會堂辦公的經驗，以後安全處蓋房子蓋好了，才搬過去，以後研考會成立了，也沒有房子，也是到中興會堂，借用中興會堂，所以我覺得中興會堂很有一種歷史的價值，就是中興會堂都是借給機關臨時辦公用的。

（7）中興會堂的建築形式是屬於「西洋古典建築」，從19世紀開始，西洋古典建築透過帝國主義海外殖民的途徑遍及世界各地，無論是在中國大陸的租界地區或是臺灣荷據時代以及日據時代所留下的洋式建築，都無法脫離西洋「古典建築」的影響，何謂西洋「古典建築」[45]？針對此問題，1963年英國著名建築史學家薩慕森（John Summerson, 1904-1992）曾在英國廣播電臺（BBC）以六場演講進

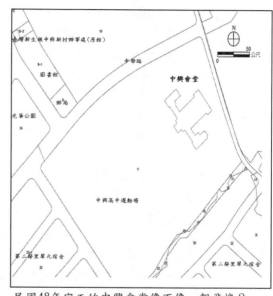

民國48年完工的中興會堂像不像一架飛機？
（文化部文化資產局－文化資產個案導覽。）

---

[42] F84稱雷霆機，另一種改良型F-86稱軍刀機。

[43] F-84造就的空戰英雄，最著名的首推歐陽漪棻，民國45年7月21日在臺海上空執行任務，駕駛著F84戰鬥機對上中共派出的米格17，雖然是以弱對強，以寡擊眾，但歐陽先生卻依著紮實訓練下產生的直覺及經驗，在馬祖及金門上空分別擊落一架米格機，擊傷二架米格十七，這也是臺灣空軍首創擊落米格機之記錄，英勇行為，鼓舞了當時的民心士氣，也替其贏得一面代表最高殊榮的青天白日獎章，F-84戰鬥機至民國53年除役。

[44] 劉耀武，民國16年12月17日生，湖北省沔陽縣人，民國50年省立法商學院公共行政系畢業，52年進入中興新村，曾任臺灣省政府安全處組長、臺灣省政府經動會組長、臺灣省政府研考會研究員兼組長、執行秘書、主任委員。民國82年屆齡退休，引自鍾起岱（2014）：南投縣文化景觀中興新村口述歷史調查研究計畫結案案報告。

[45] 參見施植明（2005）：認識西洋古典建築。視覺藝術與文化。吳柾編。中央大學。303-324頁。

行探討，之後並將講稿整理出版《建築的古典語言》。

　　依循古羅馬軍事建築師維楚威斯（Pollio Vitruvius）在西元一世紀撰寫的《建築十書》（De Architectura Libri Decem）所強調的柱式（order），薩慕森將柱式視為古典建築的本質，在語言學的思考模式下，將古典建築詮釋成為由柱式建構的語法所形成的一套建築形式系統。因此對於各種柱式的描述便順理成章成為認識西洋「古典建築」的不二法門。古典建築的柱體有五種形式，與神廟設計有關的有三種基本柱式：多立克柱式（Doric Order）、愛奧尼克柱式（Ionic Order）、柯林斯柱式（Corinthian Order），第四種稱為托斯甘柱式（Tuscan Order）第五種則是組合柱式（Composite Order），中興會堂的柱狀，屬於組合柱式。

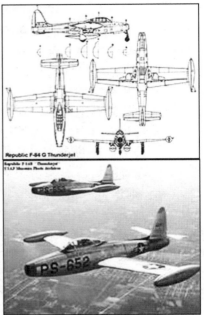

圖9-3　中興會堂建築設計的原型是一架F84戰鬥機（資料來源：http://tw. images. search. yahoo. com/images/view ）

　　（8）歐禮足[46]回憶說：我是民國70年因為林洋港先生擔任省主席時來中興新村，我是南投縣頭社國小畢業，當時林洋港先生曾經在那裡當過代課教員，以後才考上臺大，所以我一直稱他是老師，我認為中興新村這個環境是非常非常的好，中興新村的規劃非常有學問，中興新村建設在虎山之下，秘書處在虎山山頭的地方，前面則是各廳處辦公室，還有從環山路這邊過去呢，首先是秘書長的公館（後改為副省長官邸）就在省府大樓走過環山路的第一家，是在

（資料來源：http://tw. images. search. yahoo. com/images/view）

路的上面，那在路的下方是廳處長的宿舍，接下去就是中興會堂。中興會堂旁邊，環山路一直下去，當時都是墳地，在墳地遷走了以後，第一、二期就在那邊建宿舍。當時建宿舍的時候，住得很不平安，那些無形的晚上都會出現，所以他們的設計就是大官壓小鬼的型態來建設我們主管的宿舍，然後呢，再下去又成立了中興醫院，在中興新村服務的員工的福利非常的好，如果中興醫院治療不好，醫院再下去就有一個專設的厚德殯儀館，我認為規劃的非常的好。

　　（9）錢進[47]先生回憶說：講到中興會堂，我有享受過票價只有五毛錢，我們兒

---

[46] 歐禮足，生平見第七章註[30]。

[47] 錢進，民國38年11月5日生於臺北，安徽巢湖市人，民國46年7月隨父母來中興新村。畢業於政戰學校政治系、三軍大學空軍指參學院正規班、曾任空軍防空砲兵學校學員、空軍警衛旅司令部排長、空軍防空砲兵司令部輔導長、空軍官校參謀、中隊輔導長空軍航空中心

童票五毛錢，而成人票剛開始好像一塊半，後來慢慢一直漲；當時聽說每個單位都發免費票給主管，大概每個單位都發五張，我看電影都是買票，有時候還沒吃飯就去排隊買票；當時中興新村除了年輕人看電影，老一輩村民喜歡打麻將，有人戲稱中興新村叫做麻將村；麻將是一個特殊文化，民國50幾年到70幾年是最高峰。

（10）石治平[48]女士回憶說：那時候中興會堂蓋好以後，周至柔主席喜歡聽戲，所以常常有來唱平劇，國劇常常有，什麼海光啊、陸光啊，還有大鵬，來唱戲。有時候還演話劇，還有康樂隊。所以周至柔主席時代主要是唱戲，那都是京劇還沒有開始放電影。周至柔之後是黃杰，黃杰比較不喜歡聽戲，所以慢慢就少了，我們就看電影了，剛開始1塊5，當然不是錢，是福利卷。你要拿錢去買福利卷，拿福利卷去買票，後來漲到兩塊，但是我們是學生半票。那是民國民國50年以後，之後慢慢漲到10塊、15塊。當時1塊半，那我們學生的話，禮拜天5毛錢，也是要買福利卷。福利卷在福利社買，然後看電影賣票的，也直接用福利卷當票，後來也有發電影卷，我已經離開中興新村到外面讀書，看電影就看得比較少。那時候你看每個公告欄，都會張貼今天演什麼電影，明天演什麼電影。那時候7點鐘開演嘛，6點鐘開始賣票，那時候回到家吃一吃飯，我們小孩子先衝去買票。每天都有，片子每天換。

（11）石國明先生回憶說[49]：那時候省府月會，最早叫做動員月會，我來中興新村上班的時候是規定每一個月開一次動員月會。那動員月會三個人輪流主持，第一個月是省主席，第二個月是南區軍團司令，第三個月是國民黨臺灣省黨部主委，三個人，一個人輪一個月擔任主席，一般是聘請外面的專家學者，或是當代知名的人來演講，以前規定科長以上一定要參加，最早的時候就在中興會堂，後來又轉到省訓團的中正堂，省訓團主要是受訓的單位，我在那邊受訓大概有五、六次，從學員變成輔導員，到最後變成自己主辦業務，找人來受訓，當時一大早要讀總統訓詞，那時候是由李艷秋來讀總統訓詞，不是看電視，是她本人來讀總統訓詞，那時候應該是民國64、65年的事情，當時資料館國際會議廳還沒蓋好，資料館只有前半段，那時資料館一般人是不能隨便進去，那時有警察在那邊站崗，所以中興新村上班的公務員有兩個地方不敢去，一個是資料館，另外一個地方是省府大樓。因為警衛都站在那邊，除非有必要的事情才去，通常是不會去。那時省府大樓還有一個特色，荐任的公務人員是每天派一個人在那邊輪值，必須要睡在值班室，按廳處輪，荐任以上的公務人員是每一個人都要輪，一般輪到的話大概是七到八個月左右就會輪到一次，然後住在那邊，睡在那邊，有緊要的事情你要處理，還要跟上面報告。這個值班的制度一直到民國88年精省後才廢掉。

參謀、空軍防警部參謀、空軍機械學校教官、空軍通信電子學校教官，退伍後居住中興新村，曾任臺灣省三餘讀書會總幹事、理事長等職。引自鍾起岱（2014）：南投縣文化景觀中興新村口述歷史調查研究計畫結案案報告。

[48] 石治平，河南省洛陽縣人，民國40年8月2日生於臺北市，民國46年8月10日隨父親遷入中興新村。省立臺中商專會統科畢業，曾任中華電信霧峰服務中心主任，現已退休，仍居中興新村。引自鍾起岱（2014）：南投縣文化景觀中興新村口述歷史調查研究計畫結案案報告。

[49] 石國明，生平見第三章註[12]。

十二、原館（臺灣新生報中興新村辦事處）

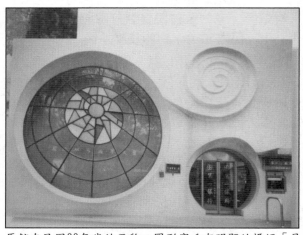

原館在民國60年代的面貌，圓形窗戶有明顯的標語「星火不息，可以燎原」，此照片為鄒慕德老先生所拍攝，（鄒心笙提供）

（1）臺灣新生報中興新村辦事處（原館）位於中興新村光華路121號，建築物坐落於南投市光榮段8-3號，精省後曾開設耶斯列花園餐廳，目前為「鍾愛一生」，仍經營簡餐蔬食，前身為臺灣新生報文化服務中心，大約完成於1963年，矩形建築的設計，像一隻白色的大蝸牛，一樓曾經租給第一銀行，作為中興新村分行行址，本樓為有「臺灣第一女建築師」之稱的修澤蘭所設計[50]，在報館之後改為第一銀行辦事處。1963年落成後，由當時的主席黃杰親自剪綵開幕，熱鬧非凡。這棟建築物被稱為「原館」，有幾種說法，第一種說法是館落成之後，命名為「臺灣新生報報館」，後來新生報撤出，如果繼續稱為「臺灣新生報報館」已經沒有甚麼意義，但又不知何以名之，所以稱為「原臺灣新生報報館」，簡稱「原館」，第二種說法是，本館落成之後，在本建築圓形窗戶之外，當時有一標語「星火不息，可以燎原」[51]，所以就稱為「原館」。

本館後來改名為「台灣新生報中興新村辦事處」，民國七零年代改稱「台灣新生報文化服務中心」，建築特色有三：（a）整個平面為長向面寬、短向進深的扁平矩形；（b）前後向牆面為向內凹的鋼筋混凝土曲面牆，（c）兩側則是平直的鋼筋混凝土柱樑磚造，整棟建築主要由這四道牆面承重。目前的室內空間設計屋內四周掛滿中興新村的老照片，讓每一位來到這裡的客人可以瞭解中興新村的演變；中

---

[50] 修澤蘭女士在中興新村的設計，有三棟建築物，中興高中的科學館、台汽中興站及本棟建築，可惜科學館與台汽中興站毀於九二一大地震，迄今存在的只剩下本棟建築。

[51] 星火不息，可以燎原，語出《尚書·盤庚》「若火之燎於原，不可嚮邇，其猶可撲滅。」，演變慣用語「星星之火，足以燎原」。此語因國共內戰時，中國共產黨內著名的「二月來信事件」而廣為人知，原出自毛澤東一封名為《時局估量和紅軍行動問題》的信。這封信是中共紅四軍收到中共中央的「二月來信」後，林彪寫給毛澤東一封信，毛澤東回覆的一封公開信。1929年2月7日，中共中央根據共產國際總書記布哈林〈尼古拉·伊萬諾維奇·布哈林〉的指示起草《中央給潤芝、玉階兩同志並轉湘贛邊特委信》（俗稱「二月來信」），發信給紅四軍，信中對紅四軍在農村的革命形勢持悲觀態度，不贊成在農村中擴大武裝鬥爭和土地革命，強調爭取群眾和城市工作。還要求毛澤東、朱德離開部隊回中央，所部分編成小部隊以「隱匿大的目標」，散入湘贛邊境進行土地革命，每支隊伍定為數十人、數百人，最多不超過500人。當年12月底紅四軍第一縱隊長林彪在給毛澤東的私人新年賀信中提出了與「二月來信」中同樣的觀點和軍事思想，但由於毛澤東、朱德、彭懷德等人的反對，命令未並被執行。毛澤東還親自寫一封名為《時局估量和紅軍行動問題》的公開信，反對此一政策。見https://zh.wikipedia.org/wiki/。毛澤東既然強調「星星之火，足以燎原」，那國府強調「星火不息，可以燎原」則是可以理解的。

間擺放水族箱，餘為餐廳之裝潢。

（2）原館是一棟極具特色的白色建築，獨特建築設計與重要歷史意涵，保留原風貌完整性，具有被登錄為「歷史建築」之價值及潛力，是一棟造型獨立且精緻的建築，紅磚上灰白水泥色的牆面，總會吸引路人佇足的眼光，精省後，最後一任台灣新生報文化服務中心主任江明聰夫婦買下本棟建築物產權，是村內可能是唯一的一棟民有建築物，江明聰買下本棟建築物產權後，自新生報退休，經營一家名為「耶斯列」的餐廳，餐廳主打和風洋食養生，有白色的小圍籬、美麗的小花園，老闆江明聰以自家農場種植的無毒蔬菜、無毒香草，做為菜源，建立安全無毒的服務特色，為消費者量身做出健康的菜單。文化人出身的江明聰，據說大約約花費兩百萬元整理建築內部格局；兼顧歷史、氛圍及文化建物保存，餐廳以簡單健康的輕食為主要販售餐點，當時耶斯列花園餐廳以「有機、無毒、平價，及歷史意義」為特色在中興新村打出名號。台灣新生報曾經是台灣省政府的機關報，因此，這棟建築物的產權，在那個年代就順理成章為台灣新生報所有[52]，台灣新生報民營化之後，為了減輕財務負擔，決定脫手本棟建築，江明聰先生時任該中心的主任，因緣際會，承接了本棟建築物的產權，耶斯列餐廳經營了幾年之後，民國104年更名為「鍾愛一生」。

（3）當年這棟建築除了台灣新生報的省政記者經常在此進出之外，一樓則是第一銀行的中興新村分行，原因是與早期省府員工福利總社發行的「福利券」有

---

[52] 台灣新生報簡稱《新生報》，是在台灣發行的一份全國性報紙，其前身是日治時期由台灣總督府控制的《台灣新報》。台灣新報於1895年6月17日由日人田川氏於台北創辦，最初每週發行一至兩次，後來改為每日發行。1897年，台灣總督兒玉源太郎將《台灣新報》與1896年5月8日在台北市創刊的《台灣日報》合併，改名為《台灣日日新報》，並且作為台灣總督府官方媒體重新發行。《台灣日日新報》成為日治時期發行量和銷售量最大的報紙，1945年日本戰敗投降，台灣光復，當年的10月10日，《台灣新報》從日文版改版為中文版，1945年10月25日，台灣省行政長官公署指派李萬居接收《台灣新報》，改制更名為《台灣新生報》，隸屬台灣省行政長官公署宣傳委員會，並由李萬居擔任社長，報名題字據說出自于右任親筆題字。這是國民黨政府來台後第一份公營報紙。10月25日光復節也成為台灣新生報的社慶日。《台灣新生報》創刊時，四分之三版面刊登中文，四分之一版面保留日文版，日發行量有18萬份，是當時台灣第五大報。1947年二二八事件發生時，《台灣新生報》總經理阮朝日和日本版總編輯吳金鍊被台灣省行政長官公署派人強行押走，一去未回，台中分社記者陳安南、嘉義分社主任蘇憲章、高雄分社主任邱金山、高雄印刷廠長林界等臺灣籍職員據說都於二二八事件中遇害，1947年4月22日，台灣省政府成立並取代台灣省行政長官公署以後，《台灣新生報》隸屬於台灣省政府新聞處。1947年9月3日，「台灣新生報社」改組為「台灣新生報股份有限公司」，1949年6月，「台灣新生報股份有限公司」改組為「台灣新生報社股份有限公司」。1961年，《台灣新生報》南部版改名為《台灣新聞報》。1996年7月，《台灣新生報》開始執行「309基層建設座談實施方案」，並榮獲行政院新聞局頒發三十六座金鼎獎，得獎評語為「發掘全省各鄉鎮市的問題，不粉飾太平，不歌功頌德，有助於改善民生，允為公共服務之上選」。台灣省政府為了宣揚政令，特別編列經費，有一段很長的時間免費提供《台灣新生報》給村長、里長、鄰長閱讀。1999年7月1日，《台灣新生報》因「精省」改隸行政院新聞局，成為國營媒體。2001年由於民營化政策，《台灣新生報》轉型為全球第一家以海峽兩岸經貿及交通訊息為報導主軸的「兩岸經貿專業媒體」。2004年，在當時《台灣新生報》董事長趙仁蓉主導下，《台灣新生報》以「船期版」為基礎，發行《台灣新生報航運版》。2004年6月，《台灣新生報》推出「養生文化報」，服務老人。

關，早期台灣省員工福利總社發行的「福利券」具有流通價值，在中興新村範圍內通用，不但可以換入場券看電影，並可在市場內各供應部購買食品衣物，乘坐三輪車，其效用和臺灣銀行的新臺幣一樣。可以說是名符其實的「福利」之「券」。這項社員「福利券」，每屆福利委員會變換一次，所發福利券面額有「四單位」，「三單位」，「二分之一單位」，「一單位二分一」等多種，用藍、青、紅、紫等色分別，由省府印刷廠承印。福利券的「單位」和台灣銀行發行的新臺幣「元」相等值，四單位的福利券等於新臺幣四元，三單位福利券相等於新臺幣三元，二分之一單位相等於新臺幣五角。

由於當時這種「福利券」在中興新村市場流通量相當大，已非省府員工福利總社職員所能處理，所以發行沒多久，改由也是省府行庫的第一商業銀行草屯分行接手，當時先在中心市場設立代辦處，代理福利總社收兌市面流通的「福利券」業務，當時的「福利券」和金融機關發行的有價證沒有兩樣，也可能是絕無僅有，後來承租原館的一樓作為第一銀行的中興新村分行，可以存款，也可以提款，當時原館還有裝設第一銀行的提款機，省政記者及新生報同仁則改在二樓聚會，第一銀行中興新村分行一直到精省前夕才裁撤，沒多久，台灣新生報因經營虧損而民營化。

（4）江明聰[53]先生回憶說：我在中興新村住了20年左右，當我來到這裡的時候，覺得蠻親切的，因為以前我曾在國外住過類似的環境。讓我很驚訝的一點是，這裡的環境，從以前到現在那麼久的歷史，就已經有這種環境的氛圍。我當初來的時候省政府還在，這裡的景象真的是很繁榮。晚上的中興新村，我說笑形容一下，就是麻將聲響徹雲霄，每個巷子都是很有人氣這樣。我來到這裡，是經由前面有一位姓楊的伯伯他的介紹，然後我再來這裡接了《臺灣新生報》，就是中興新村文化服務中心的主任位子，但是我們說真的，那時候都是自己自負責盈虧的，也不是說《臺灣新生報》從臺北能夠有薪水給我們，我們沒有外傳的待遇那麼好的；但在這位子上面，當初的我也不曉得，這棟建築它的歷史有這麼悠久，直到十幾年前，才有人跟我講，這是很有名的一個建築師叫做修澤蘭所建造。

我訪問了一些其他的這邊的地紳，有些老人家都已經快90歲了，其中一位跟我講了一個很有趣的小小歷史，當初耶斯列餐廳這棟建築，是《臺灣新生報》的中興新村文化服務中心，開幕的時候，是由當時的省主席黃杰主席來剪綵，他來剪綵的時候，大家切蛋糕，切了一塊蛋糕，黃杰主席就把一塊蛋糕拿起來吃，結果臉上都沾滿了蛋糕的奶油，他用了一句臺語很好玩，就是「啊！拍謝，來到你們這邊給你們揩油！」由此可見黃杰主席也是蠻風趣的，現在的室內餐廳，以前是《臺灣新生報》中興新村文化服務中心，因為這裡是省政府所在地，然後《新生報》是省政府的，它是省營的報紙，算是臺灣早期第一大報，村里長都會贈送；後來經過報禁解除以後，慢慢就是比較沒有那麼優勢、那麼繁榮。

---

[53] 江明聰，民國51年2月4日生，彰化縣員林鎮人，明志工專化工科，曾任臺灣新生報中興新村文化服務中心主任，目前已退休，及曾經營耶斯列餐廳。引自鍾起岱（2014）：南投縣文化景觀中興新村口述歷史調查研究計畫結案案報告。

　　當時這裡有第一銀行，是跟我們台灣新生報租用，台灣新生報原本是接收日本的一個報社，新生報早期能夠蓋出這麼好的建築物，花了相當多錢，我們住在裡面，深刻感受到這棟建築物用的材料都非常好，水泥絕對有那個磅數、鋼筋絕對有那種承受力，裡面還有一些小的，像是檜木之類的。我們這棟建築的樓上有3個房間，房間早期是給臺北記者來這邊出差時住的地方，但後來一直沒有記者過來，就變成主任的宿舍，在我前面有經七個主任，我是第八個，也是最末一代，那時候距離精省還有四年，精省後，這個中興新村辦事處就裁撤了，剛開始我就向台灣新生報租用，地震完後第3年，這裡還是很蕭條，一銀離開這理，我們也就一起概括承受，一銀用多少租金，我們也是用多少租金給台灣新生報，後來我們就開放了給一般民眾，以及一些來這邊活動的遊客，附近民眾也多會來我們附近走一走，我的餐點也不會很貴、比較平價，人家能夠接受這樣子。

　　《臺灣新生報》在精省後就分成民營化跟公營的，變成是有兩個都同時存在的公司。公營的是繼承原財產，負責管財產、資產以及清算的工作，民營化就是管報紙；所以說，這棟建築物、財產是屬於公家的，當然建築物應該是屬於新生報的，可是土地就是臺灣省政府的，現在則是歸屬於中科管理局。後來《臺灣新生報》清算時把所有臺北到高雄屬於他的財產標售出去，所以這棟建築物我是透過標售程序拿到，但是土地就沒有辦法，所以現在使用上就是繼續付租金給中科管理局。因為我曾擔任《臺灣新生報》地方的主任，所以也跑了很多臺灣省政府的廳處，對省政府的一些單位多少有一點熟悉，當然都是業務性質的，沒有像各位前輩那麼了解。但差不多是兩年前，因為感覺我們中興新村好像就是被遺棄的孤兒，我就創立一個《雲報》來為中興新村這這麼一塊好的桃花源，來給上面、其他地方的民眾知道，這裡百姓的想法和想要的東西。創立《雲報》到現在總共是19期了，但到第17期時碰到2012年的不景氣，如果沒這種國際性的不景氣，我應該還是可以不中斷。

十三、國家文官學院中區培訓中心中正堂　（原臺灣省政府訓練團中正堂）

　　（1）臺灣省政府訓練團中正堂，被指定為歷史建築，這棟建無物建於南投市光明段316地號，門牌編為南投縣南投市中興新村光明路1號，目前管理人與使用人均為國家文官學院中區培訓中心。這棟建築位於園區正中心，外觀的建築特色有三（a）主要結構為鋼筋混凝土加強磚造，（b）左右兩側立面多為長型開窗與柱列，（c）水平的橫開窗、樑線、窗臺強調視覺的水平性；內部擺設與一般禮堂室內擺設相同，現供國家文官學院中區培訓中心會議場所使用，約於1966年正式啟用。

　　（2）原來在1945年10月，台灣省行政長官公署為培養地方行政幹部，成立「臺灣省地方行政幹部訓練團」辦理幹部前訓練及在職訓練，團址先設於台北市水源路，由台灣省行政長官兼任團主任。1946年8月，地方行政幹部訓練團改名為「臺灣省訓練團」。1949年2月，臺灣省訓練團奉令結束，1956年7月：台灣省政府於臺北大直（今大直高中校址）恢復成立「臺灣省訓練團」，仍由台灣省政府主席兼任團主任，下設教育長主持團務，1965年5月：配合中央政府的省府疏遷政策，隨臺

灣省政府遷至中興新村現址。

（3）臺灣省訓練團於1994年12月更名為「臺灣省政府訓練團」，成為臺灣省政府一級機關。1997年5月26日：配合臺灣省政府組織調整，改制為「臺灣省政府公務人力培訓處」。1999年7月1日：配合台灣省政府業務功能與組織調整，改隸行政院人事行政局，並更名為「行政院人事行政局地方行政研習中心」。2012年2月6日：配合行政院業務功能與組織調整，更名為「行政院人事行政總處地方行政研習中心」。原屬於職前訓練的業務另

國家文官學院中區培訓中心的前身是台灣省訓練團，這棟中正堂可以說是台灣省文官訓練的精神指標，台灣省訓練團的設置大致仿效當年的廬山軍官訓練團，作為省級中高階官員的培訓中心，經過此地受訓，代表未來的仕途，一帆風順，所以學員的感情極佳，早年台灣省政府的動員月會也在此舉行。（鍾起岱提供）

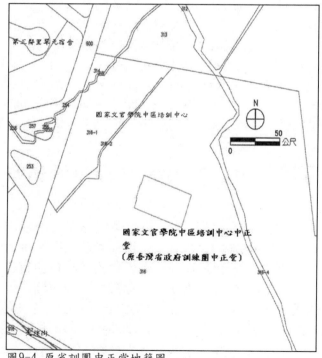

圖9-4 原省訓團中正堂地籍圖
（文化部文化資產局-文化資產個案導覽）

改隸考試院國家文官培訓所中部園區，民國93年成立國家文官培訓所中部園區，與地方行政研習中心共存，調整及區分原有建物使用空間，國家文官培訓所於99年3月26日改制成立國家文官學院，中部園區隨同法制化為考試院四級機關，稱為中區培訓中心，掌理各項公務人員考試錄取、升任官等、行政中立及其他相關訓練之執行事項。目前中正堂為國家文官學院中區培訓中心所管理。中正堂被登錄為歷史建築的理由為：昔日省府時代主要之省政核心歷史地位；當代重要歷史意涵之表徵，保留高度原風貌完整性，具有被登錄為「歷史建築」之價值。

（4）曾任省訓團主任秘書的林海清先生回憶說[54]：我是民國76年到省府服務，在教育廳擔任總務室主任兼任

---

[54] 林海清先生，民國37年12月20日生，臺灣省臺中市人，民國76年到臺灣省府教育廳服務，民85年到臺灣省訓團擔任主任秘書。國立政治大學教育系博士（78-83年），民國88年退休

科長，後來85年到省訓團擔任主任秘書；剛到省訓團的那段時間，正好是宋楚瑜擔任省長的時期，省府培養重要人才，都借重省訓團的培訓，當年會成立臺灣省省訓團，大約是民國45年時，基於三民主義，要建設一個三民主義的模範村，所以要立機關、修道路、墾荒地、設學校，有大量培養地方自治人才需求，因此省訓團就成為訓練的大本營，不只訓練省府員工，還訓練各縣市員工，包括地政、戶政、民政、警政、教育等等，都到這裡來訓練，最高有3-4千人同時接受訓練，包括一般基層人員的訓練，以及主管的訓練。

　　臺灣省訓團當時的教育長，原來都是軍方中將以上派過來的，直到宋省長派任第一任文官的教育長廖勝雄之後，省訓團訓練方式，就由原來軍方的訓練角色，慢慢轉成人力資源培育的方式。兩者的差別是，軍方受訓過程中是比較重視早點名、晚點名、作息時間一致，課程、上課制度都標準化；而宋省長引進的「以企業家的精神治理政府的『企業型政府』」理念，企業要更有彈性、活力、創意來融入政府的施政之中。所以省訓團銜命改變人員的受訓方式，其中最有名的是送一百位高階主管或九職等以上科長級的幹部到國外訓練三個月，作為省政建設的重要人才。省訓團就感受到業務這麼多，原來的廳舍老舊不敷使用，於是開始規劃，興建文教大樓。蓋文教大樓的那片操場，原本是用作省長出巡或救災使用的直升機停機坪，但因為高速公路通車以後，搭車比較方便，停機坪用得比較少，所以就把該處改建為文教大樓。

十四、古蹟歷史建築保存維護

　　（1）依據《文化資產保存法》第8條、第18條及第20條之規定，古蹟與歷史建築使用機關應該擬定「古蹟歷史建築聚落保存維護」計畫，進行古蹟與歷史建築聚落之保存維護；古蹟與歷史建築管理維護計畫係依據文資法第20條及「古蹟與歷史建築管理維護辦法」相關規定辦理。依此規定，古蹟維護計畫應由由古蹟所有（使用或管理）人諮詢專業人員（含建築、經營、機電、消防及防災等）及地方文史工作者，共同擬訂古蹟與歷史建築管理維護事項與執行計畫，藉此落實古蹟與歷史建築之管理維護工作，以期保存活用古蹟與歷史建築之文化歷史價值。

　　（2）文化部定有古蹟歷史建築管理維護評鑑獎勵計畫，目的是為有效宣導文化資產管理維護觀念，促使古蹟歷史建築所有人、使用人或管理人依法善盡保存及管理維護職責，並獎勵優良之管理機關（構）或相關人員。評鑑結果的獎勵區分為：（a）古蹟歷史建築管理維護優良者，頒發「文化資產管理維護優良」獎座一座；另針對管理維護工作有特殊表現者，頒予「文化資產管理維護特殊表現」獎牌一面，以資鼓勵。（b）屬公有文化資產者，由文化部函請獲獎機關（構）敘獎相關單位及人員。（c）屬私有文化資產者，於次一年度管理維護經費申請時，優予補助。（d）管理維護優良個案以及所有人、使用人或管理人之名單將公布於文化

　　後轉任教職，目前擔任中臺科大副校長，本訪談時間為民國102年6月15日，地點在中興新村光輝里辦公室，主談人為鍾起岱教授與黃秀政教授。參見：鍾起岱（2014）：南投縣文化景觀中興新村口述歷史調查研究計畫結案報告。

部文化資產局網站周知。（e）為傳承與推廣管理維護優良個案之維護經驗、營運模式以及具特殊價值之處，文化部可集結成冊並出版。

（3）文化資產保存法第二十條第二項所定管理維護計畫，其內容包括：（a）古蹟概況。（b）管理維護組織及運作。（c）日常保養及定期維修。（d）使用或再利用經營管理。（e）防盜、防災、保險。（f）緊急應變計畫之訂定。（g）其他管理維護之必要事項。古蹟類型屬城郭、關塞、碑碣、牌坊、墓葬、堤閘、燈塔、橋梁或構造物之殘跡者，得就前項各款內容，擇其必要者訂定之，不受前項規定之限制。前二項管理維護計畫訂定後，應依本法第二十條第二項規定報主管機關備查；修正時，亦同。第一項及第二項管理維護計畫除有重大事項發生應立即檢討外，每五年應至少檢討一次。

（4）為維護古蹟與歷史建築，管理機關必須制定「管理維護計畫」，進行以下管理維護工作，包含：保養、檢測、維修及紀錄四項。在保養方面：（a）保養項目及頻率：古蹟與歷史建築保養項目包括每年過年前例行性清理外，日常保養頻率分每日、每月及每半年3種。（b）執行方法通常為委託清潔公司（簽約配合廠商）派駐一名員工負責每日環境清潔等；每月月底清潔公司進行草木修剪及清理水溝等。而機關指定複查人定期複查清潔公司各項執行結果。若發現有異常現象，填寫「異常現象處理紀錄表」，並委由專業人員辦理進一步之處理。

在檢測方面：（a）檢測重點在於瞭解歷史建築異常現象以及其嚴重程度，做成之記錄為維修層級判斷之依據。（b）檢測項目主要是歷史建築範圍內構造物之檢測，其主要檢修項目與頻率包括：電力箱（盤）、電路，每月檢測；給水設備水質每月檢測；滅火器等消防設備器具，每半年檢測；每2年委託專業人員針對基礎、牆體、棟架之結構安全進行檢測；保養過程若發現有異常現象，另根據「異常現象處理紀錄表」，隨時做必要檢測，以研判其維修處理。在維修方面，主要依據為檢測結果，經研判有維修之必要者，辦理維修。在紀錄方面，有關上述保養、檢測及維修等項之工作過程與成果均做成書面紀錄，必要時增加影像記錄，並依各年度整理備檔。若其層級涉及歷史建築原有形貌，將修復紀錄函送南投縣文化資產審議委員會議審查。

（5）中興新村古蹟與歷史建築，在使用經營管理，目前只有原館這棟建築物作為私人使用，其他歷史建築均為辦公廳舍，除民眾洽公外，無其他再利用項目。相關管理工作目前由「使用單位」負責管理，已有完善組織結構、業務章程、財務管理制度。歷史建築每年之管理維護經費，完全由「使用單位」自行編列。

（6）中興新村古蹟與歷史建築之防盜、防災、保險：防盜措施，大致如下：（a）每日24小時由保全人員進駐，起動保全系統，由忠華保全公司負責保全工作，保全警報系統並與南投縣政府警察局中興分局及虎西派出所連線。（b）協調南投縣政府警察局中興分局虎西派出所於大門設置巡邏箱，夜間不定時巡查。（c）監視器由保全人員每日檢視。（d）歷史建築發生失竊時依竊案處理流程加以處理。

防災計畫大致如下：（a）共同基本事項：如派員參加文化建設委員會、各縣

市政府舉辦之各項防災講習、於入口處設緊急避難路線圖、每年對全體員工舉辦防災講習、每年針對建物及文物設備投保火災險、地震險。（b）火災防範：注意防範火災及電線安全、確實依保養、檢測與維修之規定，執行電力設備、滅火器與消防設備之保養檢測、每年舉行定期消防演練，請轄區消防分隊至本歷史建築舉辦人員消防講習，指導相關人員熟習滅火設備之操作、物品搶救、以及緊急逃生、派員參加主管機關主辦之消防演練，要求本室員工皆熟悉相關滅火設備之操作與程序，以有效防範火災。

（c）雨季颱風災害防範：颱風、豪大雨前溝渠疏通清理、各類排水管污物清除；颱風前門窗加固、玻璃防護等臨時保護措施；颱風前易傾倒或掉落之文物施作加固設施；颱風前庭院植栽等樹枝修剪。（d）地震災害防範：確實依前述保養、檢測與維修之規定，執行結構體之保養維修；加強員工對建築結構系統及可能震害模式之瞭解；要求日常保養維修人員在過程注意對結構體損壞之觀察及記錄，發現異常現象立即通報處理；派員參加文建會、各縣、市政府或相關技師公會舉辦之震害講習。（e）緊急應變計畫：應變任務編組與人員，由副主管擔任召集人，組成「災害緊急應變小組」，負責應變處理決策及緊急應變事宜。

重要名詞：

　　愛臺十二項建設、聚落保存、台灣省政府、人事處、建設廳、交通處、省政資料館、農林廳、水土保持局、類國際式樣、少康中興、有巢建築師事務所、郵電局、電信局、台灣銀行中興新村分行、中興會堂、巴洛克式、西洋古典建築、雷霆機、中正堂、原館、台灣新生報、福利券、組合式、台灣銀行

想一想

　　1.據南投縣政府文化局公布的方案，中興新村文化景觀保存區域範圍內，計有古蹟1處、歷史建築11處，請分別列出來。

　　2.台灣省政府被指定為縣定古蹟的理由為何？

　　3.省政大樓的外觀，有哪些特徵？

　　4.臺灣省政府規模在民國86年12月底精省前夕，所轄機關大致包括哪些？

　　5.請問民國86年的「精省」政策大致是如何制定的？

　　6.中興新村的早期辦公廳舍屬於單邊走廊教室型辦公廳舍，其內部格局與功能大致為何？

　　7.請簡單介紹一下中興會堂的建築風格？

　　8.請簡述「原館」命名的由來。

　　9.簡述國家文官學院中區培訓中心中正堂的歷史價值。

　　10.依據文化資產保存法規定中興新村的管理維護計畫，其內容包括哪些重點

11.中興新村的建設有哪些風水傳說？試舉兩例。

12.請簡述西洋古典建築的特點？

13.請簡述將軍主席周至柔先生的生平與事蹟。

我的學習單

（　）1. 中興新村高等研究園區定案於：
（A）民國96年（B）民國97年（C）民國98年（D）民國99年

（　）2. 核定「中興新村發展為高等研究園區」的行政院長是：
（A）吳敦義（B）劉兆玄（C）張俊雄（D）毛治國。

（　）3. 中興新村高等研究園區之中央主管機關為：
（A）科技部（B）國發會（C）南投縣政府（C）內政部。

（　）4. 中興新村被指定為「文化景觀保存」主要是在哪一個會議中決定：
（A）南投縣文化資產保存委員會（B）南投縣文化創新委員會
（C）南投縣中興新村發展委員會（D）科技部科技發展委員會

（　）5. 中興新村被指定為「文化景觀保存」在當時的氛圍下是屬於：
（A）討喜的方案（B）討厭的方案（C）折衷的方案（D）以上皆是

（　）6. 台灣「建築師法」，是民國幾年公布制定的：
（A）民國45年（B）民國50年（C）民國55年（D）民國60年。

（　）7. 台灣省政府大樓建設時稱為一號大樓，屬於以下哪一種設計：
（A）山字型設計（B）出字型設計（C）一條龍式設計（D）ㄇ字型設計

（　）8. 設計台灣省政府大樓的設計者是：
（A）劉永楙先生（B）陸怐如先生（C）王大閎先生（D）楊卓成先生

（　）9. 臺灣省政府於民國幾年正式遷入中興新村：
（A）民國46年（B）民國47年（C）民國48年（D）民國49年

（　）10. 臺灣省政府大樓正面朝向：
（A）東北方（B）東南方（C）西北方（D）西南方

（　）11. 省府大樓前景觀綠地處有一尊銅像，請問是以下何人的銅像：
（A）蔣介石（B）孫中山（C）李登輝（D）嚴家淦

（　）12. 省政大樓目前地址為省府路一號，但在民國48年，她的地址被編為：
（A）臺北路7號（B）基隆路3號（C）南投路1號（D）台中路9號

（　）13. 原行政院人事行政總處中興新村辦公室，中央組改前稱為行政院人事行政局地方人事行政處，前身為臺灣省政府人事處，其設計風格屬於：
（A）巴洛克式風格（B）羅馬式風格（C）日式風格（D）類國際式風格

（　）14. 原行政院人事行政總處中興新村辦公室，中央組改前稱為行政院人事行政局地方人事行政處，前身為臺灣省政府人事處，其設計者是：
（A）劉永楙先生（B）陸怐如先生（C）王大閎先生（D）虞曰鎮先生

（　）15. 中興新村早期辦公廳舍在功能上屬於單邊走廊教室型辦公廳舍，這種單邊
走廊型主是日據時期哪一種學校的設計造型：
（A）幼兒園（B）公學校（C）軍事學校（D）帝國大學

（　）16. 臺灣省政資料館組織的前身是：
（A）省政府圖表室（B）主計處統計室（C）秘書處資料室（D）教育廳統計室

（　）17. 精省前，負責以省政統計圖表外賓范臨台灣省政府最常被作為簡報場地的
是：
（A）省政資料館（B）省長官邸（C）省政府第一會議室（D）新聞處會議室

（　）18. 民國78年（1989），省政資料館內著名的荷園是由哪一位主席開始建設：
（A）陳大慶（B）連戰（C）宋楚瑜（D）邱創煥

（　）19. 中興會堂是哪一位省主席時期的建築：
（A）嚴家淦（B）周至柔（C）陳大慶（D）謝東閔

（　）20. 中興會堂的飛機造型構思最早來自：
（A）F-84（B）F16（C）F104（D）F5E

（　）21. 中華民國空軍之父的稱號的省主席是：
（A）周至柔將軍（B）黃杰將軍（C）陳大慶將軍（D）陳誠將軍

（　）22. 民國50-70年代，老省府員工最常前去看電影的地方是：
（A）老虎城（B）南投大戲院（C）中興會堂（D）中山堂

（　）23 原館的前身為臺灣新生報文化服務中心，大約完成於1963年，她的外型像
一隻：
（A）白色的蝴蝶（B）白色的海螺（C）白色的玻斯貓　（D）白色的大蝸牛

（　）24. 原館的設計者是：
（A）修澤蘭女士（B）陸恂如先生（C）王大閎先生（D）楊卓成先生

（　）25. 省訓團裡面的文教大樓興建前，原本是一片操場，原來是做為甚麼使用：
（A）員工訓練（B）直升機停機坪（C）停車坪　（D）升旗典禮

（　）26. 中興會堂目前的管理者是：
（A）台灣省政府（B）中科管理局（C）南投市公所（D）中興高中

（　）27. 原館目前的管理者是：
（A）台灣省政府（B）中科管理局（C）南投市公所（D）私人產權

（　）28. 原館目前是作為：
（A）文化中心（B）簡餐餐廳（C）展覽館（D）圖書館

（　）29. 原館建造完成後，主持開幕典禮的省主席是：
（A）周至柔將軍（B）黃杰將軍（C）陳大慶將軍（D）陳誠將軍

（　）30. 維護古蹟與歷史建築，管理機關通常必須制定「管理維護計畫」，進行管
理維護工作，應包含：保養、檢測、維修及以下哪一項：
（A）管理（B）清潔（C）紀錄（D）營運。

（　）31. 精省修憲工程的主管機關是：

（A）立法院（B）總統府（C）監察院（D）國民大會

（　）32. 展現「雄鷹展翅」風格的大樓是：

（A）省政大樓（B）中興會堂（C）省政資料館（D）台灣銀行中興分行

第十章　中興新村的宗教

本章重點

　　南投的宗教在台灣光復之前，主要是道教、佛教與齋教，光復之後，又加入了基督教、天主教、摩門教等宗教，以南投縣來說，寺廟最多應屬埔里鎮，其次是南投市與草屯鎮，中興新村位於南投市與草屯鎮的交界地帶，宗教本來就非常盛行，省府疏遷之後，隨同省府公務員南下的除了家眷之外，宗教也跟著南來，中正路兩旁，林立了中興佛社、聚會所（召會）、中興天主堂、浸信會、摩門教、長老教

中正路作為中興新村的主要道路，道路西側寺廟教堂林立，被稱為宗教大道，又因兩側植滿了高大的菩提樹，也被稱為菩提大道（鍾起岱提供）

會，鄰近地區又有福龍宮、紫晶宮、聖德宮、七將軍廟、慶福寺、紫薇宮等等，種滿菩提樹的中正路，被稱為「菩提大道」或是「宗教大道」，可見此地的宗教盛況。

　　江清馦[1]回憶說：中興新村的信仰，你曉得我們中華民族的人，可以講一句話就是兼容並蓄，所以神與神呢，不會打架，所以中興新村裡面什麼基督教、天主教、佛教、摩門教，什麼教，反正大家自由。王三重[2]也回憶說：我國是一個宗教

[1] 江清馦先生民國31年12月17日生於嘉義縣，中興大學行政學系畢業、政治大學（公共行政所）碩士、新加坡大學（University of Singapore）社會福利研究所結業，民國58年8月1日遷入中興新村，曾任國家政策研究基金會政策委員、內政部常務次長、臺灣省政府副主席、行政院政務顧問等職。參見：鍾起岱（2014）：南投縣文化景觀中興新村口述歷史調查研究計畫結案報告。

[2] 王三重先生，民國28年5月10日生於屏東縣，約民國61年6月遷住中興新村，曾任臺灣省政府法規會主任秘書、高雄市政府法規會主任委員、臺灣省政府社會處副處長、臺灣省政府副秘書長、行政院勞工委員會副主任委員、勞工保險監理委員會主任委員，參見：鍾起岱（2014）：南投縣文化景觀中興新村口述歷史調查研究計畫結案報告。

信仰非常自由的國家，在中興新村範圍內，即可看見佛社、基督教堂、天主教堂，羅列在中正路上，各人的信仰不同，但同事、朋友情誼仍在，有些教會還附設有托兒所，提供未達學齡之兒童照顧，俾便父母上班實無後顧之憂。中興新村村外的寺廟大都歷史久遠，村內的宗教寺廟則與中興新村建村有關，大多集中在中正路西側，依據建造年代，依序是浸信會（1958）、聚會所（1959）、天主堂（1961）、聖三一教會（1963）、長老會（1965）、佛社（1966）、摩門教（1981）。表10-1是中興新村主要的宗教信仰據點，本章主要探討中興新村的宗教信仰。

表10-1　中興新村主要宗教信仰

宗教／寺廟名	地址	教別
觀音山觀音寺	南投市東山里東山路13號。	佛教
中興新村紫晶宮	南投市中興新村中興醫院後山	道教土地公廟
中興新村天主堂	南投市中興新村中正路180號	天主教（中興新村耶穌君王堂）
中興新村佛社	南投市中興新村中正路158號	佛教（財團法人台灣省南投縣中興佛社）
聚會所	南投市中興新村中正路154號	基督教（中興新村神召會）
中興新村長老教會	南投市中興新村中正路220-10號	基督教（中興新村長老教會）
摩門教堂	南投市中正路220-6號	摩門教（耶穌基督末世聖徒教會）
浸信會堂	南投市中正路220號	基督教（財團法人中華基督教中興新村浸信會）
福德宮	南投縣南投市營盤路91巷12號之1	道教（玄天上帝）
紫微宮	南投縣草屯鎮草溪路215號	道教（玄天上帝）
聖三一堂	南投縣南投市中興新村虎山路104號	基督教路德教會
七將軍廟	南投市營盤路136號	道教（功德神明）
萬靈祠	南投市營市里東閣路601巷11號	道教（土地公）
內麓慶福寺	南投縣南投市內興里南營路430號	道教（慚愧祖師）

一、齋教：消失的民間信仰

（1）齋教信徒的特點是茹素，不剃髮出家，不穿僧衣，亦佛亦道，此種在家修行的宗教，南投地區在日據時代及以前可說是齋教的盛行區，主要是齋教這種「民間佛教」特性與南投居民早期結構以工、農為主體的性格相符，但光復之後，齋教教堂，大都改為道教或佛教，真正的「齋堂」已經為數不多，中興新村鄰近地區虎山中有少數修道的私人道觀，大都有這樣的特色。

齋教又被稱為「在家佛教」，這和齋教主張清心寡慾、茹素白衣，又不用遁入空門，教義傳統而簡單，行事低調秘密有關。齋教在南投縣的發展，與一般佛教並行，1741年（乾隆六年）在南投市創設的福慶堂，是齋教在南投縣最早的道場。南投縣在日據時代新增不少寺院，大部分屬於齋教道場，滿天堂（南投市）、慈雲寺大約都是此一時期新增的齋教寺廟。齋教的道場通常被稱為「庵」或「堂」，主持者早期被稱為「菜姑」或「菜公」或「居士」，齋教由於其道場都位於深山林內，一度曾經是台灣信徒最多的宗教，在日治時期被認為是秘密佛教的一支，原來日本人對宗教是採取放任的態度，但1915年余清芳在台南噍吧哖西來庵起事抗日，就

是以齋教為號召，糾眾兩千餘人，發動武力抗日，是為西來庵事件[3]，後遭日軍擊敗。事後，台灣總督府立即查禁齋教，齋教信徒，為了避禍，乃多遁入日本佛教禪宗或臨濟宗。二次大戰結束後，齋教又一度風行，不久又受到的打壓和中國佛教會的批判而逐漸式微，轉為一般佛教寺廟，或轉成一貫道信仰。

（2）齋教[4]為是台灣早期民間的祕密信仰的流派之一，齋教原屬中國民間祕密宗教的一支，其教義和形式跟佛教頗為類似，經常被誤認為佛教一支派，但其本質上並不以佛教教義為終極依歸，實際上比較接近一貫道。齋教源於羅教[5]，教義雜揉儒家、道家、道教、佛教思想，頗類白蓮教[6]在家弟子修行的方式，由在家修行者傳襲，主持教儀，茹素，不剃髮出家，不穿僧衣。齋教在南投縣的發展，1741年（乾隆六年）在南投市創設的福慶堂，是齋教在南投縣最早的道場，日據時代以前，齋教道場至少有養善堂（竹山鎮）、善養堂（名間鄉）、龍德寺（集集鎮）、

---

[3] 西來庵事件，又稱余清芳事件、玉井事件、噍吧哖事件，發生於大正四年（1915年）的武力抗日事件，領導人為余清芳（1879－1916）、羅俊（1854－1915）、江定（1866－1916）等人。西來庵事件是台灣日據時期諸多武裝抗日中規模最大、犧牲人數最多的一次，同時也是台灣人第一次以宗教力量抗日的重要事件，更是台灣漢人史載最後一次大規模武裝抗日事件。

[4] 「齋」在佛教的本意是「過午不食」，也就是不食「非時」之食。在佛陀的時代，早晨，手伸出來還看不清楚手的紋路之前，是不能進食的。過午之後，也不能再進食，進食之外的其他的時間，就叫做「非時」，根據戒律，是不可以吃東西的，這叫做「持齋」。不過，在中國的大乘佛教，出家人是茹素、戒五辛的。所以很多人就把茹素、戒五辛的飲食叫做「齋」。

[5] 羅教，又稱無為教、大乘教，是中國明清兩代最流行的民間宗教教派之一，明代中葉有一個槽運的將領羅清（1442年－1527年），據說是山東即墨人，被稱為羅組，羅清三歲喪母，七歲喪父，由叔嬸培育成人，家境貧寒，14歲投軍，曾於北京古北口長城密雲衛擔任駐所，由於在荒山野嶺的邊塞，生活艱苦貧乏，萌發了對宗教的狂熱追求，其後調任漕運的低階軍官，在從軍期間，娶顏妙榮為妻，生下一子羅佛正、一女羅佛廣，30歲左右離開軍中，雲遊四海，曾師從佛教臨濟宗（屬於禪宗）無諍禪師、寶月和尚為師，又結合佛教白蓮宗、道家老莊思想、道教全真派、正一派與儒家的教義，41歲悟道，68歲成立「無為教」，並回到古北口布教，信徒都是凤邊的軍人、手工業者與小商賈，不久，羅清被順天府以「邪教」拘捕入獄，在獄中，羅清的弟子「福報」與「福恩」入獄探視，並抄錄羅清說教的大意，製成「寶卷」。其後信徒買通獄卒，羅清因而出獄，更積極傳教，將所有「寶卷」集結為五部六冊。主張尋求人心本性的覺悟，反對外在的宗教儀式或造像，適合在家修行，信眾以軍人、水手為主要基礎，會堂遍布大江南北，主張素食、念經，作風平和，故被稱為「齋教」，由於主張學佛不用出家，被稱為「在家佛教」，信徒多著白衣，也稱為「白衣佛教」，神職人員稱為菜姑、菜公，佛堂稱為菜堂。在民間，羅清被稱為「羅祖」，地位崇高，羅教信徒眾多，分成多個派系，往往與白蓮教並稱，在山東一度威脅正統佛教的地位，在清代多次受官府取締，被指斥為邪教，支派流衍成長生教、青蓮教、真空教等多個教派，主張真空家鄉、無生父母（無生老母），正德皇帝時，羅清被封為無為老祖，羅清的同鄉蒲松齡寫了一本「聊齋誌異」，也記載了羅清的故事。

[6] 白蓮教，是跨越我國多個朝代的一個秘密民間宗教組織，發展過程中融入了包括彌勒佛在內的其他宗教的內容，一般認源於宋高宗紹興三年（1133年），由慈照和尚茅子元創立的佛教淨土宗分支白蓮宗。因其教徒禁食蔥乳，不殺生不飲酒，神職人員不出家，多娶妻生子，常被視為附佛邪教。白蓮教作為一個秘密民間宗教組織，在歷史上發動多次民變，屢次受到鎮壓。在元朝時，白蓮教與明教、紅巾軍、彌勒信仰有關。元末白蓮教和明朝建國頗有關聯。在明朝以後，白蓮教接受了羅清的「無生父母」思想，成為了羅教系統的秘密宗教。參考https://zh.wikipedia.org/wiki/%E7%99%BD%E8%93%AE%E6%95%99

金天堂（魚池鄉）、德生堂（埔里鎮）、開天佛堂（水里鄉）等處。其中，養善堂屬於先天派，其餘皆屬龍華派。

（3）日據初期，齋教也新增不少寺院，從1904年（明治三十七年）到1940年（昭和十五年）之間，齋教道場至少新增十五座，其中，屬於龍華派者有久靈堂（埔里鎮）、覺靈堂（埔里鎮）、德華堂（埔里鎮）、天德堂（埔里鎮）、滿天堂（南投市）、協天堂（國姓鄉）、奉善堂（國姓鄉）、明德堂（國姓鄉）、明善堂（國姓鄉）、善德堂（中寮鄉）、忠天堂（集集鎮）等處；屬於先天派者有明山巖（名間鄉），另有清德堂（國姓鄉）也是齋堂。南投附近原本屬於齋堂的佛寺有福慶堂（寺）[7]、滿天堂（寺）[8]、慈雲堂（寺）[9]、中寮善德堂（仙峰寺）、觀音山觀音堂（寺）[10]等。

（4）「齋教」之名，原名「老官齋教」[11]，為明朝末年姚文宇所創，姚文宇生於浙江處州府的慶元縣，法名普善，著有「三世因由」一書，他自稱「初世姓羅，二世姓殷，三世姓姚」。所謂「初世姓羅」，就是指羅祖，也就是羅清，「二世姓殷」，指的是殷繼南，「三世姓姚」，就是姚文宇自己。齋教在清朝統治臺灣的212年當中，分別由大陸傳到臺灣，其實，姚文宇是自我研習羅教之人，並非是羅教正統的續燈弟子，不過由於他修養日深，信徒日眾，號稱「無極聖祖」。再加上他的弟子中，龍象輩出，門人號稱三千，其中，具有影響力的高足就有八十一人。因此，齋教演變成泛指羅祖信仰之宗教，而真正的老官齋教，為了分別，改稱為齋教龍華派，這也是台灣齋教最大派。

（5）台灣齋教有三派：龍華、先天和金幢三派[12]，在日本統治時期，齋教的廟堂是與佛教、道教的寺廟分別在政府的統計中出現，顯然被承認是一個獨立的宗教實體。據連橫先生的「臺灣通史」宗教志的記載：「臺灣齋堂之設，從者頗多。其派有三：曰先天，曰龍華，曰金幢，皆傳自惠能，而明代始分。」可見，在連橫先生撰寫臺灣通史的時代，齋教是被歸類為佛教的，且信徒相當的多。連橫先生認為齋教源之於禪宗的六祖惠能大師，而羅祖的師承，傳說很多，有說臨濟宗寶月禪師或臨濟宗無際明禪師，不過也有學者認為，羅教是民間教團，不能歸屬於中國正統的宗教。這也是台灣光復以後，齋教受到正統宗教結合內政部打壓而沒落的原因

---

[7] 福慶堂，清乾隆六年由齋教復信堂派信徒黃普親所建，大正六年（1917）整修，昭和七年（1932）重建，主神是釋迦牟尼佛及觀世音菩薩，位於南投寺藍田街6號，目前建築破舊，可能不久後會消失。

[8] 滿天堂，建於明治四十四年（1911），大正二年（1913）完工，昭和九年（1934）因堂基腐朽而改建落成時，日本官員還派人參加，原屬齋教龍華復信堂派，目前主神是阿彌陀佛，位於南投縣南投市彰南路一段353巷217號。

[9] 慈雲寺（原名旨德堂）建於大正七年（1918年），原屬齋教龍華復信堂派，大正十年由達明師接任，目前主神是釋迦牟尼，位於佛南投縣南投市振興里南鄉路250巷819號。

[10] 建於民國42年（1953年），原為齋堂，目前主神是三寶佛、觀世音菩薩、地藏王菩薩，位於南投縣南投市東山里東山路13號。

[11] http://blog.xuite.net/yanggille/twblog/114618451-%E6%B7%BA%E8%AB%87%E8%87%BA%E7%81%A3%E7%9A%84%E3%80%8C%E9%BD%8B%E6%95%99%E3%80%8D

[12] 在家佛教：台灣彰化朝天堂所傳的龍華派齋教林美容（中研院民族所研究員），祖運輝台灣齋教的歷史觀察與展望http://enlight.lib.ntu.edu.tw/FULLTEXT/JR-AN/an115797.htm。

之一。在連橫「臺灣通史」記載：「三派入台，以龍華為首，金幢次之，先天最後。」

（6）龍華派齋教修行的層次，依序為：小乘、大乘、三乘、小引、大引、四偈、清虛、太空、空空等九品，空空是最高的等級，也是教主。金幢派齋教，主持者稱護法，餘為大眾。先天派齋教，又分三乘：拋別家園，不事配偶，專行教化，是為上乘；在家而出家，在塵不染塵，是為中乘；隨緣隨俗，半凡半聖，是為下乘。先天派齋教，大約在清朝咸豐年間，由李昌晉與黃昌成，領李道生之命，傳入臺灣，其早期歷史與民國35年傳入台灣的「一貫道」[13]，幾乎完全一樣，應是系出同門。

（7）齋教的修行，連橫於台灣通史這樣說：「夫齋徒以修淨為主，禁殺生，絕五辛。可謂能清其體矣。清其體而後能澄其心，澄其心而後能絕其慮，絕其慮而後能明其性，明其性而後能通其道，通其道而後能悟生死，解輪迴，自度而度人。」對於齋教的表現，連橫說「若乃假借淨修，潛行邪匿，情緣未泯，穢德彰聞，則又佛教之罪人也。」可見，當時的齋教的表現，在連橫先生以佛教的「戒、定、慧」三學來衡量，有褒有貶。

（8）齋教在台灣受到第一次嚴重打擊是在1895年日本佔領臺灣之後，以武力鎮壓台灣人民的反抗，雖然「臺灣民主國」沒到半年隨即被粉碎，使得這些抗日組織轉入地下，假借宗教信仰，繼續反抗，尤以西來庵事件，齋教信徒受到牽連者甚眾，因此為了自保，遂與日本佛教共同建立了「愛國佛教會」，並以日本的曹洞宗為領導中心，而齋教三派的信徒，也順理成章的成為日本曹洞宗的信徒，齋教的宗教活動，都被嚴密控制，各派齋教的齋堂信徒，都需設置名冊，信徒的住址、年歲以及其他資料，都要呈報。後來先天派長老黃玉階醫師（1850－1918）倡議在「愛國佛教會」之外，設立齋教聯合會，但可惜由由於日本當局的打壓，不及實現，反而被當時負責宗教調查的丸井奎治郎[14]順勢組成「南瀛佛教會」取代，後來又在日本皇民化政策下，也有許多齋堂被迫改為日本神社，原有齋教的祖師像，俱受焚化，使齋教元氣大傷。

（9）由於齋教信徒，雖然不著法衣、不剃髮，卻能通佛教教義，嚴守戒律，慢慢被佛教接受，成為「在家佛教」，光復以後，在家修行者被稱為「居士」[15]，有些齋教領導人後來也出家，例如法雲寺住持妙果長老，原為齋教龍華派的太空，以齋教領袖再皈依覺力老和尚，成為法雲寺開山祖師的大弟子。

（10）臺灣光復以後，大約十餘年間，原有的齋堂逐漸恢復，但後來又由於

---

[13] 一貫道於民國十一年由張天然「奉天承運」所創，並在民國35年傳入臺灣，但兩者之間，從教祖的譜系（一至十四祖都是相同）以及教義來看，完全相同。

[14] 丸井奎治郎本身就是日本臨濟宗的佛教學者，他以總督府內務局社寺課長之便，並自任為會長。

[15] 居士之名，由來已久，經常作為在家學佛者的稱謂。居士可指一般隱居不仕之士，又可指佛教居家修行人士，亦可指所有非出家的學佛人士，唐宋以來自稱居士的文人非常多，例如李白自稱青蓮居士，白居易自稱香山居士，歐陽修自稱六一居士，蘇軾自稱東坡居士，這些居士文人都有一特點，就是研習佛法。

受到中國佛教會以及佛學大師李炳南[16]的批評[17]，而開始沒落，逐漸更加「佛教化」，因此，大多改為佛教的寺院，住有僧侶，成為道道地地的佛教叢林，只有少數的齋堂，改奉民間信仰的神祇，形式也與一般目前的本省宮廟沒有兩樣，也有部份齋堂與大陸新傳入的一貫道信仰合流，加上民國38年政府遷台，很多著名的大陸之高僧大德，紛紛東渡，加上政府的威權統治，使臺灣的政、經、社會很快的、完全的「中國化」，而大陸的大乘佛教，也因各宗各派的師父之傳戒與弘法，使正統的中國佛教得以在臺灣大行，這個曾經風行在臺灣數百年的「齋教」，忽然間銷聲匿跡，甚至已被現代的臺灣人們遺忘了，十分可惜，大致來說，台灣寺廟被稱為庵或堂，早先很可能是齋教的菜堂。

二、佛教：觀音寺

（1）觀音寺位於中興新村後山，從中興新村高爾夫球場開始，步行約120分鐘即可抵達，經常有山友尋線來此健行。觀音山觀音寺位於南投市東山里東山路，從觀音寺往南投酒廠方向再走一公里左右，可抵著名的觀光聖地龍鳳瀑布。觀音寺目前是一座三層樓巍峨壯麗的佛殿，寺前有一對白象，佛教認為白象為普賢菩薩坐騎，通常是代表善良慈悲的意思，整棟建築為淡雅脫俗的白色，開始是一座不起眼的平房，據說原本是一座齋堂，創建者是善德堂的在家居士詹蘭旺女

這張是民國42年前後，觀音寺的外貌，門前的居士有可能是詹蘭旺居士，照片引自南投縣佛教會http://ntcba.blogspot.tw/2011/01/blog-post_4875.html

---

[16] 李炳南居士（1891－1986），名豔，字炳南，號雪廬，法號德明，別署雪僧、雪叟，山東濟南人，曾任至聖先師奉祀官府主任秘書，是著名的中醫師、台灣佛教居士，創辦台中蓮社，他與廣欽法師、煮雲法師被認為是臺灣淨土宗三大推手，對於中台灣佛教界有著重大的影響力。雪廬抵台後，奉祀官府設於台中市復興路一陋巷裡的一幢日式平房中，他辦公於斯，食宿於斯，於公務安頓後，即覓弘法之所。初覓得法華寺，首開講《心經》，繼講《四十二章經》。他又是一位有執照的中醫師，在寺內設中醫診所，施醫濟眾，又開圖書閱覽室，廣置佛書，供聽眾閱讀。由是法緣日廣，講經場所擴充到靈山寺、寶覺寺、寶善寺，慎齋堂、菩提場、佛教會館等處。由於台中蓮社的成立，各地念佛風氣大盛。民國四十四年，他到台灣北部桃園縣講經，輔導該地蓮友成立了桃園佛教蓮社。四十五年五月，他到屏東講經，也成立了念佛團。後來，台灣中部如霧峰、豐原、員林、東勢、后里、鹿港、卓蘭等地，都成立了佈教所或念佛會。由於李炳南曾經擔任公務員的身分，中興新村建村之後，中興新村的公務同仁曾多次邀請李炳南居士前往講道，大約於民國51年於中正路成立中興佛社。

[17] 李炳南居士大約於1952年開始批評齋教，認為「所謂的龍華派，乃是外道，借名冒充佛教，必須嚴辦」。隨著佛教逐漸興起，齋教開始在台灣沒落，南投的齋教也因而消聲匿跡。

士[18]，牆壁上彩繪觀世音菩薩聖像供奉，在佛教劃歸臨濟宗，又由於所在的山勢地形極像「觀音坐蓮台」之姿，故被稱為「觀音堂」，「觀音堂」與鄰近的中寮鄉善德堂淵源深厚，先是中寮鄉善德堂年久失修，詹蘭旺居士請來正虔法師協助整修，改名為仙峰寺，並擔任住持[19]。

　　民國48年南投地方士紳發起籌建觀音寺之議，期能使該寺成為續佛慧命，正法久住之道場，於是經呈報南投縣政府核准興建寺，民國52年南投地方士紳敦請協助中寮鄉仙峰寺的正虔法師駐錫住持，期能積極弘揚佛法，廣度眾生，經過正虔法師多年奔走，於民國65年經台灣省政府民政廳核准，並延聘苗栗名建築師謝潤德先生設計動土鳩工興建，並由正虔法師親躬其勞，歷時三年餘，完成興建三層壯麗樸素雄偉佛殿，第一層供奉地藏王菩薩，第二層供奉觀世音菩薩，第三層供奉三寶佛。大殿兩側為接待室及圖書館等。並於67年11月21日禮請悟明長老舉行開光安座典禮，始有今貌。正虔尼師（1919-1986）真名已無可考，據說是彰化縣人氏，25歲時在台中后里昆盧禪寺出家，為苗栗大湖法雲寺覺力法師一派，是一位傳奇的出家人，正虔尼師創建觀音寺後於75年8月9日舍報安祥示寂，荼毘後得各色舍利數十顆，因此被尊稱為觀音寺開山第一代住持。

　　（2）民國94年8月，觀音寺經南投市公所核定由正虔法師師兄弟傳深尼師接任管理人；傳深法師，竹山鎮人，中學畢業後即親近正虔法師，民國72年依止廣欽老和尚出家，同年前往臺北圓山臨濟寺受具足戒；現任住持為道明尼師，法師為草屯人，早歲投禮正虔法師出家，畢業於苗栗法雲禪寺佛學院，續受學於正覺佛學院。兩位尼師學養豐富，修持嚴謹，數十年來對觀音寺之興革、修建，貢獻卓著，頗獲信眾護持與愛戴，信眾凡有所求，無不慈悲隨順滿其所願。

三、佛教：中興佛社

　　（1）佛教之傳入南投縣，與漢人入墾同時[20]，南投縣最早創建的寺院，當推南投市郊的碧山巖，相傳該巖由墾民初建於1726年（雍正四年），原係一小庵，供奉觀音佛祖，1752年（乾隆十七年）由住僧觀恩募款建寺，乃定寺名為碧山巖。南投市的另一古剎是慈雲寺，該寺又名觀音亭，或稱佛教堂，大約始創於乾隆年間，1777年（乾隆四十二年）住僧松茂募款重修，其後迭

成立於民國51年的中興佛社，成立時請來李炳南居士加持，目前的莊嚴佛社是九二一地震後重建的三層樓建築。（鍾起岱提供）

---

[18]　詹蘭旺居士，南投人，在家居士，生卒年不詳。

[19]　仙峰寺創建於一九0三年，由一出家僧侶（名不詳）所建，後出徐岡居士接管，名為「善德堂」。後再由詹蘭旺居士住持多年，因經費問題，導致寺務無法開展，而荒廢多年。到了民國四十二年二月才由正虔尼師前住持。正虔尼師五歲時在台中昆盧禪寺出家。http://techart.tnua.edu.tw/formosa/temple/b/03middle06.htm#07

[20]　http://www.mst.org.tw/magazine/magazinep/TaiwanBuddhish/52%E5%8F%B0%E7%81%A3%E4%BD%9B%E6%95%99%E8%BE%AD%E5%85%B8.htm

有變遷。今寺址在崇文里中山街。1861年（咸豐十一年）南投市居民藍端在草尾嶺（西嶺里）鳩資創建公廳以為居民集會之所，並供奉觀音佛祖，此即南投市鳳山寺（樟普寮）之成立緣起，該寺俗稱觀音媽廟，或草尾嶺公廳；在日本宗派方面，當時南投縣有曹洞宗、臨濟宗妙心寺派、淨土宗、真宗本願寺派、高野山真言宗等五派，分別在南投市及各鄉鎮設有布教所。這些布教所大多由本地原有寺院改宗而成（如：齋教奉善堂改屬曹洞宗，明善堂改宗真宗本願寺派）。台灣光復後，佛教大盛，南投縣的佛教寺院可能超過140座，其中以埔里最多，其次是南投市，第三位是草屯鎮。

（2）1957年省府遷中興新村後，台灣省政府信仰佛教的一些同仁，成立中興佛社，這是一座沒有師父駐錫的民間佛教，但也非齋教，作為純粹的佛學研究社，1962年（民國51年）7月10日該社法務組長楊青藜居士[21]洽請李炳南居士[22]前往講演佛法，據說每週二晚間前往講授兩小時，有系統的介紹佛法，第一次在中興會堂舉行，其後改借光榮國小（當時稱為第二國校）或光華國小（當時稱為第一國校），聽眾多係省府各廳處公務員及其眷屬，民國55年中興新村佛教同仁籌建中興佛堂落成，地址在中正路158號，當時即請李炳南居士啟鑰。

（3）中興佛社原有佛堂於民國88年九二一大地震倒塌，目前佛堂為九二一地震後重建之佛堂，由杜德三等人捐助而成。既然是佛社，主神當然就是釋迦牟尼佛，佛社目前由林佑益居士主持，宗旨內有「四為三不」，「四為」是「為弘護正法、為求解脫、為轉移污俗、為求學問」，三不是「不昧佛法同流合汙、不借佛法貪圖名利、不以佛法受人利用」，此「四為三不」據說即出自李炳南居士，作為日後弟子們學佛的原則，佛社平日行事低調，甚少為人所知。財團法人臺灣省南投縣中興佛社，於民國83年立案登記，目前董監事多人，大多曾任職台灣省政府，仍維持每周二作為固定研習佛法的聚會時間。

四、神召會：中興聚會所

（1）神召會是基督教的教派之一，俗稱聚會所，聚會所也是台灣自創的基督

---

[21] 楊青藜先生，生卒年不詳，斯時任職台灣省政府交通處，後曾出任交通部航政司長，據說他也是道教全真龍門派第11代傳人。著有大成捷徑，由台北真善美出版社出版。

[22] 李炳南（1891-1986），名艷，字炳南，號雪廬，法號德明，別署雪僧、雪叟，山東省濟南人，據說國府時代曾任至聖先師奉祀官主任秘書，也是著名的中醫師、台灣佛教居士，創辦台中佛教蓮社。1930年因友人介紹，皈依印光法師，法號德明，但其實並未真正出家，一直到1933年他到南京出差，才在蘇州報國寺真正見到印光法師，1949年徐蚌會戰之後，因孔子嗣孫孔德成先生舉家遷往台灣，將大成至聖先師祀奉官遷至台中，李炳南也因此隨往，同時開始在台中的法華寺義診與講經，1950年成立台中蓮社，成為宗教大師，1952年李炳南居士開始大力批評齋教龍華宗，認為「所謂的龍華派，乃是外道，借名冒充佛教，必須嚴辦」。內政部也因此開始取締齋教，導致齋教沒落轉型，他與廣欽法師、煮雲法師被認為是臺灣淨土宗三大推手，對於中台灣佛教界有著重大的影響力。

教教派，台灣的創始人主要是倪柝聲（1903－1972）[23]、李常受（1905－1997）[24]等人，召會的意思取其「蒙召的會眾」之意，認為領受其真理的信徒，就如同以色列百姓一樣，是神從萬民（眾信徒）中揀選出來，召會沒有牧師、沒有神父，主事者稱為長老，協助者稱為同工，信教者稱為弟兄，是基督教比較神祕的教派，一般基督徒採用「受洗」的方式，召會則採用「受浸」的方式，進行「皈依」的儀式。

（2）1957年台灣省政府南遷中興新村，當時省府員工及眷屬於分批遷來新村辦公，其中有神召會信仰，在各廳處服務的弟兄姊妹們約一百餘人，有名者包括：方開啟、劉景松、陳明星、林振光、賴家藩弟兄等，1958年8月8日召會弟兄在陳明星弟兄家第一次聚會，後因人數增加，改在賴家藩弟兄家；當時每週二有禱告聚會，週四有查經聚會，主日借第一國校（現光華國小）禮堂擘餅（造就）聚會，或傳福音（佈道大會）。繼之每週五晚上，輪流在弟兄家有家庭福音聚會，由於人數不斷增加，一年後，主日聚會人數超過150人，因此決定興建聚會所。1958年9月9日在中正路購得農地四百八十坪，請熟諳建築工程之弟兄規劃設計三十坪大之聚會所一幢，及十五坪之兒童會所，中興新村神召會[25]於焉成立，1959年2月7日工程完成，中興新村召會原建會所係木造磚牆瓦房，九二一大地震後，不堪使用，為顧及召會眾安全，及各地眾召會經常相調之需要，乃將原會所拆除重建，為地下一層，地上三層之新會所，以應召會往前之急切需要；新會所於2002年11月30日動工，2003年4月12日交屋；2003年底加蓋四樓，建坪共900坪，可接待120人。

（3）中興新村初期召會生活在聖徒（信徒）家裏聚集，週二有禱告聚會，週四有查經聚會，主日借第一國校（現光華國小）禮堂擘餅（造就）聚會，或傳福

---

[23] 倪柝聲（Watchman Nee，1903－1972）祖籍福建福州，生於廣東省汕頭市，是一位著名的中國基督教新教領袖人物，也是少數在西方具有一定影響力的華人基督徒之一。他將中國基督新教早期的福音，轉為追求屬靈生命經歷的階段，其代表著作《正常的基督徒生活》，對台灣很多基督徒產生重要的影響；他於20世紀初按照《聖經》榜樣「恢復」地方教會，稱為基督教聚會處，教會聚會所或召會）倪氏也寫了很多多傳唱至今的詩歌，如《讓我愛》等。召會的會旨主要在恢復歷世歷代以來基督教信仰中應具備的四項主要啟示：救恩的意義、教會的意義、基督作生命、基督的身體。1949年大陸局勢發生重大變化之際，倪柝聲遣李常受前往台灣開創地方教會，自己則到香港開創地方教會，1950年3月，倪氏從香港返回上海，1952年倪氏在中共三反五反運動中被秘密關關押，後被判刑15年，1972年病死於上海白茅嶺監獄。參見https://zh.wikipedia.org/wiki/%E5%80%AA%E6%9F%9D%E5%A3%B0#.E5.90.8E.E6.9C.9F。

[24] 李常受（Witness Lee，1905－1997），山東省蓬萊縣人，長期追隨倪柝聲，為地方召會的第二位同工領袖，1949年5月，在上海政局變化前夕，倪柝聲為避免地方教會同工們有可能被一網打盡，遂打發李常受前往台灣開展工作，李常受到了台灣後，未幾就在台北仁愛路買地蓋造容納300人的會所，並於1949年8月1日正式在這新會所開始聚會。由於大力開展福音運動，許多自中國大陸遷居台灣者被吸引加入地方教會，到1955年，幾年間信徒從500人增長到5萬人。聚會所人數在台灣基督教僅次於長老會，根據2001年統計，信徒人數為91442人，共有669處地方召會，其中僅台北市召會，就擁有36處聚會所，李常受著有《生命的認識》與《生命的經歷等書》，省府員工南遷時，召會弟兄也跟著南遷，李常受後來又將福音傳到菲律賓、新加坡、泰國、日本、韓國、巴西、加拿大、紐西蘭、澳大利亞、美國洛杉磯等地，1997年李常受病逝於美國加州安納罕市（Anaheim）。參考https://zh.wikipedia.org/wiki/%E6%9D%8E%E5%B8%B8%E5%8F%97#.E5.8F.B0.E6.B9.BE.E6.97.B6.E6.9C.9F

[25] http://nantou.localchurch.tw/ch_introduction/ch_introduction.html

音（佈道大會）。每週五晚上，輪流在弟兄家有家庭福音聚會。1959年，會所興建完工，主日聚會才改在會所。民國70年前後，李登輝主席時代，由於李主席信仰基督教，在同仁的引介之下，據說在周一首長會談與省府委員會結束後，曾多次出席周二晚上的禱告聚會。2004年中興新村召會擴大服務，於特區重劃區增設青少年活動中心，為樓高7層建築，是目前中興新村最高的大樓。

作為中正路最早的宗教聚會勝地之一的聚會所，原來是一座平房，九二一大地震後重建，成為目前中正路最醒目的建築。（鍾起岱提供）

（4）1969年，中興召會弟兄購買了彰南路二段184巷4號，成立南投召會，九二一大地震，南投召會舊會所原擬出售，由於災區房價暴跌，乏人問津，2000年底召會購得在文化路627號的土地，歷經2年蓋建於2003年正式啟用，建築物共分4層，2005年中興新村召會及南投市召會合併為南投市召會。

五、摩門教：耶穌基督後期聖徒教會

（1）中興新村最漂亮的一棟民間建築，首推位於中正路220-6號的摩門教會，摩門教的正式名稱是耶穌基督後期聖徒教會（The Church of Jesus Christ of Latter-day Saints），這棟建築大約建成於民國70年前後，算是中正路所有宗教建築當中最晚成立的一棟建築，由於耶穌基督後期聖徒教會相信聖經之外，另有一本摩門經（The Book of Mormon）[26]均為神的話，致被俗稱為「摩門教」，中興新村的摩門教會，全名為耶穌基督末世聖徒教會中興分會。由於「末世」二字在中文的意思容易被誤解，約在2000年前後，教會總會將「Latta-Day」統一改譯為「後期」，始改稱「耶穌基督後期聖徒教會」。

（2）摩門教最早於1853年由美國總部指派傳教士來中國佈道，當時因適逢太平天國之亂，無功而返；一直到1921年（民國10年），才開始在北京的頤和園傳教，1949年（民國38年）於香港成立傳道部，又因逢我國內戰，大陸變色及韓戰等

---

[26] 摩門經的由來是一名叫斯密約瑟的年輕人，經神的揀選賦予先知的權柄及恩賜，透過烏陵、土明這項工具及聖靈的協助，將古代（西元前600~西元400年）美洲大陸的人民對神（耶穌基督）所留下的見證及紀錄翻譯成英文，並以該段歷史中的最後一位先知（摩門）命名為摩門經（The Book of Mormon）。摩門教徒認為透過這本摩門經，神將完整而豐滿的福音重新揭露於世上，與聖經不同的是，聖經是歐洲大陸人民對神的見證與紀錄（創世紀之後），摩門經則是以猶大王西底家時代為起點（約西元前600年），一批以色列人民從歐洲的耶路撒冷移民到美洲大陸，一直到這批移民及其後代滅亡為止（約西元400年），他們所留下對神的見證與紀錄。

原因，又暫停傳教；一直到1955年（民國44年）才在香港成立南遠東傳道部，1956年（民國45年）六月首派四位傳教士來台傳教，以後逐年增加，1960年（民國49年）摩門經中文譯稿翻譯完成，1965年出版摩門經（中文版），1971年（民國60年）正式在台北成立台灣傳道部，1976年台灣傳道部改為台北傳道部；1979年（民國68年）在台中中國醫學院附近成立台中傳道部；兩年後1981年於中興新村建成摩門教堂。

藍白相間的耶穌基督後期聖徒教會是中正路最後完成的宗教拼圖，美侖美奐而典雅的建築是許多婚紗業者的最愛。（鍾起岱提供）

（3）摩門教是一個非常熱情而溫暖的宗教，在中興新村的林蔭大道上，可以經常看到穿著白襯衫、黑長褲和安全頭盔，乾淨的白人男孩配上腳踏車，雙人一組穿梭大街小巷，這樣的形象是摩門教傳教士的註冊商標，這幾年開始有女孩參加摩門教的傳教活動，也不再限於白人，來過中興新村的摩門教徒有白人、黑人，也有黃色的華人，這些年輕人年紀小的不過17-18歲，年紀大的也少超過23-24歲，中興新村人常常可以看到他（她）們操著不太流利的中文跟你（妳）傳教，你（妳）可以停下腳步跟他們交談，他們可能會要求你去參加禮拜或是歡迎你去參加星期三晚上的免費英語會話課程，比較熟一點的，他們可能會要求去你家傳福音，星期三晚上的免費英語會話課程，通常有按照年齡或英文程度進行分班教學，早期很多中興高中的學生都是這樣練習英文。

（4）來中興新村傳教的這些小摩門們，通常踏上台灣的第一站是台中中友百貨附近的摩門教堂，他們會在那裏接受語言、文化、風俗的訓練，然後被分發到各地的摩門教會傳教，到一個教會，通常也不會待超過3個月有時候，基於某些特殊的原因可能會待到半年之久，然後再轉到別地方的摩門教會，這些年輕的摩門們，在台灣最常不會超過2年，有點類似台灣的「服兵役」，然後回到他們的國家，有很多是來自美國亞利桑納的鹽湖城，繼續他們未完的高中或大學學歷，摩門教徒非常重視家庭，「墮胎」是嚴格被禁止的，所以來自美國的小摩門們，幾乎都來自5、6個小孩的大家庭，而且很多多從事農業，與傳統的台灣大家庭非常相似。摩門教也有一個以自立原則及勤奮務實的精神協助教友就業的機制，非常有趣。

（5）耶穌基督後期聖徒教會[27]（The Church of Jesus Christ of Latter-day Saints，早年曾翻譯為耶穌基督末世聖徒教會）是為泛基督信仰各宗派運動的一個分支，但其在信仰內容上與一般基督教有別，一般用摩門教或摩爾門教（Mormon）這個不是很正式的名稱，英文簡稱常用LDS，是「後期聖徒」的英文Latter Day Saints的縮寫。信徒自認為是是古代基督信仰的復興。教會教友通稱為後期聖徒或稱摩爾門教

---

[27] https://zh.wikipedia.org/zh/%E8%80%B6%E7%A9%8C%E5%9F%BA%E7%9D%A3%E5%BE%8C%E6%9C%9F%E8%81%96%E5%BE%92%E6%95%99%E6%9C%83

徒，Mormon一詞依照創會人約瑟史密（Joseph Smith Jr.，1806－1844）[28]的解釋有「更好」之意，信徒相信耶穌基督和天父一起向小約瑟·斯密顯現，並呼召他成為一位先知。與其他基督教派不同的是，摩門教信徒相信有繼續不斷的啟示將來會成為教會正典的一部分。目前教會總部在美國猶他州鹽湖城，根據2009年12月31日教會公佈的數字，教會有1382萬4854名教友，當中有670萬名在美國以外地區居住，其餘約600萬人在美國本土居住，是美國第四大宗教團體，也是目前世界上最大的新興宗教。

六、浸信會：中興新村浸信會

（1）中興新村的浸信會（Baptists）位於南投市中興新村中正路220號，是中興新村早期的國語教會，禮拜崇敬主要使用國語，全名是財團法人中華基督教中興新村浸信會，創立於1958年，算是中興新村最早成立的基督教會，附設的南投私立信望愛托兒所，於1991年立案，是中興新村最具規模與人氣的托兒所。

浸信會會於中學路與中正路的交口，信望愛幼兒園收費便宜，老師親切有愛心是口碑非常好的幼稚園。（鍾起岱提供）

（2）浸信會（Baptists）是基督教的主要宗派之一，也是目前美國基督教的最大派系，大約起源於十七世紀英國宗教改革者，這些人因為宗教因素有很多被迫流亡到荷蘭等地，通常基督徒的家庭，嬰兒一出生就會讓嬰兒洗禮，表示皈依宗教，由於浸信會主張得救的信徒方可受洗，且受洗者須全身浸入水中，稱為「浸信」或「浸禮」，故浸信會也稱浸禮會，浸信會主張獨立自主、政教分離，反對英國國教的政教合一，也反對政府對地方教會的干涉。

（3）浸信會於1639年傳入美國後，由於政教分離的主張被美國建國者所接受，美國獨立後，在浸信會的推動下，美國憲法確立了政教分離的原則，美國第三任總統傑佛（Thomas Jefferson，1743－1826）總統在1802年寫給康州Danbury浸信會聯會的回信說：「我以崇高的敬意考慮全體美國人所宣稱的立法機構『不得制定關於

---

[28] 小約瑟·斯密（Joseph Smith Jr.，1806－1844），或譯為約瑟夫·史密斯，美國宗教領袖和摩門教後期聖徒運動創始人。24歲時發表摩門經，同時開始傳教，他跟他的追隨者，創建了一種特殊持續的宗教文化。約瑟斯密聲稱14歲（1820年）時見到「異相」，並在十七歲（1823年）再次見到異象，被交付「翻譯」《摩門經》的工作，但一直到他21歲（1827年）時才「得到」《摩爾門經》的「原始」頁片「摩門經金片」。1830年約瑟·斯密「翻譯」完《摩爾門經》之後不久，便依所「獲得」的「啟示」差派傳教士並組織教會，教會的傳教方式及組織至今仍在世界各地繼續宣講並延續著。約瑟·斯密於38歲（1844年）時因為率領信徒搗毀一間報館，而被拘留於伊利諾州的一間監獄內，兩個星期後，他與他的哥哥，被攻陷監獄的暴徒槍殺身亡。

確立國教或禁止信教自由』的法案，它就是在教會和國家之間建立了一道分隔的牆」，也因此浸信會在美國發揚光大，成為大宗，目前美國浸信會分為美南浸信會與美北浸信會兩個主要系統，傳到美國以外國家的浸信會大都屬於美南浸信會，中興新村浸信會也是屬於美南浸信會。

（4）浸信會的英文稱為BAPTIST，信仰的特色可以用七個英語短句表達，而其每一句開頭的字母拼起來剛好是BAPTIST，包括：Biblical authority （認識和肯定聖經的權威）、Autonomy of the local church （自主的地方教會）、Priesthood of the believer （信徒皆祭司或信徒人人平等）、Two ordinances - Believer's Baptism and Symbolic Communion（兩種教會禮儀-信徒的浸禮與紀念性質的主餐）、Individual soul liberty （人有自由按照自己的良心選擇自己的信仰），Separation of Church and State（政教分離），Two offices of the church - Pastor and Deacon（牧師和執事作為教會僕人的職份）。

（5）由於浸信會主張「自主的地方教會」，所以沒有像其他基督教派別的金字塔式治理模式，各個地方教會自治，彼此互不管理、控制，沒有母會和子會，原先的目的是藉此防止了一壞俱壞、全盤墮落的局面，但由於各個地方教會可以決定自己信仰的型式，因此浸信會有很多樣的信仰型式，主要又有基要派、靈恩派、福音派等等派別。由於各地方的浸信會教會都是獨立、自主和自治，因此就會有很多的浸信教會聯會（世界浸聯會、美加華人浸信會聯會、美南浸信會聯會、中華基督教浸信會聯會、香港浸信會聯會、馬來西亞浸信會聯會、新加坡浸信會聯會等等），並不是管理各地方浸信會的組織，其目的在協調及推動共同事工，各地方浸信會教會自由加入。

（6）浸信會大約在1836年前後先傳到澳門、香港再傳到中國，1949年中國大陸易手後，由於中國共產黨主張無神論，取締各種宗教，浸信會被迫退出中國大陸，1951年以後中國大陸應該沒有任何浸信會教會了，而就在大陸易手前夕，1948年6月，中華浸信會全國聯會邊疆委員會差派楊美齋牧師[29]到台灣布道，同年10月，美南浸信會派明俊德宣教士（Miss Bertha Smith）由山東抵達台北，並在台北舉行浸信會在臺灣首次主日崇拜。

（7）50年代前後，眾多浸信會信徒及傳道人從中國大陸遷臺，初期成員大都為軍公教人士；這些軍公教信徒於1957年以後，有部分隨著台灣省政府南遷，於是

[29] 楊美齋牧師（1889-1961），被稱為浸信會的拓荒者，生於山東平度馬郭莊，早年在鄉塾讀書，讀完四書五經後，通過了童生鄉試，但可惜未趕上考秀才，科舉就停廢了；又教了三年書，1912年，滿清政府被推翻，1913 年，楊美齋24歲，到平度縣基督教浸信會所設立的中學讀書，楊受到聖靈的感動，皈信基督，不久，楊進入山東黃縣浸信會神學校，1916年畢業，開始傳道，最早在鄉村古莊教會作傳道，1920年，楊被選派前往中國東北佈道，哈爾濱也因此成為東北邊疆的福音中心，楊在此待了12年，後來前往齊齊哈爾、龍江、遼寧、瀋陽、興安、佳木斯、滿州、博克圖等邊陲地區地傳教，1932年，楊應邀前往煙台浸信會傳道，在那裏待了十二年，二次大戰結束後，內戰又起，1947年揚到了青島，1948年全國浸聯會在上海召開邊疆佈道會，派遣楊美齋牧師前往台灣，1949年2月，楊攜帶家眷在基隆登陸，在台北市仁愛路二段25巷內（杭州南路一段77巷29號），這也是台灣第一個浸信會的會址，在台灣辛苦工作了十餘年，1961年病逝於台北。參見http://www.ebaomonthly.com/ebao/readebao.php？a=20100602

在中興新村落腳，這些隨著台灣省政府南遷的浸信會教徒，有許多多是攜家帶眷，為了照顧這些家眷的幼童，中興新村浸信會成立了托兒所，開始照顧這些家眷的幼童，由於信教者多屬台灣省政府公務員，當時中興新村的台灣省政府的托兒所也設在此地，一直到1991年浸信會托兒所正式立案為信望愛托兒所，台灣省政府托兒所則遷到現在中學路兒童樂園旁邊，由於收費低廉，教學認真，信望愛托兒所一直是中興新村最具規模與人氣的托兒所，民國101年由於幼托整合，信望愛托兒所改稱為信望愛幼兒園。

七、基督教：中興新村長老教會（Presbyterian Church In Taiwan）

中興新村長老教會是中興新村少有以台語傳道的教會。
（鍾起岱提供）

（1）基督長老教會是普世教會協會（WCC）、世界歸正教會聯盟（WARC）、世界傳道會（CWM）、亞洲基督教協會（CCA）、世界基督徒學生聯盟（WSCF）等世界教會組織的會員；台灣基督長老教會（Presbyterian Church In Taiwan）的發源有兩派，南派由蘇格蘭馬雅各醫師（James Laidlaw Maxwell，1836－1921），受英國蘇格蘭長老教會海外宣道會所派，於1865年5月28日正式在臺灣南部的打狗（高雄）登陸，並於1865年6月16日開始在臺灣府城（台南）西門外看西街（今台南市中西區仁愛街43號）租屋，開始設教行醫；是普世基督教會及改革宗教會大家庭的一份子。北派則是在1872年加拿大長老教會宣教師馬偕博士George Leslie Mackay，1844－1901）在淡水所開展的宣教工作。

（2）長老教會主要通過醫療、傳道、教育、社會服務等方式，一步步在全台灣各地立下教會的根基，並藉著中會、大會、總會的設立，逐漸走向組織化、自主化的階段。

（3）中興新村長老教會位於中正路220-10號，創立於民國54年，那一年是1965年，正是距離馬雅各醫師來台傳教100年，當時長老教會有個「教會倍加運動」，中興長老教會被認為正是這場運動最後的果實。原來台灣省政府南遷時，有一些公務員屬於基督教長老教會，由於宿舍、道路都不完善，教堂也沒有建設，這些長老教會的公務員大部分都搭乘公路局班車前往草屯或南投的長老教會做禮拜，在中興長老教會尚未興建時，當時中正路已經有天主堂、聚會所（召會）、浸信會、佛堂以及虎山路的路德會等教會出現，因此這些長老教會的基督徒公務員，也覺得應該建個教堂讓大家可以好好做禮拜，1965年1月，有一個在台灣省政府社會處服務的

教友詹思聰[30]，與聚會同好發起借用中興第一國校（光華國小）教室作為主日崇拜及主日學場所，同時並請來中會傳道部郭東榮牧師主持開幕，並由詹思聰、蔡信重、謝天祿、陳光輝等人輪流主持禮拜。

（4）1965年8月剛由神學院畢業的洪伯宗傳道人被派來中興新村傳道，發起每日一元運動，開始尋覓土地進行建堂準備，到了10月找到目前中正路現址，以每坪280元價格買下約329坪的土地，後來又得到台中教友的大力支持與募捐，終於在四年後（1968年）完成建堂工作，洪伯宗被任命為中興新村第一任牧師，洪伯宗牧師在中興新村長老教會擔任牧師直到1989年，第二任牧師為梁坤富牧師，在中興長老會服務了10年，於任內中風去世，第三任牧師為洪叡郎牧師於1998年到任，上任不久就遭逢九二一大地震，洪牧師就在長老教會成立921重建關懷站，照顧了許多震災災民，接著由於精省等因素，信徒大減，目前主日崇拜大約有教友70-80人左右，現任牧師為第四任的謝大舜牧師。

（5）中興新村基督教長老教會通用的傳教語言是「台語」，這在普遍以「國語」為主要語言的中興新村是比較特別的，基督教長老教會的信徒主要是中興新村鄰近的在地人士，與浸信會不同，浸信會主張政教分離，長老教會則普遍非常關心政治，由於基督教長老會來台甚早，甚至早於統治台灣的各種政權，因此清政府、日本政府、國民黨政府等等不同型式的政權，通通都被歸類為「外來政權」，加上基督教「政教不分」傳統，基督教長老教會見證了經歷過清朝的宣教困境及許多教案、日治時代的皇民化運動和政教糾葛，以及國民黨政府時期的二二八事件、白色恐怖、美麗島事件等等政治事件，「焚而不燬」代表見證著基督的主權。

八、天主教：中興新村天主堂

（1）中興新村天主堂位於中正路180號，正式的名稱是南投縣中興新村耶穌君王堂，目前擔任司鐸的是布農族出身的幸朝明神父（Rev. Vincent Hsin）。民國46年因台灣省政府自台北市疏遷至中興新村辦公，為妥善照顧隨同南下的教友們，服務於草屯玫瑰聖母堂的美籍教士華勞德神父奉台中教區蔡文興主教（William Francis Kupfer，1909-1998）[31]指示，指派傳教員李德蘭姊妹前來中興新村傳教，9月借用

---

[30]　詹思聰，台灣台中人，大約在1965年前後服務於台灣省政府社會處，後曾任高雄育幼院首任院長，與連戰、黃鏡峰、許文富等名人同時當選全國十大傑出青年（1970年第8屆），又任台北育幼院院長，離開公職後轉入台灣基督教福利會，後任樂山療養院院長、高雄市私立紅十字會育幼中心主任等職，2004年退休。

[31]　蔡文興（William Francis Kupfer，1909－1998），台灣天主教台中教區首任主教，瑪利諾會士，蔡文興是他的漢名，其本名直譯為威廉・方濟各・古弗。1909年1月28日生於美國紐約，就讀聖方濟各中學（St. Francis Preparatory School）時，立志成為神職人員，後轉至主教座堂中學（Cathedral Preparatory College）就學。於1927年畢業，進入巴爾的摩總教區的聖瑪莉大修院（St. Mary's Seminary）繼續接受神職訓練，在這期間他立志前往中國傳教，1927年加入瑪利諾外方傳教修會，1933年晉鐸為神父後，被派遣到廣西梧州教區傳教，1944年因中日戰爭日軍佔領廣西，被調回美國，並在俄亥俄州阿克倫的瑪利諾會小修院擔任教職及副院長，他總共在廣西待了14年之久，1948年，他又被瑪利諾會派遣到香港擔任區會長的職務。1951年1月26日被任命為台中監牧區監牧，他努力學習台語，1962

光榮國小一間教室舉行首台彌撒，當時約有50多位教友。斯時中興新村並沒有固定的神父，彌撒的場所也常有變動，直到當年11月耶穌會西班牙籍的馮光神父（Fr. Victorino Garcia）[32]前來負責教務，教友間的活動增加，也開設兒童道理班，堂區雛型漸漸有了輪廓。[33]

（2）據說馮神父是個非常熱情的人，經常騎著如坦克車般的摩托車穿梭街道小巷的身影，開始了中興新村的傳教工作，民國49年初在蔡興文主教的領導下，買下了現在聖堂的土地，並給予部份建築費用，馮神父為建堂經費募款及建築工程投入極大心力，1961年完工，馮神父選擇了3月12日[34]舉行聖堂落成祝聖典禮，蔡主教特命名為「耶穌君王堂」。天主堂原有附設托兒所，後由於少子化以及中興新村的高齡

中興新村天主堂發展出長青學苑，充實了是許多渴望知識社會社會青年加入學習。（鍾起岱提供）

化，托兒所改為長青大學，這也是中興新村唯一的長青大學。

（3）天主教會在台歷史要追溯到1626年，西班牙道明會神父從菲律賓來台的時候。然而，十六年後，這批神父被驅逐出境；隨後長達217年之久，台灣不再有天主教的傳播。道明會神父於1859年再度返回台灣。不過，他們的人數很少，工作只局限於台灣南部。1872年，道明會長楊真崇神父派遣傳教師莊阿成至彰化羅厝鄰近的竹子腳村佈道，但未開花結果。1875年，楊會長應羅厝居民之邀請，再度派遣該會會士吳萬福神父，偕同林水龍傳教師至羅厝佈道，並建立中部最早的教會，展開

年4月16日台中監牧區升格為教區，他被教宗若望23世任命為首任主教，1986年6月25日退休返美，1998年1月2日逝世於於衛斯特徹斯特醫學中心。參考https://zh.wikipedia.org/zh-tw/%E8%94%A1%E6%96%87%E8%88%88

[32] 馮光神父（Fr. Victorino Garcia ，1915-1990） ，1915生於西班牙中部的塞拉曼加市（Salamanca）。16歲加入耶穌會，並在比利時麥昆茵（Maquain）西班牙阿尼亞神學院（ONA, BURGOS）深造，獲哲學士學位。1948年奉派中國，學習華語及法律，獲上海震旦大學法學士學位，其後在震旦大學教授哲學，大陸淪陷，中共全面禁止宗教活動，馮光神父艱苦護教，於1955年來台，先在台中光啟社，協助編輯「漢西綜合辭典」，1957年11月前來中興新村負責天主教務，中興新村天主堂就是在他手中完工。1961年任竹東教堂主任司鐸，足跡遍橫山、田寮、上坪，濟困救難無數，深獲當地居民的敬愛，1962年曾到馬尼拉，從事短暫之社會工作，1963年回到台灣，並獲得全國好人好事楷模。1969-1973任內思高工院長，1990年逝世於故鄉西班牙塞拉曼加。參考http://202.43.195.111/search/srpcache？p=%E9%A6%AE%E5%85%89%E7%A

[33] http://www.catholic-tc.org.tw/CaiBishop.aspx

[34] 之所以選擇3月12日這一天，並不是因為這一天是國父孫中山誕辰紀念日，而是因為在1622年3月12日這一天，天主教的教宗同時為聖依納爵、聖方濟各‧沙勿略、聖女大德蘭舉行封聖典禮。

了天主教向台灣中部福傳的序幕。自此1876年後，福傳事業由羅厝逐漸往臨近鄉鎮發展，如員林、二林香田地區等，北至大安溪以南，豐原、台中、彰化地區，南至濁水溪以北，八分、田中、二水、鼻子頭、赤水、竹山等，甚至1887年遠至北部蘆洲、大稻埕等地傳福音。

（4）清朝時期民風保守，不易福傳，困難艱辛，屢遭破壞，但傳教士仍以各種方式進行福傳工作，如租屋、購地租給佃農耕種、或以傳授漢學為主傳福音為輔。1895年日據時代在穩定環境中發展，辦傳道學校、印製要理書等培訓傳道師及教友。先後投入人力、財力資源數量可觀。1935年道明會培育了台灣首位本地（彰化埔心羅厝）青年涂敏正神父。直至1940年統計已佈道開教地區約有十四處之多，受洗教友數共約有2924人。1913年羅馬教廷成立台灣監牧區，由道明會士林茂才神父（1913-1919）、楊多默神父（1920-1941）、日籍理協淺次郎神父（1941-1946）先後擔任監牧。

（5）1945年台灣光復後，1946年4月日籍的理協淺次郎神父被遣送回國，由涂明敏正神父代理監牧。1948年羅馬教廷委任道明會士陳若瑟神父為台灣監牧區監牧。1950年8月教廷傳信部成立台中新監牧區，委由美國瑪利諾外方傳教團體管理。1951年教宗庇佑第十二世授權任命蔡文興神父為台中監牧，當時台中監牧區，全區內僅有五個準堂區，教友人數不滿三千，區內只有三位神父。同年4月初，蔡蒙席抵達台中，在新成立的監牧區就職。蔡蒙席在此監牧區7836平方公里傳教，包括台中市、台中縣、彰化縣和南投縣四個行政區，服務十一年之久。蔡蒙席當時的牧靈團隊，除了瑪利諾外方傳教團體外，還邀請衛道會、耶穌會、聖母聖心會、耀漢會、瑪利諾修女會、主顧修女會、聖母聖心修女會、主顧傳教修女會等，來協助傳教事業。1962年4月16日，傳信部將台中監牧區陞為教區。1962年4月28日，教宗若望二十三世任命53歲的蔡文興監牧為此新教區的首任主教。 同年7月25日，蔡蒙席在紐約瑪利諾會總院被祝聖為主教，並於同年九月 23日，在台中市主教座堂就任台中第一任主教。

（6）蔡文興主教為台中教區服務長達三十五年之久。發展了五個總鐸區、四十三個堂區，創立本地耶穌聖心修女會及文興中學等傳教事業，包括修院聖召培育、靜山靈修中心、學校教育（靜宜大學、衛道、曉明、文興、育仁等中小學）、社服、幼教、醫療、出版事業、電台傳播、傳教學校及堂區等服務項目。教友由三千人增長至三萬人。區域內服務人口，已達三百五十萬以上的居民。1986年6月25日，教宗若望保祿二世任命王愈榮主教為台中教區第二任主教，同年11月12日就職。王主教繼往開來，繼續培育本地聖召、組織善會，從事福傳工作。九二一大地震，協助許多堂區教堂重建。蓋新主教公署，助益新繼任本地主教發展福傳事業。2007年6月25日，教宗本篤十六世任命蘇耀文神父為台中教區第三任主教，9月25日祝聖並就職至今。

（7）天主教進入台灣，最早始於西班牙人統治北台灣，1626年西班牙人登陸台灣北部時[35]，同時有西班牙籍的道明會士來到台灣對原住民傳教，至1642年西班牙

---

[35] https://zh.wikipedia.org/zh-tw/%E5%8F%B0%E7%81%A3%E5%A4%A9%E4%B8%BB

被迫離開台灣後中斷。清咸豐九年（1859年）5月18日，三位來自菲律賓的西班牙籍道明會傳教士及五位中國教友傳道員，從中國大陸橫渡台灣海峽抵達打狗港（今高雄），同年12月在靠近今日高雄愛河河口的地方購地興建簡易傳教所（即今玫瑰聖母聖殿主教堂），成為天主教會在台灣的第一個據點。

此為天主教正式在台灣發展之始，至2009年已逾150年，清治時期天主教傳入台灣後，早期隸屬於福建代牧區（現福州教區）管理，1883年改歸廈門代牧區（現廈門教區）管轄，當時主要由道明會總理教務。1895年，馬關條約之後，教務仍隸屬廈門代牧區管轄，直到1913年（大正9年），羅馬教廷將台灣與澎湖教區脫離廈門代牧區，獨立設置台灣監牧區，教務仍由道明會神父所主持，教座則設置於高雄，台灣天主教會轉由日籍神職人員負責。1945年，台灣光復以後，日籍神職人員被全部遣返，台灣天主教會的教務改由華籍神父主導，但監牧則由道明會會士擔任。1949年，國府遷治台灣，由於中國大陸共產黨人主張無神論，有不少本國及外國籍的天主教徒及神職人員離開中國，其中的大部分來到台灣。除了在台灣服務的修會增加外，台灣本地與中國本土來台的神職人員也逐漸取代外國籍神職人員，成為台灣天主教會發展的主力。1952年8月7日，台灣建立聖統制，正式由原有的傳教區體制轉為教區制；目前全台有7個教區、1個宗座署理區。

九、路德教會：聖三一堂

（1）虎山路路德教會聖三一堂，這是一個非常傳統的基督教信仰，「三一」者「三位一體」之義，傳統基督教基本上是相信三位一體[36]，所謂三位，指的是聖父（上帝耶和華）、聖子（耶穌基督）、聖靈（聖神），早期聚會所（現稱召會）及耶和華見證人，因為並不相信三位一體的價值觀，所以有基督徒認為他們是異端，但由於基督徒對人要寬容，對基督徒也應該要寬容，所以慢慢的接納了聚會所（現稱召會）及耶和華見證人作為基督教體系的信仰，三一論主張，聖父、聖子、聖神為同一本體（本性），三位神格為同一本質，三個位格為同一屬性。

（2）三位一體的說法，通俗地說，就是僅有獨一的天主；聖天父固然完全是天主，就內在關係來說，聖子也完全是天主，聖神更是完全是天主；天父是神，耶穌是神，聖靈是神。聖經也教導只有一個神。但就外顯關係來說，聖天父不是聖子，聖子不是聖神，聖神不是聖天父，這樣的說法常常形成一種難以自圓其說的困

%E6%95%99#.E9.96.8B.E6.95.99

[36] 在基督宗教的教會成立初期，《聖經》所記載的歷史並沒有記錄耶穌和使徒討論三位一體的問題。直至2—3世紀，有些古代教父開始用希臘哲學的思想去論證天主。自那時開始，天主是三位一體的討論便越趨熾熱了。三位一體後來發展為教內爭論，兩方勢力仗賴羅馬皇帝的支持互相抗衡，直至公元381年。公元380年2月27日，羅馬皇帝迪奧多西一世正式宣布基督教為羅馬帝國國教，並在381年的第一次君士坦丁堡公會一將《尼西亞信經》確立為「國家標準信仰」《尼西亞聖經》列明「聖子與聖父同質」，同時並將不相信三位一體者判為異端。至此，三位一體的教義隨之而被確立，反對三位一體教義的人被審判為異端，有的被直接處死或者死於火刑。這一鬥爭後來又持續了多個世紀。參見維基百科三位一體http://zh.wikipedia.org/zh-tw/%E4%B8%89%E4%BD%8D%E4%B8%80%E9%AB%94#.E6.AD.B7.E5.8F.B2。

境，因此其實很少有基督徒能把三位一體說的非常清楚。路德教派認為三位一體才是基督教，三位一體就是聖父、聖子、聖靈，聖父就是耶和華，聖子就是耶穌，耶穌死而復活之後就是有聖靈。

路德教會聖三一堂的麻煩小天使協會其實不屬於教會所經營。
（鍾起岱提供）

（3）柏玲女士[37]回憶說：我從小到大信仰的基督教，在每一個教派，例如在衛理公會，我們都講三位一體，包括到浸信會他們也有三一教會，也有浸信教會三一堂。就跟我們一樣，我們講三位一體，三一真神，我們所認識的就是三一真神，就是三位一體的真神。這是基督教最基本教義。所以當有人講他是基督徒，但是他相信的是兩位一體，他們不信聖靈、不相信聖子，他們通常不承認耶穌。所以他們基本上就不屬於我們基督教，像耶和華見證人，我們從來沒有把他當作是我們基督徒，然後早期聚會所我們也把他當作異端，只是他們後來發展的型態。聚會所沒有牧師、沒有神父，他們聚會的型態還有包括到他們所講的教義，有一些是跟我們傳統基督教是有一些差別的，所以早期有把聚會所當做異端。

那到後來我覺得，基督教自己要寬容，基督徒要寬容，再加上老實說聚會所的人數越來越增長了，他增長的是，大概以基督教界來說大概是靈糧堂的感覺，他增長的很快，他速度很快、非常快，現在改為召會；所以基本上，基督教的聖三一，我們的聖三一堂的名字是怎麼來的？是絕對是從聖經來的。那我們比較強調的是福音嘛，所以我們是以聖經為主。

虎山路聖三一堂算是路德教會，我們全名叫中華福音道路德會聖三一堂，他建堂是在1963年，成立是在1960年。1960年，所以就是先有人來這裡傳教，然後才建那個聖三一堂，先有一個聚會的地方，當時還沒建教會之前，當時也就是在我們現在教會的斜對角的一個租的民宅。他們通常都會是這個樣子，我們也算是一個外國的差會到這裡，路德會。那他們會先有一個，有一個聚會的佈道所，早期就是先從佈道所開始，然後再開始，在1963年就是我們會友一起捐款，那就蓋了現在的教會，我們現在教會有500坪，那現在有多少會友？我們目前的會友人數就不多，常來的就是20來位，那早期大概最多的時候是省府，省政府還在的時候，那時候大概

[37] 柏玲女士，民國52年12月8日生，江蘇省寶應縣人，實踐家專社會工作科畢業，曾任中興新村長春協會總幹事，路德會聖三一堂師母。參見：鍾起岱（2014）：南投縣文化景觀中興新村口述歷史調查研究計畫結案報告。

有100多人。人數不多，可是我們教會的每一個會友對我們來說都是基督的尖兵。

（4）聖三一堂外面掛了一個牌子寫麻煩天使，則是教會租給麻煩小天使協會的。麻煩小天使是一個是身心障礙中心，那他們需要有一個比較合適他們的場地去申請立案，我們牧師為了要幫助他們，就以他們能負擔得起的價格，就是讓他們能夠入駐，最早中興新村麻煩小天使在仁德路上的一個公寓。

十、道教：福龍宮

（1）中興新村營北里的福龍宮原來稱為福德廟，後來又加入玄天上帝、關聖帝君等神明，原因非常有趣。福龍宮原為福德宮，是中興新村下庄居民供奉福德正神與福德婆為守護地方神明，最早可追朔到1708年，這樣一個簡單古老的信仰，一直到日治時期的明治41年（1908年）4月29日由在地簡波先生等二十餘人共同出資購

福龍宮是下庄的精神信仰中心，他的歷史代表著漢人早期墾殖的歷史軌跡。（鍾起岱提供）

地奉祀，當時日本人管制宗教信仰，由管理人簡波在公業福德正神共同公有廟地上建屋恭奉，但由於「福德廟」建廟前後的管理人識字不多，只知為信仰而信仰，為拜神而拜神，主奉神由「福德正神」而改主奉關聖帝君、玄天上帝，台灣光復以後，又由於不諳宗教法令，又無人輔導，使公業「福德正神」既未向政府機關登記，土地亦未辦理產權登記，導致後來糾紛迭起，困擾紛紛，其後經地方人士大力奔走，方告解決。

（2）中興新村營北里的福龍宮，早年稱為福德廟，是供奉土地公的，福龍宮的土地公信仰至今已經超過300年，應該是此地最早期的神明之一。土地公是道教最基層的土地神明，有許多稱謂，包括伯公、福德正神、土地公公、地主爺、社官等，土地神乃中國民間信仰普遍的神之一。土地神屬於地方保護神，是具有福德的善鬼神，在傳統文化中，祭祀土地神即祭祀大地，現代多屬於祈福、求財、保平安、保農業收成之意。

（3）土地神也是道教諸神中地位較低，也是與人民較親近的神祇。土地公神明由來已久，其起源是來是對大地的敬畏與感恩，據《春秋公羊解詁》云：「社神者，土地之主也」；《通俗篇》則載：「今凡社神，俱呼土地。」《左傳·昭公二十九年》云：「社稷之神為上公。」

（4）祭拜土地神的日子稱為社日，分春社和秋社。因此，土地公一年有兩次生日，一次大約在農曆2月2日前後，一次在8月15日中秋前後，在一般民間的信仰

中，神明多半會有明確的出身，但土地神的出處很多，眾說紛紜，傳說之多不勝枚舉，最常見有兩說：一說為：周朝一位官吏張福德，生於周武王二年二月二日，自小聰穎至孝，三十六歲時，官朝廷總稅官，為官廉正，勤政愛民，至周穆王三年辭世，享年一百零二歲，有一貧戶以四大石圍成石屋奉祀，不久，由貧轉富，百姓咸信神恩保佑，乃合資建廟並塑金身膜拜，取其名而尊為「福德正神」，故生意人常祀之，以求生意發展。另一說為：周朝時，一位上大夫的家僕張福德（或張明德），主人赴遠他地就官，留下家中幼女，張明德帶女尋父，途遇風雪，脫衣護主，因而凍死途中。臨終時，空中出現「南天門大仙福德正神」九字，蓋為忠僕之封號，上大夫念其忠誠，建廟奉祀，周武王感動之餘說：「似此之心可謂大夫也」，故土地公有戴宰相帽者。

（5）福龍宮原先主神為福德正神，現則係供奉玄天上帝為主神之廟宇。約在1708年（康熙47年），由武舉人許國樑從福建廈門渡海來臺，因平定大虎山土匪有功，而在大虎山腳定居（大約目前中興新村台灣銀行附近），為感念神明神靈相助始能安渡黑水溝至此定居，由於許國樑為武舉出身，加上庄內據聞有白布政為文舉人，另有簡姓宗親也是文舉出身，根據民間的習俗，當地如出舉子，及可為土地公娶土地婆，因此，即雕刻福德正神及福德婆神像，供人奉祀。起先並無廟宇，每年聖誕日以擲杯選出爐主，並將神尊請回供奉，至1907年（光緒33年），始由庄民簡波等23位地方士紳共同出資購地奉祀，惟在日據時期管制宗教信仰，由管理人簡波在『公業福德正神』共同公有土地上建廟，並將土地公土地婆移駕供奉，後因土地風波，土地公土地婆仍由值年爐主請回奉祀。光復後，人口大增，原20幾戶之小村莊變成1000多戶之大社區，庄民有感要奉祀土地公必須至爐主家中祭祀，非常不便，即由管理人許雙儀與里長蔡義明與簡其輝等地方仕紳，於民國62年籌建新廟，並由吳金榮捐獻廟地，於62年動工興建，63年入火安座，至始福德正神與福德婆始有固定之廟宇。

（6）福龍宮的玄天上帝[38]，來自於草屯紫微宮[39]的玄天上帝。據說玄天上帝入

---

[38] 玄天上帝全稱是北極鎮天真武玄天上帝玉虛師相金闕化身盪魔永鎮終劫濟苦天尊，通稱北極玄天上帝，常簡稱為北帝、真武大帝或玄天上帝。其又有玄武神、真武神、元武神、玄武大帝、開天大帝、北極大帝、北極佑聖真君、北極盪魔天尊等稱；俗稱上帝公、上帝爺公、上帝爺或帝爺公。據說玄天上帝擁有消災解困，治水禦火，護持武運及延年益壽的神力。據道教的說法是被元始天尊封其為玄天上帝。玄天上帝不僅僅統率所有水域的安全，祂還是北極星的化身，可指引船隻航行於正確方向，不會迷失於海上。長江以南的道教信仰，伏魔大帝關聖帝君、盪魔天尊真武帝君、與驅魔真君鍾馗帝君，合稱為三伏魔帝君，為降妖伏魔的三大神祇。通常玄天上帝赤足仗劍，狀貌威武，是著名的武神、戰神，元明以來，咸視其為保佑武運的大神。許多征戰，舉事者皆宣稱得到玄天上帝之庇佑，傳說，明太祖朱元璋曾獲真武大帝護佑而躲過敵兵追殺，登基後冊封其為玄天上帝。

[39] 草屯紫微宮也是一座歷史悠久的神明信仰，漢人出來此地時，由大陸祖廟攜帶玄天上帝來此，最早供俸於大虎山麓，約今草屯虎山路黃昏市場對面山上，稱為紫薇山，為本地五庄共同信仰，這五庄包括：上林（含林仔頭、過坑仔）、中庄仔、阿法庄仔、下庄仔及山腳，最早來臺時間不詳，約在道光年間，五庄商議應供奉在五庄的中心位置，這樣去參拜時就不會路途遙遠，因此請示神明，同意供奉於五庄的中心位置也就是中庄仔現址，並將紫薇山改稱為紫微宮，民國22年（大正22年）重修紫微宮，民國56年又重修一次，歷時三年完工，成為今日的草屯紫微宮，主神為二帝爺，因此神由大陸原鄉分火而來，來到草屯

駐之前，每年土地公生日時，庄民均會從草屯紫微宮恭請玄天上帝來作客，供民眾參拜，香火更旺。後來玄天上帝降乩要長駐在福龍宮，此廟的主神因而成為玄天上帝。由於玄天上帝的神格較高，不適宜居福德廟，於是庄民將福德廟改稱福龍廟。民國63年，管理人許長顯因土地公廟沒有合法建築，向道教會申請入會，由於當時道教會認為玄天上帝並非中國史上曾出現的「人」，因此申請主神時改為關聖帝君，廟名『福龍廟』，至民國83年該廟改制為財團法人，並將廟名改為『福龍宮』，供奉主神改為『玄天上帝』。福龍宮於921大地震時，嚴重受損，經玄天上帝降旨指示於民國90年拆除重建，民國96年竣工入火現廟貌。[40]

（7）根據福龍宮沿革誌記載，福龍宮原稱福德廟，主要祀奉土地公，於清康熙47年（1708年）由武舉人許國樑所立。[41]由於神威顯赫，深受許家倚重尊敬，後許家家道中落，轉由庄內士紳向土地公擲筊做為爐主，迎請回家中供奉，當年此地大都姓簡，在許武舉來臺前，此地多為簡姓族人開墾之地，當時應該有簡易的土地崇拜，因許武舉也常至此膜拜，根據土地公傳說的說法，早期土地公崇拜並沒有土地婆，除非當地有出舉人，才能請封土地婆，許武舉來此之後，才有土地婆神。

（8）民國62年新廟籌建完成時，庄民再奉土地公指示，正式迎娶土地婆，同時增加奉祀玄天上帝、關聖帝君、中壇元帥、何達將軍等神祇，護佑更多庄眾鄉親，同時為配合政府落實寺廟登記政策成為合法登記的寺廟。唯當時據說去縣政府登記時，承辦人告知玄天上帝不能登記，因玄天上帝並非中國歷史上的先聖先賢，而是一個不存在的神祇，因此當時主任委員吳清風先生錯把本廟「關聖帝君」當成主神，造成在政府部門登記的主神為關聖帝君。[42]

紫微宮後，信徒重塑大帝爺、三帝爺及四帝爺，其中大帝爺的轄區在上林里，三帝爺的轄區在下庄仔。

[40] 資料來源：「寺廟巡禮—南投福龍宮北極玄天上帝」，http://tw.myblog.yahoo.com/jw！bIxUDN6CRUCo6HPO8M0-/article？mid=9743&prev=-1&next=9708。

[41] 另一說許國樑於清乾隆35年（西元1770年）所建，參見廖大約，〈玄天上帝大會香 福龍宮神威顯赫 信眾辦遶境〉，《李氏新聞》99年4月14日，兩者相隔62年。許國樑也由福建廈門改為福建漳州詔安，筆者認為許國樑被認為是漳州詔安，可能是由於當地簡姓居民大都來自福建漳州詔安有關，http://www.newstaiwan.com/leenews/Index.asp？ID=289&ID2=3&Page=5。

[42] 關聖帝君即關羽（？－220年），字雲長，司隸河東解人（今山西省運城市），約生於東漢桓帝延熹年間，東漢末年三國時期劉備的重要將領。由於其忠義和勇武的形象，民眾尊稱之為關公、關老爺，又多次被歷代帝王褒封，故也稱為關聖帝君、關聖帝、關帝君、關帝等。儒宗神教奉為五文昌之一，又尊為「文衡聖帝」，或「協天大帝」、「翊漢天尊」。中國佛教界奉其為護法神之一，稱為「伽藍菩薩」。民間由於《三國演義》等傳統作品的影響，普遍認為關羽與劉備、張飛是結義兄弟，關羽排行第二，故又俗稱其為關二爺、關二哥。今日盛行於華人世界的關帝信仰，可能肇始於宋代，完成於明代。宋朝皇帝追封關羽為王。元代朝廷雖崇信藏傳佛教，但未箝制人民信仰，因此民間對關羽的崇信有增無減，元朝皇帝且曾遣使致祭。明代不立武廟，然而明太祖朱元璋嘗以「漢壽亭侯關羽廟」列為京師金陵祀典之一，之後明朝歷任皇帝不斷追封關羽。隨著明朝追封關羽為帝，明朝人對關羽的尊稱也由「關王」漸漸升格為「關帝」，沿襲至今。中國江南的道教信仰，伏魔大帝關聖帝君、蕩魔天尊真武帝君、與驅魔真君鍾馗帝君，合稱為三伏魔帝君，為降妖伏魔的三大神祇。關羽不僅受到儒家的崇祀，同時又受到道教、佛門等兩教的膜拜，關羽是橫貫儒家、佛門、道教三大中國教派的神祇。隨著關羽地位變得顯赫，關羽更被尊稱

（9）民國88年921大地震，原有廟堂遭受重創毀損，被列為危險建築必須拆除，經全體委員及信徒決議，並奉神旨意，於90年4月12日動土重建，歷經五年歲月的努力以赴，終於讓嶄新的福龍宮呈現在大家的面前，舉行落成入火安座大典，眾神祇有感信徒一片虔誠之心，乃神威顯赫繼續護國佑民，福龍宮現已成為營北里發展中的新地標，更是地方民眾休閒、信仰中心。另外，福龍宮為配合社區總體營造，美化綠化環境，特別採用最新的環保焚化爐，利用水冷卻系統，以杜絕空氣污染與熱氣排放，改善周邊環境，同時在廟前廣場建造假山涼亭、石椅，便於眾人休閒運動之用，也設置殘障人士及老人無障礙通道，可至廟內參拜，在福龍宮內亦增添了交趾陶藝術品，有五路福神、五路財神、玄天上帝得道、玄天上帝將二將等四幅交趾陶，栩栩如生，為整座寺廟增添文化氣息內涵。

（10）民國82年福龍宮發生廟產紛爭，是年11月15日召開地方仕紳代表會議，根據會議紀錄顯示，當時發起人簡乾賜報告「福龍廟公業福德正神係同一主體」沿革（事實經過）如下：（a）本庄原住民供奉福德正神與福德婆為守護地方神明，先人早在日據時代（明治四十一年四月二十九日）由簡波先生等二十餘人共同出資購地奉祀，當時日本人管制宗教信仰，由管理人簡波在公業福德正神共同公有廟地上建屋恭奉。管理人簡波去逝後，其兒子簡瑞斌年僅十六歲，庄民同情他年幼，且其父簡波（原管理人）對庄民奉獻頗多，於是共同商議，讓簡瑞斌繼續擔任管理人，不必搬離公有廟地上，繼續為本庄服務。

（b）臺灣光復後，人口漸多，宗教亦不受管制，信徒大增，凡是住在本庄之民都信奉福德正神，每年農曆元月初二福德正神生日，由神意選出爐主一名，頭家六人，負責祀拜事宜，費用由本庄收丁錢平均負擔，每位男人算一丁，出嫁之女算一口，兩口為一丁計算，由選出頭家按戶收丁錢。福德正神與福德婆由爐主請回家中佛堂供奉，庄民要謝神就到爐主家中拜拜。

（c）省府遷到中興新村後，外來人口漸漸增多，紛紛遷入本庄，於是本庄人口由二十餘戶漸漸增加到數百戶以上，由小庄形成營北里，人口眾多，庄民因為要謝神而時常不知當年爐主是誰，找不到福德正神，每要拜拜都需要打聽，非常不方便，於是由本庄庄民籌建「土地公廟」讓里民有了固定地方恭奉福德正神及福德婆。

（d）本里里民除了供奉福德正神外，也固定到鄰近「草屯紫薇宮」五庄頭守護神「關聖帝君、玄天上帝、中壇元帥」，由於草屯太平路車輛來往甚多，交通頻繁，里民要到「紫微宮」祀拜漸感不便，於是由前里長蔡義明先生召集於民國六十三年九月九日向南投縣政府申請增建擴大祠廟恭奉「關聖帝君、玄天上帝、中壇元帥、福德正神、福德婆」，只要居住本里里民都可登記為本廟信徒，只要服務熱心都可被選為本廟委員，管理本廟為本廟服務。本廟廟產都是神明的。由於先人早期購買的廟地登記為神明的「公業福德正神」，所以後人再次購買的「公地也是登記為廟產」，現在本里里長辦公處及社區活動中心亦都蓋在公有共有本廟土地

為「武王」、「武聖人」，與孔子並肩而立，合稱「文武二聖」。http://zh.wikipedia.org/wiki/%E5%85%B3%E7%BE%BD

上，在地價高漲的今日，本里後代子孫仍可享受先人的德澤。

（e）從以上事實經過檢討原因：係當年「福德廟」建廟前後各管理人只知為信仰而信仰，為拜神而拜神，任意更換先人保留下來主奉神「福德正神」而改主奉「關聖帝君、玄天上帝…」，不諳法令辦事，又無人輔導，使公業「福德正神」既未向政府機關登記，土地亦未辦理產權登記，導致今日糾紛迭起，困擾紛紛。雖然目前「福德正神」奉祀「福龍廟」內一隅，但卻造成兩個主體事實，奈何！難於彌補無知錯誤，希望今後各位土生土長的原住民（在地人）出來作證，也懇請政府機關長官及地方士紳多多指教輔導，用合法途徑早日恢復同一主體管理制度，讓庄民敬奉「福德正神」普渡眾生，祈佑國泰民安。

（f）意見換時，庄民簡源卿證稱，福龍廟內確實供奉著原有「福德正神」，不信可以一起去看清楚。庄民許維證稱：由於當年庄民向「草屯紫薇宮」借請「關聖帝君、玄天上帝…」入火參拜後，再也不回去了，故庄民會以「玄天上帝」為主神尊位而將本庄守護神「福德正神」為副尊位之原因，造成錯誤事實。簡雨謨證稱：在福龍廟蓋好第五年，當時主任委員吳清風先生錯把本廟「關聖帝君」為主奉神，向政府機關申請登記，也是錯誤事實。簡其輝證稱：當年蓋廟時，我與前里長蔡義明先生同為發起人，向各戶募款建廟供奉「福德正神」，我是見證人之一。最後議決：為（1）經表決（舉手方式）簡乾賜27票，許炳森3票，簡源卿3票。（2）以簡乾賜27票通過為營北里「福德正神」管理人。經全體出席會議代表審議確認通過。

（11）簡慶宗[43]先生回憶說：我聽我長輩他們說，我們福龍宮的土地公、土地婆是從清朝時代開始，這裡有一個武舉人許國樑，他住在現今臺灣銀行的位置，聽說姓許的跟姓白的在鬥法，姓白的挖了一條圳，像是一支箭要射向姓許的；結果姓許的也知道地理，他就在農林廳的位置挖一個魚池，阻止了箭。許國樑考中武舉後，他為了感謝這個地方的土地公，他就雕刻土地公神像開始祭祀，另外，也由於他考上武舉，所以我們這地方就有土地婆。神像雕刻完後，他將土地公交給庄民供奉，就是目前的土地公地，我個人猜想，因為當時這附近都是許國樑的土地，很有可能是許國樑獻地給土地公，給我們下庄仔土地公地。以前有管理人管理，但是到最後卻是管理人自己蓋房子住在那，反而是土地公沒地可以蓋廟，所以就變成看誰被選中爐主，土地公就隨爐主回家。之後，我們村里另外買一塊地，就是目前福龍宮的這塊地。

一開始是要蓋土地公廟，所以應叫做福德廟，但後來庄民想要供奉更大尊的神祇，所以改成福龍廟不叫福德廟，是想讓更大的神祇也能住。過了一段時間，請了紫薇宮的玄天上帝，紫微宮的玄天上帝有分四個，大帝爺、二帝爺、三帝爺、四帝爺。大帝爺是上林里、林仔頭那邊奉侍的；二帝爺是山腳里、虎山路這邊；三帝爺是我們下庄仔；四帝爺是中庄仔（上林派出所後面）、阿法庄仔供奉的神祇。我們就請三帝爺來福龍廟住一陣子，結果祂不想回紫薇宮，我們就雕了一尊新的三帝爺神像。當年父老傳說，許國樑買地都買中間部分，他總在人家插秧完後再插秧，

---

[43] 簡慶宗先生，民國31年4月15日生，臺灣省南投縣營盤口人，營盤國小畢業，曾任省政資料館工友，現已退休，擔任福龍宮委員。參見：鍾起岱（2014）：南投縣文化景觀中興新村口述歷史調查研究計畫結案報告。

耕牛往往會破壞鄰近田地的秧苗，等人跟他反映，又改叫工人將牛隻扛起，還是再踐踏一次鄰近的田地。旁人再次反映時，就叫人將土地賣給他，他會用便宜的價錢收購土地，例如這一塊地價值10元，他會用5元來收購。他用這種方法吃土地，他以前吃了很多土地，到後來他被皇帝殺掉了，這邊最後都變成國有財產局的土地了，當然許國樑強取土地的事是長輩傳說的，也不知道是不是真的。

福龍宮是四尊神，土地公、土地婆、玄天上帝、關聖帝君；玄天上帝是三帝爺，祂原來是從草屯紫微宮來的，草屯紫微宮以前是五庄頭共同建的，又叫帝爺廟，正式名字叫紫微宮，我們都叫帝爺廟，連客運站牌也叫帝爺廟，帝爺廟有四尊，大帝爺、二帝爺、三帝爺、四帝爺。大帝爺是上林里；二帝爺是虎山路；三帝爺是下庄子；四帝爺是中庄子跟後法庄子，二帝爺的來源是的確在山腳里虎山路那邊，最早黃昏市場再上去的山上，從中國大陸請過來帶到那邊，那時很久很久以前，時代已不可考，但山腳里沒有廟，因為在道光年間，就遷到草屯中庄的紫微宮，因為那是五庄頭的中心，當時是由中國大陸祖廟請大帝爺、二帝爺過來，其他是是重新再雕的，包括三帝爺、四帝爺都是重新再雕的，從大陸請來之後，大帝爺住在下茄苳，二帝爺就是中庄仔的紫微宮，而福龍宮的三帝爺，則是紫微宮分出來的，因為我們這邊的三帝爺不同意雕刻其它帝爺，所以我們福龍宮裡的五尊玄天上帝都是三帝爺，因為我們這邊是祂的轄區。

十一、道教：聖德宮

（1）聖德宮的土地是當地信士胡明江先生[44]捐獻的，供奉主神是東石港口廟媽祖二媽，是此宮的來源，大約在民國57年嘉義縣東石鄉港口宮媽祖廟，由於交通問題，對居民及信眾進香造成諸多不便，經聖母諭示到南投縣中興新村省政府交通處找黃水池先生即可解決，經黃先生協助奔走，終獲一條嶄新亮麗的聯外道路，解決了村民困惑多年的夢魘，聖母復指示廟方贈與黃先生二媽祖金身一尊，由其供奉，以作答謝。

聖德宮隱藏在營北路與向上路中間，供奉的主神天上聖母則來自遙遠的東石港口宮媽祖廟。（鍾起岱提供）

（2）二媽祖初期無固定居所，輪流供養於信眾家中，直至民國七十四年迎至「福龍宮」供奉濟世救人，解危度厄，迄今仍讓居民津津樂道。復而由信士胡明江發心捐地以應聖母天心證道，並與黃水池、張慶傳等募款興建，於民國七十九年農

---

[44] 胡明江先生，南投下庄人，生卒年不詳，其子胡南浪曾任職台灣省政府人事處。

曆六月十八日入火安座。

（3）時序輪轉，物換星移，眾志工年事日高，廟務日漸凋零之際，信女李美妹、張寶琴感應媽祖指示修葺整建，另得「雙冬關聖靈瑤山」廖師兄義務指導規劃，李、張二員動員號召，終在民國九十五年六月十七日動土修復，同年九月一日竣工，整個氣場有別於往昔，若非聖母扶持排除萬難，從募款到施工，處處有貴人顯現，有求必應，諸多神蹟應驗在志工身上不勝枚舉。聖德宮已於民國九十二年申請寺廟登記立案，並於九十四年成立管理委員會辦理宮廟事宜，現任主任委員為劉舜良先生。

（4）胡南浪[45]回憶說：聖德宮的土地是家父胡明江捐獻的，所以我現在是聖德宮名義上的「宮主」，大約在民國57年嘉義縣東石鄉港口宮媽祖廟，由於交通問題，對居民及信眾進香造成諸多不便，經聖母諭示到南投縣中興新村省政府交通處找黃水池先生即可解決，經黃先生協助奔走，終獲一條嶄新亮麗的聯外道路，解決了村民困惑多年的夢魘，聖母復指示廟方贈與黃先生二媽祖金身一尊，由其供奉，以作答謝。二媽祖初期無固定居所，輪流供養於信眾家中，直至民國74年迎至「福龍宮」供奉濟世救人，民國79年移至現址，稱聖德宮，解危度厄，迄今仍讓居民津津樂道。

（5）劉舜良[46]先生也回憶說：聖德宮位於營北里營北路136巷7號，聖德宮的媽祖是要從交通處一位職員黃水池先生[47]開始說起，以前嘉義縣東石鄉笨港港口宮主要是侍奉媽祖的一間廟[48]，附近都是種甘蔗，由於經常下雨，路面都被載運甘蔗的牛車重壓，形成兩條很深的車軌印，不好行走，但南北二路從港口宮分靈出去的媽祖廟，有很多會回來進香。

路面很難行走，一下雨，車子更難進入港口宮，所以港口宮向縣政府申請興建新路，使進香團出入方便。不過因為縣政府沒有經費，這件事一直被阻擋下來，年

---

[45] 胡南浪先生，民國41年10月27日生，原籍臺灣省南投縣，生長於此，南投縣立中興第一國民小學畢業、省立中興中學初中部畢業、省立中興中學畢業、私立逢甲大學企業管理學系畢業，曾任臺灣省政府人事處助理員、臺灣省政府人事處科員、南投縣立中興國民中學人事管理員、臺灣省政府人事處科員、臺灣省政府農林廳人事處股長、行政院農業委員會中部辦公室專員、行政院農業委員會中部辦公室視察。現已退休。參見：鍾起岱（2014）：南投縣文化景觀中興新村口述歷史調查研究計畫結案報告。

[46] 劉舜良，民國24年8月5日生，彰化縣員林鎮人，員林育英國小肄業，遷入中興新村大約時間民57年，目前擔任聖德宮管理委員會主任委員。

[47] 黃水池，嘉義東石鄉人，時任臺灣省政府交通處主計室科員，生卒年不詳，曾服務於臺灣省政府交通處，大約在民國75年去世，年約60歲。

[48] 媽祖信仰是臺灣最普遍的民間信仰之一。由於漢人移民多自中國大陸渡海而來，且臺灣四面環海，海上活動頻繁，因此媽祖成為臺灣人最普遍信仰的神明之一。無論是大小街莊、山海聚落，還是通都大邑，都可看到媽祖廟。據說僅臺灣一地，「就有媽祖廟510座，其中有廟史可考者39座，內建於明代的2座，建於清代37座」。臺灣著名的媽祖廟，有臺中大甲鎮瀾宮、雲林北港朝天宮、彰化鹿港天后宮（新舊祖宮）、嘉義新港奉天宮、嘉義東石鄉笨港口港口宮、嘉義朴子配天宮、臺南市大天后宮、彰化市南瑤宮、臺南顯宮鹿耳門天后宮、臺南正統鹿耳門聖母廟、苗栗竹南中港慈裕宮、苗栗竹南龍鳳宮、苗栗通霄拱天宮、臺北市松山慈祐宮、臺北市關渡宮、臺北市西門町媽祖廟、臺北縣新莊慈祐宮、板橋慈惠宮、屏東縣屏東市慈鳳宮、屏東縣里港鄉雙慈宮，以及高雄市旗津旗後天后宮等。

復一年，一直到大約民國60年前後，港口宮的廟祝突然一夜得到媽祖開示：你們本來要建這條路但找不到經費，現在則是錢很多，放在抽屜裡，你們不知道去拿而已。因此隔天，一些港口宮的頭人[49]請聖母講清楚一點，提示錢在哪裡。最後聖母有了提示，在省政府交通處有一個姓黃的，他是東石笨港的本地人，在臺灣省政府交通處上班，當時聖母連黃水池住在中正路的住址都說的很清楚。頭人們在提示問清楚之後，當晚就從笨港來到中興新村找黃水池先生。港口宮的頭人跟黃水池先生說是聖母指示找他就會有經費，黃水池先生說隔天上班會去請教一位也是姓黃的承辦人，黃先生也是他們廳處的，這種工程就是他辦的，黃水池先生說如果找經費的話，就會轉告港口宮的頭人，準備公文給省政府。

第二天黃水池先生問了承辦人黃先生，確認有經費，是專款專用的，所以趕緊通知港口宮準備公文，之後這條路就建設好了。這條路從東石做到港口宮廟口前，約三公里多。為了要答謝黃水池先生，聖母說黃先生看他要幾尊媽祖都可以，要一尊，還是要幾尊，讓他帶回中興新村鎮家保平安。媽祖到黃先生家以後要救世，其他信徒會將媽祖請到自家中詢問，不論什麼疑難雜症都很順利解決。有一段時間，媽祖是住在黃先生家，但是很不方便；後來借住在福龍宮，信徒要請媽祖辦事，比較方便。因為媽祖住在爐主家，信徒要辦事要到爐主家請媽祖，但有時不知道該去哪裡請，所以才有段時間借住福龍宮。後來，大概是跟福龍宮這邊有些意見不合，所以就將媽祖請回去。有段時間，另有人獻地搭鐵皮屋讓媽祖住，但有一年刈香回來又意見不合，胡南浪先生的父親胡明江先生見此情況，就獻一間土礱間[50]給聖母住。當時又有聽說臺中有人要將已建好的寺廟建築獻給聖母，但聖母不要，胡明江先生就將獻地蓋廟「聖德宮」，那時候是民國75年。聖母來黃水池家的時候，我還在做生意，那時候是我太太參與比較多。在入火以後，我才跟太太到廟裡。當時聖母指示主委要用派的，不能選，於是造好信徒名冊，在聖母前擲杯決定，因此我算是被聖母指派當主委，當了二十多年。所以這間廟是新廟就對了，到現在約二十幾年了。聖德宮是從東石那邊分靈過來的。

一般來講，神明都是我們想要供奉才去求，聖德宮是倒過來，因為聖母感謝黃水池的幫忙，衪自己要到這邊來。簡單的說，媽祖本來住在黃水池先生家，後來是遷到李水土先生的家，然後是胡明江的家裡，之後再移到福龍廟供俸，最後才遷移到這裡。在福龍廟住的時候，發生了一些事情，因為黃水池先生當時要求福龍宮的香火錢應該要以媽祖之名存寄，但福龍廟的委員不同意，當時簡慶宗跟黃水池說，要以媽祖之名存寄金錢，那你要寫切結書，承諾不能將媽祖請走，媽祖要留在福龍宮。黃水池說他不能這麼做，因為我們答應將來為媽祖建廟。我說你不能答應將媽祖留在福龍宮，那要將香油錢以媽祖之名存寄是比較困難的。目前這個錢我們是以福龍宮管理委員會為名存寄，如果以媽祖之名存寄，那媽祖離開了，錢也會跟著離

---

[49] 頭人，台語，意指領頭的人，有時候也指指村落或某些少數民族中的首領。

[50] 通常稻米收割後，粟仔要脫去穀殼才能變成米，舊時農家自己食用都以「土礱」自行脫穀殼，當然不是家家都備有土礱，通常是集數家，或家族共同合資設置小型土礱間脫殼。在市面販售之米是由糧商收購粟仔來加工碾去穀殼出售，就是大型營業性質的「土礱間」。以前農業時代，轉動土礱以人力或獸力，稱為「礑土礱」是件相當費力的工作。

開。那時候就因為這件事，所以他就將媽祖請回去。所以黃水池就把媽祖請回宿舍：因為黃水池先生是公務員，住在宿舍，他是東石鄉人。

在港口宮的時候，聖母有降乩說「有錢，抽屜全是錢，但是不會拿出來用。」媽祖祂是降乩講的。因為是神明指示的，所以降乩以後，他們才連夜趕到中興新村來找黃水池。當時據說三更半夜，黃先生他不敢開門，頭人就跟他說是東石港口宮來的，是聖母指示的，他才開門。他幫上忙以後，媽祖為了要感謝他，雕了一尊媽祖給他供奉，他是公務人員，媽祖供奉在宿舍也很麻煩，信眾要辦事要到他家。剛開始是在黃水池的宿舍，不方便之後暫住福龍宮，後來為了香火錢又請回來，胡南浪的爸爸因為跟黃水池很熟，才答應獻地，落成沒幾年，黃水池先生因大腸癌過世。

十二、道教：紫晶宮土地公廟

（1）紫晶宮土地公廟有一個金鴨母的故事，省政府搬來中興新村後在第一市場有一位省府員工眷屬吳太太因少年時代常常來此地遊玩，某日在廟旁鳳梨坑溪的水岸邊，發現鴨母築巢孵蛋，竟起盜心，將鴨母與12顆鴨蛋帶回家圈養，但幾日下來，鴨母不吃不喝不孵蛋，吳太太問明緣由，才知這些鴨子是土地公神物，遂攜帶金香紙錢，前往土地公廟告罪求情，並請土地公賜予鴨母鴨蛋，作為持家母本，回家時鴨

位於中興醫院後方的紫晶宮土地公廟成立時間雖晚，但仍有許多傳說故事。（鍾起岱提供）

母已然自動下巢孵蛋，不久小鴨也出生，小鴨長大換錢買小豬，小豬長大又生豬仔，豬仔長大賣出換小牛，逐漸家境改善，成為富貴之家，傳開後，此地香火鼎盛。

（2）光華里土地公廟的風水格局，是「九曲水聚」，應是會發達的格局，只是一直沒有水潭把水聚集，所以難以聚財。金鴨母的傳說事蹟出現後，讓里民增添一個茶餘飯後的話。陳振盛先生擔任南投縣文化局長時，據說曾看見傳說中的「金鴨母」，所以連繫了光華里長王淑美，表示應要將土地公廟「移位」，讓廟的方向朝「金鴨母」，更能庇護地方；果然在「移位」時，被拍出了「金錢光」的照片。光華里長王淑美表示，在移動廟宇時，陳振盛指出，金鴨母在中興新村有出現過，而且下了12顆蛋，被人撿到，蛋生小鴨，鴨再生蛋，如此循環，這些鴨與蛋，被人拿去賣。之後買豬，豬再生豬，隨後，再把豬轉成牛，慢慢致富。因此中興新村看見了金鴨母，代表中興新村未來要起飛，所以把土地公廟方向轉向，面對金鴨母出

現方向。為了記錄土地公廟宇轉向工程，中興新村榮景促進會理事長史祝賢曾以拍攝相片的方式，進行連拍，神奇的是在土地廟轉向金鴨母方向後，相片出現滿佈的金錢大小的光點。[51]

（3）中興新村光華里土地公，還有一個靈感故事。民國94年11月初某日，史祝賢感覺自己很久沒有去參拜土地公，所以就去土地廟看看，當到達時，看見兩名陌生女子，在土地廟刷地，當時覺得怎會有外客來做此事，因而上前尋問，才知曉兩女子身份，一位是草屯寵物店的老闆娘，另一位是南投市建築師的太太。那位建築師太太向史祝賢說，她一直與土地公很有緣，這次也是光華里的土地公向她託夢，指示她一定得去幫土地公婆的金身淨身，並且指定日期，所以她才找了寵物店的老闆娘一同前往，但到達之時發現土地廟門被鎖住，所以先刷地。史祝賢說，因為土地廟門的鑰匙只有自己有，並且就那樣巧，他也在那天跑去土地廟，幫兩位太太開門，且兩位太太都不是光華里的人，加上這土地廟不好找，若不是土地公婆的指引，一般人很難找到，並且又碰巧那天，史里長心血來潮前往土地廟，讓兩位太太真的幫助土地公婆洗澡，所以這土地公婆真的很靈感。[52]

（4）另一種說法是這間土地公廟是光復以後很久才有的，以前是只有用石頭和一個香爐，它後面是一棵茄苳樹，有人說比省立醫院前那一棵還老，其實環山路外面省立醫院這一棵比較老，那個土地公廟以前只有用石頭蓋起來，它開始只有一個爐，可以插香，拜拜，非常簡單，最早是一個山腳里的人，一個叫做阿林的人，他的名字可能是叫簡阿林或鄭阿林。他家的山在土地公廟對面，他就用石頭搭蓋，在那邊拜拜，當時是用石頭搭蓋，上面也沒有土地公神像，拜久了以後，就自然興旺。

（5）簡慶宗先生回憶說：光華里的土地公廟，並沒有管理委員會，那塊地目前是前立委陳振盛[53]的，但在陳振盛購買之前就有土地公廟，陳振盛很少去拜，換

---

[51] 金鴨母的傳說故事，最著名當屬在「士林芝山岩」的傳說，芝山岩的金鴨母是經常在濁水港（它是山岩旁邊有一條小溪，士林的人把這條小溪叫濁水港）水面游來游去，可是一般人是不容易看到牠的，惟有心地善良的人、孝子或常做善事的人才會無意中看到牠在水面上游水的英姿，全身金光燦爛的金鴨母，在水波上及綠草邊，自由自在的游來游去，據說能看到一次金鴨母，就會整年帶來好運。而金鴨母每個月會生一個金鴨蛋，當初有人看到牠生金鴨蛋，但是不容易得到這個純金的蛋，有人花了好幾天工夫，從濁水港的水源到出口慢慢尋找，也是無法發現金鴨蛋，只有常做善事的人，在夜裡芝山岩上的開漳聖王爺託夢給他，指示時間與地點，那個善人才能得到一個金鴨蛋。在臺灣共有3隻金鴨母，一隻在中興新村，一隻在濁水溪，一隻在芝山岩。資料來源：李華峻，〈土地公廟移位 出現金錢光點〉，《李氏新聞》100年3月2日，http://leenews.com.tw/km-master/front/bin/ptdetail.phtml？Part=20110302-08。

[52] 李華峻，〈中興光華里土地公有著靈感傳說〉，《李氏新聞》98年8月19日，http://www.newstaiwan.com/leenews/Index.asp？ID=253&ID2=3&Page=3。

[53] 陳振盛（1950－），臺灣南投人，出生於名間鄉萬丹村，曾任臺灣省政府新聞處第四科科長，後追隨李登輝總統進入總統府服務擔任參議，後因與當道不合，離開總統府。1997年曾代表新黨參選南投縣長落選，1998年改以無黨籍身份當選為第四屆立法委員，之後加入親民黨，2001年代表親民黨參選南投縣長落選。2004年改披無黨團結聯盟參選立法委員，亦未當選。李朝卿任南投縣長時，延攬其擔任南投縣文化局長，又恢復國民黨籍；2009年，陳振盛退出國民黨，挑戰李朝卿，再度參選縣長落敗，李朝卿連任成功之後，將陳振

成冬冬史祝賢去拜，有一位中興分局長，鑒於村內常有小偷光顧宿舍，為求平安，被冬冬帶他去拜拜，拜完之後，他的責任區內就很平穩，所以也就開始興旺了。這間土地公廟是光復以後很久才有的，以前是只有用石頭和一個香爐。它後面是一棵茄苳樹，有人說比省立醫院前那一棵還老，其實沒有啦，不可能，環山路外面省立醫院這一棵比較老，我們小時後大家常常在那棵樹下休息，怎麼會不知道，土地公廟有一個鴨母傳奇，其實是後來隨便說說的，那個土地公廟以前只有用石頭蓋起來，它開始只有一個爐，可以插香，拜拜，非常簡單。

最早是一個山腳里的人，一個叫做阿林的人，他的名字可能是叫簡阿林。他家的山在土地公廟對面，他就用石頭搭蓋，在那邊拜拜，當時是用石頭搭蓋，上面也沒有土地公神像，拜久了以後，陳振盛買那一塊地，之後才蓋廟；陳振盛買那一塊地，大概是在精省之前，因陳振盛以前是在新聞處，在李登輝當主席的時候調他回省府當參議，他那時候買的。這個土地公廟也是在李登輝當主席的時候才建的；本來是簡阿林拜的樹頭公，後來蓋廟才有土地公廟；它現在叫紫晶宮在大家樂盛行的時候，因為它有在出明牌，信徒多了，才會一直熱鬧起來，後來才叫光華里紫晶宮的；那個地方以前叫做鳳梨坑，旁邊是金水坑；在省府大樓後山那個是冷水坑，因為以前這裡都是種鳳梨，我們現在九二一紀念公園那邊是種甘蔗，鳳梨坑這邊是種鳳梨，種在山坡上，甘蔗是種在平地，省府的宿舍那原先都是種甘蔗、花生、番薯。

十三、道教：內轆慶福寺

（1）內轆慶福寺，名為「寺」，卻是一間道教廟宇，供奉的慚愧祖師則是信奉佛教的出家師父，慶福寺主神是慚愧祖師，配祀則是天上聖母、註生娘娘等神祇，為南投內轆地區包括內新、內興兩大里，宗教文化信仰中心。慚愧祖師又稱陰林祖師或陰林山祖師，據說是福建平和潘氏三兄弟，達理、達德、達明，三兄弟醫術高超，醫德高尚，懸壺濟世，救人無數，鄉民想送其「華陀在世」的匾額，三兄弟表示受之有愧，奉獻太少，獲取太多，深感慚愧，三兄弟去世後，鄉民為之立廟塑像，稱為「慚愧公」。另有一說，祖師公俗名潘達明，又名了拳，生於福建省平和縣陰林山，唐憲宗元和12年生，出生時左手指緊握，因命其乳名為拳，彌月之日，有一化緣和尚至潘家，看了達明之後，為其在左手寫「了」字，其左手指就伸展了，故改名了拳，了拳少時練拳並學醫，及長雲遊四方，父母皆因瘟疫而亡，乃出家傳道，後至廣東省梅縣（長應州）城東80里之陰林山傳道，越30年，略語其徒，謂自愧未能普渡眾生，圓寂後當稱慚愧。

（2）陰林山祖師得道後，為佛教徒崇拜。祖師公來台後，有三個分身從福建永定縣分靈而來，大祖師公在鹿谷鄉鳳凰山寺，二祖師公在中寮鄉長安寺，三祖師公則在南投市內轆慶福寺，三祖師公聖誕為農曆十月二十八日，每年當天皆會舉辦平安遶境賜福庄民。

盛由十一職等的文化局長降調為十職等的秘書，不久後以兩大過免職。之後，陳振盛先生轉任立法院中部服務中心辦理退休。

慶福寺供俸的慚愧祖師陰林山祖其實是個修道有成的和尚，見證台灣佛道難分的傳統。（鍾起岱提供）

台灣的慚愧祖師廟有16座，南投佔了14座，來台時間有人認為是鄭成功收復台灣時，隨軍來台，另有一說是先民來台墾拓，隨船攜帶三尊祖師公神尊來台，其中三祖師公初供奉於貓羅溪出利旗，番仔寮（瀨）一帶，庄民遇有身體不適，常求助三祖師公醫治，三祖師公神威顯靈，開藥醫治庄民。先民墾拓初期，墾戶常和番仔寮（瀨）一帶平埔族起衝突，先民乃建造「草寮」供奉三祖師公，祈求祖師公顯靈出駕，保佑墾拓平安，號稱神寮。至嘉慶年間，先民鴉片茂四處尋找祖師公建廟之地點，恰好庄內曾氏祖先欲赴京趕考，向祖師公祈求順利中舉，並許願如能高中武秀才，願意捐獻土地建廟，曾氏祖先果然高中秀才，即捐獻現廟地，庄民並建草寮供奉三祖師公。據日據明治三十年台灣總督府所進行之調查，本廟正式建廟於清同治13年（西元1874年），因此有可能在正式建廟前係以草茅搭建或奉祀在民家。

（3）同治十三年庄民於現址建造「小祠」供奉，光緒四年始由庄民集資建寺，日據末期，推行皇民化運動，日本人為建造公園，強勢要拆廟改建公園，祖師公不得不委屈遷至今中營倉庫地址；光復後，民國三十七年由當時里長曾楸楊、曾火、張水木等提議，並應庄民廢公園重新建廟的要求，利用原有舊材，並募款重建，於是年十月二十八日竣工，並迎回祖師公供奉。民國六十三年為容納更多信眾，由地方仕紳再聘請草屯知名建廟師父阿堯師，擴建廟宇。民國七十八年（1989年）增建廟前戲台及遷建金亭，80年（1991年）增建兩旁廂房、鐘鼓樓及中營倉庫。民國88年（1999年）九二一大地震，造成內轆庄民民宅農舍嚴重倒塌，慶福寺亦無法倖免，主廟及其他受損部份，均已於89年間修復呈現貌。

十四、道教：七將軍廟

（1）七將軍廟並不在中興新村，位於營盤國小中央，營盤國小於日據時期稱為營盤公學校，前身稱為南投公學校內轆分校，學區包括營盤口庄、內轆庄、軍功寮庄，此三庄位於貓羅溪東岸，統稱為南投廳南投堡營盤口區，高校原設於曾姓祖廟，其後由於學生日益增加，曾姓祖廟無法容納，經「營盤口將軍會有志」管理人，包括：地方熱心教育人士許楊波、許屋、總代賴福、簡有義、白南、吳振揚、許其性等人提議，奔走協商下捐獻廟產所成立的。

（2）「營盤口將軍會有志」即俗稱的七將軍廟，七將軍廟祭祀清乾隆52年

（1788）林爽文事件中陣亡的六位軍士及一隻軍犬[54]，光緒七年南投汛官嶺南鄭維霖贈木匾感謝神恩。七將軍格局雖小，但甚靈顯。當地傳言，大正十年（1921）營盤公學校興建時，因校地全部是七將軍廟地，由彰化來的包商不知情由未先祭拜，廚師三次炊事無法上桌，經備金香水果祭拜七將軍後，炊事順利。

台灣中部很多地方都有七將軍廟，故事大都相似，也都與林爽文事件有關。（鍾起岱提供）

（3）第二次世界大戰爆發，日本將營盤公學校做為赴南洋遠征軍集結地，未事先祭拜七將軍，遠征軍集結頭一週，晚間睡於教室朦朧從蚊帳內，似乎有影子在蹲在黑板下，天亮發現戰友的七個飯盒排列在講臺上，軍方以為係營外搗亂份子潛入，加強營門及圍牆管制與夜間巡邏，天亮依然如此，逾十餘日，只好備金香水果祭拜七將軍，說也奇怪隔日就沒有飯盒出現在講臺。

十五、道教：萬靈祠

省立萬靈祠離中興新村不遠，與中興新村早期開發，關係密切。（鍾起岱提供）

（1）萬靈祠跟省政府疏遷有很大關係，早在民國46年省政府疏遷時，在環山路與中學西路附近，現在中興高中與中興會堂一帶，都是亂葬崗，當時開發，發掘很多骨骸，沒地方擺，就選擇在東閔路營盤口找一處地方，把這些骸骨移過去，最早稱為應公廟，後來由台灣省政府出資建了一座萬靈祠，但非常簡單，民國78年前後，萬靈祠主任委員李老先生透過曾亮吉議員向公管處的張麟處長陳情，當時李老先生的兩個兒子，李舜基先生任職於台灣省衛生處擔任科長，另一個兒子李順權任職在公管處，張麟處長就接受他們陳情，就專案簽給省主席連戰先生，編列經費，進行整修，萬靈祠的後方是納骨室，納骨室是作方形的，有一個門可以開，進去一格一格，一層一層的，像書架一樣，每隔一段時間，廟方

---

[54] 乾隆51年（1787）天地會林爽文事件發生後，全台震動，清廷派甘陝總督福康安率軍自鹿港登陸，兵力約13000人，與林爽文會戰於八卦山，福康安擊破林爽文後，率軍追逐林爽文至此紮營，有六名兵士及一隻軍犬於追擊林爽文時，被伏擊陣亡，當地人士立廟祭祀，稱為七將軍廟。

就會拿出來曬太陽，納骨室的前方則是拜堂。

（2）據當時公管處承辦人王富民[55]回憶說：當初蓋的時候，我的同事，做到最後，碰到一些瓶頸，就受到處分，處分以後找不到人接，才丟給我。我那時候還沒當科長，才技士而已。李主委跟我說，做這個神明會保佑我，我說長官交代，我沒辦法，就接下來馬上找建築師，把整個事情弄好，弄好就馬上辦發包。辦發包結果做一做，因為廟宇施工比較複雜，流標了好幾次，沒辦法，就拜託建築師硬標下來，他一頭栽下去，虧了幾十萬，建築師就去拜拜是不是給我中一點獎，結果真的有中，剛好補虧本。整個弄好的時候，他們又申請用電，它用電量是110，他們還要有管理室。管理室是因為廟在拆的時候，必須蓋一個臨時的鐵皮屋，把骨骸移到那邊去。移到那邊去，然後弄好的時候，鐵皮屋要拆了，管理委員說可惜了，蓋的這麼好，是不是可以留下來當辦公室，我說那就不拆了，就留給他們當辦公室。所以現在的辦公室是原來暫時放骨骸的地方。

（3）至於為什麼寫「省立」兩個字？王富民回憶說：整個歷史我最清楚，建築物蓋好了，李主任委員又來陳情說，我們這個廁所也沒錢，於是省政府又幫忙設了一個廁所，也設了洗手臺，又重新整修廟埕。這個廟有人去拜，都是在地居民去拜，他們就是營盤口這邊，跟內轆這邊，都在地人去拜。省府以前有人去拜，因為政府機關當初有人不是很贊同，我們沒有去拜，但是有去參與。有時候遇到萬靈祭，他邀請我們去拜一下，平常我們不會去。所以清明節我們也沒有去拜，但因上面有很多主席提的匾額。這個我從頭說到尾，這個故事只有我知道，庭院都做好了，花園也幫它處理好了，它不是花園有種一些樹嘛，那些樹是誰在整理，是我們在整理。那真正也不是我們在整理，為什麼？住在附近都是我們退休同仁，我們綠化組，在職的也有，退休也是，都住在營盤口、內轆這邊，他們是在地的，是不是有空幫樹剪個型，草剪一下什麼，他們是很樂意會去做。

萬靈祠的路原來是從廟的後面進來，不是從東閔路進來，繞一圈才能進來。它那個廟是兩截式，正門在前面，它路是從後面進來。居民又陳情，是不是再改一下，所以主管處又編了預算，弄一弄要一千多萬，就從東閔路這邊接過來，原來不需要那麼多錢，那時候編預算，拿預備金，動預備金。當時我們要蓋路，並沒有錢作徵收，我就跟管理委員談了，我說沒有這筆錢，請管理委員會設個法，他募了2、30萬元。然後路就開始修了，因為地是人家的，等於說徵得大家的同意，就是使用權，於是我們去買那些地的使用權，然後我們就在上面建一個預力橋，那條溪是內轆溪，然後他們說那個橋一做，好像不夠氣派，要做個牌樓。我想奇怪，應公廟哪有做牌樓的啦，所以那個牌樓就是這樣做的。跟那條路不是同時，它是在民國85年左右，85年之前是沒有的；那46年的時候也沒有蓋建築，到最後他們是用鐵，做個很簡單的。後來那個牌樓是我們做的，做的時候，連那個廟宇做牌樓的都說，應公廟做牌樓是很奇怪的，然後又拗不過他們，我說好吧就做，設計都設計好了。

---

[55] 王富民，民國49年8月10日生，原籍雲林縣斗六市，遷入中興新村大約時間80年7月，文化大學建築系畢業，臺灣省政府公管處技士，臺灣省政府工管處技正、臺灣省政府公管處科長、中科管理局科長等職，參見：鍾起岱（2014）：南投縣文化景觀中興新村口述歷史調查研究計畫結案報告。

　　為什麼加「省立」？在施工的時候都做好了，下面剛好有那兩個省立那兩個地方本來是貼石片嘛，他把我拿去自己刻上去再黏上去，找師父自己黏上去。就那個曾亮吉。我就很不高興，我就說當初設計圖上沒有這個，我們沒辦法驗收，那我們怎麼辦？廟不是屬於我們的財產，地也不是我們的，對不對。充其量，我們是敦親睦鄰，照顧以前我們這些先人的遺骸，我們編這個預算，整個財產都不是我們的啊。那個時候廟也要開光，我就用紅紙把省立兩個字貼起來，幾年後掉了，大家看見「省立」。那時差不多是民國85年左右。外面那個門牌也是85年才做的。那之前廟落成的時候，主席有去拜拜，主席那區，進去最裡面看，那塊材質，是周至柔主席，它寫民國46年，放在最裡面，它沒有油漆，什麼都沒有，素色的。然後萬靈祠重修是邱創煥主席時代，邱創煥主席也送了一塊區，之後，連戰先生擔任主席，也送了一個區。

萬靈祠內有三個省主席的賜區，年代最久遠的是周至柔主席（鍾起岱提供）

　　那段時間，剛好廟蓋好了，我專簽上去，邱主席同意了，結果，邱主席卸任，要掛上去也不是，不掛上去也不是，又專案簽了一個，希望連主席再頒一個區。所以周至柔在最裡面，邱創煥在中間，最前面是連戰的。三個區、三個主席。縣議員看了就說：一個小小的萬靈祠有三個主席區，卻沒有一塊縣長的區很難看，所以就要求縣長就頒一塊區，那裡面有一塊林源朗縣長的區就是這樣來的，後來主事者又去跟市長說，縣長都頒了，你市長頒不頒？當時市長是賴深淵，他說縣長都頒了，市長不頒不能看，所以賴深淵市長又頒了一塊區。結果整間廟滿滿的區額。所以是臺灣區最多的萬靈祠。公館處張麟處長去了好幾次，我們完成的時候有做一個碑記，那碑記是請我們秘書周敦仁寫的。它的碑記仔細看應該有三篇，第一篇是民國46年最舊的；然後我們弄的那個碑文是黑花崗石，他們廟裡再刻了一個碑文，是紅花崗石。

十六、真佛宗：雷藏寺

　　（1）中興新村鄰近最著名的佛寺，首推草屯大虎山上的雷藏寺，可由省府後山的登山步道前往，腳程約2公里左右。雷藏寺盧勝彥[56]所創，取名自「雷聲震響

---

[56] 盧勝彥（1945-），台灣嘉義人，是台灣新興教派真佛宗的創辦人，高雄高工鑄工科畢業，聯勤測量學校大地測量學系第32期畢業，已婚，育有1男1女，早年據說曾信奉基督教並且擔任查經班老師，初為國軍測量軍官，退役時為少校軍階，在聯勤測量學校時，盧勝彥擔任校刊《測量文藝》主編，並出版了《淡煙集》《夢園小語》《飛散藍夢》《風中葉飛》四本書，同時也在台灣中部二大報《民聲日報》、台灣日報撰寫專欄。年輕時以散文、詩歌、評論於台灣文壇火為活躍，軍旅時期曾擔任軍中《青年戰士報》等刊物的記者，著作頗豐，大都是文集，據說他平均二個月出版一本新書；50歲後習畫，迄今已出版16個畫冊，收錄有上千幅畫作。盧於《靈機神算漫談》中自述，25歲時在台中玉皇宮，經林千代

十法界，藏我如來顯真如」，創辦人盧勝彥自稱稱密宗，其信仰教義主要來自道、顯、密，雷藏寺包括：大雄寶殿及左、右兩廂房、廣場、金母（瑤池金母）殿、西方境、尊勝塔。寺坐東南朝西北，三棟建築屋頂為金色之琉璃瓦，是重檐歇山頂，外牆粉刷白色水泥及斬石配合。屋頂的兩側有六面山牆，有十字金剛杵塑雕在山牆之上，大雄寶殿及左、右兩廂房四周欄杆鑲有銅鑄十字金剛杵，堅固特殊，共計有268座，正殿中央上方矗立巨型大匾額，浮雕鐫刻有「台灣雷藏寺」，紋飾雕工細緻，栩栩如生。

　　（2）皈依「真佛宗」的方式，頗為特別，有親授及函授兩種，親授是親來皈依，由蓮生活佛親自灌頂皈依；函授是寫信皈依，欲皈依的弟子，祇要在農曆初一或十五日的清晨七時，面對太陽昇起的方向，唸四皈依咒：「南摩古魯貝。南摩不打耶。南摩達摩耶。南摩僧伽耶。蓮生活佛指引。皈依真佛。」三遍拜三拜即可。此稱「隔空遙灌」，做完儀式的弟子，祇須寫信，列上自己

位於虎山山腰金碧輝煌的雷藏寺，吸引了不少知名人士前來朝聖。（鍾起岱提供）

的真實「姓名」、「地址」、「年齡」，隨意附上少許的供佛費，信中註明是「求皈依灌頂」，然後寄到美國的「真佛密苑」，就可以收到「皈依證書」及上師法相[57]。

重要名詞：

　　觀音寺、浸信會、聚會所、天主堂、聖三一教會、長老會、中興佛社、摩門教、齋教、福德宮、紫晶宮、紫薇宮、聖德宮、噍吧哖事件、西來庵、臨濟宗、

的引導，被瑤池金母開了天眼，自稱為蓮花童子轉世，號稱蓮生活佛，後又師從集集大山清真道長處學習風水與道法，並成為青城派第十五代傳人，道號「玄鶴道長」；1971年，盧於陸軍5802測量連擔任測量官，曾與副連長魏青萍等數名測量官兵，登上釣魚台列嶼進行測量，是台灣少數登上釣魚台的國軍之一，1974年，盧師從佛教印順長老，1975年，在一年之間出版了五本靈學書籍，因而聲名大噪，1976年，盧勝彥融合所學道、顯、密，創立靈仙宗，後稱蓮仙真佛宗，一般稱為真佛宗，並應邀至立法院講演「心靈學的面面觀」，此後，盧勝彥在著作中撰寫大量關於密法佛教的書，現有著作至少超過230冊；有批評盧勝彥鼓吹男女雙修，頗受非議，盧曾發表聲明表示蓮生活佛從不鼓勵弟子修雙身法，媒體曾報導盧勝彥藉雙修性侵女信徒的新聞，但都不了了之。1993年創立世界華光功德會，1995年創立「台灣華光功德會」後改稱「中國真佛宗華光功德會」，並於2007年向法院登記為「社團法人中國真佛宗華光功德會」，盧勝彥自稱得到釋迦牟尼佛印證成佛，並賜與「華光自在佛」佛號。其信徒都分布在台灣、馬來西亞與美國西雅圖地區，信眾據說超過五百萬弟子。參見https://zh.wikipedia.org/wiki /%E7% 9C%9F %E4%BD%9B%E5%AE%97

[57] 引自http://www.leicangsih.com.tw/about-us.html

日本佛教、中國佛教、羅教、老官齋教、龍華派、一貫道、日本曹洞宗、愛國佛教會、南瀛佛教會、在家佛教、四為三不、真佛宗、雷藏寺。

想一想

1.中興新村的中正路為何被稱為被稱為「菩提大道」或是「宗教大道」。

2.齋教在南投的發展與沒落的原因為何？

3.請說明中興佛社是如何創立的？

4.大虎山上的雷藏寺是由何人所創立？主要是哪一種信仰？

5.中興新村神召會是基督教的教派之一，其創立緣由為何？

6.請說明中興新村的浸信會（Baptists）的信仰特色。

7.請說明中興新村福德宮的主神變遷。

8.中興新村聖德宮的由來為何？

9.請說明省立萬靈祠的由來？

10.請說明七將軍廟的由來？

11.齋教如何由羅教演變而來？

12.請說明中興新村路德會聖三一堂的歷史。

我的學習單

（　）1. 以下哪一種宗教有「在家佛教」之稱：
（A）齋教（B）一貫道（C）密教（D）道教。

（　）2. 中興新村觀音山觀音寺第一代住持是：
（A）正道尼師（B）正虔尼師（C）正慈尼師（D）正善尼師

（　）3. 以下哪一間寺廟是齋教在南投縣最早的道場：
（A）福慶堂（B）滿天堂（C）慈雲寺（D）觀音寺

（　）4. 台灣自創的基督教教派是：
（A）浸信會（B）台灣長老教會（C）召會（D）基督教路德教會

（　）5以下何者是台灣光復以前，早期民間的祕密信仰的流派：
（A）道教（B）佛教（C）神道教（D）齋教

（　）6. 中興新村中正路所有宗教建築當中最晚成立的一棟建築是：
（A）中興佛社　　　（B）中興新村基督教長老會
（C）中興新村天主堂（D）耶穌基督後期聖徒教會

（　）7. 中興新村中正路哪一個宗教信仰附設有幼兒園：
（A）中興新村浸信會（B）中興新村基督教長老會
（C）中興新村天主堂（D）耶穌基督後期聖徒教會

（　）8. 中興新村中正路哪一個宗教信仰附設有長青大學：
（A）中興新村浸信會（B）中興新村基督教長老會
（C）中興新村天主堂（D）耶穌基督後期聖徒教會

（　）9. 中興新村浸信會（Baptists）是基督教的主要宗派之一，主要發源地是：
（A）英國（B）美國（C）法國（D）荷蘭

（　）10. 以下哪一種宗教教派主張政教分離：
（A）中興新村浸信會（B）中興新村基督教長老會
（C）中興新村天主堂（D）耶穌基督後期聖徒教會

（　）11. 中興新村浸信會（Baptists）是屬於以下哪一種教會：
（A）美北浸信會（B）美南浸信會（C）美東浸信會（D）美西浸信會

（　）12. 聖德宮供奉主神是：
（A）北港媽祖二媽（B）東石港口廟媽祖二媽
（C）鹿港媽祖二媽（D）白沙港媽祖二媽

（　）13. 以下哪一間廟屬於陰廟：
（A）紫晶宮（B）聖德宮（C）萬靈祠（D）觀音寺

（　）14. 以下哪一間廟宇與林爽文事件有關：
（A）紫晶宮（B）聖德宮（C）萬靈祠（D）七將軍廟

（　）15. 以下哪一間廟是由台灣省政府出資修建而成的：
（A）紫晶宮（B）聖德宮（C）萬靈祠（D）觀音寺

（　）16. 以下哪一位省主席沒有在萬靈祠中致送匾額：
（A）周至柔主席（B）連戰主席（C）邱創煥主席（D）李登輝主席。

（　）17. 以下何人不是臺灣佛教淨土宗三大推手之一：
（A）廣欽法師（B）煮雲法師（C）聖嚴法師（D）李炳南居士

（　）18. 中興新村哪一所教會每星期三有教授英文，早期很多中興高中的學生都是
這樣來跟外國人練習英文：
（A）中興新村浸信會（B）中興新村基督教長老會
（C）中興新村天主堂（D）耶穌基督後期聖徒教會

（　）19. 被認為是「教會倍加運動」最後果實的教會是：
（A）中興新村浸信會（B）中興新村基督教長老會
（C）中興新村天主堂（D）耶穌基督後期聖徒教會

（　）20. 以下哪一基督教派篤信「三位一體的價值觀」：
（A）召會（B）聖三一堂（C）耶穌基督後期聖徒教會（D）耶和華見證人

（　）21. 台灣自創的佛教教教派是：
（A）真佛宗（B）禪宗（C）密宗（D）天臺宗

（　）22. 中興新村以下哪一條道路，被稱為「宗教大道」：
（A）省府路（B）光華路（C）中正路（D）光明路

（ ）23. 以下哪一座寺廟距離中興會堂最遠：

（A）中興佛社（B）中興新村聚會所（C）中興新村長老教會（D）慶福寺

（ ）24. 台南噍吧哖抗日事件，是以以下哪一種宗教會堂作為起事地點：

（A）天主堂（B）齋堂（C）媽祖廟（D）長老教會

（ ）25. 齋教「三世因由」一書，有「初世姓羅，二世姓殷，三世姓姚」的說法，所謂「三世姓姚」，是指：

（A）姚瑩（B）姚文宇（C）姚嘉文（D）姚元浩。

（ ）26. 擔任台灣省政府主席曾經多次前往中興新村召會參加禱告聚會的是：

（A）李登輝（B）嚴家淦（C）謝東閔 D）連戰

（ ）27. 在中興新村經常看到17-18歲的年輕外國人，兩個兩個一組，騎著腳踏車四處傳教，請問他們可能是以下哪一間教堂的傳教士：

（A）基督教長會（B）三一堂（C）浸信會（D）摩門教

（ ）28. 民國60年代中興新村禮拜使用台語的基督教教堂是：

（A）中興新村浸信會（Baptists）（B）中興新村聚會所

（C）中興新村天主堂　　　　　　（D）中興新村長老教會

（ ）29. 以下哪一尊傳統信仰神祉，一年有兩次生日：

（A）媽祖（B）恩主公（C）釋迦摩尼（D）土地公

（ ）30. 一般佛寺前的神獸，通常不是：

（A）大象（B）獅子（C）鳳凰（D）麒麟

第十一章　中興新村的都市計畫

本章重點

　　中興新村背靠虎山，面向貓羅溪，過了貓羅溪前面有八卦山脈；民國38年中央政府播遷來臺，臺灣成為反共復國的基地，當時中央機關，總統府、行政院、臺灣省政府等重要機構都集中在臺北市，在臺海局勢緊張之際，政府為了防患未然，乃計畫疏散，使重要機構不集中於一地；在倉促疏遷之際，中興新村都市規劃展現的大格局與施工的細膩，不能不令人佩服當年許許多多的前輩。

在反共救國的時代，蔣中正先生的言論，被認為是至高無上的原則，中興新村是其城市鄉村化、鄉村城市化理想的實踐，在他生前他的雕像被佇立在中興新村的中心-中興會堂之前。（鍾起岱提供）

　　筆者想起當年日人在離此不遠的門牌潭發電所，利用日月潭高低差所造就的門牌潭水力發電，門牌潭也是當年集集線的最後一站，據說發電量曾占全台70％，戰爭期間五條巨大的輸水管被盟軍轟炸破壞，發電量僅剩原來正常的十分之一；戰爭結束後，國民政府的「以德報怨」政策，原服務於台灣電力株式會社的3153名日籍技術員，1946年4月20日起分批全部遣返，最後一批日本技師上船前對臺人表示：我們怕三個月後，台灣可能就會黑暗一片。

　　當時台灣電力公司的機電處長孫運璿[1]與三、四十名大陸來的技師、台電的台籍人才如朱淮江等人合作，帶領一群當時尚在就學的省立台北工專（台北科技大學前身）、省立台南工學院（成功大學前身）學生，四處拼湊零件，一邊修理，一邊學習，在五個月內復原了台灣80%的供電系統，1946年10月30日，門牌潭發電所重建工程完工，蔣中正總統親臨視察，讚嘆「日月瑰寶、蔚為大觀」改名為「大

---

[1] 孫運璿（1913－2006），山東省蓬萊縣人，畢業於哈爾濱工業大學，台灣光復後派任至台灣，曾前後擔任台灣電力公司總經理、交通部長、經濟部長、行政院長等職，曾被譽為台電永遠的總經理。參考https://zh.wikipedia.org/wiki/%E5%AD%AB%E9%81%8B%E7%92%BF

觀發電廠」。

　　中興新村的建設亦然，1955年中樞決定台灣省政府的疏遷，應該如何打造一個像樣的省垣，煞費思量，恰巧蔣中正總統在1953年11月發表「民生主義育樂兩篇補述」，其中有一段話：我們的市鄉建設計畫應該以城市鄉村化、鄉村城市化為根本原則。要鄉村城市化，最重要的一件事就是鄉村享受公共事業的便利。要城市鄉村化，最重要的一件事就是城市能享受園林景色。這一段話，給疏遷小組莫大的啟發，也許這就是未來夢想中的省垣。

　　幾年之後，1957年疏遷工程處劉永楙處長率領來自台北工專、宜蘭農校、嘉義農校的建築與土木科的年輕學生，打造出中興新村最早的雛型。中興新村設計主要來自霍華德（Ebenezer Howard）的田園都市構想，都市計畫學中稱之為「田園都市論」，其後又加入聯里單元論、超大街廓論、以「人」設計重心論、環境保護論等理論的實踐，本章重點在分享中興新村的都市計畫沿革與大要。

一、中興新村空間設計理論

　　（1）田園都市論：中興新村的都市設計主要來自霍華德（Ebenezer Howard）的田園都市構想[2]，都市計畫學中稱之為「田園都市論」，其理論的來源是因為英國在工業革命之後，都市聚集了大量的人口，導致都市的快速衰敗，特別是英國的倫敦，英國倫敦在遭逢一連串的改造計畫失敗之後，鑑於都市環境品質低落，

中興新村實踐了田園都市論、里鄰單元論、以人為中心、環境保護論與超大街廓論，其後中興新村即使界線擴展到東閔路邊緣，大致仍遵循這樣的設計理念，中正路以西的私有土地地區，由於大量的建築，已經慢慢失去田園都市的趣味了。（鍾起岱提供）

1902年，霍華德於焉提出田園都市構想，他在「明日的田園都市」（Garden City of tomorrow）刊物中闡述其理想。其理論終在1903年蘭屈瓦茲（Letch worth）等新市鎮獲得實現。此外，田園都市論對其後的衛星都市及鄰里單元規劃等理念，均有深遠的影響。霍華德田園都市的構想，為鄰里單元之規劃理論的先河。爾後一百年間，田園都市中的空間型態與規模、公共設施分布、住宅區規劃等無一不與鄰里單元的發展有關。

---

[2] 埃比尼澤‧霍華德（Ebenezer Howard，1850－1928），英國城市學家、社會活動家，「田園城市」運動的創始人、現代都市計畫的奠基人之一。他最為知名的著作是其1898年出版的《明日的田園城市》（Garden Cities of Tomorrow）。他提出的理想主義與現實主義結合的田園城市，開創了現代意義上的都市計畫，即現今的新市鎮。

（2）鄰里單元論：田園都市論提出後，1929年，美國都市計畫學家培雷（G. S. Perry）根據田園都市的想法，建立鄰里單元理論（Neighborhood Unit），其內容可歸納為下列六項基本原則：1.主要幹道和通過性交通路線不可穿越住宅鄰里內容，而以此等道路做為鄰里的界線。2.內部街道系統持用囊底路式（Cul-de-sac）或彎曲設計，以阻止穿越性交通進入，造成安靜、安全、少量的交通流動，以保持住宅區的寧靜氣氛。3.鄰里的人口規模應能足夠支持一所小學的存在（培雷建議約5000人）。4.鄰里性設施機關（如學校及其他服務機構）適當地集中在鄰里中心。5.鄰里面積大小約為160英畝，居住密度每英畝十戶，其形狀應使學童上學的徒步距離不超過800公尺。6.鄰里服務設施如購物、教堂、圖書館和社區中心等應靠近小學，公園及遊憩空間應適當的分配在整個鄰里。

（3）超大街廓論：培雷鄰里單元提出後，另一學者雷德朋（Raeburn New Jersey）提出雷德朋計畫，稱為超大街廓理論，主張（1）社區設計應採超大街廓規劃型態，面積至少1.2至2公頃的超大街廓（Super Block），取代傳統棋盤式的小街廓。（2）分離式的街道系統，將社區街道區分為下列四種等級，以確實掌握汽車與步行空間的互動關係。

（a）快速道路：與公園大道連絡市鎮間的交通。（b）主要幹道：為聯繫各鄰里的主要通路。（c）集合道路：連絡各超大街廓的交通。（d）服務道路：供每家戶出入使用，並連接集合道路。除了上述四種等級的道路之外，步道系統則採天橋或地下道等立體化處理，確實與車行交通分離。（3）大型綠地規劃，雷德朋認為大型公園綠地為鄰里單元的骨幹，面積占12%~14%，各型公園間互相連接，以形成綠地系統。（4）充分而妥適的遊憩及文化設施，依鄰里及新鎮的服務人口規模分級規劃，並且由中央綠地及步道系統串聯。（5）囊底路設計—住戶與出入道路間以囊底路連繫，每處囊底路服務15至20戶。[3]（6）住宅配置計畫，確保良好的私密性及住宅機能，以廚房、車庫等服務性空間連接囊底路，而將客廳、臥室等空間面臨綠地、花園。由於雷特朋計畫的成果，創造了良好的鄰里及住宅環境。因此，其規劃原則也廣泛受到模仿與應用，而稱之為雷德朋法則（Raeburn Principles）。

（4）「人」是設計重心：市區由於人口密集，許多地區之用路人包含了眾多的徒步利用者，故道路設計應以「人」作為考量要點，尤其是市區中的服務道路（集合道路及巷道），更應利用各種設計手法使其產生較閒適的空間感，讓行駛其間的車輛「慢」下來，囊底路成為有效控制車速的道路線形設計方法，囊底路的設計是田園都市論提出後，西方國家用以消除過境交通及創造住宅鄰後里安寧的慣用方法，有時也可提供兒童遊戲的戶外空間，由於車輛須以圓圈方式，循原路折返，故須為雙向道路，有時囊底路也搭配環形道路（Loops）的設計[4]，一方面增加駕駛

---

[3] 囊底路設計中，由於沒有圓環的設計，所以要迴車超麻煩。而臺灣人一方面對「路沖」特別敏感，一方面又特別愛方便，出門還得繞上一大圈，常常造成不便，所以一些都市的囊底路大概也就慢慢被打通，消失。目前除了中興新村有囊底路設計之外，據說新北市中永和地區也有一些類似的裏底路的設計。

[4] 根據內政部86.10.24臺內營字第8681949號函計畫道路含有囊底路，該囊底路部分應以其連接之計畫道路寬度為寬度，依實施都市計畫地區建築基地綜合設計鼓勵辦法第七條第二款第三目規定，應自該道路中心線起算十公尺範圍內，高度不得超過十五公尺。至囊底路端

者的行駛時間，一方面可排除過境性之車輛；如果將兩條囊底路的路底連接時即可形成環形道路，其優點為車輛不需要由原路折返，故可設計為單行道，並能縮減道路寬度。但過長的單向環形道路容易導致駕駛者違規逆向行駛，故應予避免。

（5）環境保護論：都市社區景觀設計應建立在環境保護的原則上，也就是都市設計應探索人工構造物與地區環境的調和點，使所構築的新環境、新景觀獲得大多數人的認同。此種「調和」，除具有「連續」、「融合」、「整合」意義外，同時也包含「強調、融合、消去」等較廣泛的意義。道路景觀設計，應秉持環境保護、調和、創造的基本理念，使人工的道路構造物，獲得人們的認同，創造舒適的生活環境，提高交通品質。至於

中興新村綠蘊處處，綠蔽率高達95%，行車經過常常不期而遇的松鼠、五色鳥搭配各式植物，呈現出調和、連續、融合、整合的生活意象。（鍾起岱提供）

於進行道路規劃設計時，為滿足使用者視覺價值之需求，不論是在道路選線或道路各項設施之設計時，均應滿足下述目標：（a）提供環境特殊景物觀察機會，並使設施物與周遭景物配合，使用路人可感受到道路周遭的風土環境特色。（b）增加體驗道路景觀感受之機會，即提供道路使用時欣賞沿途景觀區或特殊景物的最大機會。為避免車輛在以「人」活動為主的住宅區或商業區等道路環境中車速過快，造成居民之危險性，市區道路中涉及較多徒步利用者之地點，其道路路形設計應使之具有閒適之空間感，並可控制車行速度。

二、中興新村的成型

（1）防空疏遷計畫：民國46年臺灣省政府的所在地為什麼選擇在中興新村？中興新村背靠虎山，面向貓羅溪，過了貓羅溪前面有八卦山脈。民國38年中央政府播遷來臺，臺灣成為反共復國的基地，當時中央機關，總統府、行政院、臺灣省政府等重要機構都集中在臺北市。民國40年臺海局勢緊張[5]，政府為了防患未然，乃

點應比照建築技術規則建築設計施工編第十四條圖14—（2）之d值計算方式，自囊底路端點作切線往外退。

[5] 蔣中正總統於民國38年1月21日宣布引退，副總統李宗仁接任後有意與共產黨停戰，同年4月國共雙方在北平舉行和平談判，但國民黨無法接受共產黨所提出的和平協定。談判破裂後，解放軍隨即發動渡江戰役，攻下南京、上海等華中大城，爾後幾個月內取得華中與華南大部分地區，國軍則不斷向東南沿海與西南撤退。38年10月1日共產黨在北平建立中華人民共和國；中華民國政府則相繼播遷至廣州、重慶、成都等城市，最終於該年12月撤退至臺灣。民國39年4月，解放軍攻下國軍在大陸最後一個據點西昌。同時，解放軍一方面逐一攻下原由國府統治的沿海島嶼，一方面在福建集中兵力，為渡海攻臺做準備。美國原本抱持坐等內戰結束的態度，海峽大戰一觸即發。39年6月韓戰爆發，美國總統杜魯門派遣第七

計畫疏散，使重要機構不能集中於一地。由於臺灣省政府是治理全臺的行政機關，所以疏遷至鄉下。疏遷的地點有幾個條件，第一個是最好選擇臺灣中部；第二個是靠山，最好有綿延兩公里的山脈可以依靠；第三個遠離臺灣西半部縱貫鐵路，深入內陸地方更好；第四個最好是國有地，選擇土地等則較低，也就是旱地，這樣補償金負擔較小。除此之外，交通也需便利。最後，多方找尋，擇定南投縣南投市營盤口附近。當時的省主席為嚴家淦，省府秘書長為謝東閔。嚴主席請謝秘書長負責找地，原來第一預定地是找到臺中霧峰，也就是現在省諮議會的位置，後來因為土地的問題，當地民眾紛紛要求提高增收價格，土地取得比較困難，所以該地作為第一辦公區，命名為光復新村。

霧峰行政區於民國44年開始興建，隔年落成，省府的秘書處、教育廳、衛生處就先從臺北搬下來，因此才有臺中市的光復新村。到了民國45年6月，主政的嚴家淦主席覺得中興新村這地方是最好的，當時的南投縣政府非常支持，地方與縣長都希望爭取到南投市這地方來，所以就選擇在此地興建第二辦公區命名為中興新村。來勘地時，發現地勢比霧峰好，地理也非常好。中興新村是第二個疏散的地區，而後就變成了省政府的所在地。

（2）臺灣省政中心中興新村形成：從民國45年6月至46年6月，疏遷工程處花了一年的時間把中興新村第一階段的工程規模大略蓋好。中興新村的北邊，從牌樓進來的地方是最早蓋的，也就是在光華路、光明路這地方，是在一年的時間就蓋起來，當時有六棟大樓，包括省府大樓（一號大樓）、人事處（二號大樓）、建設廳（三號大樓）、交通處（四號大樓）、水保局（五號大樓）、農林聽（六號大樓）；其後民政廳、社會處、財政廳、稅務局、主計處這幾棟大樓約在民國47年陸續完成，之後又陸續蓋了光明里的幾個廳處，包含兵役處、衛生處、政風處、省訓團等。

（3）何以命名為中興新村？當時政府認為這是反共復國的基地，要學少康中興，因此把省垣所在地命名為中興復國的基地，又因是新的村落，便命之為中興新村。當時的行政區的基層行政單位，「鄉」內者稱「村」、鎮市內者稱「里」，中興新村是少數「鎮」內稱「村」，村內有「里」的命名方式。中興新村是當時台灣省政府辦公的總樞紐，員工在這上班，也居住在這，是結合了住宅區、生活機能區與行政特區的功能。

艦隊進入臺灣海峽，解放軍渡海攻臺難度倍增。中共決定「抗美援朝」之後，原本預備攻臺的部隊調往朝鮮半島作戰，因此在東南沿海作戰暫緩。韓戰期間，臺灣的中華民國政府在聯軍統帥麥克阿瑟支持下積極備戰，試圖反攻，多次嘗試突擊東南沿海島嶼，如南日島戰役、東山島戰役等，但皆以撤退和失敗告終。42年朝鮮戰爭正式停火，隔年12月美國與中華民國政府簽訂《中美共同防禦條約》，美國宣佈「臺灣海峽中立化」，一方面阻止兩岸衝突，另一方面也保證對臺灣軍事援助不再斷絕。44年1月解放軍攻佔一江山島。失去一江山島的屏障，中華民國國軍在戰略考量下，決定不再分散兵力駐守浙江沿海島嶼，轉而加強金門與馬祖之防備，遂於2月在美軍協助下主動撤離大陳島全數軍民。解放軍取得大陳島後，中華民國政府的有效統治範圍退縮至臺灣、澎湖與金門、馬祖，並延續至今。http://zh.wikipedia.org/zh-tw/%E5%9B%BD%E5%85%B1%E5%86%85%E6%88%98，2013/09/12搜尋。

（4）中興新村建設完成以後，為了住台美軍生活的方便，1960--70年代之間，由台灣省政府支持、台北市政府主導開發，仿造中興新村的方式，將當時的省轄市臺北市東北角的一塊大型素地打造為第一個美國式示範社區，計劃容納人口七萬人（目前居住人口已超過八萬人），民生社區於焉形成，當時稱為民生東路新社區，位於台北松山區，開發期間大約是1964年10月前後，當時為了疏散台北西門町擁擠的居住空間，打造東區發展方向，市長高玉樹[6]成立「民生東路新社區建設委員會」，主委由高玉樹兼任，採集體重劃、聯合開發，初始設計將原為110公頃的市郊土地規劃為可以供45,000人居住的現代化住宅區。民生社區的範圍東至基隆河，西臨敦化北路，南抵延壽街，北接松山機場，駐台美軍一抵達松山機場，可以在5分鐘左右即抵達民生社區，與中興新村不同的是，民生社區純粹是美式居住社區，而中興新村則是結合行政跟住宅為一的社區。

（5）中興新村當時具有特區的性質，它的公共設施完備，抽水馬桶、地下電纜、地下瓦斯等等，一應俱全，而這些現代化設備，當時的首都臺北市都還沒有；中興新村提供的的生活機能，包含省府員工及眷屬的出生到老死，中間的教育、醫療等等等，均能提供。此地的生活機能方便，如學校有幼稚園（幼兒園）、小學、國中、高中，市場有光輝市場、第一市場、中心市場[7]、第三市場、光明市場等，以及警察分局（中興分局）與兩個派出所（虎山、光明）。此外中興新村還是臺灣省政運作的總樞紐，當時的中央政府只不過是督導的性質而已，民國46年臺北市與高雄市都還隸屬於臺灣省政府底下，尚未升格為直轄市，由此可知，中興新村的重要性與特殊性。

三、空間景觀布局

（1）中興新村背倚東方虎山、依山傍水、田園分布在廳處局會辦公區的西邊。擇地時的風水說一直有傳聞，大致是說，老總統蔣中正先生，常常利用假日前往日月潭的總統行館[8]度假以及思考國家的大政方針，當時嚴家淦主席與謝東閔秘書長找到中興新村這塊地之後，還需要蔣中正總統同意，因此蔣中正總統有次要到日月潭行館前，特別彎到這裡來看看，結果一看這地方真的是非常好，後倚大虎山，遠遠看就像是一隻老虎臥在這個地方，前面的營盤口、內轆平原一直延伸到草

---

[6] 高玉樹（1913－2005），台灣台北市人，日本早稻田大學畢業，在戒嚴時期以黨外身份兩度當選民選台北市長（當時台北市為省轄市），據說當局為了阻止首都繼續淪為黨外執政之手，特別將臺北市改制為直轄市，仍指派高玉樹出任第一任官派臺北市（直轄市）市長，任期近五年，高玉樹對臺北市貢獻極多，卸任後歷任交通部長、政務委員、總統府資政等職，民進黨元老政治家黃信介，年輕時即擔任高玉樹的助理。參考https://zh.wikipedia.org/wiki/%E9%AB%98%E7%8E%89%E6%A8%B9

[7] 中興新村一直沒有第二市場的稱法，光輝里巷弄間有個光輝市場，光明里有個光明市場，位於光華里的稱為第一市場，位於光榮里的稱為第三市場，而在第一市場與第三市場中間的稱為中心市場，有居民稱為中興市場或是第二市場，但其實並不正確。

[8] 日月潭行館俗稱涵碧樓，目前以BOT方式蓋了兩間非常出名的飯店，日月行館與涵碧樓，日月潭行館就是原來的蔣公行館所在地，而現稱為涵碧樓的旅店則是當時蔣公行館旁邊侍衛居住的宿舍。

屯，明堂開闊，貓羅溪從左邊向右邊流動，符合中國風水中提到的左青龍右白虎的說法；貓羅溪的西邊有八卦山脈，以前老一輩在地人稱之為「面前山（台語）」，像牆圍一樣，可以擋住由西邊（中國大陸）而來的煞氣；蔣總統看了非常滿意，就確定該地作為省政府所在地，中興新村興建期間，根據老一輩的說法，蔣總統也來視察了好幾次。

（2）中興新村的空間佈置，北端是第一個行政區，臺灣省政府居高臨下，省政府與秘書處是合在一起辦公，在它右邊以前有幾個單位，包含有經動會、研考會、經建會、防護團，但是後來九二一大地震倒塌，目前主要是停車場，九二一地震後留存下來的有人事處、建設廳、交通處，省政大樓前有一個親情公園，在旁邊也就是以前的農林廳、水土保持局。這一整個區域除了省府大樓外，主要設計者是虞曰鎮建築師，為了反共復國，所以一切從簡，當時又預想反共

六零年代後期，中興新村開始電線桿地下化的工程，這是繼雨水下水道、汙水下水道、瓦斯管線地下化之後的最後一塊管線地下化的拼圖，民國70年以後，中興新村的電線桿真的消失了。（鍾起岱提供）

復國成功之後，省政府遷回臺北之後，辦公房舍移作為大學之用，因此建築採迴廊式教室型態建築。台灣省政府是臺灣的行政中心，怎麼最高只蓋三層樓？這有兩個原因，一是疏遷工程處在進行地質鑽探時，發現此地地質鬆軟，車籠埔斷層線恰恰穿過虎山山麓，第二是當時經費有限，當局又限令一年之內必須完成，因此，一切從簡，不敢蓋得太華麗，就蓋得像是教室一樣的2-3層樓建築。

（3）中興新村北端行政區旁邊，冷水坑溪左側（目前加蓋作為停車場），以前是民政廳、社會處、財政廳、主計處，均倒塌於九二一地震，目前是九二一紀念公園，也就是在親情公園的東北邊；現在是一整片大草皮，大地震以後，基於廳處不重建原則，就沒有再蓋。中興新村南端的第二行政區是以光明路為主軸分布的各廳處，光明派出所進去，過去有山胞行政局（原住民行政局）、主計處電子資料處理中心、兵役處、衛生處、政風處、選委會、省訓團、台灣文獻館等廳舍，目前除少數繼續做為辦公使用外，主要作為高等研究園區廠商進駐之用。

（4）中興新村的第一、二鄰里的單元，這是以小學、市場為中心，包含第一市場、中心市場、第三市場等等，以光華里、光榮里為範圍。區內主要是宿舍，有紅瓦、院子，花木扶疏，形成像是綠海一般的社區。綠資源、綠能的社區就是鄰里單元的特色。中興高中旁邊郵局的前面有兒童樂園，在兒童樂園附近就是中興新村的生活機能中心，也就是市鎮中心。這裡有市場、百貨商家、臺灣新生報報社、第一銀行、寄宿舍、洗衣鋪等設施；在中興高中對面有中興會堂；此地是中興新村的市中心，這個市中心的生活機能非常好，環境很優美。第三鄰里單元的光明里，沿途有許多小公園，內轆溪從旁邊經過，光明里有二層樓的宿舍，頗為特殊。

（5）中興新村的文化景觀內含綠地、公園、囊底路、丁字路、馬蹄社區、行

道樹群。囊底路出現在光華里、光榮里，指的是一條巷路進入巷道後沒有通路，形成一個像囊袋一樣的小圓環，車子可以在那迴旋。所謂丁字路就是沒有成為十字路，形成一個安全的設施。所謂馬蹄社區指的是道路的設計像馬蹄一樣，像U字型的設計，這個設計有一個好處，讓住民有榮辱與共，是生活共同體的感覺。

（6）中興新村另一個特色是有防空伏地堡，防空伏地堡很特殊，在虎山裡面挖了九條通道，當時比照臺北士林官邸底下的伏地堡，以及仿造金門的地下堡壘，裡面可容納三千人避難，目的是如果遭到飛彈攻擊，省府高級幹部及村內小學生可以聚集到伏地堡內避難，伏地堡裡面，有一間狹小的辦公室可充作為戰時指揮所；內有發電機、電報機、空調、一條潛龍警用電話線、簡易盥浴設備等設施，九二一大地震時毀損，又碰上精省沒有經費，所以防空伏地堡目前封閉。當初有防護團的年代，每年都結合地方的軍團，還有省政府各廳處都有演習訓練，科長以上的同仁以及光華、光榮兩所小學生，都要進去伏地堡裡面避難。

四、建築設計師

修澤蘭建築師所設計的中興高中科學館，於九二一大地震中倒塌，這張照片據信是由耆老鄒慕德先生所拍攝。（鄒心笙提供）

（1）中興新村，列為古蹟一處、歷史建築有11處，這些典雅古樸的建築物，主要出自五位建築師之手，第一位是虞曰鎮建築師，第二位是修澤蘭建築師，第三位是王大閎建築師，第四位是楊卓成建築師，第五位是陸恂如[9]建築師，五位建築師都非常傳奇。

（2）第一位虞曰鎮[10]（1916-1993）建築師，生於1916年，1949年來臺，後來開設「有巢建築師事務所」，並曾於中原大學、淡江大學兼任教職，1993年逝世。據說虞建築師抗戰期間曾於廣西桂林成立事務所，1960年負責籌備私立中原理工學院（中原大學）建築工程系之創立；1961年資助漢寶德教授在東海大學創立《建築雙月刊》雜誌，並擔任發行人；1969年資助創立《建築與計畫》雜誌，並與沈祖海、陳其寬教授共同擔任發行人。1964年曾赴美國哈佛大學進修，獲碩士學

---

[9] 另有學者認為中興新村是集結了許多當代的著名建築師及其建築作品，參與中興新村規劃設計的戰後第一代現代建築師，除王大閎建築師、修澤蘭女士、虞曰鎮教授外，尚有關頌聲、吳文熹、華泰建築師事務所（張昌華）、和睦建築師事務所（楊卓成）、胡兆輝、吳梅興、倪世槐等人。都是50-80年代學界與業界的翹楚與代表性人物。參見〈守護中興新村文化資產保存聯盟—戰後建築師簡述〉，http://jhongsing.wordpress.com/architect，2013/08/29搜尋

[10] 陳凱紹建築語典：http://blog.kaishao.idv.tw/？p=1229，2013/5/22搜尋。

位；後曾擔任淡江大學建築系兼任副教授，1983獲美國加州建築師資格。

　　虞曰鎮來臺後專職建築師事務所之經營，以政府公共建築，大型土地開發計畫為主要業務，重要建築作品除中興新村廳舍建築（1957）之外，包括：臺肥竹東第五廠辦公大樓（1955）、臺北市立棒球場（1959）、立法院議事廳（1960）、臺大新生大樓（1962）、臺大農業陳列館及農業經濟推廣館（1963，與張肇康合作）、中國美生總會會堂（1963）、臺北市天主教耕莘文教院（1964）、中影公司攝影場、新竹玻璃公司中國玻璃工業研究所（1966）、天主教聖衣會新竹修女院（1966）、三軍總醫院汀州院區（1967）、圓山綜合大樓（1969）、臺北市中影西門町真善美劇院（1975）、高雄市日榮商業大廈（1980）、臺北市萬世商業大廈（1982）；大型開發規劃案則有臺北內湖新村規劃、石門水庫高地區規劃、臺東馬蘭新社區規劃（1965）、龍潭觀光區、碧潭觀光區、臺北市民生社區規劃、霧峰大臺中山莊彩虹國際大飯店開發計畫（1979，未興建）、美國加州蓮園計畫（1982）等；平面設計作品則有臺灣省建築師公會徽章等。

　　（3）第二位是修澤蘭女士（1925－？）建築師，民國14年生，湖南省沅陵人，以優秀成績自國立中央大學建築工程系畢業後，進入臺灣省鐵路局服務，隨即獲得獨立設計、監工整建板橋火車站的機會，而她巾幗不讓鬚眉的故事，曾一度編入國小教科書。修澤蘭在鐵路局工作期間，她與專長土木工程的同事傅積寬走上紅毯，2人隨即辭去公職，攜手創建屬於自己的建築師事務所。她作品的特色，有著奇特曲線設計，但又融合了五〇年代建築風格，如地震前的光復國小、地震前中興高中的圖書館、中興郵局、中興圖書館、台汽客運中興站、台灣新生報原館均出自修澤蘭之手。身為當時建築界少見的女傑，加上設計風格獨樹一幟，機會不斷向修澤蘭招手，臺北女師專、板橋高中、中山女中、景美女中、至善國中、霧峰國小、陽明山革命實踐研究院圖書館、講堂、衛道中學、宜蘭女中、中山女高等大禮堂和救國團在金山等處活動中心等，均為其所設計。

　　民國53年，為了紀念將於2年後到來的國父百歲冥誕，蔣中正總統決定在陽明山興建一座可以容納逾千人，召開國家會議暨接待國賓的紀念會館「中山樓」，在當時教育部部長張其昀的推薦下，修澤蘭成為中山樓的建築師；再者，蔣中正總統是修澤蘭就讀南京中央大學時的校長，因此修澤蘭頗受當局看重。中山樓具有象徵中華古文化及傳統建築藝術特質，當時被視為中國現代化建築之代表，國家重要會議均在此召開，該樓圖案也曾印於現行郵票及錢幣上。修建中山樓使她的事業生涯被推至頂峰，不過中山樓落成後，修澤蘭的夫婿傅積寬因特務密告思想反動入獄5年，修澤蘭瞬間從「紅頂建築師」跌落，完全失寵。其後又因為臺北「花園新城」經營不善而負債上億[11]，最終遠走海外，不知所終，有人認為她最後客居上海。

---

[11] 花園新城是臺灣第一座大型山坡地住宅區，1969年由修澤蘭設計興建，是將花園融入城市、城市融入花園的現代化觀念帶入社區。規劃初期，除了對地層研析、水土保持、施工建材做最週密的設計外並對每棟建物之間的空間比、視野面、綠帶區做了最完美的考量。社區規劃以圓環車站為中心，往外呈輻射式，有老人公寓、餐廳、幼稚園、超市、網球場、游泳池、教堂、小小動物園及對外營業的遊樂場，堪稱是當時大臺北地區的最佳居住和遊樂場所。70年代後期，因翡翠水庫的禁建影響，而使花園新城漸趨沒落蕭條。參見新北市新店區公所網站，http://www.xindian.ntpc.gov.tw/_file/1247/SG/42543/D.html，

（4）第三位是王大閎[12]（1918-？）建築師，廣東人，1918年生於北京，他的父親王寵惠[13]為民初著名外交家，1931年至1934年曾就讀瑞士卡比特學院（Coppet College），1936年入英國劍橋大學攻讀機械，1938年轉攻建築，同年獲劍橋大學建築學會競圖首獎，1943年畢業於劍橋大學，隨即入美國哈佛大學建築研究所師事葛羅培（Walter Gropius）[14]，葛羅培是個德裔美國人可以說是美國21世紀最有影響力的建築師之一，返國後，1946年在上海設五聯建築師事務所，1950年於臺北設大洪建築師事務所。中興新村只有一棟建築是他的作品—中興會堂，是中興新村最著名的地標建築物。王大閎在臺灣所設計的作品很明顯的融合了西方現代建築的簡約主義和中國傳統的象徵主義，他企圖以此打敗傳統的宮殿派和西方的國際主義。王大閎的作品被認為是當時一般中國建築師之典範，他為臺灣在傳統與現代建築交替下，試圖開闢新時代的建築觀；是一種擷取西方機能技術下，對東方文化符號的眷念。

由於留學美英，王大閎深感歐週洲精緻物質文明和美洲新大陸粗糙物質文明有著微妙的不同，而英國獨特的自由與保守傳統風氣，更令王大閎懷念不已。王大閎重要的作品除了中興會堂之外，有大閎建國南路自宅、臺灣大學學生活動中心、國父紀念館、教育部辦公大樓、外交部辦公大樓、登月紀念碑等。其中國父紀念館公認是王大閎將「中國建築現代化」最成功的作品。他也承認：「國父紀念館是我最艱難的設計！」據說王大閎畫好國父紀念館的設計圖後，前總統蔣中正改了好

2013/12/10搜尋。

[12] 引自http://tw.knowledge.yahoo.com/question/question？qid=1007010300522，2013/08/31。

[13] 王寵惠（1881－1958），字亮疇，廣東東莞人。1904年（光緒30年）協助孫文撰寫《中國問題的真解決》（The True Solution of Chinese Question）英文稿並發表；翌年加入剛成立的中國同盟會。辛亥革命成功後擔任上海都督陳其美的顧問，在各省都督府代表聯合會會議中，被推舉為會議的副議長。1912年（民國元年）1月南京臨時政府成立，被任命為外交總長。3月袁世凱任中華民國臨時大總統，唐紹儀組織內閣，轉任司法總長。唐氏辭職後，也隨同辭職，轉任鐵路總公司顧問並任復旦大學副校長，研究憲法。其後任法律編纂會會長、大理院院長、北京法官刑法委員會會長、法理委員會會長。1921年10月與施肇基、顧維鈞作為北京政府全權代表，出席了華盛頓會議。同年12月再任梁士詒內閣司法總長。翌年5月，和胡適等人在《努力周報》上共同發表《我們的政治主張》一文，說明憲政的實行需要有好人組成政府。1922年9月在直系吳佩孚的支持下任國務院總理，組成王寵惠內閣，人稱「好人政府」；然而11月財政總長羅文幹被總統黎元洪命令逮捕，王寵惠內閣上臺不久即倒臺。1923年任海牙常設國際法院法官，1924年任孫寶琦內閣司法總長。翌年任修訂法律館總裁。1928年任國民政府首任司法院院長。參見維基百科http://zh.wikipedia.org/zh-tw/%E7%8E%8，2013/08/31。

[14] 華德‧葛羅培斯（1883-1969），父親為柏林一富有建築師。葛羅培斯以標準化的工業方法，為建築房屋結構合理化，他主張減少手工，利用工業大量製造，可以省時省力省金費，且關於這方面的各種技術問題，作廣泛慎密研究。他在1909年時，更致力於研究預鑄建築組件的問題，1910年，提出將預鑄觀念應用在住宅，可以大規模生產,降低造價；1911年，設計德國Fagus工場，此建築的技術與材料層面有重要的貢獻；1919年，籌建國立威瑪建築學校，1925年，設計Bauhaus學校，1927年，發展出整體戲院{Total Theatre}的理論，1937-52年，擔任哈佛大學建築系主任，從此長期居住美國，1945年，他同幾位青年建築師合夥創立了「聯合建築師事務所（The Architects' Collabo-rative）（TAC）」。後來的設計幾乎都是TAC合作產生的，參見ttp://www.ad.ntust.edu.tw/grad/think/HOMEWORK/contem_arch/A8913020/pious.htm，2013/08/31。

幾次。王大閎作品的特色為：1.近乎潔癖的精簡造形與空間；2.以清水混凝土或素色（單色）面磚表達紀念性；3.對傳統建築造形元素的簡化與變形來表達對傳統的承傳；4.格子窗的引用。除了格子窗的引用在中興會堂沒有使用之外，其餘三項特色，在中興會堂表現的淋漓盡致。

（5）第四位是楊卓成（1914－2006）建築師，楊卓成畢業於西南聯大、中山大學建築系，創立和睦建築師事務所，1949來臺；作品多為臺灣重要公共建築及地標。因受到蔣中正總統及夫人宋美齡的的賞識，而參與許多臺灣戰後重要的地標性建築。其中包括圓山大飯店、中正紀念堂、國家音樂廳、國家戲劇院以及慈湖陵寢等。楊卓成晚年赴美定居，2006年11月26日，楊卓成病逝於洛杉磯近郊。楊卓成擅長使用鋼筋混泥土材料表現中國北方宮殿建築的特色。臺北新生南路清真寺設計也出自楊卓成，屬於回教建築風格，鄰近的臺大體育館則是現代風格設計。楊所設計的中央百世大樓可說是臺灣1980年代的超高層辦公大樓代表作品之一，台北中央銀行設計也出自楊。楊卓成的建築以鋼筋混凝土材料表現強烈的中國風格。有趣的是楊卓成、王大閎、沈祖海在來台之前，均曾於上海執業。

（6）第五位是陸恂如建築師，他是省政大樓的設計者，有關陸恂如的資料並不多，只知道陸恂如是江蘇蘇州人，1920年生，1943年畢業於交通大學貴州分校土木系，1945年奉派來台接收台糖小鐵路系統，參與早期中興新村建設工作，後離台赴美，定居美國舊金山。

（7）由於日據時代日本人不鼓勵也不允許中國人（台灣人）投入建築工程的研究，當時只有台北工專、宜蘭農校、嘉義農校的土木科或園藝科有教授建築學，因此虞曰鎮、修澤蘭、陸恂如、楊卓成與王大閎這一批人可說是奠定臺灣從傳統銜接到現代化建築的重要人物[15]。

五、從生到死

（1）有省府關疏遷中部也有一說，指當年將領太多，由於「擺不平」，於是將省疏遷中部，順便疏散一些軍中高階主管，也因此，疏遷之初的省府，「軍營」味較濃，連宿舍區都像軍營。當時有軍警轉公務員的制度，省府公務員多許多軍警轉業，特別是秘書處、經動會、兵役處、衛生處、防護團等單位，且多為外省籍，形成非常特別的「小社會」。

（2）中興新村在建設廳前後兩位副廳長劉永楙、張金鎔規劃下，中興新村參考英式社區模式規畫，具體實現了「都市鄉村化，鄉村都市化」的理念。加上成大教授吳梅興及建設廳簡任技正倪世槐的細心設計，使中興新村有最先進的汙水、雨水下水道，處處綠意。公共設施更佳，小學三所，國中、高中各一所，還有員工托兒所、福利中心、菜市場、餐廳、運動場、電影院、醫院，連殯儀館都有，從生到死，全都設想周到。

[15] 參見王朝網路 wangchao.net.cn、http://tc.wangchao.net.cn/baike/detail_785848.html及http://mag.udn.com/mag/people/storypage.jsp？f_ART_ID=53441#ixzz2fN5KZl23， 2013/09/19搜尋。

（3）曾經擔任省主席六年之久的邱創煥，對中興新村的環境相當陶醉。他曾說，很想把每一棵樹編號，一一照顧。在張麟先生擔任公共事務管理處長時代，特別在光明里的植物園，清出上百種特有樹木，設置說明牌，安置涼椅，鋪設石子路，傳為佳話。

（4）江清馦先生[16]回憶說：中興新村是一個有規劃的一個大社區，因為中興新村，從小孩子幼稚園、國小、國中，就初中國中，到高中都有，裡面有郵局、銀行（臺銀、一銀）、郵局，新生報、甚至呢從出生的醫院，中興醫院，去世的殯儀館都有，整套的，住的地方有市場，也有消費合作社，所以住在中興新村的人，如果你不離開中興新村，還是可以生活的很好，這個是中興新村規劃比較特別的一點。

中興新村的第一市場，面積不大，功能齊全，星期六市場最熱鬧的一天，來此地逛逛，非常悠閒地度過一個愉快的周末。（鍾起岱提供）

（5）在中興新村非常有名的「中興酸梅湯」的創始人王長征，據說就曾是種樹的村民之一。王長征原是也是軍職退伍，他先從省府福利處接手冷飲部門生意，自己從在本草綱目中發現一些酸梅與桂花的配方，就這樣一邊做一邊修正，開創了獨特的口味。他曾很自豪的說，他的酸梅湯「獨步全臺」，「正宗國飲」，「來中興，喝杯酸梅湯，不虛此行」。中興新村子弟很多人是喝他的酸梅湯長大的，這些長大的孩子們再帶著他們的孩子回來「喝一杯」。和王長征的酸梅湯一樣，中心市場旁的「老胡麵館」也是只此一家別無分號。創始人胡立均先生在中興新村由擺攤到設店，也有五十年歷史，他獨創的牛肉麵與眾不同，主要是他不惜成本在湯裡添加參鬚、麝香等藥材。

（6）省府疏遷之初，中興新村大部分是外省籍公務人員家庭，在窮鄉僻壤的南投，這批外省籍公務員有如「外籍兵團」一樣，說什麼話都「不通」。他們和在地人就這樣比手劃腳的開始溝通，有人進而娶妻生子，到今天多已是老中青三代同堂。但溝通方式仍有人維持「你說你的臺語、我說我的國語，攏嘛通」！[17]

六、中興新村都市計畫

（1）中興新村都市計畫的法令依據，主要有四：（a）都市計畫法第27條第1

---

[16] 江清馦先生，生平見第十章〔1〕。

[17] 廖志濃、楊克華、賴淑姬、黃衛墩、雷顯威，〈中興新村風光走過40餘年〉，《聯合報》，1998年10月11日第3版。

項第4款。（b）都市計畫法第27條第2項。（c）行政院民國98年7月10日院臺科字第0980038354號函核定「中興新村發展為高等研究園區先期規劃」。（d）行政院民國98年11月19日院臺科字第0980072361號函核定「中興新村高等研究園區籌設計畫書」[18]。

（2）民國46年臺灣省政府從臺北市疏遷到中興新村辦公，中興新村的整體都市架構參仿英國「新市鎮」創建模式，規劃完善的辦公與住宅合一之田園式行政社區。社區內開先例設置之雨、污水分流下水道系統，使社區有最好的生活環保標準，社區內巷道採囊底路設計，易形成敦親睦鄰守望相助的濃厚情誼，突顯強烈的社區意識。

（3）民國88年台灣省政府組織精簡後，原有在中興新村的行政機能與業務，隨著組織調整與合併而大幅減少，加上車籠埔斷層通過中興新村東側，九二一地震引發規模強大的災害，使得本區之行政機能逐漸消退，喪失既有的都市活力，就業人口也快速流失，嚴重影響地方的經濟活動。為了重現中興新村往日風華，民國97年馬英九政府提出「愛台12建設」，除宣示中興新村發展為文化創意及高等研究園區之政策方向外，另於民國97年8月行政院核定之「鬆綁與重建」策略中，針對中部地區推動「高科技產業新聚落方案」，該方案包括多項具體計畫或工作項目，而「發展中興新村為高等研究園區」為其中一項重要工作。

項　　目			現行計畫面積（公頃）	佔計畫總面積比例（％）	備　註
土地使用分區	住　宅　區		162.5112	22.99	
	第2種住宅區		1.4700	0.21	
	商　業　區		4.5900	0.65	
	高爾夫球場專用區		22.0900	3.13	
	農　業　區		157.8388	22.33	
	保　護　區		109.2100	15.45	
	保　存　區		0.4433	0.06	
	行　水　區		6.8500	0.97	
	河　川　區		18.8200	2.66	
	合　　計		483.8233	68.45	
公共設施用地	機　　關		71.8247	10.16	
	學校	國　小	13.6500	1.93	
		國　中	7.7700	1.10	
		高　中	3.7800	0.53	
	醫　　院		1.2700	0.18	
	公　　園		25.6400	3.63	
	公園兼兒童遊樂場		15.8200	2.24	
	綠　　地		20.5600	2.91	
	體　育　場		0.2700	0.04	
	廣　　場		1.6700	0.24	
	零售市場		2.6500	0.37	
	停　車　場		0.9400	0.13	
	車　　站		0.9800	0.14	
	污水處理廠		3.6900	0.52	
	變　電　所		0.3300	0.05	
	道　　路		52.1120	7.37	
	合　　計		222.9567	31.55	
總　　計			706.7800	100.00	

註：1.表內面積應以核定圖實地分割測量面積為準。

資料來源：「變更中興新村（含南內轆地區）都市計畫（都市計畫圖重製通盤檢討）案」（公開展覽書，南投縣政府，民國95年）

（4）前行政院經濟建設委員會在此政策指導之下，開始著手研擬「中興新村發展為高等研究園區先期規劃」草案，並邀集相關機關討論，最後決定中興新村高等研究園區之中央主管機關為行政院國家科學委員會（現為科技部）。「中興新村發展為高等研究園區先期規劃」於民國98年7月10日經行政院核定後，前國科會研提「中興新村高等研究園區籌設計畫書」也於同年11月19日核定。為配合本園區開發，南投縣政府辦理「變更中興新村（含南內轆地區）都市計畫（配合高等研究園

---

[18]　參考內政部：變更中興新村（含南內轆地區）都市計畫（配合高等研究園區計畫）案。民國99年9月。

區計畫）案」。同時為確認本園區開發行為可能影響範圍之環境現況，預測開發行為可能引起之環境影響並研擬環境保護對策與替代方案，報請環保署審查。

（5）中興新村都市計畫原包括兩處，一是中興新村都市計畫（民國50年8月公告），一是中興新村（南內轆地區）都市計畫（民國53年1月公告），兩計畫於民國73年間辦理第一次通盤檢討時合併成一個計畫區，即中興新村（含南內轆地區）都市計畫。該計畫自公告實施後至今，曾辦理多次之專案及個案變更，包括民國84年發布實施之第一期公共設施保留地專案通盤檢討。

項目名稱		建蔽率	容積率	備註
住宅區	一般住宅區	50%	150%	
	第2種住宅區	50%	180%	87年04月30日投府建都字第59682號函發布「變更中興新村(含南內轆地區)都市計畫(部分住宅區為第2種住宅區)」案
	第3種住宅區	50%	180%	88年07月21日投府建都字第97870號函發布「擬定中興新村(含南內轆地區)都市計畫(原機11機關用地及部分公2公園用地變更為住宅區及保存區)細部計畫」案中劃設
	第4種住宅區	50%	150%	98年02月09日府建都字第09800254642號函發布「變更中興新村(含南內轆地區)主要計畫(配合擬定【原機十、機二十一機關用地、5-2道路用地變更為住宅區、廣場用地及道路用地】細部計畫)」案
商業區		80%	240%	
高爾夫球場		20%		建築物簷高不得超過2層樓或7公尺

資料來源：「變更中興新村(含南內轆地區)主要計畫(配合擬定【原機十、機二十一機關用地、5-2道路用地變更為住宅區、廣場用地及道路用地】細部計畫)案」(公開展覽書，南投縣政府，民國98年)及歷次變更都市計畫說明書。

（6）第一版的中興新村都市計畫範圍東以大虎山脊至觀音山腳為界，南以軍功寮溪為界，西以營盤口及臺3號甲線為界，北以草屯都市計畫區為界，計畫面積706.78公頃，計畫年期自民國69年至93年，共計25年。計畫人口31,000人，居住密度每公頃約185人。土地使用計畫以既有集居地區為基礎，劃設7個住宅鄉里單元，並劃設商業區、高爾夫球專用區、保存區、農業區、保護區、行水區、河川區等土地使用分區，總計劃設之土地使用分區面積為483.82公頃，佔計畫總面積之68.45%。

（7）中興新村的土地使用分區管制相對南投其他地區來說，嚴格很多，住宅區分為四種住宅區，建蔽率僅有50%，容積率僅有150%-180%；商業區建蔽率有80%，容積率有240%；高爾夫球場建蔽率僅有-20%。

七、中興新村高等研究園區

（1）有關高等研究園區計畫陸續進行規劃，目前完成「中興新村高等研究園區先期規劃」及「中興新村高等研究園區籌設計畫書」兩階段工作，在中興新村高等研究園區先期規劃方面，未來發展內涵包括：核心研究功能及市場化實驗場域，其規劃原則除了確立上述願景與定位外，對於當地地景與空間紋理的保存、補強不足的空間機能、設計永續經營之機制及建設為國際村等規劃理念亦需一併考量。

（2）園區未來擬引進之研究領域，建議可朝能源、光電、地區核心產業應用、永續環境或其他具前瞻性、無污染之虞的產業等方向進行研究。將來進駐之研發單位，包括政府或學術研究機關、財團法人研究機構或產業界之研發機構等三類。而在推動主體方面，由科技部依據「科學工業園區設置管理條例」相關規定負責推動。

（3）中興新村之發展原則，在不變動既有都市紋理及道路、公園綠地等公共

馬政府時代高等研究園區在吳敦義副總統的大力推動之下，沉寂多年的中興新村彷彿恢復了生機與活力，但保存與開發仍然繼續角力，無形當中，也造成空間布局極大的影響。（鍾起岱提供）

設施之前提下，確立區內應保留地區或建物後，初期先針對可提供研發單位進駐之現有機關用地，視產業研發需求分期分區發展。區內行政機關原則上採「先建後遷」、「先進後出」方式辦理。另基於活化大臺中地區之各部會中部辦公廳舍用地、便利民眾洽公及各部會間業務聯繫，建議興建中部行政中心，將分散於中興新村、黎明新村、霧峰及臺中縣市等地區之中央各部會中部辦公室集中規劃，以提高國有房地之使用效益。

（4）鑑於通盤檢討時程較長，中興新村規劃範圍內機關用地，採都市計畫逕為變更方式辦理變更為研究發展使用。同時考量科學工業園區管理局作業基金之財務負擔，進駐機關採無償撥用方式辦理，並列入作業基金之代管資產，其收益得納入作業基金以支應本園區之開發建設及維護管理，惟日後如有處分得款仍應解繳國庫。至於提供民間研發單位進駐使用，採只租不售方式辦理。南內轆地區私有23.22 公頃土地，則依「科學工業園區設置管理條例」相關規定辦理徵收。

（5）推動本案之直接經費需求包括行政機關搬遷費用、核心研發單位進駐之建設經費及園區公共設施建設成本等。鑑於本案土地為一已開發地區，相關水、電、道路等公共設施皆已完備，與一般科學園區之開發並不相同，日後將視進駐研發單位之需求，規劃其所需之公共設施項目，至於行政機關搬遷費用、核心研發單位進駐之建設經費，建議統籌整合專案預算並由各權責機關編列經費支應。

（6）中興新村高等研究園區發展定位包括：（a）永續發展的科技基地。（b）頂尖人才的培養皿。（c）國際接軌的關鍵節點。（d）帶動產業高值化的引擎。（e）未來新生活模式的實驗場

項目			現行計畫面積（公頃）	高等研究園區面積（公頃）	備註
都市發展用地		住宅區	162.5112	72.2000	
		第二種住宅區	1.4700	—	
		商業區	4.5900	0.7400	
		高爾夫球場專用區	22.0900	21.7900	僅含公有土地範圍
	公共設施用地	機關	71.8247	66.4547	
		學校 國小	13.6500	7.9200	
		學校 國中	7.7700	—	
		學校 高中	3.7800	3.7800	
		醫院	1.2700	1.2700	
		公園	25.6400	13.2200	
		公園兼兒童遊樂場	15.8200	15.8200	
		綠地	20.5600	9.9400	
		體育場	0.2700	0.2700	
		廣場	1.6700	—	
		零售市場	2.6500	1.0200	
		停車場	0.9400	0.9400	
		車站	0.9800	0.9800	
		污水處理廠	3.6900	3.6900	
		變電所	0.3300	—	
		道路	52.1120	35.2953	
		小計	222.9567	160.6000	
	合計		413.6179	255.3300	
非都市發展用地		農業區	157.8388	0.0900	
		保護區	109.2100	3.6000	
		保存區	0.4433	—	
		行水區	6.8500	2.4800	
		河川區	18.8200	—	
	合計		293.1621	6.1700	
總計			706.7800	261.5000	

資料來源：1.變更中興新村（含南內轆地區）都市計畫（通盤檢討）及本計畫統計。
2.高等研究園區實際發展面積應以核定計畫圖實地分割測量面積為準。

域。

至於規劃原則包括：（a）不破壞既有都市紋理，儘量保留部分具歷史意涵之建物、街廓及鄰里單元。（b）保留具歷史意涵之省政大樓、省政資料館、圖書館、檔案中心及國史館等三大館，維持既有功能並加強其研究設施及功能，與國內外學術界互相交流合作。（c）配合園區發展需求，原則儘量保留既有都市紋理及區內大型公共設施，並補強不足的空間機能，以國際村概念進行規劃。（d）保留一處具當地特色、歷史意義之鄰里單元，作為臺灣人文歷史研究學園。（e）建構經管理機制，以因應國際潮流，加強民間參與園區經濟活動，且以研發為主體，不引進產業活動，以確保高品質的研發及生活環境。（f）配合行政機關遷出以「先建後遷」原則，產業研發機構需求期程、分期分區釋出土地，調節機關遷出與研發單位引進之時程配合，以力求穩固發展。（g）檢討與高等研究園區規劃理念不相互衝突或指定之用地。

（7）高等研究園區引進產業：（a）能源研究：相關能源產業領域，包括再生能源與節能技術研究。（b）光電產業研發：未來可配合中部地區光電產業之發展進行相關領域之研發。（c）地區核心產業應用研究：包括新世代晶圓、精密機械及塑膠製品等領域之研發。（d）永續環境研究：包括：生態環境保育、高山環境研究、綠建築、低耗能建築、抗震技術研究、農業科技研究、生活科技研究等等。（f）臺灣文史研究：將保留區內具特色的空間與歷史地景（如囊底路之街廓），結合中興新村既有之文史研究資源，強化臺灣人文歷史之研究。（g）其他具有前瞻性且無污染之虞的產業研究機構，例如生物醫學工程相關研究等。

（8）有關高等研究園區之分析介紹，詳請參閱本書第18章。

重要名詞：

以德報怨、大觀發電廠、田園都市論、鄰里單元論、囊底路、超大街廓論、環境保護論、防空疏散計畫、民生社區、丁字路、馬蹄社區、防空伏地堡、高等研究園區。

想一想

1.請簡述中興新村空間設計理論。

2.請說明國府疏遷中興新村的理由。

3.請簡要說明中興新村的空間佈置。

4.著名的中興新村建築設計師有哪些人？

5.請簡述中興新村高等研究園區發展定位為何？

6.請簡要說明雷德朋法則（Raeburn Principles）

7.為何台灣省政府疏遷，沒有選在霧峰？卻落腳在南投草屯的交界營盤口？

8.為什麼中興新村有第一市場、第三市場，卻沒有第二市場的說法？

9. 高等研究園區引進產業包括哪些？

我的學習單

（ ）1. 以下哪一位建築師是女性：
（A）修澤蘭（B）楊卓成（C）王大閎（D）沈祖海。

（ ）2. 提出「田園都市論」的學者是：
（A）羅培（Walter Gropius）　　　（B）霍華德（Ebenezer Howard）
（C）雷德朋（Raeburn, New Jersey）（D）培雷（G. S. Perry）

（ ）3. 田園都市的構想其理論來源背景是：
（A）二次大戰後的美國（B）工業革命後的英國
（C）二次大戰前的德國（D）明治維新後的日本

（ ）4. 提出鄰里單元論的學者是：
（A）羅培（Walter Gropius）　　　（B）霍華德（Ebenezer Howard）
（C）雷德朋（Raeburn, New Jersey）（D）培雷（G. S. Perry）

（ ）5. 提出超大街廓論的學者是：
（A）羅培（Walter Gropius）　　　（B）霍華德（Ebenezer Howard）
（C）雷德朋（Raeburn, New Jersey）（D）培雷（G. S. Perry）

（ ）6.「中興新村發展為高等研究園區」之中央主管機關目前為：
（A）行政院國家發展委員會（B）行政院經濟部（C）南投縣政府（D）科技部

（ ）7. 中興新村發展為高等研究園計畫於民國幾年被行政院核定：
（A）民國98年7月（B）民國99年7月（C）民國100年7月（D）民國101年7月

（ ）8. 中興新村都市計畫範圍東以大虎山脊至觀音山腳為界，西以營盤口及臺3號
甲線為界，北以草屯都市計畫區為界，南以哪一條溪流為界：
（A）軍功寮溪（B）貓羅溪（D）冷水坑溪（D）烏溪

（ ）9. 抗日戰爭結束後，以下何者是國民政府的對日政策：
（A）以怨報德政策（B）以德報怨政策（C）以牙還牙政策（C）以直報怨政策

（ ）10. 曾擔任台灣電力公司總經理、交通部長、經濟部長、行政院長等職，被譽
為台電永遠的總經理的人物是：
（A）孫運璿（B）孫中山（C）孫大千（D）孫悟空

（ ）11. 台灣以囊底路設計聞名的社區有：
（A）中興新村（B）黎明新村（C）光復新村（D）以上皆有。

（ ）12. 囊底路設計通常搭配哪一種道路設計：
（A）井字型設計（B）T字型設計（C）環形道設計（D）田字型設計

（ ）13. 民國38年10月1日共產黨在北平建立中華人民共和國；民國39年4月，解放
軍攻下國軍在大陸最後一個據點是：
（A）南昌市（B）廣州市（C）上海市（D）西昌市。

（　）14. 第一批省府所屬廳處局遷入中興新村辦公的時間是：

（A）民國45年6月29日　（B）民國46年06月29日

（C）民國47年06月29日（D）48年06月29日

（　）15. 中興新村建設完成以後，為了住台美軍生活的方便，1960--70年代之間，由台灣省政府支持、台北市政府主導開發，仿造中興新村的方式，在臺北市開發成功的社區是：

（A）民權社區（B）民生社區（D）天母社區（D）信義計畫區

（　）16. 中興新村都市計畫原包括兩處，一是中興新村都市計畫，一是中興新村（南內轆地區）都市計畫，兩計畫於民國幾年合併：

（A）民國63年間（B）民國73年間（C）民國83年間（D）民國93年間

（　）17. 最早中興新村都市計畫是民國幾年公布實施：

（A）民國46年8月公告（B）民國58年8月公告

（C）民國50年8月公告（D）民國52年8月公告

（　）18. 中興新村的辦公室建築採迴廊式教室型態設計，主要是最早的設計者預想反共復國成功之後，台灣省政府將遷回臺北，其餘留的辦公室將做何種使用：

（A）商場（B）遊樂園（C）大學（D）博物館。

（　）19. 中興新村的防空伏地堡位於：

（A）虎山山腰　（B）八卦山山腰（C）觀音山山腰（D）集集大山山腰

（　）20. 中興新村設置高等研究園區，主要源自：

（A）馬英九總統的愛台12項建設（B）陳水扁總統的兩兆雙星政策（C）李朝卿縣長的產業深耕政策（D）林明溱縣長的觀光發展政策

（　）21. 中興新村社區內巷道採囊底路設計，想要營造的社區意象是：

（A）繁華興盛的富裕生活　　　　　　（B）敦親睦鄰與守望相助的濃厚情誼

（C）獨自自主各掃門前雪的自給自足（D）清幽雅致的田園風貌。

（　）22. 以下何者不是中興新村設計引用的理論：

（A）田園都市論（B）聯里單元論（C）超大街廓論（D）以「景」設計重心論。

（　）23. 1957年疏遷工程處劉永楙處長率領許多年輕學子打造出中興新村最早的雛型，這些年輕的學子來自：

（A）台北工專（B）宜蘭農校（C）嘉義農校（D）以上皆是。

第十二章　中興新村的公共設施

本章重點

　　公共設施（Public facilities）通常是指專為為市民提供公共服務的各種公共性、服務性設施或設備，包括：教育、醫療、衛生、交通、體育、行政管理、公園、綠地等等，均包括在內。根據我國都市計畫法第42條第一項規定：都市計畫地區範圍內，應視實際情況，分別設置左列公共設施用地：一、道路、公園、綠地、廣場、兒童遊樂場、民用航空站、停車場所、河道及港埠用地。二、學校、社教機關、體育場所、市場、醫療衛生機構及機關用地。三、上下水道、郵政、電信、變電所及其他公用事業用地。四、本章規定之其他公共設施用地。

於1958年完成的中興新村汙水處理廠，可能是台灣最早的汙水處理系統，至今仍然繼續發揮它的功能，這幾個飛舞的行書字，沒有任何人的題字，據說出自黨國大老于右任的手書（鍾起岱提供）

　　都市計畫內公共設施通常提供居民豐富的空間色彩，這些空間色彩通常都是以大塊的色體出現，如大片的綠地配上各種灌木及綠植，石板路上拼接各種顏色的石子，大片水景相互比美，這些同類色調的出現，給人以空間的無限延伸的感覺，都市之中，有了這些色彩的點綴，使人類生活空間更加豐富；而呼應這些空間色彩的各種使用建築與設計，不管自然景觀還是人造建築都是以其獨特的造型存在，通過這些固定性、形式多樣的設計，可以豐富人類的空間生活。

　　例如在中興會堂前的大操場與周圍綠地中，如果只有草坪、人行道等大塊的空間常常是不能滿足人的休憩需要，還要有一定的配套設施，如公共雕塑、公共桌椅、球場、綠蔭、甚至路燈、候車室、布告欄、廣告牌、音樂等等，與之配合，才能給去廣場休息放鬆的人們，以全方位的服務，這些小的休憩公共家具與大的空間分區相呼應，可以聯結空間與人們心靈的感受，可以裝飾空間，營造氣氛，相映成

趣。除此之外，地下管線被視

　　為都市生活維生最重要的系統，我國一直到民國87年才由內政部營建署公告「國土資訊系統公共設施管線資料庫標準制度」，除了完成彙整「資料庫分組內協商」所需之公共設施管線資料標準建立需求反應文件，一方面進行組內協商以訂定「資料分組內協商」層級之公共設施管線資料標準，另一方面則彙整「資料分組間協商」所需之國土資訊標準建立需求反應文件。內政部營建署遲至民國87年擬定「資料供需單位協商」層級之公共設施管線資料標準，並於審核發布後供公共設施管線資料相關單位使用。

　　根據內政部公布的公共設施管線包含 8 大管線包括：電信、電力、自來水、下水道、瓦斯、水利設施、輸油管線、綜合管線，而這八大管線在傳統中興新村行政範圍內早在民國70年代以前就已經陸續完成地下化工程。不同空間建設將會營造出不同的文化特色，本章將探討中興新村的公共設施，並就其重要者加以介紹。

一、中興新村公共設施的範圍

　　（1）根據民國84年版的中興新村公共設施計畫，公共設施用地依法令規範及實際需求檢討，分別劃設機關用地24 處、學校用地9 處（國小6 處，國中2 處，高中1 處）、醫院用地1 處、公園用地6 處、公園兼兒童遊樂場用地3 處、綠地47 處、體育場用地1 處、廣場用地2 處、零售市場用地7 處、停車場用地5 處、車站用地2 處、污水處理廠用地2 處、變電所用地1 處及道路用地。

　　（2）根據民國99年版的變更中興新村（含南內轆地區）都市計畫（配合高等研究園區計畫）案，本園區內之土地權屬大部分屬國有土地，大部分土地之管理者為臺灣省政府，其他則分由交通部公路總局、財政部國有財產局及其中區辦事處、行政院主計處、內政部警政署警察電訊所、國史館臺灣文獻館、國家文官培訓所、行政院人事行政局地方研習中心、南投縣政府警察局等機關管理，另有少部分土地為南投市、草屯鎮與中華郵政股份有限公司所有；其區位主要位於中正路（臺14 乙線）以東地區，包括住宅區約70 公頃，機關用地約46 公頃，高爾夫球場22 公頃，其餘為道路、學校、污水處理廠、停車場、公園、綠地等公共設施用地，合計國有土地面積約233.75 公頃，佔高等研究園區面積約89%。南內轆地區民國101年徵收作為高等研究園區廠商進駐的機關用地、車站用地及綠地為27.75 公頃，佔高等研究園區面積約11%。

　　（3）中興新村總計劃設之公共設施用地面積為222.96公頃，佔計畫總面積之31.55%。大致如表12-1。

表12-1　　中興新村公共設施一覽表

項　　目　　名　　稱		建蔽率	容積率	備　　　　　　　　　　　　註
機　　關　　用　　地		50%	200%	
學校用地	國中（小）用地	40%	150%	
	高中（職）用地	40%	200%	
零　售　市　場　用　地		50%	200%	
公園	面積5公頃以下者	15%		
	超過5公頃者	超過部分：12%		建築物簷高不得超過2層樓或7公尺
體　　育　　場		60%		
醫　　　　　院		60%	180%	
變　　電　　所		60%	120%	建築物簷高不得超過2層樓或7公尺
加　　油　　站		40%	80%	建築物簷高不得超過2層樓或7公尺
車　站　用　地		60%	120%	建築物簷高不得超過2層樓或7公尺
廣　場　、　停　車　場		60%	60%	建築物簷高不得超過2層樓或7公尺
停車場	停　　一	80%	320%	立體停車場使用
非籠埔斷層帶中心兩側15公尺範圍內之土地列為「斷層特別管制區」				1. 私有：僅限作自用住宅或農舍使用，建築物高度不得超過2層樓或簷高不得超過7公尺。 2. 公有：除為軍事、緊急災害或交通需要者外，不得建築。

資料來源：「變更中興新村(含南內轆地區)主要計畫(配合擬定【原機十、機二十一機關用地、5-2道路用地變更為住宅區、廣場用地及道路用地】細部計畫)案」(公開展覽書，南投縣政府，民國98年)及歷次變更都市計畫說明書。

資料來源：內政部（2010）：變更中興新村（含南內轆地區）都市計畫（配合高等研究園區計畫）案

　　（4）中興新村園區範圍內之公共設施除道路等基礎設施外，以公園、綠地、學校、中興會堂、活動中心、運動場（館）、游泳池、醫院、市場、停車場、車站及污水處理廠等使用為主。

　　（5）其使用情形[1]大致如下：

文小1：3.24公頃（光華國小）

文小2：2.07公頃（光榮國小）

文小3：2.61公頃（光復國小）

文高1：3.78公頃（中興高中）

---

[1] 根據中興新村高等研究園區計畫整理。

停1：0.43公頃（中興立體停車場、財政部賦稅署中部辦公室）

停2： 0.16公頃（停車場）

停3：0.26公頃（目前為農田）

停4：0.08公頃（目前為空地、草地）

停5：0.01公頃（目前為空地、草地）

站1：0.11公頃（彰化客運，目前閒置，整地為停車使用）

站2：0.87公頃（台汽客運）

市1：0.35公頃（第1市場）

市2：0.34公頃（第3市場）

市3：0.33公頃（光明供應處）

污1：2.79公頃（中正污水處理廠）

污2：0.90公頃（內轆污水處理廠）

公1：5.58公頃（中興高中運動場、中興會堂、青少年活動中心）

綠18：5.54公頃（目前為中興游泳池、中興體育館、高爾夫練習場）

公兒4：15.24公頃（虎山農場、厚德殯儀館）

體育場用地：0.27公頃（目前為空地）

醫院：1.27公頃（目前為署立南投醫院中興院區）

（6）住宅區內的公共設施有二：羽球館（住宅區用地）及托兒所（住宅區用地）。

（7）中興新村另有台灣獨一無二的伏地堡防空洞，本防空洞有出入口編有門牌號碼，但並未列在中興新村都市計畫書之內。

（8）中興新村有台灣最早的下水道系統，雨水下水道是依據自然溝渠為基底所形成的排水系統，將屋頂經排水管排到下水道的雨水，或在地上經由水孔排到下水道的雨水，運往自然溝渠、河川，再匯流進入海洋的系統。污水下水道是將汙水運往污水處理廠的系統，將生活污水利用管線收集至污水處理廠處理的設施，這些設施叫做污水下水道，

設置在中興新村省府路入口蓮花池旁的地下水道人孔蓋，蓋頂上有90字樣，代表其內徑為90公分。（鍾起岱提供）

污水經過處理至符合環保標準後排放，可改善生活環境品質。其處理流程：生活污水→用戶接管→分支管網→幹管→污水處理廠→符合環保標準排放。用戶接管施工時，原則上會將化糞池一併填除，用戶不必再使用化糞池，所以沒有水肥抽除問題。傳統行政區域內的中興新村眷村住戶，基本上都沒有化糞池，但行政眷村之外

的地區，仍有化糞池的設計。

（9）精省後，曾經擔任台灣省政府公管組長的李明樟[2]先生回憶說：中興新村的下水道，是用人工挖到地下四到六公尺，依循地勢鋪設水泥管建成。但經過歲月的流逝，樹木植栽的侵蝕，以及九二一的震動，造成部分的水泥管破裂，原先設計的汙水管道與雨水管道就逐漸失去原本的分流作用。像現在下雨，有些宿舍的排水道因為堵塞，就會開始積水，而到汙水處理廠，都看得到汙水處理廠內雨水和汙水混雜在一起，造成爆滿。以前我在公管組服務時，組內曾經建議把汙水處理廠擴建，把內轄地區原本服務的小汙水處理廠的負責範圍納入。聽說將來會設計管線，把內轄的汙水疏導到大的處理廠處理，若大的負荷不了或是損壞，可以讓小的接手處理，所以我很佩服當時中興新村的設計，想到汙水處理廠，且具備到雨水汙水分流的設計，是很先進的觀念，中興新村的規劃，無論是辦公廳、宿舍、綠地、下水道等均是參照英國的新市鎮來設計。

中興新村是全臺第一個這樣設計的聚落，也是後來其他新市鎮規劃的典範。中興新村環山路的茄苳樹，據說已有三百五十多年歷史，我民國97年看到樹上有洞，有積水，就請臺北林試所的李博士來看，李博士說這棵茄苳樹旁邊的石塊壓迫，造成根系發展不好，於是我請了怪手移除石塊，並施予藥劑，茄苳樹也慢慢回復原本生機勃勃的樣子。茄苳樹後面的土地公廟，也就是中興醫院那邊也有一棵比較年輕的茄苳樹，但樹齡相信也超過300年。以前光華里行道樹大部分是龍眼樹，有一陣子得了褐根病，死亡泰半，很可惜。

二、中興新村小學故事

（1）南投市目前共有16所小學，中興新村即有三所，分別為光華、光榮與光復國小；回顧民國46年4月，基於疏遷在即，臺灣省政府計畫籌備設立兩所小學，當時教育廳指派魏浴塵籌設中興第一國民學校於光華里，田瑋負責籌設中興第二國民學校於光榮里，民國46年8月1日，兩校成立，魏浴塵奉派擔任中興第一國民學校首任校長；田瑋奉派擔任中興第二國民學校首任校長；民國57年由於實施國民義務教育，國民學校改稱國民小學，8月兩校分別改為「中興第一國民小學」、「中興第二國民小學」；而稍早之前，民國56年10月臺灣省政府教育廳指派光榮國小楊玉惠主任在光明里籌設中興第三國民學校，並於民國57年12月開始興建校舍。

（2）民國58年5月，「中興第一國民小學」、「中興第二國民小學」兩校奉命改為「南投縣南投鎮光華國民小學」、「南投縣南投鎮光榮國民小學」；另將光明里成立中興新村第三所小學命名為「南投縣南投鎮光復國民小學」，與光華國小及光榮國小不同的是，光華國小及光榮國小成立之時，學童從1-6年級均有班級；光復國小成立時，將戶籍設於光明里的光榮國小學童改置於光復國小，由於當時考慮

---

[2] 李明樟先生，民國40年1月1日生，臺灣省彰化縣人，民國65年1月遷入中興新村，逢甲大學財稅系畢業，臺灣省政府財政廳科員、股長、視察、科長、專門委員，臺灣省政府住都處主任秘書，臺灣省政府公管處處長，精省後改為組長，參見：鍾起岱（2014）：南投縣文化景觀中興新村口述歷史調查研究計畫結案報告。

3-6年級等中高年級同學對光榮國小已有較深厚感情，加上光復國小教室不足，因此光復國小成立時，僅有低年級的1-2年級各兩班學童，總共四個班級學童改分配光復國小就讀。

（3）有趣的是，中興新村國小設置於光華里稱為光華國小，設置於光榮里稱為光榮國小，設置於光明里何以稱為「光復國小」，因為當時南投縣水里鄉已設有光明國小[3]，為避免重複校名，因此該校命名為「光復國小」。民國70年12月25日南投市由「鎮」改設「市」，三所國小校名改稱「南投縣南投市光華國民小學」、「南投縣南投市光榮國民小學」；「南投縣南投市光復國民小學」至今；民國88年921大地震時，許多校舍震毀，目前看到的新校舍，大都為大地震後的新建築。

三、中興新村中學故事

（1）中興新村目前有兩所國中，一所高中，一所特殊教育學校，但最早成立的則是當初稱為中興中學的中興高中。民國46年4月臺灣省政府教育廳指派宋鴻域籌設中興中學於中興新村，配合省府疏遷，便利員工子弟就學；宋鴻域先生也擔任首任校長，當時定名為省立中興中學，最早設有初中部與高中部，所以稱為中興中學。通過中興中學前面的道路稱為中學路，中興中學後方原稱為『鳳梨坑溪』的一條野溪，目前加蓋成為停車場，後來中學路延伸至中正路以西，為了區別，中正路以西稱為中學西路，但原來的中正路以東，則仍稱為中學路，由於是緊臨學校，所以行路樹主要種植鳳凰樹，每年到了五六月鳳凰花開時，就代表著有學生要畢業了，非常具有教育成長與離情依依的氣氛，這是當時中興新村東西向最寬廣的一條大路。中興中學於民國46年9月正式上課，招收學生343人，均為省府員工子弟，同時建校第二期工程竣工。民國48年7月，劉安愚先生為第二任校長。增建教室、科學館、教師宿舍，以及拓平校園。民國49年9月，省立中興中學奉令成立附設夜間補習學校。民國54年12月，王文坦先生為第三任校長。增建教室、圖書館、籃、排球場，以及大量充實圖書儀器。

（2）中興中學設立之初的隔年就有第一屆畢業生，主要原因是省府員工的眷屬子女分讀不同年級所致，中興中學設有初中部，一直到民國57年8月實施九年國民義務教育，為了因為隨之而來大量的國中學生，加上當時教育部有中央辦大學、省辦高中、縣市辦國中小的政策，全台所有省立高中停招初中部學生，因此在緊鄰中興新村的內興里增設中興國民中學，但原本初中部學生則繼續就讀中興中學。民國58年8月，褚承志先生為第四任校長。奉令革新校務，先後成立英語、美術、家事、護理等專科教室，以及興建學生宿舍、改建校區圍牆，到了民國59年中興中學初中部全部結束，改制為臺灣省立中興高級中學，參加臺中區聯招，成為一所純辦高中的高級中學。其後，楊卓然、陳繼統、蔡德連、郭春航、曾景賢等前輩相繼擔任校長，目前校長則是王延煌博士。

（3）中興國中於民國57年八月創校，位於內興里新興路309號，位於中興新村

---

[3] 光明國小由於學童日益稀少，已廢校，校址改置為日月潭特色遊學中心，因此目前南投並無光明國小。

近郊，交通方便，環境優美，學區包括光華、光榮、光復、平和、德興、營盤等六所國小，全校現有六十七班，包括全縣最早成立的資優班也在該校，目前資優班有五班及三班棒球班，師生近2500人，民國88年921大地震震毀了大部分的校舍建築，約有兩年的時間，師生在臨時搭建的簡易教室上課，目前校舍是由慈濟基金會協助重建，於民國九十年八月完成。

（4）中興新村除了中興國中之外，另有一所營北國中，營北里原本並不在傳統中興四里之內，由於與傳統四里僅隔中正路，因為緊鄰中興新村，又大都屬於私有土地，成為人口成長最為快速的地區，民國58年中興新村都市計畫通盤檢討時，認為中興新村未來的中學依據人口推算，原本的中興國中應該不夠用，因此於五十八年都市計劃發布此地為國中預定地，並於民國77年12月由台灣省政府核准南投縣政府進行徵收，但遲至民國91年南投縣政府才完成土地徵收業務，呈報內政部編定分區使用類別為學校用地，校地總面積2.79公頃。九二一地震時，為了緊急安置受災居民，則先利用已整平的校地建組合屋供災民居住，並於民國93年全數拆遷完畢，回覆校地原貌，先設籃球場一座供附近居民運動，並於九十四年運用921結餘經費再設田徑場一座、校地周邊植樹及校園外圍之花台為校區邊界。近年來因中興新村境內之私有土地的發展及高等研究園區的設置計畫等帶動了人口的增長，為了及早因應地區居民成長就學的需要，南投縣政府於民國95年度開始興建校舍，並因校地位居營北里而命名為「營北」國民中學。

校舍興建採一次規劃，依經費分三期施工，民國96年3月南投縣政府依政府採購法作業程序，由洪裕強建築師得標規劃設計及監造，96年11月第一期新建校舍工程發包；98年9月第一期新建校舍工程竣工，97年12月第二期新建校舍工程發包；98年8月1日首任校長蕭進賢先生上任，99年7月第二期工程峻工，100年8月完成第三期工程。營北國中自99學年度開始採逐年招生，原規劃班級數為6-8班，也是南投縣第一所擁有全英語教學主題情境的學校。於98年9月開始共召開了三次學區劃分協調會，後於99年3月決議：以中學路、中學西路為分界，中學西路以北（含光華里及部份營北里）為營北國中學區；中學路、中學西路以南（含光榮里、及部份營北里畫為中興國中學區；營南里（營盤國小）為營北國中學區；草屯鎮山腳里部份以民權路為分界，民權路以南，太平路以東（含山腳里5鄰~14鄰、21~30鄰、35鄰）為營北國中學區，民權路以北太平路以東，則為草屯國中學區；中學路、中學西路、民權路之分界以道路中心線之分界，而為因應新學區劃分，光榮國小及虎山國小自99學年度暫定為自由學區。

（5）中興新村除了中興高中之外，另於南投市中興新村營北里仁德路200號設有國立南投特殊教育學校[4]，於民國102年8月1日正式成立，此地原為國小預定地，後來因為少子化關係，國小遲遲未能成立，斯時南投縣智障者家長團體為使自己的子女能在家鄉接受教育，毋須離鄉背井遠赴他縣就讀，極力表達希望能在縣內設立特殊教育學校，經南投縣政府之協助，並無償撥用縣有土地做為設校基地後，教育部依據「特殊教育法」核定成立。

[4] 請參見http://www.ntss.ntct.edu.tw/index_main.php？page=team0_p00，2016/02/16搜尋。

273

該校設有國小、國中及高職三個學部，以個別化及適性化為原則，發揮教學、研究、輔導、服務及轉銜之功能。垂直銜接學前教育、國小、國中階段特殊教育課程及高職畢業後轉銜至家庭、社區與社會生活，培養學生獨立生活能力、社區生活能力及職業生活能力，提供全方位且無接縫之轉銜服務，該校同時結合教育與醫療，建立完整特殊教育支援服務系統，提供區域性特教諮詢服務與支援平臺，成為南投地區高中職特殊教育資源中心。而為了回應特殊家庭的需要，教育部先於民國99年8月17日召開「南投縣設立特教學校評估專案小組籌備會議」，同年9月3日及9月30日召開評估專案小組會議，民國100年6月8日籌備處設於中興高中內，籌設當時，由於此地周邊土地皆為私有土地居多，所有權人擔心影響房價，曾經多次請願反對設立，或要求特殊學校搬遷他處，最後在教育部與南投縣政府的通力合作下，地主的反對聲浪稍平息，教育部並於於100年7月22日發布籌備處陳韻如主任，民國102年8月1日學校正式成立，陳韻如也擔任首任校長。

四、印象中的中興新村公共設施

（1）王三重先生回憶說[5]：台灣省政府自民國46年播遷南投縣中興新村，即興建有員工宿舍，供省府各廳處員工居住，宿舍分甲、乙、丙、丁四種，依職務高低及眷屬人口多寡，以登記先後配住。虎山山麓當時為中興新村省政府疏散區，環繞虎山山麓的道路取名環山路，環山路位於省政府大樓後方，有虎山健康登山步道，每天早晨，尤其休假日早晨，附近民眾喜歡來此登山健身；另一景點為虎山防空洞，總長1500公尺，共有6個洞口可進入，可容納數千人，民國88年921大地震後毀損，為安全起見，予以封閉。另虎山農場當時原出租給民間經營，民國80年由省政府收回，目前在山上建有展覽場所及步道、廣場，供民眾休閒活動之用。

中興新村建有一所圖書館，供附近居民及學生借書、閱覽使用，民國74年賽洛瑪颱風來襲，圖書館屋頂及建築結構毀損，至民國80年始拆除整棟建築，重新興建，就是現今在使用之圖書館。中興新村共有4個里，有3所國民小學，2所國民中學，1所高級中學，1所特殊學校，中興新村可說是學風鼎盛的社區。中興新村對外交通，除缺乏機場及火車外，最早是由省營省公路局營運，除可抵達臺中市外，亦可直達臺北市，在省政府大門口興建有公路局（台汽公司前身）中興站，民國88年921大地震，該站建物全毀，臺汽公司亦已民營化，現改為國光客運公司，行駛南投至臺北市之長途客運。

中興新村設有第一市場、第三市場及光明簡易市場，並建有中心市場作為員工福利中心使用，販賣較市面便宜之貨品。其他各種運動場所均具備，大者如高爾夫球，足球場、籃球場、網球場，體能運動館內有乒乓球及羽毛球兩用之設備。精省後，有些人員退休，有些轉往其他單位任職，另宿舍因缺乏維修，致有部分宿舍破漏，民眾來洽公者少，昔日繁榮已不復見。

---

[5] 王三重先生，生平見第十章〔2〕。

（2）江清馪先生回憶說[6]：記得當年我從經濟部來省政府服務時，有一個吸引我來的因素，就是我那個時候聽說中興新村有宿舍，當時我在臺北一個月領2000塊錢，還要付700塊的房租，覺得很難生活，才跑到中興新村，來了也不是馬上分宿舍，因為要按照登記的時間排隊，我那時剛結婚沒多久，因要按照登記的先後順序，所以我先跟人家租，在合作社後面，路名好像是光華幾路，是人家宿舍後面加建的，我跟他租了一間，後來經過了幾年以後，我到社會處服務，才分到中正路的宿舍，那時我先借住斗南婦女習藝所所長李賢漳（已去世）的宿舍，以後就分到中正路的一個宿舍，後來我調財政廳擔任科長，財政廳有一個科長宿舍，就是光榮南路三街12號，那個宿舍剛好出缺，我就換到那個宿舍。

當時宿舍是隨著你職務調動，調到哪一個廳處就歸哪一個廳處，我從研考會調交通處，就屬交通處管理，我到臺汽公司擔任董事長後，我就還掉，因為調省營事業就不能分配宿舍，我就還掉，所以宿舍的分配，是你進來，是正式職員，你可以申請，但是要根據那個登記的先後，以及你的官階、職等、眷屬人數來分，簡任職員分配乙種的宿舍，格局是三房一廳，一般都是分到丙種或丁種，像王三重主委那時分光華四路丁種宿舍，有人認為丁種是工友宿舍，其實工友是另外有工友宿舍，丁種是委任宿舍，兩個房間而已，有時為了請別人讓宿舍給你入住，還要花權利金，一萬到幾萬多有，這是不成文的，甲種只有廳處長才能住，一般職員乙的最好，所以我後來跟人家換了一個乙種。

中興新村的規劃，雨水、污水分流系統做的非常早，中興新村的設計，你看不到十字路口，都是丁字路口，為什麼，因為丁字路口比較不會發生車禍，到了民國67、68年時，又把所有電線都地下化，當時的地下化並不是做管溝，只是簡易的埋到土裡而已，所以，民國67、68年以前中興新村是有電線桿的，那個管線地下化，是謝求公時代規劃，林洋港時代執行。中興新村公共設施的特色是，從小孩子幼稚園、國小、國中，到高中都有，裡面有銀行（臺銀、一銀）、郵局，新生報、醫院（中興醫院），連去世的殯儀館（厚德殯儀館）都有，住的地方有市場，也有消費合作社，所以住在中興新村的人，如果你不離開中興新村，還是可以生活的很好下去，這個是中興新村規劃比較特別的一點。

（3）簡榮聰先生回憶說[7]：中興新村真的是很美的地方，適合人居，是桃花源，中興新村這邊留下很多文化資產。我現在擔任中央文化資產的審議委員，也擔任南投縣文化資產的審議委員，中興新村列為文化景觀區，剛好是我當文資委員，當時我們幾位極力說一定要列入。本來是要列入聚落的，但是中科局不願意，縣政府想來列入聚落將來要整建曠日廢時，後來便折衷為文化景觀區作登錄。在文化景觀區的大範圍之內，有一處指定為古蹟－省政府大樓，把十一個廳處局會列為歷史建築。中興新村的確是個好地方，它又是光復以後政府第一個實施都市計畫的示範觀摩區，全臺灣也沒有一處像中興新村規劃那麼完整，且把行政特區與住宅區結合為一的花園城市。民國45年這有第一個抽水馬桶、地下電纜化、有地下瓦斯；中興

---

[6] 江清馪先生，生平見第十章〔1〕。

[7] 簡榮聰先生，生平見第三章〔42〕。

新村生活機能的規劃，從出生到老死，學校教育到市場都包含在內，非常完備。中興新村結合臺灣省政中心總樞紐，政治、經濟、社會、文化都在這裡運作，事關臺灣五十年來成為繁榮與復興的基地，成為亞洲四小龍之一，這都跟省政府有關。

中興新村是值得我們加以去做記錄的地方。我借三國演義的開頭詞來印證中興新村，「滾滾長江東逝水，浪花淘盡英雄。是非成敗轉頭空，青山依舊在，幾度夕陽紅？白髮漁樵江渚上，慣看秋月春風。一壺濁酒喜相逢，古今多少事，都付笑談中。」中興新村被精省了，很多人因為這樣子就離開了中興新村，中興新村蕭條了，人員流散了。但是中興新村會是臺灣歷史上值得記載的地方，這裡的得失、是非，將來都會轉成空，歷史是會留下紀錄的。

（4）林平洋先生回憶說[8]：那時候的村內的路都是以臺灣省各縣市的名字來命名，有彰化路、臺南路等等，我當時住在臺南路，剛來中興新村的時候很不習慣，一切建設都還沒完成，尤其是宿舍。八七水災之後，當地的民眾，尤其是營北里居民，他們都怪我們中興新村「你們的排水太好了，把所有的水都灌到我們村莊裡面。」也就是八七水災時，中興新村沒事，鄰近地區卻淹水，而且當初來的時候，要吃飯也相當不方便，我記得周至柔主席的時候，還在中興會堂辦簡易自助餐，所以單身的會跑到那邊去，有一次我去排隊，周至柔主席也在排隊，有人要讓周主席先，周主席卻說不用，我印象非常深刻。

中興新村的建設是慢慢的築成的，投資不少經費，當初我們來的時候是單身，也不想去佔用這個眷舍，我原本住單身宿舍，後來在社會處時，因為社會處的交通車司機在臺南路佔了一間宿舍，但司機不能佔這種眷舍，而我雖然單身卻有申請母親的食物配給，所以那一戶就配給我，但仍然讓司機住，後來新的單身宿舍落成，我有配住眷舍，不能再分配，但當時我的宿舍是給司機住，所以我就暫時跟同學擠在他的第五單身宿舍，直到司機搬走我才去住眷舍。

我一直在省政府服務，我從科員進去到股長、專員，到秘書、副主任，到科長、專門委員，直到命令退休之後才離開，我在省政府服務42年半。我在社會處當第三科科長的時候，當時負責推展社區發展的工作，以及公墓花園化的工作，當時謝東閔主席推動公墓花園化，最初大家都反對，後來由謝主席自己先在彰化二水做，然後在屏東潮州做，二水做完了，謝主席將自己的祖父遷到公墓花園去，當時社區發展很盛行，做的是有聲有色，當時社區發展考核績優單位有獎金，考核也都由省府委員帶隊，這個工作到後來改為社區總體營造，當時我在第三科，推行社區發展工作、推行公墓花園化工作，還有我們社會福利基金的提撥運用，那時候是從土地增值稅、地價稅提撥，作為社會福利基金，當時的社會福利基金講起來是比較充裕。

（5）李國昌先生回憶說[9]：民國65年考上公職，那時分發至省政府秘書處服

---

[8] 林平洋先生，生平見第六章〔11〕。

[9] 李國昌先生，民國41年10月24日生，臺灣省苗栗縣人，遷入中興新村大約時間民國69年，逢甲大學企業管理系畢業、東海大學公共事務碩士、臺灣省政府秘書處辦事員、科員、股長、臺灣省政府專員、臺灣省政府科長，民國100年6月2日退休。參見：鍾起岱（2014）：南投縣文化景觀中興新村口述歷史調查研究計畫結案報告。

務，從此就與中興新村結緣，民國69年我住大里，需搭公路局班車通勤上下班，雖然那時有省府交通車從臺中至中興新村沿路接送，但由於是菜鳥（資淺）需先登記候補車位，而只能耐心等待。當時省府宿舍不管是單身或有眷，也是供不應求，一屋難求，仍是採先登記後排序列，依人口數、職務、配偶職業等分甲、乙、丙、丁種不同宿舍等級配住；幸好民國72年間，金城宿舍區（俗稱之五百戶職務宿舍）興建完成，才被通知入住光榮東路二街一巷2號3樓全新宿舍，記得當時是用抽籤決定的；不久於民國73年，再被通知需配合公管處至南投地方法院辦理公證合約借住，才知道與一般配住不同，配住與借住最大不同點就是配住可住一輩子，借住於退休後三個月內須搬離、也沒有搬遷費補助，那時搬遷的行情約8萬元。

　　當時年輕，喜愛中興新村的環境是一個有特色的獨立社區，裡面包含學校、醫院、郵電局、銀行、警察局、市場、公園、體育館、高爾夫球場、殯儀館等公共設施，從人出生到死亡的各項設備都包含在內，環境優雅，街道整齊，濃蔭綠樹，有不同樹種的行道樹，是南投縣生活機能最好的居家品質，最高雅地區，能分配到宿舍已有相當令人稱羨風光的感覺，我認為中興新村是一個安身立命，可到終老的好地方。但自88年7月1日精省及九二一大地震夾襲後，一切情況遽然改變，人人都感受到危機感與不確定感，宿舍員工大量人口遷移，連我也不得不在附近貸款購屋搬離，以免到後來會流離失所，使住戶銳減至百餘戶，現在除有人住的住戶環境有整理外，其餘空屋已雜草叢生，門戶有如難民營般破落不堪，尤其晚上更顯現出寂寥景象，與往昔差異太大，令人有不勝唏噓之感嘆。

　　我初來中興新村環境的印象，會覺得有哪有村會比里來得大，因為在臺灣鄉下，叫村都是「鄉」的基層單位，叫「里」的是「市」跟「鎮」的基層單位，但中興新村卻是村比里大，因為它涵蓋光華、光榮、光明、光輝，外加內興里、營北里等里，國小有光華國小、光榮國小、光復國小、德興國小等4所，國中有中興、營北等2所，中興高中1所，省府圖書館、省政資料館，文獻館、省訓團等，其他規劃，諸如省府大樓及周邊29廳處建築，交通道路站牌林立，街廓囊底路等等，都非常具有特色。

五、現有公共設施檢討及轉換使用

　　（1）鑑於中興新村的轉型與需要，根據高等研究園區規劃，依既有都市紋理設施設置區位，檢核園區之規劃開發，將各項公共設施分類並依規劃實際需求予以保留或更新，重點包括：（a）檢討設施與容量予以更新：如污水處理廠、道路系統及公共管線。（b）檢討調整或增設：如國小、高中，檢討增設或調整為國中或雙語學校，警察機關轉型為園區保警或予以整併。（c）既有設施保留：游泳池、小巨蛋、高爾夫球場、立體停車場等；（d）加強設施功能：如中興會堂加強研討會議機能，圖書館依未來發展需求調整購書類型與藏書。（e）功能轉型：如消費合作社轉型為綜合商場，汽車客運站轉型為轉運中心。（f）其他或具有歷史空間之設施：如中興會堂、醫院之保留與營運模式。（g）游泳池、體育館（綠18）：由專責管理單位委外經營維持游泳池、體育館使用，惟應變更為適當用地。（h）

中興會堂、青少年活動中心鄰里公園（公1）：於實質規劃階段，考量轉化為會展中心，強化提升其功能與用途轉化為會展中心使用。

　　（2）功能轉型需要的公共設施，包括：中興會堂（公1用地）、青少年活動中心（公1用地）、中興體育館（綠18用地）、中興游泳池（綠18用地）、羽球館（住宅區用地）、托兒所（住宅區用地）等設施，其現況資料如表12-2。

表12-2：中興會堂、青少年活動中心、中興體育館、中興游泳池、羽球館、托兒所使用現況一覽

名稱	中興會堂	青少年活動中心	中興體育館（小巨蛋）	中興游泳池	羽球館	托兒所
使用分區	公1用地	公1用地	綠18用地	綠18用地	住宅區用地	住宅區用地
地址	南投市中興新村光榮北路1號	南投市中興新村中學路1號	南投市中興新村光榮東路2街41巷1號	南投市中興新村光榮東路2街41巷3號	南投市中興新村光華四路一街25號	南投市中興新村光華四路一街21號，21-1號，21-3號
建物基地	南投市光榮段11號	南投市光榮段11號	南投市光明段78、78-1、78-2，79、79-1、79-2號	南投市光明段78、79、81、82、260、309、309-1、310號，光興段52-6號	南投市光華段1288、1288-1號，光榮段42號	南投市光華段1288、1284、1288、1288-1
建號	135	665	366	322、322-1	616	734、736、759
面積（平方公尺）	3545.19	4269.15	4800.73	1744.59	774	1824.05
價值（元）	13,253,889	10,937,559	21,171,219	7,722,400	682,396	7,150,240
建築日期	46.6	80.8	87.12	85.2	66.06	734-83.2，736-83.2，759-88.4
建物結構	鋼筋混凝土加強磚造	RC造	RC鋼架造	RC造	鋼筋混凝土加強磚造	734、736-RC造，759-鋼構造有牆及無牆
樓層數	2	2	3	2	1	2
權狀字號	無	無	89南建字1736號	無	無	734、736-無759-90南建3444號
目前使用狀況	自行經營	自行經營	自行經營	委外經營	自行經營	自行經營

資料來源：鍾起岱（2011）：提升高等研究園區公共設施有效性管理執行計畫期末報告。行政院國家科學委員會中部科學工業園區管理局委託。

六、中興會堂活化構想

　　（1）中興會堂位於南投市中興新村光榮北路1號，地籍登記為南投市光榮段11號，建號為135號，總樓地板面積約3545.19平方公尺，合約1074坪，建築年代為民國48年8月，屬於鋼筋混凝土加強磚造的二層樓建築，目前已被南投縣政府指定為歷史建築，屬於縣定古蹟。基本資料如表12-3。

表12-3　中興會堂設施基本資料

使用分區	公1用地
地址	南投市中興新村光榮北路1號

建物基地	南投市光榮段11號
建號	135
面積（平方公尺）	3545.19
價值（元）	13,253,889
建築日期	48.8
建物結構	鋼筋混凝土加強磚造
樓層數	2
權狀字號	無
目前使用狀況	自行經營

資料來源：鍾起岱（2011）：提升高等研究園區公共設施有效性管理執行計畫期末報告。行政院國家科學委員會中部科學工業園區管理局委託。

（2）依據「文化資產保存法[10]」第25條規定，政府機關辦理古蹟、歷史建築及聚落之修復或再利用有關之採購，應依中央主管機關訂定之採購辦法辦理，不受政府採購法限制。但不得違反我國締結之條約及協定。因此，文建會訂有「古蹟歷史建築及聚落修復或再利用採購辦法[11]」以為適用，未來有關中興會堂之「修復或再利用工程有關之修復或再利用計畫、規劃設計、施工監造、工作報告書及其他相關事項」等均需依據該辦法辦理。又依據該辦法第19條規定「古蹟、歷史建築及聚落修復或再利用工程，以原樣保存修復為原則，非經主管機關同意，不得以非原件或新品替換。」，因此，未來要針對中興會堂做任何修復或再利用工程，均須依據文化資產保存法規定進行。

（3）中興會堂位於中興新村中心地段，根據中興新村未來之土地使用配置構想，中區將來將規劃為「生態國際村」，供南北研發專區引進之國際級研究人員居住之住宅用地約72.2公頃，將以加強國際化服務及生活機能，發展為國際村社區，並維持花園城市意象與囊底街廓景觀，強化生態綠化景觀，及活化閒置空間，並導入綠色運具、再生能源、資源循環系統、綠建築等節能減碳措施，厚實生態城市發展概念。而根據「中興新村現有公共設施檢討及轉換使用原則」建議，未來中興會堂應「中興會堂加強研討會議機能」；同時於實質規劃階段，考量轉化為會展中心，強化提升其功能與用途轉化為會展中心使用。而為強調綠建築與保留建築之節能改善，應標榜生態、節能、減廢、健康，新建築以取得綠色標章之目標，與環境之融合。目前擬保留之建築如省府大樓、省府資料館、中興會堂等主要面向以東西向為主，後續應逐步改善建築物外遮陽板、雨水回收系統及太陽能光電發電系統等節約能源工程並加強周邊綠化為生態、健康的環境，以率先作為示範案例，引導本園區其他建築物，持續推動舊有建築物「生態、節能、減廢、健康的計畫」。

---

[10] 民國七十一年五月二十六日總統令制定公布全文61條，曾經多次修正，最近一次修正為民國九十四年十月三十一日行政院院臺文字第 0940051650號令發布第1條至第91條、第93條至第103條定自九十四年十一月一日施行。

[11] 歷史建築原屬內政部職權，目前改由文建會負責，因此本辦法最早於民國九十年三月十五日由內政部（90）台內民字第 9068527號令訂定發布全文25條；並自發布日起實施，曾經多次修正，最近一次為民國九十五年一月十二日行政院文化建設委員會文中二字第094205 57074-C號令修正發布名稱及全文 21 條；並自發布日施行（原名稱：古蹟修復工程採購辦法）。

（4）中興會堂現有演藝廳約可容納600人（含一、二樓），另兩側共有3間會議室空間，及一間管理員室，在設施充分使用的情形下，每月約為927,000元，每年為11,124,000元，營運成本以40%估列，每年約需4,496,600元，則每年淨收入約有6,674,400元；中興會堂設施容量滿載收入預估，如表12-4。

表12-4　中興會堂設施活化後容量滿載收入預估

空間/面積	單位/容納人數	數量	使用時間/場次單位	單價/場次	金額/月	備註（單位＊數量＊單價＊金額＊30天）
大會堂	800人	1	4hr/場	6,000元[12]	540,000元	每天以3場估計
大會議室	120人	2	4hr/場	1,000元[13]	180,000元	每天以3場估計
中會議室	60人	1	4hr/場	800元[14]	72,000元	每天以3場估計
小會議室	20人	3	4hr/場	500元[15]	135,000元	每天以3場估計
小計/每月					927,000元	
小計/每年					11,124,000元	
營運成本					4,449,600元	營運成本以40%估列
淨收入					6,674,400元	
預估可投資金額					33,372,000元	備註

備註：自償率假定20%，自償率＝營運評估期間之淨現金流入現值總和/計劃興建期間之工程建設經費現金流入現值總合＊100%。依據「中興新村高等研究園區籌設計畫暨財務計畫（修正本）」，財務自償率從原先設定的7.93%（98.11.19籌設計畫）到19.74%（100.8.10經建會審查版），再提升到25.90%（100年10月5日修正版），理由是開發總投資經費由最早98.11.19籌設計畫的111.4億元，到100.8.10經建會審查版的139.87億元再調整為128.55億元，自償率分母變小，另折現率由4.9%到4.62%，再調整為3.83%，本案設定為20%，乃為最低之水準，由於投資風險等因素，自償率若低於此一水準，並不值得投資，對照「中興新村高等研究園區籌設計畫暨財務計畫（修正本）」之自償率之設計，本案20%自償率的設計尚稱中肯。

資料來源：鍾起岱（2011）：提升高等研究園區公共設施有效性管理執行計畫期末報告。行政院國家科學委員會中部科學工業園區管理局委託。[12] [13]
[14] [15]

（5）中興會堂作為中興新村指標性歷史建築之一，中興會堂未來之功能應界定在「公益性」，也就是「公益使用」，因具有「公益性」特質，故宜由政府主導

---

[12] 依據「行政院國家科學委員會中部科學工業園區管理局高等研究園區公共場所租用收費表」規定，中興會堂大會堂區內廠商平日每時段收費6,000元，夜間及假日每時段收費8,000元；區外場商平日每時段收10,000元，夜間及假日每時段收費12,000元。另需支付保證金30,000元，為便於估計，本表以6,000元估計。

[13] 依據「行政院國家科學委員會中部科學工業園區管理局高等研究園區公共場所租用收費表」規定，中興會堂大會議室區內廠商平日每時段收費1,000元，夜間及假日每時段收費1,200元；區外廠商平日每時段收費1,500元，夜間及假日每時段收費1,800元；毋需支付保證金，為便於估計，本表以1000元估計。

[14] 依據「行政院國家科學委員會中部科學工業園區管理局高等研究園區公共場所租用收費表」規定，中興會堂中會議室區內廠商平日每時段收費800元，夜間及假日每時段收費1,000元；區外廠商平日每時段收費1,200元，夜間及假日每時段收費1,500元；毋需支付保證金，為便於估計，本表以800元估計。

[15] 依據新公佈的「行政院國家科學委員會中部科學工業園區管理局高等研究園區公共場所租用收費表」規定，中興會堂小會議室區內廠商平日每時段收費500元，夜間及假日每時段收費600元；區外廠商平日每時段收費800元，夜間及假日每時段收費1,000元；毋需支付保證金，為便於估計，本表以500元估計。

經營，至於經營的方式，建議以下模式：甲案：以「科技文化展覽會館」的方式，由中科管理局直接經營，建議配合國家會展產業（MICE）的推動，以展覽會館形式經營，著重科技與文化的融合與對話，打造兼具創新與實用功能，可依活動主題需求變化場地用途，提供藝文表演、產品發表、商務會議、聯誼宴會等全方位機能服務。例如原本1F的演藝廳，可考慮以「羅馬劇場」概念打造成嶄新的科技文化廳，原有的三間會議室，可規劃成多功能會議室，加上周邊長廊的充分運用，會館設施除可提昇園區人文氣息，創造藝術生活美學，更為國際級科技企業研發總部增添利器。缺點是可能需投入大量資源。

乙案：以「企業展覽會館」的方式，尋求科技大廠所附設之公益基金會經營，類似竹科聯電關係企業所創立財團法人聯園樂活教育基金會所經營的聯園，缺點是可能與標榜的「公益性」有違。丙案：以「地方展覽會館」的方式，委由南投縣政府經營，中興新村位於南投縣，南投縣政府一向極為重視中興新村的未來走向，南投縣政府又忝為「歷史建築」主管機關，以委辦方式，委由南投縣政府經營，當可收管理與地利之便，缺點是可能與高等科技園區的走向無法完全契合。

七、青少年活動中心活化構想

（1）青少年活動中心位於南投縣南投市中興新村中學路1號，緊鄰中興會堂，是造形美觀的獨立建築，地形寬廣，停車方便，為一多功能性質之活動場所，可供運動、集會、活動之用，附近環境清幽，正門對面及後面的環山路有造形古樸的白千層樹種，使用分區為公一用地，地籍編號為南投市光榮段11號，建號為665，青少年活動中心現址原本是一個小型游泳池，當時據說是省府第一座游泳池，主體建築興建於民國80年8月，建築物結構為二層樓PC造建築，總樓地板面積為4269.15平方公尺（約1292坪），設施包括室內標準地板籃球場一座、健身房、羽球及桌球等，二樓為三面看板，固定式人體功學椅926張，最高可容1200人，為一多功能性質之活動場所。

（2）青少年活動中心目前由中科管理局自行經營，原本免費提供當地民眾打籃球，唯需事先申請，平常並不開放，如有大型活動，亦可申請免費借用，但需保證金20000元，同時負擔使用電費，夜間及假日使用需支付工作人員加班費，之前曾有里辦公室[16]、長青協會及中興合唱團免費借用場地，依據新訂之「行政院國家科學委員會中部科學工業園區管理局高等研究園區公共場所管理要點」之規定[17]，

---

[16] 青少年活動中心現址，原為中興游泳池，屬於小型社區游泳池，由於面積狹小，民國80年前後，台灣省政府基於里民建議，決定斥資興建青少年活動中心，同時於南內轆五百戶附近覓地興建中興游泳池，當時南投市公所曾以贊助名義，提出贊助金500萬元協助工程建設，省府高層則同意中興四里辦公室於此中心辦公，因此，光華、光榮、光明等里，均曾於此，短暫設置辦公室，目前僅餘光榮里於此設置辦公室。而由於中興游泳池當時頗多中興高中學生於此練習游泳，中興游泳池他遷至南內轆時，中興高中亦曾提出贊助金500萬元，協助興建，省府則同意中興高中學生免費使用游泳池，唯當時僅止於口頭約定，並未定任何書面契約，隨著時空移轉、人事變遷，這項約定，已無任何意義。

[17] 於民國100年9月1日實施。

區內廠商平日每時段收費5,000元，夜間及假日每時段收費6,000元；區外廠商平日每時段收費8,000元，夜間及假日每時段收費10,000元，使用保証金仍維持20000元，唯民眾使用如何規範，並未規定。基本資料如表12-5。

表12-5 青少年活動中心基本資料

使用分區	公1用地
地址	南投市中興新村中學路1號
建物基地	南投市光榮段11號
建號	665
面積（平方公尺）	4269.15
價值（元）	10,937,559
建築日期	80.8
建物結構	RC造
樓層數	2
權狀字號	無
目前使用狀況	自行經營

資料來源：鍾起岱（2011）：提升高等研究園區公共設施有效性管理執行計畫期末報告。行政院國家科學委員會中部科學工業園區管理局委託。

（3）青少年活動中心這個地方，原本是中興新村游泳池，根據精省後台灣省政府公管組長石國明[18]先生回憶說：中興新村有一個游泳池，在中興會堂旁邊，我是在那邊學會游泳的，那時候公管處有一位工友在管理，管這個游泳池，小朋友進來一個人要收一塊錢，當時全南投縣也只有中興新村有游泳池，所以我游泳是在這地方學會的。以前騎腳踏車從南投到中興新村，夏天很熱，但小孩子也不太會怕熱，所以騎很興奮，來這邊可以泡水，涼快一個下午，然後再騎腳踏車回去，所以感覺很好。那是我在讀初中的時候，大約是民國50年到51年中間，因為人很多嘛，所以幾乎都是泡水泡著玩的。後來，游泳池把它拆掉了，改建青年活動中心，游泳池遷到現在的小巨蛋對面，那個大概是在民國82、83年張麟處長時代的事情。

（4）青少年活動中心由於並未劃歸歷史建築，有關之修復或再利用計畫、規劃設計、施工監造、工作報告書及其他相關事項等均依政府採購法辦法。青少年活動中心位於中興新村中心地段，根據中興新村未來之土地使用配置構想，中區將來將規劃為「生態國際村」，供南北研發專區引進之國際級研究人員居住之住宅用地約72.2公頃，將以加強國際化服務及生活機能，發展為國際村社區，並維持花園城市意象與囊底街廓景觀，強化生態綠化景觀，及活化閒置空間，並導入綠色運具、再生能源、資源循環系統、綠建築等節能減碳措施，厚實生態城市發展概念。而地區再發展特色為：綠建築與保留建築之節能改善：生態、節能、減廢、健康的建築為綠建築所標榜，新建築以取得綠色標章之目標，與環境之融合，又目前擬保留之建築如省府大樓、省府資料館、中興會堂等主要面向以東西向為主，後續應逐步改善建築物外遮陽板、雨水回收系統及太陽能光電發電系統等節約能源工程並加強周邊綠化為生態、健康的環境，以率先作為示範案例，引導本園區其他建築物，持續推動舊有建築物「生態、節能、減廢、健康的計畫」。而中興會堂、青少年活動中

[18] 石國明先生，生平見第三章〔12〕。

心鄰里公園（公1）等，於實質規劃階段，應考量轉化為會展中心，強化提升其功能與用途轉化為會展中心使用。

（5）設施容量估計：青少年活動中心現有中庭籃球場為室內之標準籃球場，另兩側共有3間會議室空間，及一間管理員室，設施滿載收入預估如表5-3，在設施充分使用的情形下，每月約為915,000元，每年為10,980,000元，營運成本以40%估列，每年約需4,392,000元，則每年淨收入約有6,588,000元元，假定自償率20%，則可投資金額估計約為32,940,000元，如以五年計算，每年約可投資5,588,000元。青少年活動中心設施容量滿載收入預估，如表12-6。

表12-6　青少年活動中心設施容量滿載收入預估

空間/面積	單位/容納人數	數量	使用時間/場次單位	單價/場次	金額/月	備註
中庭籃球場	---	1	4hr/場	8000元[19]	720,000元	單位＊數量＊單價＊金額＊30天
會議室	25	2	4hr/次	1000元	180,000元	
NPO/NGO辦公室	10	3	月租	5000元	15,000元	
小計/每月					915,000元	
小計/每年					10,980,000元	
淨收入					6,588,000元	營運成本以40%估列
預估可投資金額					32,940,000元	備註
備註：自償率假定20%，自償率＝營運評估期間之淨現金流入現值總和/計劃興建期間之工程建設經費現金流入現值總合＊100%。						

資料來源：鍾起岱（2011）：提升高等研究園區公共設施有效性管理執行計畫期末報告。行政院國家科學委員會中部科學工業園區管理局委託。[19]

（7）營運條件分析：假定青少年活動中心以OT方式委外營運，在設施滿載且充分使用的情形下，自償率[20]假定20%，則依表12-6的估計，廠商最高可投資金額為32,940,000元，如以5年來粗估，則每年約可投資「修復或再利用」經費約658萬元。青少年活動中心由於功能單一，以目前中興新村功能特性，想要找到這樣的市場商機，機會不大，若將青少年活動中心定位為「中興新村社區活動中心」，則公益性可以增加，但似以不收費，或委由村里辦公室管理即可，如定位為「非公益性」，則採使用者付費，勢所必然，但單獨委外經營商機不大，建議搭配其他公共設施整體委外，一方面可降低公共設施維護成本，另一方面，可收多功能經營之效。

（8）營運建議：「青少年活動中心如定位為「公益性」，以委辦村里辦公室辦理即可，如定位為「非公益性」，則採使用者付費，但『委外經營的市場條件』必須搭配其他公共設施一併委外較具可行性」，至於經營的方式，建議以下模式：

---

[19] 依據新公佈的「行政院國家科學委員會中部科學工業園區管理局高等研究園區公共場所租用收費表」規定，青少年活動中心室內籃球場區內廠商平日每時段收費5,000元，夜間及假日每時段收費6,000元；區外廠商平日每時段收費8,000元，夜間及假日每時段收費10,000元；尚需支付保證金20,000元，為便於估計，本表以8,000元估計。

[20] 自償率＝營運評估期間之淨現金流入現值總和/計劃興建期間之工程建設經費現金流入現值總合＊100%。

甲案：以「公益性」為考量，委由里辦公室經營管理，並由南投市公所編列維護預算支應。乙案：以「非公益性」為考量，採用「使用者付費」的方式，配合前述「中興會堂」會場展館模式一併辦理。丙案：以「非公益性」為考量，採用「使用者付費」的方式，配合後述「中興羽球館」一併委外辦理。

八、中興體育館活化構想

（1）中興體育館（俗稱小巨蛋）位於南投市中興新村光榮東路2街41巷1號，位於內轆溪河濱公園內，提供中興新村及鄰近社區民眾大型集會及運動場所，體育館為直徑六十公尺之多功能活動中心，內部空調、視訊、監控、燈光、音響各種先進設備一應俱全，可同時容納三千人，場地用途原本設計作為多功能用途，主場為一標準室內籃球場，可供籃球、排球、羽毛球等比賽使用，設有觀眾席2920座位。中興體育館緊鄰光明里五百戶住宅區及中興游泳池，造形相當特殊的圓形獨立建築，地形寬廣，停車方便，使用分區為綠18用地，地籍編號為南投市光明段78，78-1，78-2，79，79-1，79-2號，建號為366，總樓地板面積4800.73平方公尺（約1455坪），建於民國87年12月，建築結構屬RC鋼架3層樓結構，也是中興新村少數擁有建築執造的公有建築物，基本資料如表12-7。

表12-7　中興體育館基本資料一覽表

使用分區	綠18用地
地址	南投市中興新村光榮東路2街41巷1號
建物基地	南投市光明段78, 78-1, 78-2, 79, 79-1, 79-2號
建號	366
面積（平方公尺）	4800.73
價值（元）	21,171,219
建築日期	87.12
建物結構	RC鋼架造
樓層數	3
權狀字號	89南建字1736號
目前使用狀況	自行經營

資料來源：鍾起岱（2011）：提升高等研究園區公共設施有效性管理執行計畫期末報告。行政院國家科學委員會中部科學工業園區管理局委託。

（2）曾任台灣省政府地方研習中心副主任的林海清先生[21]回憶說：地震期間一個最大的改變，我想是小巨蛋，中興會堂旁邊原先設一個游泳池，我在教育廳服務的時候，直接撥錢給中興高中，讓中興高中在那邊蓋游泳池，也讓省府員工或子弟使用。後來覺得游泳池比較老舊，就另外再撥錢，一樣使用省府的教育預算。根據當時的憲法規定，教育預算佔省府預算的百分之二十五，也就是說省府每增加100億，教育的部分就增加25億，所以教育經費非常充裕，於是就把游泳池移至小巨蛋附近，但剛好遇到精省，使用人口卻反而降低不少。

[21] 林海清先生，生平見第九章〔54〕。

（3）長期任職於台灣省政府公管處的王富民[22]科長回憶說：我在公管處主要負責營造，所以公管處的建築工程都歸我處理，我當時參與的建築，就是省長（主席）官邸旁的警衛室，在環山路旁，九二一地震，省長官邸倒塌，警衛室並沒有倒塌，有人說省長官邸之所以倒塌的原因，是因為有一任省主席把它裡面的柱子拿掉一根，當初拿掉時，也不曉得會有這麼大的地震，但當時局部結構拿掉工程，不是我處理，是公管組另一位同仁處理的。我還蓋了現在的福利中心改建，還有就是五百戶，五百戶當時分兩階段興建，當時住都局施工的是舊五百戶，新的五百戶是我們公管處負責。什麼叫舊五百戶？就是內轆溪旁，前面幾棟四樓建築，用洗石子處理，那個是舊五百戶；後來主秘那一棟是新五百戶，它是雙併的格局，就是後面有兩棟貼二丁掛磁磚的，貼磁磚的就是新五百戶；我負責監蓋的是新五百戶，其實根本沒有那麼多戶，那裡首長宿舍16戶，公寓式雙併的有32戶，全部也只有48戶至於舊五百戶有幾戶，我就不清楚，蓋完新五百戶下來，就是小巨蛋，小巨蛋那個比較特殊，小巨蛋的屋頂當初是專利，那個屋頂將近就要5千萬，那是鋁合金的，之後六輕也是用類似的結構，我們屋頂的功能是防雨、防風，至於為什麼做那麼特殊，因為一開始，因為如果做方形的話，好像在結構上有問題，所以做圓形的屋頂。

（4）中興體育館由於並未劃歸歷史建築，有關之修復或再利用計畫、規劃設計、施工監造、工作報告書及其他相關事項等均依政府採購法辦法。

（5）依據「中興新村高等研究園區籌設計畫書」之規劃，配合園區發展需求，原則儘量保留既有都市紋理及區內大型公共設施，並補強不足的空間機能，以國際村概念進行規劃。中興體育館位於南核心，根據中科規劃構想，南區－策略前瞻科技研發專區，主要配合行政院六大新興產業政策、結合中部區域產業優勢、帶動民間參與，以落實市場化實驗場域之內涵，擬帶動民間之研究潛力，結合產業界與學術單位，國研院、核能所等研究機構預定進駐本區，將從事農業技術研究、光電產業、文史研究及綠能與永續環境等，預估用地約51 公頃，預估引進研究人口約5,400 人；既有設施包括：游泳池、小巨蛋、高爾夫球場、立體停車場等均應保留。

（7）設施容量估計：精省後，由台灣省政府經管時期，借用每天（次）收取保證金新台幣伍萬元，活動結束後經會同檢查各項設施無損壞及環境整潔恢復後無息退還保證金，電費由借用單位向電力公司申請月中抄表方式計費，於使用後自行至電力公司繳納再將收據影本送台灣省政府查核，借用期間如適逢假日，依規定標準支付支援配合之工作人員假日出勤加班費；改隸中科管理局經管後，依據新公佈的「行政院國家科學委員會中部科學工業園區管理局高等研究園區公共場所租用收費表」規定，區內廠商平日每時段收費8,000元，夜間及假日每時段收費10,000元；區外廠商平日每時段收費12,000元，夜間及假日每時段收費15,000元；保證金仍維持50,000元，但目前維修中，暫不開放。除了中庭現有室內之標準籃球場，另兩側共有2間會議室空間，及一間貴賓室，設施滿載收入預估如表12-8，在設施充分使用

---

[22] 王富民先生，生平見第十章〔55〕。

的情形下，每月收入約為1,140,000元，每年為13,680,000元，營運成本以40%估列，每年約需5,472,000元，則每年淨收入約有8,208,000元。

表12-8　中興體育館（小巨蛋）設施滿載收入預估

空間/面積	單位/容納人數	數量	使用時間/場次單位	單價/場次	金額/月	備註（單位＊數量＊單價＊金額＊30天）
中庭大廳	2920人	1	4hr./場	10,000元[23]	600,000	每天以三場估計，每月30天估計
會議室	25人	2	4hr./場	2000元	360,000	每天以三場估計，每月30天估計
貴賓室	25人	1	4hr./場	2000元	180,000	每天以三場估計，每月30天估計
小計/每月					1,140,000	
小計/每年					13,680,000	
淨收入					8,208,000	營運成本以40%估列
預估可投資金額					41,040,000	備註
備註：自償率假定20%，自償率＝營運評估期間之淨現金流入現值總和/計劃興建期間之工程建設經費現金流入現值總合＊100%。						

資料來源：：鍾起岱（2011）：提升高等研究園區公共設施有效性管理執行計畫期末報告。行政院國家科學委員會中部科學工業園區管理局委託。[23]

（8）營運條件分析：在設施滿載且充分使用的情形下，中興體育館具有委外營運的條件，假定中興體育館以OT方式委外營運，在設施滿載且充分使用的情形下，自償率假定20%，則依表12-8的估計，假定自償率20%，則可投資金額估計約為41,040,000元，如以五年計算，每年約可投資8,208,000元。但如沒有營運4成以上的業績，委外的可能性很低。中興體育館功能單一，但維護成本極高，如屬一般性的球類運動（籃球、羽毛球、乒乓球、網球），以目前中興新村功能特性，替代性極高，如以特殊表演（如藝人演唱會、馬戲團表演、大公司尾牙聚餐等），則仍有其必要性，但想要找到這樣的市場商機，在遠離台中都會區的情形下，有其困難。

（9）營運建議：中興體育館『委外經營的市場條件』屬於區域性，光靠南投、草屯的人口規模，實在不足以吸引足夠人口來觀賞大型活動，如何吸引大台中地區甚至大彰化地區民眾，願意來此觀賞表演，實屬重大挑戰，因此經營的方式，建議以下模式：甲案：以「企業展覽會館」的方式，尋求科技大廠所附設之公益基金會經營，類似竹科聯電關係企業所創立財團法人聯園樂活教育基金會所經營的聯園。乙案：以「非公益性」為考量，採用「使用者付費」的方式，但採用策略聯盟方式，例如與經常舉辦活動的台中市政府或配合經常辦理區域性或全國性購票系統，如兩廳院、金石堂、年代等系統，建立策略聯盟關係，鼓勵大型活動來此辦理。

---

[23] 依據「行政院國家科學委員會中部科學工業園區管理局高等研究園區公共場所租用收費表」規定，區內廠商平日每時段收費8,000元，夜間及假日每時段收費10,000元；區外廠商平日每時段收費12,000元，夜間及假日每時段收費15,000元；保證金仍維持50,000元，為利估計，以每場10,000元估計。

九、中興游泳池活化構想

（1）中興游泳池位於南投市中興新村光榮東路2街41巷3號，緊鄰中興體育館，地籍編號為：南投市光明段78,79,81,82,260,309,309-1,310號、光興段52-6號，建號包括：322、322-1，民國85年2月興建完工，屬兩層樓RC結構，總樓地板面積1744.59平方公尺，約447坪，屬於室外游泳池，位於景緻優美的中興新村內轆溪河濱公園內，分有標準池、練習池、兒童戲水池，佔地廣闊，環境優美，該游泳池目前以政府採購法委外辦理，經營者為劉宜成先生，履約保證金80萬元，履約期間為民國95年8月1日—民國103年7月31日，長達八年，每年權利金僅象徵性收取10000元。基本資料如表12-9。

表12-9　中興游泳池基本資料一覽

使用分區	綠18用地
地址	南投市中興新村光榮東路2街41巷3號
建物基地	南投市光明段78, 79, 81, 82, 260, 309, 309-1, 310號, 光興段52-6號
建號	322、322-1
面積（平方公尺）	1744.59
價值（元）	7,722,400
建築日期	85.2
建物結構	RC造
樓層數	2
權狀字號	無
目前使用狀況	委外經營

資料來源：鍾起岱（2011）：提升高等研究園區公共設施有效性管理執行計畫期末報告。行政院國家科學委員會中部科學工業園區管理局委託。

（2）中興游泳池由於並未劃歸歷史建築，有關之修復或再利用計畫、規劃設計、施工監造、工作報告書及其他相關事項等均依政府採購法辦法，該用地屬綠18用地，依據「中興新村高等研究園區籌設計畫書」之規劃，宜變更為適當用地。

（3）中興游泳池位於景緻優美的中興新村內轆溪河濱公園內，分有標準池、練習池、兒童戲水池，佔地廣闊，環境優美。目前委外經營，已如前述，由於是露天泳池，因此，始終很難聚集泳客，也曾多次因無力負擔泳池電費而關閉，目前主要是服務早泳會會員，據聞業者過去已投注約600萬元改善設施，但仍每年虧損5、60萬元，「中興高等研究園區」設置後，游泳池命運未卜，業者也不敢再貿然投資改善。表12-10顯示中興游泳池設施滿載收入預估，單純計算早泳票與游泳票滿載情形，每月最高收入約683,000元，每年收入最高約8,200,000元。

表12-10　中興游泳池設施滿載收入預估

空間/面積	單位/容納人數	數量	使用時間/場次單位	單價/場次	金額/月	備註（單位＊數量＊單價＊金額＊30天）
早泳票	100人	1	年票	10,000元	1,000,000元/12月	
游泳票	200人	1	單次	50元	600,000元	每天2場，每月30日

小計/每月				683,000元	
小計/每年				8,200,000元	
淨收入				4,920,000元	營運成本以40%估列
預估可投資金額				24,600,000	備註

備註：自償率假定20%，自償率＝營運評估期間之淨現金流入現值總和/計劃興建期間之工程建設經費現金流入現值總合＊100%。

資料來源：鍾起岱（2011）：提升高等研究園區公共設施有效性管理執行計畫期末報告。行政院國家科學委員會中部科學工業園區管理局委託。

（4）中興游泳池的有委外營運的條件，但由於中興游泳池目前為「露天」游泳池，條件及地點相較於鄰近其他游泳池，競爭力偏低，委外的方式以「ROT」最為適合。在設施滿載且充分使用的情形下，自償率假定20%，則依表5-10的估計，假定自償率20%，營運成本以40%估列，每年營運成本約需3,280,000元，以此預估可投資金額為24,600,000元，以五年營運估計，每年可投資金額約4,920,000元。但如沒有營運4成以上的業績，ROT的可能性不高。

（5）中興游泳池功能單一，維護成本相對不高，但替代性極高，如果沒有很好的游泳設施，其實不容易吸引業者經營，且旺季集中在夏天，平常日主要是依靠早泳客，由於中興游泳池的特殊性，定位為「非公益性」，採使用者付費，勢所必然，如果有很好的設施，單獨委外經營是可行的。

（6）台灣公部門游泳池的委外經營，以學校附設游泳池最多，根據教育部（2005b，2006，2007）之研究調查發現[24]，我國學校游泳池在2005年時，委外經營之學校數目為53所（占12.41%）；2006年為63所（占15%），至2007年已達到76所（占17.67%）之多，顯示我國學校游泳池委外經營之數量雖已逐年成長，有關學校游泳池委外經營之方式而言，根據過去相關文獻（工程會，2006；王凱立、黃世孟，2002；洪嘉文，2003；教育部體育司，2000；許龍池、彭逸坤，2004），我國學校游泳池委外經營時，在各種環境及因素考量之下，較可行的方式為OT，其次為BOT及ROT。

（7）中興游泳池宜定位為「非公益性」，原則上採使用者付費，雖可獨立性委外，『委外經營的市場條件』雖有商機，但設施改善非常有必要，因此經營的方式，建議：甲案：以「ROT」的方式，尋求有泳池經營經驗且財務健全業者經營，或比照南科委由休閒管理集團或科技大廠所附設之公益基金會經營。乙案：委由中興高中經營管理，由於此處離中興高中不遠，目前正值政府大力推動學生游泳訓練，而中興游泳池興建時，中興高中亦曾經費支助，委由中興高中經營管理，依方面可解決，中興高中缺乏游泳池的困境，也可改善中興游泳池目前經營的困境。

十、中興羽球館活化構想

（1）中興羽球館位於南投市中興新村光華四路一街25號，緊鄰中興托兒所，

---

[24] 張川鈴（2008）：我國學校游泳池委外經營之研究。國立台灣師範大學體育學系博士論文。81頁。

土地使用分區為住宅區，地籍編號為南投市光華段1288,1288-1號,光榮段42號，建號616號，興建於民國66年6月，民國85年間，曾加整修，總面積774平方公尺，約235坪，屬於一層樓之鋼筋混凝土加強磚造建築，目前使用狀況為自行經營，中興羽球館除打羽毛球外，另附設桌球場，球場開放時間為每週2.3.4.6.日06:00~12:00及15:00~21:00，均可免費使用。區位鬧中取靜，地形寬廣，停車方便，可供運動、集會、活動之用，附近環境清幽，依據新訂之「行政院國家科學委員會中部科學工業園區管理局高等研究園區公共場所管理要點」之規定[25]，仍免費使用。基本資料如表12-11。

表12-11　中興羽球館設施現況一覽

使用分區	住宅區用地
地址	南投市中興新村光華四路一街25號
建物基地	南投市光華段1288, 1288-1號, 光榮段42號
建號	616
面積（平方公尺）	774
價值（元）	682,396
建築日期	66.06
建物結構	鋼筋混凝土加強磚造
樓層數	1
權狀字號	無
目前使用狀況	自行經營

資料來源：鍾起岱（2011）：提升高等研究園區公共設施有效性管理執行計畫期末報告。行政院國家科學委員會中部科學工業園區管理局委託。

（2）中興羽球館由於並未劃歸歷史建築，有關之修復或再利用計畫、規劃設計、施工監造、工作報告書及其他相關事項等均可依政府採購法辦法。

（3）中興羽球館位於中興新村中區，依據科技部規畫中區將規劃為生態國際村，供南北研發專區引進之國際級研究人員居住之住宅用地約 72.2公頃，將以加強國際化服務及生活機能，發展為國際村社區，並維持花園城市意象與囊底街廓景觀，強化生態綠化景觀，及活化閒置空間，並導入綠色運具、再生能源、資源循環系統、綠建築等節能減碳措施，厚實生態城市發展概念。鄰近的消費合作社將轉型為綜合商場。

（4）中興羽球場目前為免費使用，若採付費使用，中興羽球館設施滿載收入預估如表5-12，以每場2小時100元估計，每天開放12小時，則每月收入約72,000元，每年約864,000元。

表5-12　中興羽球館設施滿載收入預估

空間/面積	單位/容納人數	數量	使用時間/場次單位	單價/場次	金額/月	備註（單位＊數量＊單價＊金額＊30天）
羽球場	兩小時/場	4	2hr	100元	72,000元	每日以12小時估計，約6場，每場次100元

---

[25] 民國100年9月1日實施。

| 小計/每月 | | | | 72,000元 | |
| 小計/每年 | | | | 864,000元 | |

資料來源：鍾起岱（2011）：提升高等研究園區公共設施有效性管理執行計畫期末報告。行政院國家科學委員會中部科學工業園區管理局委託。

（5）如前所述，在設施滿載且充分使用的情形下，中興羽球館的年收入僅有864,000元，單獨委外營運條件「誘因」似有不足。加上中興羽球館功能單一，維護成本相對不高，但替代性高，如果沒有很好的設施，其實不容易吸引業者經營，且羽球或桌球運動愛好者，都屬社區居民，太遠民眾，不易來此練習或消費，如定位為「社區公益性」，可免費使用或交由當地相關團體自行管理，如定位為「非公益性」，採使用者付費，由於單獨委外，條件不足，建議與「青少年活動中心」一同委外經營。

（6）中興羽球館可定位為「社區公益性」，委由社區相關愛好團體自行經營；亦可定位為「非公益性」，採使用者付費，但獨立性委外誘因不足，因此經營的方式，建議以下模式：甲案：尋求社區愛好者或村里辦公室組成管理委員會，自行管理，免費使用，為應自行負擔相關水電及維護成本。乙案：與青少年活動中心共同辦理委外，尋求有經營意願之休閒管理集團或科技大廠所附設之公益基金會經營。

十一、中興托兒所（幼兒園）活化構想

（1）中興托兒所（幼兒園）於民國61年1月5日成立，原隸屬於前台灣省政府社會處，民國70年7月1日由前省府秘書處公共事務管理處接辦，收托中興新村各機關員工3至6歲學齡前孫、子女，採收費低廉之福利政策，照顧同仁，民國88年7月1日精省托兒所改隸省府公共事務管理組，因中興新村成立高等研究園區，於100年1月1日移撥國科會中科管理局。

中興托兒所位於南投市中興新村光華四路一街21號，21-1號，21-3號，緊鄰羽球館，土地使用分區為住宅區，地籍編號為：南投市光華段1288,1284,1288,1288-1，共有三棟建築，建號分別為734、736、759，前兩棟完成於民國83年2月的兩層樓RC造建築，759建號則完成於民國88年4月的兩層樓鋼構造建築，總樓地板面積1824.05平方公尺，合約553坪，地形寬廣，停車方便，基本資料如表12-13。

表12-13　中興托兒所現況一覽

使用分區	住宅區用地
地址	南投市中興新村光華四路一街21號，21-1號，21-3號
建物基地	南投市光華段1288, 1284, 1288, 1288-1
建號	734, 736, 759
面積（平方公尺）	1824.05
價值（元）	7, 150, 240
建築日期	34-83.2, 736-83.2, 759-88.4
建物結構	734, 736-RC造，759-鋼構造有牆及無牆
樓層數	2
權狀字號	734, 736-無 759-90南建3444號
目前使用狀況	自行經營

資料來源：鍾起岱（2011）：提升高等研究園區公共設施有效性管理執行計畫期末報告。行政院國家科學委員會中部科學工業園區管理局委託。

（2）中興新村高等研究園區所在及周邊的南投市與草屯鎮人口呈現緩慢的成長與波動，依南投縣民政處99年8月最新統計，南投市人口104,169人，草屯鎮人口為99,786人。依過去幾年的人口資料，15歲以下約佔18%。在變動不大的情形下，兩市鎮將維持總數20萬左右的人口。根據2000年6月南投縣政府民政處資料，南投縣0-4歲兒童人數為9,667人，其中屬南投市約4,140人，屬草屯鎮約4,344人，平均每年新生兒約為800-900人，相較於其他11鄉鎮平均每年新生兒不到100人的規模，顯然本地區的新生兒來源較為穩定。

（3）中興托兒所由於並未劃歸歷史建築，有關之修復或再利用計畫、規劃設計、施工監造、工作報告書及其他相關事項等均依政府採購法辦理。幼托整合政策將於民國101年1月1日正式上路，幼稚園源起於一百六十年前的德國，其後透過美國的影響而成為各國的學前教育模式；而其間，各國在幼稚園出現之前，均有不同形態的「托兒所」存在。百年來，二者各自扮演其社會功能角色，雙軌並存。在視育兒為家庭責任的近代社會裡，幼稚園是主要的學前教育模式，針對中上階層家庭兒童提供半日制、以教育功能為主的服務，兒童所需的照顧則由家庭（主要為母親）負責；托兒所則以勞工階層家庭小孩為對象，代理家庭實施生活照護工作，並為了減輕大人負擔，使其能夠專心從事家計勞動，而以極低廉的收費提供幼兒營養照護，如此，托兒所具有幼稚園所沒有的社會福利功能。家庭與社會型態轉變、雙薪核心家庭增多之後，家外托育成為國民必須仰賴的服務，融合教育與照顧功能的全日制園所應運而生，引發幼稚園與托兒所功能混淆、制度紊亂的現象，因而各國紛紛展開制度整合或內容重組的工作。幼兒教育及照顧法終於於民國100年6月完成立法，預定於101年1月1日正式實施。

（4）中興托兒所雖然由中科管理局經營，但在實際登記上仍為私立，其原因是依據幼兒教育及照顧法第8條規定，直轄市、縣（市）、鄉（鎮、市）及公立學校所設幼兒園為公立，其餘為私立。

（5）設施容量估計：中興托兒所於民國84年達到最高容量，收托幼兒約400

名，精省前約維持在250名兒童左右，經省後，由於員工出缺不補，人口外流，目前工作人員從精省前31人縮減至5人，目前收托幼兒約40名。其中所長1人綜理所務、保育員3人負責教保業務，另膳食採購、財產管理、收費登帳、衛教保健及幼童團保等由以工代職1人負責。招生對象：3至6歲幼兒，目前招生資格限：中科竹科南科工業園區駐區之事業單位、研究機構、創新育成中心、中科管理局、中興新村機關、學校、光華里、光榮里、光明里、光輝里及營北里等員工及民眾子女或孫子女、中低收入戶及身心障礙者、教育部專案核准就讀者。入學方式採登記方式（若超過招生名額，將辦理公開抽籤），中興托兒所目前計有教室14間、保健室、辦公室、廚房各1間，校舍非常寬闊；托兒所週邊有：兒童公園、圖書館、中興郵局、中興分局、員工消費合作社、中興會堂及中興體適能活動中心等等，公共資源頗為豐富；另園內室外中庭有廣大綠地及大型遊樂設施3組、戲沙池2處等設備，如比照公立托兒所收費，表12-14顯示中興托兒所設施滿載收入預估。

（6）在設施滿載且充分使用的情形下，中興托兒所年收入有396萬元元，的確有單獨委外營運條件，而目前設施完備，如採委外，以「OT」較為適宜。

（7）中興托兒所功能單一，由於場地設施頗佳，目前鄰近地區托兒所林立，顯見少子化情形下，中興新村仍有部分空間，由於目前托兒所強調「正常教學」，因此並不開設「才藝班」、「美語班」，相對競爭力稍嫌不足，加上人員遇缺不補及年齡老化等原因，相較其他托兒所教師年輕而有活力，吸引力也相對不足。

（8）未來高等研究園區，預定引進產業人口約7,500人，估算單身約占2/5為3,000人，有眷約3/5為4,500戶，並估計有眷每戶約3.0人，預估有眷人數為13,500人，預計住宅區人口約16,500人，由於引進者皆屬青壯階層，未來新生嬰兒可望增加，托兒所只要經營得法，前景應該可以預期。

（9）5.中興新村目前老一輩退休者，都居住於村內，但缺乏合適的安養院，或托老所，未來如放棄經營托兒所，改設托老所或安養院，也是可以考慮的方向。

十二、中興新村防空洞活化構想

（1）虎山防空洞，總長1500公尺，共有6個洞口可進入，這六個洞口都編有門牌號碼分別為環山路31號、33號、35號、37號、39號、41號，其中以39號防空洞最有名，也有稱為39號防空洞，其實並不是很正確的說法，裡面可容納數千人，民國88年921大地震後，為安全起見，予以封閉。[26]

（2）虎山防空洞[27]，正式名稱是「臺灣省政府防護團防情管制中心」，通稱為「防空地下室」，一般人則稱為虎山防空洞，省府當時遷移到南投後，利用虎

---

[26] 有些耆老認為日治時期，虎山防空洞即已存在，並被當成日軍神風特攻隊的彈藥庫或藏匿飛機之處，根據本研究實際詢問曾於此地放牛與協助日軍的耆老表示，並無其事，當時日本飛機主要是利用甘蔗田、龍眼樹與芒果樹下隱藏，這個防空洞是臺灣省政府過來之後才興建的，以日本當時即將戰敗的財力狀況，似乎是比較可信的說法。

[27] 神秘的防空洞和地道傳說http://blog.roodo.com/chunghsingnewvillage/archives/18696443.html。

中興新村防空洞內部陳設（王富民提供）

山山麓內興建一條長1500公尺、寬2公尺、高2.7公尺的防空通道，可容納號稱3千人避難，山腰處設立2座抽風口，以利空氣流通，精省前省政府每年多會舉行防空演習，包括科長以上及鄰近的光華國小與光榮國小小朋友皆須進入防空洞避難，通道內有一個戰情指揮中心，可供主席及重要幕僚數人指揮辦公，1999年在921大地震震毀，如今已封閉。[28]

（3）虎山防空洞位於中興新村光華里環山路西側虎山麓，由當時曾參與重慶大型防空洞挖築專家設計，並利用虎山起伏地形及工兵營建造，完成大型地下指揮中心備用。其出入口從31~41號，與現今陽明山麓橫山指揮所及金門大武山金門防衛部類似，本防空洞除設有抽風口外，另有戰備儲糧倉庫，大型發電機及無線電話通訊設備。

（4）虎山防空設施從民國48年開始開鑿，分三期興建，在中興新村環山路山麓開挖地下道，民國54年8月完成第一期工程由軍方負責完成[29]，總長度約918公尺，第二期（65年9月）及第三期（66年9月）由台灣省政府公管處承辦，總長581.34公尺，總座位1773個，設有戰情指揮中心，6個出入口，2個通風口，各洞相連，呈現蜘蛛網狀結構，有利避難之進出。其他資料館地下室531平方公尺可容1127人，中興醫院地下室612人容量，臺灣銀行地下室60人容量，總計可容3222人。[30]

（5）前面提到的「防護團」[31]是個非常特別的組織，防護團的組織淵遠流長，他最早的依據是民國26年8月19日國民政府制定公布全文的防空法（已廢止），民國26年盧溝橋事變之後，在當時首都南京成立防空司令部，民國37年國民政府通令各省成立省民防指揮部，民國39年臺灣省政府通令各縣市成立民防反共自衛總隊，在「反共抗俄」動員戡亂戒嚴年代，「防護團」辦理的業務是民防工作，或許因為業務特殊的關係，人員大部分由軍、警職及情治單位人員轉任，台灣省政府防護團總幹事由秘書長直接任命，位於虎山防空洞中心的防情管制中心，裡面有廣播電臺

[28] 根據民國91年3月臺灣省政府委託楊坤燦及黃木發兩位土木技師辦理之臺灣省政府前防護團防情管制中心防空地下室地質及安全結構鑑定報告書估計修復經費約需3千餘萬元，因經費龐大，精省後省府已無力負擔，因而封閉。

[29] 有人認為第一期工程當時是由建設廳臨時工程處承辦，但據當時疏散工程處以及臨時工程處的陳嘉佑主任表示，臨時工程處並未介入本項工程，推測應係軍方負責設計監工。

[30] 有人認為防空洞可容納3000人，應指此而言。

[31] 民國40年臺灣省政府成立空襲防護委員會，民國41年將省動員保民委員會及空襲防護會合併成立民防委員會，並將各縣市自衛總隊改制為民防總隊民防團隊編訓服勤實施規定 15 條中華民國九十四年一月二十六日總統華總一義字第 09400010121 號令公布廢止。

接收器，警用電話、電報機、小辦公桌、水電，山洞外觀隱密，敵機不易發現，自民國46年~80年代由省政府員工配合臺灣中部軍團，每年定期演練維修，隨時可接替臺北的臺灣地區防衛作戰中央指揮所。

（6）虎山防空洞中間有一個十字路口，有通風口，之所以做通風口，原因是因為實在太長，洞口兩旁是水泥做的長椅，避難時每個人面對面坐，膝蓋碰膝蓋。格局大約是比照當年在重慶抗戰時間的防空洞，其實是沒辦法上班，它只是說避難。裡面有一個無線電發報機，有一個警用線，有一部對講機，是發電報的，有一個小辦公室，算是指揮中心。早期空襲警報時，光榮國小、光華國小的同學都必須要進去。省政府則是科長以上才能進去，其他同仁則待在辦公室。科長以上有進出證，證件上有號碼，對號入座。

（7）民國48年間在省府環山路之虎山開鑿山洞，其出入口相接連，並設有發電系統及無線電指揮系統，由於這項工程並不是疏散工程處的工作，其運用人力也非當地民眾，因此當地耆老其實並不清楚防空洞是如何完成，早年的省府防護委員的總幹事由公管處處長兼

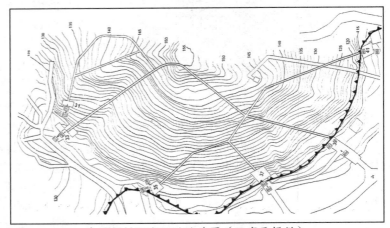

中興新村防空洞的路線圖（王富民提供）

任，中興新村的防空避難的人口是很分散的，也沒有高大的樓房，疏散很方便；省府後面的山，沿著環山路建築了公共防空洞；完成後由省府防護單位接辦，因此第二期與第三期工程主要是由防護團接辦，也就是臺灣省政府公共事務管理處接辦。早年防護團上班時間與公務員不太一樣，有一段時間是利用夜間上班，傍晚六點再開始上班，到隔天清晨，目的據說是養成員工防空的觀念。

（8）防護團遷到中興新村的時間非常早；在虎山防空洞尚未開鑿之前，民國46年7月的時候，防護團已經計畫在現在的虎山路一帶建立防空設施，當時在客運車站、公共場所都貼有詳細的防空疏散圖，防空洞的地下建築防空工事的工作一直持續了二十幾年，工程非常浩大，一直延到省政府大樓這邊都有，日夜都有人駐守。過去每年都要防空演習，防空演習時規定單位主管一定要進去，當時每個廳、處都設有防護長，基本上是由副首長或主任秘書擔任，演習時都要發進入防空洞的座位，甚至有謠傳省主席辦公廳及主席官邸都有地下通道，直通防空洞，但並不正確。防護團下面的組織，有救護組、疏散組等等。防空洞座位有編號，對號入座。凡屬省府主管級的，科長以上的人，都有入洞證，入洞證上都有編號，防空疏散演習的時候，主席或秘書長會親自到洞裡辦公，防空演習也是固定要舉行，演習的時候，路上的交通、上課的學生，全部都要疏散，結束後，防護團會對各單位評分，

檢討各單位的優缺點在哪裡。

（9）民國88年921大地震，虎山防空洞位處斷層帶，內部設備部份受損，因戰略時空考量，遂封閉停用。有感於中興新村的虎山防空洞在兩岸對抗的時代，扮演著第二波攻擊之後，國府繼續存活指揮秘密基地，在台灣許多荒山野外，仍留有許多小型的防空壕與防空洞，但像這樣大規模避難的防空洞，蘊含著那個兵荒馬亂的時代，先人以生命、血淚與汗水，澆灌出中興新村的卓然不同。歷史的傷痕，苦難的印記，交織而成的共同記憶，是否能成為後代傳誦不斷的傳奇故事，虎山防空洞其實扮演著非常重要的特殊歷史記憶功能；隨著中興新村的轉型，這樣的防空洞已然完全沒有實用價值，但並不表示這些軍事史蹟沒有意義與價值，因此，呼籲南投縣政府、文化部以及科技部能重新考慮其歷史建築的意義，採取有效的保存作為，讓這些經過無數無名英雄努力的虎山防空洞所代表的文化意義能保存下來，讓歷史的記憶化為文化的瑰寶，是我們留給後代最珍貴的寶藏。

（10）虎山防空洞因應時代背景而建設，是重要的歷史建築。然而隨著九二一大地震，內部設備受損，為安全考量之故；且又因海峽兩岸關係漸趨平緩，遂封閉停用。臺海兩岸關係從緊張到平緩，防空洞的存在可作為歷史的見證，因此封閉防空洞實屬可惜。如果可以將原省府防護團旁的防空洞出口（31號倉庫旁）能整理開放一部分，除了可使民眾認識防空洞本身的構造，更重要的是反思興建防空洞的背景。

十三、臺灣文獻三館活化構想

（1）位於南中興的臺灣歷史文化園區於民國79年規劃興建，81年創建完成，整個園區共2.5公頃，分為文獻史料館、民俗文物館、史蹟源流館三館，各館具不同建築特色，且廣植林木花草，建造具有歷史意義之碑林，景致典雅、古意盎然，常成為婚紗業者取景勝地。

（2）區裡的三棟造型特別的建築物，中西兩種不同的風格遙遙相對形成很特別的對比，裡面收集的東西更是琳琅滿目，一個可以值得推薦得地方。東西方的建築對比、寬敞舒適的園區，是國史館臺灣文獻館給人最深刻的印象。館區內共有文物大樓、文獻大樓、史蹟大樓三大館，史蹟大樓擁有中國傳統廟宇的宏偉風貌，展示臺灣歷史文化發展脈絡，史前考古遺跡、原住民文化、荷鄭、明清、日治時期的古文物，以及臺南赤崁樓等18個一級古蹟模型一一展列；文物大樓陳列有包括古代的大床、原住民文物、民間工藝文物等珍貴的老文物，歐洲文藝復興式的建築顯得典雅；而珍藏重要檔案史料的文獻大樓，閩南和現代的外觀設計交融，獨具巧思。

（3）簡榮聰先生回憶說[32]：民國79年2月1日我接任第十任文獻會主任委員，文獻會在臺中的黎明辦公廳處，我有分配座車，每天往返草屯到臺中。有鑑於文獻會是主管臺灣歷史文化的單位，並又典藏事關日治時代的重要檔案，如總督府檔案、拓殖株式會社檔案，我跟邱主席報告，我擬了一個「臺灣文化園區五大文獻館」的

---

[32] 簡榮聰生平見第三章〔42〕。

興建計畫。我建議擇定在中興
新村，興建臺灣文化園區，當
時承蒙邱主席很贊同，我爭取
到兩公頃半的土地，就是現在
的國史館臺灣文獻館。我任內
建了三大館，三大館的硬體建
築在我任內初具規模。

　　當時是規劃五大文獻館，第
一是臺灣文獻史料館，第二是
臺灣民俗文物館，第三是臺灣
史蹟源流館，第四是臺灣先賢
紀念館，第五是臺灣民間技藝
館。五個館都各有其特色及所

臺灣文獻館的主館－台灣民俗文物館（鍾起岱提供）

要典藏的目的，其建築也是各有代表臺灣歷史建築的特色，像文獻史料館是仿閩南
式的建築，是代表清代年間的建築特色；民俗文物館是仿文藝復興時期的巴洛克建
築，代表日治時代學習西洋文化的建築特色；光復後，中央政府帶來了北方的宮殿
建築，所以史蹟源流館仿效北方的宮殿建築，代表光復以後的建築特色。

　　民國79年5月26日臺灣史蹟源流館就開始動土興建，不到一年的時間就蓋成；接
著就蓋臺灣民俗文物館，就是仿效希臘文藝復興的主體館；緊接著北方宮殿建築也
開始蓋。那時剛好邱主席任滿，連主席接任，我擔任文獻會主委又兼連主席的編譯
室主任。連主席因為家學的淵源，他的祖父連雅堂先生是《臺灣通史》的作者，他
很重視文史，所以對文獻會比較器重，常常跑文獻會來視察。因為連主席的重視，
所以致使第二館民俗文物館、第三館文獻史料館就如期的加以進行。後來第四館、
第五館在宋先生任內因為經費的關係後來停掉了。我任期六年，滿任之後我就離開
到報社，接任的人謝嘉梁先生很認真，再接下去的楊正寬先生也很認真，那時候吳
崑茂先生也常來幫忙，他有興趣文史，等於是我們的諮詢委員、諮詢顧問，當時歐
禮足先生當經建會主秘，也常常來關懷。

　　那時候文獻會真的是新興起的單位，人家說文獻會是後來居上的，在所有廳舍
中是最漂亮的。文獻會那時候代表省政府常常上報，當時我們除了進行《重修臺灣
省通志》，還進行《臺灣近代史》、《臺灣原住民史》、《臺灣客家族群史》、
《臺灣水資源史》，因為邱創煥、連戰兩位主席的重視，所以有一系列創新的推
動，另外又有二二八相關史料輯錄。我記得有一次連戰主席到文獻會，我在門口迎
接他的時候，他跟我說「你新聞太多了吧！」本來是冷門的單位，後來因為我們推
動一系列主題研究、全面修志的計畫，文獻會變成了熱門的單位。

　　（4）楊正寬先生回憶說[33]：精省時，台灣省政府主席由趙守博接任，趙是當年

[33] 楊正寬先生，民國35年7月8日生，臺灣省臺中縣人，中興大學中文系畢業，東海大學公共
研究所碩士，香港珠海大學中文系博士，曾任臺灣省政府手工業研究所主任，臺灣省政府
專員、秘書，臺灣省政府旅遊局副局長，臺灣省訓練團主任秘書，臺灣省政府參議兼第一
組組長，臺灣省文獻委員會主任委員等職，參見：鍾起岱（2014）：南投縣文化景觀中興

國發會的秘書長，也曾在省府新聞處待過，有人說趙主席是贊成精省最大聲的人，反而被派任當省主席，趙主席上任後一個多月的某日，他找我去談話，問我：「楊組長，我是不是可以請您去接文獻會的主委？」我就想，糟糕，我從來沒想過文獻會的工作在做甚麼，只有以前簡主委在當主委的時候，他要我幫忙編一個《臺灣省通志》的〈政治志‧考銓篇〉，我只有這個觀念，其他都沒有；最多就還加上自己寫了《從巡撫到省主席》用到一些歷史文獻的資料。趙主席對我說：「你知道現在很多單位，像是中央研究院、內政部、文建會等都想要你的文獻會，我就硬不答應。我把它留下來，現在省政府所持單位只有這個了，你就去接吧！」某次記者會還是什麼活動上，他說：「我堅持要把文獻會留下來，因為他是臺灣省省政府的神主牌，而任何一個單位我都能精掉，但是我們臺灣人很重視源遠流長的傳承，我一定要把省政府文獻會，這個省政府的神主牌留下來。」，語畢他轉頭過來對我說：「楊主委，這個神主牌你要顧好喔！」我想他的意思是這個歷史的重責交給我了。後來我上任後，也全力以赴，盡量滿足他的指示。88年9月1日我到任，就思考怎麼顧好這個「神主牌」。

卸任的謝嘉梁主委則接任臺灣省政府民政組的組長。當時文獻會蓋了三個館，其中右邊閩南式建築的館，是臺灣文獻史料館，是真正完成驗收啟用的館，其他兩個館卻關閉。那時候政府也在清查全臺灣的蚊子館，這兩個館就被盯上了。我去把他了解，我在上任第二年年初就把史蹟研究館給它開幕。而中間的文物館，因為某些裝潢工程延宕，廠商也亂告，我還是堅持把它完成，我堅持要文史專家委員會驗收通過才給通過。當時壓力真的很大，還有立委來關說。後來我請後來當文化部副部長的林金田先生來當副主委，我說為了避免公文往返，請他當專案召集人，專案有問題的時候，就當下開會解決。

我是民國88年9月1日擔任文獻會主委，那個月的21日凌晨發生了大地震，那天晚上1點47分時我還沒就寢，在準備資料。地震發生時我衝出家門口，往南邊看火光一片，就非常擔心是不是文獻發生火災，後來知道是南投酒廠起火。當晚我穿著短褲汗衫，連夜摸黑趕到文獻會去，擔心廳處是否被震倒倒塌。在路上看到衛生處倒掉，想到當時一位林處長，為了辦公室效率提升，把二樓的隔間牆都打掉作OA，這樣就可以一眼看見所有同仁的辦公情形，樓下也這樣處理，沒想到影響建築結構，地震一來就倒了。我看到衛生處倒掉，心中越發擔心文獻會建築會不會也怎樣，還好只有地板裂掉，書庫檔案室東倒西歪，主要的樑柱結構都安全無恙。後來這些東倒西歪的檔案中，有日本的總督府檔案。幸好有日本中京大學，以及名古屋大學的學者們，他們很喜歡研究這些檔案，就義務過來幫忙，不但贊助款項，還請工讀生整理妥善。對於日本學者對於學術的專注及愛護，讓我們非常感動。文獻會經過精省，以及地震的侵擾，種種的壓力，雖然讓我感到非常的累，但我想也不能給同仁過多的壓力，又想到趙主席交代我要顧好神主牌，就打起精神繼續堅持。我於是決定要及時做，今日不做明日後悔。

因此，上任第一天的9月1日起就開始編寫的《精省實錄》，找一些朋友幫我們

新村口述歷史調查研究計畫結案報告。

審稿校稿，同仁協助撰寫。我告訴同仁說：「這些都是很難得的資料，我們很難得的站在歷史的轉捩點上。今天不做，明天就會後悔。我們要把精簡臺灣省政府的整個過程給他列下來，而不要加入價值判斷。因為對錯不是由我們來判斷，我們就把史料保存，交由後代子孫來做對錯的判斷。」省政府經過精省，加上地震，被摧殘得不勝唏噓，我想大家心裡非常清楚。加上同仁的工作量因此增加許多，也有抱怨出來。我也堅持跟大家說，於是《九二一地震實錄》也這樣把它完成。我前幾天為了演講，也把這套書翻出來看了看，感覺到真的，很多珍貴的照片當時若沒有保留下來，就沒有了。謝謝崑茂兄幫忙很多；而想要做事，又沒有錢印，幸虧當時起岱兄在重建會擔任企劃處長的協助，給經費幫忙印刷，這套書才得以呈現在大家眼前。

我想在文獻會三年的期間，結合了臺灣文物學界，辦了很多「擁抱鄉土」的活動以及展覽。西元兩千年政黨輪替，我們都默默的做，該做什麼就做什麼。沒想到突然某日，有風聲，有人傳話說「我不夠綠」，說我是深藍，當時臺灣省文獻會要改隸總統府國史館。我說我對臺灣的貢獻及投入應該還好吧，很多機會我都沒辦法過去，我知道這個意思，也不會反彈，內人也沒特別表示，我就這樣退休下來。很多文史學界以及同仁為我抱不平，我說沒關係，人生際遇，一枝草一點露。我辦退休的時候，流程很快，送考試院三四天就核定下來了。退撫司劉騰司長就打電話來，說我是公務員，要受保障的。他氣不過又打電話給省政府副主席，副主席說你不用管，他有安排，就安排我當國史館的處長，簡任十二職等，但我婉拒了。原因跟當年邱主席叫我去臺北，而我拒絕他的原因相同。我就是因為臺北沒有房子，對中興新村也有很難割捨的濃濃情懷，在文獻會後面也已買了一棟房子，存放許多的書本。退休後，我就打算和我太太，我內人在這裡走過人生最後階段。

十四、其他活化構想

（1）中興新村故事館[34]：人類的歷史如果少了故事將變得很無趣，一個城市

---

[34] 故事館經營成功的案例，如「臺東兒童故事館」主要訴求親子共讀、遊憩及師生活動辦理活化經營，「臺東兒童故事館」基本概念是嘗試提供一個優質的親子共讀、遊憩的場所，結合現在世界各國都在推動的各種閱讀活動。正是因為大家都能體悟到閱讀的重要性，且透過閱讀可以提升國民的競爭力，也能養成孩子積極主動的學習態度。最重要的是因為現在少子化，親子裡孩子的角色份量增加，小孩子可以帶引或改變一般大人消費或旅遊的動線方向。「臺東兒童故事館」館內提供喜歡閱讀的小朋友們包羅各種種類的文章書籍，利用了日式木質地板讓小朋友們可以席地而坐，無拘無束地享受這閱讀時光，亦提升了從小喜歡閱讀的風氣。這是地方型的故事館角色定位，佈建內容與條件單純，成功時卻也容易形成典範。「臺東兒童故事館」是整棟日式建築物在百年老榕樹夾蔭中，有古樸懷舊的獨特風格，兒童故事館除了提供兒童閱覽空間等各項服務，週遭的環境樹屋、玻璃光廊是開放空間，還有新穎設計的溜滑梯，讓小朋友攀爬的活動遊戲區，整個區域就是一個很好的公園。臺東縣政府為了保存縣內具有歷史意義的老建築，乃進行一連串的翻修工作，而其中將臺東兒童故事館現址的日式建築物重新規劃，將歷史建築物原貌整修，結合設計師的理念，規劃出這麼一個適合親子教育及文化發展的地方。「臺東兒童故事館」每週有三場次的「大樹下說故事」活動，也定期舉辦「創意市集」、「兒童音樂會」、「兒童園遊會」等系列活動，同時結合臺東縣境內所有教育文化資源，如學生畫展、民族舞蹈比賽、國語

的發展如果少了故事，也將乏善可陳。本書提出的第一個文案為「中興新村故事館」，因為說故事定義了我們的存在。事實上，最近10年間，各式各樣的故事館如雨後春筍般的成立，成立故事館的原因是懷舊，是緬懷過去的歡樂而艱辛的歲月。故事館的提出，試圖要模擬過去發生有趣而生動的故事，要留意的是氣氛或氛圍的表現，任何人若想要熟悉中興新村故事，並使那些故事在今天仍然顯得那樣的真實，就須了解那個時代的政治和社會思想。我們如果不能先了解兩岸軍事對峙與冷戰的肅殺氣氛，我們就無法體會當年那種離此一步即無死所的悲壯情懷，也無法體會內戰對國人是多麼大的威脅，更不能領悟中興新村前輩們故事中的許多意義。如果我們能體會到那些，也許可知當初在臺北總統府坐在會議室裡諸人的心情，他們決定要到一個非常偏遠的臺灣中部，遠離縱貫線鐵路、遠離良（水）田、遠離臺北的一個荒蕪鄉村，重新建立第二指揮中心的悲壯心情，預示著共產黨的軍隊正天天的迫近；我們可能已經沒有地方可以逃避了，人在變故之後易成為聰明，災難過後易得著信心。

　　故事館希望是嘗試敘述這樣的故事，本文案「中興新村故事館」將營造最有趣的故事導遊館，不管大人小孩子進去這個地圖模型館裡便會去找自己的位置，它是最容易產生互動的故事館。理由是：南投是臺灣的觀光故鄉，中興新村剛好又在她的門口，因此特別把「中興故事館」帶上大南投的山與河之中。意思是觀光大南投，先到中興新村，這個小動作也許可以稍稍改變觀光客前往南投各著名景區的動線，為「幸福旅店」埋下一些利基與伏筆。

　　「中興新村故事館」的主要工作目標包括1.籌推故事館服務內容、導遊方案及空間佈署計畫。2.結合文史志工訓練成立「中興歷史紀事經營團隊」，並進行常態活動或不定期特別企畫工作。3.民間學堂短中長期發展策略與方案。未來「中興故事館」規劃的主要工作內容，建議包括1.「中興故事館」服務內容與主題概念的研提；2.「中興故事館」空間需求與配置內容規劃；3.「中興故事館」基地及可以參與之各系統館之選擇方案（「中興故事館」為主館可以結合其他展館形成系統參訪、導遊方案）；4.外部環境、動線規劃與主要公共設施之支援服務；5.「中興故事館」的導遊方案（遊程規劃）。

　　6.「中興故事館」之促銷與經營模式之建議；7.結合南投的山與河－請大家看中興新村的故事地圖（佈建中興新村與大南投的導圖基地或館場）；8.文史志工訓練工作計畫；9.規劃成立「中興新村故事館經營團隊」；10.常態活動或不定期特別企畫工作；11.規劃及經營民間學堂方案擬訂；12.中興新村故事館預期成效。要之，中興新村故事館需具備強而有力的說故事能力，它的位階可以是地方層級到國家級，當然也可以尋找民間文創經營團隊，期待中興故事館的發展是一項機緣也是契機，結合南投美麗的山與河，勾繪出的中興新村故事館地圖，一個小小點的突破，也許會大大改變未來南投旅遊的文化動線。這個方案的建議地點在光華路77-99號之間，以光華路93號目前臺灣省政府主席官邸做為主館，連同其鄰近宿舍的街廓，一起規劃。

文競賽等校際比賽將之規劃帶到兒童故事館來舉行，吸引更多的家長與孩子來參觀學習，以期能夠達到活化改造後之永續經營的願景。

（2）中興新村夢想館：還記得小時候作文簿上寫下的「我的志願」嗎？我們有多久沒有做夢了，我們有多久在朝九晚五中消磨了努力的勇氣，連作夢的勇氣也可能煙消雲散。即使我們的時代已經過去，即使經過人生的種種洗禮，我們仍然不應忘記夢想，一代一代的傳承下去，夢想終有實現的一天。

中興新村夢想館，讓我們想起以為忘記或早就不存在的夢想，夢想館是延續故事館，我們不讓中興新村的故事畫上句點，我們重新去寫chapter2的中興新村未來，延伸屬於中興新村人的夢想故事，也許是攀登玉山、單車環島、成為億萬富翁、環遊世界、提早退休、創業或買房等。當40%的民眾從沒完成自己的夢想，有50%的人們早早就放棄了夢想，但只要我們喚起有感「夢想」，這個世界會變得更不一樣，就像花博的行動夢想館運用想像空間，重新策畫了「行動夢想」一樣。夢想館最主要的任務就是讓大家正視夢想的力量，該怎麼讓處於日益複雜環境中的臺灣人能回頭想想自己的夢想？跳脫科技運用，回到「人」才是有感的開始。

在中興新村夢想館中，除了運用文化創意的跨界合作，結合科技的創意使用之外，如何將夢想規劃成為一段夢想旅程（Journey），從「我」出發，從「人」出發，也許運用現代科技堆疊出來的夢想之柱與周邊鏡像形成壯觀的立體觀影空間，帶領觀眾進入尋找「A Better Me」的情緒中。從集合臺灣各種族小朋友以母語詮釋夢想，10歲夢想的文字雲到視覺震撼的影像，以更寬廣的人性角度詮釋夢想，成為大家都能擁抱的態度。不只用眼看，更要動手體驗合作、動腳踩出能量互動科技和聲光效果，直搗人心。透過行動智慧、擴增實境、環場投影、巨型螢幕等極具聲光效果的內容，企圖幫助觀眾重新找回夢想的方向，仔細聆聽夢想的聲音，但更重要的是，除了說夢想之外，更邀請大家一起做、參與和融入，「中興新村夢想館」的主要工作目標包括1.籌推計畫館及空間之工作規劃。2.篩選「中興再造」曾經有的各項規劃主張，羅列並提出具體可行的方案（愈小的計畫愈好），並提出招商對策，引入民間參與力量。3.規劃短中長期發展方案。4.中興再造預期成果與未來發展願景。

位於光明一路250號的台灣省政府秘書長官邸（鍾起岱提供）

規劃「中興新村夢想館」的各項工作將包括1.中興新村夢想館主題概念研提（即夢境的勾繪）；2.中興新村夢想館空間需求與配置內容規劃（即夢境內容的佈署）；3.中興新村夢想館基地及主館之選擇（即夢境主題館的選擇）；4.外部環境、動線規劃與主要公共設施之支援服務（夢想的旅程規劃）；5.經營模式之建議；6.中興新村夢想館之促銷；7.中興新村夢想館的建立；8.中興新村再造各項規劃主張，具體可行方案招商窗口之建立（各項具

體可行招商方案，均提供開放式取閱，並在小館內以較生動方式詳細展示各項發展主張之內容與可能產生預期效，策動及激發民間參與動力）；9.「中興夢想館」短中長期發展方案即「未來館」之規劃佈設；10.「中興夢想館」的預期效益。

「中興新村夢想館」具備更強而有力的作夢能力，它的位階可以是地方層級到國家級，夢想館發展是一項機緣也是契機，而結合高等研究園區的招商與願景，勾繪出的中興夢想館地圖。這個方案的建議地點在光明一路與地方研習中心轉角處，以光明一路250號目前臺灣省政府秘書長官邸做為中心，連同其鄰近宿舍的街廓以及植物園。中興新村夢想館提供給大家「未來機會館」，在促銷方案裡可以分為企業的參與與個人參與，開放式的招商方式可能更容易招蜂引蝶，只要花兒開的漂亮與茂盛，相信中興新村有潛能展現它的軟硬實力。要之，中興新村夢想館希望是一處隨時可以讓人進入尋找或發現投資機會的地方，這個館可以小而美，也可以來者不拒的方式攤開胸襟，相信商人容易幫大家找到商機，但前題是我們要給他們一些舞臺。

（3）幸福旅館：很多時候，許多人不知道自己想要什麼，錢多了還想更多些，漂亮還想更漂亮；當人們擁有幸福的時候，往往覺得自己不夠幸福，看到別人幸福時，又心生嫉妒。我們常常問：幸福是什麼？幸福在哪？幸福可能是跟家人一起吃飯，幸福可能是跟愛人一起散步，幸福可能是與兒子一起上學，幸福可能是跟朋友一起旅行，幸福是一種關懷。過去歲月裡，中興新村的簡陋宿舍裡，未必高車駟馬，未必寬房大屋，未必錦衣貂

松園9、10、11是三棟男生宿舍（鍾起岱提供）

裘，未必頓頓雞魚；家人圍坐，前嫌盡釋，你敬我讓，溫存體貼，做父母的可以盡情疼愛自己的兒女，原本倔強的兒女也溫柔地對待沒有翅膀的天使。管它外面怎麼蕭蕭木葉，時移序遞，我在，你也在，彼此溫柔相待大約就是最簡約，也是最豐厚的幸福滋味。

建議的第三個文案是利用使用率低的單身宿舍打造旅人幸福旅館，在幸福旅館中早上起來的時候，看到窗外的陽光，好天氣給了一天的好心情；吃一塊麵包，感恩，因為它填飽了饑餓的肚皮；接到朋友的電話，感恩，因為有許多知己一直還牽掛；人的一生，就在這感恩的心情中度過，那還有什麼不幸福的呢？今天有再多的不幸，明天也會越來越好；想要的生活即使和現在還有距離，只要努力，我們也會離它越來越近，我和幸福的距離全在於我。

「幸福旅店」的主要目標包括 1.針對計畫位置，現有空置宿舍進行建築調查及未來修繕再利用費用評估。2.幸福旅店的經營模式規劃或招商策略研擬。3.「臺灣民宿」經營者的訓練基地可行性評估。而未來「幸福旅店」規劃的主要工作內容將

包括1.進行空置宿舍建築調查及未來修繕再利用費用評估；2.「臺灣民宿」經營者的訓練基地實質內容規劃（未來可以開放由相關業者依其實際實務訓練需要制定或調整內容）；3.繪製「幸福旅店」地圖，並提出不同替選方案；4.建立各替選方案投資說明（條件）與效益分析；5.邀請相關業者進行替選方案（含現地）可行性評估調查；6.「幸福旅店」可行的經營模式提出；7.「幸福旅店」及「臺灣民宿」經營訓練基地招商或委辦的可行方案提出。這個方案的建議地點在光華路109號、109號、111號，以松園9、10、11三棟單身宿舍為中心，連同其鄰近停車場及街廓空間一同規劃。

重要名詞：

公共設施、空間色彩、資料供需單位協商、八大管線、汙水下水道、雨水下水道、光華國小、光榮國小、光復國小、光明國小、中興國中、中興高中、營北國中、南投特殊教育學校、金城社區、小巨蛋、活化構想、中興會堂、青少年活動中心、 中興體育館、中興游泳池、中興羽球館、中興托兒所、中興新村防空洞、臺灣文獻館、中興新村故事館、中興新村夢想館、幸福旅館。

想一想：

1.根據高等研究園區規劃，中興新村各項公共設施保留或更新的原則為何？
2.請簡要畫出中興新村重要公共設施的位置圖。
3請想一想中興會堂應該如何活化與保存。
4.請想一想中興新村青少年活動中心如何活化與保存。
5. 請想一想中興新村中興體育館如何活化與保存。
6.請想一想中興新村中興游泳池如何活化與保存。
7.請想一想中興新村中興羽球館如何活化與保存。
8.請想一想中興新村虎山防空洞如何活化與保存。
9.防護團是甚麼組織？有何功能？

我的學習單

（　）1. 中興新村總計劃設之公共設施用地面積為222.96公頃，佔計畫總面積之
　　　（A）31.55%（B）41.55%（C）55.55%（D）65.55%
（　）2. 高等研究園區土地權屬大部分屬於：
　　　（A）私有土地（B）國有土地（C）省有土地（D）縣有土地
（　）3. 中興新村的道路設計多呈現丁字路，少有彎路，主要是考慮：
　　　（A）避免車速過快（B）降低車禍發生（C）減少交通衝突點（D）以上皆是
（　）4. 中興新村以下哪一項公共設施具有專利：

（A）中興新村下水道設計（B）中興新村游泳池設計

（C）小巨蛋屋頂結構設計（D）中興會堂設計

（　）5. 中興新村小巨蛋的屋頂造型類似：

（A）斜屋頂（B）方形屋頂（C）圓形屋頂（D）平面屋頂。

（　）6. 中興羽球館位於南投市中興新村：

（A）光華四路一街（B）光榮東路2街41巷（C）光榮北路（D）光明一路

（　）7. 中興游泳池位於南投市中興新村：

（A）光華四路一街（B）光榮東路2街41巷（C）光榮北路（D）光明一路

（　）8. 中興體育館（俗稱小巨蛋）位於南投市中興新村：

（A）光華四路一街（B）光榮東路2街41巷（C）光榮北路（D）光明一路

（　）9. 中興會堂位於南投市中興新村：

（A）光華四路一街（B）光榮東路2街41巷（C）光榮北路（D）光明一路

（　）10. 中興托兒所位於南投市中興新村：

（A）光華四路一街（B）光榮東路2街41巷（C）光榮北路（D）光明一路

（　）11. 虎山防空洞總長度約：

（A）800公尺（B）1000公尺（C）1500公尺（D）2000公尺

（　）12. 虎山防空洞總共有幾個洞口可進出：

（A）2個（B）4個（C）6個（D）8個

（　）13. 虎山防空洞最有名的洞口門牌號碼是：

（A）環山路31號（B）環山路33號（C）環山路35號（D）環山路39號

（　）14. 虎山防空洞最多可容納多少人避難：

（A）1773人（B）1127人（C）2998人（D）3222人。

（　）15. 虎山防空洞工程共分幾期完成：

（A）2期（B）3期（C）4期（D）5期

（　）16. 虎山防空洞第一期工程施工是由何單位完成：

（A）國防部（B）台灣省政府（C）南投縣政府（D）南投市公所

（　）17. 早期中興新村建有員工宿舍，供省府各廳處員工居住，宿舍分：

（A）甲、乙兩種　　　（B）甲、乙、丙三種

（C）甲、乙、丙、丁四種（D）一視同仁，沒有分種。

（　）18. 現在中興新村的圖書館是於民國幾年興建的：

（A）民國74年（B）民國78年（C）民國80年（D）民國84年

（　）19. 民國88年精省當時的內政部長是：

（A）黃主文（B）黃主武（C）黃主孝（D）黃主忠

（　）20. 中興新村很難看到電線杆，主要原因是因為：

（A）不缺電（B）電線地下化（C）使用無線電（D）被樹蔭遮住

（　）21. 「中興新村汙水處廠」的勒石題字出自何人之所：

（A）蔣中正（B）王雲五（C）于右任（D）嚴家淦

（　）22. 以下哪一社區的居住住宅無化糞池的設計：

（A）光華里（B）山腳里（C）內興里（D）新興里

（　）23. 中興新村最晚成立的學校是：

（A）光華國小（B）營北國中（C）光復國小（D）南投特殊教育學校

第十三章　中興新村的街道巷弄

本章重點

　　中興新村村內道路系統如以社區土地使用的觀點區分，主要分為三個系統：光華路系統、光榮路系統與光明路系統，如以道路系統的觀點區分，主要分：主要道路、次要道路與服務道路三種道路，中正路、環山路是南北走向的兩條主要道路；光華路、中學路、光榮路、光明路屬於次要道路系統，銜接主要道路通往各社區的服務道路，由次要道路通往住家的稱為服務道路，囊底路（cul-de-sac）算是最小的社區道路系統設計。

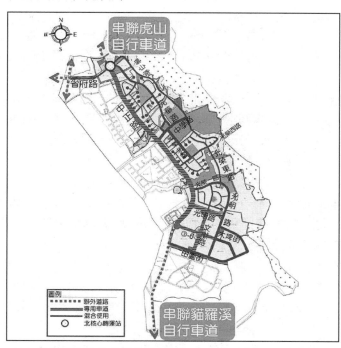

中興新村是慢活最好的社區。
（資料來源：高等研究園區籌備計畫）

　　至於在對外交通方面，主要是依賴公路運輸，中興新村的中正路道路編為台14乙，北端穿越草屯連接台14線，貫通彰化與日月潭，南端穿越貓羅溪銜接南投市中心，長程運輸主要是透過3號國道國道南來北往，由中興交流道與南投交流道上國三，銜接63號中投快速道路直達大里台中南區；74號快速道路銜接台中環中高架道，抵達大里、太平、潭子等地，76號快速道路銜接員林、埔心、1號國道，76號快速公路，埔鹽以下稱為144號縣道，抵達鹿港與61號西濱快速道路銜接。

　　根據民國84年版的中興新村交通系統計畫，劃設聯外道路5條（特1-1、特1-2、特1-3、特1-4、特1-5），計畫道路寬度為20、16、15、13公尺不等，分別通往草屯、南投；區內道路分別配設區內主、次要及出入道路、人

行步道等，計畫寬度分別為14、12、10、8、7、6 公尺等，另為方便行人，酌設4、3、2.5 公尺寬之人行步道。本章主要介紹中興新村的道路系統規劃與街道巷弄故事。

一、道路系統規劃

（1）中興新村（含南內轆地區）都市計畫範圍內，現況道路運輸系統已具備充份之對外聯絡與區內聯繫功能，根據民國99年版最新的中興新村都市計畫，引進高等研究園區後，為達維持既有都市紋理之目標，將以既有道路系統進行綠色路網之規劃，針對既有道路斷面進行改善以納入自行車道系統、南核心地區內道路配合都市計畫改善道路寬度或局部新闢路段，以及規劃轉運站與招呼站以強化綠色運具使用意願。發展構想詳見圖。

（2）道路系統規劃：以中興新村都市計畫區內既有道路系統為基礎，分為主要道路、次要道路及服務道路，進行綠色運輸路網規劃。

（3）大眾運輸系統規劃：為落實園區內綠色運輸之發展，強化綠色運具使用意願與使用率，本計畫將於北核心地區規劃設置轉運站及於園區內重要交通節點設置招呼站，並規劃園區巴士，以串聯園區事業用區與社區。

（4）轉運站與招呼站規劃：於園區北側（既有公路客運場站）設置北核心轉運站，串聯長、中短途客運、園區巴士與自行車三運具之規劃路線，車輛進出動線遠離省府路與中正路口圓環。另外，於園區內重要節點（如學校、市場、圖書館、醫院、住宅區、辦公區）設置招呼站，並提供自行車架停放空間，有效服務區內之就學、工作與其他旅次。

（5）客運與園區巴士路線規劃：長、中短途客運行駛路線以中正路為主，不進入社區；園區巴士路網則串聯中正路東西兩側社區與園區事業專用區，行駛路線以北核心轉運站為出發點，沿途行經光華路、光榮北、西、東路、光明一路，至中興路口往北折返中正路、仁德路、營北路。

（6）自行車運輸系統規劃：（a）串聯區域自行車道：往北串聯虎山自行車道，往南串聯中興路、貓羅溪自行車道。（b）為達成綠色交通之目標，園區內規劃自行車道，自行車道之配置原則將依道路條件分別以「專用車道-實體分隔」、「專用車道-標線分隔」以及「車道混合使用」方式布設。

（7）停車需求推估：依據高等研究園區旅次需求之預測結果與旅次特性，並參考「中部科學工業園區第三期發展區（后里基地-七星農場部分）報告書」之停車周轉率，設定各旅次類別，根據民國99年版最新的中興新村都市計畫，停車需求至民國108年約需2950車位，其中大部分為小客車。

（8）停車供給推估：停車供給包括建築物附設之停車供給與園區規劃之公共停車場兩部分。其中，建築物附設停車供給方面：依據計畫高等研究園區內各園區事業專用區之面積概估約可提供小客車6,000 席停車空間。而在路外停車供給方面：依據「都市計畫定期通盤檢討實施辦法」之規定，停車場用地面積不得低於都

市計畫區內車輛預估數之20%，推估至108 年高等研究園區所需之路外停車場面積需求為2.59 公頃，目前園區已規劃之5處公共停車場，總基地面積2.79公頃，符合「都市計畫定期通盤檢討實施辦法」之規定。

（9）在資訊通信方面，為落實推動智慧生活科技運用，高等研究園區以提供市場化之實驗區域、促進研究成果產業化、發展「核心研究功能」及「市場化實驗場域」為主軸，透過公私部門合作之市場化實驗場域，帶動區域產業加值創新與新興產業發展，未來將建置資訊通信網路平台環境。為有效落實此一實驗場域計畫，規劃架構完整寬頻管道，建構園區內完整之通訊網路，供作為實驗場域應用服務，並將暫掛於雨水下水道或道路側溝內之纜線，遷入新設之寬頻管道內，解決用戶迴路最後一哩（Last Mile）問題，達到加速電信服務產業自由化，整合有關資訊社會之政策。其次以光纖到府為目標，藉由通訊網路提供FTTx[1]服務及建設Wimax[2]基礎整合後端網路服務，進而創造便捷民生發展優質網路，建立下世代數位匯流網路及次世代寬頻網路，達到民眾無縫隙，隨時、隨地可享受上網環境，以促進經濟成長。

（10）實際執行推動園區智慧生活科技運用之工作，主要包括：（a）由中科管理局出資建置區內寬頻管道，建置後開放多家電信公司承租使用。（b）由第一類電信業者租用寬頻管道建置光纖網路，進而推動無線寬頻網路，達到無所不在之寬頻匯流網路，發展優質網路服務。（c）由第一、二類電信業者、資通訊業者、有線電視業者及中科管理局並結合資通訊科技（Information & Communication Technology, ICT）建設智慧園區服務系統。寬頻管道基礎建設為滿足光纖佈纜所需，預定分三階段進行，初期階段用以滿足進駐單位及研發單位資訊網路之所需，中期階段提供公、私部門作為園區智慧化平台之骨幹網路，長期階段提昇一般住戶便利及舒適性服務需求。

二、中興新村道路命名

（1）台灣很多傳統都市有八條通、六條通等多條道路系統交叉集中於一地的現象，好處是商業興盛，人口聚集，缺點是過馬路危險處處，現代的都是設計也多呈現十字交叉路口，無論是十字路、六條通、八條通的道路系統，主要的考慮重點多是「車」；有趣的是中興新村的道路設計，大多呈現丁字路（T字路），少有彎

---

[1] FTTx是「Fiber To The x」的縮寫，意謂「光纖到x」，為各種光纖通訊網路的總稱，其中x代表光纖線路的目的地。依目的地的不同，常見的FTTx有：FTTN（Fiber To the Node／Neighborhood，光纖到節點或鄰里）；FTTE（Fiber to the Exchange，光纖到交換機）；FTTR（Fiber To the Remote Terminal，光纖到遠端接點）；FTTC（Fiber To the Curb，光纖到街角）；FTTB（Fiber To the Building，光纖到大樓）；FTTZ（Fiber To the Zone，光纖到區域）；FTTO（Fiber to the Office，光纖到辦公室）；FTTH（Fiber To the Home，光纖到府）；FTTD（Fiber to the Desk，光纖到書桌等等。參見維基百科https://zh.wikipedia.org/zh-tw/FTTx

[2] Wimax是指全球互通微波存取（Worldwide Interoperability for Microwave Access，縮寫為WiMAX），這是一項高速無線數據網路標準，在概念上類似WIFI，WiMAX傳送速率更快，傳送範圍距離更大，簡單理解為一種「大WiFi」。

路或交叉十字路口，主要是考慮是「人」，丁字路（T字路）通常可以減少交通衝突點，避免車速過快，降低車禍的發生，這是超越時代的先進設計。

（2）中興新村有兩條主要道路系統，一是環山路，一是中正路（中興路）；另有三條次要社區道路系統，分別為以「光華」命名為主幹線的光華里，以「光榮」命名為主幹線的光榮里，以「光明」命名為主幹線的光明里，但這並非是最早的路名。中興新村最早的路名不是像臺北、台中等大都市把大陸各重要都市納入，而是將全省各重要地名納入命名，例如嘉義路、屏東路、臺東路等等。

（3）由於早期中興新村的主政者都有「建設中興新村為三民主義模範村」的想法，再者加上中興新村南北狹長，樣子有點像縮小版的臺灣省，因此早期中興村以臺灣省縣市名稱作為中興新村的道路名字，扣除縣市同名者（如臺北市與臺北縣、臺中市與臺中縣、臺南市與臺南縣、高雄市與高雄縣），村內就有18條以縣市為名的道路。另外，加上當時反共復國的使命感，又加上了「中山」「中正」、「愛國」、「中華」、「建國」，以及紀念民族英雄「鄭成功」、「劉銘傳」，這就形成了中興新村早期的道路命名系統。

中興新村的光榮北路原稱建國路
（鍾起岱提供）

（4）一直到民國49年，道路系統才有根本的改變，改以光榮、光華、光明三條路為主幹線，分別標以分支路街番號。表13-1顯示1960年前後的道路系統對照表。

表13-1顯示1960年前後的道路系統對照表

1960年前	1960年後
臺北路	省府路
基隆路	府西路
中正路	光華路
宜蘭路	光華一路
桃園路	光華二路
新竹路	光華二路一街
苗栗路	光華二路二街
嘉義路	光華三路
臺中路	光華四路
南投路	光華四路一街
澎湖路	光華五路
彰化路	光華六路
雲林路	光華十路
成功路	中學路
銘傳路	光榮東路、光榮西路
花蓮路	光榮東路一街、光榮北路四街

建國路	光榮北路
臺南路	光榮北路一街、二街、三街
高雄路	光榮北路五街、六街、七街
屏東路	光街西路一街
愛國路	光榮南路、光榮南路一街、二街、三街、四街
臺東路	光榮南路一街
中華路	環山路
中山路	中正路

資料來源：林金塗先生提供。

三、中興新村北區道路故事

（1）中興新村對外交通，除缺乏機場[3]及火車外，最早是由省營省公路局營運，除可抵達臺中市外，亦可直達臺北市，故在省政府大門口興建有公路局中興站，以後公路局營運部分獨立為臺灣汽車客運公司，繼續營運，並以中興站作為轉運站，民國88年921大地震，該站建物全毀，臺汽公司亦已民營化，現改為國光客運公司，行駛南投至臺北市之長途客運。

（2）中興牌樓：進入中興新村映入眼簾的是中興新村四個大字的牌樓，這個牌樓也是歡迎門，歡迎來到中興新村之意。牌坊是中國古代官方的稱呼，一般老百姓俗稱它為牌樓。據考證，牌坊在周朝的時候就已經存在了，《詩陳風衡門》：「衡門之下，可以棲遲。」《詩經》編成于春秋時代，大抵是周初至春秋中葉的作品，由此可以推斷，「衡門」最遲在春秋中葉即已出現，「衡門」發展到後來為牌坊。牌坊與牌樓是中國古代用於表彰、紀念、裝飾、標識和導向的一

象徵中興新村入口的圓環與牌樓
（鍾起岱提供）

種建築物，而且又多建於宮苑、寺觀、陵墓、祠堂、衙署和街道路口等地方，再加上長期以來老百姓對「坊」、「樓」的概念不清，所以到最後兩者成為一個互通的稱謂。

（3）牌坊在古代中國原只是一個門的稱謂，成為一種建築格局，最早可追溯到唐代。唐代，我國城市都採用里坊制，城內被縱橫交錯的棋盤式道路劃分成若干塊方形居民區，這些居民區，唐代稱為「坊」。「坊」與「坊」之間有牆相隔，坊牆中央設有門，以便通行，稱為坊門。後來因為門沒有太大的作用，所以就只剩

---

[3] 草屯機場原本有兩條機場跑道，一為公館機場跑道及溪州機場跑道，公館機場跑道因都市計畫及玄天上帝（帝爺君）原因被廢棄，草屯（溪州）機場跑道後因安置八七水災及隔年的八一水災災民，而被廢棄。

下現在這種形式，於是老百姓逐漸地稱這種坊門為牌坊。

（4）從建築樣式和風格上分，牌坊大體分南、北兩大派。南派牌坊秀麗精巧，尤其是徽式、蘇式、桂式牌樓，高挑的檐角顯得淑女氣十足；北派牌坊則受京城皇族影響，大多為宮廷建築，顯得凝重粗獷；如果按材質分，牌坊分為四大類：石坊、磚坊、木坊、水泥坊；如果按名稱分有功德牌坊、忠正牌坊、功名牌坊、官宦名門牌坊、孝子牌坊、貞節牌坊、仁義慈善牌坊、百歲壽慶牌坊、歷史紀念牌坊、學宮書院牌坊、文廟武廟牌坊、衙署府第牌坊、地名牌坊、會館商肆牌坊、陵墓祠廟牌坊、寺廟牌坊、名勝古跡牌坊等。這些牌坊主要起著褒獎教育、炫耀標榜、紀念追思、風俗展示、裝飾美化、標識引導等作用。

（5）中興新村整個設計所佔的位置來看，中興新村牌樓最先進入人們的視線，這頗符合牌樓往往被安置在一組建築群前的顯要位置上，或者立在一座城市的入口或中心，或者在通衢大道的兩頭。它起到劃分和控制空間的作用，增添了建築群體的藝術表現力。另外，省府牌樓也是「歡迎門」，歡迎來到中興新村之意，歡迎門以往稱為「山門」，山門，名稱由來有多種說法：第一種說法認為山門之名是因三武之禍而形成的，是北魏太武帝、北周武帝還有唐武宗都實施過滅佛。因和尚都要剃度，他們認為「身體髮膚，受之父母」；另外，由於佛教是從印度傳進中國，並非中國的原始宗教，所以他們覺得「非我族類其心必異」。和尚聽到皇上要滅了他們，於是紛紛逃往山上，待風波平息後，和尚們便在山腰或山腳下建立一座山門，藉此引領香客們使他們知道山上有座廟，可以讓他們去供奉。第二種說法認為寺院多築於山林之間，因此稱「山門」。第三種說法認為正確名稱應是「三門」，「三門」可指信心門、智慧門、慈悲門，或意含智慧、慈悲、方便三解脫門之義，或為貪、瞋、痴三煩解脫境界之門，或聲聞、緣覺、菩薩三乘通之門；「三」亦可指信、解、行三者[4]。

（6）中興圓環：一進中興新村牌樓，映日眼簾的矗立鐘樓的圓環，圓環設計理念其實不是來自英國的花園城市設計，而是來自法國與美國，圓環也稱環形交通，是交通節點的一種特殊形式，屬於平面道路交叉。圓環的地段也俗稱環島、轉盤等。圓環由環形車道和一個中心島組成，這種設置使得任何一個方向而來的交通流量進入圓環後，均需以圓環的中心圈以單一方向旋轉行駛，直至轉向所需的行駛方向而離開。因為它不需要信號燈、減少了交通衝突點、提高了交通安全係數、造價比高架橋便宜等原因，通常認為環形交通優於十字交叉。但是隨著交通的發展，交通量日益龐大，以至於在環形交通處的交通流出現了自鎖現象，目前已幾乎不用此種設計方法。

（7）圓環最早設計是法國建築師尤金‧海納德（Eugène Hénard）於1877年時就已設計出的單向繞行的環形道路交叉。美國建築師威廉‧菲爾普斯‧伊諾（William Phelps Eno）則為現代圓環的設計概念開了先河，並設計了紐約市的哥倫布圓環，於1905年啟用。許多圓環採用更大的直徑設計，以利高速車輛合流，並規定駛進圓環的車輛優先於原本於圓環內行駛的車輛，然而這種設計卻終告失敗，因為儘管有

---

[4] 參考維基百科http://zh.wikipedia.org/zh-tw/%E5%B1%B1%E9%96%80，2013/10/07搜尋

些圓環的直徑可大至100公尺，但仍不足以提供足夠空間，以利高速行駛的車輛在圓環內合流，而導致交通事故的比例增高；再者，將優先權給予駛進圓環車輛的規定，也造成圓環內部的交通堵塞。以上這種圓環設計的流弊直至1950年代中期才在美國完全消失，世上其他地區圓環的交通問題則直到1960年代期間，現代圓環在英國發展之後才有所改善。

（8）耆老歐禮足先生[5]認為：中興新村的省府大樓，前面有一個圓環，圓環外面就有一個大門，那個大門等於是猛虎，要把牠控制住，不要讓牠跑到外面去，所以就弄一個圓環，讓牠在那邊自由的活動，繞圈子，可以不跑出去傷人，弄了一個牌樓，形狀就像柵欄，意思是虎籠，以防止老虎不小心跑出去，這些都是有一個風水的典故。

四、椰林大道

（1）椰林大道：進入中興新村之門戶景觀大道，兩旁大王椰子直立挺拔，相當雄偉，襯以荷葉漣漣的蓮塘，夏秋之際，椰影婆娑；夏荷飄香，常吸引遊客駐足。省府路旁、荷花池畔的椰林大道，正是進入中興新村的迎賓大道，全長約500公尺。兩側高大的椰子樹就像是英姿挺拔的衛兵，正熱烈歡迎您的蒞臨，椰子樹下，緊傍著荷花相伴，是社區民眾及遊客休閒散心的景觀步道，尤其到了夏天荷花盛開，更是吸引拍照留影的人群。省政府前的荷花，與北部桃園縣觀音鄉、南部臺南市白河區的荷花相互

中興新村的椰林大道與兩旁盛開的荷花
（鍾起岱提供）

媲美，是全省北、中、南三大賞荷景點。中興新村大門前，省府路上兩旁的荷花池畔，有垂柳、噴泉、涼亭等，尤其到了夏日五、六月間，荷花綻放、如畫如詩，也成為攝影師、畫家及遊客等爭相捕捉的畫面，漫步於荷花池畔，會讓人精神愉快、心曠神怡。

（2）椰林大道上，近幾年也開設了幾家景觀特色餐廳，例如：松濤園、蓮花茶坊、椰子樹下、荷緣素食養生館等，據了解，由於椰林荷花的美麗景緻吸引了這些餐廳的設立。每家餐廳都有不同的主題風格，優美的庭園規劃，充滿特色的外觀設計，遊客到此旅遊，可一邊品嚐美食、一邊欣賞美景，休閒快意享受假日時光。進入了中興新村牌樓，首先映入眼前的是圓環時鐘，環繞著圓環是四通八達的馬路，便利的交通也提高了行政效率。在景觀圓環中間的時鐘基座，四面都嵌入時

---

[5] 歐禮足先生生見第十章〔30〕。

鐘，似乎在提醒著村內的公僕及往來的民眾，時間分分秒秒流逝，大家要珍惜時間、把握光陰。

中興新村的清靜幽雅的囊底路（鍾起岱提供）

五、囊底路

（1）中興新村係辦公與住宅合一之田園式行政社區，是全臺最早、最頻繁使用囊底路（cul-de-sac）設計的社區，囊底路的設計源於1929年美國都市計畫師培雷（G. S. Perry）鄰里單元構想的六大基本原則之一。[6]囊底路是指只有一個出入口的路段或活動空間，通常在封閉的一端設有『迴車空間』。其實就中文字面不難想像，『囊』就是袋子的意思，可以把他想成是一個袋口窄而袋底寬的樣子，而且袋子通常是只有一個開口，所以取名為『囊底路』來形容一個巷子底具有迴車空間的死巷，相當合適。

（2）就都市計畫層面而言，囊底路有助於阻止穿越性交通，造成安靜、安全、少量的交通流動，以保持住宅區的寧靜氣氛，並且在囊底的地方就等同於一個庭園或小型廣場，有助於社區居民的敦親睦鄰。社區內巷道採囊底路設計的最大優點是容易形成敦親睦鄰、守望相助的濃厚情誼，以突顯強烈的社區意識。中興新村囊底路的設計有三種型態：第一種是簡單迴路型的基本型囊底路，主要分布在光華里；第二種是M型迴路型態的改良型囊底路，主要分布在光榮里；第三種是放射狀迴路型的囊底路，主要分布在光明里，光華里是第一里鄰單元，光榮里是第二里鄰單元，光明里是第三里鄰單元。它的建築型式不一樣，光明里的囊底路是改良式的

---

[6] 培雷的鄰里單元定義為「居民依一定的組織，聚集在同一環境之某地區範圍內，以小學校作中心，學生步行至學校的距離不超過800公尺，它能減少汽車的干擾，而又能獲得居住的寧靜以集居住上必要的附屬性服務，如：小學、公園、地區性商店等之供應方便」。

囊底路，它是放射狀的，有點像八卦、放射狀，以光明公園為中心。光華路上巷弄的盡頭，往往就是一個小圓環，圓環中央站著一棵大樹，或是種滿了花草，這是中興新村典型的囊底路特色。

六、中興新村健康步道

（1）中興新村的健康步道，主要有三個區域，第一個區域是省府後山，第二個區域是中興會堂後山，第三個區域是高爾夫球場後山。

（2）省府後山健康（登山）步道，全長約2.5公里，位於臺灣省政府大樓後方，沿途皆有指標導引，步道的兩旁皆有高大的樹木遮蔭，空氣清新、舒適宜人。因此每天清晨，附近的民眾總是喜歡到此登山健身，到了山上制高點的平坦廣場上，成群的民眾團練太極拳、或養生健康操，溫馨而熱鬧。許多遊客也喜愛到此健行，享受著芬多精的氣息。尤其是來到了最高點，視野極佳，登高遠望，可以俯瞰綿延的八卦山、草屯市區、南崗工業區及整個中興新村全貌，美景盡收眼前。走完一圈虎山健康步道，不但可以運動強身，還兼具洗滌心靈的療效。從省政府大樓後方進入，兩邊生態豐富，步道四通八達，右行到環山路31號倉庫（約40分鐘），左行到草屯雷藏寺金母殿（約一小時），階梯緩緩向上，至最高點有運動器材舒緩筋骨。

中興新村的土地公嶺的敬業路是一座石階步道，敬業路的路牌早已不見（鍾起岱提供）

（3）中興會堂後山主要是虎山文學步道，全長約1.5公里，文學步道就是將詩人作品印製在石碑上供遊客欣賞，臺灣有許多縣市都設有文學步道，虎山文學步道是南投縣第一個文學步道，虎山文學步道，位在中興新村虎山的山坡。早年省府時代，這裡是虎山農場，由省府包給民間經營，農場種滿了桑樹，當地的婦人都曾來打工採收桑椹。後來，農場由榮冠果樂公司包下，生產「桑果樂」飲料。精省後，南投縣政府開發虎山農場，興建虎山藝術館。縣府文化局在虎山藝術館後側，闢建600公尺長的步道，成為市民休閒散步新去處。

從中興新村中興會堂後面，沿著虎山藝集入口往上走即可見到步道入口，視野廣闊可眺望八掛山脈，沿路七里香、油桐茂密，蟬鳴鳥叫蝴蝶飛舞，路肩豎立著地

方文人雅士的提詩作畫增添不少雅趣。每隔約50公尺，就豎著一座立牌，上面有南投縣在地的文學作家岩上、向陽、李威熊、簡榮聰、曾西霸、林廣、詹悟和曾仕良等19人，親筆寫下心靈感言。遊客到中興新村中興會堂，可以順道到虎山藝術館旁的「文學步道」走走。在文學步道沿線，常有鳥叫蟲鳴，步道每隔一百公尺，就有一個大石頭，上面寫著現在的里程數，讓散步的人知道，目前走在哪個路段。一趟文學步道，約20分鐘走完。

（4）高爾夫球場後山步道，從光復國小進入，穿過中興高爾夫球場，全長約3公里，第一段非常陡的步道，號稱好漢坡，大約有500公尺，好漢坡旁有座私人道觀，名字叫做和天收圓天道院，主神為觀音佛祖，過了好漢坡之後，坡度就逐漸趨緩，通常由此爬山的同好，終點通常有三個地標，一是山頂的土地公廟（嶺），一是妙華山的觀音立象，也可以走遠一點，到達香園亭，此地行政區域屬於南投市的東山里，更遠的地方是一座雅致的佛堂，佛堂前立了兩座巨大的石象，非常有特色，這原本是屬於私人的齋堂。土地公嶺有兩條石階步道，較陡的稱為敬業路，另一稱為學文路，其實並不是真正的道路，只是個石階步道，最早據說大約是60年代前後，有兩位台灣省農林廳的員工廖敬業與陳學文所開闢，兩人在此各立了一個牌子，一邊取名為敬業路，一邊取名為學文路，目前敬業路的路牌早已不見，學文路的路牌則仍然立於此地。這一條步道是以水泥及細石為主，非常清幽，全長約3公里，這裡有蟲鳴鳥叫，可以眺望八卦臺地，順著步道拾級而上，寂靜的步道，可讓人忘卻煩憂。步道原本是產業道路，順著虎山的土地公溪坡度闢建，環境清幽，沿線有蟲鳴鳥叫，很適合全家人一起來。每天晨昏，都有人到此散步。

六、印象中的中興新村交通

（1）江清馦先生回憶說[7]：中興新村的對外交通建設，最早只有臺三線，臺三線經過公路局幾次的拓寬，其中草屯的外環道，我在當交通處副處長，吳敦義先生擔任南投縣長，當時臺三線的拓寬寬度設計是23公尺，吳敦義縣長要求一定要50公尺，臺三線在草屯的外環道有兩條，一條是成功路，一條是中興路（草屯中興路），當時林思聰當交通處長，他的原則是23米省政府出錢，其他的錢縣政府處理，吳敦義說，我哪裡有錢，結果，我就跟林思聰講說，這一段沒

廢省後的中興新村眷舍，年久失修，雜草叢生。（鍾起岱提供）

有多少錢，不必跟縣政府計較那麼多，但是多多少少他要出一點錢，最後縣政府出500萬元，意思就是說你總是要配合款，就是從草屯烏溪大橋，切到工藝研究所再

---

[7] 江清馦先生，生平見第十章〔1〕。

到小春日本料理這一段的中興路，另一條叫成功路則接草溪路。

再來就是宋楚瑜省長任內開闢中投公路，當時我擔任住都局長，我記得預算是一百億，結果作出來的時候是98億，921大地震時，我當台灣省政府副主席，第二天我就先問住都局，這個中投公路有沒有壞，因為這個裡面還有一個故事，大里溪橋橋墩上，帽梁跟預力梁，兩個要疊在一起，由中華工程顧問公司設計，當時在設計上，這個預力梁跟這個帽樑接觸，有貼一個很硬的材料，當時擔心萬一地震，硬度高摩擦係數低，可能會會讓預力樑掉落，所以我當時特別要求這個中華顧問工程做模擬實驗，沒問題了，再施工，還好，921大地震，臺三線烏溪橋斷了，這個中投公路沒怎麼樣。

另外要提一點，可能算是秘辛，精省到底要怎麼精省，知道的人很少，我在內政部當次長，和內政部有關的省府廳處都由我出面來協調。例如文化處就跟文建會，事實上內政部就最多，包括民政廳、社會廳、住都局、營建署、兵役處等大概六、七個廳處，根據當時行政院研考會規劃的原則，凡是不涉及政府層級的，仍應隸屬於省政府管轄；例如省立醫院、就業輔導中心、職訓中心、教養院等等；我在最後階段，主持會議進行歸併整合協調，協調完後送給部長看，卻被擺在旁邊；有一天，黃主文部長找我，說：「你知道要凍省，是要砍光的，要砍到一點都不剩，才是我們真正的意思」，結果就真的砍光了。我當時就想：「沒有道理啊，我在政府層級算高階的，是內政部次長，要我協調，連真正的原則都沒給我。」，到88年7月1日，正式精省，蕭萬長院長來掛「內政部中部辦公室」牌之後，省政府單位就確定沒有了，兩個月後，發生九二一大地震，許多廳處只能再夢中回憶了。

（2）余曉梅[8]女士回憶說：我是民國57年從臺北來中興新村，我先生有一個同事要嫁到中興新村，她要請我的女兒當花童。當時還沒有高速公路，從臺北到這大概要5個小時，路途遙遠，我先生要我陪著我女兒來。我當時有點暈車，可是過了草屯之後，要轉進中興新村時，我眼睛一亮，看到現在的荷花池、大王椰子樹，我整個人的精神就來了。進到中興新村的牌門之後，綠草、樹木，綠意盎然，當時正值六月，鳳凰花開。以前不是樟樹，樟樹是民國60年才改種，因為鳳凰木的根會浮起來，落葉又細，所以後來將鳳凰木砍掉。同事新郎的家就在光榮國小附近，一路蟬叫得很大聲，地上像鋪紅毯一樣。我當時在想中興新村有那麼漂亮的地方，我跟我女兒說我們搬到這裡來住好不好，我女兒說好啊。一個多月之後，我先生從台北公路局調到中興站上班，我們全家就搬到中興新村。

（3）林金塗先生回憶說[9]：我在民國46年中興新村臺灣省政府疏遷委員會服務，當時中興新村裡面的面積有505公頃，是個一草一木都沒有山坡地，所以那個時候主席就下令要趕快種樹，那時候沒有機械，都是用人工，當時的經費一百萬

[8] 余曉梅女士，民國32年2月22日生，臺灣苗栗人，高中畢業後，進入公路局擔任車掌小姐，業餘作家，現仍居中興新村參見：鍾起岱（2014）：南投縣文化景觀中興新村口述歷史調查研究計畫結案報告。

[9] 林金塗先生，民國27年1月8日生，臺灣省宜蘭縣人，民國46年進入中興新村服務，擔任秘書處公共事務管理處技佐、技士，民國89年屆齡退休，現仍居住中興新村。參見：鍾起岱（2014）：南投縣文化景觀中興新村口述歷史調查研究計畫結案報告。

元，一個工人一天工資才5塊、10塊。當時種的樹木約手指這麼大，現在2、3個人都抱不起來。府西路那個時候叫基隆路，省府路叫臺北路，光華一路是宜蘭路，路名都用縣名。後來到民國50年才有改變，我到疏遷委員會從事綠美化工作，因為我本身是學園藝的，後來成立公管處，我也是延續承辦綠美化工作。到了民國八十幾年，宋楚瑜主席找公管處張麟處長，說中興新村的樹木都沒有什麼變化，以前是要綠美化，現在是太綠了，希望能夠講求景觀，把那個親情公園改變一下，這件工程就由我承辦，弄一個假山流水，健康步道，多樣化，所以禮拜天、禮拜六的遊客非常非常的多就是那個時候的改變，現在中興運動場啊，那也是我承辦的，裡面裝的一項噴灌工程一百萬的經費，親情公園裡面也有裝設噴灌工程，很可惜廢省以後，辦活動，被車子碾來碾去，都壞掉了。

中興新村隨處可見綠意盎然的綠色隧道（鍾起岱提供）

我剛剛來中興新村的時候，那時都沒鋪柏油，公務員每年在五一勞動節前後，要去義務勞動，那個時候是社會處辦的，大概一年一次的勞動服務。大家各個廳處都要動員，馬路要去掃，要去割草，那個時候叫做勞動服務。民國46年，臺灣省政府就有公共事務管理處有組織衛生隊，負責清潔。當時中興新村沒有娛樂，廳處長這些大官都住在臺北，星期日最後一班交通車從臺中火車站11點發車，回中興新村約12點；我們公管處值班員工要當領隊，帶交通車到臺中火車站前等，等星期日從臺北到臺中的末班車，載這些官員他們回中興新村，最早那時候沒有莒光號，那時候是快車，有復興號，後來才有莒光號跟自強號，那時候還有一個收班列車光華號，有人說當時交通處的一個人就可以叫火車晚點開，這是以前省府鼎盛的時候，我也不知真假，那時候公路局的中興車站很漂亮，樓上還可以喝咖啡，南投縣找不到那種地方，可惜九二一地震倒掉了，我們路樹非常有特色，樟樹的綠色隧道；以前光華路是大王椰子樹，現在改成樟樹。

我還沒退休，承辦綠美化時要把它（綠色隧道）保留下來，中正路菩提樹是在民國53年時種的，每隔一段時間，居民說中正路菩提樹都沒有修剪，很危險，所以就把它裁剪，由於菩提樹是落葉樹，記得那時候5月20日，只要總統就職，都會來省府拜訪省主席，五月那個時間剛好是菩提樹的落葉時期，為了整潔，綠化工常常打掃得非常辛苦。

　　（4）許正宗先生回憶說[10]：我的祖先是十九世紀初期，從福建過來的，在故鄉臺北縣金山鄉，那裏還有一個祖廟，我在75年12月到中興新村工作，在剛進來的時候，中興新村的建築讓我肅然起敬，讓我覺得能夠在這上班有種光榮的感覺，在中興新村住了二十五年，其中在職務宿舍住了十七年。會接觸到文史工作的原因，是因為在八十八年從經濟部轉到文化部，而在九十八年之後才又回到經濟部裡面，覺得自己在這十年之間，是做了一段時間的文化行旅，在最後三年，九十五年到九十七年，剛好有機會參與中興新村藝術村的規劃，是比較有跟中興新村有交集的地方，不過三年之後，因為政策改變的關係，只留下了一個遺跡在那邊，讓我覺得是一個很遺憾的地方。

　　中興原本只有四個里，而後納入營北里，才變成中興有五個里。而有中興新村的建設是因為當初國民黨從大陸撤退到臺灣，而為了要疏遷臺北政經中心的位置，才選擇中興這個地方，中興新村當初是集全中國大陸的建築精英之力，仿效英國花園都市的規劃，在中興這邊成立一個全國首創的實驗性社區，是一個住辦合一，整村就像是在一個花園的地方，是一個包含從生到死皆在此地的社區，例如在中興醫院出生，而後在厚德殯儀館處理喪事，中興新村也是一個有很多建築珍品的地方，因為這邊的建築時間跨幅幾乎長達四十年，從最早的宿舍到民國八十幾年的五百戶的首長宿舍，這邊的建築格局非常的多，建築界一直視中興新村為絕版珍品，要把中興新村保留下來，說中興新村是臺灣發展當中的一塊瑰寶也不為過。以前常有人說中興新村有三個第一，第一是沒有電線桿，第二是有全台獨一無二的化糞池，第三為沒有十字路口和紅綠燈，當時交通路面的設計是弧形，是要車子不要開太快，避免發生交通事故，每個宿舍都是前庭後院，讓人的生活品質有不錯的享受，所以當時能夠在這居住是一件很幸福的事情，而我當時是被分配到丙種宿舍，配置是二十坪左右，不過有加蓋的關係，算三十坪，整個宿舍的地結算之後，總共大約有一百五十坪，房子只佔總面積的五分之一。

　　中興特色還有一里一公園、一里一學校和一里一市場，所以光榮里、光華里、光復里、光明里都是一樣的，而且中興新村它的建築物都是制式的，所以光華等四里的市場、公園等等建築格局都是一樣，如果有不同的地方，是因為地形的關係，而有所修改。而在精省之後，在民進黨執政的時候，曾經把中興新村規劃成三個中心，分別為北區行政中心、中區的藝術中心以及南區的NGO中心，後來政黨輪替之後，改名成高等研究園區，我雖然是個外地人，但我覺得這是一個有非常多故事與歷史記憶的地方，且是一個值得保留的社區。

重要名詞：

---

[10]　許正宗先生，民國49年03月26日生，新北市金山區人，遷入中興新村大約時間75年12月，逢甲大學工業工程系畢業（67.9-71.7）、中興大學中文系碩專班畢業（95.9-98.7），曾任臺灣省建設廳技佐、技士（75.12-81.3）、臺灣省政府秘書處專員、諮議（81.3-88.10）、臺灣省政府文教組科長（88.10.-98.4）、經濟部中辦專門委員（98.4-102.3）、經濟部加工處分處長（102年03）等職。參見：鍾起岱（2014）：南投縣文化景觀中興新村口述歷史調查研究計畫結案報告。

台十四乙、三號國道、台十四線、76號快速道路、74號快速道路、主要道 路、次要道路、服務道路、大眾運輸系統、綠色運具、轉運站、最後一哩、FTTx、Wimax、ICT、T字路、交通衝突點、中興牌樓、中興圓環、椰林大道、囊底路、健康步道。

想一想：

1.請簡單說明中興新村村內的道路系統設計構想。

2.根據目前中興新村都市計畫，中興新村的聯外道路系統規劃大致如何？

3.根據目前中興新村都市計畫，中興新村的停車供需大致如何？

4.實際執行推動園區智慧生活科技運用之工作，主要包括哪三項工作。

5.中興新村有哪些主要的健康步道？

6.中興新村的牌樓，也稱為歡迎門，古時候叫做「山門」，山門，名稱由來大致有哪些說法？

7.請填入1960年前中興新村正確的街道名稱：

1960年後	1960年前
省府路	
府西路	基隆路
光華路	
光華一路	宜蘭路
光華二路	桃園路
光華二路一街	新竹路
光華二路二街	苗栗路
光華三路	嘉義路
光華四路	臺中路
光華四路一街	
光華五路	澎湖路
光華六路	彰化路
光華十路	雲林路
中學路	
光榮東路、光榮西路	銘傳路
光榮東路一街、光榮北路四街	花蓮路
光榮北路	建國路
光榮北路一街、二街、三街	臺南路
光榮北路五街、六街、七街	高雄路
光街西路一街	屏東路
光榮南路、光榮南路一街、二街、三街、四街	愛國路
光榮南路一街	臺東路
環山路	
中正路	中山路

8.甚麼是FTTx？

9.中興新村有哪些人們常去的健康步道？

10.甚麼是Wimax？

11.中興新村的健康步道主要有哪三條路線？

我的學習單

（　）1. 以下對於高等研究園區在資訊通信方面的規劃，何者為真：
（A）為落實推動智慧生活科技運用，高等研究園區提供市場化之實驗區域、促進研究成果產業化、發展「核心研究功能」及「市場化實驗場域」為主軸，（B）透過公私部門合作之市場化實驗場域，帶動區域產業加值創新與新興產業發展，未來將建置資訊通信網路平台環境。為有效落實此一實驗場域計畫，（C）初步規劃架構完整之寬頻管道，建構園區內完整之通訊網路，（D）以上皆是。

（　）2. 中興新村架構之寬頻纜線，目前主要暫掛於何處：
（A）雨水下水道（B）道路側溝內（C）汙水下水道（D）以上（A）（B）。

（　）3. 中興新村寬頻管道基礎建設為滿足光纖佈纜所需，預定分幾階段進行：
（A）兩階段（B）三階段（C）四階段（D）以上皆錯誤

（　）4. 中興新村的道路設計，大多呈現：
（A）丁字路（T字路）（B）十字路（C）六條通（D）以上皆有

（　）5中興新村早年的道路建設主要是考慮哪一種的需要：
（A）車（B）人（C）地形（D）以上皆非

（　）6. 進入中興新村映入眼簾的牌樓，寫了哪四個字：
（A）中興復國（B）中興成功（C）中興新村（D）歡迎光臨

（　）7. 牌坊是中國古代官方的稱呼，一般老百姓俗稱它為牌樓，據考證，牌坊在我國哪一個朝代已經存在：
（A）漢朝（B）唐朝（C）明朝（D）周朝

（　）8. 「衡門之下，可以棲遲。」出自：
（A）《詩經》（B）春秋（C）論語（D）易經

（　）9. 圓環最早設計是出自：
（A）法國建築師尤金‧海納德（Eug ne H nard）
（B）美國建築師尤金‧海納德（Eug ne H nard）
（C）英國建築師尤金‧海納德（Eug ne H nard）
（D）德國建築師尤金‧海納德（Eug ne H nard）

（　）10. 美國建築師威廉‧菲爾普斯‧伊諾（William Phelps Eno）為紐約市的哥倫布圓環，於何時啟用：
（A）1905年（B）1935年（C）1945年（D）1965年

（　）11. 中興新村都市計畫區內既有道路系統，分為主要道路、次要道路及服務道

　　路，未來將以何種方式進行路網規畫：

（A）紅色運輸路網規劃（B）藍色運輸路網規劃

（C）綠色運輸路網規劃（D）紫色運輸路網規劃

（　）12. 進入了中興新村牌樓，首先映入眼前的是圓環時鐘，設置圓環時鐘的用意是：

（A）提高行政效率（B）珍惜時間、把握光陰

（C）美觀大方　　　（D）提醒遊客中興新村到了

（　）13. 椰林大道是進入中興新村之門戶景觀大道，兩旁種植著：

（A）鳳凰樹（B）大王椰子（C）樟樹（D）菩提樹

（　）14. 椰林大道旁的荷花池，荷葉漣漣，常常於盛開之際吸引許多人前來照相或畫畫，以下哪一季節是此地荷葉盛開的季節：

（A）冬春之際（B）春夏之際（C）夏秋之際（D）全年盛開

（　）15. 中興新村的圓環時鐘，共有幾個：

（A）一個（B）兩個（C）三個（D）四個

（　）16. 培雷（G. S. Perry）的鄰里單元定義為「居民依一定的組織，聚集在同一環境之某地區範圍內」，此種鄰里單元設計，通常是以何種公共設施作為中心：

（A）市場（B）公園（C）小學（D）車站

（　）17. 培雷的鄰里單元，學生步行至學校的距離，通常不超過：

（A）800公尺（B）1000公尺（C）1200公尺（D）1500公尺

（　）18. 囊底路的設計源於：

（A）1929年英國都市計畫師培雷（G. S. Perry）

（B）1929年德國都市計畫師培雷（G. S. Perry）

（C）1929年美國都市計畫師培雷（G. S. Perry）

（D）1929年法國都市計畫師培雷（G. S. Perry）

（　）19. 在1960年以前，中興新村的省府路叫：

（A）桃園路（B）高雄路（C）臺北路（D）宜蘭路

（　）20. 在1960年以前，中興新村的光華一路叫：

（A）桃園路（B）高雄路（C）臺北路（D）宜蘭路

（　）21. 以下何者對FTTx的說法是正確的：

（A）是FTTx是「Fiber To The x」的縮寫（B）FTTx意謂「光纖到x」

（C）FTTx為各種光纖通訊網路的總稱　　　（D）以上皆是。

（　）22. 依目的地的不同，FTTZ是指：

（A）光纖到區域（B）光纖到辦公室（C）光纖到節點或鄰里（D）光纖到府。

（　）23. 土地公嶺的學文路，據說是由以下哪一位省府前輩所修建：

（A）陳學文（B）廖學文（C）王學文（D）林學文。

第十四章 中興新村小生態與綠建築

本章重點

　　中興新村宛然是個植物園，綠蔽率超過90％，植物生態超過200種，建村之初，道路兩旁種很多鳳凰、木麻黃，甚至曾因為收集不到足夠的七里香苗，還去彰化縣農會取了數十萬棵七里香苗，做為綠籬種木的來源。連帶而來的是，中興新村不僅是「花園城市」，野生動植物更具豐富與多元，虎山山丘仍保持有相當面積的次生林、半荒廢果園、竹林及多條東西向的小溪流（由北而南分別是：冷水坑溪、鳳梨坑溪、金水坑溪、牛路溝溪、楓坑溪、內麓溪、土地公坑溪）；加上當年省府規劃時，保留了相當寬闊的行道樹、綠帶、公園等的濃蔽綠蔭，為野生動植物提供很好的棲息和繁殖場所，全年可發現及觀賞的野生鳥類非當豐富。

　　在各辦公區廣場、綠帶、庭園常見鳥類包括赤腰燕、洋燕、小雨燕、大卷尾、樹鵲、紅嘴黑鵯、白頭翁、綠繡眼、麻雀、紅鳩、珠頸斑鳩、五色鳥、白鶺鴒、紅尾伯勞。鄰近溪流、水池、水田、排水溝及其兩岸樹林常見小白鷺、夜鷺、牛背鳥、黑冠麻鷺、紅冠水雞、白腹秧雞、灰頭鷦鶯、褐頭鷦鶯、磯鷸、棕沙燕、翠鳥、灰鶺鴒、黃鶺鴒、斑文鳥、白腰文鳥、粉紅鸚嘴。至於虎山山坡次生林、步道、果園、竹林，常發現山紅頭、頭烏線、繡眼畫眉、小彎嘴畫眉、黑枕藍鶲、白環鸚嘴鵯、大冠鷲、鳳頭蒼鷹、竹雞、金背鳩、翠翼鳩、中杜鵑、五色鳥紅嘴黑鵯、領角鴞、黃嘴角鴞。

　　中興新村最好的賞鳥季節是3-6月及10-12月，每天最好的賞鳥時間是早上7-10點及下午4-6點。有興趣的話，帶著望遠鏡，走向自然，鳥就在那兒等您！如果能夠進行仔細的「中興新村動植物生態調查」，一定非常精彩，中興新村的綠建築管制主要在光華、光榮、光明三里，營北與光輝里則不包括在內，但仍採高於南投其它

環山路的老茄苳樹是中興新村最有知名度的老樹（鍾起岱提供）

都市計畫管制規定，主要原因是營北與光輝里有許多私人土地，光華、光榮與光明三里則幾乎完全屬於公有土地，本章主要介紹中興新村的小生態故事與綠建築設計。

一、中興新村綠色道路

（1）中興新村綠色景觀極多，包括：行道路、大操場老榕樹群、省府路椰林大道（含荷花池）、虎山健康步道、環山路茄苳老樹、光榮樟樹大道、中正菩提樹大道、環山白千層、植物園、親情公園、九二一紀念公園等等，中興新村的綠蔽率極高，超過90%，根據前臺灣省政府公管處資料，中興新村總綠化面積為64萬8479平方公尺，綠籬總長度為56400公尺，樹木28200株。

（2）這些綠色文化景觀的主軸有三：第一是行道樹，第二是公園與庭園設計，第三是植物園。就行道樹而言，中興新村有好幾條綠色隧道，包括：中正路的菩提大道、光榮東路的白千層大道、環山路的芒果大道，光榮北路的樟樹大道、省府路的椰林大道，都極有特色，但很少人知道，這些行道樹，其實並非一開始就是種這些樹種，例如：環山路以前稱作中華路，主要的行樹種是白千層與芒果樹，省府路以前稱為臺北路，主要的樹種是大王椰子，光華路以前稱作中正路，種植大王椰子與茄苳樹，後來茄苳樹都被移走，大都改種大王椰子，中正路以前稱為中山路，主要的行道樹是菩提樹，中學路以前稱為成功路，主要種植桃花心木與鳳凰木。

（3）根據林金塗先生[1]提供的資料，這些行道樹大致是民國60年左右才「定」下來，表14-1顯示這些行道樹的變遷。中興新村樹種的更換原因大致有幾個原因，第一是清掃的原因，有些樹種落葉很難清掃，改換成容易清掃的樹種，第二是防蚊的原因，中興新村小黑蚊非常令人討厭，因此改種植一些具有防蚊效果的樟樹，第三是生態的原因，有些樹種由於具有綿密、多層次的特性，容易吸引鳥類昆蟲群集，例如榕樹，第四是經濟林優先，第五是觀賞需求。

表14-1 中興新村行道樹的變遷

路名	現植行道樹	原植行道樹
府西路	大王椰子	大王椰子
省府路	大王椰子、小葉欖仁[2]	大王椰子、鳳凰木[3]
光華路	大王椰子	大王椰子、茄苳
光華一路	棍棒椰子	棍棒椰子
光華二路	龍眼樹	桉樹
光華二路一街	龍眼樹	桉樹、銀樺
光華二路二街	龍眼樹	鳳凰木、銀樺
光華三路	龍眼樹	鳳凰木、銀樺
光華四路	龍眼樹	鳳凰木、銀樺
光華四路一街	龍眼樹	鳳凰木、銀樺
光華五路	印度紫檀	印度紫檀

---

[1] 林金塗先生，生平見第十三章〔9〕。

光華六路	龍眼樹	銀樺
中學路	桃花心木、鳳凰木	桃花心木、鳳凰木
光榮北路	樟樹	茄苳樹、鳳凰木
光榮北路一街	芒果樹	桉樹
光榮北路二街	芒果樹	桉樹
光榮北路三街	芒果樹	桉樹
光榮北路四街	白千層	白千層
光榮北路五街	芒果樹	鳳凰木、銀樺
光榮北路六街	芒果樹	銀樺
光榮北路七街	芒果樹	銀樺
光榮東路一街	白千層	白千層
光榮東路	桃花心木	桃花心木、銀樺
光榮西路	桃花心木	桃花心木
光榮西路一街	芒果樹	芒果樹
光榮南路	龍眼、印度紫檀	印度紫檀
光榮南路一街	龍眼	鳳凰木
光榮南路二街	芒果樹	銀樺
光榮南路三街	芒果樹	銀樺
光榮南路四街	芒果樹	銀樺
環山路	白千層、芒果樹	白千層、芒果樹
中正路	菩提樹	菩提樹
光華十路	鳳凰木	鳳凰木

資料來源：林金塗提供。

二、中興新村庭園設計

（1）中興新村就公園與庭園設計而言，主要是造園系統、健康步道系統、噴水池系統、自動噴灌系統、燈光系統、草皮、黑松、濕地松、五葉松、榕樹等觀賞樹，再加上傳統涼亭與石雕公共藝術所組成。就植物園而言，中興新村的植物園位於光明里中正路與光明路交口處，當時設計主要是希望提供鄰近學校戶外教學之用，同時將社區公園化，總面積約2公頃，此地早年為南投水圳池，後加蓋造景，請來林業試驗所承辦植栽工程，目前園內共有130種植物約500顆樹，為提供教學方便，每棵植物前多例有解說牌，詳述名稱、產地、用途。

（2）老茄苳樹：中興新村最有名的老茄苳樹位於環山路上（行政院衛生署南投醫院中興院區對面）上，的這棵高齡360年樹齡的茄苳老樹，曾為許多勞苦功高、建設中興新村的前輩們遮蔭乘涼。在民國44年間，奉派前來中部規劃省府從臺北疏遷到中興新村事宜的嚴家淦、謝東閔、鄭彥棻、龔履端先生等人，就是靠這棵樹的遮蔭，席地商討疏遷方案，並選擇最佳的省府地點，因此老茄苳可說是省府疏遷執行的幕後英雄，如今更成為中興新村過去、現在、未來的守護見證者，甚具歷史紀念意義。另有一棵茄苳樹位於光華里土地公旁，此地有兩條小野溪經過，一條

---

[2] 主要以東閔路為界，東閔路以東為大王椰子，東閔路以西為小葉欖仁。

[3] 主要以東閔路為界，東閔路以東為大王椰子，東閔路以西為鳳凰木。

稱為金水坑溪，一條稱為鳳梨坑溪。

（3）茄苳是大型喬木，樹幹粗糙不平，葉為三出複葉，互生，小葉緣有鋸齒，前端圓鈍，有尖的突出，表面平滑，有小波折狀，有葉柄，新葉紅色，有早落的托葉。圓錐花序，花黃色，叢生在枝條的末端，極小。果實未成熟時是青綠色，成熟時則為褐色。茄苳是本地樹種，分佈在低海拔地區。長成高大的樹木時，樹冠為傘形，極具遮陰效果，為優良的行道樹。果實成熟時期，有如一串串葡萄掛於枝頂，極為壯觀。

省府路旁修剪整齊的榕樹搭配綠色草皮，是絕佳的休憩美地（鍾起岱提供）

（4）傳統上，茄苳也被視為食補良藥，如「茄苳雞」，有認為具有「大人補血補精固腎，囝仔固筋骨轉大人」的功效，自古以來即為最佳食補。茄苳又名「重陽木」，顧名思義，就知道有何妙用，事實上因茄苳具有補血補天、強精滋腎功能，所以儘管其味澀，口感不佳，仍然有許多人並非為口腹之慾而食之，尤其因其益筋骨功能，以往經常被用來當作小孩發育不良「轉骨」的食補良方。

茄苳全株可入藥，葉能消炎、解熱，對於肺炎肺熱、腸胃虛冷、發育不良，有補天補腎、強壯筋骨的功效，所以一般烹調茄苳雞」，大部分都是以葉或葉心當材料；外用則可將葉搗碎後，外敷創傷、拔腫毒、治膿瘡、漆中毒等症；皮可除濕、治風濕性關節炎和哮喘症。重陽木最好的藥補部分還是在根部，除了具有茄苳葉的各項功能之外，還有補血補腎、強精益氣兼治遺精夢洩的功能，對於治療感冒發熱、口乾舌燥、喉痛失聲、肺炎肺腫、胃炎、胃酸過多等，都有特定功效。茄苳可盆栽觀賞，也可種植於庭院中，樹形優美，間隔一段時日，摘取莖葉燉雞，全家食用，大人和小孩各有不同用處，且摘過之後會迅速長出許多側芽，愈摘愈茂盛，不虞匱乏（當然不可連芽點都摘光），所以不但平時可當作自家食補佳餚，有朋自遠方來，也可用這道餐廳少見的食補藥膳「茄苳雞」饗宴賓客，既新鮮又「食用」[4]。

三、綠色隧道

（1）綠色是大自然界中常見的顏色，植物的綠色來自於葉綠素，綠色的光波

---

[4] 參見http://www.hla.hlc.edu.tw/a400/newpage215.htm及http://tw.knowledge.yahoo.com/question/question？qid=1105070807658，2013/09/17搜尋。

長約550奈米，三原色之一。綠色是一種中性色，既是暖色也是冷色，紅綠色盲的人可以分辨這兩種顏色，但往往把紅色或綠色與其他顏色混淆，例如明綠色當黃色、深綠色當啡色。中世紀時，綠色代邪魔（包括龍），有時又代表愛。這些象徵意義現代已不明顯，綠色有準許行動之意，因為交通訊號中綠色代表可行，綠色通道是其引申詞，意為快捷方便，一路暢通無阻；由20世紀80年代起推出的緊急出口標記也普遍使用綠色（部份國家或地區仍然使用紅色，但在顏色象徵意義下卻有機會被部份人員視為禁止使用的緊急出口，因而造成解讀混亂）。綠色可以起保護色的作用，所以陸軍和野戰隊通常用綠色制服。

（2）世界上大多數國家的陸軍軍服顏色都是以綠色為基調。避難、衛生和救護等事項往往用上綠色表示。在美國，因為美鈔背面的顏色是綠色，綠色代表金錢、財富和資本主義。在北美股票市場，綠色代表股價上升；在東亞部份國家股票市場則相反。英文中Little Green Men（小綠人）代表外星人。綠色是植物的顏色，在中國文化中還有生命的含義，可代表自然、生態、環保等，如綠色食品。綠色因為與春天有關，所以象徵著青春，也象徵繁榮（取自枝繁葉茂）。性格色彩中綠色代表和平、友善、善於傾聽、不希望發生衝突的性格。臺灣有許多地方都以綠色隧道（Green Tunnel）聞名，如集集的綠色隧道（樟樹）、古坑的綠色隧道（芒果樹）、四草的綠色隧道（紅樹林）、太康綠色隧道（芒果樹）、梅山綠色隧道（竹林），現代人對於綠色情有獨鍾，甚至由此而定義出許多專有名詞，如綠色旅遊常常意指：生態旅遊（eco-tourism）、低碳旅遊（low-carbon tourism）、及替代旅遊（alternative tourism）等之概念與精神。

（3）中興新村建築物規劃整齊有序，處處草坪和濃濃樹蔭，花草扶疏並修剪得渾然天成，每條道路宛如是綠色隧道，是民眾休閒旅遊、踏青、騎腳踏車吸收芬多精的好去處，也吸引許多婚紗業者到此取景，其中不同景觀的綠色隧道，最受民眾青睞。

（4）中興新村著名的綠色隧道有三條：其一為光榮北路上兩排大樟樹組成的綠色隧道，樹姿挺拔、枝葉蒼翠，不管是悠遊漫步其中或騎著腳踏車迎風前進，都會感到涼爽宜人，深受遊客喜愛，可與集集小鎮的綠色隧道相互媲美。其二是省政資料館前中正路

光榮北路地樟樹大道是中興新村最有知名度的綠色大道（鍾起岱提供）

上的菩提樹，菩提樹雖然跟榕樹是同胞兄弟，但是它並不是終年常綠，也不在冬天落葉。它的習性相當特殊，當初夏陽光轉強，許多樹木綠葉成蔭的時候，它才迅速地讓老葉掉得精光，然後又立即發出新芽；幼葉起初呈淡淡的紫紅，一副清新可人的模樣，接著一片黃綠，再轉為深深的翠綠，景觀的變化十分迷人，隨著季節的交替，展現出不同的生命力之美。其三是環山路、光榮東路一街與光榮北路四街上的白千層行道樹，樹齡約50年，白千層係為中大喬木，樹皮褐灰白色，似鱗層狀，樹皮去掉一層又有一層，故叫白千層。詳細觀看常有樹抱樹、樹中樹、大樹抱小樹、小樹抱大樹等蔚為奇觀，頗值佇足觀賞。

（5）樟樹大道：據說在清代以前，臺灣是地球上臺灣樟樹密度最高的地方，更有『樟腦王國的美譽』，在日據時代及光復初期，因樟樹的木材可做建築、家具、舟艦、農具、雕刻、裝飾、樂器等，木材及根、葉可提煉樟腦油作為工業原料及藥品，官方設有樟腦局，專司樟木造林、砍伐、製造等工作，於是大量砍伐下，樟樹已減少許多，全省少數的綠色隧道中行道樹是樟樹的，光榮北路上兩排大樟樹樟樹（Cinnamomum camphora）是樟科常綠大喬木，別名香樟、本樟、鳥樟、栳樟、樟仔，約250種。常綠喬木，樹高可達40米；散發樟樹的特有清香氣息。樹皮暗褐色，有縱裂溝紋。卵形或橢圓狀卵形的單葉互生，薄革質，全緣，表面光滑，背面微有白粉，無毛，葉緣微呈波狀，有離基三出脈，脈腋有明顯腺體。雌雄同花，花兩性，圓錐花序腋生於枝頂端，黃綠色小花，花期4～5月。球形漿果，10～11月成熟，成熟時由綠色轉為黑紫色；果皮呈紫黑色，有光澤。樟原產中國東南部；是臺灣中低海拔主要樹種之一；越南、日本等地也有分布。見於濕潤的山谷、山腰下、河流兩岸、路旁等。分布於東亞至澳洲、南太平洋。臺灣原產14種，分布於中低海拔闊葉林。原產中國東南部；是臺灣中低海拔主要樹種之一；越南、日本等地也有分布。見於濕潤的山谷、山腰下、河流兩岸、路旁等。分布於東亞至澳洲、南太平洋。臺灣原產14種，分布於中低海拔闊葉林。[5]

（6）菩提樹大道：中正路的菩提樹，是一種桑科榕屬（又稱無花果屬）植物，菩提原意是覺悟的意思，原產於印度、中國西南部、以及中南半島。菩提樹的別名有：神聖之樹、思維樹、畢缽羅樹、印度菩提樹、佛樹、覺樹、道樹、道場樹。菩提樹是一種在乾燥季節落葉的半常青熱帶大型喬木，樹高可達30米，樹幹直徑可達3米。樹幹筆直，樹皮為灰色。樹冠為波狀圓形。具有懸垂氣根，在傷口處會分泌出乳汁。葉子為濃綠色，網狀葉脈，表面平滑有光澤，心形，有一個明顯延伸的頂端尾尖，是熱帶植物排水的特徵，葉長10-17厘米，葉寬8-12厘米，尾尖長2-5厘米；葉柄纖細，長6-10厘米。托葉掉落後會在枝條上留下環狀的托葉環。夏季時樹幹上成對出現無梗的扁球形隱花果。隱頭花序，雄花、雌花和不育花（瘦花）均生長在同一榕果的內壁。果實為直徑1-1.5厘米的小無花果，成熟時顏色由綠色變為紫色。佛經中說，若有行者於某種樹下成就佛道－無上正等正覺，此樹即名「菩提樹」，因此，「菩提樹」對於佛教信眾而言就是「聖樹」[6]。

---

[5] http://zh.wikipedia.org/zh-tw/%E6%A8%9F%E6%A0%91#.E5.BD.A2.E6.80.81。

[6] 參見維基百科http://zh.wikipedia.org/zh-tw/%E8%8F%A9%E6%8F%90%E6%A0%91。

（7）白千層大道：光榮北路四街的千層樹是生長在澳洲的一種植物屬，目前已知有236種，其中230種原產於澳洲，其餘生長在印度尼西亞、紐幾內亞、新喀里多尼亞和馬來西亞，又可分為紅千層與白千層兩種，兩者主要區別是白千層樹的雄蕊成束，紅千層的雄蕊是分別獨立的。主要生長在靠近水邊或沼澤地邊緣，千層樹有些可以提煉香精油的種類，由於提煉出的油叫做「茶油」而被稱為「油茶樹」（Melaleuca alternifolia），有的灌木樹葉當年被早年移居的歐洲人作為茶的代用品。千層樹的樹皮色澤較淡，但生長在水邊的樹有時被樹葉的顏色侵透顯成棕色。千層樹為木本植物，多喬木，有些灌木，可生長2-30米高，都是屬於長綠樹，樹皮一層層剝落，所以叫「千層樹」。樹葉為1-25厘米長，0.5-7厘米寬，邊緣光滑，顏色從深綠到灰綠，花沿著樹幹生長，顏色有白色、粉紅色、紅色、黃色和綠色。蒴果，每個內含幾個種子。

四、中興會堂前龍柏榕樹群

（1）位於中興會堂正對面的操場，一旁有一排樹齡超過50年的老榕樹，茂密的榕樹群，每到夏天就是乘涼避暑的最佳去處。每棵老榕樹都有粗壯厚實的樹幹，樹根盤根錯節形成一幅奇特景象，當地的老人小孩常到這裡休息乘涼，屹立不搖的榕樹群不但提供了遮蔽烈日的效果，隨著時代變遷，無形中也像是見證了中興新村的歷史演進。

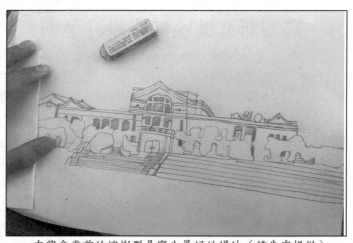

中興會堂前的榕樹群是寫生最好的場地（鍾先睿提供）

（2）榕樹是在我們日常生活當中很常見的一種樹種，不論是校園、公園或者是路旁，都可以看見榕樹的身影，小朋友常常稱呼為「榕樹公公」，主要是老榕樹很容易的發現榕樹上有很多的「鬍鬚」，就像是一位和藹可親慈祥的老公公，這其實是榕樹的氣生根，功用是在幫助植物吸收空氣中的水汽，常見榕樹的果實成熟後呈現紅色，但榕樹開的花則不容易看到的，因為榕樹的花是一種「隱花果」，榕樹開出的小花全藏在一個龐大且中央凹陷的花托內，所以看不見，這些花通常是靠蜂類傳粉後，逐漸發育成果實，所以除非剝開來觀察，否則是看不見榕樹的花。而紅色的果實是鳥兒們的最愛，常常會看到鳥兒在結滿果實的榕樹中穿梭、覓食而飽餐一頓。

（3）榕樹的葉子也有特別的地方，當你摘下榕葉時，會流出白色的乳汁，榕樹屬於桑科榕屬植物，別稱正榕、榕、烏松、老公鬚、細葉榕、雀榕等。常綠大喬木，全體光滑，氣根多數，由主幹或大分枝上垂下來；葉互生，革質，倒卵型或橢

圓形，先端尖銳或微凹，表面深綠色，托葉線狀披針形，膜質；隱花果無柄，單立或成對著生於葉腋，倒卵形或球形，基部有小苞片3枚，成熟時黃褐色、紅褐色或黑紫色，直徑約0.5~1.2公分。榕樹的最大特徵是它那發達的氣生根，密密的迎風招展，有如長者的鬚，看來蒼勁而讓人欽仰。氣生根且經常下達地面，並鑽入泥中而形成幹狀的支柱，並逐年加粗，經常因而讓人攪不清楚究竟那一根是原先的主幹；由氣生根形成的支柱甚至可以取代早已枯朽的主幹繼續行使各種功能，這種難得一見的景象，委實令人嘆為觀止。

（4）榕樹可以說是童叟皆愛的樹種，臺灣許多地方的大小寺廟、庭園、公園、校園、行道都可能看到，每當它們綴上滿樹的紅果，則更是鳥兒們的樂園，成天地飽食嬉遊於其間，甚至會忘了歸巢。榕樹還有一個很大的特徵，它能在寸土不積的樹幹或牆壁間生長，憑著那蔓延伸長的氣根在貧瘠乾旱中欣欣向榮，這種超然的生命力的確不可思議，也正因為如此，榕樹盆景才會如此得天獨厚，為人所特別鐘愛。[7]

五、高等研究園區都市設計準則

（1）為維護及塑造中興新村之整體景觀風格意象，根據最新版的中興新村都市計畫，中興新村依不同發展屬性區分成「北核心地區與南核心地區」、「住宅社區」、「公共開放空間」等三個不同層級的都市設計管制。

（2）未來高等研究園區各基地申請建築時，應由科技部中部科學工業園區管理局（中科管理局）依據本管制規定及相關法令辦理。

（3）有關本園區之都市設計管制，增訂高等研究園區土地使用分區管制要點，北核心地區與南核心地區之都市設計準則管制項目與內容如下：（a）開發強度：本管制區內建築基地之建蔽率與容積率依土地使用分區管制要點規定辦理，（b）建築高度：為保留北核心區入口景觀軸帶意象（省府路至省政府大樓沿線），於省府路二側之新建建築物高度以不超出省政府大樓之高度為原則。如因開發基地有特殊使用需求時，於妥為考量整體環境景觀協調之原則下，由建築管理機關專案審查。（c）區內有關研究、辦公之建築物必須保有高等研究園區花園城市風格。（d）立面材料及顏色：為維護整體環境風格，建立建築立面統一之元素，區內建築物之色彩應與現有建築環境相呼應，避免使用高強度、高反差與高反射之建材。（e）在建築尺度方面，避免給人壓迫感。（f）指定退縮人行步道，為確保區內人行環境之通暢，並塑造地面層活動有相同尺度的步行環境，管制區內建築基地臨接重要交通軸線依路權範圍內不同，分別指定不同深度之退縮空間，並留設寬度不等之人行步道，使步行環境產生一致性的尺度。其退縮面積得計入法定空地。

（4）有關中興新村之車道入口，車輛出入基地位置應維持人行空間連續性，其高程應與人行道齊平，並以合併設置為原則。

---

[7] 參見http://www.dgps.kh.edu.tw/plant/easy.htm 及http://www.kiec.kh.edu.tw/flash/%E6%A4%8
D%E7%89%A9%E5%B0%8F%E8%B6%85%E4%BA%BA/htm/%E6%A6%95%E6%A8%B9.
html，2013/09/17搜尋。

（5）有關中興新村之基地綠化及透水率原則，本區內植栽應以種植地區適生之原生樹種及採複層植栽綠化為原則。各開發基地之法定空地應儘量綠化，減少不透水鋪面材料之使用。各開發基地之總透水面積應≧50％法定空地面積。如因基地特殊狀況，經建築管理機關審議通過者得予以調整。

六、綠建築設計

（1）綠建築設計：本園區之建築物應納入生態設計手法，公有建築物應取得「銀級」以上綠建築標章，進駐機構之自有建築物須符合國內綠建築標章四項以上指標（包括「日常節能」及「水資源」二項門檻指標在內）。同時並訂有綠建築九大指標項目，以供遵循。

（2）加強基地綠化：（a）建築物綠化：建築物之屋頂平台、陽台鼓勵設計人工花台之綠化方式，陽光照射之壁面鼓勵以爬藤之方式進行綠化；建築空間配合進行綠屋頂及垂直綠化則有效綠覆率可為40％以上。（b）法定空地綠化：建築基地綠化應適地適種，以種植喬木為原則，其次灌木及多層次綠化，減少使用人工草坪；建築用地之外部空間有效綠覆率應佔總外部空間面積50％以上。

（3）在基地保水方面：（a）地下室開挖率：為確保基地保水，建築地下室開挖率以基地面積80％為原則，如因基地特殊狀況，經審議通過者得予以調整。（b）易滲透式地表：建築物之法定空地應採用自然之覆土，減少不易透水之材料覆蓋或採用易於雨水滲透之材料。（c）留設景觀生態池：大面積之基地應留設景觀生態池或以植被覆蓋之「貯留滲水低地」之緩坡方式涵養雨水，減緩雨水排入溝渠之速度。（d）設置基地保水設施：建築物及其基地應設置保水設施，以貯存雨水再利用以及減緩雨水流入溝渠、河川之時間。（e）屋頂與陽台作成花園以涵養雨水。

（4）在建築物節能方面：（a）建築物開口率：適度降低建築物需耗能之空間之開口率。（b）建築物外殼節能：建築物外殼部分屋頂應作隔熱之處理，外牆應採用隔熱設計及隔熱材料。（c）建築平面：建築物之居室平面設計以符合節能比例空間為原則。（d）建築物遮陽：建築物面對陽光直接照射之窗戶應考慮設置外遮陽設施。（e）大面積玻璃帷幕之設置：除有相關溫室、太陽能光電版等配套設置措施之建築物外，應避免大面積玻璃帷幕之設計。（f）太陽能光電版：鼓勵設置太陽能光電版。

（5）在水資源涵養維護方面：（a）建築物：本原則適用範圍內之建築物須設置雨水及污水回收再利用設施。（b）建築基地：基地留設大面積之花園綠地必須設置等比例之雨水及污水回收再利用設備方可設置。

（6）在廢棄物減量方面：（a）基地土方平衡設計：建築設計應考慮地形地貌變化設計與地下室取得最佳的挖填方設計。（b）營建自動化：採用RC、SRC 構造時，應採用營建自動化工法之設計，例如系統模板、預鑄外牆、預鑄結構系統、乾式隔間等自動化工法，減少施工過程產生之廢棄物量。

（7）在生物多樣性維護方面，基層生物棲息：建築物及其基地綠化應以生態

綠化為目標，多利用天然土壤與材料方式綠化，並採用材料自然堆疊工法，減少水泥砂漿使用，以形成基層生物棲息之孔穴。

（8）污水垃圾改善：建築設計階段必須事先評估垃圾運出及堆置之空間配置，並以景觀綠美化的方式加以美化，並適當配置資源垃圾分類回收管理系統、冷藏、冷凍或壓縮等垃圾前置處理設施。

（9）二氧化碳減量：（a）結構輕量化：建築物結構應以輕量化為原則，以減少建材生產過程中之二氧化碳排放。（b）均勻對稱的結構設計：建築物應朝向均勻對稱的平面、立面與剖面設計，減少不必要的造型結構荷重。

（10）維持室內健康環境：（a）綠構材：除古蹟、歷史建築物及特殊建築物以外，構材應使用具有綠建材標章之健康材料，少用製造過程高耗能量之材料與進口之昂貴材料。（b）綠工法：建築物及室內裝修宜考慮減少使用鋼筋混凝土，並考慮容易施工之原則，減少繁複工法以及減少施作時消耗的能量與工人數量。

中興新村是少數都市設計有雨水道專用的新市鎮。（鍾起岱提供）

七、社區建築管制

（1）中興新村管制區主要為計畫區內公有權屬之光華里、光榮里與光明里住宅社區。

（2）管制區內土地使用強度，住宅社區為當初中興新村開發建設花園城市的代表意象，區內若有經指定為文化資產者應依文化資產保存法辦理；其餘範圍之住宅社區維持中低密度發展並符合綠建築設計原則。本管制區內建築基地之建蔽率與容積率依土地使用分區管制要點規定。

（3）管制區內生態綠廊主要為後巷營造及綠美化，各建築基地應以後院退縮1.5米防火巷空間規劃為「生態綠廊」其規劃設計原則為：（a）生態綠廊的留設需維持人行空間的連續性。（b）鼓勵建築基地沿生態綠廊集中留設法定空地。（c）沿生態綠廊之景觀設計須能將生態綠地的設計規劃理念於此應用。（d）基地留設生態綠廊區域應儘量綠化。（e）植栽選用應以原生樹種，應能反應地域氣候，並宜考量物種的多樣性。（f）生態綠廊區域之人行鋪面應採用透水性鋪面，以增加基地透水性。（g）生態綠廊為以人行為主的都市空間環境，除緊急救災外禁止任何車輛進入。（h）各基地留設後院應力求貫通。各宗基地於配合留設1.5米退縮空間後，得以綠籬界定其居住空間，以維護其私密性。（i）生態綠廊與主要道路交接處須設置指標，並於其通過道路處，在道路上做不同材質的鋪面處理，以引導人行方向，而於綠廊空間內，盡可能不設階梯，以建構一無障礙環境之人性化都市空間。

（4）基地綠化及透水率，管制區內植栽應以種植地區適生之原生樹種及採複層植栽綠化為原則，各開發基地之法定空地應儘量綠化，減少不透水鋪面材料之使用，各開發基地之總透水面積應≧50%法定空地面積。

（5）公共開放空間：本計畫區內之公共開放空間設置須依下列都市設計管制項目與內容辦理：（a）公共開放空間之配置應使其易於供公眾使用，能與鄰接道路、公園、綠地、廣場、步道及其相鄰開放空間相連續，且其地平面以與相鄰之人行道高程齊平為原則。（b）建築基地內設置提供為停車空間、汽車出入口、車道路徑及地下層之通風排煙等突出物、裝卸場、垃圾收集場等使用面積，不得計入公共開放空間有效面積計算。（c）面臨道路留設之公共開放空間不得設置欄柵、土丘等障礙物，以免影響公眾使用之便利性，但得設置花台及灌木樹叢，其花台高度不得高於四十五公分，灌木樹叢不得高於100 公分，並應至少保持該面臨道路長度三分之一為無障礙出入空間，其寬度最小不得低於4 公尺。

（d）公共開放空間內應依公眾使用需要設置座椅、照明等設施。（e）公共開放空間之地盤應設置排水、防水等設施，其供人行徒步面應作防滑處理。鋪面以採用透水性鋪面為主。（f）公共開放空間臨兩條道路境界交角十公尺範圍內，植栽之灌木高度不得高於行車視線，喬木樹冠底部不得遮擋交通設施號誌，並須符合道路交通設施相關規定。（g）各建築基地所留設之公共開放空間入口須有明顯的標示，強化入口意象，以達成開放空間之公眾性。（h）公共開放空間內人行步道應保持與左右鄰地步道之延續性及完整淨寬，地面無階梯或阻礙通行之凹凸物，鋪面應平整、防滑及耐壓，且應能與鄰地形成整體感。

（6）公共開放空間應儘量綠化，雨排水溝儘量採底部透水方式設計，並減少不透水鋪面材料之使用，其綠化面積應大於法定空地之50%，且法定空地內之不透水硬鋪面面積應≦（1-建蔽率）*10%。

（7）為配合本園區內公園及人行、自行車綠化系統之連續性，其退縮建築留設之開放空間部分得配置自行車道，並於適當位置設置停車架及標示系統，以利該系統之完整。

（8）管制區內必須以生態工程改良營北排水支線、牛路溝排水支線及中興會堂南側雨水溝水泥化設施，以增加地表透水性及改善環境景觀。

（9）本園區生態藍綠帶應以生態工法進行規劃設計，以達高透水及高綠覆率之環境改善。

重要名詞：

綠色道路、行道樹、庭園設計、茄苳樹、綠色隧道、低碳旅遊、生態旅遊、替代旅遊、菩提樹、白千層、樟樹、龍柏、榕樹、隱花果、北核心、南核心、透水率、綠建築、建築物開口率、生物多樣性、綠構材、綠工法、生態綠廊、生態工法。

想一想

1.請簡單說明中興新村村內的綠色文化景觀的主軸有哪些？

2.中興新村有多條東西向的小溪流，請說出其中三條的名稱。

3.中興新村的公園與庭園設計原則為何？

4.臺灣有許多地方都以綠色隧道（Green Tunnel）聞名，除了中興新村之外，還有那些地方，請說出三個地方。

5.請說明中興新村菩提樹大道的特色。

6.請說明中興新村樟樹大道的特色。

7.請簡要說明中興新村北核心地區與南核心地區之都市設計準則管制項目與準則。

8.請說明有關中興新村之基地綠化及透水率原則為何？

9.中興新村建築物綠化方法為何？

10.中興新村在基地保水方面的方法為何？

11.請填入中興新村目前行道樹的主要樹種。

路名	現植行道樹	原植行道樹
府西路	大王椰子	大王椰子
省府路		大王椰子、鳳凰木
光華路		大王椰子、茄苳
光華一路	棍棒椰子	棍棒椰子
光華二路	龍眼樹	桉樹
光華二路一街	龍眼樹	桉樹、銀樺
光華二路二街	龍眼樹	鳳凰木、銀樺
光華三路		鳳凰木、銀樺
光華四路	龍眼樹	鳳凰木、銀樺
光華四路一街	龍眼樹	鳳凰木、銀樺
光華五路	印度紫檀	印度紫檀
光華六路	龍眼樹	銀樺
中學路		桃花心木、鳳凰木
光榮北路	樟樹	茄苳樹、鳳凰木
光榮北路一街	芒果樹	桉樹
光榮北路二街	芒果樹	桉樹
光榮北路三街	芒果樹	桉樹
光榮北路四街	白千層	白千層
光榮北路五街	芒果樹	鳳凰木、銀樺
光榮北路六街	芒果樹	銀樺
光榮北路七街	芒果樹	銀樺
光榮東路一街		白千層
光榮東路		桃花心木、銀樺
光榮西路	桃花心木	桃花心木
光榮西路一街	芒果樹	芒果樹
光榮南路		印度紫檀

光榮南路一街	龍眼	鳳凰木
光榮南路二街	芒果樹	銀樺
光榮南路三街	芒果樹	銀樺
光榮南路四街	芒果樹	銀樺
環山路		白千層、芒果樹
中正路		菩提樹
光華十路	鳳凰木	鳳凰木

我的學習單

（　）1. 中興新村的綠建築管制主要集中在：

（A）光華里（B）光榮里（C）光明里（D）以上皆是

（　）2. 以下何里不在中興新村的綠建築管制區範圍：

（A）光華里（b）光榮里（C）光明里（D）光輝里

（　）3. 以下哪一條溪流不屬於中興新村小溪流：

（A）麒麟坑溪（B）冷水坑溪（C）鳳梨坑溪（D）內麓溪

（　）4. 以下何者不是環山路的行道樹是：

（A）白千層（B）芒果樹（C）大王椰子（D）茄冬樹

（　）5. 以下何者是省府路的主要行道樹是：

（A）白千層（B）芒果樹（C）大王椰子（D）茄冬樹

（　）6. 以下何者是中興新村中正路的的主要行道樹是：

（A）菩提樹（B）芒果樹（C）大王椰子（D）茄冬樹

（　）7. 以下何者是中興新村中學路的主要行道樹是：

（A）白千層（B）鳳凰木（C）桃花心木（D）鳳凰木與桃花心木

（　）8. 中興新村的植物園位於光明里中正路與光明路交口處，當時設計主要是希
望提供做為：

（A）鄰近研究單位研究之用（B）鄰近學校戶外教學之用

（C）鄰近住戶公園散步之用（D）遠道遊客觀賞之用

（　）9. 中興新村的植物園總面積約2公頃，此地早年為：

（A）墳墓（B）水圳池（C）甘蔗田（D）茶園

（　）10. 中興新村最有名的老茄苳樹位於：

（A）省府路（B）環山路（C）光華路（D）光榮北路

（　）11. 中興新村最有名的老茄苳樹樹齡有：

（A）150年（B）250年（C）360年（D）400年。

（　）12. 以下何者有關中興新村之基地綠化及透水率原則有錯誤：

（A）本區內植栽應以種植地區適生之原生樹種及採複層植栽綠化為原則

（B）各開發基地之法定空地應儘量綠化

（C）應減少不透水鋪面材料之使用

（D）各開發基地之總透水面積應≧30%法定空地面積。

（　）13. 以下何者有關中興新村建築物綠化有錯誤：

（A）建築物之屋頂平台、陽台鼓勵設計人工花台之綠化方式

（B）陽光照射之壁面鼓勵以爬藤之方式進行綠化

（C）建築空間配合進行綠屋頂及垂直綠化則有效綠覆率可為40%以上

（D）建築基地綠化應適地適種，以種植喬木為原則，其次灌木及多層次綠化，減少使用人工草坪；建築用地之外部空間有效綠覆率應佔總外部空間面積40%以上。

（　）14. 中興新村管制區內，為確保基地保水，建築地下室開挖率以基地面積：

（A）80%為原則（B）70%為原則（C）60%為原則（D）50%為原則

（　）15. 中興新村管制區內，為維持易滲透式地表，應該：

（A）建築物之法定空地應採用自然之覆土（B）應減少不易透水之材料覆蓋（C）應採用易於雨水滲透之材料（D）以上皆是。

（　）16. 中興新村管制區內，留設景觀生態池之原則為：

（A）大面積之基地應留設景觀生態池（B）以植被覆蓋之「貯留滲水低地」之緩坡方式涵養雨水（C）應減緩雨水排入溝渠之速度（D）以上皆正確。

（　）17. 中興新村管制區內，設置基地保水設施，其用意不是：

（A）美觀　　　　　　　　　（B）貯存雨水再利用

（C）減緩雨水流入溝渠之時間（D）涵養水源。

（　）18. 中興新村管制區內，各基地留設後院應力求貫通，各宗基地於配合留設退縮空間至少：

（A）1米（B）1.5米

（C）2米（D）2.5米，並得以綠籬界定其居住空間，以維護其私密性。

（　）19. 中興新村管制區內，基地綠化及透水率，管制區內植栽應以種植地區適生之原生樹種及採複層植栽綠化為原則，各開發基地之法定空地應儘量綠化，減少不透水鋪面材料之使用，各開發基地之總透水面積應：

（A）≧40%法定空地面積（B）≧50%法定空地面積

（C）≧60%法定空地面積（D）≧70%法定空地面積。

（　）20. 中興新村管制區內，公共開放空間應儘量綠化，以下何者有誤：

（A）雨排水溝儘量採底部透水方式設計

（B）不必減少不透水鋪面材料之使用

（C）其綠化面積應大於法定空地之50%

（D）法定空地內之不透水硬鋪面面積應≦（1-建蔽率）*10%

（　）21. 建築物及室內裝修宜考慮減少使用鋼筋混凝土，並考慮容易施工之原則，減少繁複工法以及減少施作時消耗的能量與工人數量，此種施工方法稱為：

（A）綠工法（B）紅工法（C）藍工法（D）紫工法。

（　）22. 中興新村管制區內，社區住宅後巷為營造綠美化，各建築基地應以後院退
縮1.5米防火巷空間規劃做為：
（A）活動走廊（B）寵物樂園（C）機車停放處（D）生態綠廊

第十五章　臺灣省政府

本章重點

臺灣省政府曾是中華民國台灣省的最高行政機關，1947年二二八事件爆發，有鑑於臺灣多數本省人對陳儀為首的台灣省行政長官公署強烈不滿，1947年4月22日，國民政府決議成立臺灣省政府，5月16日台灣省行政長官公署改制為台灣省政府，第一任省主席為魏道明先生，台灣省政府原位於台北市，因國共內戰失利，中央政府於1949年12月遷往台北，為防範中共渡海轟炸台北而癱瘓行政中樞，台灣省政府於1957年7月遷至南投縣中興新村[1]，之後歷經台北市與高雄市陸續升格改制院轄市，北、高兩市脫離台灣省，故其之管轄範圍與職權均有所縮減，但仍與當時中華民國政府實際管轄區有超過90%的重疊性。

台灣省政府歷任主席紀念郵票的封面設計
（台灣省政府提供）

　　為了簡化地方政府層級，省在1998年起被虛級化（又稱「精省」、「凍省」）。省虛級化後，台灣省政府的職權被大幅削減，實質成為中央政府的派出機關，其屬下各級機關編制全部均予改隸更名或撤

---

[1] 1949年國民政府遷台，台北市成為首都與台灣省政府所在地，當時冷戰時期，基於防空的戰略考量，為防範共軍渡海轟炸台北，造成政治中樞癱瘓，中央著手進行省政府「疏遷」計畫，將行政機關疏散至台北近郊再遷移到中部；當時中央政府在打造省府中興新村之前，曾經在台中霧峰，先做了一個規模比較小的實驗計畫，此即位於台中霧峰坑口的光復新村；1956年台灣省政府第一批員工（教育廳與衛生處）首先遷移至台中霧峰，此即「光復新村」，隨後台灣省議會也搬遷坐落在霧峰，惟當年土地徵收作業趕不上中央疏遷的期限，省府疏遷計畫臨時決定另擇址於南投近郊的營盤口，1957年，「中興新村」陸續完工，中興新村是台灣第一個成功的造鎮計畫，在台灣經濟尚未起飛的貧困年代，以美援資金，及英國「花園城市」的規劃概念成就的城鎮，作為省府權力中樞機構所在，時至今日，當地仍保存著昔日烏托邦般的極致之美。

銷（例如：原「台灣省政府建設廳」改制為「經濟部中部辦公室」），各縣市也改由中央政府督導。民進黨執政時期曾短暫（2006年1月—2007年12月）未指派大員擔任主席，其後又恢復指派，2008年國民黨重新執政，均由政務委員兼任，總計自魏道明主席迄2017年，臺灣省政府共有24位省主席，一任省長，從第1任到15任主席被稱為大省政府時期；16任以後被稱為小省政府時期，主要是以1999年精省為界[2]。

一、臺灣省政府沿革

（1）臺灣省政府自1947年成立迄今，功能、業務由擴充到衰減可分成三個時期：官派省主席時期、民選省長時期、精省後官派省主席時期。

（2）1947年5月16日臺灣省行政長官公署改組為省政府，當時國民政府依據1927年「省政府組織法」及1938年「省政府合署辦公組織規程」，由行政院頒布「臺灣省政府合署辦公暫行規程」，由長官獨任制改為委員制，設省政府委員會，委員由行政院長提請總統任命，其中若干省府委員並兼主席或廳長，每週召開一次委員會議（簡稱為府會）[3]。臺灣省政府委員會於1947年5月16日臺灣省政府成立同時成立並於當日舉行第一次會議，會中報告「行政院辰冬電飭知成立省政府，並任命各委員，委員兼主席，兼廳長，各副廳長、各處長」，從此確定了臺灣省政府行政體制；當日上午9：00，第一次台灣省政府委員會於該府四樓會議室[4]召開，主席為魏道明先生，根據第一次委員會資料，當日最重要的議案為接收行政長官公署相關機關及人員，同時宣佈解除戒嚴令、結束綏靖區任務、停止新聞圖書郵電檢查、撤銷交通通訊軍事管制等政策。

（3）1965年5月24日黃杰任省主席時除了府會每周固定召開外，於府會召開前（同日）會先邀集省府各廳處首長召開「首長會談」將各廳處的問題藉首長會談提出來討論。省府委員制歷經魏道明、陳誠、吳國楨、俞鴻鈞、嚴家淦、周至柔、黃杰、陳大慶、謝東閔、林洋港、李登輝、邱創煥、連戰、宋楚瑜等十四任省主席至1994年12月20日宋楚瑜當選首任民選省長後，臺灣省政府施行了48年的委員制至此變更成首長制。

（4）民選省長時期：宋楚瑜先擔任最後一任的官派臺灣省主席，至1994年中央政府為貫徹地方制度法治化，制定完成「省縣自治法」及「直轄市自治法」，建立地方自治之法制體系，並於同年年底臺灣省省長及北高市長首次由民選產生。宋以

---

[2] 精省事件發生於1998年10月，宋楚瑜先生於1998年12月19日任滿離任，由趙守博先生接任，由於精省工程之設計，趙守博被視為最後一任擁有實權的台灣省政府主席，由於省政府人員及業務移撥基準日為1999年7月1日，唯當年921大地震仍需殘破的台灣省政府舊有組織（當時已改制為中部辦公室繼續運作）收拾大地震後龐大的行政作為，趙守博仍被任命為九二一重建委員會之第二把手（行政院副院長劉兆玄時任執行長），2000年5月20日民進黨執政後派任內政部長張博雅女士兼任台灣省政府主席，省政府職權隨著人事、業務的凋零，逐漸江河日下，不復往昔光采。

[3] 參見鍾起岱（2010）：臺灣省政會議資料活化與運用之研究（1994年12月---1998年12月）

[4] 當時台灣省政府設於台北行政院現址。

「全省走透透」之親民形象競選臺灣省省長成功（得票率達56.2%），是臺灣省政府的首任亦是最後一任省長，於宋省長主政期間「省政會議」為當時期的省府固定例會，共召開192次。

（5）1994年12月宋楚瑜以超過470萬票的高票當選首任民選台灣省長，台灣葉爾欽效應，引發國民黨另一波的政治鬥爭，從1993年到1998年，宋以其旺盛的企圖心、過人的政治智慧，成功化解諸多政治、經濟、社會以及人為、自然危機，政治聲望由谷底攀升，1998年，因修憲凍省，以極高的聲望離開台灣省長職位，1999年部署以獨立候選人身分，競選中華民國第九任總統職位，在當時三組候選人之中，一馬當先，氣勢如虹，聲望最高，民調遙遙領先，卻也與李登輝主政的國民黨決裂，1999年12月9日，國民黨籍李系立法委員楊吉雄爆料，興票案曝光[5]，風波持續延燒超過兩個月，宋楚瑜的民調從32個百分點下滑至22-25個百分點（唐福春，2001：1），也阻斷了宋楚瑜的總統之路，近六年的時間，宋楚瑜一步步的邁向權力的頂峰，甚至迫使李登輝總統不得不與民進黨聯手，進行《廢省滅宋》的憲政改造，風起雲湧，終於引發台灣政壇深遠的變化。

（6）精省後官派省主席時期：1998年為解決中央與地方行政區組織疊床架構的問題，當時總統李登輝強力主導將臺灣省政府虛級化，恢復官派省主席，由總統任命，至此臺灣省政府成為諮詢機關，組織被大量精簡，功能也大幅萎縮，首任官派主席趙守博。精省後的臺灣省政府組織精簡，業務也隨之縮減，委員會議與主管會報由初期的各自舉行逐漸精簡成合併舉行，從精省後首位官派主席趙守博任內即可看出，1998年12月21日至1999年6月28日召開「委員及首長會議」24次。

（7）1999年7月1日為精省組織改制日，大部分省的附屬機關或機構均改隸中央相關部會，從1999年7月至2000年3月間趙守博主席（15任）分別召開「主管會報」1-9次（1999年7月12日至2000年3月27日）「委員會議」1-13次（1999年7月5日至2000年3月20日），至2000年4月18日便將該二項會議合併舉行稱為「委員會議第14次及第10次主管會報」，至2000年5月15日更將「委員會議第15次及第11次主管會報聯席會議」。例會亦由初期的每週召開會議演變成每月召開一次。

---

[5] 興票案即中興票券事件，又稱中興票券案、簡稱興票案，1999年12月9日，國民黨不分區立委楊吉雄召開記者會，指出宋楚瑜之子宋鎮遠，於1992年開始，在中興票券開戶，購買一億六百餘萬元票券。因為宋鎮遠當時只有24歲，他對於資金的來源表示懷疑。宋楚瑜第一時間說他並不清楚，但極力保證自己的清廉。之後透過發言人指出，這筆錢是宋鎮遠與朋友做生意的資金，12日10日又改口，這是由「長輩」贈與宋鎮遠的創業基金，但是他無法透露長輩的身份。同日，新聞媒體報導，這筆錢總共的金額是2.4億，並不是一開始所說的僅止一億六百餘萬多元。1999年12月11日，發言人再度說明，第一筆錢是宋家自己的，另外一億元則是長輩贈與的。但這仍然無法停止外界的質疑聲浪。國民黨代表律師莊柏林指出，宋楚瑜曾經私下找過東帝士集團的陳由豪，希望他承認是贈與這筆錢的長輩，但遭到陳由豪拒絕。無黨籍立委林瑞圖同時揭發宋鎮遠在美擁有五棟房產，他對資金的來源表示懷疑，引起社會輿論及媒體報導，要求宋楚瑜說明。1999年12月14日，宋楚瑜首次對其子名下財產發表聲明，透露他當年是奉國民黨主席李登輝指示，成立「秘書長專戶」，做為照顧蔣經國在美國的後代及國民黨各項黨政運作之用，隔天遭李登輝駁斥，李指出是侵占國民黨黨庫公款。國民黨懷疑這筆錢是被宋楚瑜所竊佔的，檢察官收到告發後主動進行偵查，興票案正式進入司法程序。為表明他本人的清白，他將所有的錢領出，交給信託，直到訴訟結束。

　　（8）張博雅女士[6]就任主席後，其省府例會名稱延續趙守博任內將委員會議與主管會報一起召開，稱為「委員會議及主管會報聯席會議」共召開61次，統計張博雅（16任）任內20次、范光群（17任）24次、林光華（18任）17次，每月召開一次。

　　（9）林光華（18任）之後，民國95年1月25日至96年12月20日，民進黨政府並未派任主席，其後由林錫耀（19任）、蔡勳雄（20任）、張進福（21任）、林政則（22任）、施俊吉（23任）、許璋瑤（24任）等續任主席，斯時台灣省政府雖有主席但已無委員，台灣省政府委員會走入歷史，精省後原仍隸屬台灣省政府之台灣省文獻會（改隸總統府）、車輛行車事故鑑定委員會（改隸交通部）、省府圖書館（改

作者與時任台灣省政府主席的林政則先生於主席辦公室（鍾起岱提供）

隸公共圖書館）、公管組（改隸中科管理局），均逐漸脫離台灣省政府改隸相關部會，台灣省政府不僅失去所有的業務，連中興新村管理權也喪失，組室規模將由精省初期的6組5室1會縮編為4組3室，成為完全虛級之政府機關，預見未來可能進一步縮編甚至完全消失。

　　（10）精省之後，所有權威分配的功能逐漸萎縮到完全消失，到了林光華主席任內，台灣省政府看得到的業務只剩下省政資料館與圖書館，以及中興新村的眷舍管理工作，台灣省政府基於閒置空間再利用的理念，擬定了「中興新村建構藝術村計畫」，並報行政院同意列入94-97年度的中程施政計畫辦理，由當時的資料室主任兼文教組長鍾起岱先生負責推動，釋出的眷舍集中在光華三路3、10、12、22、23、25、37、41、45、46、47、49、51等十三戶空置眷舍，曾經進駐的藝術家包括：林憲茂（繪畫）、施來福（繪畫）、魯漢平（書法篆刻）、潘憶蓊/鍾幸玲（音樂）、廖述乾（雕塑）、陳樂人（音像）、黃毓美（工藝）、吳肇勳（書法）、裘安蒲美爾（裝置、法國籍）、詹正弘（雕塑）、謝佳珍（工藝）、潘文凱（雕塑）、許世芳（繪畫）等人，同時將位於環山路31號的閒置庫房，名為「三十一號倉庫」，作為這些藝術家創作成果的展出場立，可惜隨著台灣省政府的進一步弱化，曇花一現。

---

[6] 張博雅（1942-　），現任監察院長，也是五院中的首位女性院長。張博雅母親許世賢是台南市人，父親張進通為嘉義溪口鄉人，張與其父母均為醫師。張博雅歷任多項官職，亦是唯一自李登輝、陳水扁、馬英九、蔡英文四任政府中均曾任閣員的政治人物。歷任嘉義市長、衛生署長、內政部長兼台灣省政府主席、中央選委會主任委員、監察院長等職。

二、省長民選開啟省政會議

（1）1994年12月3日（省長民選投票日）之後，宋楚瑜已經確定高票當選台灣省長，但高票並沒有讓他衝昏頭，他指示時任秘書長的許文志先生，著手進行因應省長時代的幕僚作業改變，當時依據省縣自治法第四十二條規定訂定之「臺灣省政府組織規程」已通過臺灣省政府省府委員會議，報行政院同意備查，依據臺灣省政府組織規程第三十六條第一項規定「本府設省政會議以左列人員組成之：一、省長。二、副省長。三、秘書長。四、省政委員。五、副秘書長。六、廳長。七、處長。八、局長。九、主任委員，教育長。十、其他經省長指定之人員。」第二項規定「前項會議以省長為主席，並得邀請有關人員列席。」第三項規定「省政會議議事規則另訂之」；同規程第三十七條規定「左列事項應經省政會議之決定：一、施政計畫與預算。二、提請省議會審議之案件。三、本府所屬機關（構）辦事章則及重大組織編制事項。四、涉及各機關（構）共同關係事項。五、省長交議事項。六、其他有關省政之重要事項。」

因此，省政會議須明定「省政會議議事規則」，秘書長許文志先生於是指派副秘書長秦金生於1994年12月6日召集民政廳、財政廳、建設廳、教育廳、農林廳、主計處、新聞處、人事處、法規會、研考會、經建會等相關廳處會主任秘書商討如何制定「省政會議議事規則」，1994年12月12日，台灣省政府委員會議2205次會議[7]，秘書處提出臨時討論事項「臺灣省政府省政會議議事規則（草案）」提請討論案，獲得無異議通過[8]。

（2）根據當時臺灣省政府省政會議議事規則第二條規定，臺灣省政府省政會議（簡稱省政會議）由省長、副省長、秘書長、省政委員、副秘書長、廳長、處長、局長、主任委員、教育長及其他經省長指定之人員組成之，以省長為主席，並得邀請有關人員列席。省長因事不能出席時，由職務代理人為主席。廳、處、局、

---

[7] 臺灣省政府委員會議從民國36年第一任魏道明主席召開第一次會議到民國84年12月19日第2206次會議結束長達48年的府會時代，根據台灣省政府檔案，本次會議為2206次會議除了報告案之外，僅有例行性的三個提案，臨時報告案則有3案，第一案為省政府委員兼副主席林豐正簽為臺灣省第一屆省長將於本（八十三）年十二月二十日就職，依省縣自治法之規定已無省政府委員會之設置，為符法制林豐正等應請辭本兼各職，擬請准予辭職並請轉陳行政院鑒核案。第二案為秘書長簽為奉交主計處擬訂「八十五年度臺灣省總預算編審辦法（草案）」審查結果提請討論案。第三案為秘書處簽為研擬「臺灣省政府省政會議議事規則（草案）」提請討論案。

[8] 依據當時省府委員會的議事慣例，議案送交省府委員會之前，通常需要召開幕僚性的協商會議，如果屬於重大政策性提案，通常會指派省府委員、秘書長、副主席（視案情重要程度）召集相關首長進行協商，獲得共識意見之後，才會提到省府委員會討論；如果屬於事務性提案，通常由副秘書長召集廳處局會主任秘書層級人員進行研商（此種會議很少由秘書長親自主持，主要原因是秘書長實際負責政策協商，而非事務協商，這也是秘書長與秘書處處長的區別，首席副秘書長其實就是一般機關的秘書處長，但目前各縣市甚至大專院校都有設置秘書長的職位，秘書長、秘書處處長、主任秘書其實負責業務已經很難有區分），獲得共識意見之後，才會提到省府委員會討論，雖名為「討論」，但其實重點是在做成「決議」，因此「照案通過」的機率非常高，根據本案主持人實際觀察，「照案通過」的機率應有80%以上，「修正通過」的比率大約只有10%-20%之間。

會、團首長因故不能出席省政會議時，得指定副首長或主任秘書代表出席。

依據同規則第三條規定，省政
會議議案經出列席人員討論後決定
之。同規則第四條規定：左列事
項應提省政會議決定之。一、關
於省政策性行政措施事項。二、關
於省單行法規之訂定、修正及廢止
事項。三、關於省預、決算事項。
四、關於省有財產處分事項。五、
關於省屬機關（構）組織編制重大
事項。六、關於縣、市、鄉、鎮、
區（縣轄市）行政區域之確定或變
更事項。七、關於地方自治監督及
縣市長獎懲事項。八、依法令須提

作者與時任親民黨主席的宋楚瑜先生於台北
（鍾起岱提供）

出省議會審議事項。九、省長交議事項。十、其他應提省政會議或臨時重大事項。
依據同規則第五條規定，省政會議每週開會一次，省長如認為有必要時，得召開臨
時會議。依據同規則第六條規定，省政會議議程依左列次序編製之：一、報告事
項。二、討論事項。

（3）大致來說，省政會議議事規則所定的提報事項，雖然有十項之多，但仍
不脫台灣省政府組織規程第三十七條所規定的六大範圍，只是更加細膩。由於此10
大類規範，仍僅為原則性規定，何者須提報？何者不需提報？可能見仁見智，依
據1995年1月16日第三次省政會議紀錄省長提示二：今後各單位提報省政會議之議
案，仍請繼續依據本府委員會議第1519次會議[9]有關「台灣省政府各廳處局會提府
會討論案及報告範圍」之決議，若未涉及政策性之事項，請改由簽報方式處理，毋

---

[9] 本項省長提示，頗有意思，因為台灣省府委員會議1519次會議於1980年4月28日召開，其時
主席為林洋港先生，宋省長如何能得知該會議的什麼決議，豈非怪事？經研究者仔細審讀
根據該次會議資料，略知梗概，當時對於省營事業機構章程是否需提府會討論曾有爭議，
其後提交法規會等單位研議，依據時任副秘書長的王善旺先生提議，涉及重大政策之訂
定或修正理應提省府委員會討論，至於其他非屬政策性之案件則無須提報府會核議。由於
省府委員會議、省政會議、首長會談、聯席會議之類的會議，只要是跨廳處、主席、副主
席、省長、副省長、秘書長、副秘書長主持的會議，多由秘書處文書科負責幕僚作業，對
於廳處局會動不動就提府會、首長會談、省政會議、聯席會議等等，秘書處文書科經常有
苦難言，如何減少提案，一直是秘書處文書科的重要課題，而過去省府委員會或省政會議
紀錄，由於過於精簡，經常未能還原議事實錄，而開會時，有時秘書處幕僚單位對於相關
議事事項、或廳處反映事項或自己想要更加省事的方式，或對於一些需要改革的小問題，
經常藉由主席提示的方式，加到會議紀錄內，當時會議紀錄發出後，許多單位主任秘書不
明所以，互相探詢究竟是何意？傳為趣談。經查對當日手稿會議紀錄，原文為：主席提示
四：嗣後省政會議改以主題方式進行，不涉及政策性之枝節項目，請相關單位直接簽報處
理，不列入省政會議議程。可見手稿的會議紀錄與發出的印刷版會議紀錄，可能仍有出
入，其原因可能是當時由於電腦尚非非常發達，議事人員先以手稿記錄呈現，手稿記錄提
報後，再據以發出印刷版議事紀錄，發出印刷版議事錄時，公文仍需簽報，再此一過程中
仍可做若干修改所致。

須提報省政會議核議。

（4）主席時代與省長時代的決策模式不太一樣，在省主席時代，省府決策通常利用省府委員會來進行，主席的意志通常也透過省府委員會來進行，當時所謂「台灣省政府一級機關」其實指的就是「台灣省政府委員會議」，而二級機關則是各廳處局會團，所以當時的決策型態是周一上午召開「首長會談」，下午召開「省府委員會議」，如果沒有兼任廳長[10]的委員，無須出席上午的首長會談；而省長民選以後，雖有省政委員，但基本上屬於政策諮詢協商性質，原屬二級機關的各廳處局會，則成為省府的一級機關，原屬委員會的決策性質，轉變為首長決策的性質。

（5）根據1994－1998年192次省政會議簽到名冊，當時省府重要決策人物，主要來自幾個方面：（1）卸任之縣市首長：如林豐正（台北縣長）、許文志（雲林縣長）、陳進興（新竹縣長）、陳正雄（基隆市長）、林淵源（高雄縣長）、林柏榕（台中市長）、謝金汀（苗栗縣長）、廖了以（台中縣長）、童勝男（新竹市長）、鄭烈（台東縣長）、張麗堂（台南市長）；（2）國民黨或救國團：如蔡鐘雄、馬傑明、秦金生、唐啟明；（3）卸任之民意代表：林仁德（台中市議長）、張賢東（台灣省議員）；（4）學術界：賴英照、尹祚芊、張家祝、石滋宜、伊慶春、陳鏡潭、邱聰智、陳英豪、石曜堂、陳武正、李鴻源、陳龍吉；（5）原住民：李文來；（6）社會賢達：吳運東；（7）軍方背景：夏龍、李建生；（8）文官體系：吳容明、江清馦、黃癸楠、黃義交、吳堯峰、陳威仁、林學正、林將財、陳武雄、李明亮等等重要人物，均出自文官體系。

（6）茲將四年間曾出席省政會議相關首長（人員），陳列如下：（a）出席人員：省長：宋楚瑜；副省長：林豐正、吳容明、賴英照；省府秘書長：林豐正、許文志、蔡鐘雄；省府副秘書長：馬傑明、江清馦、黃癸楠、黃義交（代）、陳威仁；省政委員：石滋宜、伊慶春、林仁德、張賢東、陳進興、陳正雄、陳鏡潭、李文來、秦金生、吳運東、林淵源、李建生、尹祚芊、張家祝、鄭烈、謝金汀、林學正、林柏榕、廖了以、童勝男；科技顧問：石滋宜；榮譽顧問：伊慶春；人事處長：吳堯峰；主計處長：徐希學、張志弘；政風處長：林士元、王廣生；訴願審議委員會主委：黃天授、邱聰智、謝金汀；法規委員會主委：沈寶山、邱聰智；民政廳長：謝金汀、陳進興；財政廳長：賴英照、劉燈城（代）；教育廳長：陳英豪；建設廳長：蔡鐘雄、林將財；農林廳長：邱茂英、陳武雄；警務處長：陳璧、王一飛；消防處長：趙鋼；社會處長：唐啟明；地政處長：許松；住都局（處）長：林將財、江清馦、林宗敏；交通處長：鍾正行、陳世杞、陳武正；衛生處長：林克炤、石曜堂；環保處長：李公哲、陳龍吉；新聞處長：李明亮、黃義交、秦金生、陳威仁；文化處長：洪孟啟（代）；兵役處長：王仲超；勞工處長：林江風、黃癸楠；糧食局（處）長：林學正、杜金池；物資局（處）長：張麗堂；水利處長：李鴻源；經建會主委：何國華、江清馦、詹德湖（代）；研考會（經研會）主委：夏龍；省訓團教育長（公務人力培訓處長）：許榮宗、秦金生。（b）列席人員：台灣銀行總經理：蔡茂興、李文雄、何國華；原民會主委：李文來；台北辦公室主

---

[10] 依照當時規定兼任廳長（民政廳、財政廳、教育廳、建設廳、農林廳）必須是省府委員，屬於政務官性質，其餘處局會首長則屬於事務官性質。

任：楊雲黛 ；台灣省議會議長：劉炳偉；高檢署檢察長：劉景義；機要室主任：
夏龍、游長安；第一組組長：張照明、楊正寬；第二組組長：鮑世蛰、黃肇熙；第
三組組長：鍾平四；第四組組長：簡英俊、石國明；第五組組長：鄭義雄、黃泮
宮、蔡榮泉；編譯室主任：鍾起岱、方鵬程（代）；視察室主任：盧文蔚、黃信
義；公路局長：陳世杞、梁樾；水利局長：謝瑞麟；經研會副主委：鍾起岱；研考
會主秘：游長安。

三、臺灣省政府憶往

（1）王三重先生回憶說[11]：民國28年5月10日出生於屏東縣里港鄉，世代務
農，是典型的農村子弟，家裡本無自有土地，租一公頃五分土地耕作。光復以後，
政府實施耕者有其田、公地放領，我家才有了自己的土地，農家生活才日漸改善，
我陸續就讀里港國小、里港初中、屏東中學，最後進入臺灣大學法律系就讀。我認
為當時政府的土地改革政策使許多鄉下的孩子都能受益，都能夠接受高級教育，不
是只有我，像盧文蔚、曾國正都一樣。民國58年我考試及格，分發到省府法制室當
六職等編審，屬於省府秘書處的一個單位；當時先租住中興新村附近，到民國61年
6月始遷居中興新村宿舍居住。民國63年法規委員會成立，我當編審，之後升任九
職等的組長，民國68年就權理十職等的主任秘書，民國74年，高雄市政府法規會主
任委員出缺，長官推薦我，我就到那裡去。當時的高雄市長是許水德先生，我在那
裡快要兩年，74年5月1號勞動節那天我去上任，兩年後，邱創煥主席就叫我回來，
76年4月1號，愚人節那天我回來中興新村。

由於邱主席以前就認識我，那個時候許水德先生已經離開高雄市政府，蘇南成
先生擔任高雄市長，邱主席打電話給蘇市長說要王某某回來。蘇市長說到邱主席每
個禮拜三的中常會（當時兩位都是國民黨中常委）都跟他說，一定要王三重回來當
社會處副處長，那社會處副處長是十一職等，而當時高雄市政府法規會主委是十二
職等，所以蘇市長問這樣是降一等，我要嗎？我說我太太在中興新村，我4個小朋
友都在念國中、小學，所以我回來中興比較能夠照顧，因此我就回到省府。

（2）江清馦先生回憶說[12]：我是臺灣省嘉義縣竹崎鄉人，竹崎國小、竹崎初
中、嘉義中學畢業，聯考考上中興大學法商學院公共行政系，行政系畢業後，我
就考上政大公共行政研究所，我是當完兵回來再讀研究所。民國57年參加公務員高
考，當時還沒自政大畢業，我們政大有一個規矩就是，你學科考試考完了，你就可
以出去兼職，所以我學科考試考完了，那麼剩下一年寫論文，我研究所讀了三年，
剩下一年寫論文，那這個中間呢？我就到經濟部去，經濟部待了差不多一年，那
時候一個月薪水，委任一級980元新臺幣，然後加你的配給，房屋津貼什麼，全部
加一加，差不多是2100塊，2100塊在臺北，我跟政大一個同學合租了一個宿舍，就
是兩房一廳，還有一個廚房，廳跟廚房共用，一個人一個房間這樣，一個月要700
塊，我哪裡能夠生活下去。

[11] 王三重先生，生平見第十章〔2〕。

[12] 江清馦先生，生平見第十章〔1〕。

　　當時聽說中興新村有宿舍，剛好社會處長是邱創煥先生，他要找一個人，開出來的條件是什麼，第一要有碩士學位，要有高考及格，要會一點英文，他回政大去找張金鑑老師推薦，張金鑑老師就推薦我，本來我不想來的，那個時候我在經濟部好好的，跑到中興新村來做甚麼？當時社會處的科長，有個禮拜到臺北去開會就找我，說我們，都跟你簽上去了，長官都同意了，你來了是當專員，我說專員也沒有多大，在我們，在經濟部的時候，一個科三個人，一個科長、一個專員、一個科員，事情是分三等份，這個科長呢，只是把我們科員跟專員的稿再核一次這樣而已，我想專員有什麼了不起，結果就碰到那個羅邦楨，教打太極拳那一位，他是羅邦婕的哥哥，也是我政大研究所在職班的同學，他碰到我就說，我當了一輩子公務員，當了20幾年才編審而已，專員跟編審一樣啊，你為什麼不來。我說管他的，管他編審不編審，專員不專員。結果呢，這個科長每個禮拜都找我，到最後呢，我就答應他了。

　　我是民國58年8月1號到中興新村來，當時邱創煥處長要我從經濟部辭職，他說科員調專員這樣會被人說話，這裡專員很大，下面還有幾個股長，對他們不好交代，你要辭職重新任用，結果，我就辭掉經濟部的工作，正式的派令是59年1月1號到社會處當專員，那個時候我就跟曾國正同一科，他是股長，我雖然是專員，但我都跟著他後面，到外面去出差，我就跟他。他是老鳥，我是菜鳥，我在社會處待了八年，擔任社會處秘書室的副主任，然後我就到財政廳，擔任徐立德廳長的機要秘書當了幾個月，就去當三科科長。那個時候是民國67、68年左右，以後我就到研考會當執行秘書，當時是省府最年輕副首長，我當科長也是全省政府最年輕的，才30出頭，到了這個到研考會，裡面那些主管年紀都比我大很多，研考會執行秘書待了幾年，民國71年調交通處副處長，交通處當了5年的副處長，調臺汽公司董事長，臺汽公司幹了3年，宋楚瑜先生當省長的時候，他調我回來當副祕書長，副祕書長當了兩年多，我就去住都局當局長，住都局局長差不多當了一年，還不到一年就調內政部常務次長，精省後我回來當副主席，是趙守博主席找我回去當副主席，處理凍省的難題，民國89年3月20日國民黨總統選輸了，趙守博主席派任中廣董事長，我就代理臺灣省政府主席，我代理時間很短，差不多兩個月，89年5月20號，我把這個省府大印交給張博雅，我就退休，離開了公職。

　　（3）鍾平四先生回憶說[13]：我到中興新村來，是民國62年的事情。我對中興新村的印象真的是非常的好，這裡的一點一滴、一草一木給我留下很深的印象。所以65年的10月份，我從陸軍官校的政治系退伍以後，我就毅然決然到農林廳服務，我在農林廳大概有14年半的時間，我從小科員，到股長，再到秘書，再到主任，有14年多的時間。後來有一個機緣，就是前省政府的副祕書長王三重，他需要一個祕書，而且那時候他是從省府社會處副處長調副祕書長，有人引薦之後，我就跟著他去省政府。在省政府大概當秘書當了1年半左右就調專門委員；專門委員也當了1年多，就調省政府的第三組組長，當時是十一職等的參議兼組長。到了2000年的時候，當時總統選戰選戰剩下4個半月，當時的連戰副總統跟趙守博主席說：我每

---

[13] 鍾平四先生，生平見第十六章〔5〕。

一次到地方去拜訪地方人士的時候都答應了一些事情，可是都一直沒有辦到，所以希望省政府有一個人能夠跟著他去，然後把相關的事項記錄下來，回來之後省政府能夠幫他解決。當時趙主席就召見我，他問我願不願意跟著連戰跑這4個半月的行程，我說長官怎麼指示我就去，後來他把我調升參事，省政府有參事，我大概是第一個，當時就調十二職等的參事也兼第三組的組長。然後我就跟著連戰跑了大概有4個半月的時間。

民國100年中興新村升旗典禮（鍾起岱提供）

我記得有一天早上連戰親自召見我，我一個晚上都沒有睡覺，因為我沒有碰過這麼大的長官召見我，那是在資料館的荷園，早上7點半，趙守博帶我去見連戰。連戰第一句話問我說，你還在當組長嗎？我說是啊，因為我的組長是連戰擔任主席的時候升的，所以他很關心這個事情，他說沒有關係，等到選舉完了以後我們再來調整你的職務，可是後來也沒有選上，之後趙守博告訴我說，那你到公管組去好了，所以才去公管組擔任組長。

　　（4）簡榮聰先生回憶說[14]：民國65年開始我就在中興新村。我當時還住在臺中，每天從臺中通車到兵役處來上班。兵役處的人員不多，但主管全臺灣有關兵役方面的行政。每年的暑期集訓，或是徵調新兵，兵役處的同仁都要跟著去送兵，送到軍營去；我們主管也要分配去監督。我記得那時候要常常去送兵，在臺中火車站的整列車都是阿兵哥，送他們從臺中送到高雄，或是從臺中送到臺北，護送他們到新兵訓練營去。省府兵役處人員少，但是人才濟濟。有一些同仁是跟中央政府一起播遷來臺的，他們讀了一些國學的書，會吟詩作詞，書法方面也很好，還會篆刻。其中有一位叫做萬古愚，他是中興吟社的成員，當時跟大詩人張達修，兩位都在兵役處當督察，而我在兵役處當人事室主任，因此與他們兩位有來往。之後又認識了在省府秘書處服務的趙松泉，陳其銓。趙松泉擅長的是花鳥畫，是南派有名的畫師，在全臺灣是有名的；陳其銓教授，大家都稱他教授，他好像起初是在秘書處當祕書，後來當參議，他是擅長寫書法的。我曾到他們的宿舍，以前省政府的宿舍分為甲乙丙丁四種，陳其銓教授是甲種宿舍，而趙松泉先生則是乙種宿舍，由於他們擅長書法繪畫，他們的宿舍就營造的跟其他員工不同，營造的小橋流水、花木扶疏，相當不錯。

　　我因為要免去通車的麻煩，便申請居住在單身宿舍。單身宿舍就是松園，它有四棟宿舍，另外第五棟單身宿舍是女生宿舍，叫蘭園。我那時就住在耶斯列餐廳

---

[14] 簡榮聰先生，生平見第三章〔42〕。

（後稱鍾愛一生）旁邊的第四宿舍，當時每一個宿舍都有餐廳，餐廳的伙食福利很好，我記得早餐好像十塊錢而已，內容很豐富，有麵、飯、稀飯、饅頭等；中午是四菜一湯，十五塊。我在兵役處當人事室主任，還沒三十歲，是全臺灣最年輕的人事室主任。我回到家鄉非常風光，我家鄉的陳府將軍廟的主任委員李春田特別看重我，就叫我寫陳府將軍廟的碑文，我印象很深刻，是民國65年寫的。當時我的表叔國畫大師李轂摩對我很欣賞，覺得我很厲害，年紀輕輕就能在省府當主管，是件出人頭地的事。我在兵役處當然也是竭智盡忠，當時因為改革役政人事制度，獲得國防部部長的召見及獎勵，還行文給臺灣省政府給我記大功一次。這是我頭一次記大功一次，是我在省政府得到的。

後來我調到南投縣政府當人事室主任，經辦工作簡化。在卜達海當處長的時候，李登輝先生當省政府主席，推動工作簡化，我剛好是全臺灣工作簡化最績優的單位，也幫忙省政府人事處作各地方輔導工作簡化的推動。卜達海處長賞識我，將我調到人事處當第一科科長，所以我在南投縣政府的時間很短，才一年多。人事處第一科科長也是在推動工作簡化，當時省政府的工作簡化得到全國績優的第一名，我剛好是主管該業務的科長，所以受到記二次大功的獎勵。我當時的印象就是省政府各廳處的員工真的太努力了，晚上下班的時候經常看到省政府燈火通明，常常晚上要加班。人事處處長卜達海先生很認真，我常跟他一起到各縣市去視察人事業務、工作簡化，那時候還作組織改造。卜處長在車上想到什麼馬上寫便條紙，馬上交代我說打電話回人事處，我隨時要轉達處長指示。卜處長在車上都不休息的，都是一心在人事的發展業務。

我在人事處服務期間，由於我對文史的興趣是很早的，雖說人事處很忙，但我會利用空閒時間寫點東西，我幾乎常常投稿《臺灣月刊》、《人事管理月刊》、省訓團的《訓練通訊月刊》。後來人事處換成了李昊處長，我因為擔任第一科科長有一段時間，就調到主計處當人事室主任。李昊處長告訴我，別小看這個職位，主計處人事室是主管全臺灣主計人員的任免、遷調、考績、獎懲，他說這裡是小型的人事處。我當時是主管主計方面的，就可以知道省政府的權限有多大。在主計處比較清閒一點，我就寫了一本專書，後來邱創煥主席的編譯室主任出缺，邱主席要找文筆比較好的、又有行政經驗的，承蒙他器重，我就當參議兼編譯室主任，也就是俗稱的「文膽」。

我在擔任編譯室主任期間，相當辛勞，職責很繁重，除了負責省府公報外，編譯室主任還要寫主席的演講稿等。連省政府到省議會去做省政府總質詢期間，由省府副祕書長跟編譯室主任坐鎮，負責總質詢時省政府的答詢、文稿。當時省府每個禮拜的兩次會議，星期一早上首長會談，下午省府委員會議，編譯室主任就要參加。邱創煥主席有時候會召見我面授機宜，邱主席很禮賢下士，看公文也很仔細，他是第一位點過二十五史的首長，深明文史的重要。文獻會是主管全臺灣省的歷史與文化工作，那時候省政府還沒有文化處，文獻會可以說是當時掌管文化的最高主管機關，並負責撰史、督導各縣市寫縣市志。當時文獻會主委出缺，第九任江慶林主委屆臨退休，邱主席對我很愛護，命我接任文獻會主委。民國79年2月1日我接任第十任文獻會主任委員，文獻會當時在臺中的黎明辦公廳處，我有分配座車，每天

往返草屯到臺中。

　　我有鑑於文獻會是主管臺灣歷史文化的單位，並又典藏事關日治時代的重要檔案，如總督府檔案、拓殖株式會社檔案，我跟邱主席報告，我擬了一個「臺灣文化園區五大文獻館」的興建計畫。我建議擇定在中興新村，興建臺灣文化園區，當時承蒙邱主席很贊同，我爭取到兩公頃半的土地，就是現在的國史館臺灣文獻館。我任內建了三大館，三大館的硬體建築在我任內初具規模。

　　當時是規劃五大文獻館，第一是臺灣文獻史料館，第二是臺灣民俗文物館，第三是臺灣史蹟源流館，第四是臺灣先賢紀念館，第五是臺灣民間技藝館。五個館都各有其特色及所要典藏的目的，其建築也是各有代表臺灣歷史建築的特色，像文獻史料館是仿閩南式的建築，是代表清代年間的建築特色；民俗文物館是仿文藝復興時期的巴洛克建築，代表日治時代學習西洋文化的建築特色；光復

台灣文獻館之文獻史料館（鍾起岱提供）

後，中央政府帶來了北方的宮殿建築，所以史蹟源流館仿效北方的宮殿建築，代表光復以後的建築特色。

　　（5）劉耀武先生回憶說[15]：我是民國52年到中興新村，82年退休，剛好30年，陸續與5位省主席一起工作。曾寫了一本《人生奇航》回憶錄，內容是記錄跟5位省主席所做的事情。我喜歡工作，像是經動會、研考會，這個整合型的工作，都是跟我有關係。在工作的內容方面，我主要的就是用了四個字，就是「創新模式」，我在省府工作一直是如此。從這個研究員兼組長，以至於當到研考會的首任主任委員，我都是這樣，因為研考會本身性質的關係，縣市政府的許多整合性工作，或是老百姓的陳情案件，都是交給研考會來處理。我工作這麼多年，我的創新的工作很多，鍾起岱知道，像是推行革新實驗，便民服務，這些我都一直在做。另外一個就是行政生產力，這個新的作法，我很遺憾，退休了以後沒有人繼續做。我這個行政生產力是世界各國都沒有的，我到美國、日本都去考察過了，美國發明行政生產力的教授，加州大學的，我去訪問他，他跟我說這個工作不太容易做，他說理念上我是有的，但是實際去做沒有什麼把握。我就在省政府找幾個單位試辦，從邱創煥當主席，到連戰來接的時候，我們還在實驗，連戰時代，這個案子還擴大試辦。但是到連戰離開以後，當年接我擔任主任委員的黃天受主委，他就沒有繼續辦，這是很

---

[15]　劉耀武先生，生平見第九章〔44〕。

可惜的事情。

（6）詹德湖先生回憶說[16]：我家世居南投，我的父親是醫生，當時是南投地區蠻有名望的醫生，他當過南投市的前身－南投鎮，光復以後南投鎮第一屆民選的鎮民代表；當過大縣制的時候，大臺中縣的參議員，他當過很多的職務。我是他最小的兒子，也是獨生子，我上面有4個姊姊。我在光復以後才念小學，讀南投國小，所以我是從注音符號ㄅㄆㄇ開始讀起，完全沒有受到日本教育的影響，也沒有當時剛光復以後學習漢音的讀法，純粹是從ㄅㄆㄇ開始。我中學是讀南投中學，初中、高中，在高中的時候，剛好中興新村來規劃，要開始設置臺灣省政府，要疏散到中興新村這地方來。在蓋的當中，我們同學常常跑來這裡，來看這個建築。我知道的是當時剛開發的時候，這個道路一條一條的道路，都當成臺北路、桃園路、新竹路，但是後來就變成今天的道路，高中畢業以後，我去讀東吳大學政治系，然後在文化大學讀政治系研究所畢業，服兵役以後再去讀研究所，我考上研究所後，保留學籍去當服役，服役回來再去讀研究所，研究所畢業以後，當時留在文化大學政治系擔任講師，然後兼課外指導組的主任。

我在課外指導組主任任內，我曾經受到文化大學創辦人張其昀（曉峰）先生非常的愛護、提拔，所以當時接任大學的課外活動，還有一些黨務的活動，當時文化大學的課外活動在全國大學的排行版當中經常敬陪末座，我在那裏承蒙長官、同事、同學的支持與幫助，所以我接任一年以後，從敬陪末座拉到前面的第一名，所以曉峰先生很高興，特別頒一個服務獎狀給我。民國59年我從文化大學到臺中商專服務，還是當講師，然後63年升副教授。在臺中商專服務的期間，我在中學很要好的同學張北齊[17]，他念政大外交系，他當時當臺灣省政府外事室主任，就是主席的翻譯官，所以他從臺北回來的時候，我們常約在中興新村碰頭，我有時會跟著他上省府大樓三樓。當時的經濟建設動員委員會，謝東閔主席兼主任委員，黃應樞擔任臺灣省政府副祕書長兼經動會副主任委員，執行秘書叫陳錫周。因為北齊先生的關係，我就跟黃應樞、陳錫周都認識，有一次陳錫周問我，教書不是你的最後目的，我這有缺，你要不要過來。當時我住在彰化，在臺中上班，老家在南投，這樣三角跑，對我來講時間耗的很多，所以就選擇到中興新村來。

我民國63年到省政府，當時給我的職位是專員，八職等的專員；65年因為主席辦公室裡面需要人手，又不想把編制擴大，所以就把我調到主席辦公室，我的名義是經動會專員兼主任委員（當時台灣省政府主席兼任經動會主任委員）的機要工作，一直到謝東閔先生高昇副總統，林洋港先生來接任主席。事實上，這段時間除了謝先生的機要工作以外，我也辦經動會本身的業務，就是經建實施計畫。民國69年開始推動基層建設，那時候業務很忙；70年我升專門委員兼組長；74年邱創煥主

---

[16] 詹德湖先生，生平見第三章〔8〕。

[17] 張北齊1939年10月3日出生，臺灣省南投縣人。政治大學外交系畢業、外交研究所肄業，美國西雅圖華盛頓大學公共事務研究所研究。歷任我國外交部非洲司科員，駐利比亞大使館三等秘書，臺灣省政府外事室主任，駐西雅圖總領事館領事，駐美國代表處秘書，駐紐約新聞處副主任，駐加拿大新聞處主任，行政院港澳小組秘書處主任，駐德國柏林辦事處處長，駐利比利亞特命全權大使，外交部非洲司司長等職。

席將我外放到高雄硫酸亞公司當總經理；76年調回來經動會，當時改名為經建會，主席不兼主委了，有專職的主委，我調回來接任主任秘書，之後調副主委，然後再代理主委，所以我在經建會的資歷最為完整。經建會跟研考會合併後，我先擔任夏龍先生的副主任委員，夏先生離開後，我還是當代理主委，精省後剛好碰到九二一，我是地震受災戶，就提前退休。

我是在經建會主任秘書的任內，後來當副主委的時候，因為當時主任委員楊寶發先生搬去五百戶的首長宿舍，所以原配的宿舍就讓我來住，在光明里市場的對面。然後精省以後，組長都可以分配到新的五百戶那裡，我沒有搬過去。當時住了以後，我們一直講說中興新村的宿舍很好很好，下水道很好很好，我個人則是相當保留。因為我的宿舍剛好在山腳的地方，所以花木扶疏，樟樹很大，樟樹的樹根會從排水管伸上來，一直到洗手臺、浴缸上面，因此常常不通，要找人來挖掉。所以我住那一戶，外表上很好，其實這當中除蚊子多以外，排水也相當的困擾。

（7）楊正寬先生回憶說[18]：我是臺中大甲的海口人。我在這邊30多年，中興新村算是我的第二故鄉。我在省政府這麼多年，一路走來我也感觸良多。特別是地震跟精省，在省政府，每個工作跟職務，不是自己想做甚麼就能做甚麼。我當過兩任省主席的機要秘書，寫過《從巡撫到省主席》以及後來新聞處幫我出版的《臺灣建省演繹》，最早我在臺灣手工藝研究所當總務主任，當時印象深刻的是環境的管理。特別是當時謝東閔主席來都會看那十棵鳳凰木，他都坐那座沙發、喝同樣的茶杯、以及同樣品質的茶葉。謝東閔先生對手工藝研究所是很有貢獻的，因為他任內創「客廳即工場」，以及消除髒亂的小康計畫，是臺灣人當省主席的第一人。我當主任時，某日省主席辦公室打電話來，說李登輝主席要召見我。我跟李主席是完全不熟的，召見我去時我嚇了一跳，當時是豐原高中禮堂倒塌，黃昆輝教育廳長請辭下臺，學生死傷很多。輿情不滿以及陳情書一大堆，原先有位新生報的記者負責接應，處理得很累要離開，就請我幫他處理信件、回信等。李登輝先生是蔣經國先生栽培，相當優秀的。當時提拔臺籍人士出任要職，蔚為風氣，號稱崔苔青政策，李登輝先生、林洋港先生、邱創煥先生都是這個政策下提拔出來的政治人物。

我在省主席辦公室旁邊觀察，感覺到三人之間的互動是非常有意思的，沒有多久，蔣經國先生就請他擔任副總統的競選人選，當選後，李登輝就到臺北任職，我想一般主席辦公室的機要人員都是要換人，我就請調到省府秘書處裡面任職。

接任省主席的邱創煥先生，我跟他也不熟，但是因為主席辦公室還是有一大堆書信要處理，就請我回去主席辦公室幫忙處理，這兩位主席是臺灣人之中非常傑出優秀的。從處理信件的故事來說可看出端倪，李登輝先生是受日本與美國的教育，所以當時我寫甚麼信，他都照單全收，沒有意見。只有一次，我對基督教的長老回信，我們寫「順頌道啟」，他卻把那兩個詞劃掉，寫「以馬　內利」。當時我年輕不懂涵義，但也照打字下去修正。直到後來我碰到一位基督教徒，他解釋那句話是「神與你同在」的意思，才讓我恍然大悟。而跟隨邱創煥主席，則讓我學了很多，他的漢文文筆很好，是彰化田尾人，和趙守博先生及謝東閔先生一樣都是彰化子

---

[18] 楊正寬先生，生平見第十二章〔33〕。

弟。雖然我是念中興大學中文系畢業，但是邱主席教給我的更多。我記得某一次，當時有省議員和縣議員，我寫「某某縣議員　吾兄大鑒」，他把「縣」字劃掉，後來他很客氣的跟我說明，因為我們有省議員和縣議員，對象是「縣議員」，你可以把「縣」字劃掉，別人不知道他是省議員還是縣議員，但是如果對「省議員」，你就要寫上「省議員」。

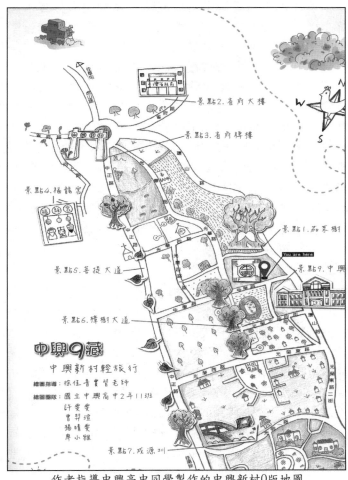

作者指導中興高中同學製作的中興新村Q版地圖
（鍾起岱提供）

還有一次，邱創煥初當主席時，曾任彰化縣長的呂世明先生寫一封信跟他道賀，雖然他當時九十五、六歲了，身體還很硬朗，我就代替主席寫信感謝他。當時邱主席六十幾歲，我想我們自稱「晚」，主席卻把這個字劃掉，改成別的詞。後來有次我們在公館吃飯，他對我說明：「楊秘書，我們對一位九十幾歲的老人家，稱「晚」是有點傷感情的。因為「晚」字音同喪事時的『輓』字，所以會讓人感覺不舒服。所以把字改掉，改成『鄉弟』。」我問主席：「您和縣長兩人年齡差三十幾歲，稱呼弟弟合適嗎？」主席回說：「你不知道啊，你跟他互稱兄弟，表示他還很年輕啊！」我說這個真的很絕！讓我學了很多，可說是我的「一字之師」。

後來邱主席卸任後，找我去當臺灣省旅遊局的副局長，當時局內多半是林務背景的人，主席說要整頓，要增加遊樂區、風景區，所以就請有公共行政背景的我去擔任。他表面上很嚴苛，但私底下也會幫我，於是我就照他意思去上任了。上任沒多久，邱主席就去當考試院院長，他的秘書打電話給我說：「楊秘書，你沒來不行啊！」就要我一起過去，我說我沒錢可以在臺北買房子，也懶得去張羅房子的問題，就沒去。後來邱院長就變通了，改用傳真的方式傳一些書信，給我協助處理，並交代院長室的人說如果他們處理不了的，就傳給「楊秘書」協助處理。當然我底下的人都知道我是副局長，都告訴我說「副座，這些是院長室來的。」，我就擬一擬回傳，這樣的情形持續了將近一年。

邱創煥主席也是位性情中人，我追隨他學習了很多，除了文筆進步以外，我記得他要卸任前，好像他有意思要競選什麼，出版一些書，也創了中華民國發展發展協會，當時我們都是發起人。邱主席成立大會時，號召的聲勢浩大，排場很大，反而讓李登輝側目，刻意打壓冰凍他，據說在考試院長任內還被打一巴掌，非常難堪。有一位記者出身的林少雯小姐，幫他寫了《有淚不流的日子：邱創煥的奮鬥》，邱主席交代她，所有資料由楊祕書來負責提供。我對邱主席的過去其實不甚了解，但去和他的家人朋友了解之後，才知道他是位苦學出身的，是很道地的苦學囝仔。他當過小學老師，擁有了碩士學程。他的太太懂英文，婆家也有點錢，才稍微改變了他的生活。我在主席辦公室的時候，念省政建設研究班第一期，後來成立公共行政研究所，我也考取第一屆新生。但考取後，我發現我沒辦法離開辦公室去專心念書，因為我怕去念研究所會影響到公事，就跟辦公室主任報告此事。主任說辦公室不能沒有我，所以不能讓我走。於是他就跟邱主席報告，主席就召見我。沒想到主席說：「不會影響！你去念沒關係，你知道我以前要念書很辛苦，有這個機會你去念！」他還交代當時人事處李光雄處長研究怎麼幫我，是否可以帶職進修。

後來他們研究結果說可以的，因為我是念公共行政，而且工時不是朝九晚五的，不必太在乎上班時間一定要到，主席說只要把陳情書信的文書工作，安排好時間處理好就可以了。所以我想後來我去旅遊局副局長需要公共行政背景，也是因為主席這樣的機緣才得以擔任的。所以我很感謝邱主席。我在省府兩進兩出，第一進是主席辦公室，第二進是擔任參議兼組長。

我想分享一點在旅遊局時候的一些小事。在旅遊局擔任副局長，因為旅遊局成立沒幾年，要建立一些法治的建制。我記得當時主席辦公室有一位隨扈秘書，安排分發去鐵路警察局當副局長，辦公室有位黃正隆主任，就開玩笑說我們兩個的工作都差不多哦，一個是「管七桃仔」（臺灣話的「警察」），一個「管七桃」（臺灣話的「旅遊」）[19]。我到旅遊局當時的局長叫許啟祐，是立法委員許張愛蓮的先生，大概因為選舉的恩怨，導致他被黑道通緝。當時還有另一位副局長，年紀很大，是軍人出身的，所以許局長有事情，也找我幫忙。沒想到民國79年7月25日發生了世界旅遊安全史上重大的日月潭船難事件，死傷了四十幾人。時間是中秋節前後，也凸顯出旅遊安全的法規、政策要修正、建立，所以整個八十年代都環繞在旅遊安全的法規制定業務。

而當時許局長本人礙於黑道威脅的關係，不便到現場處理，就請我過去，他用電話遙控我處理。交通處長林思聰知道這情形，有事情也就改來找我，而不去找許局長。我當時是新手，剛到任一個多月而已，那時日月潭每一天都撈幾位起來，白布蓋起來，準備辦理後事公祭等等的。這件事讓我驚覺來旅遊局「不好玩」，新聞界對我們的處理也多有不滿，我也盡力的排解安撫，所幸這些事情過去後，觀光旅

---

[19] 「七桃仔」與「七桃」是通俗的寫法，七桃是旅遊玩耍的意思，七桃仔就指那些愛玩、遊手好閒人，後引申成混混的意思，比較正確的寫法有三種，第一種寫成「佚陶」，清末民國初《台灣語典》：佚陶，謂遊樂也。第二種寫成「佚佗」，中國大陸出版的《閩南話漳腔辭典》：佚佗（cit7-1 to2），玩耍。第三個是「迌迌」，二十一世紀初台灣教育部《閩南語推薦用字》：[迌迌]（tshit-tho），玩耍、遊玩。

遊的安全越來越進步。我在旅遊局三年，在第三年的時候，我認識一位東海大學的廖勝雄學務長，他當過副祕書長，他曾在宋楚瑜當省長的時候擔任省訓團教育長，當時省訓團主任是省主席兼任，實際的工作是教育長在執行。但廖教育長人在東海大學，我那時回來中興新村，住在光明里，他有的事情就請我幫忙。

我到省訓團的時間比廖教育長還晚三個月，因為當時我還在旅遊局，有一個泛太平洋的旅遊協會年會，是國際會議，中華民國也成立了代表團，我是團員之一，交通部觀光局局長則擔任團長，整團有十二個人，也都註冊了，但廖教育長催我很急，要我當主任秘書，說「省訓團裡面都是將軍，是老兵，你不來，我一些行政沒辦法推動。」我說國際會議我還是要去，不能缺席的。因為當時外交情勢不好，國際會議一定要積極參加。所以我等出國報告寫完之後，才去省訓團任職。

廖教育長是省訓團從光復成立以來，第一任的文官首長，文人的教育長，文人的主任秘書。但我底下的組長都是中校以上。之前的主任秘書曾是少將，教育長則是中將。末代的教育長是李建生教育長，由宋楚瑜主席安排去當省府委員。李教育長離開之後，有部分的軍人同事反對這樣的改革，省訓團沒有了讀訓、自修、早晚點名的制度，改成加強行政管理的教育，他們感到非常不習慣。起岱兄當時也幫了我們很多忙，寫了好幾本著作，關於行政革新的專輯方面的書。

後來省訓團持續精簡組織，我後來去文官學院上課，有感而發就是政府越精簡，單位反而越多，官也更多。例如省訓團同樣一個大門進去，卻有兩個單位，右邊是行政院人事行政局的地方行政研習中心，左邊是國家文官學院的中區中心，但成員都是老同事。我在省訓團當了三年，後來有一天在主任秘書辦公室接到副省長林豐正的電話，很客氣地告訴我說：「正寬兄，主席想要找你來談一下。」那時候是宋主席的時候，因為他兼任團主任，每個禮拜一的開訓，他都會去致詞跟公務員們講話。那他找我去，我覺得奇怪：「他昨天才來省訓團開訓，怎麼沒跟我提甚麼事情？」林副主席說我不曉得，你來一下吧。於是我去見宋主席，主席告訴我：「你文稿跟公文處理能力很強，不知道是否可以請你接參議跟第一組的組長？你的工作是幫我看十個廳處的公文，拜託您好好幫我看一下，如果有甚麼瑕疵或是不適宜的地方，你就給他退，不要每一件都送上來。你知道副秘書長很忙，我也很忙，若不小心我把它發出去了，影響很大。」他很慎重跟我說：「這些都是人民的權益，我們一定要很細心。你們組長這一關把所有廳處的公文好好看，好好把關。大家都推薦你很不錯。」我不知道他口中的「大家」是誰，但我就去了。

當時廖勝雄先生已經離開，有一位許榮宗先生來接教育長。我就去接省府參議兼第一組組長，十幾個廳處的公文讓我更了解許多省政建設，以及重大法案的政策。每個禮拜都要陪省府委員開會，我們都列席，自然也知道一些政策或專案的決策過程。那個時期讓我學習最多省政的時候，也更了解、欽佩宋先生跑309個鄉鎮的事蹟。

（8）洪孟啟先生回憶說[20]：我曾經擔任過宋楚瑜省長時代的臺灣省政府外事

---

[20] 洪孟啟先生，曾任中央警察大學兼任教授、東海大學兼任副教授、臺灣省政府參議兼外事室主任、省府文化處副處長兼代處長、行政院文化建設委員會中部辦公室副主任、行政院

室主任，後來宋省長命我籌備成立臺灣省政府文化處，當初文化處籌備的時候，有同仁建議到新的臺灣文獻館，我批了，就到臺灣文獻館。當時臺灣文獻館還沒有驗收，其實是還沒有全部蓋好，所以就先指定去。去了那邊以後，當然就將文物大樓四樓做了簡單的規劃，作為辦公室；那下面的地下室，就是歸文獻館做他們的典藏與辦公之用；一樓、二樓、三樓就規劃作展覽。當時在規劃的過程當中，它的門口有一塊草皮，原來的計畫是要將那塊草皮整個都鋪為磁磚，我建議不要鋪磁磚。你鋪磁磚，那就一片變成水泥地，所以就留下綠地，文化處籌備的時候，我們是用霧峰旅遊局的一間會議室作為籌備處。後來在選擇文獻會的大樓撥給我們用，當時簡榮聰主委已經調到新生報當副社長，文化處跟當時的臺灣省文獻會是有些不太愉快。

文獻館原本規劃五大館，那是在邱創煥主席的時候，後來因經費不夠，所以就先蓋三大館，後面兩大館就沒做，因為主計處審查認為沒有經費，當時正在推動週休二日，我就在現在文獻會前面的廣場，辦假日廣場，那時非常叫座，假日廣場每周末辦，早上一次，傍晚一次，早上是親子活動，傍晚的時候就是表演團隊，記得有一次國光劇團在此首演歌仔戲的媽祖傳，差不多是民國85、86年，那時候明華園來過啦，省交來過，國樂團也來過，原住民的表演也來過。當初省府準備成立三個單位，一個是文化處，一個消防處，一個水利處。那文化處成立主要是呼應各界的呼籲，臺北市、高雄市也說要成立，宋省長說必須把文化資源好好的妥善運用，文化業務放在教育這一塊，屬於末端，如果說把它單獨成立一個文化處，就可以好好的去發展，所以就交代我去籌備。

在籌備過程當中，我非常感謝當年的教育廳陳英豪廳長，陳廳長完全沒有本位主義，他把他教育廳裡頭的鳥園、博物館啦、美術館、社教館，還有圖書館，全部都撥交到文化處。那時候，如果他有一點本位主義，把圖書館放在手上的話，那麼將來圖書館的功能，其實就不能完全發揮。因為圖書館是有三個系統，一個系統屬於學術的國家圖書館，它是屬於典藏的，它服務的人口是十八歲以後，但是不借書，所以你只能進去看。第二個系統是學校圖書館，那純粹只是給學校使用。那第三個系統是公共圖書館，就是以臺中圖書館作為核心，公共圖書館就連結了所有的縣市鄉鎮圖書館。

當初文化中心的成立，第一個成立的是圖書館，然後逐漸再成立表演廳，所以圖書館是一個火車頭。當年各縣市文化中心成立，主要就是借書。所以陳英豪廳長，就把圖書業務撥交文化處，我是非常佩服。第二個我很佩服陳廳長的，因為十幾個附屬單位，都是教育系統的，這些單位的人員，他們原來是希望留在教育系統，將來有機會可以轉為校長，而且大家也不知道文化處將來是什麼樣子，所以心懷疑慮不願意來，陳廳長把他們說服，他們來了以後，我就了解，他們的主要疑慮是說他們怕以後爭取校長的資格沒有了，所以我去跟陳廳長講，我說廳長這十個單位是不是仍然保留他們爭取校長的資格，將來要計點啊，點數還是有，陳廳長一口答應。我就跟他們十幾位主管講，你們放心，你們將來回學校還是可以。文化處在

文化建設委員會處長、文化部政務次長、部長等職。參見：鍾起岱（2014）：南投縣文化景觀中興新村口述歷史調查研究計畫結案報告。

籌備階段，因為它原來是在一個科裡頭的一個股，整個所有教育廳跟文化有關合起來不到十八億，所以我們就在跟主計處商量，主計處就把它加到二十六億。所以文化處第一年的預算是二十六億，二十六億可以做很多事情。

第三個我很佩服陳廳長的是，當初教育廳所訂的人事規範，我們發覺跟我們預定的結構好像不太能夠對稱，我又去跟陳廳長講，你願不願意、同不同意我去修改你原來通過的人事規範，他說沒有問題。所以我後來找人事處長，那時候人事處是吳堯峰處長，他不但同意，還派最得力的一位科長到我們這裡來協助我們，一位張科長來幫我們忙，協助我們把整個組織架構都弄完。當初人員移撥是從每個附屬單位移撥兩個人過來，據我所了解，我們附屬單位人本來就不夠，比如說新竹社教館，他這個缺只有十個缺，你若移撥，他社教館就不用運作了；彰化社教館只有十四個缺，你怎麼移撥呢。所以後來我又去跟吳堯峰處長商量，我說可不可以這樣子，讓我們從省裡頭找人，省裡面找人，然後將來我這邊呢這個缺，如果是附屬單位的，將來就遇缺就不補，他也同意了，我們就開始找人。

找人就先找科長，那時候蘇忠主秘幫我忙找人，當時蘇忠在教育廳做專門委員，他幫我找人，先找科長，第一科找楊國政，他原來是股長，能力很強；第二個科李西勳，負責博物館、文獻調查；第三科是表演、展演，找來找去，最後找到美術館的林滿圓，接著找股長，我就跟他們講，你們是科長，將來股長跟你們關係最密切，你自己去找股長，你找不到，我們幫你找。這樣科長、股長找齊以後，開始找成員，甄選成員的時候，我們三個科長、我、蘇忠主秘，我們一起甄選、一起面試，公開嘛。所以這樣子到後來就把這一個架構組起來。當時文化處編制是一百個人，但實際上我們只有七十個人。大概加上後來的臨時工啊，加起來差不多一百個人。之後廢省，在這過程當中，有一些成員動搖了，要走，那我們就讓他走，因為他來的目的既然是想來升官，或不是真的要作文化，那麼聽說凍省要走的話，那就讓他走。那時候我們還在籌備，能不能成立還不知道，當然省議會的民進黨黨團就講說反對這三個單位的成立，所以就有人動搖了，我就讓他走。走了大概三、四個。

那時候有一個中華文化復興總會臺灣省分會，省長是分會長，文化總會的總會長是黃石城，黃石城要辦活動，就來找我們，我們處得很好，我當時兼分會的總幹事，因為總會沒錢，所以辦任何活動都會來找我們，當時分會有好幾個約僱人員，他們就在中興會堂那邊辦公。精省後，文化處被文建會接收，文建會說他們不要那三個人，所以把那三個人移到省府，省府就成立文教組。那時候文化復興總會臺灣省分會有一個基金，自己有錢，最早好像在臺中圖書館的中興堂，所以由臺中圖書館的館長來協助他們，處理一些行政事務。記得我們要成立文化處的時候，我去找葉宜津，她是黨團書記，我就跟葉宜津講可不可以讓文化處成立啊，它那時還在籌備，她說我個人非常同意，但是我們民進黨團有我們黨團的政策，但是最後在協調當中，後來我們也跟他們這些省議員去溝通，我們早成立一天，我們就能夠幫文化界多做一天事；若不成立，就永遠不能，當時離廢省是三年以後的事，我們可不可以在這三年當中多做一點事情。那時全省七十八個省議員，每個省議員服務處我都跑了，每一個省議員我都跟他們講、跟他們談，至於外事室主任，當時吳瑞國交給

黃義交，黃義交代理新聞處長，宋省長就把我從美國叫回來接外事室主任。

外事室做了一年，省長就叫我去籌備文化處。在這個過程當中，我覺得那時候的省議會，我所接觸過的民意機關最健全，而且是最講道理的。當初文化單位草創，中央也好，地方也好，省府是第一個做的。因為李登輝要廢省，上面有長官就來跟我說，是不是文化處不要成立了，曾經有長官這樣問我。我就跟長官報告，文化處一定要成立，你如果說我要籌備，然後我又不成立，那麼這一筆帳一定會掛在我們頭上，就說臺灣省當初要成立，然後又不成立，文化界會把這筆帳算我們頭上一輩子。所以無論如何都一定要成立，再艱難再辛苦，都要成立。我們全省省議員的服務處，我們去拜託。當初很好玩啊，我跟周清玉談，談到後來跟周清玉成為好朋友。我跟周清玉去談，她開始有點疑慮，談到後她把她的助理找來一起談，談到後來，她說我們一起吃便當，然後又把我抓到她的電臺上去，一起接受廣播。後來到曹啟鴻那邊也是，談到曹啟鴻說叫我不要走了，在林邊嘛，留下來，我下午有幾個朋友來，我們跟幾個朋友一起聊。我那時跟奇美集團的許文龍談，還去看李遠哲。我跟李文龍講，他也接受啊。我那時候全省跑啊，全省至少跑六圈以上。我覺得那時候在文化處這幾年下來，其實對我的一生收穫很多。原來就總覺得要為這塊土地做點事，要怎麼做，不知道。到了文化處就覺得什麼都可以做。

省長怎麼會找我去兼文化處處長？怎麼會找你去籌備？因為省長我以前跟過他，在黨部時候，他做秘書長嘛，把我抓去組工會，他大概就考核過啦，覺得這個傢伙還能做點事，所以他文化處要找一個人籌備，他就跟我講，他說你籌備好，你做副處長，我找一位學術界的人來當處長，我說好啊，我說這樣最好啊。後來找了幾個人，一聽是要到省議會，都不敢來了。我就用副處長代處長，到最後是要真除啦，後來劉燈城是副廳長兼廳長，那後來要真除，我們就去跟人事處跟吳堯峰商量，吳堯峰說你們就不要真除了，他說因為這兩個單位就靠我們來穩定，你們兩個如果真除了，搞不好將來你們要跟著一起離開，就沒有人了，沒有人能補副處長、沒有人能補副廳長，那就沒有人了，那這個單位過渡前就有問題，所以你們兩個就不要真除。我說好啊，我就不真除，做副的，做到廢省。

在廢省的過程當中，我們是事務官嘛，所以就可以幫忙，留著把它善後。當初文化處成立，是來自三單位的業務，教育廳、民政廳，還有新聞處。那剛剛因要科長各自去找人，各自去找人的結果是起碼我知道你的基本素養對業務，第二個他願意來，所以起碼他對單位有向心力。然後他就有向心力，所以這三年真的是打的還不錯，那時候我們都是直接到基層去，因為第一個地方沒有文化專責單位，然後長官直接到第一線來，那些藝術家，那些文化工作者感激啊，資源又能夠直接下到第一線，不用透過縣市政府，他們就非常的感激。因為後來審預算，那個省議會省議員幫我們把預算能夠編足夠，中間還有一個原因，因為當時我在全省跑，越跑越心寒，文化處的預算平均下來，全省的省民只能分到六毛錢，而且越到基層資源越少。那時候民政廳的古蹟、新聞處的出版都編到文化處來，古蹟那時候中央還是內政部在管，後來那時候就感覺到古蹟業務關係到群眾的利益，沒有什麼彈性。文化處就發明一個名詞：歷史建築，閒置空間也是我們發明的，那時候文建會不曉得什麼是歷史建築，所以歷史建築對中興新村本身，其實關係也很大。然後就是那些演

藝團隊進來在中興新村也是一樣。那時候藝術村啦，還有那個閒置空間也是我們搞起來的。這個是太重要了，那個時候文化那個條例還沒有，文資法都還沒有。所以有一次陳郁秀，陳主委跟我講，閒置空間你搞的啊。鐵道藝術網路嘛，這是閒置空間的運用，舊倉庫的使用也是。

（9）沈順成先生回憶說[21]：我出生在雲林縣斗南鎮一個純樸的農村，家裡是務農為生，爸爸以前在水利會。我是嘉義農專畢業，民國64年考上普考農藝科，很榮幸得到榜首，所以才分發到省政府農林廳來。64年我來農林廳的時候，就在特產科服務，我是辦理蔬菜，負責馬鈴薯。馬鈴薯在民國65、66年時，種薯是從日本進口，農民為了省錢，沒有每年都換種薯，所以全省馬鈴薯都是毒素病[22]，都沒有收成。政府派我到日本去研習馬鈴薯的種薯跟冷藏儲藏處理，研習一段時間回來後，我就建立一個制度，利用組織培養分為基本種、原原種、原種及採種四個制度，繁殖健康種薯以後，每年源源不絕，後來生產很穩定，這個問題就解決了。

我剛來省府的時候，我66年配到宿舍，那個時候是配住的，宿舍很搶手，我記得我要拿宿舍的時候要給前面的人蓋章，蓋了幾十個章，我花了了3萬塊，那個時候薪水才幾千塊而已。我從66年住到現在沒有換。我剛來的時候，光榮北路都是鳳凰樹，也形成綠色隧道，那後來鳳凰樹在6、7月的時候會開花，然後落花以後，車子會滑倒，鳳凰開花後的莢子，常常砸傷行人，大概在70年左右才改種樟樹，樟樹以後就不會落葉。在民國60幾年的時候，謝東閔提倡小康計畫，「客廳即工場」，大家在家裡做一點手工藝，所以那個時候大家都比較安定。我記得剛來的時候，這裡的交通非常方便，要到臺中，公路局約5分鐘、10分鐘就一班車，而且中興新村村內也設了很多候車站，還有從嘉義到臺中，臺西客運也非常方便。我從斗南到這邊來都是坐臺西客運，我從票價8塊坐到70塊，現在已經沒有了，沒有臺西客運。當時中興新村讀國小，畢業的時候，第一名還有一個省主席（省長獎），其他的國小第一名只有縣長獎，中興新村的國小，第一名是省長獎，而非縣長獎，第二名是秘書長獎，第三名才是縣長獎，非常有價值，有這個獎，去臺中念私立學校幾乎都可以進去。

省府的交通車很方便，上下班時，從臺中、南投、草屯，還有村內都有交通車，非常方便。那春節的時候，我們的省府交通車就支援公路局，那我們中興新村的村民要到臺中不用錢，坐公路局不用錢，因為他們借用我們的交通車。我73年從業務科調到秘書處去辦研考，跟研考會關係很密切，我記得當時省府對每一項計畫都有管制，管制很嚴格，分為廳管制、省府管制、中央管制，每年都有施政計畫管

---

[21] 沈順成先生，民國39年7月28日生，臺灣省雲林縣人，民國64年4月進入中興新村，嘉義農專農藝科畢業、中興大學農藝系畢業、臺灣省政府農林廳技佐、農林廳技士、科員、農林廳股長；臺灣省政府專員、秘書、臺灣省政府技正、臺灣省政府專門委員，參見：鍾起岱（2014）：南投縣文化景觀中興新村口述歷史調查研究計畫結案報告。

[22] 馬鈴薯毒素病，學名：Potato latent virus disease，植株外觀雖然不出現任何明顯的病徵，但仔細和無病毒的植株比較，感病株生長勢較弱，葉幅也略小，莖也較正常者略細，生長後期塊莖進入肥大期時塊莖的長大比正常者慢，有提早黃化現象，在葉片背面會出現支脈壞疽或暗綠現象。一般防治方法為：採用無病毒之種薯、病株拔除或田間媒介昆蟲防治，減少病毒之傳播。

考,所以省府的各項計畫進度都控制得很好。那時候,如果中央有什麼法令,法律都是省府擬好再送給中央,中央有稍微修改一下再送到立法院,有省府的時候,政務推動都非常的順暢,地方需要什麼,省府就給它。大家配合得非常好,但是精省以後,說可以省下多少錢,好像並沒有,員額也越來越增加了,不得不砍我們的退休金。至於文化方面,省府自46年遷到這裡來,為了要安定我們員工的生活,在這裡成立了3個學校,第一、第二、第三小學,現在改為光華、光榮、光復國小,還有成立中興高中,那時候還有初中部,那因為57年九年國教以後,初中部才沒有,而成立中興國中。省府非常重視員工子女的教育,所以從幼稚園到高中都有學校。

(10)陳耀宗先生回憶說[23]:我除了短暫一年時間在報社擔任記者外,其餘均擔任公職,是一位由基層縣市的科員逐步升遷,歷經股長、編譯、秘書、科長、專門委員、參議兼主任委員,民國101年升任十二職等省府一級主管的行政組組長,民國103年元月16日屆齡退休,計服公職恰滿40年。多年來,我愛好旅遊,包括國內、外均如此,除增長見聞、調劑身心外,亦深覺有益健康,我曾先後擔任國民黨區黨部委員,世新大學臺中市校友會副理事長、理事長,省政府公務人員協會理事長,並先後多次率團參訪國內外活動,頗多收穫。

我本人雖一直未住進中興新村,但與中興新村的淵源很深;早年我在臺東縣政府、花蓮縣政府服務,上級機關就是臺灣省政府,因此,常有機會到省訓團、省府相關廳處開會及受訓,這是與中興新村淵源的開始。我在民國69年10月調任省新聞處服務,因業務關係必須天天往中興新村各廳處跑,蒐集省政新聞資料帶回臺中(省新聞處位於臺中)辦公室撰發,日積月累,對於省府及中興新村各廳處,乃至於中興新村的人事景物,可說已有較多、較廣、較深之接觸與認識。在新聞處擔任主管期間,因從事省政新聞發布、聯繫、輿情反映、分析工作,猶如新聞秘書或發言人角色,必須參與重要會議,包括每週上午的首長會議及下午的委員會議,列席旁聽,了解大省政府時代的省政動態、首長言行、重要施政決策相關背景,在與新聞界互動,媒體公關及形塑省府方面,均扮演某些重要角色,對中興新村的淵源可說日深,關係匪淺。對於省府中興新村的感情可說是濃情密密,不可分割,尤其精省前後之差距,更是體會甚深,感觸良多。

正式實施臺灣省政府「精省」,應為民國88年7月1日起,我與趙守博主席的淵源較深,因此,我想談一下當時的情形,精省之時的省府主席為趙守博先生,是臺灣省政府的第15任省主席,他在任一年五個多月,可說是一位「另類的省主席」,他是本省籍的精英,奉李登輝總統之命,到省政府擔任大省政府時代最後一任省主席,也是前來執行精省政策的實際執行者。過去從未有過的精省措施,卻在趙主席任內碰上了。其背負使命之重,不言而喻,但他忍辱負重,完全達成了。精省實施

---

[23] 陳耀宗先生,民國37年7月25日出生,臺南市佳里區人,畢業於世界新聞傳播學院公共傳播系三專部及大學部,後於彰化師大工教研究所取得碩士學位,曾任臺灣省政府新聞處股長、編譯、科長、林柏榕任臺中市長時,擔任林市長機要秘書、臺灣省政府專門委員、參議,精省後任臺灣省政府參議兼高屏區車鑑會主委、臺灣省政府簡任十二職等行政組組長兼任屏澎區車鑑會主委)、臺灣省政府簡任十二職等行政組組長兼臺灣省政府公務人員協會理事長等職。參見:鍾起岱(2014):南投縣文化景觀中興新村口述歷史調查研究計畫結案報告。

不及三個月，即發生九二一大地震，死亡2千餘人，震央即在南投縣境內的集集，這是臺灣百年來最大的地震，造成2千多人不幸罹難，災情慘重，是我們此生碰見過最大的一次天災，也在趙主席任內碰上了。而自民國34年臺灣光復以後，長期均由國民黨執政，但在民國89年（2000年）的總統直接民選，首次政黨產生輪替，由民進黨執政，臺灣實施民主政治以來第一次的政黨輪替，在趙主席任內碰上了。國民黨籍的趙主席在520總統就職前夕，展現了政務官的風範，於5月2日辭職卸下省主席職務，過去大省政府的29個廳處局會，一萬個以上的員工編制，到目前不到一百位員工，實施精省政策，就此角度而言，應屬完全成功，使命已達。

　　精省之前，中興新村車水馬龍，門庭若市；精省之後，今非昔比，門可羅雀，中興新村轉型也是大勢所趨，必走之途徑，我個人認為在硬體設施方面，中興新村已由中科管理局正式承接管轄，正積極建設發展為一個大家所期待的高等科技園區，屬於中科局底下的一個園區組織。所有園區內的機關、民眾，均應正面迎接，全力予以配合與協助。停頓了十多年的中興新村發展，這一、二年來在中科局的接管下，已有一些積極性建設行動出現，包括正門兩旁椰林大道的整修，省訓團（以易名為地方研習中心）附近的硬體工程施工，以及配合南投縣政府民國103年舉辦的「臺灣燈會」，未來的中興新村除了是一處高等科技的研究園區，進駐一些研究機構外，對於舊有宿舍區也將逐步完成遷移，因此如何安頓近300戶的舊有宿舍，以及現有一些機關，如水利局、役政署、內政部中辦、臺灣省政府、地方研習中心等，如何與園區研究單位併存。均為後續浮現且須逐步去克服解決之事。

　　林政則主席所提中興新村的「八景四勝」，如何去持續行銷，以帶動觀光旅遊熱潮；虎山步道的整修與開發，以及具有古蹟文物保存價值的建築物，如何去妥善保存，讓中興新村能夠風華再現，正是大家所企盼的。因為，政治是現實的，精省的功與過尚待歷史評斷，但已可預期的是要恢復臺灣省政府過去的豐功偉業是絕無可能的。因此，中興新村的過去已成了歷史，今後的中興新村必須勇於面對，勇於轉型，努力發展為一個具有良好美景的研究園區，同時也是一處居家、旅遊、休閒皆相宜，交通便捷，風光明媚，具有多重功能、多元化發展，可長可久的好地方。

　　（11）蔡志雄先生回憶說[24]：我是69年到72年念中興高中，之後考上中央警官學校，76年到80年我在大安區公所。我現在來講中興新村福利社的淵源，福利社怎麼來的，我曾經擔任合作社的理事主席，精省時我們有爭取到三千多萬的預算去建設市場。我是中興高中畢業的，對中興新村有很甜美的回憶，中興新村像網路一樣，有好多的事情。我的太太也是中興新村人，我的岳父在農林廳服務，在八十八年九二一地震過後，當時倒塌的宿舍，所有房間都是我一間一間打破的，爬進去做檢查，趙主席當時不認識我，九二一地震時，我擔任事務科長，當時我負責政府與中興新村居民的一個聯繫的窗口，大地震後，中興新村的人口變得很少，現在中興

---

[24]　蔡志雄先生，民國54年8月20日生，臺灣彰化人，遷入中興新村大約時間念省立中興高中後，省立中興高中畢業、中央警官學校52期兵役行政系畢業、大葉大學人力資源系碩士專班畢業，曾任臺北市大安區公所課員、薦任課員、臺灣省政府兵役處科員、薦任科員、股長、省政府專員、事務科長、總務科長，專門委員、參議、組長等職。參見：鍾起岱（2014）：南投縣文化景觀中興新村口述歷史調查研究計畫結案報告。

新村的住民其實不在意過去，是在意未來在哪裡，未來要怎麼辦。

　　我去宿舍普查，很多住民他們都不在了，我覺得最重要的還是在於基層里長的幫忙。合作社是從以前國防部退輔會的單位然後變成合作社，當時合作社有發股票，以前中興新村合作社的營業額有五億，現在約一億兩千萬；在施金爐總經理的時候還有三億多，但我們人口越來越少，這是不可避免的問題。這個過程，因為公務機關投入中興新村的照顧錢變少了，但對老員工的照顧總是要，所以用合作社的方式照顧員工是一個良意、善意的解決。88年尚未精省時，中興新村有兩萬多人，我們整個合作社的業額是五億，到我接主席的時候僅剩下一億五千多萬。這個合作社前面還有掛臺灣省政府，但是精省之後改名，現在則是行政院中部辦公室員工合作社。

重要名詞：

　　虛級化、省縣自治法、葉爾欽效應、興票案、三十一號倉庫、省長民選、臺汽公司、文膽、一字之師、七桃仔、毒素病。

想一想

　　1.臺灣省政府自1947年成立迄今，功能、業務由擴充到衰減可分成三個時期，請簡單的加以說明

　　2.第一次台灣省府委員會議做了哪些重要的決定？

　　3.宋楚瑜主政期間，可以說是省政府最風光的時期，其主政期間大致是從何時開始？何時結束？當時省府重要決策人物，主要來自哪幾個方面？

　　4. 林光華主席任內，所推動的「駐村藝術家」，其地點大致在哪裡？有哪些藝術家曾經進駐？又為什麼難以繼續？

　　5.甚麼叫做「崔苔青政策」，這是哪一位國家領導人的用人政策？這個政策發掘了那些人才？

　　6.台語中「七桃仔」跟「七桃」是何意思？正確的寫法是？

　　7.何謂「精省政策」，請大致說明其過程、結果與影響。

　　8.何謂「興票案」？

　　9. 馬鈴薯是台灣的重要農產品，在民國65、66年時，全省馬鈴薯經常得到毒素病，原因是甚麼？最後怎麼解決？

　　10.臺灣省政府共有幾位省主席，請列舉你所知道的五位省主席事蹟。

我的學習單

（　）1. 根據史料，臺灣省政府委員會第一次會議召開於：
　　（A）1947年5月16日（B）1948年5月16日（C）1949年5月16日（D）1950年5月

16日

（　）2.. 根據史料，臺灣省政府委員會第一次會議召開於：
（A）台北市（B）台中市（C）南投市（D）高雄市

（　）3. 根據史料，以下那些地方，都曾作為臺灣省政府的辦公地點：
（A）台北市（B）台中市（C）南投市（D）以上皆是

（　）4. 以下何者是台灣省政府成立的原因：
（A）盧溝橋事件（B）二二八事件（C）高雄美麗島事件（D）八七水災

（　）5. 第一任台灣省政府主席是何人？：
（A）魏道明先生（B）陳誠先生（C）嚴家淦先生（D）謝東閔先生

（　）6. 第一任臺省籍的台灣省政府主席是何人？
（A）魏道明先生（B）陳誠先生（C）嚴家淦先生（D）謝東閔先生

（　）7. 哪一位台灣省政府主席卸任後，曾經擔任總統？
（A）宋楚瑜先生（B）連戰先生（C）嚴家淦先生（D）謝東閔先生

（　）8. 哪一位台灣省政府主席卸任後，曾經選過總統？
（A）宋楚瑜先生（B）李登輝先生（C）林洋港先生（D）以上皆是

（　）9. 因為精省政策，被視為最後一位擁有實權的台灣省政府主席是：
（A）宋楚瑜先生（B）張博雅女士（C）林洋港先生（D）趙守博先生

（　）10. 以下哪一位曾經以內政部長兼任台灣省政府主席：
（A）吳伯雄先生（B）張博雅女士（C）林洋港先生（D）趙守博先生

（　）11. 九二一大地震，造成中興新村極大的傷害，這個大地震發生於：
（A）1999年（B）2000年（C）2001年（D）2002年

（　）12. 台灣省政府原本只有省府委員會議，從何時開始有首長會談：
（A）宋楚瑜先生任內（B）張博雅女士任內
（C）黃杰先生任內　　（D）嚴家淦先生任內

（　）13. 曾經擔任台灣省政府主席與台灣省省長的政治人物是：
（A）宋楚瑜先生（B）張博雅女士（C）黃杰先生（D）嚴家淦先生

（　）14. 精省組織改制日為：
（A）1999年1月1日（B）2000年1月1日（C）1999年7月1日（D）2000年7月1日

（　）15. 精省後，大部分省的附屬機關或機構均：
（A）裁撤（B）改隸中央相關部會（C）改隸縣市政府（D）改隸鄉鎮市公所

（　）16. 根據耆老的描述，以下那些高階文官皆出身於南部鄉下，世代務農，是
典型的農村子弟，家裡本無自有土地，因光復以後，政府實施耕者有其田、
公地放領，才有了自己的土地，農家生活才日漸改善，也才能畢業於高等學
府，因考試分發，先後進入台灣省政府服務：
（A）王三重先生（B）盧文蔚先生（C）曾國正先生（D）以上皆是。

（　）17. 以下那一位人士，曾經出任過台灣省政府研考會執行祕書：
（A）江清驤先生（B）劉耀武先生（C）吳堯峰先生（D）以上皆是。

（　）18. 以下那些人士，曾經出任過台灣省政府研考會執行祕書、台灣省政府交通處副處長、台汽公司董事長、內政部次長、台灣省政府副主席：
（A）江清馦先生（B）劉耀武先生（C）吳堯峰先生（D）簡榮聰先生

（　）19. 以下那些人士，曾經於邱創煥主席時代，出任過號稱主席文膽的編譯室主任：
（A）簡榮聰先生（B）楊正寬先生（C）吳堯峰先生（D）鍾平四先生

（　）20. 以下那些人士，曾經出任過台灣省政府外事科長：
（A）洪孟啟先生（B）吳瑞國先生（C）黃義交先生（D）以上皆是

（　）21. 以「全省走透透」之親民形象聞名的台灣省政府主席是：
（A）宋楚瑜先生（B）邱創煥先生（C）李登輝先生（D）嚴家淦先生

（　）22. 宋楚瑜是臺灣省政府的首任亦是最後一任省長，於宋省長主政期間「省政會議」為當時期的省府固定例會，共召開幾次會議：
（A）192次（B）250次（C）282次（D）302次

（　）23. 李登輝擔任省主席時代，幕僚協助回信，於信後有時會有「以馬　內利」的字樣，「以馬　內利」的意思是：
（A）祝您幸福　（B）哈利路亞（C）神與你同在（D）上帝保佑你

（　）24. 以下那一位人士，曾經於宋楚瑜省長時代出任過號稱主席文膽的編譯室主任：
（A）簡榮聰先生（B）楊正寬先生（C）鍾起岱先生（D）鍾平四先生

（　）25. 中興新村的「臺灣文化園區」的興建計畫，是在哪一位主席任內倡議興建的：
（A）宋楚瑜先生（B）邱創煥先生（C）李登輝先生（D）嚴家淦先生

第十六章 九二一大地震

本章重點

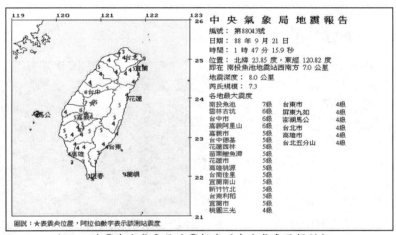

中 央 氣 象 局 地 震 報 告	
編號：第88043號	
日期：88 年 9 月 21 日	
時間：1 時 47 分 15.9 秒	
位置：北緯 23.85 度，東經 120.82 度	
即在 南投魚池地震站西南方 7.0 公里	
地震深度：8.0 公里	
芮氏規模：7.3	

各地最大震度

南投魚池	7級	台東市	4級
雲林古坑	6級	屏東九如	4級
台中市	6級	澎湖馬公	4級
嘉義阿里山	6級	台北市	4級
嘉義市	5級	高雄市	4級
台中德基	5級	台北五分山	4級
花蓮西林	5級		
苗栗鯉魚潭	5級		
花蓮市	5級		
高雄桃源	5級		
台南佳里	5級		
宜蘭南山	5級		
新竹竹北	5級		
台東利稻	5級		
宜蘭市	5級		
桃園三光	4級		

圖說：★表震央位置，阿拉伯數字表示該測站震度

九二一地震中央氣象局地震報告（中央氣象局提供）

　　中興新村的自然災害最重的首推颱風與地震，但都很少發生災害，五十年來，颱風災害最大的應是民國75年的韋恩颱風，地震災害最大的應是民國88年的九二一地震。中興新村位於台灣中部山麓區，氣候屬西部平原熱帶濕潤性氣候，年平均氣溫約攝氏22度。年降雨量平均約2,100公釐，雨量隨季節而變化，多集中於3至9月間。夏季因颱風與雷雨影響，降雨量達高峰且較為潮濕，因此貓羅溪沿岸常有水災發生，而秋冬季則因雨量減少而較乾旱，由於中興新村排水設計非常良好，實際上甚少發生淹水的情形，反而鄰近的內興里及營北里靠東閔路與中興路的地方，經常發生淹水現象，有一說是認為中興新村的排水系統做的太好，以至於鄰近地區淹水更加嚴重。

　　至於1999年9月21日凌晨1時47分15.9秒，發生芮氏規模七點三之大地震[1]，震央

[1] 根據文獻的記載，康熙年間臺灣地區發生一次很大的地震，那次的地震比民國88年的九二一還嚴重。在《諸羅縣志》記載，在諸羅縣境裡有兩個火山，一個是在東方的火焰山，就是在現在草屯鎮的九九峰，記載中說到「白天有煙，夜間有光」，另一個火山在關仔嶺。

在北緯23.85度、東經120.78度，即日月潭西偏南9.2公里，地震深度8.0公里（中央氣象局地震測報中心第043號有感地震報告），造成中部地區嚴重受損，災情遍及全台，中興新村也造成嚴重災害，除了地層隆起，民房與宿舍多棟倒塌之外，包括女生宿舍（蘭園）、省長官邸、研考會、經建會、法規會、民政廳、社會處、主計處、財政廳、稅務局、台汽中興站、中興高中、光華國小、光榮國小、光復國小、中興國中等多棟大樓完全倒塌，衛生處、兵役處、省政資料館等多棟大樓嚴重毀損。

由於剛好發生在精省啟動之後兩個月，民間有兩種說法，一是認為李登輝總統的精省政策造成天怒人怨，一是認為精省精的對，這下台灣省政府就可以完全瓦解，「徹底解決」，但不論如何，幾個月後，國民黨失去2000年的中央政權，「精省」與「九二一地震」造成中興新村大蕭條，本章主要述說中興新村九二一大地震的種種變遷以及當時台灣省政府如何在這樣的氛圍中延續工作。

一、九二一斷層帶

（1）中興新村消失的地景大致分為兩大類，一是人為的拆除，二是921地地震的不敵天災而倒塌，就前者而言，主要有舊圖書館、舊中興分局、舊中興郵局與彰化客運站四者，中興新村建有一所圖書館，供附近居民及學生借書、閱覽使用，民國74年賽洛瑪颱風來襲，使圖書館屋頂及建築結構毀損，至民國80年始拆除整棟建築，重新興建，就是現今在使用之圖書館，至於九二一地震倒塌的建築，除了主席官邸

九二一地震發生次日，時任台灣省政府主席的趙守博先生巡視倒塌的省府宿舍。（鍾平四提供）

以及部分舊宿舍之外，公共建築主要包括：民政廳、財政廳、社會處、主計處、稅務局、衛生處、研考會/經建會/法規會、臺汽中興車站、高爾夫球練習場、主席官邸及公有宿舍約51單位等。

（2）九二一大地震導致地表破裂延伸約96公里，北自內灣雙琦，西延伸至豐原，而後向南延伸至南投桶頭。這個芮氏地震規模7.3的大地震[2]，是由車籠埔斷層

---

[2] 這個規模震度相當於七級地震，我國中央氣象局原本將地震震度分成0級至6級共7個等級，由於921大地震時中央氣象局監測站曾經收錄到超過1G的地動加速度資料，但是測得的6級震度涵蓋面積廣闊，不利於受災情況最嚴重區域之研判，經邀請地震專家學者審慎檢討後，認為宜再增加一個震度分級，故於2000年6月調整為0級至7級共8個等級，以400gal作為震度6級的上限，即將6級範圍定為250-400gal，超過400gal以上則為7級，第7級即是在九二一地震後追加的地震分級。

的活動所引起，由於震央發生在集集[3]，因此也被稱為集集大地震。大致來說，芮氏規模8.2的地震約等於1000顆廣島原子彈的能量，規模7.2約等於34顆原子彈的能量，規模7.3約等於38顆原子彈的能量。以此方式計算，集集大震等於38顆原子彈在地底一公里處爆炸。

　　（3）車籠埔斷層是一條為沖積層所掩覆的斷層，大致均沿著盆地與丘陵的交接處延展，中興新村位於虎山山麓，正在集集地震時的地表破裂的平原與丘陵交界處，地震專家於發現中興新村鄰近有兩個露頭，第一個破裂帶的露頭位大約在中興新村東方偏北約500公尺處的中興別莊附近，第二個露頭在中興新村東南方的大埤地區，這兩處都在平原與丘陵交界處，集集地震斷層具有較厚的斷層泥帶，這個斷層露頭的特性，與在中興新村倒塌的蘭園（女生宿舍）的槽溝開挖結果相似，在大埤南方由龍興大橋至樟平溪轉彎處，也可見厚層泥岩中夾有厚層砂岩，砂岩偶含貝類化石，在地層上屬於錦水頁岩與卓蘭層的交界。而在南投往中寮公路上距離集

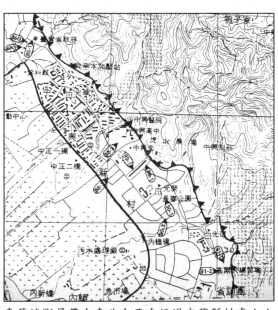

車籠埔斷層帶由東北向西南經過中興新村虎山山麓（王富民提供）

集地震斷層東方約150公尺處也有一個露頭，岩性為以頁岩與砂岩的薄層互層的錦水頁岩，其間有許多次要斷層，這些小斷層的斷面呈北北東走向、向東南呈高角度傾斜，局部具北北西走向的高角度次要斷層，在龍南一號橋至統櫃間，道路邊坡的開挖出露一斷層剖面，整個剖面皆可見剪切現象，較厚的剪切帶厚度約1~2公尺，其間相距5~6公尺，至少有二組剪切面，一組為北西30度走向、向東傾斜約40度，另一組為北東25度走向、向東傾斜約55度。此露頭距集集地震斷層約350公尺。

　　（4）車籠埔斷層沿中興新村東側山麓通過，內政部在九二一大地震後，民國89年1月至90年12月於車籠埔斷層帶兩側實施禁限建，公有地15公尺內禁建，私有地可興建兩層樓，高度在七公尺以下[4]，並限制自用農舍或自用住宅使用。

---

[3] 日月潭西偏9.2公里，北緯23.8度、東經120.78度，此地屬於集集鎮管轄，由於非常鄰近國姓鄉的九份二山，地震造成九份二山走山，房屋傾斜，九份二山反而名氣勝於集集，因此民間都以為震央在九份二山。

[4] 南投縣政府原本於民國88年12月30日以（八八）投府建管字第八八二一三四六五號公告「車籠埔斷層兩側各五十公尺範圍內禁建」，後來因為反對者眾，民國89年6月20日又重新公告，限縮為15公尺，且僅限公有地，有人認為政府怎麼怕政府機關再度倒塌，卻不擔心民間建築再度倒塌，這其實是因為台灣寸土寸金，若不允許民間建築重建，則這些民有土地，必然是死路一條，這個結果其實是多次協商妥協的結果，也因為這個公有土地不重建的政策，研考會、經建會、法規會以及鄰近的車庫與車輛股大樓這塊空地，以及虎山路的女生宿舍目前均為停車場，省長官邸、民政廳、社會處、稅務局、財政廳、主計處這些基地則成為公園綠地，僅能供人憑弔。

（5）中興新村高等研究園區範圍內之公告山坡地開發需辦理水土保持計畫，包括北區機一及機二五機關用地、及部分綠十七、醫（中興醫院）、公兒四、高（高爾夫球場專用區度）、及部分住宅區均屬於公告山坡地範圍內，面積約42.13公頃。車籠埔斷層帶兩側各15公尺為禁、限建範圍，不得開發建築。但穿過性之道路、通路或公共設施管溝者不在此限。這公告山坡地範圍內，面積約 42.13 公頃的土地；依水土保持法第十二條之規定，應辦理水土保持計畫，至於實施標準及範圍則由審查委員會認定，至於若進行實質規劃而無若無整地及增開發行為，是否辦理水土保持計畫，將由請水土保持局認定。

（6）中興新村非山坡地部分，斷層兩側一定範圍內應納入限制發展地區，作為永久性開放空間，該範圍根據內政部營建署台灣中部區域發展計畫（第一次通盤檢討）為50公尺。至於中興新村山坡地部分，斷層兩側100公尺內依據建築技術規則之規定，不得開發建築。

九二一地震，造成鄰近內轆溪的金城社區石雕公園土石陷落，高差約有3-5公尺。（鍾平四提供）

（7）中興新村計畫區內之平地部分，除北邊有部分地區的表土為粉土細砂外，其餘幾乎都為黏土，屬於透水性差、地下水位高、地表土壤承載力低的地區；長期而言，建物較易沈陷，且地震時較易發生土壤液化。所以，未來整體規劃時應謹慎考慮，以減少沈陷量或不均勻沈陷；又計畫區東側為山坡地，以山崩潛感程度而言，皆屬中高潛感區及高潛感區；另山腳交接處有車籠埔斷層穿越，係屬高危險區，不宜開發。

（8）中興新村斷層帶禁限建範圍大致沿著虎山山腳環山路一帶，由北側至南側大致經過行政區、部分住宅區、高爾夫球場等地。而在九二一地震之後，有關斷層帶兩側禁限建之探討很多，特別是在非山坡地方面的可發展區，事實上，禁限建劃設應依據各斷層的不同特性而定，而特性的判斷則需由地質學家鑽探研究及各部

門專家學者共同研討而得。圖16-1為高等研究園區公布之車籠埔斷層線管制圖。

圖16-1　高等研究園區公布之車籠埔斷層線管制圖。

三、九二一地震傷亡與政府作為

（1）1999年9月21日凌晨一點四十七分，臺灣中部地區發生芮氏規模7.3強烈大地震，因發生於九月二十一日，地震破裂帶大致沿著車籠埔斷層帶，震央在南投縣集集、中寮、國姓三鄉鎮交界的九份二山，按照地震的命名方式，官方稱為「九二一集集大地震」，由於車籠埔斷層帶在中興新村大致沿著虎山山麓前進，距離中興新村虎山路只有30-100公尺左右，沿著中興醫院左側步行上山向右行，大約100公尺左右的一處樹林，當時台灣省政府建設廳曾於此立了一個斷層線經過此地

的碑文，碑文中載明是依據中央地調所觀測之資料，同時碑文中也提醒於此地進行大規模開發時，必須先向建設廳調閱斷層線資料，同時須經官署核准始得為之的警語。

這也是為什麼中興新村建村設計者於建造之初，採行低密度低層樓設計（一樓或二樓）的原因，而為了增加建築物的全性，第一代設計建造的1-6號大樓，都採「山字型」、「ㄣ字型」的設計，因此，雖然非常靠近斷層線，卻都安然度過危機，而倒塌的法規會、稅務局、財政廳、主計處、社會處、民政廳等大樓，則都是在民國50年代後期以後

九二一地震，造成中興新村建築物大量毀損倒塌，圖為位於環山路省府旁的倒塌稅務局。（鍾平四提供）

興建的三層樓「一字型」的建築物，部分倒塌的建築於民國70年代後，甚至又加蓋四層樓作為堆積文件的倉庫，真所謂「不聽老人言，吃虧在眼前」。

這也是為什麼九二一大地震時，中興新村倒塌的辦公廳舍大多沿著環山路西側，而傾倒方向都是微微向西的原因。九二一大地震後，內政部營建署訂出車籠埔斷層露出線兩側各30公尺範圍內的帶狀區域不准新建建築物、倒塌建築也不准重建，原本適用於所有公、私建築，但由於私人業者認為影響其權益太巨大，且違反九二一「原地重建」之政策，幾經折衝，最後規定僅適用官署建築，私有建築則回歸建築法與都市計畫法進行規範，此即「公有建築不重建」的政策由來，由於中興新村倒塌的公有建築都是台灣省政府相關廳處，此舉被認為極具「針對性」，當時「省垣」公務員普遍對於中央的「大小眼」政策不滿，可想而知，在2000年總統大選時，這些公務員鐵票一面倒的倒向宋楚瑜陣營，也是預料得到的事情。

筆者擔任九二一重建會企劃處長期間，主辦評選出來的九二一LOGO，這是官方第一次為重大災變重建設計出來的精神標誌（鍾起岱提供）

（2）2000年5月31日中午左右，行政院政務委員黃榮村先生，從台北打電話給筆者，邀請出任行政院九二一震災災後重建委員會企畫處長，並告知筆者新職派令行政院長唐飛先生已經用印用好了，請我不要推辭，就這樣筆者於次日出任位於中興新村府西路71號的九二一重建會企劃處長，2000年6月1日這一天，也是行政院九二一重建會正式掛牌的第一天，5月31日傍晚，黃榮村先生南下中興新村，下塌在台灣省政資料館荷園招待所，這是筆者第一次與黃教授見面，當天晚上筆者與黃榮村政務委員大致安排第二天九二一重建會正式掛牌的簡單事宜、陳水扁總統於9:00的揭牌儀式，以及總

統講話的致詞稿。九二一重建會在中興新村運作這幾年，可以說是精省後，中興新村最重要的政治功能，重建會功成身退後，中興新村的政治與行政功能幾乎完全尚失，只剩下行禮如儀的組織軀殼，真令人不勝唏噓。

（3）筆者出任行政院九二一震災災後重建委員會企畫處長時，最常被問到的問題是：九二一大地震究竟造成多少損失？大地震雖然已經超過八個月，但似乎並沒有正式的統計數字，大家都知道，九二一大地震，造成臺北市、臺北縣、苗栗縣、臺中縣市、南投縣、彰化縣、雲林縣及嘉義縣市等縣市的百年大災難，特別是台灣中部災區，人民生命財產蒙受重大損失，災民身心與生活深受衝擊，亦導致包括水電維生系統、學校、醫院、道路、橋樑等公共設施大量毀損；自然環境的驟變，產業生產設施的破壞，導致災區產業巨大損失，失業率劇升，整體經濟發展亦受到重創；但究竟總損失是多少？卻一直沒有正確數字，九二一重建委員會似乎是回答這個問題最好的機關。

筆者根據各部會當時報出來的統計資料，進行大致的估計：全國包括臺北市、臺北縣、苗栗縣、臺中市、臺中縣、南投縣、彰化縣、雲林縣及嘉義縣市等，共有2505人死亡（含失蹤52人），受傷11305人（其中重傷701人）。房屋全倒五萬一千三百九十二戶，房屋半倒五萬三千四百五十五戶，重要橋樑損毀102座，嚴重震損學校達293校，公有建築受損1423處這些損失，估計可以貨幣化的有形直接損失超過三千六百億，如果加上無法貨幣化的間接無形損失，災區總損失將達一兆之譜。災害直接損失3646億：房屋災損1030億，維生系統災損115億，學校災損390億，交通通訊150億，產業1366億，其他595億，小計直接損失3646億，間接損失則參考日本阪神大地震及美國洛杉磯大地震的間接災損估計，參考三國國民所得水準，以直接災損2倍估計為7292億，估計總損失10938億，這個數字也是後來官方正式宣布的災損。後來的特別預算規模也是根據這個災損數字的十分之一，依據乘數效果估列1000億元的特別預算。

（4）面對百年強烈大地震所造成的嚴重傷害，地震發生後，　行政院隨即於召集相關部會緊急會商，成立「重大地震中央處理中心」，宣布九項緊急處理指示；國軍同時下達救災命令，迅速開赴災區，在斷訊、斷路、斷電、斷水的情況下，發揮極大的救災功能　。由於震災災情嚴重，為有效緊急處理救災事宜，行政院舉行緊急會議，作成15項救災重要措施，包括搶救受困人員、救助傷患、發放慰問金、聯繫國際救援、搶修維生系統、及提供緊急融資、展延房貸等。接著於1999年9月25日，總統依據中華民國憲法增修條文規定發布緊急命令，行政院於同年10月22日發布《中華民國八十八年九月二十五日緊急命令執行要點》，讓緊急救災能夠突破相關法令的限制，例如建築廢棄土的處理、財務資金的緊急調度及運用，以及簡化都市計畫變更作業等，以利救災及重建工作的推動。2000年2月3日公布《九二一震災重建暫行條例》則用以銜接緊急命令過度到常制。民進黨政府成立後，幾度修正重建暫行條例，讓政府在正常預算之外，另行編列重建特別預算，來解決相關問題。而根據原先設計《九二一震災重建暫行條例》原應於民國九十四年二月四日到期，後經立法委員吳敦義等62人提案，將《九二一震災重建暫行條例》施行期限延長一年至民國九十五年二月四日，經提報立法院第五屆第六會期第十五次會議討論

通過。

（5）由於九二一震災救災及重建的工作千頭萬緒，十分複雜艱鉅，且涉及各相關機關之權責，為整合救災重建之行政運作，行政院於民國88年9月27日成立「行政院九二一震災災後重建推動委員會」，由劉兆玄擔任執行長，並在臺中市設立中部辦公室作為前進指揮所，就近指揮、協調、處理緊急救災及災民安置事宜，大力推動一系列救災安置重建工作，使救災及緊急處理事項逐步就緒。次年二月，立法院通過「九二一震災重建暫行條例」，明定行政院設置重建會，負責推動震災重建協調、審核、決策、監督等事項，使重建有明確法令依據及負責的單位。2000年5月20日政黨輪替，5月24日民進黨政府成立後第一次行政院院會中通過「行政院九二一震災災後重建推動委員會暫行組織規程」，規定由行政院院長、副院長擔任重建會召集人、副召集人，委員三八人由政務委員、中央相關部會首長、災區縣市首長、民間團體及災民代表組成，於2000年6月1日正式在南投縣中興新村掛牌成立運作，置召集人、副召集人各一人，由行政院院長、副院長兼任之，委員三十八人由政務委員、相關機關首長、災區地方政府、民間團體代表及災民代表組成；行政人員均由中央各部會及省府人員全職派兼，員工人數共計二一四人，約聘僱三四人、替代役一二一人。

歷經三任院長（唐飛、張俊雄、游錫堃）、三任執行長（黃榮村、陳錦煌、郭瑤琪），業務職掌分設：企劃處、大地工程處、公共建設處、住宅及社區處、生活重建處、產業振興處、行政處、巡迴輔導小組等。在各相關單位積極配合推動下，重建工作於今已全部完成，民國93年底後相關借調人員已陸續回歸各權責機關，當年科長、處長級以上人員，目前大部分都已退休，每年曾擔任九二一重建會執行長的黃榮村教授都會在九二一

2000年民進黨政府設立的九二一重建會，由陳錦煌政務委員擔任的巡迴小組召集人於中興新村重建會協助災民解決問題。（九二一重建會資料照片。）

周年前後的日子，發起共同聚餐，以紀念這段共同走過的歲月。

（6）災變發生不久，李登輝總統於1999年9月25日頒佈緊急命令、11月9日行政院訂頒「災後重建計畫工作綱領」，2000年五月，在政權交替之際，行政院經建會完成「災後重建計畫白皮書」，連同二月間立法院通過的「九二一震災重建暫行條例」，形成災後重建中，救災與安置的四大機制。2000年陳水扁總統在五月二十日就職演說中，也提到「去年發生的九二一大地震，讓我們心愛的土地和同胞，歷經前所未有的浩劫，傷痛之深至今未能癒合。新政府對於災區的重建工作刻不容緩，

包括產業的復甦和心靈的重建，必須做到最後一人的照顧、最後一處的重建完成為止。」同年8月11日陳總統在災區宣示五項當前災後重要政策，包括：協助災民及工商企業延長貸款期限並解決擔保品不足問題、解決遷村及產權爭議等住宅重建問題、加強處理災區土石流問題、加速修復災區重要道路橋樑與建立無醫村巡迴醫療網等重大措施。

　　九二一災變發生後，依據黃榮村（2000）教授的分析，基本上可以簡單的分為三個時期：救災、安置與重建。這三個時期，其實不應該截然的區分，其中有部份在時間與空間向度其實是重疊的；筆者認為1999年台灣發生的九二一大地震，從1999年9月21日到1999年12月31日，基本上是以救災為第一優先；而從1999年9月21日到2000年3月31日基本上屬於安置期間；而從1999年9月27日到2006年2月04日則屬於重建時期。在重建階段又

位於中興新村內興里的水稻之歌第九期被視為倒塌的146棟集合住宅重建的指標性建築，於大地震後花了將近三年的時間重建完成。（九二一重建會資料照片）。

可分為三個次階段，第一是重建初期，焦點在短期結構性機制的迅速重建，主要是重建基本民生支援系統，以解決民眾生存與日常生活的困難，諸如：水、電、瓦斯管線的恢復，破裂斷層與敏感地區的規劃、道路、橋樑交通系統的修復等等；第二是重建中期，焦點在政治與社、經機制的轉型，主要是基本社經結構機制的重建與改造，以解決重建區居民就業與地區性經濟發展的困境，諸如就業機會的創造、住宅問題與居住環境的解決、產業的轉型、居民職業技能的培養等等；第三是重建後期，焦點在回歸主流社會、回歸正常機制，以及新價值的創造、學習經驗的傳承等等。

四、走過九二一的回憶

　　（1）九二一地震前後，曾任臺灣省政府公管組組長的鍾平四先生[5]回憶：我在公管組待了大概有4年半的時間，我到公管組去報到的時間是民國88年的7月1日，沒多久，九二一就發生了大地震。所以整個地震的前後，中興新村裡應該沒有人比我更熟悉了。為什麼？因為我實際在接觸這個業務，從災後的復建，到整個的安置，尤其是宿舍的安置，其實都是我一手在處理。災後重建第一件要做的事情是什麼？就是那時候房子倒塌了，光是我們眷舍倒塌的大概有二、三十戶，那個時候我

---

[5] 鍾平四先生，臺灣省花蓮縣人，民國33年8月17日生，遷入中興新村大約時間民國62年，政治作戰學校政治系畢業、美國多明尼肯大學公共行政研究所碩士，曾任農林廳總務主任、臺灣省政府秘書、省政府專門委員、省政府參議兼第三組組長、參事、省政府公共管理組組長、省政府副祕書長。參見：鍾起岱（2014）：南投縣文化景觀中興新村口述歷史調查研究計畫結案報告。

們需要把他安置，可是有很多法令的限制。地震之後沒多久，有一天趙守博主席告訴我說，李登輝總統已經答應，把日本人要給東勢的組合屋撥51戶到中興新村來，叫我趕快規劃。我當時規劃安置在中興會堂跟高爾夫球場旁邊的空地，高爾夫球場旁有19戶，在中興會堂旁篇的空地有32戶，我們商請兵工單位來做，很快的，大概是在1個月左右，我們就把組合屋弄好，開始讓災戶進住。

（2）鍾平四先生回憶：組合屋進住了以後，還有許多事情要做，好比說這裡頭有許多房舍倒塌要怎麼去處理，我們空置的宿舍應該怎麼來後續的安排這些災民，還有辦公廳舍倒塌，像是民政廳、主計處、研考會、經動會、衛生處等，像這些問題我們都要去處理。但是處裡的過程非常辛苦，當時雖然有緊急命令，緊急處分，緊急命令，可是可以適用嗎？不見得能適用，中興新村的災後重建，公管組做了兩百多項大小型工程，後來有人檢舉，調查站來查我們，兩百多項大小型工程看有沒有舞弊問題，結果查出來都OK，只是有小小的行政疏失。我曾經告訴調查站的人員說，沒有舞弊，你要不要給我們獎勵，他說公務員依法行政是應該的，你還辦什麼獎勵，你只要安然過關就已經很不錯了。

九二一地震後，中興新村入口圓環傾斜的鐘樓，時間停留在1時47分。（鍾平四提供）

（3）鍾平四先生說：記得九二一當天晚上，它是九二一凌晨1時47分15.9秒發生的大地震，地震後有人通知我說，趙守博主席在叫我。趙主席在那個公館，在房子快倒塌下來了，由他的隨扈把他扶下來，當時衣服、鞋子在哪裡都不知道，是隨扈去把他的衣服找出來給他穿上。他找我第一件事情，要看整個受災的狀況，我當時穿著睡褲，跟著他跑。主席公館那一塊，我先講事後的一段事情，主席告訴我說要做一個紀念公園，那個紀念公園也是在我們的手上完成的，紀念公園光那個石碑我們找了很久，在南投地區找了非常久，找到了，可是石碑要寫紀念碑啊，後來找到簡銘山來寫。簡銘山大師寫了以後，有一個問題，他寫了一些古字，趙主席也看不懂，那天事務科長劉明和找我說，主席在問那塊石頭哪裡找的，找誰來寫，我不知道他要幹嘛，我靈機一動說乾脆用電腦打字好了，所以重新用電腦打字，現在那個字是電腦打字刻上去的，那一塊地變成紀念公園，當初就是我們委請市公所來做的。

（4）鍾平四先生回憶：九二一當天我跟主席就這樣跑了一整夜，我們發現南投酒廠整個爆炸，直到天亮才熄滅，藉著南投酒廠爆炸的火光，我跟著趙守博主席巡視虎山路，虎山路倒了很多房子，主席說要趕快處理，於是我們找了營盤口憲兵

隊來幫忙，那時候趙主席也指示江清馦副主席跟我一起去處理這件事情。當時中興新村有五個廳處大樓全倒，臺汽客運公司也下陷傾斜，南投地區的死亡人數，當時統計是有6,534人，受困者亦有12,308人，行政院很快於9月27日就成立災後重建推動委員會，我那個時候是擔任替代役小組的副召集人，我們就全面幫助推動委員會在處理災後的事情。

（5）鍾平四先生回憶：民進黨執政以後，重新成立九二一重建委員會，災後重建推動委員會剛成立的時候，因為行政處長吳崑茂出國還沒回來，那時候吳聰能副祕書長因為也兼任九二一重建會的副執行長要我們公管組兼辦災後重建會行政支援的事情，包括車輛、宿舍、廳舍等。

九二一地震後，中興新村附近搭起了許多救災的工作站，圖為其中之一發放救災物品的情形。（鍾平四提供）

（6）鍾平四先生回憶：講到宿舍的安置，我們在中興新村安置了51戶，是由陸軍兵工署來興建的，每一戶的坪數，因為它是從日本送來的，它只有8坪而已，但對災民來說就有安身立命的地方。我們當初為了讓外界跟媒體知道我們安置的這個建物，我們就把它命名為松園一村、松園二村，松園一村就是在中興會堂旁邊，松園二村就是在中興高爾夫球場旁邊。組合屋雖然很順利的完成，可是接踵而來，重建推動委員會要求我們，既然要災後重建，省政府就要趕快把災民的安置作為第一優先來處理，所以我們跟人事行政局住福會聯繫這件事，住福會的意見是不願意讓我們讓災民搬到這裡來住，因為在公務員來講，你住第一間房子，住完了以後，如果倒掉了，建築物不見了，那你就不得再配第二間。我們當初擬了五個措施，希望能讓災民繼續續住，包括有些單位移開的，譬如說你是調單位，第一個是你可不可以繼續再住，等到第二次的時候你再來按照配住辦法再來處理。

（7）鍾平四先生回憶：到了民進黨政府張博雅主席的時候，她是內政部長兼主席，依照推動委員會的指示，我們必須趕快把這個組合屋拆掉。所以拆掉組合屋，也是我們的一大任務，在拆掉組合屋的時候遇到很多阻礙，因為災民不願意離開。說實在話，組合屋在災後2個月以後進住，第一批組合屋32戶於90年7月12日拆除，第二批19戶在第二天把它拆除。而且張主席還特別要我們找來媒體顯示省政府有能力解決組合屋的問題，其實拆掉了以後，有九戶退休人員非常難以處理，這九戶是早期配住的沒有去公證，這些人真的非常難處理，一天到晚找主席，所以我們只好暫時找空屋給他住，我們的附帶條件是空屋給你住，但是要到法院去公證，可是沒有一個人要去公證，省政府在當下要依法行政是非常困難的，後來那九戶，有

些現在還在，有些就是往生了。到後來我離開的時候，其實還有一半的住戶沒有去公證。

（8）鍾平四先生回憶：在九二一之後有一件值得大家懷念的事，當時圓環的鐘停在1點47分，這這個圓環是我們的地標，地震大概過了一個禮拜以後，李登輝總統、連戰副總統都個別來巡視，蕭萬長院長也來巡視，當時第一個指示就是說大時鐘一定要扶正，而且必須最遲在兩個禮拜以內扶正，但是你說一個招標用兩個禮拜你說有可能嗎？我當時就簽了，希望用緊急命令把這個案子做好，可是到了會計部門，當時的李清松主任他簽了一大堆意見，說這些有不合法的疑慮，當時黃癸楠副祕書長把我找去問該怎麼辦，我說問題是總統、副總統的指示，省政府要不要執行：如果要執行，最好的處理方式是請會計室主任把他簽的意見全部畫掉。最後由李主任畫掉意見才處理。當時趙守博主席，曾頒獎表揚公管組同仁，本人亦為其中之一；另當年選拔模範公務人員，本人亦獲趙主席指定中選。

（9）鍾平四先生回憶：厚德殯儀館在九二一以後不能使用。范光群主席來了以後，有一天他問殯儀館為什麼不能用，我跟他說明。其實我們有招標兩次，沒有人要來投標，那種地方人家不太喜歡來施工，我們底價也壓得很緊。范主席說，一定把殯儀館修復，而且必須把它做為臺灣省的示範殯儀館。這問題就大了，我要怎麼把它做為示範殯儀館。他的意思是說前面要做一個小型的公園，要讓喪家看到公園以後，內心感受會不太一樣。我記得不包含公園，主體就花了七十幾萬，而公園我印象中也花了二十幾萬。完成後，我請來長官在那裡為地藏王菩薩開光點眼。

位於中興新村興會堂旁臨時安置的組合屋。
（鍾平四提供）

（10）廖維士先生[6]回憶：民國八十八年九月二十一日凌晨的大地震，搖完以後，因為我的家住在中興新村大門，上林派出所那邊，衝出去時甚麼都看不見，就只看到南投酒廠燒的火光。我帶著家人躲在沒有電線杆的空地過了一夜，等到天有點亮的時候，大約五六點，我到省府大樓，遇到當時的江清馦副主席，當時江副主席坐在旗桿下面，他穿著運動服和球鞋，但沒穿襪子。他和他的隨扈一個晚上沒睡，臉色都蠻憔悴的。江副主席說的第一句話是：「你來幹甚麼？」我說我來跑新聞，副主席說沒甚麼好跑的，都倒光了。我當時也嚇了一跳，於是隨同他從

---

[6] 廖維士先生，臺灣省南投縣草屯鎮人，民國52年11月25日生，世新大學新聞系畢業，曾任新生報省政記者、行政院九二一重建委員會約聘人員，目前服務於南投縣政府新聞處，參見（2014）：南投縣文化景觀中興新村口述歷史調查研究計畫結案報告。

省府大樓走過去，看到建築物有龜裂破損，再走到財政廳，繞到社會處，最後到民政廳。建築物的情形已經不是用嚇一跳能來形容的，看完之後，江副主席跟我說，發生地震以後，趙守博主席跟他聯絡上，主席跑到附近的民宅勘災，當天晚上趙主席曾經打電話要求內轄的憲兵隊隊長派員出來救災，卻被隊長拒絕。這讓趙主席非常生氣，隊長在事後也被調職處分。

（11）賴美珠女士[7]回憶：九二一地震對我真的心有餘悸，我想是佛祖保佑，我七月退休，九月地震，我從去看研考會那棟，看到三樓變成一樓，還好值班人員及時跑出來，沒有傷亡。搖的時候非常恐怖，我坐在床頭一直念阿彌陀佛阿彌陀佛，衝到樓上把孫子抱出來，開車開到學校沒有樹的地方躲起來，我母親因為家具傾倒而跌傷，我的兒子在南投調查站任職，他地震時在辦公廳值班，他要巡視，剛好酒廠失火，他因此跌倒也受傷。

五、曇花一現的駐村藝術家

（1）九二一大地震後，隨著九二一重建會的逐漸完成階段性任務，黃榮村教授於2002年2月出任教育部長，筆者也正式請辭行政院九二一重建會企劃處長一職，但由於接任的陳錦煌執行長一時之間難以覓得合適人選，因此筆者一直到六月一日才正式辭卸企劃處長，專任台灣省政府資料室主任。當時文教組長鄭培富先生已經開始著手中興新村的駐村藝術家規畫，後來鄭先生高升台灣省政府秘書長，省府在出缺不補政策下，當時的林光華主席指派鍾起岱兼任文教組長，同時接續承辦省美展、經典會考、中華文化復興運動總會（現稱國家文化總會）台灣省分會總幹事、中興新村駐村藝術家等工作，當時駐村藝術家是以公開方式尋找生活達人、體驗家與生活藝術家，讓創意作品與環境、空間融入，且藝術家與達人們需樂於與人互動、與人分享，列為加分選項，當時目標是盼經由此計畫，帶動創意文化產業在中興新村生根，提供國人一處文化、藝術休閒園地，與親子歡樂成長的空間。這塊園地被稱為「藝術街坊」（東抵環山路、西抵光華路、北抵省府辦公大樓、南抵中興醫院院區），讓這裡成為藝術（工藝）家養成搖籃。

由於駐村藝術家都屬無給職，最初是想每天或每周有一到兩個藝術家或工藝家組成工作室進駐，讓藝術家可以輪動前來排班，不會有過分壓力影響創作。透過籌組的評審團公開評鑑，找出符合選拔條件的各類達人或工作室進駐，評審團組成由鍾平四副秘書長擔任召集人，成員如表16-1。省府公管組也從預算財源700萬元，將光華三路人行道及水電電信管線更新，修補宿舍屋頂漏水修補、門窗換新、衛浴修繕及庭院整理等基本維護項目，讓騰空多時的宿舍恢復到安全及堪用。

---

[7] 賴美珠女士，民國28年10月22日生，台灣省台中市人，遷入中興新村約民國50年4月，台中家商畢業，曾任民政雇員局，參見：鍾起岱（2014）：南投縣文化景觀中興新村口述歷史調查研究計畫結案報告。

表16-1　中興新村駐村藝術家徵選籌備小組

No.	職稱	姓名	簡歷	通訊處	備註
1	委員兼召集人	鍾平四	省府副秘書長	中興新村省府路1號	省府代表
2	委員	李明樟	省府公管組組長、藝術村整修工程採購評審委員	中興新村中正路194號	省府代表
3	委員	鍾起岱	省府資料室主任兼文教組長	中興新村中正路2號	省府代表兼執行秘書
4	委員	盧文蔚	省府法規會主委	中興新村環山路43號4	省府代表
5	委員	林榕生	省府政風室主任	中興新村省府路1號	省府代表
6	委員	李清松	省府會計室主任、藝術村整修工程採購評審委員	中興新村省府路1號	省府代表
7	委員	陳琇惠	省府社衛組組長	中興新村府西路71號	省府代表
8	委員	游惠玲	省府文教組副組長	中興新村府西路71號	省府代表
9	委員	王富民	省府公管組科長、藝術村整修工程採購評審委員	中興新村中正路194號	省府代表
10	委員	許正宗	省府文教組科長、藝術村整修工程採購評審委員	中興新村府西路71號	省府代表
11	委員	李朝卿	南投縣長	南投市中興路660號	縣府代表
12	委員	李轂摩	59屆省展顧問、書畫大師	草屯鎮南埔里中正路395-86號	水墨/書法
13	委員	林文海	59屆省展評審委員 東海大學美術系教授	407台中市東海路15之8A	雕塑、公共藝術
14	委員	倪再沁	前省美館館長、東海大學美研所教授	40744 台中市西屯區台中港路三段181號	美術史、中西藝術
15	委員	陳一凡	彰師大副教授、20號倉庫駐站藝術家	402台中市文心南路710號6F-1	西畫
16	委員	程雪亞	中國醫藥大學講師國風書畫會會長	542南投縣草屯鎮東美街72巷4號	國畫
17	委員	陳欽忠	中興大學教授、藝術中心主任	420台中市國光路250號	書法/文學
18	委員	陳俊宏	雲科大設計學院院長 59屆省展評議委員	640斗六市大學路三段123號	視覺設計
19	委員	趙宗冠	台灣藝術家法國沙龍協會理事長	台中市民族路326號	膠彩/油畫

　　（2）了解當時的政治氛圍的人都知道，雖然是「精省」，但實際上是「廢省」或「虛省」，台灣省政府想要增編任何預算其實都是不可能的，想要做任何工作，其實都非常困難，但省政府仍留有那麼多的公務員怎麼辦？這是一個大難題，方法之一就是有多少錢做多少事，充分運用省府可用資源，省府可用資源其實就是指這些被荒廢的辦公廳舍與眷村閒置宿舍，當時台灣省政府資料室鍾起岱主任，於資料室定期室務會議中，決定了四件事，第一是全力配合文教組辦好駐村藝術家的工作，第二是邀請偏遠地區小學參觀省政資料館的九二一地震陳列室，第三是接受三餘藝文學會李保金老師的建議，與三餘藝文學會每月於省政資料館三樓簡報室合辦專題演講，第四是與國史館台灣文獻館、草屯手工藝研究所（現稱工藝文化園區）、集集特有生物研究保育中心、南投酒廠等機關組成南投觀光旅遊的策略聯盟，帶動縣內的參觀旅遊。

　　（3）根據當時中興新村駐村藝術家第一期甄選進駐計畫，本計畫於93年9月

13日台灣省政府以府公三字第0931100781號函核定「研商中興新村建構藝術村計畫相關作業事項會議紀錄」暨「中興新村建構藝術村計畫」。同時也列入行政院93.10.20院授研綜字第09300246391號函核定的「行政院所屬各機關中程施政計畫（九十四至九十七年度）-台灣省政府部分」，理由是中興新村係早期為省府疏遷需要而規劃創建之田園式行政社區，環境優雅，景緻宜人，公共設施完善，生活機能齊全。社區內機關學校及公有宿舍區遍佈，公教人員所佔比例極大，其中不乏書畫大師與公餘之藝術愛好者，並吸引了許多藝術家到鄰近城鎮定居，成立各種藝文團體，活動常年不絕，使中興新村具備濃厚的藝術與人文氣息。惟88年起先後受到精省政策與九二一震災的衝擊與破壞，中興新村的結構與機能大幅改變，地方的發展面臨挑戰。

偏遠地區小學參訪活動-照片為2004年5月18日竹山鎮前山國小師生參訪省政資料館（鍾起岱提供）

朝向特定區開發並兼顧人文風貌保存是較可接受的共識。推動設立交流展演平台、扶植藝術創作係政府重要文化施政工作，南投地區對藝術村之設立更期盼已久。臺灣省政府本於中央之政策與地方之民意，以閒置宿舍再利用的理念出發，利用有限資源，擬訂「中興新村建構藝術村計畫」，第一期先以11戶閒置房舍為範圍，先行辦理建築物及公共設施整修，提供為藝術家工作室；並將鄰近之物品倉庫騰空分期整建，供作藝術成果發表之專屬展場，甄選藝術家進駐，期讓藝術家、社區及政府共創風貌保存、設施運用、藝術獎助、地方繁榮的三贏之局。本計畫未來將配合中興新村閒置空間之次第收回，評估財務預算能力研擬後續計畫逐步推動。

（4）駐村藝術家基本上由藝術家以圓夢計劃方式，設定出空間大小與位置，同時允許在庭園內或庭園周邊，由計劃者設計其家園、攤子或行頭，爭取入選並獲得圓夢金，進駐後，可拿圓夢金自行製作。近駐的藝術家主要是繪畫、雕塑、裝置藝術、工藝、書法篆刻、文字創作、音像記錄、音樂等八類。工作室包括中興新村光華三路3、10、12、23、25、37、45、46、47、49、51號等11戶房舍，進駐的藝術家，可以製作自己的簡介卡片、自備茶水咖啡，省府每位藝術家一年補助10萬元圓夢金，補貼其編列相關的茶水、水電或宣傳小卡等雜支貼補。而在藝術家進駐之後，如何選擇地點展示其成果，台灣省政府資料室鍾起岱主任偶然得知在環山路原省府秘書長官邸旁有一處閒置倉庫，經偕同幾位預訂進駐的藝術家與公管組同仁實地勘察，覺得離駐村藝術家非常近，頗為合適，因此決定作為進駐藝術家定期

展場，展場所需人力，由資料室指派同仁輪值，至於這個展場如何命名？經詢問公管組同仁此處的門牌號碼為環山路31號，因此命為為三十一號倉庫，並簽報省府同意，三十一號倉庫之名，由此而來。

第一期的駐村藝術家一直到民國94年7月1日才正式進駐，一期為六個月，期滿得申請延長一次。進駐前應完成簽約手續並辦理公證，期滿如獲准延長須重新辦理簽約及公證手續。這個計劃總共辦了三期，第三期共選出了15位的藝術家，其中有8位為上一期續駐，分別為繪畫類施來福、雕塑類詹正弘、裝飾藝術類裘安·蒲梅爾（法籍）、工藝類黃毓美、謝佳珍、音像紀錄類陳樂人、音樂類潘憶蘅、鍾幸玲，裝置藝術類蔡昌吉、林枝洲、林維瑜；裝置／音像紀錄類張慈倫、工藝類彭雅玲、音樂類許鈺珮、侯千蒂等15位。駐村藝術家由台灣省政府頒發駐村藝術家證書，每位藝術家提供磚造平房一戶（含庭園及基本生活設備），門戶景觀由各工作室駐村藝術家自行設計，將設計書及經費概算（每戶十萬元以內）提報省府公管組辦理，或委託駐村藝術家監造施工。駐村藝術家需加入「中興新村駐村藝術家管理委員會」，各駐村藝術家自簽約日起為當然委員，推舉召集人，定期集會，會商生活創作公約、工作室開放時間、作品展演、輪值、社區回饋、保證金收支管理等權利義務履行事項。工作室每戶每週至少二天，開放時間須於門口清楚標示。開放日藝術家應全程參與。

六、中興新村都市防災規劃

（1）都市地區除了天然災害外，由於實質環境的開發、生活上的需要等，促使各種可能發生災害的種類也增多。鑑於都市地區人口密集，建築密度又高，若發生災害將使其波及範圍擴大；因此，都市防災計畫與措施日顯重要。依據「都市計畫定期通盤檢討實施辦法」第7條有關都市防災計畫之規定，及災害防治法之規定，為強化災害預防相關措施，有效執行災害搶救及善後處理、減輕災害損失，應於計畫區內規劃設置足夠之防災避難場所、設施、消防救災路線、火災延燒防止地帶等。

（2）有關中興新村之都市防災系統如下述：（a）建築簇群防災管制：計畫區內之建築簇群應符合「建築技術規則」對於建物間之防火間隔相關規定棟距，以減低災害擴大機會。（b）火災防止延燒地帶：本計畫區以區內計畫道路作為火災防止延燒地帶，區內則依開放空間配置系統，如公園兼兒童遊樂場、廣場及道路等作為區隔，以防止火災發生時產生蔓延現象。（c）車籠埔斷層帶兩側禁限建規定：車籠埔斷層帶兩側禁限建規定係因九二一地震後，有關斷層帶兩側禁限建之管制規定，該管制規定依南投縣政府民國91 年8 月20 日府城都字第09101424670 號函發布實施「變更中興新村（含南內轆地區）都市計畫（車籠埔斷層地區專案檢討）」案，有關管制內容詳參本計畫「增訂高等研究園區土地使用分區管制要點」第十五點之規定。依據該規定本計畫區內多為公有土地，故迴避在車籠埔斷層帶兩側禁限建規定範圍內新建建築物。（d）救災及避難系統，包括防災指揮中心及避難場所設置、資訊通報系統規劃、防災避難疏散動線規劃、以及指定救護及醫療中心。

重要名詞：

　　九二一大地震、韋恩颱風、芮氏規模、精省、賽洛瑪颱風、主席官邸、車籠埔斷層帶、透水性、原地重建、特別預算、重大地震中央處理中心、緊急命令、前進指揮所、政黨輪替、松園一村、松園二村、駐村藝術家、都市防災規劃。

想一想

1.中興新村消失的地景大致可分為哪兩大類？

2.簡述九二一大地震導致地表破裂的程度。

3.簡述中興新村於九二一大地震後土地使用管制的規定。

4.請劃出中興新村車籠埔斷層線管制圖。

5.九二一災變發生後，基本上政府的對應策略可分為哪三個階段？

6.九二一大地震後，哪興仁擔任過行政院九二一重建委員會的執行長？

7.簡述九二一地震傷亡情形與政府作為。

8.中興新村九二一受災戶，政府如何安置？

9.簡述九二一地震後，中興新村的都市防災規劃如何？

10.簡述台灣對於震度的分級制度。

11.簡述中興新村駐村藝術家始末。

12.九二一大地震時，中興新村倒塌的辦公廳舍都有哪一些共同的特徵？

13.中興新村藝術街坊的設計區域大致是在哪個範圍？

14.中興新村的駐村藝術家大致包括哪些類別？請試著寫出其中五類？

我的學習單

（　）1. 根據史料，五十年來，中興新村颱風最大的災害來自：
　　（A）韋恩颱風（B）賀伯颱風（C）海燕颱風（D）龍王颱風

（　）2. 九二一大地震，總共造成多少人不幸喪生：
　　（A）3005人（B）2805人（C）2605人（D）2505人不幸喪生

（　）3. 根據史料，五十年來，中興新村最大地震災害來自：
　　（A）九二一大地震（B）三一一大地震（C）二零六大地震（D）三零一大地震

（　）4. 九二一大地震又稱為：
　　（A）台灣大地震（B）台中大地震（C）集集大地震（D）南投大地震

（　）5. 九二一大地震發生在：
　　（A）民國八十八年（B）民國八十九年（C）民國九十年（D）民國九十一年

（　）6. 九二一大地震的規模是芮氏：
　　（A）5．3（B）7．3（C）8．3（D）6，3

（　）7. 九二一大地震的震度最大是：
　　　（A）六級（B）七級（C）八級（D）九級

（　）8. 中興新村三十一號倉庫命名的由來是因為：
　　　（A）位於環山路31號（B）位於光華路31號（C）因有31位駐村藝術家（D）
　　　因為當時電視台正在播放「櫻野三加一」偶像劇，「三加一　寫成數學式是
　　　「三十一」。

（　）9. 九二一大地震相當於幾顆廣島原子彈的威力：
　　　（A）1000顆（B）100顆（C）38顆（D）28顆

（　）10. 以下哪一斷層帶經過中興新村虎山山麓：
　　　（A）車籠埔斷層帶（B）清水斷層帶（C）大甲斷層帶（D）西城斷層帶

（　）11. 車籠埔斷層帶屬於哪一種性質的斷層：
　　　（A）正移斷層（B）逆移斷層（C）右移層帶（D）左移層帶

（　）12. 台灣的地震目前其震度分級共分為幾級：
　　　（A）七級（B）八級（C）九級（D）十級

（　）13. 台灣的九二一大地震，以下哪一個工廠曾發生大爆炸：
　　　（A）集集兵工廠（B）中油煉油廠（C）南投酒廠　（D）以上皆發生

（　）14. 台灣曾因為以下哪一事件，發布緊急命令：
　　　（A）賀伯颱風（B）韋恩颱風（C）九二一大地震（D）二零六大地震

（　）15. 台灣的九二一大地震發生那一年，擔任行政院長的是：
　　　（A）連戰（B）蕭萬長（C）唐飛（D）張俊雄

（　）16. 台灣的九二一大地震發生那一年，擔任台灣省政府主席的是：
　　　（A）宋楚瑜（B）張博雅（C）趙守博（D）林光華

（　）17. 台灣的九二一大地震發生時，台灣省政府主席曾經致電哪個單位，請求派
　　　兵救援：（A）國防部（B）陸軍第九軍團（C）南投後指部（D）內轄憲兵隊

（　）18. 台灣的九二一大地震發生時，中興新村最有名的地標是：
　　　（A）省政大樓（B）省府牌樓（C）圓環鐘樓（D）中興會堂

（　）19. 台灣的九二一大地震發生時，中興新村組合屋，是由哪一國捐贈的：
　　　（A）中國大陸（B）日本（C）美國（D）英國

（　）20. 台灣的九二一大地震發生時，中興新村組合屋，是由哪個團隊負責搭建
　　　的：
　　　（A）慈濟志工團（B）行政院人事行政局（C）陸軍兵工署（D）南投縣政府

（　）21. 中興新村駐村藝術家的計畫，正式啟動是哪一年？
　　　（A）民國93年（B）民國94年（C）民國95年（D）民國96年

（　）22. 中興新村駐村藝術家的計畫的分布地點位於？
　　　（A）中興新村環山路　　（B）中興新村光華三路
　　　（C）中興新村光榮東路（D）中興新村光華一路

（　）23. 2000年以後，以下哪一位人士曾經出任過行政院九二一重建會執行長？

（A）黃榮村（B）陳錦煌（C）郭瑤琪（D）以上皆是

（　）24. 以下哪一位人士曾經出任過中興新村駐村藝術家徵選籌備小組召集人？

（A）鍾平四（B）陳錦煌（C）郭瑤琪（D）林光華

第十七章　中興新村的往日生活

本章重點

民國102年台灣省政府舉辦中興新村八景票選活動
（台灣省政府提供）

　　中興新村的居民，在沒廢省前，大都是在省政府服務的員工及其眷屬，他們大都居住在中正路以東的光輝、光華、光榮、光明四里；民國七十年以後，由於宿舍不夠，前來省府服務的公務員，大都選擇在中興新村鄰近的營北、內興、內新等地租屋或購屋，這些屬於中興新村都市計畫範圍內的私有土地，久而久之也變成中興新村的一部分。這裡居民的特色是生活單調而單純，治安良好，沒有甚麼夜生活，也沒有霓虹燈。

　　這裡不大，東西長約4公里，南北長約2公里，大概只有27個大安森林公園那麼大。逛街購物通常是去鄰近的草屯與南投市區，遠一點的會到台中，其餘的生活機能說起來應該是不錯的。

　　精省以前，這裡的上下班非常熱鬧，最遠的交通車可以到達台中，員工可以在固定的地方上下車，中興新村的交通車，中午也會接送，所以住在此地的公務員，中午還可以回家吃飯、睡午覺，時間到了再坐交通車來上班。中興新村有一所公立托兒所、三所小學、兩所國中、一所高中、一所特殊學校，這些都形成本地生活的特色，本章紀錄了從四零年代到九零年代的居民回憶，從這些片段的回憶中，可以緬懷中興新村

過去的光榮歲月。

一、四零年代

（1）史祝賢先生回憶說[1]：
當時臺灣省政府為了中國大陸的
二砲部隊的飛彈、飛機空襲等
能讓臺灣省政府內的民政廳、交
通處等重要部會能到洞裡面去開
會，所以開鑿了防空洞，而且編
制有防護團專責維護設備和內部
的組織編號。這些防空洞洞我小
時候有去看過，以及我去公管組
問的數據，防空洞內全長橫縱連
起來大約三公里長，並且可以互
相相通，最大的洞可以容納約兩
百人在裡面開會。若我們去過澄

中興新村環山路39號防空洞出入口隱蔽在山腰中
（王富民提供）

清湖，金門的擎天廳，那邊也有類似於這樣的防空洞。但我們這個防空洞是建在虎
山中，不像金門那邊是花崗岩般的堅硬，所以在九二一地震之後，防空洞內坍塌、
破損嚴重，再加上老一輩的說中興新村以前在日據時代是養蛇的地方，所以公管組
就把四個洞的洞口都封起來。於是我們就沒辦法再進去觀賞或考察以前的足跡。但
在九二一地震之後兩三年，我曾偕同公管組的洪科長去虎山防空洞上面的通氣孔
（洞）那邊去看了一下。本人是希望以後有機會的話，可以把防空洞開放一百到兩
百公尺讓老百姓感受一下當初疏遷時為什麼要做防空洞，親身體驗歷史的珍貴，
做一個傳承。不要只做一個小小的板子，這樣子是很可惜的且不恰當的。民國102
年台灣省政府主席林政則先生，弄了一個中興新村八景[2]，雖然防空洞不在八景之
列，但因為總共有十二景，應也算在這四名勝之列。

（2）張麗鸖女士回憶說[3]：本人是民國26年出生，師大史地系地理組畢業後，
在斗六高中教書，結婚後到中興新村的中興中學上班，丈夫和本人一樣是臺灣人，
當時先生在農林廳工作。丈夫當兵時考就業考試，退伍後就到臺北上班，等到省
政府從臺北開始搬遷，先到臺中某國小的辦公廳上班，民國47年才到中興新村，當
時住在單身宿舍。直到54年時才配到現在還在住的丁種宿舍，住在光榮北路三路，

---

[1] 史祝賢先生，臺灣省南投縣人，民國56年1月14日生，玄奘大學國際企業碩士，現任中興新
　　村榮景促進會理事長理事長，曾任光華里里長里長（86.8－100.8）、中興新村社會教育工
　　作站志工、國立彰化社會教育館顧問。參見：鍾起岱（2014）：南投縣文化景觀中興新村
　　口述歷史調查研究計畫結案報告。

[2] 包括文獻三館、椰林大道荷花香、三大綠色隧道、白色中興會堂、省政資料館的「荷園」風
　　光、中興新村牌樓與圓環、臺灣省政府大樓、虎山健康步道等等，中興新村交通方便且具
　　豐富的人文與歷史，值得旅人前來尋幽訪勝。

[3] 張麗鸖女士，生平見第四章〔16〕。

當時稱為眷屬宿舍，規定是可以住到配偶往生，小孩子不能繼承。當時宿舍有四種，「丁種宿舍」只有兩個房間。若要分配到大一點的宿舍，就要升官，或是入黨；但是丈夫並未答應，說他讀臺大時就有國民黨幹部招募他入黨，但他不入，學生時期還是學生會活動文化部的負責人，也曾得過國語演講比賽的獎項。小孩在家都講國語，直到男孩當兵後，先生才開始用心教孩子講臺語。當時政府有一個「三三三三三生育計畫」，是指希望民眾婚後三年才生育、間隔三年再生育、最多不超過三個孩子、三十三歲前全部生完；我可以說是完全配合這個計畫，但鄰居卻多則生到9個，普遍都生到4個。

　　過去環山路主席公館的土地到現在的「親情公園」那一段，在乾隆35年（1770年時），營盤口有個許家，出了位武舉人許國樑。他權勢很大，所以能鎮壓地方勢力，從營盤口擴展土地到農林廳、主席公館一帶，最後因參與一個泉州人與漳州人的械鬥，而被問斬。其子嗣仍居住於當地，日據時期，日本政府要求居民提報所擁有的土地面積，地方傳聞所報土地越大，對自己越不利，所以就不敢據實回報擁有多少土地，也就放棄了許多自有的土地，而被充公抄封，稱做「抄封地」。這段故事在《彰化縣志》也有記載，可證實這段土地自1770年已有開發。早期移民在這些移居地，種了許多甘蔗，內轆旁，軍功寮溪前面有處稱「新廍仔」，現中興國中旁邊，過大碑，直到靠近軍功寮溪那附近的地方製作紅糖，稱為「糖廍」。日據時期後期選在現在新的南投縣政府附近，建設新型的製糖工廠，屬於「明治製糖會社」，並修鐵軌，輕便車（台語），日語稱為台車，來收集各地的甘蔗製白砂糖。後來在臺中又建有糖廠，日人遂再加修從臺中到南投糖廠線的小火車，台語稱為「五分仔」車，提供客運及貨運服務。

　　這五分仔車在民國48年時，當時總站在現在南投郵局附近，營盤口站在東閔路口憲兵營附近，近中興新村的下庄，省府路與東閔路交口附近也設一個小火車站，民國48年八七水災時，烏溪橋被沖毀，糖廠小火車鐵軌也被沖走，鐵路交通遂終止。

　　再談中興醫院右前方的茄苳老樹，民國93年在南投市長李朝卿出了一本南投市老樹和行道樹的書。中興新村的部份是我寫的，本人在民國86年，因為撰寫中興新村的歷史，研究關於「金水坑」在何處，以及光華里的土地公廟怎麼會變成紫晶宮？我做了田野調查，訪問到柳家餐廳的老大，柳老先生說除了中興醫院前的老茄苳樹外，醫院後方有棵年代更久遠的茄苳樹，並講述了這棵樹的歷史。

光榮北路三街22號宿舍前的竹籬笆（張麗鶴提供）

　　日據時代時，地方人士常到此處山區採集薪火給「南投窯」（在南投醫院附近，設置時間比水里蛇窯早）燒製陶器使用，但在收集的過程，牛車常常翻覆，故地方人士為了要向地方神祇感恩祈福，在這棵茄苳樹的樹頭下插香祭拜。後來第一

市場的某位李太太獻建了土地公廟,因此這間廟一向被稱為光華里的土地公廟,到陳振勝立委購置此地後,小廟已擴建為現在的土地公廟,改名叫紫晶宮,不但有土地公,還有土地婆,神像還是用水晶打造的,設備上有水有電,並新增供桌。但是十年後的現在,廟的遮棚已經擋到茄苳樹,也被榕樹寄生,使得樹被遮擋而看不到,逐漸被民眾遺忘了。我覺得中興醫院前面的老茄苳樹之所以被重視,是因為早年謝東閔等人決定從臺北遷到這個位置,正是在那棵樹下決定的,該樹因而被重視。其他的老樹因為沒有這樣的史蹟而被忽略。

(3)曾國正先生回憶說[4]:我很感激教育制度的公平性與開放性,只要肯讀書都有機會,以前我們鄉下小孩根本沒有機會出去發展。民國48年,我來到省政府時,薪水一個月300元臺幣,1塊美金兌40~45塊臺幣,我老爸當保正,當時老師薪水好像比較多,初中的老師,同樣大學畢業,它的薪水是公務員科員的兩倍。我父親就要我去當老師,但我跟父親講,當老師雖然薪水是兩倍,但是我若選擇在省政府做事,後續發展是更好的,父親也同意我的想法。我就從科員開始,做到專員、秘書、副主任、院長。幾次都要派我去附屬機構,例如育幼院、教養院等當院長,但是我都放棄不去,寧願在省政府待著。當時不要說科長,當股長到各級機關走路都有風。

等到民國七十年,等不到科長缺,我想大概是沒有科長的緣分,這時成立了一所南投啟智教養院,我就答應前往任院長職,並進行一些改革。民國七十幾年,李登輝當主席來參觀時,我帶李主席以及趙守博處長來參觀,但因為路很小,有安全之虞,要拓寬也是要經費,我們極力爭取來完成了。我院長做到民國86年,雖然這期間也有長官要調我去當主任秘書,因為我很熱愛中興新村,也是婉拒。我的孩子們都是讀中興的學校,很感謝中興對小孩的培育。我認為精省不是很正確的政策,我們可以把省主席安排成部長的層級,各單位維持老的架構,對地方的影響也不會像現在這麼大,傷了很多原有在省政府員工的心情。廢省以後,每個廳處人才都大量流失。當然中央有中央的看法,我是90年1月15日屆齡退休。但是我感觸良深。我當南投啟智教養院院長的時候,收育中度智障的小朋友,當時有三句問候的話,「院長好!」是稱呼曾國正本人,「主席好!」是稱呼臺灣省主席,「處長好!」是稱呼社會處處長,有一次行政院長俞國華來院視察,一進去就此起彼落的「院長好!院長好!」俞國華事後連聲稱讚:「中興新村的小孩子教育的真好,可以教到我來叫我『院長』。」

(4)張俊生先生回憶說[5]:我是福建省人,在大陸的高中畢業,畢業時成績非

---

[4] 曾國正先生,民國24年9月20日生,臺灣省雲林縣人,民國48年來中興新村任職,臺北大學社會系畢業,新加坡大學社會工作研究所研究、美國西佛吉尼亞大學社會工作學院研究,曾任臺灣省政府社會處科員、專員、副主任、省立南投啟智教養院院長、內政部中部辦公室執行秘書、專門委員,民國90年退休,仍居住中興新村,參見:鍾起岱(2014):南投縣文化景觀中興新村口述歷史調查研究計畫結案報告。

[5] 張俊生先生,民國15年5月22日生,福建省福安市人,福建省立三都高中畢業,東海大學進修班結業,民國48年元月遷居中興新村,擔任臺灣省政府主計處科員,其後歷任秘書處公管處會計課長、集中支付處、兵役處、人事處、地政處、主計處等單位會計主任,民國80年7月屆齡退休,參見:鍾起岱(2014):南投縣文化景觀中興新村口述歷史調查研究計畫

常好是全校第二名。民國37年來臺灣，之後父母、弟弟妹妹們也來臺灣。民國37年1月我到臺灣做會計，當時我哥哥在臺灣工礦公司臺南紡織王田廠工作，我也到王田廠工作，工作是會計，我當時哪裡懂得甚麼會計，只好一筆一筆學，剛開始只知道紅色是收入傳票，藍色是技術傳票，黑色是轉帳傳票，就這樣先一筆一筆的記帳，我花了兩年時間，總算搞懂，一開始計算成本，而且自己去買書來進修，尤其是成本方面的會計書籍，剛開始計算毛、紗、布等等的成本，之後是染色的成本，最後是計算紡織整個過程的成本。我在那裏做了11年的會計。

我在民國48年到中興新村，因那時王田廠要遷建，土地要被新光公司收購，那時有1300元的薪水，我後來到主計處做科員，薪水只有700元，少了好幾百塊，當時我主要負責作業基金與縣市政府的主計督導工作，是有關於歲計的工作，管理非常多機關，像農林漁業單位、基金單位等等，在主計處做了14年的科員，到了謝東閔當主席時，我奉派到公管處擔任會計課長。當時防空洞工程要驗收時，審計處要有人去陪看，當時指定我去，中午老闆送我回家，結果送到草屯酒家，要請我吃飯，我都不肯。那時臺北市還沒改制，所以我常常去出差，見識比較廣，在主計處當科員的14年的時間裡面，因為資歷與能力都還不是很好，所以處長要我繼續在主計處繼續歷練，謝東閔來了之後，認為我能力已經夠了，就把我派到公管處，處理公管處有關於中興新村的一草一木一事，當時由林金塗先生負責中興新村的植栽，第一批1600株、第二批2600株、第三批300株、第四批1254株，當時我負責預算的事情，所以很清楚。

一生熱愛桌球與工作的張俊生先生家中獎盃無數
（張俊生提供）

我喜歡打乒乓球，謝東閔主席的時候，省政府開始推廣乒乓球運動，當時冠軍隊要代表省政府到臺北比賽，主計處想要組隊去參加，於是我跟處長建議，假定要打的話，讓我來處理選拔各廳處的好球員，而我就藉機推廣桌球，主計處辦主計盃，我一直代表打球，到民國100年，共22年的時間，可以說桌球是我最喜歡的運動，我也曾經代表臺灣前往瑞典打過世界盃桌球友誼賽，退休之後的這兩年，常到虎山上參加各種活動，並且欣賞虎山上的風景。我擔任主計工作40年，民國80年5月離有退休不到兩個月，當時的處長徐希學先生特別頒發給我四十年全勤獎盃，因我四十年來從無事假紀錄，這也可能很少見，國民黨也頒給我一張忠黨愛國的獎狀給我。

（5）郭嘉雄先生回憶說[6]：我在嘉義縣新港鄉出生，2、3歲的時候搬到嘉義

結案報告。

[6] 郭嘉雄先生，民國23年12月12日生，臺灣省嘉義市人，中興大學公共行政學系畢業，48年高考及格，民國45年分發臺灣省政府服務，先後擔任民政廳科員、臺灣省政府秘書處編譯、

市。我母親在嘉義開了當時唯一的一家刺繡店，日據時期，嘉義市有幾次大轟炸，美軍大轟炸，美國喜歡炸嘉義的原因，是因為嘉義有一家化學工廠，它是生產軍需的，加上嘉義很多房子是木造的，所以嘉義的轟炸燒的簡直幾十公里外看到紅紅的火球一樣。我家的店也被燒光了，我們就疏散到番路鄉，那時我才國小二、三年級，二次大戰後期日軍節節敗退，當時很多教室被軍隊借用當軍營，我們就像流浪漢一樣，流浪學生，日據時期我四年小學經驗是換了三間學校。等到我四年級的時候，臺灣光復，我調回嘉義市的民族國小，當時光復後第一年、第二年，小學沒有畢業就可以考初中，嘉義中學是高中、初中連續六年，我小學五年級就考取嘉義中學的初中部。光復後第一年或第二年，小學五年級算肄業就可以考初中，聽說以前省議會的議長，現在新北市市長朱立倫的岳父高育仁也是五年級考初中。

小學沒畢業就可以考初中，初中進去高中也是考嘉義中學。嘉義有兩所比較出名的學校，一個是我的母校嘉中，一個是嘉農。嘉農是棒球打到日本的甲子園，所以海角七號的導演現在在拍「KANO」，KANO就是日本時代嘉農的音，叫做KANO；嘉中是因為考大學的醫生很多都是嘉中出來的，所以嘉中的學生很會考醫生。我嘉中畢業之後到臺北念法商學院，當時是省立法商學

第八任台灣省政府陳大慶主席主持中興圖書館啟用典禮（中興圖書館提供）

院，45年畢業的時候，有一個就業考試，我考取之後被分發到省政府民政廳，我被派到第二科，第二科是辦全省縣市選舉，當時沒有選委會，當時的辦公廳還是在現在的行政院，我報到是到行政院二樓，那裡當時是民政廳。我去報到時，看大家都在辦理疏遷，忙著疏遷的事，當時第二科正在辦理當年臨時省議會議員選舉，科長是江繼五先生，當年的臨時省議會議員選舉是全省的大事，當時省議員比現在的立法委員還「紅」，因為人數少，影響力大，所以我們為了辦選舉，就沒有第一批來中興新村。

我們留在臺北的臺灣省政府，就是現在的行政院辦公廳，因為搬遷的關係，我們就搬到教育廳，當時教育廳在現在的監察院那裡，我們就到監察院的辦公廳繼續借用了差不多半年多至一年左右，我從行政院搬到監察院，然後大約民國47年我才搬到中興新村。當時我單身，宿舍不夠，所以公家就在草屯押租民房，在草溪路以前高仙旅社的對面，有一排押租民房，當時有很多民政廳、兵役處的人都住在那裡。八七水災我就在那裡過了一個很特別的夜晚，整夜都是風雨交加。當年我報高考，也因為八七水災的關係沒辦法北上，烏溪橋被沖斷，使很多的中南部考生沒辦法上去考試。我的人生當中，除了國小五年級考初中是特別的事，這是第二件特別

臺灣省文獻委員會編　　、組長、秘書、委員，民國88年7月屆齡退休，現仍居住中興新村，參見：鍾起岱（2014）：南投縣文化景觀中興新村口述歷史調查研究計畫結案報告。

的事，當年民國48年有兩次高考，因為八七水災的關係，交通中斷，八月那次大概是北部的學生去考，10月再補辦一次是中南部的學生去考，我也是在第二次，補考那一次考取的。考取之後，本來我是在民政廳委任十級，當時分發是委任十級，高考及格就跳委任一級，兩年跳十級。我住的宿舍原本在草屯，後來53、54年配到宿舍在府西路，有一個鄰居叫做張偉武先生，他是在編譯室當主任，他就挖我到秘書處的編譯室。我在民政廳待了11年，跳到秘書處的編譯室，因為都有交通車，上下班都有交通車接送，還滿方便的。

郭嘉雄先生與九二一大地震前的台灣省政府民政廳　（郭嘉雄提供）

我到秘書處之後，又因嘉義同鄉的關係，有一個人又挖我到文獻會，我在秘書處編譯室待了5、6年，我的第一階段是民政廳；第二階段是秘書處編譯室的編譯；第三階段就到文獻會當編纂組組長，組長升秘書，後又升委員，我在文獻會有20幾年的時間。我跟中興新村的關係也是從府西路121號那個地方開始，當時有一個秘書處的同事要離開光榮北路的宿舍，他就讓給我，所以才從府西路調到光榮北路四街21號。我現在的宿舍是乙種，宿舍的配住標準是按照人口數，大概是五口跟荐任以上才能調的比較好的宿舍。它分甲、乙、丙、丁四種，原來我在府西路宿舍是丁種，調到這光榮北路是乙種，甲種則是廳處首長的宿舍，乙種算是一般職員最好的宿舍，所以配住的標準是人口數加上職位高低。我在秘書處的時候，現在這個省政府圖書館是由秘書處編譯室監管，我們秘書處有一個編譯就派到這裡，叫吳定業，他負責整個圖書館，2、3個小姐幫他，所以當年圖書館是由秘書處編譯室監管。

至於虎山防空洞，裡面很長很長，設備還算不錯，大概是十字型，當時有個防護團在負責，有兩個出口，一個在環山路，一個在秘書長宿舍，應該有好幾個門，裡面長長的，有的地方寬，有的地方窄，建這個防空洞，是配合省府疏遷，當時尚在戰爭時期，經過選址，本來省政府要選在臺中大肚山，當時周至柔說大肚山目標

明顯，沒有隱密，之後找到霧峰，再找到這裡，疏遷第一個就是要有防空洞，防空洞差不多48年左右開始建的，建了很多期，應該不是一次完成，以前傳說這裡有日本神風特攻隊飛機藏在這裡，在草屯溪州那裡，有機場，現在有一條機場路，靠近碧山路。中興新村的建設，中濁線火車是在八七水災的時候毀掉的，烏溪橋斷掉了，當然火車就不能開了。本來我在草屯的押租民房後面就是中濁線火車經過那裡，天天都可以聽到火車的聲音，八七水災之後就沒有了。福利社還有股票，大概民國60年前後，福利社發給每一個人，一張大概是10塊錢股票，股票我還保存著。

我想中興新村在宋楚瑜當省長的那幾年，是中興新村最為繁榮的一個階段。因為省主席又當選省長，而且他全省走透透，他是一位很勤快的省長，人家說當時省政府的工友出去走路都有風，何況是一般職員，那時候中興新村是非常風光。沒想到民國87年，修憲把省政府精簡，精簡組織之後，就一落千丈。宋省長請辭待命，各廳處的職員都挺省長，天天報紙都是頭條新聞報導。凍省跟九二一大地震接連發生，省政府的重要性一落千丈，現在有很多空宿舍，簡直是草比人高，很多都看起來很讓人痛心。

（6）鄒心笙女士[7]回憶說：我出生在這裡，我爸爸是鄒穆德，他非常喜歡游泳跟照相，中興新村有很多老照片都是他照的，像這一張背景是中興會堂的這張照片，就是我父親照的，前面這兩個小孩，一個是我，一個是我妹妹，我爸爸是第一批來中興新村的人，我記得是45、46年左右，他們來的時候，這裡是就是荒郊野外。當時臺北沒有人要來，據我爸爸跟我們講，當時嚴家淦是主席，他說如果你們能來到中興新村，以後都不用擔心住的問題，以後住的房子就是你們的，因為沒有白紙黑字，可是我們永遠都記得這句話。因為沒有白紙黑字，因為這裡當時是荒郊野外，所以沒有人願意下來，當時的省政府在臺北。從我爸爸

鄒心笙女士小時候與姐姐在中興會堂前合影，遠處是由台灣第一女建築師修澤蘭設計的中興郵局（已拆除改建）（鄒心笙提供）

的口中，我知道很多歷史，像他也經歷過二二八，還好因為他是福建人，他會講閩南語，跟臺語是一樣的，所以他逃過一劫。

他來到中興新村的時候是年輕力壯，每個廳處就是來墾荒、種樹，所以當初這邊真的沒人要來。我爸爸來這邊結婚，生五個小孩，所以我們家對這邊的感情是很深厚的。我爸爸在走以前講過一句話，他說他從來沒有想過省政府有倒的一天。他對這裡的感情很深厚，他在財政廳服務，當時有機會擔任稅捐處主任，但每幾年會

---

[7] 鄒心笙女士，民國50年5月19日生於中興新村，原籍福建省泉州市，社區大學結業、臺中商專畢業國際貿易科畢業、明道中學廣告設計科畢業，現任行政院農委會農糧署約僱佐理員，曾任行政院農委會中部辦公室約僱佐理員、臺灣省政府農林廳約僱人員、南投縣稅捐稽徵處約僱人員。參見：鍾起岱（2014）：南投縣文化景觀中興新村口述歷史調查研究計畫結案報告。

調動一次，因為他太喜歡中興新村，就放棄高升的機會，他窩在這裡，覺得這裡很美。爸爸不願意離開這裡，他覺得這個環境很好。我們小孩子就在這個純樸的環境長大，以前最明顯的就是我們到外面去念書的時候，人家一看就知道你是中興新村的小孩，我在這裡長大，很不捨的這裡的環境，我們這裡的小孩到臺北讀書，也不會流連在臺北，他們一放假就是家裡，就是感覺這裡是很舒服的地方。

那我自己也是因緣巧合的關係，出生在這裡，工作在這裡，結婚在竹山，離這裡很近。因為上班的地方在中興，所以每天也是往返中興，跟中興的關係是從出生到現在，都沒有離開過，我連念書都也是通車。我對中興新村的感情是沒辦法割捨的。中興新村的地標滿多的，像是中興高中的科學館，不過它在九二一大地震中倒了，但對我而言，中興新村是保留文化的好地方，我們左右鄰居都很好，有什麼事情只要喊一聲就會來幫忙。我們鄰居的感情很好，現在住在公寓的搞不好都不知道鄰居是誰。所以我覺得從小到現在，鄰居關係好是很棒的，我們都很喜歡這個地方。

（7）錢進先生[8]回憶說：我是中興新村的第二代，跟著父母從臺北來，那時我小學一年級，當時搭乘火車，我家是46年來，戶口名簿是46年10月遷入。我家算是相當早來到中興新村的，來的時候，我家對面的宿舍都還沒蓋好，在臺北吃喝、學校都有，在這裡怎麼辦？當時村內沒有娛樂，學校也還沒蓋好。一直到了54年左右，才有電視；從前晚上吃完飯，跟著父母聽廣播。後來，草開始有長出來了、樹也長了，夏天長蟲就會跑出來，一不小心繞在腳上會嚇得半死。

我是屬於中興新村浸信會，宗教裡面浸信會算是中興新村最早的教會，之後才有聚會所、長老會；印象當中，好像民國46年就有，在中學西路與中正路的轉角處地方有一個附設幼稚園信望愛幼稚園，最早是用外包的方式經營，叫做晨曦幼稚園，但時間很短，維持不了多久，就改成了這個信望愛托兒所，由教會自己經營。聚會所現在叫做召會，差不多是晚4、5年才蓋的平房，幾年前也改建，據說李登輝擔任主席時，曾經到聚會所聚會，但我不清楚，第三間大概中興佛社，接下來是長老教會，之後才是三一路德會，在虎山路；摩門教則晚多了，差不多民國70年前後蓋的，起先叫做耶穌末世聖徒教會，但講到末世，國人聽得很難過，現在叫做後期。

我是讀中興二校，那時候中興新村就2個學校，中興一校（光華國小）、二校（光榮國小）。中學路那一邊叫光華里，一校我們感覺上是廳處長的子女讀的，二校則是一般職員的小孩就讀，兩個學校的學生經常暗中較勁，我們學校成立了合唱團，一校有沒有成立合唱團我不知道，那時候我父親在財政廳任職，後來又到了稅務局，最後在中興支付處主任秘書退休，我爸任何外調單位都沒經歷過，所有公職都在中興新村完成。剛才講合唱團，我們學校合唱團一成立，就拿了中區的冠軍，之後沒有多久，有一次到彰化去表演，回來晚了，又剛好下大雨，就出車禍了，一位女同學與音樂老師因此過世；這對我們學校是一個很大的壓力，才剛成立就出了這麼大的事，之後我們都不再提，這對我們學校是一件非常慘痛的事情。另外一件

---

[8] 錢進先生，生平見第九章〔47〕。

事，就是虎山現在看起來還滿漂亮，在民國50幾年的時候，還有許多日據時期的遺留的墳墓，他們沒有人整理，任憑風吹雨打，日曬雨淋；應該是早期移民的墳墓；那時候不曉得害怕，我們常常去玩，最後這些墳墓就遷走了。

中興新村中心市場，那時候有上海老大房[9]，印象最深刻，賣吃的，還有北方上海大陸的味道，還有一個洗衣鋪，現在還在，彈子房則已經不在了。中心市場後來改建，成立國防部的福利中心[10]，現在的員工福利中心應該是第三次還是第四次改組。

我沒有真正在中興新村的時間是58年到82年，因為我後來從軍，這段時間是在外面，對這裡的變化是不太瞭解，精省後，中興新村該何去何從，到今天還是無解。中興新村應該稍微整理一下，破了要修，尤其是老舊眷舍，我現在不住在宿舍，我父母還在，他們還在住宿舍。中正路是中興新村最長、最直的道路，這條路剛蓋好時，沒鋪柏油，就發動居民去維護，許多省府長輩都去做過，我也做過，家家戶戶帶著掃把、圓鍬去做，叫做義務勞動，一年只有一次，當時路還沒有柏油路，是泥巴路，當時我們就在勞動，全中興新村，各單位，只要小孩子能來幫忙，就一起動作，就像是你自己的家，你自己來動手做，大家做得還滿高興的。還有禮拜天發交通車車票，拿那張票到臺中好享受一下；另外，我記得有歡迎過菲律賓總統，而當時在光復節與蔣公誕辰等都有遊行、祝壽；那時候泰國國王有來過；約旦胡笙國王也有來過。

（8）石治平[11]女士回憶說：我爸是從大陸撤退來臺灣的最後一批，民國39年從海南島過來。過來以後，他原來的單位沒有了，沒有叫他去報到。當時我外婆跟著我媽、我爸一起過來臺灣，我爸是拖家帶眷，來了找不到單位報到怎麼辦？也沒有拿到退伍令。後來我爸碰到一個河南同鄉，他說台灣省政府缺一個開車的司機，你要不要去。我爸爸就到省政府秘書處車輛室，就去找了一份工作，那時在臺北開交通車，就是在現在行政院的地方，每天接送省府委員上下班，然後每個禮拜天要接他們到陽明山陪老總統做禮拜。後來，我爸爸就跟主管說他有家眷，沒有地方住，有沒有宿舍配給我，當時正好有一間，在臺北市成都路111號，就是現在中興大橋下面，西門國小斜對面，勉勉強強空出一個宿舍，安頓了我媽媽及外婆。

我是民國40年8月出生，不曉得是不是臺北的空氣不好，我三天兩頭的生病，常跑醫務所。民國45年，因為常跑醫院，爸爸就認識當時醫務所崔所長，他正好要搬來中興，當時中興醫院叫中興醫務所，屬於秘書處下面的醫務所，最早叫醫務

---

[9] 上海老大房屬於蘇式糕點，上海老大房是開業最早的一間，大約在光 初年上海人陳萬泰在南京市董家渡天主堂街開了一間茶食店，取名陳大房，因手藝高超，生意興隆，後於清道光二十二年（1842年），與職工陳奎甫合夥自產自銷蘇式糕點和糖果；咸豐元年（1851年），改名老大房；後又在南京路盆湯弄巷口增設老大房北號；民國10年（1921年）擴大合夥，遷移至南京路與福建路口，後來老大房出了名，於是上海攤上如雨后春筍般冒出來一批"老大房"，真假難以區分，此地的老大房應該是上海人開設的糕餅店。

[10] 隸屬於國防部福利總處，始於民國53年，當時蔣介石總統指示「加強國軍福利工作」，特由國防部政治作戰局籌組成立，專責統籌辦理國軍福利服務事業，現稱為國防部福利事業管理處。

[11] 石治平女士，生平見第九章〔48〕。

室，醫務室又改為醫務所。他問我爸要不要到中興醫院來。我爸爸說到醫務所好，看病方便。就這樣，我爸從秘書處到當年的醫務所。他在臺北秘書處開車的時候認識很多省府委員，當年跟曾寶蓀、曾約農[12]都很熟，所以當年東海大學成立的時候，東海大學民國44年成立，就邀請我爸爸到東海大學開車。那時我爸爸到東海那邊一看，東海大學那時候很偏僻，我爸就沒有到東海大學，後來他就到醫務所，那時候是民國45年，先到霧峰，所以我們家在霧峰住了差不多超過半年的時間。

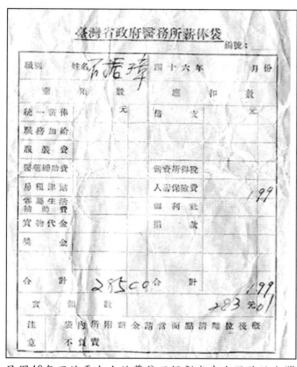

民國46年石治平女士的尊翁石振彰老先生服務於台灣省政府醫務所的薪俸袋，月薪只有285元（石治平提供）

當時住在霧峰庄內，因為那個時候醫務所在霧峰，到後來變成教育廳，教育廳裡有一個醫務室，他們先在那個地方上班，我們家就在當時的霧峰國小旁邊。旁邊那邊的一個農家，他們家裡的房子租一個小房子，我們先住在那個地方。

民國46年，中興新村這邊房子，平房蓋好了，有水電。我們家配在光榮北路六街，第三市場附近，家門口出來就是光榮國小，那地點非常好。那我爸爸很可愛，那時候他不知道哪裡打聽說司機不能配房子，要正式職員才能配房子，我爸就直接跟（中興醫院）院長反應，我跟你來到這邊，我沒有地方住啊！他說好，那時候好像人事方面只要主管一句話就同意，我爸就做了雇員，用雇員的名義配到這個房子。我覺得我們的地點不錯，離學校也近，離第三市場也近。我們在霧峰住了差不多半年，你看我們戶口謄本是寫民國45年8月10號。那時候第三市場還沒有蓋好，光榮國小正在蓋，我們來的時要候，你看那個相片，外面都是泥巴地。我們六街下去一點，當年也是所謂的墳地吧！因為我媽媽在那邊挖了很多廢棄的墓碑跟磚塊回來鋪地。我們搬進來來了以後，我爸媽最高興的是水龍頭一打開，那個水好大。因為我們在臺北住那個宿舍，公共宿舍，那個大概有十幾家，十幾戶

---

[12] 曾寶蓀、曾約農姊弟是曾國藩第五代孫。曾寶蓀是中國著名的女教育家（1891－1978），字平芳，別字浩如，1911年留學英國，取得倫敦大學理科學士，其後入讀劍橋大學、牛津大學。1917年回國，在長沙與曾約農創辦藝芳女校，歷任湖南省立長沙第一師範及第二女中校長。抗戰時赴武昌開救國團成立會。1947年當選第一屆國民大會湖南省代表，歷任國民黨中央婦女工作委員會委員、聯合國婦女地位委員會中華民國首席代表、光復大陸設計研究委員會副主任委員、國大主席團等職，1978年7月27日在臺北逝世。著有《藝芳館詩集》、《曾寶蓀回憶錄》等。參見http://news.sina.com/c/sd/2009-04-04/165817549045_4.shtml及維基百科http://zh.wikipedia.org/zh-tw/%E6%9B%BE%E5%AE%9D%E8%8D%AA。

用一個水龍頭，你要洗衣服的話，要很早，天一亮就要去洗衣服；那時候廁所是2間公共廁所，上廁所也很不方便。到這邊一看，沖水馬桶，然後水又那麼方便，水電都好，就覺得住得很舒服，就住下來。

46年初我在臺北念幼稚園，婦聯會辦的，在總統府後面的惠祐托兒所，我托兒所沒有畢業就來這邊，正好8月、9月開學，我就讀一年級，所以我是中興第二國校第六屆畢業生，我從一年級讀到六年級，正好讀完6年畢業的。當時光榮國小一成立，就有1-6年級，可以說一成立就有畢業生，每一班人不多，1、20位，人數不多。所以他從創校就有六年級，一到六是很整齊的。這個學生大都是都是眷屬，那都是從臺北遷來的。也就是他在臺北讀六年級，來這裡也讀六年級。像我先生他來讀二年級。我們那時候是讀半天，教室也不夠用，因為只有蓋一部份。那個教室現在還在，當年用的材料都很好，黑板是用玻璃的，字寫起來很好寫，地又是磨石子的，那個教室非常好。只讀半天，讀到二年級，後來南邊那麼ㄇ字型的教室才蓋起來。那時候市場還沒蓋，第三市場還沒有，我們就在到中興會堂差不多的一半的地方，那有很多茅草屋，一大早有人在賣菜。來的時候中興會堂還沒蓋好，中興會堂直到民國48年才蓋好，我們那時候買菜，一大早就跟著我媽去那邊買菜。中興會堂還沒蓋好之前，那邊是一片草地。那時候你要買菜，買稍微像樣的肉啊什麼的，都要到草屯去。當時第三市場還沒有蓋好，然後那個中心市場，就是現在福利社那邊，民國49、50年才蓋好。

中心市場那邊，現在的酸梅湯，酸梅湯那個老闆他們家是三兄弟，那時候還沒在中心這邊賣，他是在第三市場，他們家開麵包店，一面賣麵包，一面賣冰品。到這邊蓋好以後，大哥到這邊來賣包子，賣上海包子、肉包、豆沙包，很好吃，他們家做的。那時候酸梅湯最早並不是他們家做，是一個上海老大房[13]，姓閻，是他們在做，我們喊閻媽媽，他們在做酸梅湯。後來閻媽媽他們不做了以後，才把這個銷售權、這個功夫轉讓給現在的老闆。現在老闆姓王，王家他們三兄弟嘛，他大哥二哥好像都去世了，只剩下他在這個地方。所以是老三在做，現在是他太太跟兒子在做，這是中心市場。那第三市場，我媽那時候，那些太太們早上提個籃子去買菜，然後一下子就找不到人，原來打麻將去了，打到11點每個人再拿了菜籃子回家，回家燒飯。當時打麻將都是外省人，本省人不多。我媽剛開始打麻將都是跟外省太太打，每一條街都有我媽媽打麻將的足跡。所以以前主席都會到各處去聽看看是誰在打麻將，主席他晚上出來散步，每一條街都是打麻將，當時打麻將我們叫洗盤子。

我有聽說以前研考會那棟大樓還沒蓋之前是塊空地，中興會堂還沒蓋好之前，也有放露天的電影，那是最早最早最早的事情，那時他們在那邊搭戲棚子，晚上搭個棚子，在那邊看戲，最早是在那邊，中興會堂還沒有蓋。那時每張票2塊錢，可能還更便宜。據說有一個秘書處的人，因為過去都是到臺中或草屯去看電影，他就到草屯大觀戲院去租片來這裡放，草屯當年有2家，還是3家戲院。一家就是現在後

---

[13] 北京稻香村、上海老大房、蘇州采芝齋都是中國大陸糕餅業的知名老店，其中上海老大房創立於清道光22年（1842年），蘇州采芝齋創立於清同治9年（1870年），北京稻香村創立於清光緒21年（1895年），至今都已有上百年的歷史。參見http://caizhizhai70150.pixnet.net/blog/post/25918937。

來的三商，三商百貨那邊叫做大世界，在過去一點那邊就是大觀。他跟大觀戲院老闆講，就是他們要下片的時候，租片子來這裡賣，他跟大家說要看就交2塊錢。我也在那邊看過，跟我媽坐三輪車來。每次人多不少，因為這裡邊沒有什麼消遣。當時中興新村還有三輪車，一直到民國52、53年，當時三輪車整排停在光榮國小圍牆外面，一邊都是三輪車。我念光榮國小，那時叫中興二校，然後念中興中學，中興中學初中部，那時候還要考試啊。讀完初中，我就去念臺中商專。

二、五零年代

（1）許清德先生回憶說[14]：我是民國57年到中興新村，當時兒童公園旁是中心市場，後來被拆掉，他的第三層樓是消費合作社的辦公廳，二樓跟一樓則分給各商家以及西藥房使用。中興新村最早其實並沒有天然瓦斯，當時是燒生碳（煤球）和瓦斯，在公管處旁邊有個供應站，瓦斯的配銷，也比外面便宜。當時有中興米廠，在羽球場那邊，根據每個人每個月的配給條，供應米跟麵。中興游泳池則在現在中興會堂旁邊，供中興中學學生學習游泳之用，中興會堂上映是二輪電影院，跟著臺中的電影跑，並且須持電影券觀看。當時我住在營北里那邊，全部都是水田，旁邊的水溝有個聚會所是最早的教堂，是基督教，再來依序是天主教，接著是後來蓋的中興佛社、摩門教、長老教會。中新村的優點是看不到電線桿，化糞池、汙水排放都統一處理，當時全臺灣都沒有這樣的設計，即使大白天或大熱天，走在路上也感覺不到汙水的臭味，雨水下水道的設計也讓每次下雨都不容易積水。中興新村的環山路有山洞（伏地堡），我進去有二、三十次，因為我當時承包公管處負責電氣的部分，所以就能進去裝電燈。裏面像是八卦山隧道，但沒有那麼寬敞，兩邊有設計石板凳（長0.6乘1.8公尺），隔一定距離都有房間的設計，裏頭有電臺、發電機還有會議室的設計，可以打電報連通到國防部那邊。可惜因為九二一的關係坍塌，現在已無法進去參觀。

（2）廖淑芳女士回憶說[15]：我是中興新村第二代居民，在此土生土長。我的父親最早在民政廳上班，當時省政府還在臺北，後來省府遷到中興新村，他也跟著過來。因為我父親是南投市軍功里人，他想說省府遷到中興新村，他也可以回故鄉。那時候，我們光明里宿舍區還沒蓋好，所以省政府先幫他們租房子在草屯碧山路那附近，我還沒出生。

我們家是民國54年才搬進宿舍，聽說那時候好像是有家庭的才是配住眷舍，單身的話就是單身宿舍，那時好像要抽籤，你如果有小孩的話，一個小孩就兩房，當時有個積分排序、年資、官等、眷口數目等等，我們中正路那一排算是光明里的第

[14] 許清德先生，民國43年04月29日生，臺灣省彰化線人，空中大學公共行政系畢業，民國57年進入中興新村，早年從事電器、飲食工作，目前擔任南投市民代表會代表。參見：鍾起岱（2014）：南投縣文化景觀中興新村口述歷史調查研究計畫結案報告。

[15] 廖淑芳女士，民國56年4月26日生，臺灣省南投縣人，父親於54年隨父進入中興新村，臺中商專國貿科畢、南開科大休閒事業管理系畢業，曾任臺灣電影文化公司導覽人員，現任中興新村光明里里長。參見：鍾起岱（2014）：南投縣文化景觀中興新村口述歷史調查研究計畫結案報告。

一批居民，以前，那邊都是甘蔗田，我記得小時候，中興新村有糧票、米票，當時是要去福利中心後面領取。父親是在民政廳服務，我們小時候都常去大門口那邊玩。當時光明里的籃球場、網球場、五百戶那邊都還沒蓋，早期只有學校，光明市場也是後來才蓋的，好像是六十幾年，當時那邊只有光復國小。之後人員一直進駐，人口慢慢增加，就越來越繁榮。小時候也是都有到中興會堂看電影，我是從五塊錢開始看的，還有更便宜的，還有那時有個賣冰棒的，就是現在員工福利社酸梅湯那家人在賣。

聽說中興新村最繁華的時候有三萬人。中興新村給我最深刻的印象是，地不大，但麻雀雖小，五臟俱全，它什麼都有。我父親在民政廳服務就沒有離開過，他當時有兼省議會府會聯絡員一段時間，中興新村的一草一木，有很多懷念，我是念光復國小，這間學校的名字從沒有變過，原來光華國小叫做第一國小，光榮國小叫做第二國小。中興新村開發的進程是光華、光榮、光明，光輝里最晚，大約民國五十八年，所以光華里宿舍是最老的，中興國中在外圍，那時候中興新村已經有三個小學、一個高中，高中在中興新村裡面，原來它叫中興中學，不叫中興高中，當時叫中興中學的時候有初中部。之後為了配合國民義務教育，民國五十七年中興國中成立，中興中學的初中部就沒有了，我民國56年才出生，還不懂事。

中興新村在生活機能等都做得非常完善，我是到了專科才到臺中去念書，只要人家問我說你是住在哪裡，我說住中興新村，他們都很羨慕，中興新村是省府的地方，是世外桃源，是很漂亮的地方。而且它有下水道、地上物的建築，完全真的是一應俱全，所以中興新村給人的感覺是一個很好的地方。我有聽我父親那一輩他們講，當初省政府要從臺北播遷來中興新村的時候，在開墾的時候，老總統蔣中正希望公務員能一併過來，但是有一些人已經在臺北落地生根，所以不願意下來，聽說老總統跟他們講，你們這些人如果來中興新村的話，我就蓋宿舍給你們，而且住滿十年之後，這宿舍就給你們了。有聽說他們開會的時候有講，可惜口說無憑。原因是什麼，因為這些外省人跟隨老總統從大陸過來，他們還想要回去故鄉，所以他們也沒有積極的爭取。他們希望回去故鄉落地生根。但是經過這麼長的時間，環境改變了，變成這樣的結果，他們也很失望。

（3）李保金女士[16]回憶說：我是很偶然的機會來到中興新村，我是靜宜大學外文系畢業，我畢業後第一年在臺中市立第三中學任教，也就是現在的忠明高中，當時只有初中部，還沒有高中部，我在那第一年擔任導師。然後，省議會的一位黃股長他就介紹我說這邊的中興高中有一位老師要調到臺北去，就讓我來接這邊的老師，我就進了中興高中。那時候是民國59年。我來一看，學生才只有24個，我好興奮，因為當時初中一班要教60個學生，你想這個差距很大，所以我就愛上了這個地方。但是那時候剛開始是擔任科任老師，每天早上都要跟著學生坐交通車，那時候一邊坐車一邊吐，可是過了一陣子以後，差不多一年、一學期以後就好了。我就這

---

[16] 李保金女士（1945-2015），福建省林森縣人，民國34年8月4日生於四川沙保，民國38年隨父親來臺，居住於臺中市四維街，曾就讀大同國小、臺中女中，靜宜大學外文系畢業，曾任教忠明初中及中興高中，創辦臺灣省三餘藝文學會，為文史工作者。參見：鍾起岱（2014）：南投縣文化景觀中興新村口述歷史調查研究計畫結案報告。

樣來到中興新村，一晃就超過了30年。

民國52年中興第一國校第六屆畢業生合影（陳樂人提供）

　　退休以後，我一直在中興新村，退休後我更加喜歡中興新村。那個時候我是覺得中興高中是我成長的地方。那時候只是大學剛畢業，什麼也不是很懂，當時我的感覺中興高中校長是不容易進來的，我還以為一定有經過主席核准才可以進來。我在這裡成長的過程中，中興高中給我的感覺是這個學校是很純樸的，老師們也算是很盡心盡力。我從這裡頭了解到一個，做一個好老師一定要培養學生的自信心跟優越感。

　　民國68年我的先生徐一中主任來到中興新村，因主計處業務需要，當時想要推廣全國電腦自動化，所以從軍中調出兩位人才，一個是果芸[17]到中央，一個是徐一中被調到省府做資訊中心的主任，推動自動化，訓練人才。結果你看今天全國是自動化的時代，我感覺到非常的欣慰，我也感到非常的驕傲有這麼一位先生。當時的資訊中心的建築物，現在是主計處中部辦公室，是我來了以後才蓋好的。主計處原本在省府大樓附近，後來九二一地震倒掉才搬到這裡，當時省府資訊中心人分成兩批，一批到研考會，一批留在主計處。我服務於中興高中三十年。退休後，深感中興新村，人才濟濟，竟沒有一個社團與國際接軌。我因而說服了省政府資料館館長鍾起岱，先辦理Toastmasters的說明會。接著由陳妙曼擔任創會會長，而成立中興新村中文國際演講會。幾年下來，由於歷任會長盡心盡力壯大演講會，吸引更多人加入，是一個體質良好的中文演講會。

　　第一任陳會長著墨於本會的基礎建立─諸凡會內制度，表格製作等，她都用心良苦。我們知道，萬事起頭難。她做到了！第二任會長梁靜如，本是校長，精通於演說。她秉著教育的胸懷，指導我們演講技巧。廣吸會員。第三任會長施天棟，更是用心整合會員的意志力，並帶領會員，參加友會活動，凸顯了這個國際演講會的

---

[17]　果芸，1925年生，河北玉田人。空軍機械學校第七期畢業，美國空軍技術學院畢業美國三軍工業大學畢業，曾任空軍後勤管制中心主任、國防部國防管理中心主任、陸軍後勤司令部副司令、資訊工業策進會執行長、1983~1984任國防管理學院院長。1984~1991任國防部駐美軍事採購團團長、資訊工業策進會副董事長兼執行長、行政院資訊發展推動小組執行秘書、行政院國家資訊基礎建設委員會執行秘書等職。

能見度。甚至培植了社頭雙語會。又匯集會友一年講稿及文章，出刊為「耕耘」，第五任會長黃淑媛，頗有企業家作法，一接掌會長，就規劃目標，這個演講會曾被評為傑出會（Distinguished Club），真是光彩無比。

三、六零年代

（1）張慶生先生回憶說[18]：我是民國64年搬到中興新村，我原先是在大同公司，在草屯分公司，那時候剛來在大同公司服務的時候，我們大概有三分之二以上的客戶都在中興新村。當時因為大同是最大的，還有大同寶寶，當時大家都愛用國貨，所以我來這邊服務，民國六十四年搬到這邊。

我來說一下光輝里，光輝里成立於民國五十八年，據說那時候剛好是南投鎮升格為南投市，人口比較少一點，所以將草屯鎮山腳里虎山路那一邊撥給南投市，再加上原有中興新村十二棟宿舍，成立光輝里。所以我們光輝里是中興新村光字輩的四個里當中最晚成立的，也是人口比較少的啦。我們里民從事商業的，集中在圓環附近的虎山路。務農的大概是在中興大門附近，還有原先住在這邊的，例如說原有的秘書處、財政廳、民政廳那一帶的，幾乎都是我們光輝里的居民比較多，然後四十五年省府播遷到這邊來，他們房屋土地就被徵收了嘛，他們就往外，往大門口去遷移，有田地的人就在那邊蓋房子，沒有的話就往其它地方，這是光輝里原有農民的搬遷。

而一般的公務人員，那時候住在光輝里的，好像他們的學歷水準也不是很高，一般比較多從事工友、技工方面的工作。這是我們光輝里住民的成分，到目前為止，我們的宗教信仰都是跟草屯鎮的山腳里一樣，因為我們的人就是從那邊撥過來的，到現在還是不可分割，如我光輝里辦活動，大部分都是山腳里的住民來參加，反而很少其他中興新村的里民來參加。

我們光輝里的宿舍，就是以前所說的十二棟，每棟有四戶。九二一大地震的時候倒了兩棟，現在剩下十棟。這十棟宿舍的建築有兩種型式，有一上一下，前面一上一下，後面一上一下；也有前面是兩下，後面兩上，就是樓上兩戶，樓下兩戶交叉的建築型態。中興新村的宿舍大概有十幾種不同的建築規格。我們光輝里的汙水系統，集中在我們集會所前面，但沒有排放到中興新村的汙水處理廠，就直接在當地做汙水處理。所以光輝里的汙水處理系統是獨立的，並沒有排到中興汙水處理廠，有人說中興新村住宅好像沒有什麼化糞池，只有兩個汙水處理廠，其實，它是集中，幾戶集中在一個小的化糞池，然後再流出去，就一直排往汙水處理廠。這裡的汙水不是往汙水處理廠排放，就是幾戶設一個汙水處理，光輝里有三分之一是宿舍區，三分之二是私人的。

宿舍區的人口比較少，現在中興新村幾個里我們人是最少的，人口剩下八百多人。宿舍區剩十棟建築，目前有整棟都沒人住的，也有剩下一戶、兩戶的，所以整

---

[18] 張慶生先生，民國40年10月15日生，臺灣省臺中縣人，遷入中興新村大約時間民國64年，臺中高工電子科畢業，曾任大同公司草屯站長，現任中興新村光輝里里長。參見：鍾起岱（2014）：南投縣文化景觀中興新村口述歷史調查研究計畫結案報告。

個宿舍區不到一百個人。大門那邊原先的臺汽客運、彰化客運，那邊也是屬於光輝里，目前都被政府賣掉了，以前的彰化客運轉運站變成停車場。目前彰客的土地產權被中科的高等研究園區徵收了。我為什麼知道？因為在三年前，我想要解決有人在彰客閒置車站吸食安非他命的問題，彰客場站垃圾很多，我就打電話給彰化客運，他回覆我土地已經賣掉了，且不提供買主是誰，只告訴我仲介是誰，後來我請仲介聯絡地主來處理，結果就把它圍起來，最後被中科徵收，變成國有財產局的。所以資料館旁邊那塊私有地也也被徵收了，公路局車站屬於光輝里，現在是國有財產局的，國光客運是跟他租借的。

　　這裡的耶斯列餐廳也被徵收了，因為這個地當時是新生報的地，現在中科已經全部徵收了，他現在是跟國有財產局租。從省府兩邊，到國光客運那個地方再下去，民國四十五年省府遷來以後，那地方變成綠地、保護區，到現在也沒變更，地主一直在反映，你要嘛徵收，不然還是解編。就像中正路一樣，政府搞了一個綠地，中學西路上的中華麵館也是同樣，列為公園綠地也不徵收，地主就沒有辦法用。即使有辦法使用，但必須有附帶條件，松濤園那裡是農地，他們都是蓋一個農舍，再違規使用，省府大門旁邊有一個天法府，早期也是開餐廳，人家一檢舉它是農地，餐廳就不開，改作農產品販售中心，之後又改為超市，經營不善後，現在改為幫人算命、看地理。這樣不好，我們一直在反映，那個私有地，不是建地，就是農地。省府路往外，右邊是農地跟建地，左邊是綠地，所以就沒辦法；光輝里的界線一直到六角亭、善緣齋、蓮花池對面有一條路下去，那都是屬光輝里的，整條路都是，到底是一條水溝。就是從資料館，大門旁邊的水溝一直繞到東閔路，都是光輝里。

　　早期省府交通車，精省以後就沒有了，我記得我小時候坐交通車都不用錢，交通車還可以到臺中，精省以後，這些車輛年限到了要報廢，它不是一次報廢，是慢慢報廢，慢慢報廢，後來因為工友出缺不補，所以車比人多，車就捐給別人。我有聽老人們講，這裡民國58年是鼎盛時期，那時候快要到五點，整個光華路兩邊，中正路都是交通車在那裡等。慢慢的私人轎車越來越多，交通車也越來越少，一直在遞減，到最後精省以後差不多了，現在都沒有了。住在我們這邊有比較特殊的權利，婚喪喜慶都可以去申請交通車幫忙一下，給一些小費，或是油費這樣，當時是跟公管處申請，婚喪喜慶借交通車，油料是以實際里程數來計算；另外司機可能那一天是算出差，它不是紅包啦，而是像公務人員出差費。

　　現在中興新村問題比較大的是，宿舍都沒有汽車車庫的設計，當年從英國那邊考察回來，沒有考慮到未來各家都有汽車，車子越來越多，車子不知道停哪裡，都停到人行道上面去了。當然停車位問題，不是只有中興新村，這是我們臺灣建築法的問題，在日本買車子，一定要先有停車位，這不能怪中興新村，現在車位真的是比較難求，還好中興新村當初在設計的時候，馬路比較大。

　　（2）陳明和先生回憶說[19]：我家住在關子嶺的山上，我的學歷只有國小，後來

[19] 陳明和先生，臺灣省臺南市人，民國26年1月16日出生，高原國民學校畢業，政大空中行專第一屆畢業，民國62年7月來中興新村服務，曾任白河鎮公所里幹事，臺灣省政府建設廳科員，高雄市政府建設局股長、科長，臺灣省政府民政廳專員、視察、科長，臺灣省政府參

乙等考試及格以後，還補了一個空中行專的學歷。我們村莊只有20幾戶，叫做高原村，到國小要走一個半小時。我們村莊有國小畢業的當時就我一個，我學歷最高。我小時候，家裡很窮，半工半讀，勉強讀到國小畢業。我39年國小畢業後，先在家裡幫忙種田，之後到青山的一個派出所當工友，幫警員挑水，整理環境；送公文到白河分局，並且在白河分局拿回警員配給的油，米、嘎啦（コール），土（煤）炭。做了3年多的工友，當時從東山到青山已經開了道路，路開了以後就有新營客運可以坐，工友送公事，坐車不用錢。路一開通，有一部巴士在那裡過夜，由於新營客運在那沒有宿舍，所以司機就借住在警察宿舍，在派出所後面有間小房屋，跟我住同一間，就是這個機緣，引起了我走入司機的這條道路，當時司機要開到附近的河裡面去洗車，我也去幫他洗車，空車回來後，我跟他講讓我開看看，之後就想去學這個駕駛，學駕駛就是在那裡臺南市有一個濟山汽車補習班，那個時候辛文炳[20]當興客運董事長，他開了一個汽車補習班，叫做濟山補習班，去那裡學了3個月後還沒有考到執照，然後我到嘉義來考執照，考了好幾次才考上。

那時小客車執照拿到要1年後才可以考貨車執照，貨車執照考了以後2年才可以考巴士。我小客車考過並沒有開，還是在當綑工，之後我想光會開車不會修理也沒有用，所以又去學修理車。然後，我卡車執照拿到了，東山的老闆三部車有三個司機，都是在關廟運鳳梨、運豬到臺北。那個時候很辛苦，縱貫道臺一線整條道路只有進嘉義市、進彰化市時有柏油，出去整條路都沒有柏油，都是石頭路，從我們新營那裡開到臺北要七個小時，然後他有一個股東，他講陳明和在那裡已經拿到卡車執照，把他請回來，我們三部車子四個司機，這樣可以四天休息一天，如果車子出去，要換煞車皮的，他自己會換。所以我一共前前後後在那個東山陳合發客運幹了六年，那個老闆叫做陳瑞辛，也當了好幾任的臺南縣議員。然後我去當兵，在那裏認識施瑞和，然後我從陳合發轉到新營客運任職，當時新營客運在招考司機，我在新營客運待了6年，就一共前前後後開12年的車。

施瑞和跟我一起當海軍陸戰隊，他那個時候也沒有學歷，但檢定考試過後，在烏山頭水庫裡面的一個村名叫大丘村那裡當村幹事。他問我開的怎麼樣，我說這個工作50歲以後就沒有辦法做了。施瑞和就講，他普考過後在那裏當村幹事，將來他要繼續再考高檢，我們下個月要報名，他就幫我買了一份那個報名表，檢定考試的報名表，當時檢定考試報名表要有一個保證人，他那個村里幹事有那個關防，他就

議、顧問，顧問任內退休，參見：鍾起岱（2014）：南投縣文化景觀中興新村口述歷史調查研究計畫結案報告。

[20] 辛文炳（1912－1999）其父為臺南著名士紳辛西淮，曾擔任西港庄庄長，獲頒紳章，辛文炳為家中長男，興南客運為其家族事業，而辛文炳長女辛美惠後來嫁給前國民黨主席吳伯雄大伯吳鴻森的四子吳運東。辛文炳1919年入臺南市第三公學校，大正14年（1925年）畢業後考入臺南州立第一公學校，昭和8年（1933年）入日本明治大學法學部，昭和11年（1936年）畢業。戰後出任興南公共汽車股份有限公司（戰前為興南自動車會社）副董事長。辛文炳於1950年參選臺南市議會第一屆市議員選舉並當選，1950年當選副議長，1954年當選議長，此後連任第二、三、四屆議長。1958年發生臺南市議會向是政府提出不信任案。1960年辛文炳出馬競選擊敗國民黨籍的葉廷珪當選臺南市市長，1964年任滿，任省政府顧問。之後擔任南臺工專校長及代表中國國民黨在臺灣省第四選區（雲嘉南南）當選為第一屆第一、二次增額立法委員。

蓋好保證人的章就寄給我，然後我就想啦，我這個沒有讀書要檢定考考什麼科目呢？就是要不需要老師教的，沒有數學，沒有英文的這種科目，只有法律科目，所以我就去檢定法院書記官，當時檢定考試可以保留好像3年，我想分3年來考，來考，結果2年就考上，接著就去考警察特考，警察特考也給我考上了，丁等跟丙等我同時可以考，那考兩樣都優等通過，等了一年多沒發證書，我特別去問，為什麼及格一年多，卻沒有證書，承辦人說要警察學校受訓過，才可以發證書，後來通知我到臺北景美警察學校去訓練一個月，訓練一個月就發兩張證書。

其實那時候，上課時，我每天都在靠窗口那裡睡，連續睡了一個月，結果發考試成績，排出來，我丙等、丁等都第一名，他們這些都是警察局的雇員去考的，而我睡了一個月都是第一名，為什麼，因為他考都考那些什麼警察法、行政執行法，都20幾條、30幾條條文，我一天都把它背起來，通通把它背在頭腦裡面，考也是填充題什麼，我就把

2013年6月15日陳明和先生（右一）參加口述歷史座談會留影（鍾起岱提供）

它填完，當年，剛好碰到蔣經國鼓勵人才下鄉，我就寫一封信響應政府這個鼓勵人才下鄉，我願意回東山鄉去當村幹事。

過了一段時間，那個台南縣政府人事室打電話到新營客運來說，你們那裡有一個司機叫陳明和，那請他來一下。我就去臺南縣政府，那個人事室科員叫做劉徐興，他問我你想要去哪裡當村幹事？我就說要在東山，他看一看說，東山沒有缺啦，隔壁白河有2個缺，我說也可以啊。所以我就到白河去當里幹事。做了3年以後，施瑞和在林洋港主席的時代到建設廳當股長，他那一個股，同一天兩個夫婦要退休，一個辦事員、一個科員，一看那個缺是勞工行政，那個時候工廠工人退休是由建設廳來核准的，所以，所以我就接她太太那個辦事員的職缺，就調到中興新村，那時是民國62年，所以我對林洋港主席印象很深。

林洋港[21]當時擔任建設廳長，年輕又會講話。建設廳那個時候四職等要過五職等就要考試，當時規定是丙等及格的可以做到五等，丁等及格的可以做到四等，來建設廳以後，有薦任的缺，那個時候還沒有職位分類，薦任的職等在鄉公所只有一個、兩個，在這裡很多。我那個時候繼續在檢定法院書記官，檢定過後就去參加社

---

[21] 林洋港先生，（1927—2013），臺灣省南投縣魚池鄉人。1951年畢業於臺灣大學政治學系，從政以後，因親民作風，被暱稱「阿港伯」、因愛養牛又有人稱「水牛伯」，以一口特殊臺灣國語知名於媒體。在蔣經國提拔臺籍菁英期間曾擔有要職，1980及1990年代活躍臺灣政壇，曾被臆測為蔣經國接班人，其弟林源朗亦為前南投縣縣長。

會行政的一等考試，一等考試然後就考過了，當時建設廳有五職等的社會行政的一等考試，現在叫乙等特考，當時是轉職公務員考試，那時候是為了黨部職員轉任，但其他社會團體都可以報，沒有任用資格給他取得任用資格。我看那個簡章規定有辦過社會福利、社會工作的人都可以參加考試，我就回去找白河鎮長黃玉春要證明，他寫了一個證明書給我，就說陳明和在本所當里幹事，並兼辦社會工作，社會福利，這樣我就參加那個乙等的社會行政特考及格，及格以後這裡有很多六等的缺，跟我一起及格的，還有曾在秘書處任職的何勃毅，何勃毅排名比我前面。

後來碰到高雄市改制為院轄市，他們來找，因為建設廳辦理的工商登記，高雄市的公務員他不會辦那個公司登記這一類的業務，所以必須來建設廳找5個人去，蕭華山、盧文琪跟我，就去當股長，所以我去高雄市政府建設局當股長當了一年，後來高雄市公車處一個科長出缺，機料科的科長，但是他們找不到有這個專長的，就找到我，那個車管處也是建設局的單位，後來我就到那裡去當了一年多科長，後來因為我母親摔斷了腿，當時高育仁當民政廳長，我又回來民政廳當專員，回來的時候高育仁跟我說，你要回來這裡，可能是錢會少一點，你在車管處當科長，在這當專員。我講這個沒有關係啦，我媽媽的腿摔斷了，然後就放棄高雄公車處機料科科長，就回民政廳當那個專員。

當了一段時間，賴政憲是我們的科長，他是陳孟鈴帶來的，然後他升秘書室主任、專門委員，張麗堂當民政廳長時，來把我升為科長，叫我兼民政廳府會聯絡人，從那個時候一直兼到最後我退休，民國80年總連絡官張鴻儒參議退休，王三重副秘書長就找找接府會總連絡，張麗堂當民政廳長的時間很短，之後林豐正當廳長，府會連絡就比較有制度，王三重副秘書長跟林廳長講，陳明和科長我要把他找來省政府本部這裡，林豐正廳長本來說不行喔，他在那裡就好。王副秘書長說人家十等，你那才九等不能升了嘛，到最後林豐正廳長說我回去問看看。我跟林豐正講，我想去，那裡有升官，在民政廳像我這個學歷要當到十職等的很難啦，你做民政廳長也沒多久了（他那時候已經當2年了），這民政廳長都2年、3年就差不多要走了，我這樣跟林豐正廳長說，你看陳孟鈴、張麗堂都2年而已，林就答應了，後來林豐正也跑去省府大樓去當秘書長，後來又去當省黨部主委。這段時間，王三重副秘書長很照顧我，我的長官都對我很好，不是我很會做人，我這不識字的，做事情是比較認真，比較負責，比較按部就班。

我那個時候也認識很多省議員，但我都沒有請省議員推薦，那時候陳威仁在建設廳四科當科長的時候，有人說他找了七個省議員跟他推薦，那個時候王三重副秘書長找我去也有原因，因為我在民政廳當科長有辦基層建設，村里道路工程，一年有35億的補助款，林廳長又非常授權，我跟他講這個小型零星工程15億，昨天通過，要怎麼樣分配，他就說，你是主管科長，你去把那些省議員處理好就好，所以，我到現在為止，跟這些省議員還是一樣都跟還保持聯絡。

我歷經8位省主席跟一位省長，我來省政府時，是謝東閔當主席，謝東閔在省訓團開訓時跟大家講，他當年來這裡勘查地形時，就坐在醫院前面那顆大茄苳樹下吃便當，那個時候，本來省政府不是要建設在這裡，它原本是想設在霧峰，所以在嚴家淦當主席時，那個省議會已經先放下去霧峰了，但一下子那個地價就喊漲就

漲起來，霧峰那個地方是臺灣省議會，那邊叫做龍山，這邊叫做虎山，龍山、虎山剛好位於烏溪兩側，好像一對眼睛，那個時候南投縣長是李國楨[22]，副議長是楊昭璧，楊昭璧這個人也很厲害，當時霧峰的地價跟民眾沒有辦法協調時，楊昭璧過來烏溪橋這邊講，我這裡都是公有土地，把臺灣省政府遷來，我提供土地就好，所以把所有的廳處、省政府建設在這裡，這是謝東閔演講的時候講出來的。

霧峰龍山那個地方就是後來教育廳的位置，連同光復新村還有以前衛生處的位置等等，衛生處後來才遷到中興新村。另外，配住宿舍，我那個時候來建設廳的時候，一個月領了1萬2000多塊啦，但是租房子要3000多塊，我租在以前揚州小館的後面那裡住了一年多，當時因為跟施瑞和很熟悉，高育仁當縣長時，就找施瑞和回臺南縣去當行政室主任，施瑞和的宿舍在光榮北路四街那裡，就移交給我，他開了一張單子，說我後面有增建，都有還有帳目，總共要1萬6000多塊，所以我就拿1萬6000塊給他，他就搬回臺南去，宿舍就交給我，我就住在光榮北路四街那裡。這個虎山以前，我以前經常都在那裡，這個虎山整個都是桑葚園，去那裡有很多桑葚，那時候縣政府還有舉辦桑葚節，我會來這裡，也是施瑞和介紹的，他講的我們東山鄉除了你之外，只有3個人在這裡，我，另一個就是盧朱清，盧朱清是邱創煥主席時代的事務科長，出身社會處，曾經擔任臺南縣的社會科長，施瑞和在建設廳當股長，還有一個臺汽中興站站長，叫做張國煒，那個站長是我小舅子的小舅，他一直換工作，後來轉到民航局去，然後就退休去當立榮航空公司的董事長，還有這個精省，精省後，事實上是這個省政府是一天不如一天，就像快要死掉，以前第一市場、第三市場餐廳晚上都訂不到位置，現在都沒落了，差很大。

（3）盧文蔚先生回憶說[23]：我是東吳法律系畢業，東吳很重視英文，中興法律系重視考司法官，和當時臺大是一樣的，東吳法律以前重視比較法，我們不同於一般大學一百三十幾學分畢業，東吳要一百八十幾學分才能畢業。我到省政府來服務，要感謝當時還在法規會當組長的王三重主委引薦，我65年當兵退伍後，當時八月時有基層特考，我報高雄行政乙等特考，考上後選任高雄縣梓官鄉代表會的職務。當不到一年，王主委的爸爸是王麗華，來問我台灣省政府有臨時缺要不要來，於是我便來到了省政府，之後直到96年都沒有離開省政府。我在法規會當編審、秘書、組長；後來在連主席的時候，王三重先生那時候當副秘書長，當時剛好文書科科長出缺，我就去當參議兼兼科長，2年之後便精省了，趙守博主席提拔我擔任秘書室主任，一個多月就發生921大地震。後來台灣省政府的業務少了很多，我便辦理退休。

（4）劉爐香先生回憶說[24]：我民國62年高考及格，就分發到民政廳來服務。當

[22] 李國楨是第一任民選南投縣長，任期1951-1957。

[23] 盧文蔚先生，民國38年1月15日生，臺灣省屏東縣人，遷入中興新村於民國66年，曾任臺灣省政府法規會編審、秘書、組長臺灣省政府參議兼文書科長、視察室主任臺灣省政府訴願會執行秘書臺灣省政府秘書室主任臺灣省政府訴願會主任委員臺灣省政府法規會主任委員，參見：鍾起岱（2014）：南投縣文化景觀中興新村口述歷史調查研究計畫結案報告。

[24] 劉爐香先生，民國39年9月15日生，臺灣省宜蘭縣人，暨南國際大學公共行政與政策學系碩士，民國62年進入中興新村，長期任職民政廳，現職為內政部中部辦公室副主任，參見：鍾起岱（2014）：南投縣文化景觀中興新村口述歷史調查研究計畫結案報告。

時的民政廳業務很龐大，包括文獻會、地政處，還有那個兵役處，山胞原住民局，業務相當龐大，所以說是省府的首席廳，我剛進來的時候辦理公共造產，後來民國65年我升為薦任科員，辦理社區造林、山地保留等業務，民國72年鳳凰谷鳥園成立，編制表就是我草擬的，鳳凰谷鳥園當時公共造產經營，是民政廳主管，沒多久廳長找到我，問我去鳥園擔任行政組長好嗎？第一次我拒絕。第二次廳長跟我說，答應去一下，一年後就讓我回來，我就去了鳥園當行政組長。73年9月調回來當民政廳事務股長，後來當新聞股長，然後府會聯絡員、專員、視察，第四科科長，然後是第一科科長。第一科科長是主管全省的地方自治，當時縣市長考績，鄉鎮市長考成都是經過民政廳來處理的，民政廳的第一科是首席廳、首席科。每天公文很多，廳長一天到晚找我。省府當時是合署辦公體制[25]，有重要事情，每周一廳處長會集合一起開會決定統合事務，所以說台灣省政府的能力非常強。當時臺灣省政府人才濟濟，在省府要出頭、要升遷很不容易，升一個股長要十幾年，當一個科長更不容易。

民國83年「省縣自治法」公布以後，省長民選，那時候我是主辦科科長，省長就職典禮就是我主辦的。人家說我不容易，可以當民政廳首席廳的首席科科長，職位不大，業務卻滿龐雜的。精省後，省政府變成行政院的派出單位，非自治團體，它就沒有自治權限，只有執行行政院所給予的工作，許多精省前的省府菁英，被迫轉換跑道或退休，人才銜接就顯出青黃不接，差別就很大。

中興新村的建築物跟風貌在精省與九二一之後，改變非常大，像民政廳、主計處、財政廳都倒了，地貌都改變了。中興新村是我很懷念的地方，因為我在這，住的比我的家鄉宜蘭住的還久。民國88年7月1日我們的業務移轉，有移撥到縣市政府，有移到內政部，像我後來擔任內政部中部辦公室副主任，職等提升了，但重要性卻降低了，升官了，也沒有人說我很不容易。精省後，省政府人員編制少，沒有實際權力，僅執行行政院命令，預算也很少。

在以前的大省政府時代，中興新村從來沒有停電停水的，橋梁道路平順，現在省府沒有錢，道路、行人道毀損都沒有錢修理，尤其商店區。當時在大省府時代，縣市政府都來這裡洽公，車水馬龍，餐廳的繁榮景象，當時這裡大概可以居住兩、三萬人，現在餐廳一家一家倒了，沒有客源。以前縣市政府職等比較低，人口一百萬以上的縣市，才有專門委員，主任秘書只有10職等，科局長也只有9職等，由於省政府職等比較高，居家環境也很好，所以省政府可以找到很多地方的好人才，地

---

[25] 台灣省政府的運作體制被稱為合署辦公體制，主要是當時省府委員會被認為是一級機關，各廳處局會團被稱為二級機關，但一級機關只有進行開會決策，通常不會涉及執行，執行都由二級機關的29個廳處局會團負責，為了要操作這麼龐大的政府體系，當時台灣省政府各廳處每一層次都可以辦兩種公文，一是本機關公文，一是省府公文，省府公文通常稱為「府函」，代表省府發文，就會說「秉辦府函」，通常如果是府會的重要決策，或涉及許多廳處業務的，就會責成業務量最大的機關「秉辦府函」，如果是本廳處局會的業務，則是各自發文即可。而即使是「秉辦府函」，也大都是先協調好了，再由主辦廳處決行即可（二層），真正送到府本部（一層）的相對較少，其行政效率就無形提高很多，這也是為什麼精省前，台灣省政府的行政效率普遍被認為比各級政府高很多的原因，省長民選之後，廳處局會團變成一級機關，省政會議成為諮詢協調型態，但在發文體系上，與官派省主席時代相似。

方上有科局長經驗的也喜歡來省政府任職，很多擔任過縣市主任秘書的人，也都先安排來省政府擔任專門委員，所以省府人才濟濟，甚至比中央還多，現在精省了，地方職等非常高，主管都改成12職等，原來的7-8職等課股長都改成9職等科長，主任秘書也改成秘書長，這樣地方的人才就不容易往上流動，你要請地方的人才來，就可能是直接擔任部會司、處長，或是次長以上的職務，他們才會有意願，這樣使得這些人才的歷練機會變得很少，他們的處事風格就會常常引起爭議，這也是非常可惜的事情。

（4）吳崑茂先生回憶說[26]：我對中興新村的印象有兩種，一個是心理的感覺，一個是形體的感覺。我小時候聽廣播常聽到中興新村消息，心想中興新村是何方神聖，每次聽廣播都是中興新村消息。慢慢的我們就對省府有尊敬感，比如說以前在學校有省府督學，那是很少見的，我們都非常重視，那時候的中興新村確實是政治的重鎮。民國63年我考取高考，被派到省政府新聞處服務，那時候的新聞處在臺中市自由路，為了新聞記者連繫、傳遞資訊的方便，新聞處在中興新村有一個辦事處，辦事處設在山地農牧局有一個記者休息室。我那時候當科員主辦在發布新聞，我每天都要到中興新村，雖說我不住在這裡，但是三、四十年來一直在這進進出出。

我第一眼看到中興新村是那麼綠意盎然，牌樓森嚴，我覺得這地方真好，是人間仙境，那時候的感覺就是那麼地特殊。我每天到中興新村來上班都是坐公路局的車，走臺三線，差不多要35分鐘，中午12點再搭車回新聞處去發新聞。每星期一一定固定下午來省府發布省府委員會的消息，早上是省府首長會談的消息，所以中興新村跟我也有很親密的連結。那時候的省政府是意氣風發的省政府，在大省政府時代我們要到省府大樓，都是戒備森嚴，內外都有警衛，我們以前要到第一會議室都是戰戰兢兢的，擔心會被警衛盤問。從記者的人數可以看出省政府的重要，當時有一百多位記者進出中興新村，各個報紙記者都想當新聞處記者、省政記者，因為福利非常好。第一，買公路局的車票只需四分之一的價錢，買火車票也會比較便宜；第二，記者證很好用，到哪裡警察都不會找他麻煩，逢年過節省主席會請吃飯，送一套菸酒；最後連出國都補助2、3萬塊錢。所以大家都非常想要拿到這張記者證。

當時為了管理記者，我在新聞處第四科科長的時候，我定一個辦法，報紙每發行一張就發給一張記者證，有臨時需要的則另發臨時記者證。這方法各大報都很配合與支持，雖說不科學，但是很實際。我們那時候的省政府是非常有派頭的，如教育廳的股長可以派到外面去當校長，財政廳的股長可以派到外面去當財政局局長。

省政府每年都有幾個大規模的活動，第一個就是一年一度的省府員工運動大會，那是非常盛大的，精省以後就沒有了。第二個是慶祝光復節系列活動，在慶祝光復五十周年的時候，我們招待美國的姊妹州，我們動員了全部的人，來的貴賓們

---

[26]　吳崑茂先生，民國34年9月28日生，臺灣省臺南縣人，民國64年服務於臺灣省政府，美國多明尼肯大學公共行政碩士，東海大學公共行政碩士，曾任臺灣省政府新聞處科員、專員、秘書、科長、主任秘書，行政院九二一震災災後重建推動委員會行政處長、副執行長等職，臺灣省政府顧問退休。參見：鍾起岱（2014）：南投縣文化景觀中興新村口述歷史調查研究計畫結案報告。

每一個人都幫他拍了一份紀念專輯，活動結束就送給他們很精美的畫冊（書），做好國民外交。當時的省政府動見觀瞻，到了宋省長時期是省府最風光的時代，再來就繁華落盡。一句話就是「昔時王謝堂前燕，飛入尋常百姓家」，很多員工不是調離他鄉，就是自動提前退休。在精省後不久，發生九二一大地震。我們說「百足之蟲，死而不僵」，省政府在還沒有完全精省以前，還是滿大的，但是九二一大地震後就完全解構了。當時省府員工沒有工作可辦，工作都收回中央，所以就由原台灣省政府各廳處派了至少7、80名員工成立了重建委員會。那時我在省府當顧問，我本來要辦退休了，但又接到電話要我去重建會當行政處長。我覺得可以為國家社會做點事情，也就到重建會報到了，我在重建會奮鬥了3年半。

當時地震發生的時候，環山路靠虎山這邊的建築大部分都倒掉了，因為斷層帶經過這裡；環山路的另一邊就比較少倒掉，農林廳、山地農牧局、建設廳、交通處這些沒倒，省府大樓結構較好，也沒倒，其餘的都倒了。經動會的大樓，因為結構不好所以倒塌；衛生處是隔間牆打掉，支撐不足也倒塌。在中興醫院往前一點，在環山路上有立一個牌子，牌子叫作「斷層帶所在，我們大家要小心」，可是我們大部分都不會很認真去注意。牌子往東350公尺就是斷層帶的露頭，可是我們不重視這件事情，照樣在那邊蓋建築物。大地震之後，省政府徹底解構了。現在的中興新村，省政府僅剩員工、職員54名，工友32名；文獻會移交給國史館，現在是國史館臺灣文獻館；圖書館移給臺中圖書館；省政資料館則還保留著。地震後那麼多單位倒掉，重建會本想將空地蓋公園，但後來竹子都病死了，現在變成這般空曠，也好啦，反正地震就是歸零嘛，空曠就是最自然的紀念碑。

每次我到中興新村來，我都一定會到老地方跑一遍，這是滿足我思鄉的愁緒呢，或是對過去繁華的追憶，我也不曉得。我是從一個當時的參與者、見證者變成一個追憶者，滿足情緒上的失落感。我總覺得主要的歷史建築都在，宿舍區還在，這些能夠保留記憶的東西盡量把它留著，綠色隧道的樹是最能夠保存的。中興新村現在要改成高等研究園區，我希望能夠發揮一點功用，一些文化景觀能夠保留，讓中興新村能夠維持某種程度的繁榮。最後，我要補充幾點，我民國63年高考及格後在新聞處當科員，當主任秘書，後來在省府當顧問，九二一後當行政處長，爾後升任副執行長。為了留下歷史，再做一些補充如下：第一點，中興新村交通建設非常好，包括中投、中彰、七十六號道路、國道三號、五號等都經過中興新村。但這麼好的交通網路，卻不敵凍省的打擊。第二點，中興新村有個特點，就是許多名家的庭園石雕，是全臺灣絕無僅有的。第三點，中興新村在五百蓋的小巨蛋，小巨蛋正式辦的大活動，大概只有一次，就是宋省長要離職的時候，大約在八十七年底時，宋楚瑜在二十一縣市辦了二十一場「臺灣頭尾走透透」，非常風光！謝幕時，宋楚瑜慷慨激昂的陳事，我也在場，但從此台灣省政府也走入了熄燈號，令人懷念與惋惜！

四、七零年代

（1）江月照女士回憶說[27]：我是中興高中退休音樂教師，在民國70年左右到中興高中任教，我之前是小學老師，是跟著先生到中部工作，因為先生在臺灣省手工業研究所工作，那時，覺得中興新村是一個很重要的權力中心，一個層級很高的地方。我在師大音樂系畢業之後，很幸運的能到中興高中任教，我曾經與同事、前輩，包括林清風老師、黃蓉雪老師、張麗鶴老師，談論到能夠到中興高中來任教，對人生來說是一件很幸運的事情，我在民國92年退休，把大部份的人生都奉獻給中興新村，對於中興新村優美的環境，例如椰林大道、植物園、學校、醫療院所等等，都是很讓人覺得方便利民以及讓人身心愉悅的。中興新村的老照片，常勾起我很多美好的回憶，例如郵局、中興高中的科學館、還有公路局中興站，設計的相當美觀且大氣，當初的臺灣是找不到這樣設計優質的車站。在中興新村這邊工作、居住、生活的人，是一件很幸福的事情，記得中興大會堂還會免費放映電影，我剛到中興高中任教時，中興高中都在中興大會堂舉行朝會與週會，且學生的體育課也是在大操場上課。在還沒凍省之前，每年光復節，中興新村還會放煙火慶祝，凍省之後，這些就變成了相當美好的回憶。

（2）陳朝旺先生回憶說[28]：我是民國71年來臺灣省政府上班，那時候是在農林廳的山地農牧局。81年到黎明新村的省政府地政處，83年又回來農林廳，一直到89年，後來山地農牧局改為水保局，我又到水保局上班，後來就到縣政府服務，民國92年先去花蓮縣政府，95年回到南投縣政府一直到現在。在省府的時間，前後加起來也將進20年，中興新村是一個很漂亮的地方，我第一次來報到就很興奮。71年是第一次來中興新村，後來漸漸了解，這是英國人設計的，有蠹底路很漂亮，樹木很多，這是我對中興新村的第一個印象。剛開始還沒結婚，就住在單身宿舍，這個印象也很深刻。我對中興新村比較懷念的是它有演電影，民國71、72年我還住在單身宿舍，當時中興會堂都還在演電影，一張票好像10塊，還是15塊，很便宜。住在宿舍的餐票也很便宜，那時候一餐才15塊。晚上也沒什麼地方好去，大概就是這樣，當時的環境就是這麼純樸。

另外，人更是讓人懷念，我非常懷念以前老省府那個團隊，精省以後感覺，尤其是後來在縣政府服務，感覺中央對地方的照顧遠遠不及以前的省政府。以農業來講，現在農委會的補助經費、對農民的照顧，跟以前農林廳來比，差太多，說精省要節省多少錢，沒有感覺它的錢有節省起來。以農業來說，感覺沒有想像的那麼

---

[27] 江月照女士，民國41年8月11日生，臺灣省臺南縣人，國立臺灣師範大學音樂研究所碩士，約民國70年進入中興新村工作，國立中興高中專任教師，2003年退休，並於南開科技大學兼任講師，目前擔任臺灣省三餘藝文協會理事長。參見：鍾起岱（2014）：南投縣文化景觀中興新村口述歷史調查研究計畫結案報告。

[28] 陳朝旺先生，民國46年4月2日生於臺灣省苗栗縣，政治大學地政研究所碩士，民國71年進入中興新村服務，曾任農林廳山地農牧局辦事員、組員，地政處土地測量局股長、農林廳股長、視察、水土保持局組長、花蓮縣政府局長、主任，南投縣政府農業處長，南投縣政府秘書長。參見：鍾起岱（2014）：南投縣文化景觀中興新村口述歷史調查研究計畫結案報告。

好，當年省府團隊的工作效率非常高，我來的時候是李登輝當省主席，後來是連戰、邱創煥，宋楚瑜，一直到現在還是讓人還念，我到鄉下去、到農村去，農民還是很懷念省府團隊對他們的照顧。現在還在選的十大神農、十大產銷班，看來看去都還是以前農林廳輔導的那些人在得獎，現在新的要得獎的機會很低，表示說以前的基礎建立得很好。我覺得以前的人比較有人情味，以前同事之間的感情都很好的，現在年輕一輩比較沒有了。

以前中興新村的餐廳天天都客滿，因為民眾會來洽公，縣市政府要來開會，當時很熱絡，跟縣市之間的感情也非常好，如果要請縣市鄉鎮幫忙，打一通電話就好。現在則因為對地方的照顧少很多，彼此之間的聯繫疏遠很多。中央跟地方的關係需要好好建立，這樣才能做到事情、工作。現在大家都說政府沒有效率，那是因為都沒感情了，公事公辦，我覺得除了公文往返外，私交也很重要。對於建築部分，我在農林廳、水保局服務，兩棟建築歷經大地震後還是不變，只有內部裝潢有點改變，外觀差不多。農林廳的圓環有縮減好幾次是為了停車，我印象是2次，本來是給車走，但後來開放給人停車。其它就沒什麼改變；辦公室的格局都差不多。另外，以前都有動員月會，是省主席親自主持，好像一個月一次，那時候我每次都參加。

五、八零年代

（1）李明璋先生[29]回憶說：我老家在彰化員林，逢甲大學財稅系畢業，當過稅務人員，在財政廳當過科員、專委，在住都局當過主任秘書，後來住都局江局長調到內政部擔任常務次長，我才回到財政廳；民國87年7月到公管處當視察。公管處是無所不管，從道路、宿舍、樹木、托兒所、殯儀館，可說是一個總務。精省後，我擔任公管組副組長，後來鍾平四組長調任副祕書長後，我才擔任組長到民國95年底退休。我是在民國65年01月10號經普考來到財政廳，有一些老一輩的和省政府搬過來的長官，都有一個觀念，就是當年被省政府騙了：「你來，住個十年宿舍就可以給你。」但是我要澄清一下，我調民國40幾年府會紀錄的資料，根據紀錄，當時是說：「你來中興新村服務，一個月扣多少錢當作房地費用，扣十年之後宿舍就給你。」但當時薪水不多，又要再扣錢才有房子所有權，於是遭受員工很大的反彈。我看紀錄中府會有個提案，交付某位省府委員審查，是不是要按照原來的規定扣錢，我一直翻到後來一兩年的府會資料，審查結果都沒有出現。照理說，這提案要有個了結，但是沒有正式了結，而這些前輩的也沒被按月扣錢，所以我想「住十年就可以取得宿舍的所有權」應該是當時口頭在傳。

宿舍的配住我看史料，除了甲乙丙丁四種規格之外，還依照來的先後順序、各個廳處來配發，後來隨著職務調動就開始亂掉了。這些宿舍，在民國72年4月行政院修正《宿務管理規則》之前，叫做「眷屬宿舍」，意思是可以給配偶住，住到兒女成年；但修正之後叫做「職務宿舍」，就是退休3個月後，要把宿舍還回給國

家，除非你有特殊原因，給法院公證過才可以續住。這造成甚麼影響呢？造成後來公管處處理宿舍問題時，在法院從來沒敗訴過。但是這也造成中興新村宿舍有一半沒人住，另一半的宿舍，空屋屋率卻是很高的。這些老舊宿舍，建材多半是空心磚、老木頭，因為長期沒人住，我想有一天，它會完蛋；至於整個列入歷史建築的方式，我想是見仁見智，我們不反對保存一些文化景觀或歷史建築，但是我想這些宿舍應該可以選擇區域去劃分，去好好管理，這樣才會長久。

　　當然我講的歷史建築定義比較寬，包括歷史建築、文化景觀等等的文化資產。但是這樣的文化保護方式，可能有點矯枉過正，造成中科管理很多宿舍的修繕或是更新、遷移時，都會牽涉到很多問題。因為這些宿舍的街廓都是「文化景觀」，一磚一瓦都不能輕易動到的。例如最近臺銀在中興新村的分行租期到了，要還給中科管理局的時候，中科要拆，縣府不讓拆，因為這也是文化景觀的一部分，變成臺銀雖然已沒使用，但每個月還要繼續付租金。你真的要保存，應該要好好整理，而不是放著任其被風化、傾圮。

六、九零年代

　　施金爐先生[30]回憶說：我是合作社成立以來總經理做最久的一個，以前省政府的合作社是由各廳處照輪流的，是大廳處如農林廳、建設廳等輪流，小廳處如稅務局、山地農牧局就沒有。那輪流的話，包括理事主席，內部的職員、經理、總經理，甚至人事、會計主任都是他們單位裡面自己聘請的。精省以後，合作社單位變少了，廳處裡面要組合作社有點困難，所以變成雜牌部隊。事實上，因為合作社過去是臺灣省政府員工消費合作社，精省完以後，省政府只是一個單位而已，廳處大部分都是中部辦公室比較多，所以說單位名稱也更改了，改成行政院中部各部會辦公室及臺灣省政府聯合消費合作社。

　　剛才有提到合作社的營業額，我在當總經理的時候，曾經我們的理事、監事常提到這件事情，就是為什麼我們現在沒有發股利。大家都知道，精省以後省政府的員工數精簡，我剛接手總經理時，我們的社員人數大概有一萬七，七年後我要卸任的時候僅剩六千多；現在可能還更少。為什麼人數會變少，是依照合作社規定，會員離開就要退社，精省後，許多人他調或退休，所以變成人很少。社員人數少，合作社靠得就是社員的基本人數。再者，屋漏偏逢連夜雨。過去的合作社是屬於臺灣省政府員工，我們叫作合作社，合作社本來不是以營利為目的，是以資助為目的。過去合作社很好經營，這個都是服務員工的，我們不是以賺錢為目的，我們還會做公益，包括九二一大地震後我們合作社捐助了不少錢，甚至還有成立一個教育獎學金，這是別的地方不可能會有的。雖然說我們賣的東西，因為現在講實在話，超市、販賣部一大堆，可以說劣幣驅逐良幣，都競爭得滿厲害的。我們合作社除了販售以外，如果今天發生了什麼社會問題，我們主席會交代我，第一個我們要顧慮員工的安全，所以曾經我們為了某一牌的醬油，報紙一登出來，我們馬上下架，因為

---

[30] 施金爐先生，民國37年12月19日生，進入中興新村時間約民國69年，逢甲大學合經系畢業，東海大學公共行政研究所碩士，長期服務於水土保持局，副局長退休。

合作社不能讓大家吃出問題。那賣的東西會不會比外面貴,我想可能有部分比外面貴,但是我們也有便宜的。不過問題主要在於競爭,還有人少,有關股利分配的問題,我們合作社是靠盈餘分配股利,但是以員工的交易分配額來作一個分配處理。

七、往日生活點滴

(1)福利券:省政府在播遷中興新村時,即有完整的規劃,各種運動場所均具備,大者如高爾夫球,以次有足球場、籃球場、網球場,體能運動館內有乒乓球及羽毛球兩用之設備。當時全省各機關員工福利社,規模最大,職權也最大的要推中興新村省府員工福利總社了,它能夠取代鄉鎮公所法定權限,管理新村內所有的市場,收取市場租金,經營電影院,旅社等生意,包羅萬象,辦得有聲有色,任何一個機關的福利社都沒有這樣大氣派,這樣大規模。從民國48年到80年之間的電影欣賞會,由省府員工福利社經營中興會堂電影院,不但能夠享受免稅的優待,連任何附加捐稅,也是一律免除,當時票價每張只一元五角,學生票只有五角,對於待遇低微的員工,確是一項福利。本來電影戲票,依法應課徵娛樂稅,誰都不能例外,省府福利社為員工的福利想出一條辦法,用福利社舉辦「電影欣賞會」的名義,每晚放映影片,員工要看電影,先用現款向福利社購兌「福利券」,憑福利券換入場券,這樣進去看電影,就可以「免稅」了。

當年省府員工福利社每晚舉辦此項「電影欣賞會」,在省內尚屬創舉,好像也未聞有其他機關的福利社要求稅捐處沿例辦理,省府員工福利總社發行的「福利券」,在中興新村範圍內通用,不但可以換入場券看電影,並可在市場內各供應部購買食品衣物,乘坐三輪車,其效用和臺灣銀行的新臺幣一樣。可以說是名符其實的「福利」之「券」。這項社員「福利券」,每屆福利委員會變換一次,福利券面額有「四單位」,「三單位」,「二分之一單位」,「一單位二分一」等多種,用藍、青、紅、紫等色分別,由省府印刷廠承印。福利券的「單位」和台灣銀行發行的新臺幣「元」相等值,四單位的福利券等於新臺幣四元,三單位福利券相等於新臺幣三元,二分之一單位相等於新臺幣五角。「福利券」早期在中興新村市場流通量相當大,已非省府員工福利總社現有職員所能處理,所以由草屯第一商業銀行在中心市場設立一代辦處(現鍾愛一生餐廳一樓),代理福利總社收兌市面流通的「福利券」業務。這種「福利券」基本上和金融機關發行的有價證券沒有兩樣。

(2)花園住宅:中興新村早期員工的另一項福利是花園住宅,中興新村各廳處辦公室和職員宿舍,人工樹木花草的點綴,幽美如公園,每來中部遊覽的南北旅客,必然來中興新村巡覽一番。但其實住在新村裏面的省府員工,可能並不以為樂,高級職員覺得在中興新村住是一件苦事,三年來家眷還都住在臺北,同時公務上也與臺北無法完全脫離關係,因此每週公務私事往返臺北中興新村之間,火車汽車旅途奔波,飽受風塵之苦。至於住在新村的中下級職員,雖然獨享花園住宅,抽水馬桶的現代衛生設備,但由於待遇低微,也就分出幸與不幸來,如稍有基礎的或職位好一點的職員,擺一些沙發傢俱充場面,客人來時還像個樣子,職位差點的,

平時沒有積蓄的職員，吃飯都感覺不易，自然無力添置傢俱，充實內容了，甚至室內被年幼的兒女搞得亂七八糟，空有一棟漂亮的房屋架子[31]。

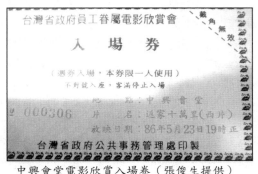

中興會堂電影欣賞入場卷（張俊生提供）

（3）看電影：早年隨軍來臺的軍人有很多人喜歡看京戲，加上隨軍來臺的京戲演員也非常多，為了安排這些人的出路，並作為勞軍演出的安排，國軍在各軍種分別成立京戲的劇團，民國39年成立大鵬劇隊；民國43年成立海光國劇隊；民國47年成立陸光國劇隊；民國50年成立明駝國劇隊[32]。中興會堂完工後，除了作為大型集會場所之外，早期也供應員工自助餐，但時間不長，仍有部分早年員工都有跟周至柔主席一起排隊點菜的記憶，後來單身宿舍逐漸成形後，餐廳多附屬在單身宿舍，中興會堂自助餐就停止供應了，因此，最為人記憶的恐怕是晚上的電影欣賞。

民國48年8月14日中興會堂完工啟用後，據說周至柔主席非常喜歡京劇，每周都會安排陸光、海光、大鵬這些三軍劇來此表演，當時常常安排晚上7:00開演，沒有安排的時間，就安排電影欣賞，除了招待貴賓之外，中興新村的員工也可以購票進場，電影欣賞最早由員工福利社負責，後來由公共事務管理處辦理，當時有免費招待券，但廳處人數分發給科室主管使用，一般員工或居民則須付費，一張票最早收費是1.5元，幼童及學生票0.5元，但其實大部分人都認為2元[33]，後來調整票價幾次，從2元、5元、10元、15元，到民國80年代，票價成為30元，這是中興新村人最美好的回憶，後來停辦了好幾年，民國84年12月又開始開放，每週兩次完全免費，當時村內沒有什麼娛樂設施，中興會堂的電影，就成為早期中興新村生活的美好回憶之一。

（4）動員月會/臨時辦公處所：台灣省政府的動員月會[34]在資料館新館建成以

---

[31] 林宗新，〈花明柳暗這一村 福利、電影、花園洋房〉，《聯合報》，1960年7月12日第3版。

[32] 但隨著時代的轉變，京戲逐漸失去它的光環，三軍劇團的演出減少，於是在民國84年7月1日，將三軍劇團解散。一群原隸屬於陸光、海光、大鵬三軍京劇隊的菁英份子，統合所有的國劇人才，組成國光劇團，肩負起延續傳統戲曲及推動藝術教育的使命。97年3月6日改隸文建會附屬國立臺灣傳統藝術總處籌備處。

[33] 有一說是剛來中興新村時，中興新村居民假日常到臺中或草屯看電影，當時草屯有一家大觀戲院票價是2元，由於很多人去看，有一位秘書處同仁就租大觀戲院的影片，利用晚上在秘書處左側的停車場放露天電影院（這個停車場後來在民國55年蓋了一棟三層樓辦公廳舍供法規會、經動會及研考會辦公，門牌編號是府西路56號，可惜此棟建築物於921大地震倒塌，此地仍改作停車場）揪團觀賞，門票最早是1元，後漲至2元），所以中興會堂放電影最早收費2元，可能與此有關。參見李展平，《綠樹當戶：尋找中興新村》（南投縣：南投縣政府文化局，2012年），頁30-31。

[34] 「動員月會」顧名思義，也就是一種由全體員工參與的工作總檢討的每月例會，這原是「蘇維埃」體制下的產物，現在通稱為「月會」，動員月會之所以稱為「動員」，當然是當時整個政治體制下的產物，一個機關的大禮堂通常是用來舉行動員月會的會場，根據當

前，也是在中興會堂召開，中興會堂的空間可以容納七百五十幾人開會，如果加上二樓的座位，可以容納一千三百多人，當時的動員月會連遠在台中黎明、台中霧峰以及台北的廳處局會，也都須派員參加。中興會堂兩側廂房，還有一項功能是做為新成立機關的臨時辦公處所，例如50年代臺灣省政府安全處[35]，成立時，沒有辦公室，就借用此處辦公，其後於省訓團附近建設完成後，安全處才遷往光明里辦公，法規會、研考會、經動會成立時，也短暫在此地辦公，民國86年1月成為消防處的辦公室，後因88年精省後閒置，至96年7月重新以中興新村NGO會議中心再出發，97年為加強中興會堂空間服務機能，辦理中興會堂整修工程，於98年7月重新開幕，精省時兩側廂房曾供考試院銓敘部保訓處等尚未覓妥辦公廳舍之機關使用，大廳仍為大型會議、公益社教活動、學術或專題演講及藝術文化音樂演出之優質場所，中興會堂的建築具歷史淵源意義及觀光價值外，其浪漫、典雅之白色建築造型，配以周圍茂盛翠綠龍柏林木，更是令人流連忘返，成為遊客拍照留念的焦點鏡頭。

（5）上下班/運動會/光復節：中興新村早期省府各廳處局會上下班時，交通車形成車陣，每天上午上班、中午回家吃飯、下午一點半再上班、下午五點半再下班，交通車車陣在各廳處的門前等候載人，形成一個擁擠、井然有序的車陣。中興大操場，平時作為中興高中的體育場，但在光復節晚上會施放煙火，煙火自晚上七點開始施放，但六點鐘左右鄰近縣市的民眾就已經擁進中興大操場，是全臺灣有名的煙火秀，當時有幾萬人來看煙火，大操場前及附近道路總是被人們擠得水洩不通。煙火的施放時間約一個小時，在夜空中展現一幕幕如火樹銀花般光輝燦爛的景象，總是令人目不暇給，而繼續期待明年的光復節煙火。[36]

光復節是省府重要的節日，除施放煙火外，乃邀請各國駐華使節、美國與臺灣締結姊妹省的各州代表團、海外臺灣同鄉聯誼會代表，以及我國各界首長、各級民意代表參加紀念酒會，在酒會進行時，臺灣省交響樂團會演奏中外名曲，優美的旋律總能獲得中外來賓的讚賞。[37]省政府員工每年還有一個大活動，那就是省垣各機關員工運動會。自民國67年起，一年比一年盛大，舉辦運動會是想藉以增進員工的

時規定，會場的正中央是國父遺像，老蔣總統去世以後，國父遺像的對面就是蔣中正總統的遺像，小蔣總統去世以後，右側就掛著蔣經國總統的遺像，左側則是現任總統的肖像，在國父遺像兩側牆壁旁則是國旗，這樣的布置其實是一種政治信仰的布置，中興會堂的早期布置，也大致遵循這樣的原則，「動員」的意思原本是鼓動員工參與或面對當前重要問題，群策群力，凝聚成共同意志的意思，有一種邏輯是：因為有了「動員」才會形成「組織」，有了「組織」，領導者才能集中力量，也才知道如何去「改變現狀」，達成施政目標，當年在動員月會中，省主席通常是要藉此場合宣達重要施政理念或重要政令，所以規定科長以上一律參加，以後「頒獎」也常藉此場合，有時主席也會邀請貴賓學者於此場合進行專題演講。

[35] 安全處後來由於組織精簡，改稱人事處（二），簡稱人二處，其後又改為政風處。

[36] 臺灣省各界慶祝臺灣光復四十週年實錄編輯小組編，《臺灣省各界慶祝臺灣光復四十週年實錄》（臺中市：東藝影視事業公司印刷，1986年6月），頁92-93。

[37] 臺灣省各界慶祝臺灣光復四十週年實錄編輯小組編，《臺灣省各界慶祝臺灣光復四十週年實錄》，頁50-51。

身心健康，激發合作進取的精神，從而提高行政效率[38]。每年由省主席擔任運動會的主席，廳處局會、事業機構、學校的所有員工都集合到大操場，非常的熱鬧。

（6）市場：中興新村內設有四個市場：第一市場、第三市場、光明簡易市場，以及中心市場，作為社區日常必需品之供應場地，最熱鬧的是中心市場，有趣的是中興新村只有第一跟第三市場，並沒有第二與第四市場，原因是中興新村並非一日造成，興建初期，建了中興一校鄰近第一市場，中興二校鄰近理應稱為第二市場，但在二校旁邊有屬於全村性質的中心市場，屬於里

中興新村員工運動會邱創煥主席與員工握手致意
（張俊生提供）

鄰性質的市場仍命名為第二市場，似乎有「此地並無其他市場」之意，但其實還有一個位階較高級的中心市場，因此只好不用第二市場，而命名為第三市場，中心市場顧名思義，一是位於中興新村的中心位置，二是昭示此一市場的等級是高於其他市場。

早年中興新村中心市場除了販售日常用品之外，有員工福利社作為員工福利中心使用，販賣較市面便宜之貨品，有洗衣鋪、中藥房、餐廳、冰果店等等較為高級的商店，另外此地有「寄宿舍[39]」作為外地人寄居之處，由福利社經營，收費約

[38] 臺灣省各界慶祝臺灣光復四十週年實錄編輯小組編，《臺灣省各界慶祝臺灣光復四十週年實錄》，頁150-151。

[39] 有人認為「寄宿舍」是中興新村「單身宿舍」、「眷屬宿舍」、「職務宿舍」之外的一種宿舍，或是說：甲、乙、丙、丁四種宿舍之外的一種特別形式的宿舍，嚴格來說，並不正確，原因是「宿舍」通常是指供應員工居住的處所，它是由國家或團體、企事業單位等為職工或學生提供的公共宿舍，前提是必須「員工身分」才可以配住或借住，但「寄宿舍」則不是如此，「寄宿舍」原意是指必須附屬在某一主體（如機關、學校）底下的一個暫時寄居的房舍，此詞出自「建築技術規則」，根據內政部85.3.5臺內營字第808917號函解釋，建築技術規則所稱「寄宿舍」範圍應含「房間出租業」，本部66年8月23日臺內營字第750152號函釋在案；本案系爭建築物使用業別是否屬房間出租業，宜洽主管機關逕為認定。寄宿舍與一般宿舍不同，也與旅館不同，早年臺灣有財團利用「寄宿舍」的灰色規定，用來經營飯店，遊走法令灰色地帶，藉此規避消防、建管、稅法…等對 宿旅客安全較為有保障的法律規定。由於法令上對於私有建物本體取得使用執照後閒置不用，目前無法可管。然而該建物依土地分區管制規則11章取得因開放公共空間的容積獎勵，有些取得使用執照，但承諾開放的空間一直處於封閉狀態，都市計畫法以各種法令來規範土地所屬類別可以從事的行業別，然而社會的進步導致行業的種類不斷增加，「灰色地帶」就會出現。依照土地分區管制規則，寄宿單位指的是沒有個別廚房的居住單位，含有一個以上的寄宿單位的建築物就叫寄宿舍，以這個標準來說，逃避法令的監督問題的確會發生，以免財團寄生，徹底保障旅客生命財產安全！

200元一日，在中正路目前營北國中向上路附近有民營的中興飯店，住宿約600元一日[40]，中興高中旁邊有兒童樂園，在全臺灣的社區中有兒童樂園且設備那麼齊整不多，家長帶著兒童在那裡有歡笑，在那留下許多美好的回憶。親情公園跟大操場也一樣，家長帶著孩子放風箏。還有這裡有高爾夫球場、羽球場、網球場、兵乓球場，以前每到例假日市場裡人潮洶湧，攤販都擺到市場外面來，非常熱鬧。中興新村的美有好多好多，不僅它有社群生活、人文，有美好的景觀，鳥語花香。

（7）中興新村平均每人所分配到的公園綠地、公共設施比率，應居全國之冠。村內不僅極具建築特色，生活節奏也跟一般的台灣城鎮極不相同。假日人多時，親情公園、大操場、兒童公園等，到處是攜家帶眷放風箏、丟飛盤、玩氣球的人潮；而省府路旁的蓮花池，規模雖然不大，隨著季節綻開的蓮花，仍是清秀嬌美攪取過路人車的目光、如茵的草地，也吸引不少婚紗業者到這片美麗的花海中取景拍照。精省前，許多來自各縣市洽公人員，都會到市場用餐、購物，精省後，門可羅雀，平日中午12點一到，幾乎所有的店家都進入休息狀態，即便是餐館，大部分也只營業到2-3點。2-3點過後，整個新村寧靜無聲宛如空城，只剩翠綠連天的大草坪一片接一片。連早上人聲嘈雜的三個傳統市場，也迅速消聲匿跡。但一到假日，這裡是一個親子大樂園，許多的活動，特別是健走及路跑活動，經常在此舉辦。

（8）中興新村市場內歷史悠久的商家，有中心市場的老胡麵館、老夫子牛肉麵、王家酸梅湯，加上以健康為主軸的餐廳林立；傳統菜場內賣菜小販，有時會貼心的把菜葉摘撿乾淨，方便退休的年長者買回去直接炊煮。

近年來，健走及路跑活動經常在中興新村舉行（鍾起岱提供）

（9）省府路主要的商家包括：（a）蓮花茶坊，位置在省府路140號；營業時間從上午10點到晚上11點左右，一進省府路左手邊就可看到蓮花茶坊，入口的拱門爬滿軟枝黃蟬，整棟木造建築獨特有型，相當引人注目，營業至今超過15年，店裡提供簡餐、套餐、花茶、咖啡、保健茶、小點心現烤酥皮、鮮奶油小吐司等精緻小餐點。（b）日晴光盆栽園，位置也在省府路（蓮花池）旁；營業時間從上午9點到下午6點左右，穿過半人高的木製籬笆即到，主人姓陶，園裡有各式的種苗、松柏、果樹，還有日系的姬柿、槭樹等大小盆栽，非常

---

[40] 中興飯店由於都市計畫被編列為文教用地，後來被徵收拆除。

典雅。（c）松濤園，位置也在日晴光栽園旁的省府路，營業時間從早上11:30到晚上10點左右，這是一間要收取10%服務費的庭園咖啡，歐式餐飲自助式沙拉吧，消費價位比鄰近餐廳高一點，園區彷彿夢幻城堡，綠絨絨的青草地上，有假山、奇石、四季花卉。不只拍婚紗的新人流連忘返，更有老師帶著幼稚園小朋友，一班接一班來這裡拍畢業照；蓮花池畔，有笑聲、有喜氣，總是熱鬧非凡。

（10）第一市場內的商家，第一市場位於中興新村光華二路13號，正式名稱是第一公有零售市場，也被稱為光華市場，由合作社公用部負責管理有關市場攤舖位及公用水電之管理、清潔之維護及收取使用費、清潔費等，主要營業項目包括：生活必需品及日用百貨之供應業務、生鮮超市業務、受託管理市場攤舖位業務、接受委辦業務、休閒、文化業務、其他增進社員經濟利益之業務。主要商家營業集中於早市，除了肉品、蔬果的傳統攤商之外，主要是早點、餐飲、電器、雜貨、鐘錶、服飾品店等，有：尚德水餃、新祝福麵店、一支萱茶行、珊莉水果、阿亮早點、大方麵食、智明百貨、冬冬的店、碧玲精品、一市鐘錶等等大約50-60家店舖攤商，多以商家之名命名，一周當中，星期六上午商家雲集熱鬧非凡，其餘時間過午之後，大多的商家都已打烊。

（11）中心市場的商家主要是員工福利社、王品桂花酸梅湯、國興排骨、老胡麵館、老夫子牛肉麵、中興分局與圖書館中間則有原稱耶斯列花園餐廳的鍾愛一生，這棟被列為歷史建築的建築物，是修澤蘭建築師的作品，一個抽象的矩形建築物，看起來又像一個大蝸牛殼，建築物本來是新生報的文化服務中心，現在為特色餐廳，這裡有各式餐點，

（12）穿越中正路的中學西路右側，此地由於土地使用列為公園綠地，但尚未徵收，整排地主都出租作為餐廳使用，著名的餐廳包括：梅園餡餅粥、成都麵食、喆園婚紗餐廳、7-11便利商店、萊爾富便利商店、85度C簡餐店，稍遠一點沿著牛路溪的營中路則有米克諾斯等以咖啡簡餐為主軸的特色餐飲。

（13）環山路的著名餐飲則是柳家庄休閒農園（已歇業），位於中興高中後方，地勢高、夜景視野佳，清新寧靜的庭園餐廳。主人姓柳，主打的產品是刺五加雞湯，已歇業，目前為陳景林藝術家工作室。

（14）第三市場內的商家性質跟第一市場差不多，但第三市場的規模比較大一點，正式名稱是第三公有零售市場，也稱為光榮市場，位置在中興新村光榮里光榮西路13號，營業時間，早市早上6點半至12點半、美食攤午晚市下午3點至9點半左右，市場位處中興新村綠意盎然的光榮西路與光榮北路交口，已近50年的歷史；因中興新村特殊的地理環境，附近為住宅區無店家商圈形成，緊鄰則有光榮國小。光榮市場消費客群以中興新村居民及公教人員為主，平日為上班人潮；因受週邊廣大綠地及中興新村歷史背景的吸引，假日外地遊客湧入並到市場名攤消費；故本市場受特色名攤的加持，營業型態為早市，部份美食小吃則營業至晚餐時段。為中興新村居民日常三餐所需的生活重心。著名的商家是正典牛乳、集美照相館、黑狗兄早點、阿雪青菜、日進麵攤、高家麵館，和宏眼鏡、永記食品玩具、花之坊、以賣冰淇淋聞名，黃媽媽小籠包等等，全盛時，約一百四十多家攤商店鋪，這個市場星期日比較熱鬧，以往部分商家營業到晚上11點，目前大約晚上9點左右，所以晚上到

中興新村大概只有這個地方可以找到吃東西的地方。

（15）光明市場主要商家：光明市場全名是光明供應處，位置在中興新村光明路一段60號，這個市場是中興新村幾個主要市場中規模最小的市場，在光明國小附近，主要是光明便當、陳媽媽麵食、光明市場燒餅等幾家商家，也都是以早市為主，另有南京老戴脆皮臭豆腐，但營業時間只有五、六、日三天的下午。

（16）其餘主要商家：老夫子牛肉麵（中興新村光華路86號）、老胡麵館（中興新村光華路98號）、國興排骨（中興新村光華路96號）、王品酸梅湯（中興新村光華路88號）、鍾愛一生（中興新村光華路121號）、梅園餡餅粥（中興新村中學西路18號）、世紀無骨鵝肉（中興新村中學西路18-1號）、中興小館（中興新村中學西路69號）、正典牛乳大王（中興新村光榮西路11號）、米克諾斯（市中興新村營中路138號）、A+倉庫複合式餐廳（中興新村中正路200號）、松濤園（中興新村省府路78號）、椰子樹下（中興新村省府路130號）、蓮花茶坊（中興新村省府路140號）、菩提一杯咖啡（原位於中興新村中正路上，屬臨時建築物已拆除）、中興飯糰（中興新村中正路320號）、草前茶館（中興新村仁德路13號）、一滴水（中興新村仁德路26號）。

八、轉型探索

（1）中興新村文史志工培訓計畫：屬於中興新村文史工作者及志工訓練的短中程計畫，主要工作以訓練課程工作為主，也許可以規劃一個文史團隊作為訓練基地，內容包括（a）文史工作者及志工的中心訓練基地的定位說明；（b）課程實施目的；（c）訓練基地未來課程涵蓋範疇建議方案研擬；（d）訓練教師與基地人力支援的募集；（e）文史工作者及志工一般法制課程內容的規劃；（f）文史工作者及志工導述與技巧課程規劃；（g）大地環境認識的基礎觀；（h）各種不同主題文史內容背景認識（可以分不同深度內容介紹）；（i）文史工作者及志工的中心訓練基地人力支援與財務規劃；（j）訓練基地短中長程實施方案。

（2）中興新村文史創意活動徵集：辦理「中興新村學」文史創意活動徵集。希望邀請所有關心中興新村發展的大小朋友們，將個人與中興新村的心情故事，透過文字、詩歌、繪畫、圖片、音樂等形式，表達對中興新村文化景觀的看法與對中興新村發展無限的寄望，也藉著本項活動找到學習的幸福。邀請中興新村及周邊地區一所高中、兩所國中、六所國小同學針對在中興新村求學、生活的點點滴滴、所見所聞等，記錄社區內獨特的在地風情，期為斯土斯民留下生命、生活的記憶。徵集類別包括（a）中興知識塗鴉牆：以A4一文（150字以內）一圖（手繪景點）方式呈現。（b）話我中興徵文：以A4大小呈現，1,000字以內，硬筆字書寫，並附上word電子檔。（c）繪我中興徵圖：以A1海報紙大小呈現，可集體創作，繪圖材料不拘。（d）詩我中興徵詩：散文、短篇、故事均可，總字數以800-1,000字為宜，以硬筆字書寫，並附上 word電子檔。（e）老照片說故事：以家中珍藏中興新村老照片為題，說出老照片的故事（150字）以內。（f）文史主題趣味觀光地圖：以A4大小呈現，以主題方式（衣食住行育樂均可）呈現趣味觀光地圖，可以電子書呈

現。

（3）中興新村特色商品開發：臺灣雖小，但小而美，呈現小而美特色者，特色商品可能是一項指標。透過特色商品開發，可以展現最具中興新村在地文化特色的創意精品，並透過行銷與包裝，必然成功吸引買家目光。透過特色商品的開發，可與國內或國際買家進一步洽談合作的機會，透過個別洽談進行直接交流，推廣介紹在地品牌理念與精品設計；同時也針對買家客製化需求進行了解並記錄。中興新村集合了中國大陸地區的外省文化與客家、河洛，乃至臺灣原住民族的豐富文化，如能從衣、食、住、行、育、樂等層面切入，融合中興新村特有的文創，進行特色商品開發，創意且實用的設計與研發，同時配合園區相關文創廠商，必然可以為中興新村的再生，創造另一個感動；也可以把中興新村珍貴的藝術品及獨具特色的文創商品，藉由包裝，打造出不同的風貌，同時能吸引更多商機。

重要名詞：

　　虎山防空洞、中興新村八景、三三三三三生育計畫、輕便車、嘉農、編譯室、全省走透透、召會、上海老大房、酸梅湯、三輪車、Toastmaster、中文國際演講會、謝東閔、虎山、龍山、省縣自治法、斷層帶露頭、合作社、福利券。

想一想：

　　1.早期台灣政府有一個「三三三三三生育計畫」，請問是何意？

　　2.中興新村八景是哪八景？

　　3.精省前，台灣省政府的宿舍分為幾種？按照甚麼標準配住？

　　4.精省前如果要前往中興新村任職，通常有哪些方法？請寫出三種常見的方法？

　　5.許多公職人員來到中興新村任職後，雖然離鄉背井，但甚麼原因，這這些公務員很少離開？請寫出三種常見的原因。

　　6.中興新村有那些國家領袖曾經來參觀過？請說出三個。

　　7.請說出中興新村的里名？至少四個。

　　8.中興新村的光輝里里民大都從事商業與農業，擔任公務員的比例偏少，原因為何？

　　9.精省前有許多報紙記者都想當新聞處記者、省政記者，其原因是甚麼？

　　10.請介紹一下中興新村「福利券」的用途。

　　11.請問第一市場內有哪些著名商家？

　　12.請問第三市場內有哪些著名商家？

　　13.請問中學西路有哪些著名商家？

　　15.請問中正路有哪些著名商家？

16.請問光明市場內有哪些著名商家？

17.請問中心市場內有哪些著名商家？

18.早期中興新村的宿舍有配住也有借住，請問有甚麼區別？

我的學習單

（　）1. 中興新村防空洞目前使用情形是：
　　　（A）仍在使用中（B）部分封閉（C）大部分封閉（D）完全封閉

（　）2. 清朝時代，傳說中興新村九二一紀念公園曾經是個大宅院，有一位豪強許
　　　國樑，請問他是甚麼出身：
　　　（A）武舉人（B）秀才（C）文舉人（D）員外

（　）3. 內轆旁，軍功寮溪前面有處稱「新廍仔」，現中興國中旁邊，過大碑，直
　　　到靠近軍功寮溪那附近有舊地名稱為「糖廍」，可見中興新村附近以前有種
　　　植何種經濟作物：
　　　（A）稻米（B）番石榴（C）甘蔗（D）香蕉

（　）4. 民國102年舉辦中興新村八景票選活動的是哪一位省主席：
　　　（A）宋楚瑜（B）林政則（C）張博雅（D）林光華

（　）5. 果您在民國40-60年代擔任公職，分發到台灣省政府工作，您的月薪可能是
　　　以下哪一個範圍：
　　　（A）200-1000元（B）1000-10000元（C）10000-20000元（D）20000元-50000
元

（　）6. 近中興新村的下庄，省府路與東閔路交口附近曾經設一個小火車站，到了
　　　民國48年因發生甚麼事情，烏溪橋被沖毀，鐵路交通遂終止：
　　　（A）八一水災（B）八八風災（C）八七水災（D）八一四空戰

（　）7. 以下哪一為先生曾經擔任南投啟智教養院院長：
　　　A）曾國正先生（B）曾國敏先生（C）曾國藩先生（D）曾旭正先生

（　）8. 國48年台灣高普考試曾經舉辦兩次，原因是發生：
　　　（A）八七水災（B）二二八事件（C）八二三炮戰（D）中美斷交事件

（　）9. 九二一大地震前，在台灣省政府任職可以說非常風光。民國87年，修憲把
　　　省政府精簡，精簡組織之後，就一落千丈。以下哪一位人士曾經以請辭待命
　　　向中央表示抗議：
　　　（A）林洋港主席（B）趙守博主席（C）宋楚瑜省長（D）林豐正秘書長

（　）10. 中興第一國民學校是現在的哪一國小：
　　　（A）光華國小（B）光榮國小（C）光復國小（D）德興國小

（　）11. 中興第二國民學校是現在的哪一國小：
　　　（A）光華國小（B）光榮國小（C）光復國小（D）德興國小

（　）12. 中興中學因為以下哪一政策，改制成中興高中：

（A）九年國民義務教育（B）省辦高中政策
（C）九年一貫教育　　　（D）多元入學方案。

（　）13. 中興新村曾開了一家上海老大房地糕餅店，這家糕餅店屬於哪一種糕餅聞名：
（A）台式糕餅（B）西式糕餅（C）廣式糕餅（D）蘇式糕點

（　）14. 中興新村有那些國家領袖曾經來參觀過：
（A）菲律賓總統（B）泰國國王（C）約旦國王（D）以上皆來過。

（　）15. 早期中興新村眷村居民很喜歡打麻將，當時打麻將村民稱為：
（A）洗衣服（B）洗碗（C）洗盤子（D）洗地板。

（　）16. 中興新村最晚成立的里是是：
（A）光華里（B）光榮里（C）光輝里（D）光明里。

（　）17. 民國六零年代晚期，台灣省政府為了要推動電腦化，特別成立單一薪俸的資訊中心，並從軍方借調了哪一位先生前來擔任主任：
（A）果芸（B）徐一中（C）何全德（D）吳啟文。

（　）18. 哪一位省主席非常喜歡京劇，每周都會安排陸光、海光、大鵬這些三軍劇來中興會堂表演：
（A）嚴家淦（B）周至柔（C）黃杰（D）陳大慶。

（　）19. 梅園餡餅粥主要位於哪一條路上：
（A）省府路（B）中正路（C）營北路（D）中學西路。

（　）20. A+簡餐店主要位於哪一條路上：
（A）省府路（B）中正路（C）營北路（D）中學西路。

（　）21. 一市鐘錶主要位於哪一市場：
（A）第一市場（B）中心市場（C）第三市場（D）光明市場。

（　）22. 台灣光復以後，第一任民選南投縣長是：
（A）林洋港（B）林源朗（C）李國楨（D）李朝卿。

（　）23. 台灣省政府動員月會曾經在哪一地舉辦：
（A）省政資料館　　（B）中興會堂（C）省訓團中正堂（D）以上皆是

（　）24. 中興新村光華市場就是：
（A）第一市場（B）第二市場（C）第三市場（D）中興夜市

（　）25. 精省前，台灣省政府曾經被認為是行政效率最好的政府，最可能的原因是：
（A）權威體制（B）合署辦公體制（C）強人主席領導（D）公務員非常勤奮

（　）26. 蓮花茶坊主要位於哪一條路上：
（A）省府路（B）中正路（C）營北路（D）中學西路。

第十八章　高等研究園區

本章重點

　　精省政策實施後，中興新村之行政機能與使用價值逐漸消逝，從1998-2011年間，十餘年的空轉與閒置，在這段期間行政院與南投縣政府分別提出知識產業、生物科技產業、歷史文化、會議中心等等構想，但未曾付諸實施。2008年馬總統提出「愛台12建設」，除宣示中興新村發展為文化

2008年8月1日作者主辦科技人力資源管理與行銷公民營研習活動與蔡清彥政委、楊文科局長、郭坤明副局長等長官合影（鍾起岱提供）

創意及高等研究園區之政策方向外，另於2008年8月行政院核定之「鬆綁與重建」策略中，針對中部地區推動「高科技產業新聚落方案」，提出多項具體計畫或工作項目，而「發展中興新村為高等研究園區」為其中一項重要工作。行政院劉兆玄前院長於2008年11月25日聽取蔡勳雄前政委簡報後指示行政院經濟建設委員會，研擬「中興新村發展為高等研究園區先期規劃」，旋於2009年7月10日核定，期間並指定中興新村高等研究園區之中央主管機關為行政院國家科學委員會，同時指定中部工業科學園區管理局負責。

　　國科會爰積極辦理「中興新村高等研究園區籌設計畫」，並於2009年11月19日報奉行政院核定，兩日之後，高等研究園區開發籌備處正式掛牌，象徵中興新村正式進入一個新的時代，但即使如此，政策依然非常緩慢，居民仍然半信半疑，2011年1月，中興新村國有土地管理機關正式由台灣省政府移撥中科管理局正式接手，中興新村作為高等研究園區的政策方向，終於確定。依據中科管理局之規畫[1]，高等研究園區之開發，將維持花園城市與囊底街廓景觀，導入綠色運具、再生能源、

[1] http://subtpg.tpg.gov.tw/web-life/taiwan/9812/9812-12.html

綠建築等節能減碳概念，厚實生態城市發展基礎，同時也加強國際化服務及提升生活機能，使其發展成為國際村社區。目前，高等研究園區預定進駐單位有工研院、資策會、原子能委員會核能研究所及國家實驗研究院。高等研究園區開發完成後估計創造年產值295億元，引進研發單位250家，每年投入研發經費50億元、地區消費支出每年30億元，提供就業人口約2萬人，除了為當地經濟帶來蓬勃發展外，並將帶領臺灣產業朝向高質化發展，培養國家頂尖研究人才，創造知識情報群聚交流場域，成為國際接軌的關鍵節點。

一、高等研究園區規畫構想

（1）根據中部科學工業園區管理局的構想（中科管理局，2011），高等研究園區設置於中興新村都市計畫區內，位於南投縣的西北隅，距離草屯鎮約4公里，南投市約6公里，地處南投平原和東側南投丘陵的交界，與商業中心的草屯鎮和具行政機能的南投市形成三角發展地帶。中興新村（含南內轆地區）都市計畫區範圍，包括大虎山以西，營盤口和省道臺3線以東，軍功寮溪以北，草屯都市計畫區以南的土地，面積706.78公頃。高等研究園區之整體規劃範圍共約261.50公頃（圖18-1）；而根據2010年中興新村變更之都市計畫圖，如圖18-2。

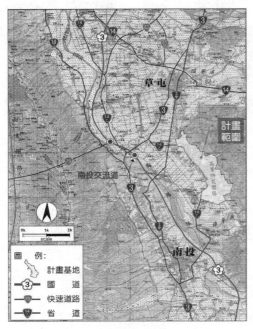

圖18-1 高等研究園區計畫範圍

圖18-2 中興新村高等研究園區變更後都市計畫示意圖

（2）未來的的高等研究園區以研發為主，具有長遠的目標，並期望能引領未來20-30年的發展趨勢，具有高度的戰略性質，園區發展將結合生態國際村及全球新興產業與地方產業發展成為多面向的園區，將行政機關、觀光產業、教育及醫療

產業與科技研發結合在一起。因此園區發展構想，係以核心研究功能、市場化實驗場域，提供基礎研究與應用研究平台，建立支援區域產業研發營運環境的重要基地，並以現代化的園區管理方式，配合整體產業發展，建構成台灣西部科技走廊的研究發展重心，成為「全球最具競爭力的高等研究園區」之一。加上工研院計畫於本園區建立一結合區域產業整合加值、智慧機器科技及奈米纖維與溫室工程科技等研發產業，成為帶動中部區域產業升級轉型的關鍵研發平台。資策會亦將設立新興智慧技術研究中心，從事綠色ICT 技術與綠色生活實驗，包括綠色智慧行動、綠色智慧建築及綠色智慧社群（雲端運算）等，帶動相關產業的發展。

（3）行政院中部行政中心亦將配合研發單位進駐園區，而為能兼顧中興新村在台灣歷史發展及空間規劃之特殊意義，與園區文史創意及文化資產保存、文史藝術資源及文化資產與活化、以及符合生態城市等發展目標，高等研究園區將以提供優質之研發創新環境、便利之交通、完善及舒適之生活機能、生態與國際化環境。達成以邁向永續發展的科技基地、創造國家頂尖人才的培養皿、未來新生活模式的實驗場域、具備國際化特質之居住環境計畫之目標，並配合「推動建置智慧綠色科學園區示範計畫」推動節能減碳之綠色研發環境。

（4）未來中興新村依循「保存與發展」及「鬆綁與重建」之發展策略與愛台12建設中之政策宣示，高等研究園區以研發產業為主體，同時保留部分行政機關及部分鄰里單元，調整用地並配合產業研發機構需求期程，分期分區釋出土地以供開發，發展中興新村為智慧綠色科學園區。

二、中興新村轉型的急迫性

（1）中興新村原先作為行政機能的主要功能自精省後逐漸喪失，而原本規劃做為行政菁英上班、生活、休閒的公共設施，自從精省後，當地公務人員、居民人數逐年減少，現有公共設施缺乏專業人力管理、使用率低、造成公共設施資源閒置，如何規劃具經濟、效率、專業之管理模式，活化公共設施使用效能，實為當務之急。

（2）隨著高等科技園區的進駐，原有公共設施勢必無法完全契合未來發展的需要，而寸土寸金的園區週邊土地，更凸顯中興新村公共設施不盡合理的使用功能與規範，而探討中興新村相關公共設施之有效性使用管理，必然牽涉到幾項政策原則：第一是財務因素的考慮，第二是引進產業別的考慮，第三是人口規模與人口結構的考慮。

（3）在財務因素的考慮方面：依據中興新村高等研究園區之財務計畫，籌設計畫財務自償性僅7.93%，因此，行政院針對辦理高等研究園區後續開發作業時，曾於民國98年11月19函核示：「鑑於本園區係以研發為主，並未有廠商實質量產，致自償率較低，請貴會後續通盤檢討土地使用計畫提高本案自償率。如區內宿舍、交通轉運中心、會展中心或其他具有開發利益之使用等，可研究以民間參與方式辦理，俾減輕政府財政負擔。」，其中對於公有土地與建築物撥用原則略以：「…園區土地以無償撥用方式取得，…至其後續收益則可納入作業基金，用以支應本園區

開發建設與維護管理所需經費，而其非自償部分應再由國庫撥補充實。」

另，其財源籌措原則亦敘明：「…園區財務計畫與國科會既有園區作業基金財務計畫分開計算，並由國庫專案逐年撥補。」另依據民國99年4月12日行政院經建會會議結論略以：「請國科會研究於中興新村高等研究園區計畫中整體規劃具收益性之土地開發事項，並考慮後續以基金支應各項開發之可行性。」；而經建會99年6月30日審議高等研究園區意見略以：「儘速通盤檢討土地使用計畫以提高自償率，對於區內具有開發利益之使用，研究以民間參與方式辦理，俾減輕政府財政負擔。」由此可知，中興新村公共設施轉型有兩大原則，第一是有收益性之公共設施，以提高自償率的原則下，納入國科會既有園區作業基金，用以支應本園區開發建設與維護管理所需經費，第二項原則是具非自償性、無收益之公共設施部分，則應再由國庫撥補充實。

（4）引進產業別的考慮方面：根據中興新村高等研究園區籌設計畫，未來中興新村高等研究園區擬引進之研究領域，歸類說明如下：（a）能源研究：相關能源產業領域，包括再生能源與節能技術研究。（b）光電產業研發：未來可配合中部地區光電產業之發展進行相關領域之研發。（c）地區核心產業應用研究：包括新世代晶圓、精密機械及塑膠製品等領域之研發。（d）永續環境研究：包括：生態環境保育、高山環境研究、綠建築、低耗能建築、抗震技術研究、農業科技研究、生活科技研究等。（e）台灣文史研究：將保留區內具特色的空間與歷史地景（如囊底路之街廓），結合中興新村既有之文史研究資源，強化台灣人文歷史之研究。（f）其他具有前瞻性且無製造污染之虞的產業研究機構，例如生物醫學工程相關研究等。

（5）人口規模與人口結構的考慮方面：近十年來，中部區域的人口大致維持0.6%的成長，然而南投縣的人口卻以約-0.5%的速度，呈現緩慢的衰退，包括中興新村在內都是屬於南投縣人口衰退的地區，中興新村都市計畫區的人口在民國82年達到23,400人的高峰，此後便逐年減少，目前中興新村的人口大約有16,200人，並持續減少中。過去省府提供大量就業機會，但很多工作人口並未在此設籍，精省後中興新村更顯人口外流之嚴重。在人口結構方面，中興新村的老年人口比率平均為14.61%，南投縣為9.9%，中部區域為8.4%。又以扶養率來看，中興新村扶養率平均約0.55亦較南投縣的0.46及中部區域的0.45高，可見中興新村為一高齡化的社會人口結構。而在中興新村區內的人口分布上，屬於公有土地行政區的光華、光榮、光明、光輝等四里其成長率明顯低於總人口成長率，由於精省與九二一地震，遷出大於遷入，佔中興新村全區人口比例約為36%。而近年來人口成長較為迅速的是南區的內興、營南、營北等三里，私有土地的發展帶動了人口的增長；如依據中興新村（含南內轆）都市計畫，到了民國110年，中興新村人口約達31000人，等於是在未來10年內，中興新村人口將成長為目前人口規模的1倍，引進新興的產業與年輕具有生育力而高素質的人口，成為當務之急。

而根據計劃，工研院擬設立之「中台灣產業創新研發專區」，預計引進研究人員總數將達1,200人；資策會擬成立「新興智慧技術研究中心」，預計引進研發人員及相關人力終期達615人，培育1,600位高等研究人才，國家研究院預計引進研發人

員等人力終期達200人；並增加就業人口500 人；原委會核能研究所所，預計引進研發人員等人力終期達100人，並增加就業人口500 人以上，加上農委會擬籌設「農業技術研究院」（未估計引進人口），以上合計增加之就業人口約為4,715人，如以人口乘數以2.5來估算[2]，未來可居住當地人口約為11,788人[3]，引申就業率以0.125來估計[4]，則引申就業人口約為1,474人，兩者合計約為13,262人，再加上原有之16,200人，則未來總人口約為29,462人，與計劃人口31,000人相去不遠；如再加上其他研究廠商引進之人口，未來人口規模可能約略高於31,000人[5]。

三、既有政策整理

（1）依據行政院98.11.19院臺科字第0980072361號函核定之「中興新村高等研究園區籌設計畫書」之規劃，本園區之規劃原則如下：（a）不破壞既有都市紋理，盡量保留部分具歷史意涵之建物、街廓及鄰里單元。（b）保留具歷史意涵之省政大樓、省政資料館、圖書館、檔案中心及國史館等三大館，維持既有功能並加強其研究設施及功能，與國內外學術界互相交流合作。（c）配合園區發展需求，原則儘量保留既有都市紋理及區內大型公共設施，並補強不足的空間機能，以國際村概念進行規劃。（d）保留一處具當地特色、歷史意義之鄰里單元，作為台灣人文歷史研究學園。（e）建構經營管理機制，以因應國際潮流，加強民間參與園區經濟活動，且以研發為主體，引進產業活動，以確保高品質的研發及生活環境。（f）配合行政機關遷出以「先建後遷」原則，產業研發機構需求期程、分期分區釋出土地，調節機關遷出與研發單位引進之時程配合，以力求穩固發展。（g）檢討與高等研究園區規劃理念不相互衝突或指定之用地、留原址機關及持續發展作業等規劃保留於園區共存發展。

（2）中興新村高等研究園區未來擬引進之研究領域，參考經建會先期規劃建議方向及研發產業未來發展趨勢，歸類說明如下：（a）能源研究：相關能源產業領域，包括再生能源與節能技術研究。（b）光電產業研發：未來可配合中部地區光電產業之發展進行相關領域之研發。（c）地區核心產業應用研究：包括新世代晶圓、精密機械及塑膠製品等領域之研發。（d）永續環境研究：1.生態環境保育、高山環境研究。2.綠建築、低耗能建築、抗震技術研究。3.農業科技研究。4.生活科技研究。（e）台灣文史研究：將保留區內具特色的空間與歷史地景（如囊底路之街廓），結合中興新村既有之文史研究資源，強化台灣人文歷史之研究。（f）其

---

[2] 每工作人口可養活2.5人。

[3] 此一數字與「中興新村高等研究園區籌設計畫暨財務計畫（100年修正版）」之推算大致相符，依據「中興新村高等研究園區籌設計畫暨財務計畫（100年修正板）」及中興新村都市計畫第二次通盤檢討，未來園區發展之計畫人口，園區事業專用區計畫可引進之就業人口約13,000人，住宅區可引進之居住人口約11,000人。

[4] 每8個消費能力人，可支持1個就業機會。

[5] 根據1995年版（第一次通盤檢討）中興新村都市計畫人口密度為185人/每公頃，2010年版（第二次通盤檢討）中興新村都市計畫人口密度為225人/每公頃，以此推算，中興新村都市計畫未來人口規模終期約為37,701人。

他具有前瞻性且無製造污染之虞的產業研究機構，例如生物醫學工程相關研究等。

四、引進人口分析

（1）中興新村之住宅區約有70公頃，公有宿舍共2,442戶[6]，其中以收回之空置宿舍98年5月底資料為592戶，105年5月底資料為816戶，使用中眷戶宿舍1,383戶，眷舍現住人口以每戶4人估計，約5532人。

（2）工業技術研究院設立之「中台灣產業創新研發專區」：中台灣產業創新研發專區之工研院中部分院預計分年引進研發人員第一期（99年至103年）700人，第二期500人，終期達1200人，投入經費包含研發經費48.2億元（99年至105年），建築經費31.88億元（99年至106年），合計80.08億元。

（3）工業技術研究院進駐後，另計畫引進六家法人包括精密機械研究發展中心、金屬工業研究發展中心、車輛測試研究中心、鞋類暨運動休閒科技研發中心、自行車暨健康科技工業研究發展中心、塑膠工業技術發展中心等6大法人，並結合業界與學界成立並成立聯合研發與服務中心、產學研共同研發中心、全方位服務創育中心及先進檢測與軟體分析模擬中心，預計引進研究人員總數將達1,200人。

（4）工研院中部分院之設立，預期10年內促成100家企業進駐合作研發或創新育成，同時促進投資新台幣150億元以上，增加1,000名就業人口，並帶動至少500億元新產值。另於10年後開創新世代智慧機器及植物與溫室工程約2,000億元以上新產業產值。

（5）資策會擬成立「新興智慧技術研究中心」：於2016年進駐300位研發人員，育成30家新世代研究型創新公司，培育1,600位高等研究人才，並帶動中部地區經濟發展與就業機會為3大目標。預計分年引進研發人員及相關人力終期達615人（含研發人員300人及協力廠商）；另預計投入經費包含研發經費33.75億元（99年至105年），建築及辦公廳舍與宿舍整建經費4.9億元（99年及104年），辦理綠色智慧生活園區試鍊場規劃經費0.3億元，合計38.95億元。

中興新村的宿舍隨著原居住公務員的離退，閒置荒廢如何再利用是未來一大課題（鍾起岱提供）

（6）國研院預計分年引進研發人員等人力終期達200人，預計投入經費包含研發經費6.35億元（102年至105年），建築經費6.0億元（100年至102年），人事費

---

[6] 也有資料寫成2426戶。

5.95億元（100 年至105 年），合計18.3億元。預期帶動中部地區新能源科技以及精密機械與光電產業發展，並增加就業人口500人以上。

（7）原委會核能所預計分年引進研發人員等人力終期達100人，預計投入經費包含研發經費11.46億元（99 年至105 年），建築經費3.40 億元（100 年至103 年），人事費4.40億元（99 年至105 年），合計19.25 億元。預計增加產業產值300億元以上，並增加就業人口500人以上。

（8）南北核心研究區預定引進產業人口約7,500 人，估算單身約占2/5為3,000 人，有眷約3/5為4,500 戶，並估計有眷每戶約3.0 人，預估有眷人數為13,500 人，預計住宅區人口約16,500 人，以住宅區72.20公頃計，估算住宅區密度達225人/公頃。

（9）未來配合研發單位發展擴增需求，將部分住宅區預留，分別以南北兩核心研究區所鄰接之住宅街廓為研發儲備發展用地，引進研發人口約9,400 人[7]，居住人口約20,680人，將維持住宅區低密度使用，未來實際不足部分另由園區外住宅區提供，如表18-1所示。

表18-1　住宅區用地面積與引進人口分析表

項目	核心研究區	核心研究區（含擴充用地）
引進研發人口	7,500人	（9,400 人）
單身	3,000人	（3,760 人）
有眷	13,500人	（16,920 人）
合計	16,500人	（20,680 人）
住宅區（公頃）	72.20	（52.46）
住宅區平均密度（人／公頃）	225	（225）

資料來源：中部工業科學園區管理局
說明：1. 暫定銜接南北兩核心研究區為儲備用地，視需求調整變更使用。2. （ ）內數據表示未來配合發展需要，將南北區儲備用地變更為研發專用區供研發單位進駐之情況，住宅區將維持低密度使用，未來實際不足部分另由園區外住宅區

五、營運推動原則

（1）高等研究園區係由行政院國家科學科學委員會依「科學工業園區設置管理條例」相關規定負責推動，未來園區由專責管理單位負責營運及管理，惟研究園區特性，係以研發為主，其收入以收取土地與建物租金及其他規費為主，不似其他園區係以依廠商營業額收取管理費為主要收入，整體財務計畫無法平衡，如何因應為高等研究園區持續發展之重要課題。

（2）未來園區配合依設管條例訂定專責管理單位之組織章程與營運事項，並規劃所需人力，負責未來園區營運與管理事務。

（3）依設管條例相關規定，園區公有土地原則只租不售，進駐單位應向籌備處位申請租用園區土地，支付租金及負擔公共設施建設費用。

（4）為降低園區整體財務負擔，力求財務平衡，園區公有土地由國科會採無

---

[7] 北區儲備用地引進300人，南區儲備用地引進1600人，再加上元預定引進之7500人，合計9400人。

償撥用取得，並由籌備處代管，其收益納入作業基金，用以支應園區開發建設與維管經費，非自償部分由國庫撥補充實。

六、生態城市構想/操作模式

（1）目標：實踐生態城市手段與生活機能，於中興新村高等研究園區發展或改善下列空間結構，朝向生態城市發展。

（2）土地使用─街廓紋理保存與應用：中興新村既有花園城市規劃概念下的街廓紋理，以T字路及囊底路構成親切的街道尺度及結合呼應地形的街道軸線予以保存，以中軸中正路為串聯活動圈，規劃活動服務圈中心為活動集結，應用囊底路減少不必要之交通旅次，強化各生活圈之使用強度與友善生活機能。

（3）環境生態─建構水綠交織的生態環境：營造虎山自然山林綠帶，結合公園與綠地系統，並連結道路綠化，創造生態廊道及生態跳島之綠化設施構想，保存既有綠地並修補綠帶系統，加強於住宅區閒置空地設置生態廊道，提供生物棲息、活動，串聯綠地之生態跳島與廊道，建置生態走廊，在四季的變化中尋覓不同的食物與庇護地點。

（4）交通運輸─建構人本交通與大眾運輸：於南北兩側留設轉運中心，設置公共運輸系統，發展非碳運具如電動車、自行車等運具，結合街廓紋理及鄰里公共設施規劃以500公尺步行可及距離為單元，營造人、車共享的生活網路，建構人本交通系統，減少交通對環境的衝擊，以發展本園區成為雙B城市（Bike & Bus）。

（5）生活環境─改善水生環境與環境自足系統既有河道為截彎取直與水泥化的河道，應重新檢視河道與坡地規劃，進行生態整治及洪水防護，以綠地設置滯洪保水、雨水再利用、流動、滲透的場所，形塑舒適「微氣候」、改善親水設施；污水處理後中水再利用，將日常所需完全就地生產、消費與解構，引河水或儲存雨水供洗滌、澆灌、廢水、廢物在本地處理後回歸河川與大地。

（6）地區再發展─綠建築與保留建築之節能改善：生態、節能、減廢、健康的建築為綠建築所標榜，新建築以取得綠色標章之目標，與環境之融合。又目前擬保留之建築如省府大樓、省府資料館、中興會堂等主要面向以東西向為主，後續應逐步改善建築物外遮陽板、雨水回收系統及太陽能光電發電系統等節約能源工程並加強周邊綠化為生態、健康的環境，以率先作為示範案例，引導本園區其他建築物，持續推動舊有建築物「生態、節能、減廢、健康的計畫」。

（7）社區管理─兼顧生態、經濟與社會公平三面向由於生態城市的發展為兼顧生態、經濟與社會公平三面向，宜朝長期與漸進、管制與誘因、以及保育與復育多方面並重的角度思考。致力於再生能源的使用，以減少CO_2的排放；考量營建建築材料之選擇，藉此減少耗能且無法回收材料的使用，透過綠屋頂、土地規劃與使用手段，大舉增加綠地比率，提供多元、多功能的豐富環境，修復現有的城市生態系統，經營有活力具認同感的社區活動。

七、土地使用需求與配置構想

（1）主要配置構想：配合核心研究機構進駐園區用地需求，考量園區既有都市紋理、現況與機關搬遷等限制條件，以集中配置核心研發機構與形塑產業研發聚落為原則。

（2）北區－技術領航旗艦研發專區：整合政府資源，落實核心研究功能，引領研發與創新，預定由工研院、資策會、農委會農研院（初期）等國家級研究中心帶領研究發展，預估用地約8.21公頃，預估引進研究人口約2,100人。

（3）南區－策略前瞻科技研發專區：配合行政院六大新興產業政策、結合中部區域產業優勢、帶動民間參與，以落實市場化實驗場域之內涵，擬帶動民間之研究潛力，結合產業界與學術單位，國研院、核能所等研究機構預定進駐本區，將從事農業技術研究、光電產業、文史研究及綠能與永續環境等，預估用地約51公頃，預估引進研究人口約5,400人。

（4）中區－生態國際村：供南北研發專區引進之國際級研究人員居住之住宅用地約72.2公頃，將以加強國際化服務及生活機能，發展為國際村社區，並維持花園城市意象與囊底街廓景觀，強化生態綠化景觀，及活化閒置空間，並導入綠色運具、再生能源、資源循環系統、綠建築等節能減碳措施，厚實生態城市發展概念。

（5）園區規劃構想：1.以「雙核單軸」發展架構，北、南區為核心研究區，中區為生活單元區。2.生活、生態與研發「二生一研」並重的環境永續經營理念。

（6）公共設施檢討與轉換：（a）改善或更新（綠色環保，節能減碳）：道路及管線系統、污水處理廠。（b）調整或增設（園區發展需要）：生態小學、雙語實驗中學、園區保警。（c）保留或加強（提升園區功能）：優質健康生活聚落，含游泳池、高爾夫球場、中興會堂及加強鄰里社區生活機能等。

中興新村的經濟部中台灣創新園區，建築外牆全是遮陽板，不只是裝置藝術，也具節能、隔熱與調光功能，集創新、智慧、低碳於一身，為全臺首案同時取得鑽石級綠建築及鑽石級智慧建築雙候選證書之建築（鍾起岱提供）

（d）轉型（配合永續發展）：綜合商城、轉運中心、綠色運輸系統。

（7）分期分區發展計畫：1.第一期發展區（99年~103年）：（a）省選委會、原民會可立即提供研發單位先遣人員進駐（樓地板面積約660坪）。（b）921感恩紀念公園（機4）為空地（1.91公頃）可先提供興建。（c）未徵收之機關用地、車站用地與綠地24.92公頃，由國科會編列預算徵收取得。2.第二期發展區（103

年~108年）（a）區內機關配合中部行政中心於103 年9 月完成後搬遷。（b）眷戶於10 年內回收。

（8）效益評估：透過轉型為高等研究園區的規劃，將引進公私部門之研發單位提升我國研發能量，帶動產業朝高值化發展，並引進大量就業機會、帶動地方經濟發展，進而提升產業國際競爭力，並為中興新村帶來新的發展契機。

八、發展現況、課題與構想

（1）土地使用現況：中興新村都市計畫規劃方向為住宅與工作合一的花園城市，本園區內之土地使用現況主要為機關用地、住宅區以及公共設施用地。機關用地現況為省政府大樓、中央政府各機關之中部辦公廳舍、省政資料館、臺灣文獻館及地方行政研習中心等使用；住宅區主要位於光輝、光華、光榮及光明等4 里，目前為臺灣省政府經管之公有宿舍計有2,442 戶，仍有部分為省府員工眷屬使用中。南內轆地區未徵收之機關用地現況則以果園、水稻田、釣魚場、防風林與少數臨時性建築物等使用及草地、空地為主。

（2）公共設施用地部分：本園區公共設施用地除道路等基礎設施外，則以機關、公園、綠地、學校、污水處理廠、醫院及市場等使用為主。

（3）土地權屬：本園區內之土地權屬大部分屬國有土地，大部分土地之管理者為臺灣省政府，其他則分由交通部公路總局、財政部國有財產局及其中區辦事處、行政院主計處、內政部警政署警察電訊所、國史館臺灣文獻館、國家文官培訓所、行政院人事行政局地方研習中心、南投縣政府警察局等機關管理，另有少部分土地為南投市、草屯鎮與中華郵政股份有限公司所有；其區位主要位於中正路（臺14 乙線）以東地區，包括住宅區約70 公頃，機關用地約46 公頃，高爾夫球場22 公頃，其餘為道路、學校、污水處理廠、停車場、公園、綠地等公共設施用地，合計國有土地面積約233.75 公頃，佔高等研究園區面積約89%。南內轆地區未徵收之機關用地、車站用地及綠地為27.75 公頃，佔高等研究園區面積約11%。

（4）中興新村現行都市計畫與高等研究園區關係：高等研究園區位於中興新村現行都市計畫區內，面積261.50 公頃佔，中興新村現行都市計畫區面積的37%。二者對照比較可知面積差異主要在非都市發展用地，高等研究園區未納入大部分的農業區、保護區等用地。

（5）如何保存與延續既有都市紋理與意象：中興新村為依據英人霍華德於1898 年發表的田園都市理論（Garden City）與美國學者培里提出的鄰里單元而規劃，以工作與住家在一起、社區內能自給自足為目標，達到城市鄉村化，鄉村城市化的境界，為臺灣當時都市計畫上相當先驅之概念，與近年生態城市概念相當吻合，形成國內少有具實質及教育價值之花園都市意象，所以於整體規劃時應保留、運用其既有之都市紋理與意象。對策：1.為能保存花園都市與鄰里單元意象，應針對發展強度、密度管制作適當之規範，將其設計理念與原則納入土地使用分區管制要點中，以為未來管理與執行之依據，以確保原有風貌的維持。2.具當地特色、歷史意義之鄰里單元（包括歷史性建物、林蔭綠帶與囊底路住宅等）可活化再利用，

維持及加強既有風貌的運用。

（6）如何以建構園區為智慧綠色科技的生態國際村：依據中興新村高等研究園區籌設計畫，園區之南北主要為研發核心區，以集中配置核心研發機構為原則，開發時應針對住宅社區各鄉里單元住宅區重新詮釋與發揚中興新村住宅區規劃理念並融合於研究園區，以維持既有聚落紋理為原則，導入智慧綠色科技建構為生態國際村。對策：1.園區內可藉由土地使用管制與建築管理手段，導入綠色運具、再生能源、資源循環系統、綠建築等節能減碳措施，厚實生態城市發展概念。2.園區智慧綠建築科技應用規劃設計可導入智慧運輸管理、智慧電網、安全監控、居家照護系統等，做為示範園區。3.園區內將加強國際化服務及生活機能，發展為國際村社區。

（7）如何兼顧園區開發與維繫中興新村既有文化資源：園區內主要將北區及南區之機關用地調整改變為研究機構使用之研發核心區，住宅區則以活用既有都市紋理為原則，發展為生活單元區。針對園區之機能，提供核心研究功能及市場化實驗場域，保存當地地景與空間紋理、補強不足的空間機能、設計永續經營之機制及建設為國際村等規劃理念，重新活化中興新村土地及帶動中部發展。對策：1.園區範圍內於北區及南區引進研發機構及行政機關進駐，帶動南北地區產業發展，提供就業機會。2.以活用既有都市紋理等文化資源為理念，規範後續建築物新建或修復再生使用，於發展同時同步保存相關文化資產及花園城市意象。

（8）如何調整及變更園區範圍內之各項分區與用地：高等研究園區擬引進之產業類型，主要朝能源、光電、地區核心產業應用、永續環境或其他具前瞻性、無污染之虞產業等方向進行研究；將來擬進駐之研發單位，包括政府或學術研究機關、財團法人研究機構或產業界之研發機構等類型。配合園區的推動主體為國科會，將依據「科學工業園區設置管理條例」相關規定負責推動。園區範圍內相關土地使用分區及用地名稱及容許使用項目，將須配合調整與變更。對策：1.園區範圍內部分機關用地將釋出後提供行政機關或研發機構進駐使用，配合「科學工業園區設置管理條例」第4條之園區事業規定，適用研發機構於園區內設置營運，調整使用分區名稱及增訂容許使用項目。2.變更北核心地區與南核心地區之用地供研發機構使用，變更住宅社區用地提供園區內就業與居住人口所需之生活機能服務。

（9）計畫目標：長期計畫目標以建立研發創新的場域，帶動產業發展的引擎，維護生活生態的環境，邁向永續發展的高等研究園區；短期計畫目標配合機關進駐時程，加速行政及研發機關的進駐。

（10）發展構想：高等研究園區設立於既有已開發之中興新村，空間發展上具備辦公使用與洽公聯繫之交通活動機能，及生活機能必需之基礎設施。現整體規劃發展為高等研究園區，空間規劃以南北核心兩區提供研究與學術使用環境，住宅社區可保存中興新村之都市紋理，規劃為高環境品質、人口密度適中、花園城市般具國際化特質的實質環境。規劃構想主要是活化地區讓社區居民與自然環境得到最大限度的保護與利用，及維持周邊社區環境融合。

九、發展內涵

（1）高等研究園區以研發為主，具有長遠的目標，並能引領未來20年、30 年的發展趨勢，具有高度的戰略性質，本園區發展將結合生態國際村及全球新興產業與地方產業發展成為多面向的園區，將行政機關、觀光產業、教育及醫療產業與科技研發結合在一起。高等研究園區將提供足夠誘因，以鼓勵吸引產業及研發活動進駐，其內涵主要有二：「核心研究功能」及「市場化實驗場域」：

（a）核心研究功能：所謂核心研究是指最重要的、具有中核性質的研究活動。高等研究園區是為了要讓研究活動在此進行而設置的園區，因此在此園區所進行的研究稱為核心研究。進一步來說，在高等研究園區的核心研究其內涵不同於一般學術機構的基礎研究，也不同於產業界就產品製程、產品特性等所進行的應用研究。此地的核心研究恰好介於基礎研究與應用研究之間，被期待的功能是將基礎研究的成果轉化為新產品甚至是新產業的開發；或是走相反的方向，在產業界面臨應用研究上的困境、難關時，就其中與基礎研究相關的部份可以在此園區回饋給基礎研究單位，由雙方攜手合作共同解決困境與難關，在這樣的過程中亦可能開發出新的產業領域。所以總的來說高等研究園區是一個轉譯平台，在此進行的研究活動將有助於基礎研究與應用研究之間的雙向交流，而其研究成果會做為新產業發展的引擎，帶領台灣產業邁向未來進階。

（b）市場化實驗場域（Living labs）：大規模推動Living Lab（生活實驗室/實驗場域）的歐盟，對於Living Lab 的定義是：「Living Lab 是指使用者得以主動參與研究、發展與創新的過程」，也就是在創意早期階段中，納入使用者意見，以更進一步發掘新興的行為與使用者模式；透過「企業-公民-政府合作」納入價值網路（value network）的所有成員，以消除技術發展與推動新產品服務間的隔閡；透過展現創新服務與商業模式的可行性，提早分析新科技解決方案所引發的社會-經濟效益。透過高等研究園區核心研究所研發出來的產品、或是台灣其他地區的先端研究產品，在正式成為商品進行量產之前，需要進行試用與測試，再依據適用與測試結果修正產品內容，此即為市場化實驗。本園區內有園區事業專用區與住宅社區，適合作為市場化實驗場域，測試結果可立即回饋給研究單位，縮短時間，廠商在產品量產之前即時因應測試結果作修政，可減少成本浪費。故實驗場域係以未來村、生態村及國際村的概念逐步修正並落實符合永續的未來生活方式，如作為科技產品體驗化實驗場、工業設計創意中心。

（2）高等研究園區之土地使用規劃主要將範圍內北側、南側之「機關用地」變更為「園區事業專用區」，提供研發機構進駐使用，以下分稱「北核心區」及「南核心區」；中間之住宅社區則以維持原土地使用分區及機能為原則，以維持原有都市紋理，並滿足進駐人員之住宿及生活機能需求，以下稱「住宅社區」。

（a）北核心區北核心區以原省府行政中心區為主要範圍，土地使用配置以承襲既有動線及坵塊格局為主，除規劃保留省府大樓、省政資料館之使用及變更區內之機關用地為「園區事業專用區」外，並利用原車站用地及變更部分停車場用地、機關用地，設置1 處轉運站，提供園區內接駁轉運設施及園區聯外城際運輸設施用地。

（b）南核心區南核心區現況開發利用度較低，土地使用配置依現況略作調整，除規劃保留國史等三館、地方研習中心、文官培訓所及變更區內之機關用地為「園區事業專用區」外，亦尊重並維持既有土地紋理與其價值，保留既有圓環。（c）未來將引進設置中部行政中心容納原中興新村、黎明新村、霧峰辦公中心等地區18個行政機關，成為中部地區行政辦公重鎮。

（3）園區其他範圍多屬住宅社區，為原省府員工宿舍區，面積廣闊，區內公共設施完善，並以小學及市場為中心，劃分為3個鄰里單元。本區之土地使用配置規劃以維持原有使用分區及機能為原則，以提供各研發單位員工之住宿使用及滿足其生活機能需求；僅依「科學工業園區設置管理條例」之規定局部變更區內之機關用地為園區事業專用區、局部變更市場用地、商業用地為園區服務區，以及局部變更公園、綠地用地為污水處理廠用地。

（4）配合園區發展需求，高等研究園區之推動應適當保留既有公共服務設施及生活功能，維持中興商場周邊既有市鎮中心機能，區內大型公共設施如道路系統、公園綠地、市場、高爾夫球場、游泳池、小巨蛋、中興會堂、國小、高中、圖書館、醫院等或具有歷史空間之設施，原則不予以變動，並配合發揮行政機能，提供園區整體環境管理及維護生活環境的品質。配合園區發展需求，以保留既有都市紋理與公共設施機能為原則。既有機關用地調整變更為園區事業專用區，配合高等研究園區規劃科技研發、行政與研究並存之機能。

（5）計畫人口推估：（a）產業人口：高等研究園區以北、南核心區（含未徵收之機關用地）為主，除原核定保留之機關及中部行政中心外，全部提供高等研究之產業使用，預定引進產業人口估算原則包括北核心區維持既定保留機關規模、引進研發產業所提報規模、以工研院進駐規模密度（250人/公頃）進行概算尚未明確引進產業用地人口、行政中心人口估算以引進機關統計之單位員額數（4,200人）為基準等，估算出北核心區（2,400人）與南核心區（10,900人）合計引進產業人口以13,000人計。（b）居住人口：以高等研究園區既有住宅區為主，推估居住人口原則包括既有眷舍人口納入、既有建築及土地紋理保存之考量、引進產業人口之住宿配置等，估算出住宅區容納人口為11,000人。

（6）產業引進發展分析：為因應未來整體發展或產業之需要，政府實有必要及早確立中長期研發政策、方向與重點，培養優秀研發人才，與國際優秀學術或研發組織建立溝通交流平台；以及協助民間組織或產業進行關鍵產品技術之研發改進，因此發展高等研究園區，乃有助於產業更進一步的轉型與提升。除了先期計畫與籌設計畫中建議引進之能源研究、光電產業研發、地區核心產業應用研究、永續環境研究、農業科技研究、生活科技研究、文史研究及他具有前瞻性且無污染之虞的產業研究機構外，更可針對前述之主力產業、中間產業與潛力產業等三大類型之產業範疇，提供優質的研究環境，使臺灣不止扮演區域分工的重要角色，更能走向世界領導先驅。因此「高等研究園區」其具體的定位與願景如下：（a）厚實國家邁向永續發展能力的科技基地。（b）國家頂尖人才的培養皿。（c）國際接軌的關鍵節點。（d）帶動產業高值化的引擎。（e）未來新生活模式的實驗場域。

（7）產業設置之評定準則：產業設置之評定準則主要包括「產業環境掃

瞄」、「產業能量評估」、「產業策略與定位」等三大面向，產業環境掃瞄會先探討全球新興產業之發展趨勢，從這些次級資料中快速瞭解他國在新興產業的定位與相關政策發展為何，縱整相關運作資訊後，回到台灣看整體經濟發展的變化為何，評估台灣新興產業發展之契機。接著進入產業能量評估的構面，透過整體產業經營概況等趨勢分析，深入探討區域及地區產業發展趨勢與鏈結分析，因園區的位置屬於台灣中部地區，本研究也將重心與焦點放在中部產業的發展為主，評估整個中部地區產業的發展趨勢與相關價值鏈分析。

（8）在高等研究園區規劃原則下，依據先期規劃建議方案及研發產業未來發展趨勢，未來欲引進之研究領域包含：（a）能源研究：相關能源產業領域，包括再生能源與節能技術研究。（b）光電產業研發：未來可配合中部地區光電產業之發展進行相關領域之研發。（c）地區核心產業應用研究：包括新世代晶圓、精密機械及塑膠製品等領域之研發。（d）永續環境研究：包含生態環境保育、高山環境研究、綠建築、低耗能建築、抗震技術研究、農業科技研究與生活科技研究。（e）台灣文史研究：將保留區內具特色的空間與歷史地景（如囊底路之街廓），結合中興新村既有之文史研究資源，強化台灣人文歷史研究。（f）其他具有前瞻性且無污染之虞的產業研究機構，例如生物醫學工程相關研究等。

（9）引進研發產業種類：政府與民間企業早已體認創新研發之重要性，不論是基礎理論學術研究或產業技術的創新研發及其運用，均早已建立。而本園區除了考量既有機構進駐的意願之外，並應從全球、亞洲以及臺灣現階段主力、中間及具潛力的產業著手思考引進。因此，園區未來將以創新研發為主，並朝向「綜合型研究園區」的發展方向，同時也具備有「核心研究功能」及「市場化實驗場域」之功能，並且包括有人文社會之相關研究。有鑑於此，在既有機構的進駐部分，先期計畫與籌設計畫階段，已經有包括財團法人工業技術研究院中部分院、資訊工業策進會籌設之相關研發單位、農委會籌設之農業技術研究院及國史館台灣文獻館、國家文化總會之台灣歷史文化研究學園、原子能委員會核能研究所之低碳能源科技研究中心等單位預計進駐園區。

（10）綜合前述各項產業分析，未來園區的產業引進類別，將考量全球及亞洲的產業趨勢與供應鏈，並且配合行政院六大新興產業政策、與經濟建設委員會規劃之「產業創新走廊推動方案」，再結合中部區域產業優勢、帶動民間參與。如工研院將於本園區建立一結合區域產業整合加值、智慧機器科技及奈米纖維與溫室工程科技等研發產業，成為帶動中部區域產業升級轉型的關鍵研發平台。資策會亦將設立新興智慧技術研究中心，從事綠色ICT 技術與綠色生活實驗，包括綠色智慧行動、綠色智慧建築及綠色智慧社群（雲端運算）等，帶動相關產業的發展。

（11）紋理保存與落實：高等研究園區紋理保存之基本原則於「中興新村高等研究園區籌設計畫書」（行政院國家科學委員會，民國98 年11 月）即已擬定如下：（a）不破壞既有都市紋理，儘量保留部分具歷史意涵之建物、街廓及鄰里單元。（b）保留具歷史意涵之省政大樓、省政資料館、圖書館、檔案中心及國史館等三大館，維持既有功能並加強其研究設施，與國內外學術界互相交流合作。（c）配合園區發展需求，原則儘量保留既有都市紋理及區內大型公共設施，並補

強不足的空間機能，以國際村概念進行規劃。（d）保留一處具當地特色、歷史意義之鄰里單元，作為臺灣人文歷史研究學園。

　　（12）營造環境生態系統：園區內主要植被類型可分為公園綠地、行道樹以及內轆溪行水區之草生荒地三種。具有代表性行道樹種之主要道路，分別為光榮北路（主要樹種為樟）、光榮東路（主要樹種為樟、大葉桃花心木、芒果）、光榮東路一街（主要樹種為白千層、芒果、楓香）、光華路（主要樹種為樟）以及省府路（主要樹種為大王椰子）。此五條路段可透過景觀綠廊指定退縮，保留珍貴行道樹種，串連虎山山麓次生林，具生態綠廊之效益。

　　（13）道路系統以中興新村都市計畫區內既有道路系統為基礎，分為主要道路、次要道路及服務道路，進行綠色運輸路網規劃。大眾運輸系統規劃則為落實園區內綠色運輸之發展，強化綠色運具使用意願與使用率，計畫將於北核心地區規劃設置轉運站及於園區內重要交通節點設置招呼站，並規劃園區巴士，以串聯園區事業用區與社區。同時於園區北側（既有公路客運場站）設置北核心轉運站，串聯長、中短途客運、園區巴士與自行車三運具之規劃路線，車輛進出動線遠離省府路與中正路口圓環。另外，於園區內重要節點（如學校、市場、圖書館、醫院、住宅區、辦公區）設置招呼站，並提供自行車架停放空間，有效服務區內之就學、工作與其他旅次。客運與園區巴士路線，規劃長、中短途客運行駛路線以中正路為主，不進入社區；園區巴士路網串聯中正路東西兩側社區與園區事業專用區，行駛路線以北核心轉運站為出發點，沿途行經光華路、光榮北、西、東路、光明一路，至中興路口往北折返中正路、仁德路、營北路。

　　（14）自行車運輸系統規劃，串聯區域自行車道：往北串聯虎山自行車道，往南串聯中興路、貓羅溪自行車道。而為達成綠色交通之目標，園區內規劃自行車道，自行車道之配置原則將依道路條件分別以「專用車道-實體分隔」、「專用車道-標線分隔」以及「車道混合使用」方式布設。

　　（15）落實推動智慧生活科技運用，園區以提供市場化之實驗區域、促進研究成果產業化、發展「核心研究功能」及「市場化實驗場域」為主軸，透過公私部門合作之市場化實驗場域，帶動區域產業加值創新與新興產業發展。落實推動智慧生活科技運用之重點，在於建置資訊通信網路平台環境。為有效落實此一實驗場域計畫，初步規劃架構完整之寬頻管道，建構園區內完整之通訊網路，供作為實驗場域應用服務，並將暫掛於雨水下水道或道路側溝內之纜線，遷入新設之寬頻管道內，解決用戶迴路最後一哩（Last Mile）問題，達到加速電信服務產業自由化，整合有關資訊社會之政策。其次以光纖到府為目標，藉由通訊網路提供FTTx 服務及建設Mimax 基礎整合後端網路服務，進而創造便捷民生發展優質網路，建立下世代數位匯流網路及次世代寬頻網路，達到民眾無縫隙，隨時、隨地可享受上網環境，以促進經濟成長。

十、都市防災規劃

（1）都市地區除了天然災害外，由於實質環境的開發、生活上的需要等，促使各種可能發生災害的種類也增多。鑑於都市地區人口密集，建築密度又高，若發生災害將使其波及範圍擴大；因此，都市防災計畫與措施日顯重要。依據「都市計畫定期通盤檢討實施辦法」第7條有關都市防災計畫之規定，及災害防治法之規定，為強化災害預防相關措施，有效執行災害搶救及善後處理、減輕災害損失，應於計畫區內規劃設置足夠之防災避難場所、設施、消防救災路線、火災延燒防止地帶等。

（2）都市防災系統建置包括：（a）建築簇群防災管制：計畫區內之建築簇群應符合「建築技術規則」對於建物間之防火間隔相關規定棟距，以減低災害擴大機會。（b）火災防止延燒地帶：本計畫區以區內計畫道路作為火災防止延燒地帶，區內則依開放空間配置系統，如公園兼兒童遊樂場、廣場及道路等作為區隔，以防止火災發生時產生蔓延現（c）車籠埔斷層帶兩側禁限建規定：車籠埔斷層帶兩側禁限建規定係因921地震後，有關斷層帶兩側禁限建之管制規定，該管制規定依南投縣政府民國91年8月20日府城都字第09101424670號函發布實施「變更中興新村（含南內轆地區）都市計畫（車籠埔斷層地區專案檢討）」案，有關管制內容詳參「增訂高等研究園區土地使用分區管制要點」第十五點之規定。依據該規定本計畫區內多為公有土地，故迴避在車籠埔斷層帶兩側禁限建規定範圍內新建建築物。

（3）救災及避難系統：包括防災指揮中心及避難場所設置、資訊通報系統規劃、防災避難疏散動線規劃、以及指定救護及醫療中心。

十一、高等研究園區進駐廠商

中興新村的百佳泰為高品質的測試服務業，提供卓越的人才培訓、最先進的測試技術、及尖端的測試設備，可提供超過30種標準認證測試。（鍾起岱提供）

（1）中興高等研究園區目前除了工研院、資策會已進駐，民間企業有百佳泰、台灣可速姆二家廠商進駐營運，另有禾懋、上緯、信織、建維品質驗證、欣昊等多家企業預定陸續進駐。

（2）百佳泰（Allion Labs, Inc）[8]：屬於消費性電子產品製造業，登記資本額3億2000萬元，為國際化的資訊科技/電子產品之技術諮詢與測試認證服務機構，為全球各地IT產品之研發、製造與品牌廠商提供品質提升諮詢、標準認證、產

---

[8] 參考http://www.ctsp.gov.tw/chinese/11manufacturer/03search.aspx？v=1&fr=11&no=229

品互容及客製化驗證服務。總部設立於台北市南港區，並於日本東京、韓國首爾、美國波特蘭、中國大陸上海與深圳均設有據點，提供全球產品之研發、製造與品牌廠商最具競爭優勢的技術顧問與測試認證服務。創立於1991年，Allion一直跟隨著高科技產業的脈動，致力於提供多元化專業測試驗證解決方案，迄今累積驗證過的產品量多達上萬件，範圍涵括包含桌上型/電腦、筆記型電腦、平板裝置、智慧型產品、多媒體裝置、無線裝置、伺服器、行動裝置、週邊配備及應用軟體等相關產品，在市場上居於專業領導地位。

（3）禾戀企業[9]：總部設於台灣南投南崗工業區，資本額登記2900萬元，主要生產整合雲端技術之足壓感測3D氣墊鞋，成立於1981年，自1982年起投入運動鞋事業，並於批發銷售過程中，對鞋類與氣墊產品產生了專注投入的想法；由於總經理黃英俊先生對運動的熱愛，興起研發可充氣式氣墊的獨創奇想，憑藉著對氣墊的執著研究與熱情觀察，以概念發想為起點，全力投入氣墊技術的研發，致力開創3D氣墊新格局，至今更已擁有涵蓋全球33個國家的126項專利，更獲得國家精品獎、日內瓦發明展銀牌獎、外貿協會最佳產品設計獎等大獎肯定！為了將舒適氣墊科技推廣落實於休閒鞋市場，Homax以超過1/4個世紀的氣墊專家經驗，發展出Dr. aiR品牌，期以先進氣墊技術為基礎，開發多元而相互關聯的氣墊產品，透過綿密完整而精準對應的專利網絡（Patent-Related Net），致力開創3D氣墊舒適科技，並結合恰到好處的簡單設計感，傳現舒適精品的品味風格。

（4）信織實業股份有限公司[10]：創立於民國76年，為專業的不織布生產工廠，小型複合紡絲產品技術研發。2、3D高彈性仿乳膠纖維材料研發。分別於民國82年與93年在中國大陸與越南設立子公司。並於民國92年取得ISO 9001 品質認證，民國102年連續獲得國家訓練品質獎與TTQS金牌獎肯定。本公司的服務團隊有堅強的研發陣容，不斷創新，開發符合客戶需求的各種產品。主要產品包括：鞋材補強布、針軋布、環保纖維中底、竹炭不織布、抗菌不織布、遠紅外線、防撥水不織布、保溫不織布、地工不織布、仿乳膠不織布、園藝及農藝不織布、家飾不織布應用等功能性不織布，並取得多項專利。

（5）台灣可速姆股份有限公司[11]：是與日本マザーコスモ株式会社（Mother Cosmo Co.,Ltd.）基於環境・健康、愛鄉愛土的理念相結合而共同出資成立的環保科技公司。這是南投中興新村的中科高等研究園區第一家開幕營運的廠商。開幕當天本公司邀請到前副總統 蕭萬長、科技部次長 陳德新、立法委員 廖國棟以及日本前農林漁業大臣岩永峯一、眾議員 岩永裕貴、滋賀縣湖南市市長谷畑英吾等人參與剪綵儀式。

　主要是生物質多元化利用。在注重環保與健康的今日，使用潔淨的生質能源和無毒的生質產品來取代石化產品是全世界共同的趨勢，公司所研發的生物質多元化利用技術，即是以各種植物性未利用資源為原料，利用纖維水解酵素將其分解後，同時產生生質能源及材料的最新尖端技術。引進日本的高科技生化技術，投入纖維

---

[9]　參考http://www.ctsp.gov.tw/chinese/11manufacturer/03search.aspx？v=1&fr=11&no=229

[10]　參考http://www.ctsp.gov.tw/chinese/11manufacturer/03search.aspx？v=1&fr=11&no=229

[11]　參考http://www.ctsp.gov.tw/chinese/11manufacturer/03search.aspx？v=1&fr=11&no=229

酒精、土壤改良與水質淨化的環保生技事業領域。冀望日後在台灣這塊土地一起努力，為台灣的環境保護帶來新生命。公司的經營理念是基於「要追求健康而多采多姿的生活，就要將居住的地球環境維護自然美麗而不被破壞。」所以引進日本最新且沒有公害的微生物環保生化科技，建構環境保全型的的社會，開創一個能夠積極改善及維護環境的事業。

中興新村的台灣可速姆是中興新村營運的第一家廠商，主要提供生物質多元化利用。（鍾起岱提供）

（6）建維品質驗證有限公司[12]：前身為「建維品質顧問有限公司」，成立於民國81年2月24日。主要營業項目包括：燃油汽機車零附件產品驗證、電動車輛零附件產品驗證、電動自行車整車產品驗證、各式汽機車廠規產品驗證。協助廠商建立並維持ISO 9000的品質系統及提供產品安規驗證顧問服務為成立宗旨，協助業者提升車用燈具設計與品質水準，順利進入歐洲、美國的車燈銷售市場，ISOQA建維品質驗證有限公司自2000年起即積極於建立車用燈具研發中心。為了確實保障客戶的權益，建維驗證嚴格要求自己與內部員工絕不從事與客戶產品相關的研究與開發，生產與製造以及銷售與販賣。現已建成臺灣台中、臺灣台南、江蘇常州實驗室以及德國分公司，其中臺灣二座為接受歐美各國政府委託的型式驗證實驗室；江蘇常州則為配合業者燈具開發設計的研發實驗室。ISOQA建維驗證以現有單位所建構而成的平臺，提供業者「品質確認」、「開發設計」及「教育訓練」的技術服務。

（7）欣昊實業股份有限公司[13]：屬於精密機械廠商，總部設於新北市三重區，生產的Mastercam具有完整的曲線曲面建模功能，建立2D、3D幾何模型十分方便。靈活、完整的曲線曲面編輯和分析功能，保證幾何模型的精度。修改幾何模型後，相關的尺寸標注自動更新。可在多個視窗內動態旋轉、縮放幾何圖形。導航功能自動捕捉常用的特徵點，提高建模速度。Mastercam的資料轉換器，可與任何CAD系統交換資料。這些轉換器包括：IGES、ParasolidTM、SAT（ACIS Solids）、DXF、CADL、VDA、STL及ASCII。 另外，系統還提供有CATIA、PRO-E、STEP和DXF、DWG等資料交換器。該公司也提供Mastercam post後處理程式製作、Spaceclaim database資料庫系統架設、Robotmaster post後處理程式製作等服務。

（8）金聖源科技股份有限公司[14]：屬於自動控制相關產業，1.機械再生能源發電系統研發2.PLC電力線通訊相關系統研發3.數控系統研發4.電機系統研發5.機械手臂系統研發欲網羅積極向上、願意學習、抗壓性強之工程師主要為培育種子工

[12] 參考http://www.ctsp.gov.tw/chinese/11manufacturer/03search.aspx？v=1&fr=11&no=229

[13] 參考http://www.ctsp.gov.tw/chinese/11manufacturer/03search.aspx？v=1&fr=11&no=229

[14] 參考http://www.web393.com/53041986

程師，希望招募電子、機械、配電、資工等相關科系人員。主要工作為1.研發助理（協助蒐集資料整理）2.安排受訓、學習相關之分配研發項目（工業配線、程式設計組合語言內，了解8051、PIC、DSP以及PLC的部分）總公司在中國大陸地區，為各大數控電機大廠代理商，未來具有前瞻性與發展空間；欲栽培相關人才之儲備幹部，希望有意願者，準備履歷及願意學習的精神，前來應徵。產品與服務：金聖源科技有限公司擬招募具有自動控制、機械、電機、能源方面背景之人才，從事工作如下：1.機械再生能源發電系統研發2.PLC電力線通訊相關系統研發3.數控系統研發4.電機系統研發5.機械手臂系統。研發產業描述：1.機械再生能源發電系統研發2.PLC電力線通訊相關系統研發3.數控系統研發4.電機系統研發5.機械手臂系統研發。

（9）正瀚生技股份有限公司[15]：這是一家以研發為重心的農業生物科技公司，總公司設於彰化縣線西鄉，主要生產肥料、植物生長調節劑製造和銷售專有的植物生長調節劑和特種微量元素肥料，主要使用在農業和園藝業，幫助農學家，園藝家，和生產者提高天然植物生產力和質量。

（10）裕成股份有限公司[16]：本公司由全球最大的製鞋集團寶成集團投資，申請投資4.5億元，進駐高等研究園區，主要研發智能化物聯系統開發、智能化視覺系統開發、鞋類產品設計及測試服務，未來全球研發總部將設在中興新村的高等研究園區。未來定位為該集團製鞋製程創新的研發中心，裕成公司研發團隊已開發3D/2D視覺技術，應用於機械手臂針對鞋類大底對位噴膠技術，領先業界技術水準。而所開發智能化物聯系統，係應用於生產流水線聯網規劃，將流水線設備所有資訊上傳至Cyber系統，經分析以下達最佳派工指令，可大幅改善生產效率及提升生產的彈性；並利用視覺技術及數位控制加工設備，快速辨識材料的外型及加工區域，並產生加工路徑予加工設備，達到製鞋流程自動化；另結合產品設計、開發與原材料、製程創新及「未來製造」的核心技術，進行鞋類產品設計及測試服務。裕成公司積極參與由寶成集團召集台灣鞋機及IOT的相關廠商成立智能製鞋聯盟，與聯盟成員進行新材料之研究與開發、鞋業製程精進與自動化研究與發展，未來進駐中科後，期望透過「製鞋創新」，建構完整之製鞋產業鏈，並同時建立新運動文化服務平臺，以打造新運動服務產業鏈為創研中心的營運主軸。

（11）中揚光電股份有限公司[17]：投資金額為新台幣1.15億元，主要研發製造精密光學鏡片模具，本品可運用於手機鏡頭、車載、微投影機及掃描器等，模具內各個零組件之公差尺寸皆以微米為單位，適用於精密微小尺寸、超薄的手機鏡片使用。中揚光電所設計的一體式手機鏡片模具結構係採一體式模仁設計的模架機構，與傳統模具須具兩個主要零件「模仁與套筒」結構相較，其構造簡單並減少使用很多零件，搭配開合模後的精確定位與控溫工法，模具精度能力高於傳統模具。另在手機鏡片成形後，需透過自動剪切機將鏡片剪切後收集，但剪切過程中會因剪切不當而產生不良品，中揚光電團隊亦研發新的加工製造技術解決上述問題。由於模具

[15]　參考https://www.104.com.tw/jobbank/custjob/index.php？r=cust&j=443a4

[16]　參考http://history.n.yam.com/greatnews/politics/20160125/20160125526448.html

[17]　參考http://history.n.yam.com/greatnews/politics/20160125/20160125526448.html

製作的好壞直接影響光學塑膠鏡片的精度，國內一般模具廠商尚未達到高精度的模仁製作水平，中揚光電具快速開模與高精密整體技術，具有競爭性，其模具產品供應國內手機鏡頭與車載鏡頭廠商使用，有助國內光學廠商生產製作各型高階鏡片，提升產品競爭力。

（12）棋展電子股份有限公司[18]：投資金額為新台幣2仟萬元，主要研發製造客製化微電腦控制電路板及物聯網應用產品、無線控制模組及其應用產品。棋展電子主要為中小企業客戶提供ODM/OEM微電腦控制電路板設計服務，具軟、韌、硬體整體規劃能力，採取利潤分享及專業分工策略，以整合IC設計、電子零組件和電路板組裝測試供應鏈廠商協同開發運作模式，可達專業設計大廠同等級服務水準。另棋展電子近期已積極投入物聯網應用產品研發設計，期能在長期提出全方位物聯網解決方案，並朝自有品牌前進。目前棋展電子已與逢甲大學產學合作，並參與智慧家電聯盟，強化感測與控制模組開發及智慧控制雲端平台建置之技術能力，將有助提升國內發展物聯網基礎產業技術能量。

（13）財團法人工業技術研究院[19]：財團法人工業技術研究院（簡稱工研院，英文簡寫：ITRI）工研院是台灣最大的產業技術研發機構，也是開創台灣半導體產業的先鋒。1936年8月成立的「天然瓦斯研究所」（新竹市光復路321號），隸屬於台灣總督府。第二次世界大戰結束後，於1945年10月由中華民國經濟部資源委員會接收，暫時改名為「天然氣研究所」。1946年1月，併入經濟部資源委員會管轄之國營企業中國石油公司之下，改名為「中國石油公司新竹研究所」，並將臨近的日本海軍第六燃料廠本部資產與研發中心一併納入。

1954年11月，該單位升格為直接隸屬經濟部，並改名為聯合工業研究所。1973年結合聯合工業研究所、聯合礦業研究所、金屬工業研究所成立工業技術研究院。1975年，RCA獲選為台灣積體電路合作計畫的夥伴，1976年，第一批赴美受訓的工程師整裝待發，1977年，工研院建立台灣首座4吋晶圓的積體電路示範工廠，並自1980年起，陸續衍生了包括聯電、台積電、台灣光罩、世界先進等半導體大廠，奠定了台灣IC產業起飛；1983年工研院更開發出與IBM相容的個人電腦，並將技術移轉給國內業者，帶動週邊產業的蓬勃發展，奠定了個人電腦資訊產業的基礎。工研院運用了研發環境的獨特性，以及透過綿密堅實的產業網絡關係，連結區域或產業之研發能量，積極協助台灣產業發展與升級。2005年起，為配合台灣整體區域產業發展政策，強化科技與地方產業的連結，陸續在台南六甲設立「南分院」、南投設立「中分院」，深耕台灣產業創新的研發專區。

（14）財團法人工業技術研究院中台灣產業創新研發專區與資策會新興智慧技術研究中心，合稱「經濟部中台灣創新園區」[20]，成為有效連結「北北基、桃竹苗、中彰投、雲嘉南、高高屏、花東」等六大產業創新走廊，強化現有工業區及研究機構的資源整合，作為產業創新的驅動平台，促成創新能量的產業群聚，加速

---

[18] 參考http://history.n.yam.com/greatnews/politics/20160125/20160125526448.html

[19] 參考https://www.itri.org.tw/chi/Content/Messagess/contents.aspx？SiteID=1&MmmID=620602517257465422

[20] 參考https://www.ctirp.org.tw/SciencePark_Info.aspx。

推動台灣科技島的發展目標，主要策略包括：（a）開創新產業及深化區域產業聚落：結合資策會及中部地區法人之研發資源，成為中台灣產業創新驅動平台，協助開創新產業及深化區域產業聚落，使中部地區產業注入一股強大的創新研發能量。（b）建構中台灣產業創新驅動平台：建置開放式創新研發資通訊平台，憑藉工研院與中部法人的研發能量，及當地大專院校優質的創新能力，未來藉此資通訊平台連結中台灣產學研的技術動能，整合在地的科研實力，建構整合性的知識密集研發環境，創造研究機構與產業合作的機會，成為支援中台灣區域產業研發營運的重要媒介。

　　（c）推動學界與業界成立研發中心進駐共同研發：除了整合中部研發資源之外，此研發園區也將發揮其「發電機」、「孵化器」的功能，開創新興企業與產業，使學界與業界成立研發中心進駐，以加速調整產業結構。（d）落實創新產品研發及新事業育成：藉由建構先進檢測分析模擬與高階研發實驗室，連結創育中心與開放實驗室運作，協助中部產業提高企業之科技創新能力。（f）建立科技應用新思維：以實驗與體驗場域，探索科技在未來生活之應用，將既有的產品與科技進行漸進式創新後，加上創意設計元素作加值，將人們對於未來生活的想像融入科技基因，除了催生產品本身之技術創新，並可推廣出嶄新應用的可能性，可望將創新的科技實用化、應用化，創造更高的產業附加價值。

　　中台灣產業創新研發專區（中創專區），維結合中台灣產學研資源，建置創新研發驅動平台，將發展重心集中於「新世代智慧機器技術」、「先進溫室系統技術」、「幸福科技服務與感性設計技術」等三大研發領域，分述如下：（a）新世代智慧機器技術：中部地區是台灣精密機械產業的大本營，工具機為機械工業之基礎，機器人更是下世代機械產業的明日之星，因此工研院規劃在智慧機器科技項下發展新世代智能工廠控制系統與智慧機器人，除可強化中部地區現有工具機及機械產業之競爭力，提昇台灣工具機的品級，增加機械產業技術實力，更期望以機器人科技為中台灣創造下一波產業機會。（b）先進溫室系統技術：開發具節能、節水、高產值、智慧化等特色之先進溫室模組、設備與系統，以建置國內溫室系統產業鏈及支援精緻農業發展為目標，俾利提升我國農業競爭力，發展健康樂活新經濟。（c）服務科技與感性設計技術：以工研院感性設計系統化技術及資策會幸福科技為核心，聯合區域產業進行感性設計加值驗證，依照地方產業的特色，建立產學研創新聯合研發平台，為中部地區產業進行創意加值，同時開啟下世代新興產業發展契機。

十二、文化創意產業的引進

　　（1）2000年民進黨執政時期，有關中興新村的走向，行政院公共工程委員會規劃，係以文化藝術創意產業園區為其中心，2004年先行規劃藝術村，2006年5月開始有藝術家進駐創作，2007年行政院中興新村再發展計畫推動小組則將中興新村規劃為北區「文化藝術創意產業園區」、中區「優質渡假型生活園區」、南區「培訓研習會議園區」，鼓勵非政府團體的進駐。2008年馬英九提出愛臺12項建設政見，

其中有兩項與中興新村有關：一為發展中部高科技產業新聚落，推動產業園區及新世代研究型園區建設，強化產學合作網路，並發展具特色之國際村，另一則為都市及工業區之更新，在基隆、臺北、中興新村以及高雄市推動都會區的再造計畫，活化各區功能。

（2）2008年5月，馬英九出任第12任總統，廢棄了民進黨原先的方案，中興新村的再造改由行政院國家科學委員會主持，以中興新村作為中科第5期工程之研發園區為其原始構想，但因文化界憂心支援科學技術產業之開發方案將會破壞中興新村的歷史意象和文化地景，基於平衡的考慮，因而形成當前以「中興新村文化創意與高等研究園區」所呈現的計畫面貌。

（3）中興新村轉型為高等研究園區以來，中科管理局也積極活化舊省府時代留下來的「蚊子館」，目前已引進34家廠商、計畫投資額達50億元，出租率達47%、創造2,378個就業機會。包括上緯、正瀚、台灣櫻花、遠東紡織關係企業宏遠興業等上市櫃公司，都已陸續進駐或是積極評估進駐中。園區內位於光明一路36號的「36智慧驛站」，過去為省府時期的招待所，現由中科整建作為智慧居家生活的示範屋。

2016年11月25日中興新村文創園區現場勘查。（鍾起岱提供）

（4）宏遠興業有意進駐成立研發中心、朝智慧衣研發；而國產廚具龍頭廠－台灣櫻花，評估進駐展示「智慧廚房」；另有遠端醫療照護器材集團正在評估設立遠距智慧健康照護。正瀚生技企業總部暨研發中心，預計2017年第3季啟用，將是亞洲最頂尖的單一整合農業生技研究室；全球汽機車零組件及整車驗證大廠－建維品質驗證，有意進駐園區的「小巨蛋」，打造成為電動自行車研發認證中心；另客製化及國際標準認證測試大廠－百佳泰已進駐園區，帶進逾500個員工。

（5）未來的中興新村已經變身為高科技廠房。經濟部中台灣產業創新園區為例，是全台首座同時取得「鑽石級綠建築」及「鑽石級智慧建築」雙證書的智慧建築，設有產學研共用核心實驗室，致力於推動中台灣產業創新研發，積極打造智慧設備、先進溫室與植物工程研發之群聚效應，帶動中興新村成為全球關鍵創新研發重點基地，目前已有18家廠商、2所大學等單位進駐。

（6）推動中的「中興新村·下一代新村」計畫，將整合各部會資源與南投縣政府合作，共同打造科技文創、國際化文創及在地產業化文創的多元文創融合園區。而中科管理局也委託逢甲大學辦理「高等研究園區引進及發展文創產業先期研究計畫」，預計規畫8至10個與大學文創發展相關且具特色的文創案，推動高等研究園區文創產業發展，帶領中興新村面對新時代與新局面的未來。

重要名詞：

　　鬆綁與重建、高等研究園區、綠色運具、再生能源、生態國際村、智慧機器科技、雲端運算、保存與發展、能源研究、中台灣產業創新研發專區、新興智慧技術研究中心、生態城市、技術領航旗艦研發專區、分期分區發展計畫、綠色ICT、百佳泰、禾懋企業、信織實業、台灣可達姆、建維品質驗證、欣昊實業、金聖源科技、正翰生技、裕成公司、中揚光電、棋展電子、工業技術研究院。

想一想：

　　1.中興新村公共設施轉型有哪兩大原則？

　　2.未來中興新村高等研究園區擬引進之研究領域，包括哪些領域？

　　3.依據「中興新村高等研究園區籌設計畫書」之規劃，園區之規劃原則有哪些？

　　4.工業技術研究院設立之「中台灣產業創新研發專區」其構想為何？

　　5.簡述未來中興新村生態城市構想及操作模式。

　　6.中興新村未來交通運輸以建構人本交通與大眾運輸為主，其意涵為何？

　　7.土地使用需求與配置構想北中南區內容為何？

　　8.高等研究園區未來將將提供足夠誘因，以鼓勵吸引產業及研發活動進駐，其內涵主要　有哪些？

　　9.「高等研究園區」其具體的定位與願景為何？

　　10.中興新村都市防災系統具體作法包括那些？

　　11.高等研究園區進駐廠商有哪些？主要業務項目為何？（列舉三個廠商）

　　12.中興新村未來引進的文創事業有哪些？

　　13.根據中科管理局的構想，高等研究園區的營運推動原則為何？

我的學習單

（　）1. 中興新村發展最後的歸宿是：

　　（A）大學城　　　　　　　　（B）行政院中部辦公區

　　（C）文化創意及高等研究園區（D）老人健康園區。

（　）2. 目前中興新村發展的發展構想是依據：

　　（A）愛台十二項建設（B）六年經建計劃　（C）三軸雙星計畫（D）兩兆三星計畫

（　）3. 未來中興新村高等研究園區主要為以下哪一種產業為主體：

　　A）研發產業（B）製造產業（C）文創產業（D）傳統產業

（　）4. 未來中興新村的發展將同時保留部分行政機關及部分鄰里單元，調整用地

並配合產業研發機構需求期程，分期分區釋出土地以供開發，發展中興新村為：

(A) 精密製造科學園區 (B) 生技研發科學園區

(C) 智慧綠色科學園區 (D) 傳統產業科學園區

( ) 5. 依據中興新村（含南內轆）都市計畫，到了民國110年，中興新村人口大約達：

(A) 25000人 (B) 31000人 (C) 36000人 (D) 41000人

( ) 6. 擬成立「新興智慧技術研究中心」是屬於哪一單位設立：

(A) 國科會 (B) 資策會 (C) 國發會 (D) 原能會

( ) 7. 2008年11月25日聽取蔡勳雄前政委簡報後指示行政院經濟建設委員會，研擬「中興新村發展為高等研究園區先期規劃」的行政站長是：

(A) 蕭萬長 (B) 唐飛 (C) 劉兆玄 (D) 林全

( ) 8. 目前主導中興新村發展的主管機關是：

(A) 台灣省政府 (B) 南投縣政府 (C) 經濟部 (D) 科技部

( ) 9. 中興新村高等研究園區開發籌備處正式掛牌是在：

(A) 2009年11月 (B) 2010年11月 (C) 2011年11月 (D) 2012年11月

( ) 10. 高等研究園區設置於哪一個都市計畫區範圍內：

(A) 南投都市計畫 (B) 中興新村都市計畫

(C) 草屯都市計畫 (D) 高等研究園區都市式計畫

( ) 11. 高等研究園區之整體規劃範圍共約幾公頃：

(A) 61.50公頃 (B) 161.公頃 (C) 261.5公頃 (D) 361.50公頃

( ) 12. 全台首座同時取得「鑽石級綠建築」及「鑽石級智慧建築」雙證書的智慧建築是：

(A) 台北101大樓　　 (B) 高雄八五大樓

(C) 台中國家歌劇院 (D) 中興新村經濟部中台灣產業創新園區

( ) 13. ITRI是以下哪一個單位的英文簡寫：

(A) 經濟部中小企業處　　 (B) 經濟部外貿協會

(C) 財團法人工業技術研究院 (D) 社團法人新南投婦女協會

( ) 14. 中興新村「36智慧驛站」位於：

(A) 環山路 (B) 光明一路 (C) 光華一路 (D) 省府路

( ) 15. 預定進駐中興新村的裕成股份有限公司是由以下哪一集團所投資：

(A) 台塑集團 (B) 寶成集團 (C) 新光集團 (D) 鴻海集團

( ) 16. 台灣可速姆股份有限公司是一家甚麼性質的公司：

(A) 電子科技公司 (B) 生物科技公司 (C) 環保科技公司 (D) 光電科技公司

( ) 17. 金聖源科技股份有限公司是屬於一家甚麼公司：

(A) 自動控制公司 (B) 生物科技公司 (C) 面板製造公司 (D) 光電科技公司

（　）18. 百佳泰（Allion Labs, Inc）是一家甚麼公司：
（A）汽車零件製造公司（B）生物科技研發公司
（C）精密製造公司　　　（D）消費性電子產品製造公司

（　）19. 禾懋企業主要是生產：
（A）3D列印機（B）3D氣墊鞋（C）3C電子產品（D）3M黏膠公司

（　）20. 信織實業股份有限公司是一家生產甚麼產品的公司：
（A）衛生棉（B）人造纖維（C）不織布（D）紙尿片。

（　）21. 建維品質驗證有限公司主要提供：
（A）汽機車零附件產品驗證　（B）電動車輛零附件產品驗證
（C）電動自行車整車產品驗證（D）以上皆是。

（　）22. 推動中的「中興新村‧下一代新村」計畫，主要是整合各部會資源與南投
縣政府合作，共同打造以下哪一種文創園區：
（A）科技文創園區　　　（B）國際化文創園區
（C）在地產業化文創園區（D）以上皆是。

（　）23.　未來中興新村主要依循「保存與發展」及以下哪一項發展策略：
（A）鬆綁與重建（B）更新與再生（C）文創與科技（D）復興與科技

參考文獻

1. 內政部營建署市鄉規劃局，《中興新村再發展計畫》，臺北市：內政部， 2007。

2. 王怡雯，《中興新村的現代性—西方理想城鎮規劃的臺灣經驗》，臺中市：東海大學建築研究所碩士論文，2003。

3. 王俊雄、徐明松，《粗獷與詩意—臺灣戰後第一代建築》，臺北市：木馬文化，2008。

4. 王培鴻，《省府要塞—中興新村聚落空間之社會歷史分析》，臺北縣：淡江大學建築(工程)研究所碩士論文，1990。

5. 安浩，〈中興新村今昔風貌〉，《臺灣月刊》154（1995.10），頁12-15。

6. 朱正中、龔明鑫，《中興新村整體規劃研究：促進地方繁榮與提升經濟發展》，臺北市：行政院研究發展考核委員會 ，2000。

7. 朱復良，〈撫今追昔話疏遷〉，《臺灣月刊》174（1997.06），頁14-17。

8. 行政院文化建設委員會委託，李謁政，《中興新村北區文化藝術創意產業園區週邊環境與產業資源調查》，臺北市：行政院文化建設委員會，2007。

9. 行政院文化建設委員會委託，許國威主持，《中興新村北區文化藝術創意產業園財務分析及經濟效益評估》，臺北市：行政院文化建設委員會，2007。

10. 余如季，《臺灣省政府中興新村—綠化美化專集》，臺中市：聯合影藝雜誌社，1984。

11. 吳柏緯，〈從景觀生態學觀點探討都市景觀環境規劃與準則之建立—以中興新村為例〉，臺南市：成功大學建築研究所碩士論文，1996。

12. 吳崑茂，《希望在明天：九二一集集大地震省思》，臺北市：傳文文化事業有限公司，1999。

13. 呂協恭，〈貓羅溪畔的名勝區—中興新村素描〉，《臺灣月刊》174（1997.06），頁32-36。

14. 宋懷琳，〈中興新村再造方案之研討〉，臺中市：東海大學公共事務碩士學程在職進修專班，2005。

15. 李永展、林士堅，《中興新村公有土地利用與產業發展策略之研究》，臺北市：

內政部營建署市鄉規劃局，2002。

16. 李玉屏，〈家在中興〉，《臺灣月刊》174（1997.06），頁22-27。

17. 李汝和，《清代駐臺班兵考》，南投縣：臺灣省文獻委員會印行，1971。

18. 李展平，《綠樹當戶：尋訪中興新村》，南投縣：南投縣政府文化局，2012。

19. 李國昌，〈檔案管理組織體系之研究─以臺灣省政府為例〉，臺中市：東海大學公共事務碩士學程在職進修專班，2003。

20. 李謁政，《中興新村文化資產評估調查計畫》，雲林縣：國立雲林科技大學，2010。

21. 周志龍，《臺灣省政府、中興新村對於南投縣發展衝擊之研究》，臺中市：中興大學都市計畫研究所碩士論文，1984。

22. 周國屏等編，《南投市志》，南投縣：南投市公所，2002。

23. 周璽等纂輯，《彰化縣志》，臺北市：臺灣銀行經濟研究室重印，1962。

24. 林元興、張維一，《中興新村公有土地引入產業開發相關法令機制之檢討》，臺北市：內政部營建署市鄉規劃局，2002。

25. 林平山，《中興新村：區域建設發展與功能之研究》，臺北市：星閣，1988。

26. 林琪能，《中興新村未來整體規劃之研究》，臺北市：行政院經濟建設委員會，2004。

27. 洪明鴻，〈中興新村北區發展計畫：期末報告〉，2007。

28. 洪英聖，《畫說乾隆臺灣輿圖》，臺北市：聯經出版公司，2002。

29. 洪英聖，《畫說康熙臺灣輿圖》，臺北市：聯經出版公司，2002。

30. 洪英聖總編輯，《續修草屯鎮誌》，南投縣：草屯鎮公所，2005。

31. 徐伯瑞，《中興新村整體規劃之開發計畫與都市設計案》，臺北市：行政院經濟建設委員會，2004。

32. 草屯鎮公所，《草屯鎮的文化資產及震災紀實》，南投縣：草屯鎮公所，2001。

33. 草屯鎮公所，《草屯鎮碑誌專輯》，南投縣：草屯鎮公所，2005。

34. 草屯鎮公所，《草屯鎮誌》，南投縣：草屯鎮公所，1986。

35. 草屯鎮公所，《登瀛書院的歷史》，南投縣：草屯鎮公所，2002。

36. 財團法人成大研究發展基金會，《中興新村整體發展之綜合性對策之研究》，臺北市：內政部營建署市鄉規劃局，2002。

37. 國立中興高中，《歡呼：國立中興高級中學50周年校慶特刊》，南投縣：國立中興高中，2007。

38. 國多，〈龍蟠虎踞鳥瞰中興〉，《臺灣月刊》174（1997.06），頁28-30。

39. 張麗鶴，〈中興新村─臺灣的第一個新市鎮〉，《臺灣文獻》48:4（1997.12），頁181-243。

40. 張麗鶴，〈綠色風情〉，《臺灣月刊》174（1997.06），頁31。

41. 清光緒龔柴,〈臺灣小志〉,《臺灣輿地彙鈔》,南投縣:臺灣省文獻委員會重印, 1996。

42. 郭俊開,《公園綠化美化》,臺中市:中國造林事業協會,1994。

43. 郭維章,〈中興之美〉,《臺灣月刊》174(1997.06),頁18-21。

44. 郭瓊瑩,《中興新村永續利用願景規劃:再造臺灣花園城市的春天》,臺北市:內政部營建署市鄉規劃局,2002。

45. 陳怡君,《中興新村再發展之研究》,嘉義縣:南華大學建築與景觀學系環境藝術碩士班,2009。

46. 陳哲三總纂,《南投農田水利會會志》,南投縣:臺灣省南投農田水利會,2008。

47. 陳淑美,〈五十二年如電抹 —臺灣省政府細說從頭〉,《光華》24:1(1999.01),頁22-27。

48. 陳淑美,〈回首「中興新村」—也無風雨也無情〉,《光華》24:1(1999.01),頁18-21。

49. 陳淑美,〈雕欄玉砌應猶在,只是朱顏改 —「臺灣省政府走入歷史」〉,《光華》24:1(1999.01),頁6-17。

50. 陳慈莉,《中興新村個案研究:一個外省人的共同體》,嘉義縣:南華大學社會學研究所碩士論文,2003。

51. 陳瑞慶,《鄉情藏綠蔭老樹寫童年:南投市珍貴樹木及特色行道樹》,南投縣:南投市公所, 2003。

52. 陳碧桃,《南投縣光華國小創校50周年特刊:光華兒童》,南投縣:光華國小,2007。

53. 游繁結等編,《滴水培土:守護大地一世情—行政院農業委員會水土保持局50週年局志》,南投縣:行政院農業委員會水土保持局,2013。

54. 皓宇工程顧問股份有限公司,《中興新村北區文化藝術創意產業園區整體發展規劃設計與可行性評估》,臺北市:行政院文化建設委員會,2007。

55. 開創工程顧問,《中興新村整體規劃暨都市設計總結報告書》,南投縣:臺灣省政府公共事務管理處,1996。

56. 黃宗輝總編輯,《南投史話》,南投縣:南投縣政府,1994。

57. 黃耀能總纂,《南投縣志》,南投縣:南投縣政府文化局,2010。

58. 楊克華,〈不畏浮雲遮望眼 —中興新村「風華四十」走筆〉,《臺灣月刊》174(1997.06),頁10-13。

59. 漢光文化,〈中興新村今昔〉,《臺灣月刊》174(1997.06),頁4-5。

60. 臺灣省文獻委員會,《臺灣省政府中興新村耆老口述歷史座談會記錄》,南投縣:臺灣省文獻委員會,1998。

61. 臺灣省文獻委員會,《臺灣省政府功能業務與組織調整文獻輯錄(上)》,,南投

縣:臺灣省文獻委員會，1999。

62. 臺灣省文獻委員會，《臺灣省政府功能業務與組織調整文獻輯錄(下)》，，南投縣:臺灣省文獻委員會，1999。

63. 臺灣省文獻委員會，《臺灣省通志》，南投縣:臺灣省文獻委員會，1969。

64. 臺灣省文獻委員會採集組，《綠情懷舊:中興新村老照片展專輯》，南投縣:臺灣省文獻委員會 ，1998。

65. 臺灣省政府，《大地無情人間有愛九二一集集大地震攝影比賽專輯》，南投縣:臺灣省政府，2000。

66. 臺灣省政府，《走過中興新村榮光之路:臺灣省政府歷任首長重大省政建設畫冊》，南投縣:臺灣省政府 ，2001 。

67. 臺灣省政府，《臺灣省八七水災救濟及重建工作報告書》，南投縣:臺灣省政府，1960。

68. 臺灣省政府人事處，《省政發展半世紀之見證:臺灣光復初期省政耆老回顧座談會專輯》，南投縣:臺灣省政府人事處，1995 。

69. 臺灣省政府人事處，《臺灣省各機關職員通訊錄》，南投縣:臺灣省政府人事處，1957。

70. 臺灣省政府人事處，《臺灣省各機關職員通訊錄》，南投縣:臺灣省政府人事處，1964。

71. 臺灣省政府主計處，《臺灣省政府主計處志》，南投縣:臺灣省政府主計處，1999。

72. 臺灣省政府地政處，《臺灣省政府地政處志》，南投縣:臺灣省政府地政處，1999。

73. 臺灣省政府住宅及都市發展局 ，《中興新村整體規劃暨都市設計發展目標及規劃概念》，南投縣:臺灣省政府住宅及都市發展局，1995。

74. 臺灣省政府兵役處，《臺灣省政府兵役要誌》，南投縣:臺灣省政府兵役處，1999。

75. 臺灣省政府建設廳，《中興新村內轆部分修訂都市計劃說明》，南投縣:臺灣省政府建設廳，1964。

76. 臺灣省政府建設廳，《臺灣省政府中興新村都市計畫說明書》，南投縣:臺灣省政府建設廳，1961。

77. 臺灣省政府建設廳，《臺灣省政府建設廳志》，南投縣:臺灣省政府建設廳，1999。

78. 臺灣省政府建設廳，《變更中興新村（含南內轆地區）都市計畫通盤檢討書》，南投縣:臺灣省政府建設廳，1984。

79. 臺灣省政府建設廳《中興新村南內轆部分都市計劃說明書》，南投縣:臺灣省政府建設廳，1968。

80. 臺灣省政府建設廳疏散房屋工程處，《臺灣省政府疏散工程總報告第一輯》，南投縣：臺灣省政府建設廳疏散房屋工程處，1960。

81. 臺灣省政府財政廳，《臺灣省政府財政廳志》，南投縣：臺灣省政府財政廳，1999。

82. 臺灣省政府集中支付處，《臺灣省政府集中支付處志》，南投縣：臺灣省政府集中支付處，1999。

83. 臺灣省政府資料館，《臺灣省政資料館志》，南投縣：臺灣省政府資料館，1995。

84. 臺灣省政府農林廳，《臺灣省政府農林廳志》，南投縣：臺灣省政府農林廳，1998。

85. 臺灣省政府衛生處，《臺灣省政府衛生處志》，南投縣：臺灣省政府衛生處，1999。

86. 臺灣省政資料館，《臺灣省政建設概況:慶祝臺灣光復五十週年》，南投縣：省政資料館，1995。

87. 臺灣省臨時省議會秘書處編，〈周至柔主席對臺灣省臨時省議會第三屆第一次大會報告詞〉，《臺灣省臨時省議會第三屆第二次大會專輯》，頁771-793。

88. 蔡篤堅，〈口述歷史實踐與臺灣認同發展〉，發表於2001 年6 月3 日臺灣歷史學會舉辦之「邁向二十一世紀的臺灣歷史學—反思與開拓」研討會。

89. 曉潔，〈綠籬外的春天〉，《臺灣月刊》174（1997.06），頁37-39。

90. 蕭富隆編，《塵煙回眸憶當年 —南投縣老照片特輯》，南投縣：南投縣立文化中心，1994。

91. 蕭萬壽，《善惡爭果：中興新村的由來》，南投縣：作者自編，1998年

92. 蕭碧珍，〈動盪的年代：戰後初期魏道明主持臺灣省政研究〉，臺中市：中興大學歷史研究所碩士論文，2009。

93. 蕭輔博，〈建設廳與中興新村建村記〉，《建設季刊》31（1997.07），頁2-9。

94. 蕭銘祥主編，《走過從前迎向新世紀：慶祝臺灣光復五十週年口述歷史專輯》，南投縣：臺灣省文獻委員會，1995。

95. 賴美蓉計畫主持，《中部區域計畫發展課題與目標及中興新村在中部區域定位之研究》，臺北市：內政部營建署市鄉規劃局，2002。

96. 謝孟展，《住宅社區規劃應用鄰里單元之研究—以中興新村為例》，臺中市：東國立中興大學都市計劃研究所碩士論文，1993。

97. 鍾起岱，《中興新村駐村藝術家成果彙編》，南投縣：臺灣省政府，2007 。

98. 鍾起岱主持，《提升高等研究園區公共設施有效性管理執行計畫之研究》。行政院國家科學委員會中部科學工業園區管理局委託，彰化縣：中州科技大學觀光與休閒管理系，2011。

99. 鍾起岱主持，《南投縣文化景觀中興新村口述歷史調查研究結案報告》。行政院

國家科學委員會中部科學工業園區管理局委託，彰化縣：中州科技大學觀光與休閒管理系，2014。

100.　羅時瑋、蘇智鋒，《中興新村整體再發展都市設計及景觀規劃之研究》，臺北市：內政部營建署市鄉規劃局，2002。

我的學習單 答案

第一章

1-5	BACAD
6-10	DBCAD
11-15	DABBA
16-20	BCAAB
21-25	DDBBC

第二章

1-5	ADCBA
6-10	CACDA
11-15	DDBBC
16-20	ACCAB

第三章

1-5	ADDBD
6-10	BAADC
11-15	ACBBC
16-20	CABAC
21-27	ABCDDCB

第四章

1-5	ADCBB
6-10	CDACB
11-15	BADCC
16-20	ADBBA
21-25	CBDDC

第五章

1-5	ABCAC
6-10	CDBCB
11-15	BDDAA
16-20	BCDAA
21-25	ADCBA

第六章

1-5	AACAB
6-10	CDCAB
11-15	CDDAA
16-20	CABCC
21-25	AABBB

第七章

1-5	ABBBC
6-10	DCCAB
11-15	ABAAD
16-20	CBABC
21-25	DDCDD
26-31	BCDADD

第八章

1-5	BDBCA
6-10	BAADB
11-15	DDAAC
16-20	DBACB
21-25	CACBD

第九章

1-5	CBAAC
6-10	BABAD
11-15	BADDB
16-20	AADBA
21-25	ACDAB
26-32	BDBBCDA

第十章

1-5	ABACD
6-10	DACBA
11-15	BBCDC
16-20	DCDBB
21-25	ACDBB
26-30	ADDDC

第十一章

1-5	ABBDC
6-10	DAABA
11-15	DCDBB
16-20	BCCAA
21-23	BDD

第十二章

1-5	ABDCC
6-10	ABBCA
11-15	CCDAB
16-20	ACCAB
21-23	CAD

第十三章

1-5	DDBAB
6-10	CDAAA
11-15	CBBCD
16-20	CACCD
21-23	DAA

第十四章

1-5	DDACC
6-10	ADBBB
11-15	CDDAD
16-20	DABBB
21-22	AD

第十五章

1-5	AADBA
6-10	DCDDB
11-15	ACACB
16-20	DDAAD
21-25	AACCB

第十六章

1-5	ADACA
6-10	BBACA
11-15	BBCCB
16-20	CDCBC
21-24	ABDA

第十七章

1-5	DACBA
6-10	CAADA
11-15	BADDC
16-20	CBBDB
21-26	ACDABA

第十八章

1-5	CAACB
6-10	BCDAB
11-15	CDCBB
16-20	CADBC
21-23	DDA

國家圖書館出版品預行編目資料

中興新村學—從臺灣省政府到高等研究園區 / 鍾起岱 著
 --初版-- 臺北市：蘭臺出版社：2017.8
面；　公分. --
ISBN：978-986-5633-58-5
1.歷史 2.南投市
733.9/119.9/101.2　　　　　　　　　106006277

中興新村學—從臺灣省政府到高等研究園區

作　　者：鍾起岱

美　　編：高雅婷、連秀婷

編　　輯：高雅婷

封面設計：塗宇樵

出 版 者：蘭臺出版社

發　　行：蘭臺出版社

地　　址：台北市中正區重慶南路1段121號8樓之14

電　　話：(02)2331-1675或(02)2331-1691

傳　　真：(02)2382-6225

E—MAIL：books5w@gmail.com或books5w@yahoo.com.tw

網路書店：http://bookstv.com.tw/、http://store.pchome.com.tw/yesbooks/、
　　　　　http://www.5w.com.tw/
　　　　　博客來網路書店、博客思網路書店、華文網路書店、三民書局

總 經 銷：聯合發行股份有限公司

電　　話：(02)2719-8022　傳真：(02)2915-7212

劃撥戶名：蘭臺出版社 帳號：18995335

香港代理：香港聯合零售有限公司

地　　址：香港新界大蒲汀麗路36號中華商務印刷大樓
　　　　　C&C Building, 36,Ting, Lai, Road, Tai,Po, New,Territories

電　　話：(852)2150-2100　　傳真：(852)2356-0735

總 經 銷：廈門外圖集團有限公司

地　　址：廈門市湖裡區悅華路8號4樓

電　　話：86-592-2230177　　傳真：86-592-5365089

出版日期：2017年8月 初版

定　　價：新臺幣800元整

ISBN：978-986-5633-58-5